L'EXIL DES RÉPUBLICAINS ESPAGNOLS EN FRANCE

Geneviève Dreyfus-Armand

L'EXIL
DES RÉPUBLICAINS
ESPAGNOLS
EN FRANCE

De la Guerre civile
à la mort de Franco

Albin Michel

À Guillaume et Sophie.

En mémoire de Jean-Marie
et Marie-Germaine Armand-Guilhem, autres migrants.

INTRODUCTION

Une histoire de l'exil républicain
pour une histoire des Espagnols de France

Les Espagnols occupent une place importante dans la formation de la société française d'aujourd'hui, qu'ils aient gardé leur nationalité d'origine ou qu'ils soient devenus français depuis longtemps. Cependant, les travaux historiques sur l'immigration espagnole en France restent encore peu nombreux, notamment du côté français. Ce retard de la recherche est d'autant plus étonnant que les Espagnols constituent dans l'entre-deux-guerres la troisième colonie étrangère de France avant de représenter, pendant quelques semaines de 1939, après l'arrivée de l'importante vague de réfugiés de la Guerre civile, le plus fort contingent d'étrangers présents sur le sol français. À une époque plus récente, les Espagnols sont à nouveau, à partir de 1968, et pour quelques années, le groupe étranger le plus nombreux.

La colonie espagnole de France se forme depuis le XIXe siècle, et tout au long du XXe siècle, selon des modalités et des rythmes très divers, liés à la fois à la proximité des deux pays, à l'histoire intérieure de l'Espagne, à l'évolution économique de la France et aux relations entretenues de part et d'autre des Pyrénées. Aujourd'hui « invisibles », selon l'expression des sociologues, exemple d'intégration particulièrement réussie, ces « Espagnols de France » sont les descendants des différentes vagues migratoires qui se sont succédé au long des décennies. Chacun de ces flux possède, au-delà des différences individuelles de ses composantes, des caractéristiques communes : des immigrés du travail précèdent ou remplacent des réfugiés politiques, même si les seconds se retrouvent bien souvent aux côtés des premiers et que certains émigrés dits « économiques » ont aussi des raisons politiques de quitter la Péninsule ou se politisent dans l'immigration. L'histoire contemporaine de l'Espagne a la particularité d'avoir connu nombre de convulsions politiques qui ont engendré des exils plus ou moins importants et prolongés dont la France a été la principale destinataire. Et il est un événement majeur du siècle qui a eu des incidences singulièrement importantes pour la formation de la colonie espagnole de France : la guerre d'Espagne.

C'est à l'occasion de la Guerre civile que les flux migratoires en provenance d'Espagne connaissent une orientation différente de celle du passé. Jusqu'alors, l'Amérique latine est la destination principale pour les Espagnols à la recherche de meilleures conditions de vie ; elle est un débouché naturel pour les excédents de population d'une Péninsule ibérique marquée par le retard économique. Cette attirance américaine, commencée à l'époque moderne, s'est poursuivie bien après l'indépendance des anciennes colonies et, si l'on excepte justement la grande migration de 1939, elle se prolonge même jusqu'au début des années 1960. Avant de s'employer à faire venir des travailleurs espagnols au cours de la Première Guerre mondiale, la France a surtout attiré des réfugiés contraints de quitter leur pays à cause de bouleversements politiques. Tout naturellement, de par la proximité géographique des deux pays, la France a été le pays d'accueil des exilés politiques espagnols toujours mus, comme tous les exilés du monde, par l'espoir de rentrer rapidement dans leur pays une fois le régime politique honni renversé. Pour les réfugiés républicains qui quittent l'Espagne à la suite de la victoire des nationalistes, il en est de même : la majorité d'entre eux n'a d'autre choix que de passer la frontière française et de rester en France pour échapper aux représailles ; la différence avec les exils précédents est que celui-ci s'est, pour beaucoup d'Espagnols, prolongé autant que le régime franquiste, c'est-à-dire près de quarante ans. Or quatre décennies représentent au moins la moitié d'une vie et le réfugié venu chercher un asile provisoire en France est amené, insensiblement, à s'y installer. L'exilé devient ainsi un immigré, voire un citoyen français comme ses enfants et petits-enfants, nés en France.

Quelques éclaircissements provisoires sur les mots employés et les catégories évoquées s'imposent, sans prétendre épuiser ici les nombreuses interrogations posées par ces thèmes complexes. L'exil politique est, par définition, une migration. De nombreux travaux ont montré qu'il est difficile de distinguer nettement émigration « politique », dont relève l'exil, et émigration « économique » ; les deux phénomènes sont souvent liés et se recoupent partiellement[1]. Les motivations de nombreux immigrés considérés comme « économiques » comportent, avec le désir d'améliorer leurs conditions de vie, des considérations d'ordre politique. Inversement, lorsqu'ils doivent quitter leur pays, de véritables militants politiques préfèrent, pour des raisons diverses, se fondre dans l'immigration économique plutôt que de revendiquer un statut de réfugiés politiques ; ce dernier cas a été notamment celui des Portugais venus en France dans les années 1960 au moment de l'engagement de leur pays dans des guerres coloniales. Dans la perspective du pays d'accueil, les exilés deviennent de fait des immigrés économiques dans la mesure où ils s'intègrent dans le marché du travail comme d'autres étrangers ; parfois même, un recrutement de réfugiés peut être organisé, avec contrat de travail à l'appui, comme cela a été le cas pour des Arméniens et des Russes dans les années 1920[2]. Toutefois, l'exil politique présente des spécificités par rapport aux autres migrations du fait, notamment, des conditions de départ et de retour.

Comme le relève l'historien Émile Temime, la migration politique est marquée par une accentuation des caractères propres à toutes les migrations. Elle est liée intimement à une conjoncture historique donnée et elle peut provoquer des mouvements de population soudains et massifs, comme c'est le cas lors du grand exode espagnol de 1939. Même si l'on peut longuement discuter de sa marge relative d'autonomie et de la complexité de ses motivations de départ, l'immigré « ordinaire » est, généralement, celui qui se rend dans un pays étranger pour s'y établir plus ou moins durablement, dans l'intention fréquente d'y trouver un emploi. L'exilé ou le réfugié politique se trouvent contraints de quitter leur pays à cause d'événements ou de situations qui ne leur permettent plus d'y rester en sécurité. C'est le cas des républicains espagnols pendant et, surtout, à la fin de la guerre d'Espagne. Ainsi, Jorge Semprún se souvient-il de l'année de ses douze ans en ces termes : « À la fin du dernier été, celui de la Guerre civile, nous n'étions pas revenus à Madrid, les événements nous ayant jetés dans l'exil, l'arrachement[3]. » Le réfugié politique ou l'exilé ne peuvent rentrer librement dans leur pays d'origine dès lors que le contexte n'y est pas modifié ou que leur refus de pactiser avec un régime abhorré subsiste. Leur condition se distingue souvent aussi de celle de l'immigré par un engagement politique plus fréquent, une activité davantage tournée vers leur pays d'origine et des formes de sociabilité spécifiques.

Exilés, réfugiés, qu'en est-il au juste des républicains espagnols ? Là encore, les termes sont à préciser et seront à illustrer selon les diverses facettes de l'exode républicain. L'exil est, de l'Antiquité à l'époque moderne, une peine spécifique d'éloignement au-delà des frontières avant de devenir une réalité dépourvue de mesure juridique. Mais au xxᵉ siècle, la notion d'exilé tend à se confondre avec celle de réfugié politique qui devient prédominante. « Le mot *réfugié* a été forgé pour désigner les protestants chassés de France au xviiᵉ siècle, mais jusqu'à la fin du xixᵉ siècle les mots *émigré* et *exilé* ont plus volontiers été utilisés et ce n'est qu'ensuite que le mot *réfugié* l'a emporté sur les autres, pour décrire des phénomènes de plus en plus massifs[4]. » Au xxᵉ siècle, avec la consolidation de l'État-nation, l'ampleur des conflits armés et l'apparition de régimes totalitaires, le phénomène des réfugiés prend une dimension massive et constitue une véritable question de politique internationale : les réfugiés, remarque la philosophe Hannah Arendt dans *Les Origines du totalitarisme*, deviennent le « groupe le plus symptomatique de la politique contemporaine[5] ». Mais la notion de *réfugié* est plus vaste que celle d'*exilé* : un réfugié peut avoir quitté son pays pour des raisons qui ne sont pas directement politiques, par exemple pour échapper à une guerre, alors que la notion d'exil comporte généralement une motivation politique. Il existe par ailleurs d'autres types de persécutions, liés à l'appartenance à une race, à une religion, à une nationalité ou à un groupe social, qui seront pris en compte après la Seconde Guerre mondiale par la Convention de Genève sur le statut des réfugiés. Parmi les Espagnols qui se pressent à la frontière française en 1939, beaucoup sont certainement de simples réfugiés, poussés à l'exode par le désir d'échapper à la furie des combats et non des opposants résolus, objectivement menacés par le franquisme triomphant : ce qui explique en partie le nombre des retours immédiats, mais a engendré une polémique tenace — quoique sans fondements réels — sur la signification des chiffres, nous y reviendrons plus longuement ultérieurement. Dans un sens plus restreint et juridique, le *réfugié* est celui qui est officiellement reconnu comme tel par le pays d'accueil car il remplit les conditions fixées par les conventions internationales relatives aux réfugiés.

Ces quelques remarques ne suffisent pas pour fixer des définitions. Elles ont simplement pour objet d'illustrer le caractère ambigu, insatisfaisant, difficile à cerner, des termes employés et de souligner que l'étude d'une migration aussi vaste et complexe que celle des républicains espagnols vers la France relève de plusieurs champs d'analyse : la description de flux migratoires multiples, la compréhension de la nature spécifique d'un exil à l'identité collective fortement marquée et l'appréhension des modes d'insertion des groupes ou des individus dans un pays d'accueil devenu le lieu d'ancrage définitif. Aussi plusieurs axes guideront-ils cette approche : ne pas perdre de vue, au-delà du quantitatif dont les limites seront soulignées, la diversité des trajectoires individuelles et des situations collectives. Essayer aussi de cerner la manière selon laquelle la conscience identitaire, fortement marquée, des républicains espagnols a retardé ou favorisé leur intégration en France. Un fait est certain : l'exil des républicains espagnols joue un rôle central dans la constitution de la colonie espagnole de France au XXᵉ siècle et, par conséquent, de la société française contemporaine ; son étude est indispensable non seulement pour une histoire de l'immigration en général mais aussi de l'asile politique en France depuis la veille de la Seconde Guerre mondiale jusqu'au milieu des années 1970. Autre aspect important en ce qui concerne l'histoire des relations internationales : cet exil marque une page importante dans les relations entre les deux pays séparés par la chaîne des Pyrénées.

Une histoire en cours d'écriture

Reconnue postérieurement comme un véritable prélude à la Seconde Guerre mondiale, conflit érigé au rang de mythe et de symbole dès son époque, la Guerre civile espagnole a suscité une abondante bibliographie mais l'une de ses conséquences humaines les plus notables, l'exil républicain, n'a commencé à être étudiée qu'assez tardivement. L'historiographie sous contrôle de l'Espagne franquiste n'a pu longtemps s'intéresser à ces exclus, tandis que les phénomènes migratoires restaient en France en dehors des préoccupations des historiens. Au-delà des explications plausibles à ce retard de l'historiographie, il est indubitable que cet exil est un événement récent à l'échelle historique, puisque si cela fait soixante ans qu'il s'est produit, les raisons qui l'ont provoqué n'ont disparu que depuis un quart de siècle.

Au milieu des années 1980, un bilan historiographique relatif à l'étude de l'Espagne contemporaine fait ressortir qu'à une exception près, celle du diplomate et historien Javier Rubio, « l'on [a] la plus grande difficulté à lancer des études sérieuses sur la question, ceci aussi bien du côté français que du côté espagnol[6] ». La situation n'a guère évolué en France à la fin de la décennie, alors que les recherches relatives aux exilés allemands et italiens et à l'immigration polonaise ou italienne marquent des avancées importantes. À cette date, l'on doit constater que la bibliographie concernant l'exil républicain est essentiellement écrite en langue espagnole et que l'immigration espagnole en France, de manière générale, a peu attiré l'attention des chercheurs français[7]. La bibliographie existante sur l'exil émane alors, dans sa quasi-totalité, de l'exil lui-même. Quelques brefs témoignages ont paru en Amérique latine dès les premières années de l'exil, mais ce sont souvent de petites brochures, pour la plupart introuvables[8]. De même, les mémoires de trois dirigeantes républicaines ont été publiés en Europe, à Londres, à Paris et à Toulouse, au lendemain de la Seconde Guerre mondiale, en 1946, 1947 et 1949[9]. Mais ce n'est véritablement qu'à partir des années 1960 que des publications sur l'exil républicain paraissent ; elles émanent de responsables politiques ou syndicaux, d'écrivains ou de simples acteurs anonymes de ces événements. Ce sont tous des mémoires et des témoignages sur l'expérience de l'exil ; leur immense mérite, au travers des itinéraires de vie qu'ils proposent, est de sauver de l'oubli des milliers de réfugiés qui ont vécu des destins similaires. La grande majorité de ces récits concerne les camps d'internement en France et en Algérie, les camps d'extermination nazis et, de façon générale, l'ensemble des années de la Seconde Guerre mondiale marquées par la difficile arrivée en France, le travail forcé dans les Compagnies de travailleurs étrangers, la guerre dans des unités militaires françaises, l'engagement dans la Résistance ou la déportation[10].

Ces témoignages commencent à être publiés en France au cours des années 1960 et, surtout, à partir de la fin de cette décennie. Le premier thème évoqué est celui de la déportation en Allemagne. Le Grand Voyage de Jorge Semprún, publié en français chez Gallimard en 1963, est un livre « écrit d'une traite », sans que l'auteur, comme il le dira plus tard, « reprenne son souffle », lors d'un séjour clandestin effectué à Madrid. Un livre que son auteur a mis près de vingt ans à produire, tant écrire le renvoyait à la mort et qu'il voulait « appartenir à la vie, pleinement ». Ce récit où l'Espagne n'apparaît pourtant qu'en filigrane est prohibé par le régime du Caudillo. Aussi, lorsque l'écrivain reçoit à Salzbourg, en 1964, le prix Formentor ainsi que des éditions de son ouvrage en douze langues différentes, l'éditeur Carlos Barral remet-il symboliquement à Jorge Semprún un livre aux pages entièrement blanches : avec une couverture imprimée pour une édition prévue au Mexique, ce livre vierge représente l'exemplaire espagnol[11]. Quelques années plus tard, en 1969, c'est toujours sur la période de la guerre mondiale que portent deux ouvrages, l'un publié en français, toujours chez Gallimard, et l'autre, à Paris, en espagnol, par une maison d'édition créée par les exilés eux-mêmes, les éditions Ruedo ibérico : *Le Triangle bleu. Les républicains espagnols à Mauthausen* de Mariano Constante et Manuel Razola, et *Los Olvidados* d'Antonio Vilanova.

Le plus douloureux du drame des républicains espagnols ressort ainsi en premier au grand jour, mais avec une distance temporelle très grande. C'est seulement après ces nécessaires évocations que les autres aspects de cette histoire collective peuvent peu à peu surgir ; c'est aussi parce que le temps d'écrire son histoire est venu pour l'exil, trop occupé pendant des décennies à lutter de diverses manières pour que le franquisme ne soit qu'une parenthèse. À partir du milieu des années 1970 de nombreux témoignages apparaissent, en France et, enfin, en Espagne même[12]. Beaucoup de ces témoignages sont relatifs à la participation des Espagnols à la Résistance française au cours de la Seconde Guerre mondiale, et ils émanent notamment d'Alberto Fernández, ancien des maquis de l'Ariège, de Miguel Angel Sanz, ancien responsable des guérilleros espagnols en France, agent de liaison auprès de l'état-major des FFI, ou d'Eduardo Pons Prades, ancien responsable CNT de maquis de l'Aude[13].

Les premières études historiques, quant à elles, ne commencent à paraître qu'au cours des années 1970 et leur publication coïncide à peu de chose près avec la fin du franquisme[14]. À part l'ouvrage de Louis Stein, *Beyond Death and Exile. The Spanish Republicans in France*, édité par l'université de Harvard en 1979, ces études sont presque toutes d'origine espagnole, depuis le travail pionnier de Javier Rubio dont l'apport sur l'étude des flux migratoires est indéniable[15] jusqu'à l'ouvrage collectif dirigé par

José Luis Abellán à l'approche plus culturelle[16]. De nombreux
ouvrages sur la vie politique des exilés paraissent alors, en France
ou dans la Péninsule : même lorsqu'ils sont édités dans
l'Hexagone, ils sont généralement écrits en langue espagnole, le
plus souvent centrés sur un courant idéologique donné[17]. En Espagne, il faudra attendre la fin des années 1980, soit plus d'une
dizaine d'années après la fin du franquisme, pour que des rencontres universitaires sur ce thème soient organisées[18].

Le véritable « décollage » historiographique se situe au tournant
des années 1980 et 1990 ; il est marqué par l'édition presque
simultanée de diverses publications : *Éxodos,* recueil de témoignages sur l'exil républicain en France de 1939 à 1945, dû à l'initiative
d'Antonio Soriano[19], *Plages d'exil,* axé plus particulièrement sur
l'étude des activités d'édition, d'éducation et de culture entreprises dans les camps d'internement[20] et *Les Français et la guerre
d'Espagne,* où plusieurs études concernent l'accueil réservé aux
réfugiés et les systèmes de représentation élaborés tant du côté
français que du côté des exilés[21]. En 1990 et 1991, paraissent
les trois volumes de *La Oposición al régimen de Franco*[22], où
l'opposition démocratique est étudiée dans sa totalité, tant à l'intérieur qu'à l'extérieur de l'Espagne, et *Exil politique et migration
économique. Espagnols et Français aux xixe et xxe siècles*, où
l'intégration des réfugiés républicains est abordée dans une perspective plus générale[23]. Enfin, l'année 1991 est véritablement
celle de la convergence des nombreuses recherches individuelles
et collectives menées des deux côtés des Pyrénées. Deux colloques fondamentaux sur la question sont organisés à Salamanque
et à Paris ; ils sont les deux volets d'une série de trois rencontres
— la troisième a lieu à Turin — suscitées par Pierre Milza pour
le Centre d'histoire de l'Europe du xxe siècle (CHEVS, Fondation
nationale des sciences politiques) et le Centre d'études et de documentation sur l'émigration italienne (CEDEI) et par Denis
Peschanski pour l'Institut d'histoire du temps présent (CNRS).
Ces rencontres, destinées à étudier séparément — puis de façon
comparative — les émigrations italienne et espagnole en France
au cours de la Seconde Guerre mondiale, ont permis d'évaluer
l'état des connaissances et de susciter des recherches nouvelles ;
des avancées importantes, parfois même des mises au point décisi-
ves, ont été réalisées dans la connaissance de l'émigration espagnole en France au cours de la décennie marquée par la Seconde
Guerre mondiale[24].

Après cette stimulante impulsion, les recherches s'intensifient considérablement ; des publications paraissent aussi bien en France qu'en Espagne[25] et divers travaux universitaires arrivent enfin à leur terme[26]. De nombreux étudiants — où la présence de petits-enfants d'exilés est significativement majoritaire — se lancent à leur tour dans l'étude des migrations espagnoles vers la France. Des travaux collectifs sont lancés, notamment l'étude des républicains espagnols dans le Sud-Ouest et la poursuite de la réflexion sur la génération née entre 1925 et 1940[27]. De nombreuses initiatives se font jour, dont la constitution en 1995 du Centre d'études et de recherches sur les migrations ibériques (CERMI) n'est que l'aboutissement logique d'un processus ancien, du souhait de faire mieux circuler l'information dans ce domaine de recherche et du désir de contribuer à la sauvegarde des archives et documents divers relatifs aux exils et émigrations ibériques ; le CERMI souhaite contribuer à ce que ces fragiles matériaux documentaires — quel que soit leur support, du papier aux documents audiovisuels —, souvent dispersés chez de nombreux particuliers, menacés de disparition comme le sont toutes les archives privées, soient déposés dans des institutions publiques ou des organismes qui ont pour vocation établie d'assurer leur conservation et de promouvoir la recherche[28]. Le CERMI est, à l'image du CEDEI dont il emprunte la voie, un lieu de convergence, où collaborent chercheurs universitaires et chercheurs indépendants, témoins et acteurs, réalisateurs de films ou responsables d'associations d'émigrés. Présentement, les travaux suscités par le CERMI sont publiés dans la revue *Exils et migrations ibériques au XXe siècle,* dirigée par Andrée Bachoud et éditée par le Centre d'études et de recherches intereuropéennes contemporaines — CERIC — de l'université de Paris-VII. Parallèlement, des associations d'émigrés, comme la Fédération des associations et centres d'Espagnols émigrés en France (FACEEF), développent un programme de sauvegarde de la mémoire vivante en recueillant les témoignages des protagonistes de l'exil de 1939 ; tâche d'autant plus urgente que les rangs des survivants sont de plus en plus clairsemés, du moins en ce qui concerne la « première génération » de l'exil de la guerre d'Espagne[29].

Les migrations ibériques sont enfin aujourd'hui un objet d'étude à part entière et l'exil républicain commence à être mieux connu ; l'heure d'un premier bilan des connaissances est arrivée, même si de nombreux aspects restent encore à étudier et si certaines réponses ne peuvent être données que sous forme d'hypothèses. Cette histoire de l'exil républicain en France sera ordonnée chronologiquement autour des principales étapes qui l'ont ponctuée ; l'étude des flux de population sera, à chaque phase, accompagnée de celle de l'activité politique et culturelle des exilés ainsi que de celle des systèmes de représentation. L'analyse de l'intégration des réfugiés, replacée dans la longue durée, permettra de s'interroger sur la manière dont le temps a effectué son œuvre et comment la France est devenue progressivement, pour une grande majorité d'entre eux, le pays d'ancrage. Comme tout phénomène humain, un exil est une addition de destins et de parcours individuels et l'exil républicain espagnol est particulièrement riche en itinéraires marqués par les tragédies ou les soubresauts de l'histoire : les témoignages et les récits de vie seront présents autant qu'il est possible pour donner chair à ce passé encore présent.

I

Un exode sans équivalent

Espagnol de l'exode d'hier
Et Espagnol de l'exode d'aujourd'hui...

León Felipe[1]

Jamais, dans sa longue histoire des migrations, l'Espagne n'a connu une vague d'émigration aussi considérable, par son ampleur et sa durée, que celle de la Guerre civile ; jamais, non plus, la France n'a accueilli sur son sol un exode aussi massif et soudain que celui des républicains espagnols en 1939. Pourtant, l'un et l'autre pays ont respectivement, à cette date, d'anciennes traditions d'émigration et d'immigration. Auparavant, divers flux migratoires se sont déjà dirigés de l'Espagne vers la France, pour commencer à constituer dans l'Hexagone, au début du XXe siècle, une importante colonie espagnole. De son côté, la France connaît dans les années 1920 une arrivée massive d'étrangers et devient, à l'aube des années 1930, le premier pays d'immigration du monde[2]. Travailleurs entrés individuellement ou recrutés collectivement par la Société générale d'immigration se mêlent aux réfugiés. Italiens et Polonais représentent alors, avec les Espagnols, les groupes les plus nombreux de travailleurs étrangers ; quant aux réfugiés, ils sont russes, arméniens, assyro-chaldéens, juifs d'Europe orientale, italiens antifascistes, allemands antinazis, sarrois, autrichiens ou tchécoslovaques. Le caractère nouveau et unique de l'événement que constitue, aussi bien pour la France que pour l'Espagne, l'exode des républicains espagnols demande à être souligné, pour bien en comprendre la spécificité. Cet exode doit donc être replacé dans la longue durée des flux migratoires entre la France et l'Espagne pour en saisir mieux les modalités particulières.

Une colonie espagnole en développement

Ce n'est qu'avec la Première Guerre mondiale que l'immigration espagnole en France connaît un net développement. La neutralité de l'Espagne pendant le conflit place cette dernière dans une situation privilégiée sur le marché international de la main-d'œuvre lorsque la France se trouve devant la nécessité de pallier le manque de bras dans l'agriculture et dans l'industrie de guerre et se met à organiser les recrutements nécessaires. Les travailleurs espagnols se dirigent alors, dans leur grande majorité, vers les campagnes vidées par la mobilisation de leurs hommes valides. En 1921, le premier recensement de population effectué après le conflit reflète l'accroissement de la colonie espagnole : les effectifs de cette dernière ont plus que doublé par rapport à l'avant-guerre et atteignent près de 255 000 personnes. Ce chiffre situe la présence espagnole en France juste après les immigrés italiens et belges et représente plus de 16 % de la population étrangère de France. Les trois quarts de ces migrants ne s'éloignent guère de la frontière espagnole et s'installent préférentiellement au sud d'une ligne qui irait de Bordeaux à Nice.

L'Espagne est, depuis longtemps, un pays de départ. L'émigration y est un moyen d'enrichissement pour quelques-uns, un exutoire pour une population à la recherche de meilleures conditions de vie ou une résultante des nombreuses convulsions politiques que connaît le pays. Mais les flux migratoires entre l'Espagne et la France n'ont été ni exclusifs ni toujours dans le même sens. La France n'a pas de tout temps attiré les flux migratoires espagnols avec la même intensité. Au cours des siècles précédents, les Espagnols se dirigeaient prioritairement vers le pourtour de la Méditerranée et, surtout, vers l'Amérique latine. L'émigration vers le continent américain s'est même prolongée longtemps après l'indépendance des colonies espagnoles, puisque l'époque de l'émigration américaine la plus intense se situe au cours des années 1906-1915[3]. De telle sorte que, jusqu'aux années 1960, l'émigration espagnole vers l'Amérique a toujours été plus importante que vers la France, si l'on excepte la grande migration politique de 1939.

Par ailleurs, l'Espagne a reçu des Français en grand nombre pendant une longue période. À l'époque moderne, ce sont surtout des Français qui vont chercher du travail en Espagne ; les marchands et artisans espagnols, installés principalement dans les ports méditerranéens et atlantiques, ne sont évalués, approximativement, que par centaines. Au XIXe siècle, les Français sont nombreux en revanche en Espagne : ils constituent ainsi la moitié des effectifs travaillant dans la boulangerie à Madrid[4]. Ce n'est qu'à partir du dernier tiers du XIXe siècle qu'une inversion du flux migratoire entre la France et l'Espagne tend à s'affirmer[5].

Le nombre d'Espagnols installés en France revêt une certaine importance à partir de la seconde moitié du XIXe siècle ; ils sont près de 30 000 au recensement de 1851, le premier à indiquer la nationalité des recensés, et ils représentent la quatrième colonie étrangère après les Belges, les Italiens et les Allemands, peu avant les Suisses. Une première remarque sur les chiffres s'impose déjà, qui sera développée à propos de l'exode républicain : seuls sont pris en compte les immigrants contrôlés et il est très probable que, jusqu'à la Seconde Guerre mondiale, les données numériques relatives aux étrangers sont sous-évaluées[6]. En 1851, plus de la moitié des Espagnols sont alors localisés dans cinq départements du Sud-Ouest : Basses et Hautes-Pyrénées, Gers, Lot-et-Garonne et Gironde. Les Espagnols viennent de plus en plus nombreux en France à la fin du XIXe siècle pour représenter près de 106 000 personnes au recensement de 1911 ; ils représentent alors 9 % de la population étrangère, cette fois après les Italiens et les Belges. Ce sont pour la plupart des émigrants agricoles pauvres qui s'installent dès qu'ils trouvent du travail, au voisinage des Pyrénées comme auparavant mais aussi dans le Languedoc et dans la région marseillaise ; l'on constate un déplacement progressif de l'implantation espagnole de l'ouest vers l'est, des zones frontalières fortement hispanisées du Sud-Ouest vers les départements riverains de la Méditerranée que sont les Pyrénées-Orientales, l'Aude, l'Hérault et les Bouches-du-Rhône[7]. Une émigration espagnole en Algérie commence avec la conquête française, dans le premier tiers du XIXe siècle, et ne cesse de progresser ; les Espagnols y constituent, au début du siècle suivant, le groupe européen le plus nombreux après les Français.

En dehors de migrations saisonnières longtemps importantes, le développement réel de l'immigration espagnole en France est lié aux mesures prises pour remédier au manque de main-d'œuvre dans l'économie hexagonale lors de la Première Guerre mondiale. Embauchés surtout dans l'agriculture, les Espagnols commencent à l'être dans l'industrie. Des agents assurent le recrutement, pour le compte d'industriels, de paysans pauvres de la Péninsule attirés par la promesse de meilleures conditions de vie[8]. Si cet apport ne représente pas encore un accroissement quantitatif considérable, il pose les premiers jalons d'une colonie espagnole dans la banlieue parisienne : environ 1 700 avant la guerre dans la Seine-banlieue, les Espagnols dépassent les 6 500 en 1921 et leur nombre a plus que doublé en 1926 avant d'atteindre un chiffre voisin de 17 000 en 1931[9]. L'immigration espagnole se poursuit dans l'entre-deux-guerres ; en 1931, elle atteint le sommet de sa courbe ascendante pour la période avec près de 352 000 personnes, ce qui constitue 13 % de la population étrangère totale du pays et la situe derrière les Italiens et les Polonais. Cependant, en 1936, la baisse est manifeste : on ne dénombre plus qu'environ 253 000 Espagnols. Les causes de cette décrue sont liées aux effets conjugués de la crise économique du début des années 1930 et aux naturalisations mais, aussi, dans une certaine mesure, aux retours occasionnés par l'avènement de la République en avril 1931. Durant cette période, l'aire d'implantation des Espagnols n'a cessé de s'élargir ; les nouveaux arrivants se dirigent non seulement vers leur zone traditionnelle d'installation, mais aussi vers les départements de la vallée du Rhône, du Nord et de l'Est. Cependant, en dépit de cette extension, le poids de la zone méridionale demeure prépondérant ; les quatre départements les plus « hispanisés » d'avant la Première Guerre mondiale restent l'Hérault, les Pyrénées-Orientales, l'Aude et les Bouches-du-Rhône[10]. Il est vrai que la crise économique, surtout marquée dans l'industrie, renforce la tendance des Espagnols à une implantation méridionale et leur embauche préférentielle dans l'agriculture. Le recensement de 1936 indique une diminution proportionnelle de la colonie espagnole bien plus marquée dans la Seine que dans les départements viticoles de l'Hérault et de l'Aude : baisse de 36 %, entre 1931 et 1936, de la population espagnole dans le premier département contre 28 % et 24 % dans les deux départements du Languedoc[11].

Originaires pour la plupart des provinces du Levant — Castellón, Valence, Alicante et Murcie — et non de la Catalogne, plus proche mais plus prospère économiquement, les Espagnols travaillent davantage dans l'agriculture — essentiellement comme salariés — que les autres immigrés, italiens, belges ou polonais. En provenance de régions rurales pauvres marquées par des structures agraires traditionnelles, déjà ouvriers agricoles, ils se retrouvent en France tout naturellement embauchés pour les travaux de la terre. Plus du tiers d'entre eux sont employés dans ce secteur au début du siècle et plus d'un quart en 1911 ; en 1931 et en 1936, le secteur agricole représente respectivement 30 % et 33 % de la population active espagnole en France, la plus forte proportion parmi les colonies étrangères, tandis que le secteur industriel oscille entre 48 % et 39 % (contre 65 % et 53 % chez les Italiens par exemple)[12]. Les immigrés espagnols se retrouvent essentiellement ouvriers agricoles dans les campagnes et main-d'œuvre non qualifiée dans les régions industrielles ; en 1924, seul un petit tiers d'entre eux travaillent comme ouvriers spécialisés dans l'industrie métallurgique et dans les constructions mécaniques. Le niveau culturel moyen des Espagnols est bas, marqué par un taux d'analphabétisme important qui, en 1931, avoisine 40 % des migrants de plus de dix ans et 30 % des naturalisés d'origine espagnole de même âge, alors que le taux d'analphabétisme est alors de 23 % chez les Italiens, 13 % chez les Français d'origine italienne et 4,5 % chez les Français[13]. C'est chez les Espagnols que l'on rencontre, au début des années 1930, la plus forte proportion d'illettrés, juste avant les immigrés africains et asiatiques. Les contemporains ont une vision très condescendante des immigrés espagnols. Un spécialiste des questions migratoires tel que Georges Mauco, auteur d'une thèse pionnière publiée en 1932 sur *Les Étrangers en France,* souligne le caractère miséreux des Espagnols : il évoque l'ouvrier agricole espagnol qui « sait trop tout faire... surtout apte aux travaux grossiers et pénibles » ; il fustige le « manque de suite dans l'activité du colon espagnol... le seul qui soit nettement moins propre que le paysan français ». La seule photo d'immigrés espagnols publiée dans son ouvrage comporte une légende significative de ces jugements de valeur : « Type de familles espagnoles (Côte basque) misérables et prolifiques[14]. » Les Espagnols sont généralement jugés par les Français « frustes et indolents[15] ».

Les immigrés espagnols et les événements d'Espagne

La population espagnole de France de l'entre-deux-guerres est encore mal connue mais elle apparaît généralement, à part quelques minorités, peu politisée. En témoigne par exemple le faible taux de syndicalisation des Espagnols à la CGTU : 0,1 % d'entre eux en 1930[16]. La même année, la police parisienne et quelques préfets soulignent l'aspect réduit de l'activité politique des Espagnols résidant en France[17]. Paysans pauvres venus chercher du travail en France avec l'espoir de rentrer prochainement au pays, ces immigrés ne se mêlent pas aux luttes politiques ou syndicales du moment ; trop occupés aussi à survivre au quotidien, à l'instar de ces paysans castillans arrivés à Aubervilliers, employés comme manœuvres dans l'industrie chimique, la métallurgie ou le bâtiment, qui ont construit de modestes baraques pour abriter leurs familles[18]. Il existe cependant un activisme politique réel, même s'il reste limité à quelques groupes et à quelques personnalités. L'activité politique des Espagnols en France a ceci de particulier qu'elle est essentiellement tournée vers leur pays d'origine ; comme en témoignent, en 1927, les campagnes en faveur de la libération des anarchistes Ascaso, Durruti et Jover — réclamés à la fois par l'Espagne et l'Argentine — et le procès du leader nationaliste catalan Francesc Macià.

Avec l'évolution de la situation politique dans la Péninsule, les mentalités changent dans une certaine mesure. Malgré l'éloignement, beaucoup d'immigrés espagnols suivent les événements d'Espagne avec attention, dès lors que la République y est proclamée en 1931 et, surtout, que la Guerre civile commence en 1936. Même si l'adhésion à la République n'est pas unanime dans les milieux espagnols de France, surtout à partir du soulèvement franquiste, et que l'on y trouve les mêmes divisions qu'en Espagne[19], les événements y provoquent un écho important. Le gouvernement républicain développe une propagande en faveur de sa légitimité auprès de ses concitoyens : il inspire ou aide financièrement des publications telles que *Nuestra España*, fondée par Pablo Neruda et Cesar Vallejo, ou *Voz de Madrid*, créée le 18 juillet 1938 sous le patronage d'écrivains et d'artistes de premier plan. Parmi ces derniers, l'on relève les noms d'Antonio Machado, José Bergamín, Ramón Sender, Victoria Kent, Rafael Alberti, Vicente Aleixandre, León Felipe, Nicolás Guillén, Miguel Hernández, Pablo Neruda, Pablo Picasso, Octavio Paz ou Ernest Hemingway.

Voz de Madrid a pour objectif d'associer les émigrés à la lutte pour la défense du « seul ordre et de la seule réalité légitimes : ceux de la République démocratique [20] ». Une Fédération des comités espagnols d'action antifasciste est créée en 1936 afin de développer la solidarité des émigrés espagnols avec la République espagnole [21]. Dans le département du Rhône, cette fédération est animée par le leader anarchiste Manuel Buenacasa [22] ; elle est composée de vingt et un comités locaux et récolte des sommes importantes pour les combattants et leurs familles [23]. À Perpignan, un Comité de défense de la révolution espagnole antifasciste se constitue et, au Havre, apparaît le bulletin *España nueva*. Dans les localités fortement hispanisées, une aide financière est apportée à la République ; cette contribution est parfois offerte par des émigrés en situation de précarité, comme au Blanc-Mesnil où le chômage croissant menace les familles originaires d'Estrémadure, d'Anda'ousie ou de Castille et risque de leur faire perdre les très modestes maisons construites à crédit [24].

La mobilisation dans l'armée républicaine affecte certaines classes d'âge et concerne de ce fait les expatriés. Des émigrés, dont la proportion est encore inconnue, s'engagent aussi volontairement pour aller défendre la République. Il ne faut pas oublier que beaucoup de volontaires partis de France pour combattre dans des milices ou dans les Brigades internationales sont souvent déjà eux-mêmes des exilés ou des émigrés provenant de divers pays. Les Espagnols immigrés dans l'Hexagone sont au nombre de ceux-là ; des jeunes d'une vingtaine d'années se portent volontaires mais aussi des hommes plus âgés et les engagements sont parfois massifs dans une même famille [25]. Si bien que l'on trouvera, parmi les réfugiés de 1939, des Espagnols qui ont déjà vécu en France avant la guerre d'Espagne et y reviennent avec l'armée républicaine défaite. C'est le cas de Francisco Reche, qui a travaillé près de six ans dans la région stéphanoise avant de repartir faire son service militaire en Espagne ; volontaire lorsque la Guerre civile éclate, il abandonne à nouveau l'Espagne en février 1939 [26]. Les trois frères Pérez de Vitry-sur-Seine, devenus citoyens français, partent pour l'Espagne avec une dizaine de volontaires de cette municipalité et les deux survivants participeront activement à la Résistance en France pendant l'Occupation [27]. Le cas le plus symbolique de ces aller et retour entre l'Espagne et la France pendant cette période est celui d'un autre immigré espagnol de la banlieue parisienne, responsable des Jeunesses communistes d'Ivry-sur-Seine en 1934 : Celestino Alfonso, l'un des résistants stigmatisés par la fameuse *Affiche rouge* et fusillé le 21 février 1944. Ouvrier menuisier, déjà inséré en France dans un milieu politico-social, il devient officier dans l'armée républicaine avant de connaître le même exode que ses compagnons et de s'engager, pendant l'occupation de la France, dans un groupe FTP-MOI de la région parisienne[28].

Du côté nationaliste, une certaine propagande est effectuée dans les principaux foyers de l'émigration ; bien que la Phalange espagnole ne se constitue véritablement en France qu'après la victoire franquiste en Espagne, elle a des représentants en France et ne néglige pas l'enjeu que représentent les émigrés[29]. Le cas de la colonie espagnole d'Algérie est plus complexe et relativement spécifique, car surdéterminée par des enjeux propres à la société coloniale : à côté d'immigrés favorables à la République et repérés pour leur grande activité de solidarité en sa faveur, l'on assiste à une radicalisation de la droite et de l'extrême droite qui se mobilisent en faveur des franquistes[30]. Autant de manifestations et de signes divers qui donnent à penser que l'apolitisme généralement attribué aux immigrés espagnols n'est pas si uniforme qu'il y paraît et que la guerre d'Espagne introduit un facteur considérable de politisation.

Une longue série d'exils politiques

La France est, depuis le XIXᵉ siècle, le destinataire principal des diverses émigrations politiques espagnoles, alors qu'elle a été moins concernée par les deux grands exodes des Temps modernes en provenance de la Péninsule ibérique, ceux des juifs et des Arabes survenus à partir de la fin du XVᵉ siècle. Mais si l'on connaît un peu les principaux exils collectifs liés à des événements politiques espagnols précis, l'on ne sait pratiquement rien des départs individuels et espacés motivés par des raisons où le « politique » et l'« économique » se mêlent, sans que l'on puisse déterminer avec précision la part de l'un et de l'autre ; comme c'est le cas, par exemple, pour les anarchistes qui, au début du siècle actuel, ne dissocient pas dans les causes de leur départ pauvreté et opposition au régime politique de leur pays. Les mouvements de fuite devant les guerres de l'Espagne au début du XXᵉ siècle ont des incidences certaines sur les phénomènes migratoires : les pointes de l'émigration espagnole en Algérie sont à mettre en rapport, notamment en 1909, avec la proportion des désertions devant la mobilisation pour la guerre du Maroc[31]. À côté de ces exils individuels, toute une série d'exodes politiques bien identifiés se succèdent sur le sol français tout au long du XIXᵉ siècle et, au siècle suivant, avant la Guerre civile : les adversaires viennent tour à tour en France lorsqu'ils passent dans l'opposition.

Ce sont d'abord les « Afrancesados », partisans de Joseph Bonaparte, en 1813, suivis des libéraux en 1814 et en 1823, des carlistes en 1833, en 1849 et en 1876, des progressistes en 1866 et des républicains en 1874. De l'ordre de quelque 10 000 personnes chaque fois — un peu plus pour les libéraux —, ces émigrations, surtout composées d'hommes jeunes sont de durées variables, liées aux vicissitudes de la vie politique espagnole. Des anarchistes émigrent également vers la France à la fin du XIXᵉ et au début du XXᵉ siècle pour fuir la répression, notamment après la « Semaine tragique » de Barcelone de juillet 1909 ; bien que le chiffre soit certainement démesuré et témoigne davantage de ses craintes que de la réalité, la police française estime alors ces militants à environ 25 000 en France, dont 7 000 dans les Pyrénées-Orientales[32]. Des groupes anarchistes espagnols, composés de paysans, d'ouvriers du bâtiment, d'artisans et d'intellectuels, sont présents à Narbonne, Bordeaux, Paris, Marseille ou Perpignan, surveillés constamment par les services de police.

Le dernier exode politique important avant celui de la Guerre civile est provoqué, en septembre 1923, par le coup d'État du général Primo de Rivera qui met fin à la monarchie constitutionnelle établie un demi-siècle auparavant. Numériquement réduite, cette émigration est importante de par les personnalités qui la composent et leur activité en exil. Francesc Macià est jugé en France en 1927 pour avoir tenté d'y organiser un complot contre le dictateur et il sera le premier président de la Généralité de Catalogne ; de leur côté, trois dirigeants anarchistes, Francisco Ascaso, Buenaventura Durruti et Jover, soupçonnés de préparer un attentat contre le roi Alphonse XIII en visite officielle à Paris, sont arrêtés par la police française en 1926 et libérés l'année suivante à la suite d'une campagne de la gauche non communiste. Parmi les dirigeants républicains qui s'exileront en France en 1939 certains y sont déjà venus pendant la dictature de Primo de Rivera. Après la proclamation de la République, le 14 avril 1931, la plupart des exilés politiques rentrent en Espagne. Une minorité, cependant, pour des raisons diverses, reste en France. Tel est le cas d'un militant socialiste de Cordoue, Francisco Serrano Olmo, devenu importateur de fruits en France et resté handicapé à la suite d'un accident de la circulation ; il accueillera en 1939 ses compagnons réfugiés, leur prodiguera aide et conseils et leur ouvrira largement la porte du petit appartement qu'il a pu acheter[33]. Mais, par un effet de balancier coutumier aux migrations politiques espagnoles, le roi Alphonse XIII, sa famille et quelques fidèles gagnent la France après l'avènement de la République ; des membres du clergé et des congrégations religieuses, parmi lesquelles vingt-cinq ordres différents ont pu être recensés, viennent également chercher refuge dans des maisons de leur ordre installées en France[34]. Ultérieurement, après l'insurrection des Asturies d'octobre 1934, un certain nombre de dirigeants politiques et syndicaux viennent à nouveau demander asile en France avant de retourner dans la Péninsule après la victoire électorale du Front populaire en février 1936. La dure répression qui s'abat sur les militants impliqués dans les événements de 1934 suscite la création, en France, d'un Comité d'aide aux victimes du fascisme en Espagne, présidé par Henri Wallon et composé des organisations de gauche[35].

Tous ces exodes politiques ont conduit les divers gouvernements français à forger, au fil du temps, des réglementations administratives. Aussi quelques précisions sur les modalités d'accueil des réfugiés politiques espagnols sont-elles nécessaires afin de saisir dans quelles traditions juridico-administratives s'inscriront les dispositions édictées pendant et après la guerre d'Espagne. Il ne s'agira pas toutefois, on le verra, d'une simple continuité administrative dans la mesure où l'application du droit d'asile, très dépendante dans ses formes de l'évolution du contexte général, est particulièrement tributaire au xxe siècle du renforcement de l'État-nation et des nouvelles règles édictées par celui-ci. Afin d'éviter les incidents de frontière et les complications diplomatiques avec l'Espagne, tous les gouvernements français depuis la monarchie de Juillet prescrivent l'éloignement de la frontière aux exilés en provenance de la Péninsule ; de la même manière qu'ils interdisent les départements de l'Est aux réfugiés allemands ou polonais. Les Espagnols doivent, le plus souvent, résider au nord de la Loire, mais la région parisienne reste fermée en principe à tous les réfugiés. Une loi de juillet 1839 interdit vingt-huit départements du Sud aux carlistes ; seuls quelques réfugiés espagnols pourront se « rapprocher des départements de deuxième et troisième ligne des Pyrénées ». En 1841, les officiers réfugiés en France après l'échec de la tentative du général O'Donnell sont regroupés à Orléans ; en 1843, les Catalans exilés après la chute de Barcelone sont internés dans quatre départements du Massif central [36].

Ces dispositions administratives sont réitérées, notamment sous leur forme géographiquement la plus restrictive, pour les membres des congrégations religieuses repliés en France après l'instauration de la République en 1931. La continuité de la mesure est bien soulignée par les pouvoirs publics : les religieux sont admis en France « à la condition que — par analogie avec les mesures prises antérieurement à l'égard des révolutionnaires espagnols — ces réfugiés ne soient pas autorisés à se fixer dans la région située au sud de la Loire afin d'éviter les incidents diplomatiques que leur présence aux abords de la frontière ne manquerait pas de soulever [37] ». Considérée comme un « geste inamical » envers les autorités espagnoles du moment, l'installation de congréganistes espagnols près des Pyrénées n'est pas autorisée. L'autre grand souci des pouvoirs publics français est de répartir autant que possible les groupes de réfugiés pour éviter la formation d'abcès de fixation : « Le gouvernement ne peut fermer délibérément les frontières et interdire le territoire français aux étrangers qui s'y présentent comme cherchant un refuge, mais il a le droit d'exiger d'eux l'obéissance aux lois du pays et une attitude correcte au point de vue international. En outre, il doit se préoccuper d'éviter, autant que possible, la formation de noyaux ethniques vivant en dehors de la société française et opposant à son action normale d'assimilation une résistance organisée [38]. » Des mesures identiques sont prises à l'égard des dirigeants politiques et syndicaux menacés par la répression après l'insurrection des Asturies d'octobre 1934 : le ministre de l'Intérieur, Paul Marchandeau, enjoint le 27 octobre 1934 aux exilés espagnols de résider au nord de la Loire et s'empresse de préciser quatre jours plus tard que la région parisienne demeure exclue des lieux de résidence possible [39]. Ainsi de nombreuses mesures édictées par les pouvoirs publics au moment du grand exode de 1939 s'inscrivent-elles dans une très ancienne tradition administrative française construite depuis un siècle pour gérer les exodes politiques espagnols vers l'Hexagone.

L'écho de la guerre d'Espagne en France

L'impact de la guerre d'Espagne en France explique pour une grande part les modalités de l'accueil des réfugiés républicains, aussi convient-il d'en rappeler quelques éléments. Impact double, puisqu'il concerne autant les Espagnols qui vivent sur le sol français, comme nous l'avons évoqué, que les Français. La Guerre civile espagnole provoque des échos profonds et suscite des réactions multiples dans de nombreux pays étrangers. Rarement conflit localisé dans un pays donné — même s'il met en jeu diverses interventions extérieures — n'a eu autant d'effet sur l'opinion publique internationale, non seulement en Europe mais aussi dans des lieux davantage éloignés du théâtre des opérations. Problème international majeur dans les années qui précèdent l'éclatement de la Seconde Guerre mondiale, la guerre d'Espagne ne préoccupe pas uniquement les gouvernements, mais marque profondément les opinions publiques, fortement divisées en faveur de l'un ou l'autre camp. Dans une période de montée des tensions internationales, caractérisée par l'affirmation des puissances totalitaires face à des démocraties largement désemparées, le conflit qui se déroule en Espagne prend aussitôt valeur de symbole : les uns y voient l'affrontement entre les démocraties et les fascismes, les autres y craignent le développement de la révolution et l'éclosion d'un régime communiste, d'autres encore applaudissent aux expériences de transformation radicale du système politique et social entreprises dans la Péninsule.

C'est en France que le conflit espagnol provoque l'écho le plus large et le plus profond dans l'opinion publique et marque le plus fortement les débats intérieurs : la Guerre civile espagnole est, dans la France de la fin des années 1930, complètement « intégrée aux luttes internes de la politique nationale », jouant ainsi un rôle de miroir pour l'opinion française, comme le montre l'historien Pierre Laborie. « Les Français vivent et règlent leurs problèmes par républicains et franquistes interposés. Le miroir espagnol les transforme en spectateurs de leurs propres affrontements, de leurs angoisses et de leurs espoirs. Il explique le présent et permet même de lire le futur [40]. » La proximité géographique, les liens et les parentés idéologiques tissés de part et d'autre des Pyrénées, ainsi que l'existence dans l'Hexagone d'une forte colonie espagnole expliquent largement cette particularité ; de plus, la présence d'un gouvernement ami de la République espagnole empêché, pour des raisons de politique intérieure et internationale, de venir au secours de son homologue hispanique, attise les passions et accentue les clivages et les déchirements. Le déclenchement de la Guerre civile suscite immédiatement en France les prises de position les plus diverses. Des mouvements de solidarité se créent et l'on voit fleurir de nombreuses publications émanant de sympathisants des trois grandes tendances qui se dégagent : les nationalistes, les partisans de la paix et les défenseurs déclarés de l'Espagne républicaine [41].

La droite française applaudit au soulèvement franquiste. Des organismes se constituent afin d'apporter un soutien inconditionnel au camp nationaliste, tels les Amis de l'Espagne nouvelle ; ce comité vante l'œuvre sociale et les réalisations entreprises dans la zone nationale et dénonce la terreur qui, selon lui, règne à Madrid. La presse conservatrice se fait par ailleurs largement l'écho de la propagande franquiste. De leur côté, émus par le conflit sanglant qui déchire l'Espagne, des pacifistes se font entendre et des voix s'élèvent pour la défense de la paix avant tout : c'est le cas de l'Internationale des résistants à la guerre ou du Comité d'action pour la paix en Espagne, où se retrouvent les philosophes Alain et Simone Weil. Des catholiques se joignent à l'initiative d'Espagnols émigrés en France en 1937, autour du juriste Alfredo Mendizábal, pour créer un Comité français pour la paix civile et religieuse en Espagne ; cet organisme est animé par Mgr Beaupin, évêque auxiliaire de Paris chargé de l'action pastorale envers les catholiques étrangers, et par des écrivains, philosophes et universitaires comme Georges Duhamel, Jacques Madaule, Gabriel Marcel, Jacques Maritain, François Mauriac, Claude Bourdet ou Paul Vignaux. Une partie de l'intelligentsia catholique qui a parfois, dans un premier temps, implicitement ou ouvertement soutenu Franco ne peut admettre que l'on tue au nom de la religion catholique et condamne des massacres faits au nom du Christ. L'arrivée des premiers réfugiés, basques pour la plupart, n'est certainement pas totalement étrangère à ces prises de position et à ces éventuels revirements : fervents catholiques, de nombreux Basques sont pourtant restés loyalistes envers le régime républicain qui a accordé un statut d'autonomie à l'Euzkadi.

Pour la gauche, la République espagnole prend valeur de symbole dans une période marquée par la montée du fascisme sur le plan international. Aux organisations créées bien avant la guerre d'Espagne, comme le Secours rouge international ou le Comité mondial contre le fascisme et la guerre — dit encore « Comité Amsterdam-Pleyel » — s'ajoutent des mouvements consacrés spécifiquement, avec des sensibilités variées, à l'aide à l'Espagne républicaine. Ce sont, par exemple, le Comité international de coordination et d'information pour l'aide à l'Espagne républicaine, présidé par Victor Basch et Paul Langevin ; le Comité franco-espagnol, animé par Albert Bayet, Jacques Madaule et Louis Martin-Chauffier ; l'Amicale des volontaires de l'Espagne républicaine, dirigée par le communiste André Marty, ou le Comité d'action socialiste pour l'Espagne, rassemblé autour du socialiste de gauche Jean Zyromski. Guerre civile, lutte contre les fascismes ou révolution sociale ? Le débat sur le véritable sens de la guerre d'Espagne traverse non seulement le camp républicain espagnol mais aussi ses sympathisants à l'extérieur. Contrairement aux organismes socialistes, préoccupés surtout par la défense de la démocratie espagnole, ou à ceux influencés plus ou moins directement par le Komintern, peu soucieux de voir une révolution incontrôlée se développer en Espagne, les mouvements anarchistes ou révolutionnaires défendent les tentatives de transformation de la société entreprises dans diverses régions de la Péninsule : ainsi un Comité de défense de la révolution espagnole antifasciste se mobilise-t-il pour exprimer sa solidarité avec les anarchistes espagnols.

À côté des mouvements qui prennent des positions politiques sur le conflit en cours, mais souvent étroitement liées à ces derniers, des organisations humanitaires s'efforcent d'attirer l'attention de l'opinion publique sur le sort des populations civiles victimes des bombardements. La guerre d'Espagne voit, en effet, s'affirmer le caractère essentiel de l'aviation militaire dans un conflit et inaugure l'emploi systématique des bombardements destinés à miner le moral de l'adversaire en frappant les populations civiles. Des images terribles d'enfants morts dans les décombres des villes sont ainsi largement diffusées, notamment par le Secours international aux femmes et aux enfants des républicains espagnols. À l'initiative du Comité international de coordination et d'information pour l'aide à l'Espagne républicaine, est créée dans l'été 1937 une Centrale sanitaire internationale d'aide à l'Espagne républicaine parrainée par des personnalités comme Frédéric et Irène Joliot-Curie. La CGT décide de fonder un Comité d'accueil aux enfants d'Espagne. Dans son travail d'organisation des colonies d'enfants, ce comité est secondé notamment par la

Ligue de l'enseignement et la Ligue française pour la défense des droits de l'homme et du citoyen ; aussi est-il présidé par Léon Jouhaux, secrétaire général de la CGT, et Victor Basch, président de la Ligue des droits de l'homme. Une solidarité est en marche à mesure que la férocité des combats en Espagne apparaît dans toute son horreur novatrice. Cependant, la diversité des réactions françaises face à la guerre d'Espagne préfigure la multiplicité des attitudes manifestées envers les réfugiés lors de l'exode.

1936-1938 : flux et reflux migratoires

La violence qui frappe indistinctement les populations civiles et la répression brutale exercée par les nationalistes dans les zones conquises aux républicains provoquent l'arrivée en France de diverses vagues de réfugiés ; intimement lié à l'évolution des opérations militaires, chaque exode reflète la conquête progressive de l'Espagne par les troupes insurgées contre le gouvernement républicain. De 1936 à 1938, trois vagues de réfugiés, d'ampleur inégale, entrent en territoire français : la première correspond à la prise du Pays basque l'été 1936, un mois à peine après le déclenchement de la Guerre civile ; la deuxième, plus considérable, se produit de juin à octobre 1937, au moment de la phase finale de la campagne du Nord et la troisième, au printemps 1938, est consécutive à l'occupation du haut Aragon par les franquistes[42]. Parfois organisés par des autorités républicaines soucieuses de mettre les populations civiles à l'abri des hostilités, souvent spontanés, causés par une peur panique de cette guerre sans merci, ces exodes voient arriver pêle-mêle en France des femmes, des enfants, des vieillards, mais aussi des militaires vaincus sur le dernier front enfoncé par les rebelles.

Confrontés à ces vagues répétées de réfugiés et à ces situations de détresse, les pouvoirs publics français élaborent peu à peu une politique d'accueil. Le droit d'asile conforme à la tradition républicaine française est réaffirmé, mais les effets de la crise des années 1930, alliés aux relents d'une xénophobie latente et à des corporatismes toujours en éveil, même dans la classe ouvrière[43], déterminent très vite des restrictions à son application : les rapatriements sont la solution préférée des autorités qui exigent, lorsque ceux-ci se révèlent impossibles, que les réfugiés soient au moins tenus éloignés de la frontière. La notion de droit d'asile, présente dans la culture politique française contemporaine depuis la Constitution de 1793, n'a cessé de revêtir diverses formes concrètes en fonction du contexte international ou de la conjoncture politique ou économique intérieure. Dans les années 1920, l'arrivée de réfugiés russes, arméniens ou italiens coïncide avec une importante vague d'immigration destinée à combler les vides démographiques creusés par la guerre mondiale et à permettre la reconstruction ; des réfugiés arméniens et russes sont même recrutés avec des contrats de travail à cette fin [44]. Dans les années 1930, au contraire, l'arrivée des réfugiés allemands, sarrois, autrichiens et surtout espagnols plus nombreux encore, s'effectue à contre-courant et s'inscrit dans une conjoncture de reflux de la vague migratoire liée aux fortes difficultés du marché du travail. Dans le contexte où ils arrivent, tous les réfugiés espagnols seront par conséquent incités au rapatriement ; la situation ne se modifiera significativement qu'avec la déclaration de guerre, quand les bras manqueront dans l'industrie, notamment d'armement, et que le gouvernement s'empressera de ralentir le rapatriement des Espagnols susceptibles d'être utiles à l'économie française.

Les premiers afflux de réfugiés espagnols correspondent, on l'a dit, à la prise du Pays basque et des Asturies par les généraux insurgés, régions à haute valeur symbolique, l'une par son affirmation nationale, l'autre comme secteur historique des luttes ouvrières. Lors de la campagne du Guipúzcoa, à la fin août 1936, le premier exode de civils, composé de femmes, de vieillards et d'enfants, parvient à Hendaye, suivi à partir du début septembre par les défenseurs d'Irún et de Saint-Sébastien défaits par les nationalistes. Tandis que beaucoup de civils repartent vers leur lieu de résidence habituel, les militaires retournent par Perpignan vers la zone républicaine, croisant un flux de fugitifs qui quitte plus ou moins clandestinement l'Espagne en guerre. De nombreux enfants originaires de régions proches du théâtre des opérations sont évacués avec l'aide des autorités françaises. Cette première vague est estimée à environ 15 000 personnes. La deuxième vague de réfugiés, qui se produit de juin à octobre 1937, lors de la phase finale de la campagne du Nord et, surtout, de l'offensive nationaliste sur Bilbao, concerne plus de 120 000 personnes [45].

Dès le début de l'avancée franquiste, devant la sévérité des bombardements effectués au-dessus de Bilbao, le gouvernement basque entreprend d'organiser l'évacuation des habitants. Ses représentants en France — comme le député et homme d'affaires

Rafael Picavea[46] — collaborent avec les autorités françaises afin d'accueillir les réfugiés dans les ports de Pauillac, La Pallice, Saint-Nazaire, Nantes et Le Verdon[47]. D'importants contingents d'enfants sont évacués par bateaux vers la France, mais aussi vers la Grande-Bretagne, la Belgique et l'Union soviétique. La prise de Bilbao le 19 juin, puis celle de Santander fin août provoquent l'arrivée en France d'embarcations espagnoles pleines de réfugiés. L'exode continue, en septembre et en octobre, pour de nombreux réfugiés en provenance des Asturies, surtout après la prise de Gijón le 21 octobre. Enfin, au printemps 1938, lorsque le sort des armes penche définitivement en faveur des nationalistes, l'occupation du haut Aragon par ces derniers engendre un troisième flux migratoire vers la France d'environ 25 000 personnes. Les nombreux miliciens repassent la frontière assez rapidement et il ne reste en France qu'une dizaine de milliers de réfugiés. En définitive, à la suite de ces premières vagues d'émigration et des divers retours, l'on peut estimer que le nombre total de réfugiés espagnols en France se monte, fin 1938, à un peu plus de 40 000, dont de nombreux enfants[48]. La situation des enfants est très diverse : ils sont accueillis soit dans des colonies, pour une grande majorité d'entre eux, soit dans des familles, françaises ou d'origine espagnole[49].

Une remarque s'impose sur les chiffres avancés tout au long de cette évocation des vagues de réfugiés. Nous disposons à présent d'un très grand nombre, pas toujours concordants et qu'il faut prendre avec prudence car rien n'est moins quantifiable avec précision que des phénomènes humains aussi mouvants et complexes. Encore aujourd'hui, avec tous les moyens comptables auxquels nous avons accès, des différences dans les modes de calcul et dans la fiabilité des instruments statistiques sont constatées dans le domaine des migrations[50]. Les réfugiés échappent encore plus à la comptabilité et la mise en garde de l'historien américain Michael Marrus sera la nôtre : « Les réfugiés étant, presque par définition, des oubliés, "tombés dans les crevasses de l'histoire", aucun recensement ne peut véritablement tenir le compte des civils qui, désespérés, pris de panique, traversent en masse les frontières ou errent de place en place dans les situations de crise[51]. » Bien souvent, pour une date donnée, les chiffres fournis par les divers organismes officiels concernés, ou même par des services distincts d'un même ministère, diffèrent sensiblement les uns des autres ; les bases de calcul ne sont pas uniformes et les chiffres avancés ont parfois une utilité politique dans un argumentaire. Il s'agira donc simplement, avec les données existantes dont nous disposons, de fixer des ordres de grandeur. En ce qui concerne les républicains espagnols, le débat historiographique s'est parfois focalisé sur ce thème, avec des arrière-pensées politiques évidentes, comme si minorer ou majorer des effectifs déjà importants de réfugiés avait un sens autre que celui d'une démonstration partisane — débat qui amène souvent à occulter d'autres aspects fondamentaux de l'événement.

Dès le début de la Guerre civile espagnole, le premier gouvernement Blum, contraint assez rapidement à une politique de non-intervention, mais préoccupé par les événements d'Espagne et par leurs conséquences inévitables pour la France, tâche d'élaborer une politique d'accueil des réfugiés. Une vingtaine d'instructions ministérielles sont diffusées à ce sujet entre le début de la guerre, le 18 juillet 1936, et la fin de la même année. En 1937, ces instructions seront au nombre d'une quarantaine, sans compter les circulaires secrètes et les télégrammes dont seulement quelques-uns sont parvenus à notre connaissance. Si certains de ces textes concernent les Français d'Espagne amenés à être rapatriés en raison de la guerre, l'immense majorité d'entre eux est consacrée aux réfugiés espagnols. Les premières instructions données aux préfets sont inspirées indubitablement par des soucis humanitaires : quarante-huit heures après le début du soulèvement nationaliste, il est recommandé de pratiquer, à l'égard des réfugiés espagnols, un accueil conforme à la « tradition ». Ces derniers seront autorisés à résider provisoirement dans les départements d'arrivée et, s'ils désirent retourner en Espagne, ils pourront choisir le poste frontière qui leur convient, après avoir déclaré assumer les risques de ce retour[52]. Le rapatriement peut ainsi s'effectuer par les Pyrénées-Orientales, côté républicain, ou par les Basses-Pyrénées, côté nationaliste[53]. Afin de prévoir les modalités d'un hébergement éventuel des réfugiés, le gouvernement demande le 18 août aux préfets des départements situés entre Garonne et Loire de procéder à un recensement des locaux susceptibles de recevoir des réfugiés indigents et « envisager, temporairement du moins, les moyens propres à assurer leur subsistance[54] ». Un premier crédit de 200 000 francs est demandé aux Finances ; somme conséquente, mais relative, si on la compare aux 10 millions de francs votés en septembre afin d'aider les réfugiés français en provenance d'Espagne[55].

Devant les premiers flux de réfugiés et la perspective d'entrées plus importantes, le ministre de l'Intérieur donne des directives précises afin d'alléger la charge prévisible pour les fonds publics et d'organiser rationnellement la répartition géographique des arrivants. Le 19 août 1936, il recommande aux préfets des départements frontaliers d'inviter les réfugiés à retourner en Espagne dans un délai de cinq jours ou, à défaut, à se rendre dans un département situé entre Garonne et Loire. La faculté est cependant laissée à ceux qui auraient des « attaches sérieuses », parents ou propriétés, entre les Pyrénées et la Garonne, de rester, provisoirement du moins, dans la région[56]. Afin de réguler l'entrée des réfugiés sur le sol français, le gouvernement de Front populaire définit très rapidement plusieurs principes qui restent dans la droite ligne des modalités d'accueil traditionnelles pratiquées à l'époque contemporaine à l'égard des exilés espagnols. Il s'agit tout d'abord, afin de diminuer les charges de l'État, d'inciter les réfugiés à se rapatrier et, si cela est provisoirement impossible, obligation est faite de résider loin de la frontière. Cependant, les réfugiés qui n'ont d'autre possibilité que de rester en France ne sont pas astreints, au début de la Guerre civile, à aller au nord de la Loire mais seulement au nord de la Garonne. Par ailleurs, le gouvernement interdit de communiquer les listes de réfugiés aux consuls espagnols, se préoccupe du regroupement des membres dispersés d'une même famille et instaure les cadres d'un contrôle sanitaire aux frontières[57]. Il est soucieux de ne pas rééditer l'expérience de l'accueil des émigrés sarrois, hébergés dans des centres en 1935 :

> En raison de l'expérience de l'émigration sarroise, il convient d'écarter, *a priori,* le principe de l'hébergement collectif dans des camps à la charge de l'État, sauf en cas d'asile à donner à proximité immédiate de la frontière, en cas d'urgence et pour une durée limitée.
> [...] Les crédits doivent être affectés à l'hébergement temporaire des réfugiés espagnols *indigents*, à leur nourriture et, le cas échéant, à leur habillement ou à l'attribution de secours d'extrême urgence[58].

Du fait des pressions extérieures et intérieures dont il est l'objet, le gouvernement de Front populaire commence peu après à s'orienter vers une politique plus restrictive : tandis qu'il donne des instructions aux préfets afin d'assurer le respect du principe de non-intervention dans la Guerre civile espagnole[59], il renforce les contrôles et la surveillance aux frontières. En se défendant de

« méconnaître les traditions de notre hospitalité », il fixe, afin de sauvegarder l'ordre public, les formalités exigées des ressortissants espagnols pour être admis à franchir la frontière : un visa « délivré par les autorités consulaires françaises ayant leur siège en Espagne ou dans les possessions espagnoles » doit être apposé sur les passeports, ce qui implique que « les intéressés aient accepté expressément de rentrer dans leur pays d'origine[60] ». Cependant, l'*Instruction générale sur l'hébergement des réfugiés espagnols*, édictée en mai 1937, est encore une tentative pour « assurer, dans des conditions normales, l'hébergement des réfugiés espagnols qui sollicitent leur accueil sur le territoire français, de leur venir en aide par des moyens d'assistance appropriés et d'assurer le contrôle sanitaire indispensable ». Cette instruction synthétise les dispositions prises précédemment et détermine la liste des départements d'accueil classés en deux catégories : trente et un départements, situés pour la plupart entre Garonne et Loire[61], dits de « première urgence » et quatorze autres, dispersés dans l'Hexagone de la Normandie et de la Bretagne jusqu'en Bourgogne, de « deuxième urgence »[62]. En juin 1937, une circulaire enjoint aux hommes d'âge militaire — de dix-huit à quarante-huit ans — de se rapatrier[63]. L'été 1937, les pouvoirs publics constatent l'impossibilité des compagnies de chemin de fer à organiser des convois et l'absence de place disponible pour l'hébergement[64].

Lorsque le Front populaire tente de se poursuivre sous direction radicale, l'inflexion restrictive de la politique vis-à-vis des réfugiés espagnols est sensible. En septembre 1937, le ministre socialiste de l'Intérieur, Marx Dormoy, demande à la police de redoubler de vigilance et d'établir « un barrage infranchissable » à la frontière et déclare, en parlant des 50 000 Espagnols présents alors en France : « J'ai décidé de les mettre en demeure de quitter notre territoire[65]. » Il prescrit donc le rapatriement de tous les réfugiés à charge de l'État français ou d'organismes publics, à l'exception des enfants, des malades et des blessés[66] ; à l'exclusion aussi de réfugiés employés à des travaux considérés comme urgents, tels les vendangeurs embauchés en Haute-Garonne, les pâtres et ouvriers agricoles recrutés dans les Hautes-Pyrénées ou les bûcherons engagés pour l'exploitation des pins brûlés lors des incendies de forêts landaises en août 1937[67]. Il est conseillé à nouveau aux administrations locales de faire signer aux réfugiés un document dans lequel ils assument la responsabilité de toutes les conséquences de leur rapatriement[68]. Le 27 novembre 1937, les choses sont clairement établies : « Seuls sont autorisés à résider en France les réfugiés qui possèdent des ressources suffisantes pour y demeurer sans occuper aucun emploi ou qui peuvent être recueillis par des personnes prenant l'engagement de subvenir à tous leurs besoins, exception faite toutefois pour les femmes, les enfants, les vieillards et les malades qui peuvent encore être hébergés aux frais des collectivités publiques. » Les pouvoirs publics, qui souhaitent ainsi alléger les charges de l'État, craignent par ailleurs la concurrence des Espagnols dans certains secteurs d'emploi. Au cours des deux premières années de la Guerre civile espagnole, ils procèdent par tâtonnements et ajustements successifs vis-à-vis des réfugiés. Le droit d'asile est certes pratiqué, mais avec le souci constant de limiter les entrées sur le territoire et d'inciter aux rapatriements. Comme 13 millions de francs de crédits ont été votés pour l'aide aux réfugiés espagnols sous le gouvernement de Léon Blum et 55 millions au cours du second semestre de 1937[69], la préoccupation constante est de réduire les coûts entraînés par l'assistance aux plus nécessiteux.

Les réactions de l'opinion publique sont, en effet, très ambivalentes devant ces premières vagues de réfugiés. Les syndicats et partis de gauche, ainsi que divers comités mettent en œuvre une solidarité concrète envers les réfugiés, perçus comme des victimes du fascisme, et multiplient meetings de soutien et collectes ; mais si la droite est, dans sa partie modérée, émue par les atrocités de la Guerre civile, elle se plaint, souvent en termes très méprisants, de l'invasion subie par la France. Dans de nombreuses régions, les populations, sauf exceptions, manifestent peu d'empressement envers les réfugiés, choquées souvent par la passion politique observée chez leurs hôtes et inquiètes de voir obérer les finances locales[70]. Des associations, comme la Fédération départementale des contribuables des Basses-Pyrénées, se plaignent des frais occasionnés par l'accueil des réfugiés[71] ; des corporations s'estiment lésées par la concurrence des Espagnols et des plaintes sont enregistrées par les préfets. En décembre 1936, le trésorier de la section radicale et radicale-socialiste d'Hendaye proteste contre la concurrence faite aux commerçants français par des « étrangers réfugiés d'Espagne ». En mars 1938, les pêcheurs de Saint-Jean-de-Luz expriment leur mécontentement parce que des patrons font appel à des réfugiés espagnols, réputés spécialistes de la pêche et

excellents connaisseurs des côtes ; pourtant, remarque le préfet du
département, les offres de travail proposées auparavant n'ont pas
eu de succès auprès des pêcheurs locaux et les patrons ont besoin
de « platiers » pour aller, à des moments et en des endroits précis,
appâter le poisson[72]. Les avertissements donnés à son ministère
par l'ambassadeur de France à Madrid, Jean Herbette, sont révéla-
teurs des craintes d'une partie de la classe politique et de l'opinion
publique :

> Dès que la supériorité militaire du général Franco et de ses lieute-
> nants se fera sentir en Catalogne, beaucoup d'anarchistes et de gens
> qui ont travaillé avec eux voudront s'enfuir... Ce sont des dizaines de
> milliers de personnes qui prétendront alors se réfugier en France et
> les plus compromis seront probablement les premiers à se précipiter
> chez nous... Nos départements limitrophes risqueraient alors d'être
> envahis par une foule d'éléments malfaisants et dangereux qui essai-
> meront ensuite à travers la France[73].

Les réfugiés civils qui ne peuvent rentrer en Espagne sont acheminés vers les départements de l'intérieur prévus à cet effet. Certaines zones leur demeurent inaccessibles : il est rappelé, en juin
1938, « les graves inconvénients que peut entraîner un afflux
inconsidéré de réfugiés espagnols dans la région parisienne, déjà
saturée d'éléments étrangers[74] ». Mais, en fonction des possibilités locales d'hébergement, de la résistance plus ou moins grande
à un éventuel accueil ou de l'acceptation d'une certaine hospitalité, des départements prévus par l'instruction de mai 1937 reçoivent peu ou pas de réfugiés ; d'autres, non inclus dans la liste, en
reçoivent un contingent appréciable, tel le Jura. Les six départements qui constituent l'actuelle région Centre sont une des zones
clés de ce dispositif d'éloignement de la frontière. Près de 5 000
réfugiés sont acheminés en 1937 dans cinq d'entre eux, dits de
« première urgence » : Cher, Indre, Indre-et-Loire, Loir-et-Cher,
Loiret. Environ 700 réfugiés sont envoyés dans l'Eure-et-Loir,
département considéré comme de « deuxième urgence ». À partir
d'un recensement préalable des ressources locales en matière
d'hébergement, les réfugiés sont disséminés dans soixante
communes du Cher et dans quarante-deux centres du Loiret ; en
revanche, dans les autres départements, les réfugiés sont plus
concentrés : huit communes seulement en accueillent dans l'Eure-
et-Loir, cinq dans l'Indre et deux dans le Loir-et-Cher. Au moins

2 000 réfugiés conduits dans cette région sont rapatriés au cours
de l'année 1937, dont un tiers par Hendaye[75]. Autre exemple, pris
dans un département dit de « deuxième urgence » : environ 1 200
Espagnols arrivent en Mayenne au cours de l'année 1937 et sont
répartis — éparpillés pourrait-on dire — dans cent une
communes[76].

Comme en de nombreuses régions, les conditions d'hébergement sont variables dans les départements du Centre. Tous les
locaux disponibles sont utilisés : église désaffectée, anciens châ-
teaux et hospice à Saint-Amand-Montrond, maisons particulières,
fermes et ancienne prison dans les localités rurales du Cher ; « cité
taudis » précédemment occupée par des réfugiés rhénans dans
l'Indre ; centre de vacances désaffecté ou ancien haras de remonte
dans le Loir-et-Cher ; fermes, sanatorium ou écoles dans le Loiret ; camp militaire de Lucé, en Eure-et-Loir, désaffecté depuis la
fin de la Première Guerre mondiale et jugé impropre à un logement décent en 1938 ; ancien centre de détention à Châteaudun,
caserne à Issoudun. Les premiers hébergements sont souvent provisoires et les réfugiés sont conduits par la suite en d'autres lieux :
après la rentrée scolaire, les réfugiés placés dans des écoles
communales d'Orléans sont transférés vers une ancienne usine et
une gare de tramways désaffectée ; accueillis dans une « écurie
du dépôt des étalons » à la Guerche, dans le Cher, les réfugiés sont
abrités ensuite dans les dépendances d'un vieux château, propriété
communale. En 1938, les nouveaux arrivants dans le département
du Cher sont rassemblés dans un ancien haras de remonte au lieudit Châteaufer puis, étant donné son aménagement rudimentaire,
transférés à l'abbaye de Noirlac[77]. Les exodes provoqués au cours
de la Guerre civile ont été, en fait, une succession de flux et de
reflux de réfugiés, gérés au coup par coup par les pouvoirs publics
avec quelques principes inspirés tant du respect du droit d'asile
que de la tradition administrative. La fin de la guerre provoque
un raz de marée de réfugiés dans le contexte sensiblement différent d'une terre d'asile qui se referme sur elle-même et développe
une législation restrictive par rapport aux étrangers.

Le grand exode de 1939 : la Retirada

La plus importante vague de réfugiés est la quatrième : c'est la
Retirada, la retraite, qui se produit après la chute de la Catalogne

à la fin de janvier 1939. Par son ampleur et sa soudaineté, il s'agit de l'exode le plus considérable qui se soit jamais produit à une frontière française. Son souvenir hante encore aujourd'hui les mémoires de bien des survivants, mais un silence prolongé l'a entouré et il est demeuré longtemps oublié dans les replis de l'histoire. C'est un exode qui survient après plus de deux ans et demi d'une guerre acharnée, où l'aide apportée aux franquistes par l'Italie fasciste et l'Allemagne nazie a été déterminante pour l'obtention de la victoire ; un exode qui contraint à se réfugier en France aussi bien les soldats défaits d'une armée régulière que les civils menacés par la vindicte des vainqueurs. Or, rien n'est prévu pour l'accueil des réfugiés, hormis les mesures destinées à garantir l'ordre et la sécurité. Assurément, les craintes manifestées depuis 1936 par l'ambassadeur français en Espagne sur les risques d'une arrivée massive de réfugiés après la chute de la Catalogne se révèlent justes ; elles sont même largement en dessous de la réalité. De même, en mars 1938, au moment de la grande offensive nationaliste en Aragon, l'attaché militaire français, le lieutenant-colonel Morel, attire à son tour l'attention du gouvernement sur l'inévitable afflux de combattants et de civils à la frontière française en cas d'effondrement du front militaire républicain ; sans compter la population susceptible de fuir l'avance des franquistes, il évalue à au moins 20 000 le nombre de militaires qui se presseront à la frontière. Des mesures sont à prendre, selon lui, pour prévoir un dispositif d'accueil. Un mois plus tard, le consul espagnol à Perpignan avertit le préfet du département de la possibilité d'un exode massif à la frontière. En dépit de ces avertissements répétés, rien n'est organisé, pas même pour faire face à une vague de réfugiés d'une ampleur comparable à ce qui a été pressenti. « La première critique adressée au gouvernement dans cette affaire des réfugiés, c'est l'absence de prévision », remarque le ministre de l'Intérieur, Albert Sarraut ; il s'en défend pourtant longuement, le 14 mars 1939, à la Chambre des députés, en réfutant les attaques de la gauche comme de la droite :

> D'aucuns, avec raison, nous auraient reproché de claironner le signal de la débâcle espagnole, de décourager les combattants, de prendre publiquement position pour la défaite. Les autres, avec non moins de raison, nous auraient reproché, par les apprêts matériels de la réception, d'appeler, d'inviter, d'exciter la population catalane et les miliciens à venir chez nous [78].

« Le 25 janvier encore, on affirme de Barcelone, distante de 150 km de notre frontière, que la capitale catalane se défendra vaillamment », argumente Albert Sarraut qui rappelle qu'il a cependant envoyé une circulaire confidentielle aux préfets « appelant leur attention et leur initiative sur la situation que pourrait créer un afflux irrésistible et soudain de populations espagnoles à la frontière française. » Il leur demande aussi de faire procéder « aussi discrètement que possible, pour ne pas donner aux Espagnols l'impression que nous nous préparons à les recevoir, à un recensement des locaux, publics et privés, vacants dans leurs départements et qui pourraient être employés pour le logement des réfugiés ». Le projet de créer une zone neutre en territoire espagnol « où pourraient être dirigées, abritées et ravitaillées par ailleurs, par l'action franco-anglaise, les populations catalanes que la poussée de ces opérations amènerait à quitter leurs foyers » est accepté puis rejeté par le gouvernement Negrín [79] ; il est également repoussé le 27 janvier par Franco auprès du consul général français à Saint-Sébastien et la notification en parvient à Paris le 28.

Le 26 et le 27 janvier, des conférences interministérielles décident de fermer la frontière, sauf pour les personnes munies d'autorisations délivrées par les agents consulaires français ; elles répondent également par la négative à la requête du gouvernement espagnol d'autoriser l'entrée en France de 150 000 personnes — vieillards, femmes et enfants — évacuées de Barcelone. Il faut noter toutefois que cette demande adressée par Julio Alvarez del Vayo, ministre espagnol des Affaires étrangères, est la plus forte estimation prévisionnelle du nombre de réfugiés indiquée par le gouvernement Negrín ; ce dernier pense, en effet, à une poursuite de la guerre dans la zone Centre-Sud, perspective qui se révélera vite illusoire. « Ainsi donc, dès le 26 janvier, le dispositif de barrage est en place. Notre phalange de gardes mobiles, de gendarmes et de Sénégalais, braves gens et braves cœurs dont on ne fera jamais assez l'éloge, est à son poste », rappelle aux députés le ministre de l'Intérieur. Albert Sarraut, qui fait sans conteste le rapport le plus explicite sur les contradictions dans lesquelles se trouve pris le gouvernement français, ajoute, parlant de la résistance de l'armée républicaine :

L'armée n'a pas tenu. La débâcle soudaine est arrivée dans les conditions tragiques exposées au début de ce débat. La ruée folle s'est produite contre notre barrière. Elle était fermée. Il est exact que nous l'avons ouverte [80].

L'éventualité, également envisagée par le gouvernement français, de rassembler les réfugiés en plusieurs points du territoire espagnol à proximité de la frontière est vite écartée par l'avance rapide vers la France d'une zone de feu continue devant laquelle la population s'enfuit[81]. Après la prise de Tarragone, à la mi-janvier 1939, puis de celle de Barcelone le 26, des milliers d'Espagnols, femmes, enfants, vieillards, invalides mêlés, fuient les combats et l'arrivée des franquistes, poussés vers le nord par la marche victorieuse des armées insurgées. Les sentiers de montagne sont encombrés d'automobiles, de camions, de charrettes. La plupart des réfugiés sont à pied, chargés des maigres biens qu'ils ont pu emporter, et viennent se presser aux postes frontières, tout particulièrement ceux des Pyrénées-Orientales. Devant la poussée de cette foule énorme de réfugiés aux abois, le gouvernement français décide d'ouvrir la frontière le 28 janvier au matin pour les civils, dirigés rapidement vers l'intérieur du pays ; mais la frontière reste fermée pour les combattants et les hommes d'âge militaire. Le procureur général de Montpellier, dépêché sur place, écrit le 31 janvier au garde des Sceaux :

> Toutes les prévisions ont été dépassées à un tel point que les services organisés sur leurs bases ont été complètement débordés [...]
> Un flot de fugitifs se presse, en proie à une panique irraisonnée, et déferle sur les cordons établis à la ligne même de la frontière par les troupes françaises [...]
> Aucune évaluation n'est possible [...]
> Dans tous les sentiers de la montagne, des files d'hommes, de femmes et d'enfants descendent et attendent qu'on les admette [...]
> [...] les barrages s'ouvrent périodiquement pour laisser passer les femmes, les enfants, les vieillards, les malades et les blessés qui, une fois admis au Perthus, dont les quelques abris contiennent plus de monde que leur capacité ne le permet et qui est sans communication par voie ferrée avec Perpignan, piétinent sur place, en plein air, dans le froid et sous la pluie[82].

Après la prise de Gérone le 4 février et le constat que la résistance est devenue vaine en Catalogne, c'est au tour des plus hautes autorités de l'Espagne républicaine de passer la frontière. Le 5 février, le président de la République, Manuel Azaña, le président des Cortes, Diego Martínez Barrio, et le chef du gouvernement, Juan Negrín, arrivent en France ; ce dernier quitte cependant Toulouse pour Alicante le 8 février afin de prolonger la résistance.

Les forces des troupes républicaines sont si diminuées que celles-ci se replient aussi en masse vers la France. De longues colonnes de soldats, accompagnés du matériel militaire qu'ils ont pu sauvegarder, se pressent à la frontière. Le gouvernement français décide, à partir du 5 février au soir, d'ouvrir la frontière aux militaires désarmés. L'afflux des soldats républicains se poursuit dans les jours suivants, surtout par Le Perthus, jusqu'à l'occupation des voies d'accès par les troupes nationalistes. La vision que le gouvernement a de cet exode éclaire assurément les mobiles qui l'ont finalement poussé à ouvrir la frontière. En ce sens, la description donnée par Albert Sarraut à la Chambre des députés en mars 1939 est révélatrice de l'ambivalence de sentiments qui préside à l'accueil des réfugiés espagnols :

Dans ce mascaret humain, dans cette immense et pathétique cohue, dont le désordre indescriptible confond les êtres et les choses et défie la tentative d'un choix ou la précaution d'un criblage, il y a de tout.

Il y a des mères et des enfants, il y a des vieillards et des infirmes, il y a des civils et des militaires. Il y a de tout. Il y a des héros et des fuyards, de braves gens et de la canaille *[Très bien ! Très bien ! À droite]*, d'honnêtes gens et des viragos, des innocents et des bandits ; il y a des « madres » qui agonisent ; il y a des blessés dont les moignons laissent suinter le sang et les sanies des gangrènes à travers les plâtres des pansements hâtifs.

Tout cela confondu, mêlé, pressé dans un amalgame inextricable.

Mais toute cette multitude hétéroclite et disparate, en dépit des différences de l'âge et de la condition sociale, a pourtant un seul et même visage exprimé par l'identité de l'accablement physique et moral.

Des yeux hagards, des traits livides, le masque uniforme des faces creusées par la famine, la fièvre et la souffrance, le visage terrible et poignant de la grande misère des hommes.

Et toute cette humanité de cauchemar vient se heurter et s'écraser contre la herse que nous avons laissée tomber dès le 28 janvier sur les seuils de notre frontière.

Et derrière cette herse, il y a des fusils et des mitrailleuses, qui sont les attributs de notre force et les moyens légitimes de notre sauvegarde.

Si nous le voulons, toute cette masse affamée et misérable ne passera pas ; elle ne franchira pas la barrière de fer et de feu que nous pouvons lui opposer.

Mais, devant les mitrailleuses, entre elles et l'imploration de ces faces de peur et de détresse, il y a le visage calme, doux et grave de

la France, de la France de saint Vincent-de-Paul et des Droits de
l'homme, qui est la même depuis toujours, à travers les âges comme
à travers le monde. *[Applaudissements.]*

Et cette France dit aux fusils : « Écartez-vous. Je prends charge de
cette misère. »

Il me semble que j'insulterais cette Assemblée en demandant s'il
y a quelqu'un, ici, qui aurait préféré que la France laissât parler les
mitrailleuses. *[Vifs applaudissements à gauche, à l'extrême gauche
et sur divers bancs.]*

Alors, sur son geste, tout le monde s'empresse, tous les Français,
tous ces Français et ces Françaises qui ne se lassent pas aussi vite
que nous le croyons ici de faire leur devoir de charité et d'humanité.
Population locale, autorités civiles et militaires, Croix-Rouge, sociétés de secours mutuel, volontaires de la pitié et de la fraternité, chacun
accourt et se hâte, se dévoue, organise l'accueil, l'hébergement,
l'abri, donne aussi, par surcroît, le sourire qui console et la parole
qui réconforte[83].

Si aucun député ne dit explicitement qu'il aurait fallu laisser
les réfugiés sous la mitraille franquiste, beaucoup pensent, comme
Jean Ybarnégaray, ancien Croix-de-Feu, que « la France ne peut
pas, ne peut plus supporter ce poids écrasant sur ses seules épau-
les » et qu'il faut « à tout prix, au plus tôt » s'en décharger. D'autant que l'ouverture de la frontière aux miliciens a, selon ce
dernier, introduit sur le sol français des milliers de « pillards, des
incendiaires, des dynamiteurs, des assassins, des tortionnaires ».
Tandis que la gauche défend le droit d'asile et dénonce les conditions d'accueil faites aux réfugiés ou les mauvais traitements dont
ils sont parfois victimes, le parlementaire des Basses-Pyrénées ne
cesse de demander quelles solutions seront apportées aux « problèmes militaire, financier, sanitaire, que pose de façon si pressante la présence de 405 000 Espagnols qui viennent s'ajouter
d'un coup aux 3 500 000 étrangers déjà installés chez nous[84] ».
L'ambivalence des pouvoirs publics et des parlementaires est à
l'image de celle, soulignée par l'historien Ralph Schor, d'une opinion publique d'abord compatissante puis très vite divisée, foncié-
rement hostile aux « rouges » ou, au contraire, naturellement
solidaire des soldats de la République espagnole, mais généralement méfiante et réservée[85]. Des témoignages, tel celui d'Antoine
Miró, rappellent les mains fraternelles qui se tendaient pour venir
en aide aux réfugiés : « De nombreux civils essayaient de nous
soulager. Pour certains, c'était un salut, une poignée de main, un

mot amical. De jeunes femmes donnaient du pain aux enfants. D'autres distribuaient leurs vieux vêtements aux Espagnols les plus dépenaillés. On nous tendait des bouteilles d'eau que nous buvions d'un trait [86]. » Mais l'arrivée massive des réfugiés ne soulève pas « l'enthousiasme général », comme le remarque Antoine Miró lui-même. Francisco Pons note le réflexe de méfiance des commerçants d'Argelès qui retirent en toute hâte leurs marchandises des trottoirs [87]. Les témoignages des réfugiés insistent souvent sur la « complète indifférence » avec laquelle « les gens regardaient le défilé interminable » des colonnes dirigées vers les camps. Federica Montseny [88], ancien ministre de la Santé du gouvernement républicain, écrit : « Le peuple nous contemplait en général avec inquiétude et hostilité. Nous portions le poids de tous les crimes qui nous avaient été attribués par la propagande franquiste [89]. » De la même manière, David Granda se souvient :

> Les Français [...] avaient de nous une opinion extrêmement négative. Ils étaient influencés par la propagande en provenance de l'Espagne de Franco et par les journaux et la radio qui menaient une campagne insidieuse [90].

Les mêmes clivages qu'au temps de la guerre d'Espagne partagent la presse. Les journaux de la gauche, comme *Le Populaire, L'Humanité* ou *Ce soir*, favorables à la République espagnole, demandent que l'on accueille dignement « les combattants de la liberté », parlent de « l'Espagne martyre sur le chemin de l'exil », de « la population martyre de Catalogne », des « victimes du fascisme » ou de « l'immense cortège de la douleur ». Ils se font largement l'écho de l'appel lancé par diverses personnalités au rang desquelles figurent François Mauriac, Henri Bergson, Jacques Maritain, Paul Valéry, Léon Jouhaux et le cardinal Verdier afin que « la France [accepte] l'honneur de soulager l'épouvantable misère des populations espagnoles refoulées vers ses frontières [91] ». La presse radicale, comme *L'Œuvre,* ne parvient pas à cacher son inquiétude, se déclare favorable aux mesures de contrôle et de sécurité destinées à rassurer l'opinion et endiguer le flot des réfugiés. La presse conservatrice, tout en ne ménageant pas ses critiques aux républicains, ne reste pas insensible au drame vécus par les réfugiés ; *Le Petit Parisien* évoque les « pitoyables et innocentes victimes ». Des journaux de la droite affirmée comme *Le Matin, L'Époque* ou *Le Jour* titrent sur « l'invasion des réfugiés », les « débris de l'armée rouge », les « épaves humaines », « le dangereux envahissement » ou « le flot de fuyards ». « La présence sur notre sol des réfugiés et des fuyards pose un problème grave qu'il faudra résoudre sans tarder », titre *Le Matin* du 12 février ; il y est question plus tard de « l'indésirable invasion des miliciens espagnols », présentés comme « hôtes dangereux ». *Le Jour* parle du département des Pyrénées-Orientales comme d'un dépotoir. Le paroxysme de la haine est l'apanage de l'extrême droite dans *Gringoire* et *Candide* qui évoquent les « débris du Front populaire », « le torrent de laideur », « les grandes gueules anarcho-marxistes », les « bêtes carnassières de l'Internationale », « la tourbe étrangère », la « lie des bas-fonds et des bagnes » ou « la lie de l'anarchie mondiale ». Le second de ces périodiques interpelle le gouvernement, jugé trop complaisant, et titre le 16 février : « L'armée du crime est en France. Qu'allez-vous en faire [92] ? »

Pris dans un faisceau d'opinions contradictoires, lui-même partisan de mesures rigoureuses destinées à rassurer l'opinion, le gouvernement parfait son arsenal juridique. Après un renforcement du contrôle des étrangers édicté le 10 février 1939, la première grande circulaire du ministère de l'Intérieur motivée par la *Retirada* date du 14 février et concerne explicitement la surveillance des réfugiés espagnols. Elle prescrit des mesures sanitaires, destinées surtout à protéger les autochtones d'éventuelles contagions : vaccination antivariolique et isolement des personnes en contact avec les malades. La résidence des réfugiés est imposée : ceux-ci sont astreints à résider dans le département, l'arrondissement ou le canton assignés. « Tout réfugié entré clandestinement en France devra être dirigé, s'il s'agit d'un homme valide, sur le département des Pyrénées-Orientales et mis à la disposition du préfet dûment avisé, en vue de son internement dans les camps qui viennent d'y être aménagés. » Les vieillards, les femmes et les enfants sont assignés à résidence. Les départements de la Seine et de la Seine-et-Oise sont interdits aux réfugiés. Point essentiel du dispositif, les rapatriements seront rapides, selon les prescriptions édictées précédemment, notamment en février 1938 ; les départs seront collectifs et se feront à un rythme accéléré. Il sera délivré aux intéressés un laissez-passer provisoire, mensuellement renouvelable, valable pour un seul département ou même pour une localité déterminée. Cependant, « quand la situation personnelle de l'intéressé, ses antécédents, son honorabilité, ses répondants, ses liens de famille, [...] paraîtront tels qu'il n'y aura pas d'inconvénient à lui permettre, s'il en fait la demande, à résider dans le département de son choix », une carte d'identité de « non-travailleur » sera exceptionnellement accordée avec la mention du département autorisé pour le séjour. Les réfugiés ne peuvent bien entendu occuper un emploi sans une autorisation des services de la main-d'œuvre.

Des mesures de surveillance particulières sont prises pour identifier et recenser certaines catégories de réfugiés : ceux qui ont occupé en Espagne des fonctions officielles auprès du gouvernement ou dans les armées, ou ceux qui ont eu des responsabilités à la tête d'organisations politiques, syndicales ou régionales. Des renseignements doivent être donnés régulièrement, par les services de police, sur l'activité de ces personnes en France, leurs relations et leurs déplacements. À la frontière, les bagages et les vêtements des réfugiés doivent être fouillés, même ceux des femmes et des enfants, et des dispositions doivent être prises pour éviter tout trafic, troc ou négoce illicite. Des rapports doivent être faits par les préfets sur l'état d'esprit et l'attitude des réfugiés, leurs sentiments envers la France, leurs relations avec des particuliers, des comités ou des associations, et sur la nature de leurs ressources. Des informations doivent être apportées sur les groupes organisés « ayant reçu pour mission de créer en France une agitation subversive », sur les propositions, manifestations, incidents ou faits de propagande intéressant la situation politique intérieure française, les relations internationales du pays, l'ordre public et la sécurité nationale [93].

L'« obsession » du ministre de l'Intérieur — ce dernier emploie lui-même ce terme devant les sénateurs — est d'assurer avant tout la sécurité nationale. Comme ce souci prime sur toute autre considération, même humanitaire, il n'est pas étonnant que le souvenir de cet exode soit resté traumatisant, aujourd'hui encore, chez les survivants : souvenir de cette marche harassante vers la frontière, du harcèlement exercé par l'aviation franquiste sur la cohorte hétéroclite de réfugiés et des conditions de l'arrivée en France. L'improvisation règne et des observateurs témoignent du caractère apocalyptique de ces événements : « Même Dante n'aurait pu imaginer des choses plus terribles que celles dont j'ai été le témoin », confie un Suédois membre d'un comité d'aide aux réfugiés [94]. L'entrée sur le territoire français de très nombreux blessés de la guerre d'Espagne — souvent dans un état déplorable — et de réfugiés épuisés par l'exode accentue l'impression pénible laissée par l'impréparation des services sanitaires français. Malgré l'arrivée à Port-Vendres de deux navires-hôpitaux, la création à Perpignan de deux centres hospitaliers complémentaires et l'évacuation de nombreux blessés, les décès sont nombreux et difficiles encore aujourd'hui à évaluer[95]. Antoine Miró décrit en ces termes la gare de La Tour-de-Carol où de nombreux réfugiés sont rassemblés :

> Sur ce quai, des centaines de mes compatriotes, entassés, présentaient un spectacle épouvantable. On aurait dit une vaste infirmerie. Des hommes, des femmes, des enfants et des vieillards étaient couchés sur le ciment. Beaucoup priaient tout haut, les yeux tournés vers le ciel. Tous semblaient épuisés... La fièvre brillait dans de nombreux regards. Des enfants mutilés se traînaient sur le quai à la recherche de leurs parents. Tous ces invalides étaient exposés aux quatre vents. Quelques Français avaient apporté de la paille pour faire une litière aux blessés. Elle fut aussitôt rouge de sang. Il y avait de nombreux amputés[96].

Innombrables réfugiés, multiplicité de destins ; les récits abondent en scènes pénibles ou tragiques, en humiliations ressenties, mais aussi en actes de générosité dispensés par des inconnus. Autant de souvenirs, égrenés souvent très longtemps après les événements, tant leur rappel ravive d'anciennes douleurs. Federica Montseny déplore : « Rien n'avait été préparé. Mais, compte tenu du débordement de toutes prévisions [...], on aurait pu avoir davantage d'humanité, moins de raffinement dans les humiliations, moins de cruauté dans le traitement[97]. » Elle-même passe la frontière avec sa mère blessée et deux jeunes enfants, dont un bébé de sept mois. Elle évoque les scènes dramatiques survenues lors des heures, voire des jours, d'attente à la frontière alors que le gouvernement français n'est pas décidé à ouvrir le passage : foule de réfugiés paniqués, épuisés par leur marche, tremblant de froid sous la pluie hivernale, devant une frontière qui est, comme l'indique bien le ministre de l'Intérieur, « fermée et défendue par de longues rangées de Sénégalais, la mitraillette à la main ». Que dire de la douleur des mères et de l'impuissance des médecins espagnols devant les nourrissons morts de froid ou de pneumonie après avoir passé plusieurs jours et nuits sous la pluie ? Teresa Mañé, dite Soledad Gustavo, la mère de Federica Montseny, est moribonde et alitée sur une civière ; elle peut seule franchir la frontière et passe sa première nuit en France dans le coin d'une salle d'école du Perthus sans que personne se soucie d'elle. Elle meurt quelques jours après, le 2 février, à l'hôpital de Perpignan, sans que son vieux compagnon, Joan Montseny, plus connu sous le nom de Federico Urales, détenu comme « individu dangereux » au camp de Saint-Laurent-de-Cerdans, puisse assister à l'enterrement[98].

À Cerbère, Andreu Capdevila se souvient d'avoir été refoulé par les gendarmes français dans le tunnel qui, passant sous la montagne, sépare la gare de celle de Port-Bou, en territoire espagnol, et d'y avoir passé quatre jours, marqués par le manque d'air, d'aliments, de repos et par l'incertitude. Refoulés vers Port-Bou sous prétexte que l'armée républicaine continue à combattre, ces mêmes réfugiés, poussés vers le nord par l'avance imparable des nationalistes, se présentent à nouveau à la frontière française six jours plus tard dans un état d'épuisement avancé[99]. Autre récit d'exode : Ángeles Yagüe est montée, sa fille dans les bras, dans le dernier camion militaire parti de son village ; elle abandonne son maigre bagage quand le véhicule ne peut plus continuer et poursuit à pied, de plus en plus difficilement, désespérant d'arriver, quand un gendarme français rencontré dans la montagne prend l'enfant et la porte jusqu'à l'entrée de Prats-de-Mollo. La Croix-Rouge y procède à des vaccinations, donne une soupe aux nombreux réfugiés qui n'ont que le sol pour dormir ; après un passage à Arles-sur-Tech, dans un collège bondé d'Espagnols, Ángeles et sa fille sont conduites avec d'autres civils à Orléans[100]. Rosa Laviña et ses parents, quant à eux, accompagnés d'une fillette aragonaise accueillie pendant la guerre, parviennent au Perthus trempés par la pluie, transis de froid et morts de fatigue après quatre jours de marche depuis Palafrugell ; le lendemain, les femmes et l'enfant passent la frontière ouverte aux seuls civils. Elles sont hébergées une nuit dans le garage d'une habitante du village, compatissante devant leur triste état, avant d'être évacuées vers le département de la Sarthe[101]. Ce formidable exode est ainsi régulé par des dispositions qui reflètent davantage la peur du déferlement qu'une hospitalité affirmée mais il se trouve émaillé également de nombreux gestes individuels de générosité.

L'arrivée des longues cohortes de miliciens est scandée par les « Allez ! Allez ! » du service d'ordre impressionnant déployé tout le long de la montagne, notamment dans les Pyrénées-Orientales, aux principaux points d'accès. Gendarmes, gardes mobiles, spahis, tirailleurs sénégalais sont là pour endiguer le flot des militaires vaincus, les désarmer et les conduire sous bonne escorte dans des lieux où ils seront concentrés, afin d'être mieux surveillés en attendant de trouver le moyen de s'en débarrasser. « *Allez, allez, allez !* Les gardes mobiles semblaient penser que ce mot était l'unique réponse aux mille questions que les réfugiés espagnols harcelés et affamés, arrivant par vagues aux petites villes ou villages de la frontière, avaient à poser. *Allez* n'était pas dit de façon bienveillante, mais de manière abrupte, avec l'incommensurable hauteur de dédain que les inférieurs adoptent dans les moments où la force triomphe de la raison. *Allez ! Les hommes par ici, les femmes avec les enfants par là* [102]. » Ces premiers mots de français que les Espagnols entendent résonner à leurs oreilles seront très vite repris par les réfugiés eux-mêmes, avec un sens aigu de la dérision, dans des chansons où ils connaîtront nombre de variantes phonétiques : « Nous avons passé la frontière, à pied, en suivant la route, alé, alé... » Malgré la fatigue et l'abattement, les scènes conflictuelles ne sont pas rares à la frontière car la brutalité et le mépris qui leur sont parfois manifestés ne laissent pas les réfugiés sans réactions. Ainsi, Antoine Miró se jette sur le gendarme qui lui a arraché ses galons de commandant en lui disant : « Ici, vous êtes en France. Vous êtes chez nous. Vous ne pourrez ni voler ni tuer, ni arborer des galons acquis en faisant la révolution [103]. » Ailleurs, un lieutenant espagnol, irrité par les injonctions brutales des forces de l'ordre qui séparent les hommes de leurs familles, gifle un gendarme [104]. C'est en effet à la frontière que s'effectue généralement la séparation des familles quand elles arrivent groupées. Les hommes valides sont escortés vers des camps d'internement ; quant aux femmes, aux enfants, aux malades et aux personnes âgées, même si nombre d'entre eux échouent un temps plus ou moins long dans les camps de concentration [105], ils sont massivement évacués dans divers départements de l'intérieur, où des centres d'hébergement les accueillent tant bien que mal. Il arrive aussi que ces séparations se produisent dans des camps de triage ou de « collectage » situés près de la frontière, à Prats-de-Mollo, à La Tour-de-Carol, au Boulou, à Bourg-Madame ou à Arles-sur-Tech.

La *Retirada* est la plus importante de toutes les vagues de réfugiés produites par la Guerre civile et la majorité des Espagnols qui restent en exil en France en procède. Le flux est si précipité et si important que les évaluations officielles de l'époque offrent, naturellement, d'importantes variations. Le 15 février 1939, Jean Mistler, président de la commission des Affaires étrangères de la Chambre des députés, fait état de 353 107 réfugiés ; mais cette précision ne peut être qu'illusoire et ce dénombrement est très certainement en dessous de la réalité. Pour cette même date, une note tardive du ministère de l'Intérieur — reposant vraisemblablement sur un ensemble de données collationnées postérieurement — indique, selon un comptage aussi apparemment méticuleux qu'improbable, le chiffre de 514 337 réfugiés[106]. Le 1er mars 1939, le Quai d'Orsay parle de 450 000 réfugiés[107] et, le 9 mars, le rapport Valière à la Chambre recense 440 000 réfugiés, dont 210 000 civils, 220 000 miliciens et 10 000 blessés[108]. Ce sont ces derniers chiffres que le ministre de l'Intérieur, Albert Sarraut, reprend globalement lors de la séance du 14 mars 1939 à la Chambre des députés, en indiquant que 50 000 miliciens sont repartis les premiers jours de février[109]. Si l'on prend en compte les estimations officielles avancées au Parlement début mars et les rapatriements effectués au cours de la première quinzaine de février, l'on arrive effectivement — en déduisant les réfugiés arrivés entre 1936 et 1938 — à situer la vague migratoire du début de 1939 à environ un demi-million de personnes[110].

Une dernière vague de réfugiés parvient à quitter l'Espagne à la toute fin de la Guerre civile et gagne non pas la France métropolitaine mais les territoires français d'Afrique du Nord, essentiellement l'Algérie ; elle correspond à l'évacuation par les républicains, en mars 1939, de la zone Sud-Est, la dernière à résister encore aux franquistes. De Carthagène, Valence, Almería et Alicante, environ 10 000 à 12 000 réfugiés peuvent s'embarquer à temps avant l'arrivée des troupes italiennes ou nationalistes. Les premiers départs sont ceux de la flotte républicaine, le 7 mars, après l'insurrection de Carthagène, puis ceux de cargos britanniques : le *Ronwyn* part d'Alicante le 13 mars avec 634 passagers et l'*African Trader* quitte Alicante le 19 mars avec 859 réfugiés à bord[111]. Fin mars, les républicains ne disposent plus que de quatre cargos mouillés dans les ports d'Alicante et Valence. Le dernier bateau, le *Stanbrook*, sort d'Alicante le 29 mars avec 2 638 passagers. À temps, car le 30 mars les Italiens pénètrent dans Alicante et les milliers de républicains qui attendent un hypothétique embarquement n'ont plus qu'à se rendre aux vainqueurs. La tragédie de cette reddition, marquée par nombre d'exécutions, voire de suicides, est une résultante à la fois de la déroute du camp républicain et de la reconnaissance de Franco par la Grande-Bretagne et la France qui ont rendu difficile une évacuation sur une plus grande échelle.

Le contexte spécifique de crise de la société européenne d'Algérie, attisé par la radicalisation provoquée par la guerre d'Espagne, surdétermine les conditions de l'arrivée des réfugiés. Environ 7 000 républicains, essentiellement des militants politiques ou syndicaux et des cadres de l'administration, accostent à Oran ; les 4 000 passagers de la flotte républicaine arrivés dans ce même port le 16 mars sont orientés vers la ville tunisienne de Bizerte. L'absence de préparatifs comme en métropole et les fortes réticences des autorités déléguées d'Algérie à accueillir des « rouges » — d'autant qu'à Oran la municipalité fête la victoire franquiste — contraignent les passagers des cargos à demeurer à bord pendant près d'un mois, dans des conditions sanitaires extrêmement précaires ; un camp est improvisé sur le quai du port et rigoureusement coupé de l'extérieur[112]. Des centres d'hébergement pour les familles sont aménagés à la hâte dans le département d'Alger, à Molière, Carnot et Orléansville ; la presque totalité des combattants, environ 3 000, est destinée à aller dans des camps d'internement aux installations très déficientes situés près d'Alger, à Boghari (camp Morand) et Boghar (camp Suzzoni). Pour nombre de réfugiés, c'est le début d'une longue errance.

L'exode de la fin de la Guerre civile revêt un caractère très différent des migrations espagnoles précédentes et même des exils politiques antérieurs : il ne s'agit plus de l'arrivée discontinue d'un certain nombre de dirigeants ou de militants, mais de l'entrée massive — surtout pour la *Retirada* — de réfugiés civils et militaires sur le territoire français. L'exode républicain se distingue également des autres arrivées de réfugiés survenues depuis les années 1920. Russes, Arméniens, Italiens antifascistes, juifs allemands et d'Europe orientale, Allemands antinazis, Sarrois, Autrichiens ou Tchécoslovaques ont émigré en France en moins grand nombre et de manière plus espacée. Assurément, l'exode massif des Espagnols, venant après ces autres vagues de réfugiés, accroît radicalement la présence en France de victimes de persécutions politiques, raciales ou religieuses et bouleverse les conditions de leur accueil. Malgré la montée de la xénophobie, l'obligation

républicaine du droit d'asile est maintenue, au moins formellement. L'accès au territoire français est consenti mais les considérations sécuritaires et économiques, qui sont au premier plan des
préoccupations officielles, auront pour effet de doter d'un caractère souvent inhumain cet asile accordé avec réticence.

II

D'une guerre à l'autre

> Tu laisseras toute chose le plus chèrement aimée :
> c'est là le trait que l'arc de l'exil décoche le pre-
> mier. Tu éprouveras combien d'autrui le pain est
> amer, et quel dur chemin est de monter et descen-
> dre par l'escalier d'autrui...
>
> Dante, *La Divine Comédie* (*Paradis*, Chant XVII)

Les républicains espagnols ont la malchance d'arriver en grand nombre sur une terre d'asile qui, à partir d'avril 1938, s'est progressivement refermée. Le Front populaire se meurt et s'ouvre en France une période où, sous la pression d'une partie importante de l'opinion, les mesures relatives aux étrangers se font plus restrictives ; les arrivées successives de réfugiés espagnols et la menace, longtemps annoncée, d'un exode encore plus massif n'y sont certainement pas étrangères. Née notamment de la crise économique qui atteint durement la France comme d'autres pays, la xénophobie s'amplifie depuis le début des années 1930 ; les réactions hostiles aux étrangers sont nourries, qui plus est, par une série de crimes et d'attentats politiques, survenus dans ces mêmes années, et où des étrangers sont impliqués. « L'épithète "indésirable", utilisée depuis longtemps pour qualifier les étrangers, devint d'un emploi banal et consacré », constate Ralph Schor[1]. Toutes les tendances politiques, gauche comme droite, se rejoignent pour souhaiter une réaction énergique contre les agitateurs étrangers, même si les ennemis désignés ne sont pas nécessairement les mêmes. Par ailleurs, l'histoire s'accélère au début de l'année

1939. Si les accords de Munich ont laissé croire à certains que la paix est sauvée, les événements qui se succèdent montrent qu'il n'en est rien. En mars, c'est l'occupation de la Tchécoslovaquie par les troupes allemandes, un an exactement après l'Anschluss ; et, comme le suggère Jorge Semprún, qui relève que pas un mot du long discours de Staline prononcé le 10 mars 1939 devant le congrès du parti communiste russe ne concerne l'Espagne, sans doute peut-on conclure que « la chute de Madrid était moins importante pour l'Europe que la chute de Prague[2] ». De toute manière, l'ombre de la guerre se profile et les réfugiés espagnols se retrouvent dans une France qui prend une série de dispositions pour les contrôler et, au gré des circonstances, les repousser hors des frontières ou les utiliser.

Les nouvelles législations françaises

Le retour d'Édouard Daladier à la présidence du Conseil, en avril 1938, marque un infléchissement très net dans la politique française relative aux étrangers. Reflet de la montée de la xéno-phobie qui touche la France des années 1930, effet des arrivées répétées de réfugiés, surtout espagnols, et résultante d'un certain consensus de la classe politique, une série de mesures législatives et réglementaires sont prises afin de contrôler, surveiller et répri-mer les étrangers. Le nouveau gouvernement se constitue le 10 avril et quelques jours après, le 14 avril, le ministre de l'Inté-rieur Albert Sarraut demande une « action méthodique, énergique et prompte en vue de débarrasser notre pays des éléments indésira-bles trop nombreux qui y circulent [3] ». Le 2 mai, dans le rapport adressé au président de la République, le gouvernement présente le décret sur « la police des étrangers », pris ce même jour, comme une nécessité pour « le souci de la sécurité nationale, de l'écono-mie générale du pays et de la protection de l'ordre public ». La distinction est martelée dans ce texte entre l'étranger de bonne foi et celui qui se montre « indigne de vivre sur notre sol ». Le gouvernement Daladier indique que « la France ne veut plus chez elle d'étrangers "clandestins", d'hôtes irréguliers » ; si un étranger frappé par un arrêté d'expulsion ne parvient pas à obtenir le visa qui lui permettrait de quitter la France, le ministre de l'Intérieur « pourra assigner à l'intéressé une résidence déterminée qui rendra sa surveillance possible[4] ». Une mesure particulière est prévue pour rendre efficace ce contrôle :

> Pour déceler et identifier les étrangers clandestins et ceux qui ne sont pas en règle, il nous a paru indispensable d'étendre à tout logeur, professionnel ou bénévole, l'obligation de déclarer, dans des formes d'ailleurs extrêmement simples et commodes à fixer par voie réglementaire, qu'il héberge un étranger.

« Le contrôle et la surveillance [des étrangers] sont maintenant assurés, sur le territoire, dans des conditions jusqu'ici jamais réunies », constate le gouvernement le 12 novembre 1938, jour où il publie deux décrets qui renforcent le dispositif mis en place : l'un relatif à l'organisation des brigades de « gendarmerie-frontière », afin d'assurer un barrage solide à la frontière, et l'autre destiné à marquer une discrimination entre la « partie saine et laborieuse de la population étrangère » et les « indésirables ». Indésirables qu'il s'agit d'éliminer rigoureusement. À cette fin, les mariages des étrangers sont réglementés, les règles d'acquisition de la nationalité française sont modifiées, la procédure de déchéance de nationalité est simplifiée et la naturalisation ne comporte plus l'octroi immédiat du droit de vote. Quant aux indésirables qui « sont dans l'impossibilité de trouver un pays qui les accepte », ils seront dirigés vers des « centres spéciaux » où ils feront l'objet d'une surveillance permanente ; l'assignation à résidence prévue en mai 1938 est considérée comme présentant une « liberté encore trop grande[5] ». Une « véritable loi des suspects[6] » est ainsi édictée peu avant le grand exode des républicains espagnols.

Tandis que le premier « centre spécial » d'internement est créé le 21 janvier 1939 à Rieucros, en Lozère, l'arrivée massive des combattants républicains est la première application à grande échelle de ces décrets et en particulier du plus récent d'entre eux, celui de novembre 1938, qui prévoit donc l'internement administratif des étrangers « indésirables ». Il est malaisé, pour des raisons déjà indiquées, de dénombrer les réfugiés espagnols internés dans les camps ; les conditions de l'exode, l'improvisation totale de l'accueil et la mouvance des situations le permettent encore moins. À la Chambre des députés, le 10 mars 1939, Jean Ybarnégaray fournit le chiffre de 226 000 Espagnols internés, surtout des miliciens, répartis dans plusieurs camps : Argelès-sur-Mer (77 000), Saint-Cyprien (90 000), Le Barcarès (13 000), Arles-sur-Tech et Prats-de-Mollo (46 000)[7]. Il rappelle que 50 000 réfugiés sont déjà repartis vers l'Espagne depuis le début du mois de février. L'ordre de grandeur plausible du nombre de réfugiés internés se situe autour de 275 000 à la mi-février[8]. Certains réfugiés pourront toutefois échapper à l'internement, comme le prévoit la circulaire du 14 février 1939, s'ils possèdent en France des parents ou des amis qui se portent garants d'eux auprès de la préfecture et s'ils s'engagent à ne solliciter aucune aide de l'État ou des collectivités publiques.

Des autorités méfiantes et dépassées par les événements

La route vers les camps à partir de la frontière est aussi chaotique que l'arrivée. Comme rien n'est prévu, rien n'est proposé ; seul l'encadrement des réfugiés par les forces de l'ordre est permanent. Dans les témoignages oraux ou publiés le sentiment est omniprésent d'avoir été traité à l'époque comme du bétail ; le terme est récurrent dans les évocations des réfugiés qui sont très souvent parqués dans des espaces clôturés et conduits ensuite vers des destinations inconnues. Le Catalan Lluís Montagut raconte comment le groupe dont il fait partie est dirigé, à partir de la frontière, vers un terrain vague situé près de Prats-de-Mollo. Ses compagnons et lui doivent s'arrêter en rase campagne et s'installent au fond d'un fossé recouvert de branchages ; quand les forces de l'ordre viennent les chercher Lluís Montagut note : « Des camions encore et, une fois de plus, destination inconnue. Entassés comme du *bétail* et gardés à vue par des hommes en uniforme et armés[9]. » À son arrivée en France, le groupe où se trouve Antoine Miró est conduit, sous bonne escorte, vers un pré : les réfugiés entrés dans cet espace, les gendarmes disposent une chaîne autour et la ferment avec un cadenas. Le narrateur ne peut s'empêcher d'écrire : « Du bétail, pensai-je, voilà ce que nous sommes, du bétail. L'horreur fut à son comble quand j'aperçus le cordon de soldats sénégalais, fusil au poing et baïonnette au canon, qu'on disposait autour du pré. La nuit était glaciale. Quant au pré, il n'était pas vert mais blanc. Dix centimètres de neige le recouvraient totalement. Et pas le moindre abri. Rien à manger. Rien à boire[10]. »

Mariano Constante rapporte la marche forcée entre la gare de Caussade et le camp de Septfonds, sous la surveillance d'un régiment de Sénégalais. « Armés d'un fusil et d'un coupe-gorge ou machette, ils nous poussaient sans ménagement, commandés par de jeunes officiers français. » Fiévreux, Mariano Constante tient à peine debout et, comme il n'avance pas assez vite, un Sénégalais le pousse avec la crosse de son fusil. Un capitaine espagnol s'interpose et déclare à un officier : « Faites-nous traiter en êtres humains que nous sommes. Nous sommes habitués à nous battre et nous ne permettrons pas qu'on nous maltraite[11]. » Certains républicains se souviennent toutefois de gestes de solidarité de la part de gendarmes ou de soldats africains, comme Angel Granada, blessé, qui doit à l'aide d'un tirailleur sénégalais d'avoir passé la frontière[12]. Mais, dans l'ensemble, ces hommes qui ont combattu pendant des années pour la défense d'une République légalement instaurée supportent mal d'être traités comme des suspects, voire des malfaiteurs, par les forces de l'ordre. La présence des troupes coloniales évoque par ailleurs fâcheusement, quoique très injustement, les soldats marocains utilisés régulièrement par Franco pour les opérations de répression, depuis l'écrasement de la révolte des Asturies en 1934 jusqu'aux reprises sanglantes des villes lors de la Guerre civile. De l'arrivée en France jusqu'aux camps, et à l'intérieur de ces « centres spéciaux », la désillusion des réfugiés par rapport à l'image ancrée en eux d'une France des droits de l'homme et l'humiliation de connaître, comme des « criminels », une surveillance militaire, quasi constante, s'ajoutent aux souffrances physiques proprement dites[13].

Les camps de concentration d'Argelès-sur-Mer et de Saint-Cyprien, dans les Pyrénées-Orientales, rassemblent dans les premières semaines quasiment les deux tiers des internés, dans des conditions extrêmement précaires. Le terme de « camp de concentration » est employé constamment à l'époque dans les documents administratifs. C'est ainsi qu'Albert Sarraut le définit au début du mois de février : « Le camp d'Argelès-sur-Mer ne sera pas un lieu pénitentiaire mais un camp de concentration. Ce n'est pas la même chose. Les asilés qui y prendront séjour n'y resteront guère que le temps nécessaire pour préparer leur refoulement ou, sur leur option, leur libre passage de retour en Espagne[14]. » Les jours qui suivent la *Retirada* sont une période d'improvisation totale dans l'accueil des réfugiés. Le premier camp « aménagé » est celui d'Argelès-sur-Mer ; ce sont des terres marécageuses bordées par la mer, une plage déserte divisée en rectangles d'un hectare chacun et entourée de barbelés. On a effectivement « créé le paysage » comme en témoigne Pierre Izard, premier adjoint au maire d'Argelès-sur-Mer en 1939. Présentant la triple caractéristique d'être un édile, un officier de réserve et un négociant en bois, il est chargé par les autorités militaires de la construction des premiers baraquements. Mais le commandant de gardes mobiles qui lui confie cette mission ne dispose « ni d'ordres précis, ni [de] plans, ni [de] directives ».

La centaine d'ouvriers espagnols improvisés charpentiers ont à peine terminé les premières baraques, vite remplies par les blessés, que la consigne est donnée de suspendre les travaux : il faut, avant toute chose, dresser des poteaux et poser du fil de fer barbelé afin de délimiter le camp. Pierre Izard se souvient : « Au bout de trois jours, il y avait un premier "camp" entouré de poteaux portant du barbelé sur quatre rangées ou plus et contenant quelques baraques-infirmeries. Un second "camp" le jouxtait, avec deux ou trois baraques, limité par des poteaux et une rangée de barbelés, un quatrième, un cinquième avec seulement des poteaux plus ou moins espacés, et ainsi de suite [15]. » Mais il n'y a rien d'autre que le sable dans cet espace clos : les quelques abris achevés sont complètement insuffisants pour la foule qui se presse et il n'y a, dans un premier temps, ni eau, ni moyens d'hygiène élémentaire. Sur cette plage dénudée, battue par les vents, les réfugiés doivent creuser des trous dans le sable pour se protéger comme ils le peuvent des intempéries. Les distributions de vivres, insuffisantes et mal organisées au début, donnent lieu à des scènes humiliantes pour les réfugiés qui se battent pour récupérer un morceau de pain. La promiscuité permanente entre réfugiés, également entre hommes et femmes, ainsi que l'obligation de satisfaire ses besoins à même la plage accentuent le malaise des Espagnols ; le recours à de l'eau de mer pompée à quelques mètres seulement en dessous d'un sable pollué provoque une épidémie de dysenterie. Le sentiment de dégradation s'augmente de mille maux physiologiques, comme de la gale qui se répand et des poux qui pullulent. Enfin, une discipline militaire rigoureuse est appliquée. Le camp est strictement surveillé par divers corps de troupes et des gardes mobiles ; l'accès en est interdit et les internés ne peuvent en principe en sortir que pour les corvées.

Le camp d'Argelès devenu vite insuffisant, de nouveaux camps sont ouverts. Certains camps de « collectage », comme Arles-sur-Tech, Prats-de-Mollo ou Bourg-Madame, deviennent des camps d'internement. Mais les camps du Vallespir n'ont pour beaucoup qu'une vie éphémère ; quant aux camps de La Tour-de-Carol, du château de Mont-Louis et de Bourg-Madame, ils sont assez vite évacués en raison du froid. À Saint-Cyprien, à quelques kilomètres d'Argelès, rien n'est prévu non plus à part les barbelés, comme précédemment, et la plage est tout aussi dénudée et autant surveillée. Les premières semaines sont très difficiles pour les réfugiés, confrontés au manque d'hygiène, au froid et à la sous-alimentation. L'instinct de survie est malgré tout le plus fort et J. Plazas évoque la débrouillardise dont font preuve les Espagnols : « Disposés à ne pas mourir et capables d'imaginer toutes les astuces, en trois jours, déjouant la surveillance des Sénégalais, des Maures et des gendarmes, sautant par-dessus les barbelés et allant mettre en pièces les autos et les camions de l'armée républicaine amoncelés dans un cimetière de voitures voisin du camp, nous eûmes des baraques construites avec des vieilles carrosseries, dans lesquelles nous vivions en collectivité [16]. » Un camp s'ouvre au Barcarès, mieux aménagé et réservé en priorité aux réfugiés en instance de rapatriement ; ce camp comporte des baraquements et un minimum d'installations sanitaires mais, prévu pour 50 000 personnes, il en abrite très rapidement beaucoup plus. Les baraques estimées à huit pas de large sur une trentaine de long doivent abriter soixante-dix hommes, rapporte Lluís Montagut. « Ce qui fait un espace de 47 centimètres environ par personne. Tout le monde est mélangé, sans distinction d'âge ni de provenance.... Quant à l'installation intérieure, rien... Donc, c'est le sable qui nous servira de lit et de table. La musette et la couverture fixeront la place de chacun. » L'alimentation est insuffisante et peu nutritive ; la soupe, ce sont « deux louches par personne d'un liquide dans lequel nagent quelques pois chiches désespérément seuls ». Le premier pain distribué au Barcarès est aux trois quarts moisi [17].

Les camps

Passé le chaos des premières semaines, un effort d'organisation rationnelle se fait jour. Les autorités françaises entreprennent, avec l'aide des internés eux-mêmes, la construction de baraques et apportent les moyens d'une hygiène minimale, mais le débordement et l'improvisation des premiers temps laissent souvent la place aux insuffisances d'une certaine rigidité administrative. Le camp d'Argelès est divisé en deux secteurs, camp civil et camp militaire, organisés respectivement en centuries ou selon les armes et les hiérarchies militaires. La distribution de l'alimentation s'effectue selon ces subdivisions et les officiers espagnols constituent, sous l'autorité des officiers français, une sorte d'état-major assurant la liaison avec les internés. À Argelès comme à Saint-Cyprien, des équipes de volontaires gratifiées d'une ration supplémentaire et d'une relative liberté de mouvement aident à la construction de baraques : des artisans espagnols — ouvriers, menuisiers, charpentiers — et de nombreux manutentionnaires aménagent les plages souillées, qu'il a fallu d'abord nettoyer. Des latrines en bois sont construites au bord de la mer et de l'eau potable est à présent apportée dans des bidons ou des cuves.

Puis, afin d'alléger les camps catalans, d'autres centres sont ouverts : à Bram dans l'Aude dès février, à Agde dans l'Hérault — camp destiné plus spécialement à abriter les Catalans —, à Vernet-les-Bains et à Rivesaltes dans les Pyrénées-Orientales. À Septfonds dans le Tarn-et-Garonne, le camp de Judes est réservé aux ouvriers spécialisés. Souvent, l'improvisation continue : le 5 mars quand le premier train arrive à quelques kilomètres du camp prévu à Septfonds, seules quatre baraques sont construites sur les quarante-cinq envisagées et les Espagnols doivent s'abriter des intempéries comme ils le peuvent ; ensuite, trois cent cinquante hommes s'entassent par baraques, sur de la paille répandue à même le sol [18]. Au printemps 1939, dans les Basses-Pyrénées, un nouveau camp s'ouvre, celui de Gurs ; il reçoit surtout des Basques, des aviateurs et d'anciens combattants des Brigades internationales. Le camp de Gurs peut apparaître de prime abord comme un « camp modèle » où existent des baraques et des conditions d'hygiène minimales, mais « la place manque, les installations sont sommaires [19] ». Conçu pour un hébergement temporaire, les conditions de vie s'y dégradent progressivement. À Gurs, inauguré pour les Espagnols, viendront aussi s'ajouter, après le début de la guerre, des étrangers « devant être surveillés plus activement [20] » et, sous Vichy, des juifs de divers pays. En Algérie, le régime est si austère — un pain pour quatre, des lentilles et des rutabagas — que l'aviateur Tarazaga Moya rappelle qu'il pesait 67 kilos au début de son internement dans le camp de Boghar et qu'il n'en faisait plus que 35 à la fin de décembre 1939 quand il s'évada [21]. À la suite de sa visite dans les camps algériens destinés aux miliciens, en mai 1939, une mission internationale désignée

lors d'une conférence internationale tenue à Paris en solidarité
avec les réfugiés espagnols conclut :

> Ils manquent de tout [...] Avec la chaleur, cela nous permet d'affir-
> mer que pas un homme ne pourra résister dans ces conditions. Ils
> sont voués au désespoir, à la maladie et à la mort[22].

Le nombre de réfugiés qui succombent durant les premiers mois
d'internement est difficile à évaluer encore, faute de recherches
monographiques suffisantes pour prendre en compte les décès survenus dans les différents camps, mais il atteint certainement plusieurs milliers. Ainsi, à Bram, où les baraquements sont suffisants
et les conditions d'hygiène relativement bonnes, les décès semblent néanmoins importants les premiers mois[23]. Les 81 sépultures
du cimetière des Espagnols, aménagé aujourd'hui à quelques kilomètres de Septfonds, grâce à la pieuse application d'un survivant,
correspondent-elles à la totalité des réfugiés décédés au camp de
Judes ? Rien n'est moins sûr. Or ce cimetière d'internés est une
exception ; près des autres camps qui ont vu passer des dizaines
de milliers de réfugiés, il ne reste pas, ou peu, de traces matérielles
de ces décès des premiers temps et, en tout cas, aucun espace
funéraire spécifique[24]. À l'heure actuelle, aucun chiffre ne paraît
fondé pour estimer le nombre de décès. Les 885 morts comptabilisés après guerre par le gouvernement républicain en exil pour ce
qui concerne l'hôpital de Perpignan et les camps d'Argelès, de
Saint-Cyprien et du Barcarès, ne représentent qu'une petite partie
du nombre total[25] et ne prennent probablement pas en compte les
décès intervenus les premiers jours de l'exode[26]. Mais le chiffre,
souvent repris ultérieurement, de 14 672 morts pour les six premiers mois de l'exil en France, indiqué par Antonio Vilanova
dans *Los Olvidados*, demanderait à être sérieusement étayé[27]. Une
remarque de bon sens s'impose : les décès sont trop nombreux
pour que l'on puisse les ignorer ou les minimiser, sans qu'il soit
nécessaire d'en donner des estimations amplifiées. Ce qui frappe
néanmoins et doit être apprécié à sa juste valeur, c'est que la
mémoire des exilés garde de cet exode une trace particulièrement
vivace et sinistre. Certes cette mémoire ne représente pas une
« vérité historique » à prendre au pied de la lettre sur le plan quantitatif, mais elle a retenu un tel souvenir de misère physique des
internés, un tel sentiment d'abandon — du moins, les premiers
jours — pour les blessés et les malades et une telle sensation de

mort omniprésente que les données avancées dans les témoignages sont assurément davantage le reflet de ces impressions que de la stricte comptabilité historique. Les témoignages concordent tous dans cette évocation de la mort qui rôde sans cesse. « Chaque matin, nous sortions hors du camp ceux que la Parque avait visités au cours de la nuit », se rappelle Antonio Gardó Cantero[28]. Alberto Fernández a vu sortir du camp d'Arles-sur-Tech une vingtaine d'ex-soldats républicains en une seule nuit[29]. Lorenzo Chavarria parle de vingt-cinq à trente morts par jour dans les premiers temps du camp de Saint-Cyprien[30]. Le Dr Pujol indique que l'on ne peut compter les victimes décédées lors de l'ouverture du camp d'Argelès et enterrées dans une fosse commune au cimetière du village[31]. Sans même parler des blessés et des malades, accueillis dans diverses installations hospitalières, notamment à Perpignan ou Amélie-les-Bains, ou dans les bateaux-hôpitaux stationnés à Port-Vendres, tels le *Maréchal Lyautey* et l'*Asni,* il faut prendre en compte le fait que les réfugiés arrivent en France avec une résistance physique amoindrie par les années de guerre, détériorée encore par l'angoisse et les fatigues de l'exode. Les conditions d'internement, avec les maladies dues au froid, aux parasites, à la contagion, à la pollution des eaux et à une avitaminose permanente, ont aggravé encore l'état déficient des réfugiés.

Cependant, la vie, ou la survie, s'organise tant bien que mal dans les camps « ordinaires ». Le mal qui ronge particulièrement les internés tient tout à la fois au désarroi de la défaite et de l'exil, au déracinement, à l'angoisse sur le sort des parents et des proches dont ils sont sans nouvelles, à l'attente, à l'incertitude sur leur avenir, au désœuvrement et à l'isolement. Premier impératif : survivre au quotidien. La plupart des internés n'ont pu rien emporter ou ont perdu en cours de route le peu qu'ils avaient pris et ils manquent non seulement de nourriture mais aussi de vêtements et des objets les plus élémentaires de la vie quotidienne. Certes, une aide est apportée par divers comités de solidarité, notamment par les Quakers, très efficaces dans l'envoi de vivres, de vêtements ou de médicaments. Mais aussi des petits trafics se développent. Comme se souvient Lluís Montagut, « en même temps que l'innocent troc spontané et le commerce légal, le marché noir fait sa sinistre apparition[32] » ; à l'initiative de Français — responsables ou gardes des camps, commerçants des environs — comme d'Espagnols. La débrouillardise devient un impératif de survie. « L'argent, que nous avions oublié au front, revient en force imposer

son pouvoir exorbitant », note Lluís Montagut ; argent espagnol
— dont certaines séries ont pu être changées car acceptées par le
nouveau gouvernement de Madrid — ou mandats qui commencent
à arriver pour ceux qui ont des parents ou des amis en France.
Des commerçants des localités avoisinantes viennent proposer aux
internés des produits de première nécessité et des objets utiles :
pain, conserves, légumes, fruits, boissons, papier à lettres, enve-
loppes, encre, cartes à jouer... En dépit de la surveillance et des
interdits, une sorte de marché aux puces se constitue dans la plupart des camps « ordinaires », très vite dénommé le *barrio chino*
en référence au quartier populaire du même nom de Barcelone.
« Réalité paradoxale et hallucinante à la fois » décrite fort bien
par Eulalio Ferrer : lieu favorable à tous les trafics dans « la nudité
et la misère qui entourent [les réfugiés]... précisément ici, dans ce
petit territoire habité par des hommes aux idéaux de liberté qui
ont lutté pour une société incorruptible, préférant l'exil plutôt que
de devoir accepter la tyrannie [33] ».

La plupart des réfugiés espagnols gardent en mémoire la même
image de l'internement : la tristesse et la monotonie des jours, le
désespoir et l'inquiétude qui les détruisent physiquement et moralement. « J'imagine ce camp — et les autres doivent être à peu
près pareils — comme un immense hospice, un orphelinat monstrueux. Espoirs évanouis, illusions mortes, désorientation totale ;
les êtres chers loin de nous [...] et nous, ici, pieds et poings liés »,
écrit Lluís Montagut à propos du Barcarès. Jean Olibo note :
« L'ennui, c'est notre ennemi. C'est l'angoisse, la colère et les
mauvaises pensées [34]. » Un mot singulier, *arenitis*, fait son apparition dans la langue des réfugiés, forgé à partir de *arena*, le sable
en espagnol, pour désigner la psychose née à la fois du sable et
du vent de la plage, des barbelés du camp et de l'absence d'espérance. « Il fallait s'occuper, être occupé par quelque chose, seule
façon de ne pas tomber dans cette maladie obsessionnelle appelée
d'un terme expressif *la arenitis*, la psychose des barbelés. Elle
pouvait conduire à la folie même. S'accrocher à un espoir, si fra-
gile fût-il, était vital [35]. » Jaime Mas Torné renchérit : « La neuras-
thénie faisait des ravages parmi nous. Les maniaques et les
obsédés étaient nombreux. Le manque d'alimentation affaiblissait
nos têtes, le froid et le désespoir faisaient chavirer nos raisons [36]. »
Jouer aux cartes et aux dominos, sculpter le bois, fumer et dormir
ou répandre des bobards *(bulos)*, sortes de rumeurs qui font croire
un moment à d'heureux dénouements, ne suffit bientôt plus. Des

groupes de discussion s'organisent de façon informelle et certains
lancent des activités plus structurées : les amateurs d'échecs, de
natation, de football se réunissent et préparent soigneusement
leurs compétitions. Parfois, avec l'accord des autorités du camp,
des fêtes s'organisent, comme à Gurs, le 14 juillet 1939. Évoquant
le « camp des Catalans » d'Agde, Lluís Montagut résume bien ce
paradoxe : « L'étude, l'art et le sport étaient rois [...] Autrement
dit, on menait une vie normale dans un lieu et à une époque parfaitement anormaux [...] Ils étaient là 5 000 (Catalans d'origine ou
d'adoption) et ils ont montré que l'homme peut malgré tout rester
digne dans sa condition. Les Français ont d'abord fait tout leur
possible pour appliquer la discipline rigoureuse des autres camps ;
mais petit à petit, ils ont modifié leur appréciation [37]. » Même s'il
est relatif dans les débuts, l'enfermement qui coupe les internés
de l'extérieur est une réalité, aggravée par une réglementation
tatillonne et de multiples interdits.

Une discipline militaire contraignante règne dans les camps,
surveillés avec vigilance par des effectifs nombreux de forces de
l'ordre. Même si, progressivement, l'organisation intérieure des
camps relève de plus en plus des réfugiés eux-mêmes qui parviennent à s'y créer des espaces de liberté, des locaux disciplinaires
sont là pour rappeler l'existence d'une répression parfois rigoureuse. Il s'agit souvent d'un « quadrilatère entouré de barbelés »,
comportant généralement un poteau auquel peut être attaché le
récalcitrant, soumis au soleil comme au froid, avec un minimum
d'eau et de nourriture, généralement « pain et eau ou morue et
eau [38] ». Les motifs de châtiment sont variables, souvent liés à des
refus de saluer un gardien, à des protestations, à des tentatives
d'évasion ou à des accusations d'activité politique. Dès le printemps 1939, le ministère de l'Intérieur dresse des listes d'individus soupçonnés d'activisme politique et, à ce titre, considérés
comme « politiquement dangereux ». Les premiers suspects sont
enfermés dans l'ancien château des Templiers de Collioure, utilisé
comme une prison et doté d'un régime extrêmement sévère ; le
scandale des mauvais traitements infligés aux prisonniers,
dénoncé par la gauche, est tel que le pénitencier est officiellement
fermé en juillet 1939. L'Association pour la défense des séquestrés de Collioure, présidée par Henri Wallon, avait notamment
protesté contre le fait que 348 hommes — officiers ou soldats de
l'armée républicaine et volontaires des Brigades internationales
— avaient été transférés dans le fort de Collioure sans avoir fait

l'objet d'aucune condamnation ni inculpation ; sans aucun mandat d'amener ou de dépôt, ils avaient été traités comme des criminels de droit commun et victimes de sévices et de violences particuliè-rement graves de la part d'éléments des gardes mobiles et de la troupe coloniale préposés à leur garde[39]. Quant aux femmes dont la surveillance est estimée nécessaire, elles sont orientées vers le camp de Rieucros en Lozère. C'est le cas, par exemple, de la mère de Michel del Castillo, internée à Rieucros avec son jeune fils. Tanguy, qui n'est autre que l'auteur, raconte :

> Le camp de concentration où Tanguy fut emmené avec sa mère était situé dans le Midi de la France. Il n'avait jamais vu de lieu pareil et se l'était imaginé différent. Au vrai, ce n'étaient que quel-ques baraques en bois, rongées d'humidité, et entourées de fils de fer barbelés.
> [...] De ces dix-huit mois passés au camp, Tanguy ne devait guère conserver de souvenirs précis. Les jours étaient pareils. On était réveillé par les cris des prisonnières qui s'insultaient, se bagarraient, juraient, blasphémaient. Aussitôt, on avait faim. C'est le souvenir le plus net que garde Tanguy : la faim. Toute la journée, il rêvait d'un peu de nourriture. Il attendait le moment où les cuisinières viendraient d'en bas, apportant la grande marmite fumante. Mais, après avoir avalé ce liquide jaune et rouge qu'elles appelaient la « soupe », on avait plus faim encore[40].

Le camp du Vernet d'Ariège est prévu d'emblée pour être un camp disciplinaire : on y interne à partir de mars 1939 les anar-chistes de la 26e Division, l'ex-colonne Durruti commandée par le colonel Ricardo Sanz. Dans ce camp désaffecté datant de la Première Guerre mondiale où les baraquements sont délabrés, rien n'est prévu pour les réfugiés : jusqu'en mai, ils n'ont pour tout abri, malgré la neige et la pluie, que des tentes marabouts de l'ar-mée. Les carences alimentaires et les conditions d'hygiène provo-quent de nombreux décès. Le camp du Vernet est particulièrement surveillé et strictement coupé de l'extérieur ; il est doté d'enclos réservés aux châtiments — le *cuadrilátero* et le *picadero* — puis de cellules répressives. À partir de la déclaration de la guerre, d'autres « suspects » viennent d'ailleurs au Vernet rejoindre les Espagnols : des communistes étrangers, des ressortissants alle-mands ou autrichiens, souvent anciens brigadistes, autant d'élé-ments considérés comme des « étrangers dangereux pour l'ordre public ». Arthur Koestler qui, par expérience, peut faire la comparaison ira jusqu'à écrire : « Au point de vue de la nourriture, de l'installation et de l'hygiène, le Vernet était même au-dessous du niveau d'un camp de concentration nazi [41]. » En Algérie, le camp de Djelfa, dans l'Atlas saharien, est réservé également aux réfugiés jugés dangereux politiquement et il n'est pas possible de ne pas évoquer les poèmes lugubres et magnifiques de Max Aub [42], publiés à Mexico en 1944. Ces poèmes parlent des nuits sous la tente, sans manteau et sans matelas, avec une température inférieure à dix degrés au-dessous de zéro et de l'interdiction de faire du feu ; ils rappellent la crasse, les poux, la maigreur des réfugiés, les chiens des gradés, les châtiments incessants, le sadisme de certains gardiens et les réfugiés morts de froid et de faim [43].

Face à l'internement des réfugiés espagnols, les réactions de l'opinion publique française sont tout aussi divergentes qu'au moment de l'exode. Les camps sont d'ailleurs, pour certains habitants des localités voisines, des lieux de promenade dominicale pour constater si ces « rouges » ont une apparence aussi terrible qu'une certaine presse le dit. Le président du syndicat d'initiative d'Argelès se plaint auprès du ministre de l'Intérieur des « sacrifices » imposés aux habitants par la présence du camp ; au nom des « habitants de la plage d'Argelès, bons Français, bons contribuables, bons serviteurs de l'Humanité tant qu'ils ne sont pas exploités », il interroge : « Va-t-on les priver du bon air pour la seule satisfaction d'Espagnols venus on ne sait d'où et on ne sait encore pourquoi [44] ? » Parallèlement, les gestes de solidarité se multiplient ; des comités d'aide aux réfugiés essaient de leur faire parvenir vêtements, nourriture et objets de la vie quotidienne. La presse est le reflet de cette diversité. La presse de gauche dénonce rapidement le surpeuplement, le manque d'aménagement, la vie et la mort dans les camps. *Le Populaire* du 14 février parle du « bagne d'Argelès » : « Attendra-t-on que les pleurésies, les congestions pulmonaires aient assassiné 10 000 ou 20 000 soldats de la liberté épargnés par les bombes italiennes et les obus allemands pour prendre enfin les décisions indispensables [45] ? » Pour son premier article sur les camps, le 12 février, *Ce Soir* titre : « À Argelès-sur-Mer, ce n'est plus la mitraille qui tue, c'est la faim, la fièvre, le froid. » *L'Humanité* dénonce le 16 février le « scandale odieux des camps de concentration ».

Une fois les moments d'apitoiement passés, les organes conservateurs peu favorables aux réfugiés attirent l'attention sur les problèmes d'hygiène que peut créer la présence massive des réfugiés et réclament des mesures sanitaires ; *Le Figaro* reproche aux réfugiés, présentés comme des fainéants, leur manque de coopération dans les travaux de désinfection des camps[46]. Un journal d'information comme *Le Petit Parisien,* fait montre d'une certaine compassion envers les réfugiés et titre, le 13 février, sur « l'immense tristesse des miliciens internés » ; en revanche, d'autres articles s'inquiètent de « l'invasion massive de notre sol » et réclament « une besogne d'épuration » pour se débarrasser de « la lie des prisons catalanes ». Quant à la presse d'extrême droite, elle demande de façon virulente le renvoi des réfugiés dans l'Espagne franquiste ; *Candide* présente le 8 février les miliciens comme des « profiteurs bien portants et armés », qui « ne se soucient pas d'affronter l'armée de Franco, et préfèrent la vie dans un camp de concentration français. On les reçoit, on les héberge tant bien que mal, à Argelès, au Boulou... On leur donne à manger ».

La presse régionale n'échappe pas à des prises de position contrastées. La radicale *Dépêche du Midi*, dirigée par le frère d'Albert Sarraut, approuve sans réserve la politique du ministre de l'Intérieur et défend l'existence des camps de concentration destinés, selon elle, à « maintenir l'ordre et assurer la sauvegarde sanitaire du pays » ; elle réfute les critiques de la gauche communiste et socialiste et affirme qu'à Argelès « les réfugiés ne meurent ni de faim ni de soif ». *L'Indépendant des Pyrénées-Orientales* assimile au début les réfugiés à des allumeurs d'incendie, des pillards de fermes ou des miliciens déserteurs et se félicite des structures d'accueil mises en place ; cependant, le 25 février, le journal commente : « Cette masse d'hommes pressés contre des barbelés est un des spectacles les plus dramatiques des Temps modernes. » Cependant, peu à peu, le quotidien de Perpignan parvient à ne plus faire l'amalgame entre les auteurs de certaines exactions et la masse des réfugiés et il ouvrira même une rubrique destinée à faciliter les recherches des familles dispersées. *La Garonne* adopte, quant à elle, une attitude farouchement hostile aux réfugiés[47]. Même si la charité l'y emporte finalement, un journal catholique tel que *La Croix* se trouve partagé entre des articles favorables à l'accueil des exilés — à la suite de l'appel lancé par les cardinaux Verdier et Liénard — et des articles hostiles qui soulignent les prises de position anticléricales et révolutionnaires de certains réfugiés espagnols. Mais, dès le mois de mars 1939, sauf dans les secteurs les plus politisés de la gauche, le sort des réfugiés espagnols ne préoccupe plus guère les Français, passés de la compassion à l'indifférence, voire à l'hostilité. Des Français qui sont repris par leurs propres soucis et préoccupés par d'autres événements extérieurs, notamment l'invasion de la Tchécoslovaquie. Pour les républicains espagnols, la longue série d'épreuves continue.

Mobilités : déplacements, retours et émigrations

Les effectifs des camps connaissent des variations considérables, parfois d'un jour à l'autre, tant les transferts sont nombreux d'un centre à un autre, au fur et à mesure que s'organise et se rationalise le réseau des camps ; transferts dont généralement les internés ne sont pas avertis, pas plus qu'ils ne connaissent leur nouvelle destination. L'obsession de la plupart des réfugiés demeure, au long des semaines, voire des mois, de sortir de l'univers d'enfermement et de contrainte qui est le leur. Les possibilités qui s'offrent à eux sont de quatre ordres : le retour en Espagne, une nouvelle émigration, l'embauche à l'extérieur et l'engagement militaire. La première alternative a la préférence des autorités françaises qui n'ont jamais envisagé l'accueil des Espagnols autrement que de manière provisoire et s'emploieront activement, pendant une grande partie de l'année 1939, à inciter les réfugiés à se rapatrier. Une nouvelle émigration vers un autre pays tentera ceux qui auront les relations et les appuis nécessaires. Pour beaucoup, qui ne peuvent ou ne veulent rentrer en Espagne et qui ne souhaitent pas ou n'ont pas la possibilité de s'éloigner de l'Europe, le travail à l'extérieur du camp sera un moyen de quitter cet univers clos. Enfin, l'engagement dans la Légion étrangère ou les Régiments de marche de volontaires étrangers absorbera un certain nombre de réfugiés.

Les camps se vident ainsi peu à peu ; les internés ne seraient plus, selon des données officielles parfois différentes pour une même date, que 173 000 à la mi-juin 1939[48], 84 688 autour du 15 août[49], 53 000 au 15 novembre[50], 35 000 à 80 000 fin décembre 1939[51] et 30 000 en avril 1940[52]. Selon le premier bureau de l'état-major de l'armée, il ne resterait plus dans les camps, à la fin d'avril 1940, que 3 000 miliciens inaptes à tout travail[53]. Tout au long de l'année 1939 et jusqu'à l'occupation d'une partie de la France, la situation des réfugiés espagnols en France est donc extrêmement mouvante et complexe. Elle est caractérisée par une extrême dispersion sur le territoire français, par la séparation des familles — souvent destinée à se prolonger pendant des années — et par une multiplicité de mouvements divers, que ce soit à l'intérieur de l'Hexagone, vers l'Espagne ou vers d'autres terres de réémigration[54]. Les plus considérables de ces mouvements sont les rapatriements. La préoccupation première du gouvernement, désireux de se dégager de la charge économique qui lui échoit, est d'encourager les Espagnols à se rapatrier. Le coût financier des réfugiés est constamment évoqué par la droite, dans la presse ou au Parlement ; il est estimé à 15 francs par personne et par jour, 60 francs pour les malades et blessés hospitalisés, soit plus de 7 millions de francs quotidiens[55]. Entre le 1er février et le 31 décembre 1939, des crédits spéciaux sont alloués par huit décrets, lois ou décrets-lois, et leur total se monte à 841 280 000 francs[56]. Aussi, dès le passage de la frontière, l'incitation à rebrousser chemin — ou, à défaut, à s'engager dans la Légion étrangère — est-elle insistante. De fait, entre le 1er et le 19 février, de nombreux retours s'effectuent, essentiellement par Irún, au rythme de 6 000 à 8 000 personnes par jour, pour arriver à un total supérieur à 50 000[57].

Qui sont ceux qui repartent ainsi presque immédiatement ? Probablement des réfugiés amenés à fuir leur pays à cause des combats et pour qui le retour semble possible ; ceux en tout cas qui ne pensent pas être concernés, lorsqu'ils en connaissent l'existence, par la loi dite des « responsabilités politiques » promulguée par Franco le 9 février 1939. Cette loi à portée rétroactive permet en effet de poursuivre devant des tribunaux d'exception ceux qui, depuis octobre 1934, ont participé à la vie politique républicaine ou qui, depuis février 1936, se sont opposés au « Mouvement national », « par actes concrets ou passivité grave ». Le 14 mars, faisant allusion à ce texte, Albert Sarraut assure la garantie de l'asile français aux réfugiés « honorables » : « Ces hommes-là, tant que nous ne serons pas certains qu'ils ne seront pas voués à des représailles, nous n'avons pas le droit de les livrer de force [...] la France ne saurait envisager de se faire la pourvoyeuse des poteaux d'exécution[58]. » Pourtant, Mariano Constante rapporte : « Une pression intolérable fut exercée par les autorités du camp pour nous faire retourner en Espagne [...] tout était bon pour nous faire prendre le chemin de la frontière[59]. » Sans doute des pressions sont-elles exercées par les responsables des camps et les autorités locales pour amener des réfugiés, désappointés par l'accueil français et soumis parfois à un véritable chantage au regroupement familial, à demander leur rapatriement. Dans son livre, Isabel Fernández relate un cas — probablement pas unique — d'une telle pratique, basée sur une tromperie de la part d'autorités locales françaises. Ces dernières font croire à Mathilde, échouée dans un autre camp que son mari Manuel, que celui-ci est reparti en Espagne ; Mathilde hésite à le croire et finit par se laisser convaincre. Elle repart, enceinte, avec son fils, dans son village d'origine ; mais elle s'aperçoit qu'elle a été abusée et que son mari est resté en France. Ce n'est qu'en 1947 qu'elle pourra le retrouver, après avoir retraversé la frontière en sens inverse [60].

Ces pressions sont dénoncées par une partie de l'opinion publique consciente des représailles franquistes, ce qui contraint le ministre de l'Intérieur à proscrire, le 5 mai 1939, les rapatriements forcés. Il insiste sur le caractère volontaire des retours mais il suggère toutefois de s'adresser aux hésitants avec « tact et fermeté », afin de les convaincre de rentrer en Espagne, s'il semble qu'ils n'ont rien à y redouter. La mise au point du ministre sur les rapatriements forcés n'est cependant pas inutile : ainsi, les autorités locales du village où se trouve réfugiée la mère de Pauline — l'héroïne et probablement le double d'Isabel Fernández — lui font savoir qu'elle sera renvoyée en Espagne si elle ne peut présenter un certificat de travail de son mari, interné au Barcarès, et qui est donc dans l'incapacité de le fournir immédiatement. Alors qu'elle est sur le point de céder et d'accepter de repartir en Espagne, c'est le brigadier de gendarmerie qui, face au maire et au curé, reconnaît qu'il n'a pas le pouvoir légal de la faire rapatrier de force, lui permettant ainsi de rester en France. Et l'auteur du récit de conclure : « Merci, monsieur le brigadier ! En faisant votre devoir correctement, vous venez de changer en bien le destin de Pauline et de sa mère [61]. »

Dans le cadre de la reconnaissance du gouvernement franquiste par la France et de l'établissement de relations diplomatiques entre les deux pays, la question des réfugiés constitue très tôt un enjeu implicite. Les rapatriements tant souhaités par la France sont en 1939 un moyen de pression commode pour les autorités franquistes. Au moment où se négocient les accords Bérard-Jordana, le 20 février, le gouvernement de Burgos ferme la frontière d'Irún aux rapatriements massifs afin de peser sur les pourparlers. Les accords signés, Franco bloquera ou facilitera les rapatriements de réfugiés au rythme des restitutions de biens prévues par lesdits accords ; or ce rythme connaît nombre de variations, voire d'arrêts, dus à l'un ou l'autre des partenaires. La France hésite à rendre les biens de la République qui se trouvent en territoire français à l'Espagne franquiste après que celle-ci a signé un pacte d'amitié avec l'Allemagne hitlérienne le 31 mars. Puis, à mesure que la France songe à tirer profit de la main-d'œuvre espagnole disponible sur son territoire, des diplomates franquistes s'inquiètent de voir repartir des réfugiés désignés tout à la fois comme « techniquement bons et politiquement indésirables ». Le nouveau régime espagnol, quant à lui, souhaite évidemment récupérer rapidement ces biens, mais il n'est pas pressé non plus, dans un premier temps, de voir rentrer les réfugiés républicains, tant il redoute « la réorganisation des éléments marxistes en vue d'une intervention en Espagne [62] ». Une propagande franquiste s'attache ensuite à faire connaître auprès des réfugiés « la grande œuvre de l'Espagne nationale [...] au cas où certains, entraînés de bonne foi dans le camp marxiste, rectifieraient leur conduite pour l'avenir [63] ». La presse phalangiste se paie le luxe facile de dénoncer les conditions d'internement des républicains espagnols en France et raille l'accueil octroyé par la « France généreuse ». La propagande franquiste est contrecarrée par les informations diffusées dans les camps par des militants avertis de la situation intérieure du pays et par les messages codés envoyés à leurs proches par des familles restées au pays.

Au moment où arrive la grande masse des réfugiés, le gouvernement français est conscient que la Grande-Bretagne, qui espère des promesses du général Franco de ne pas recourir à des représailles politiques générales, envisage de reconnaître le nouveau régime espagnol ; par ailleurs, le Saint-Siège fait savoir à Paris son désir que la France effectue une démarche semblable afin de contrebalancer en Espagne l'influence allemande [64]. Par conséquent, devant les menaces internationales qui se profilent et dans le souci d'éviter l'ouverture d'un « troisième front », un protocole franco-espagnol relatif à la « relation de bon voisinage » est signé le 25 février 1939 par Léon Bérard, sénateur des Basses-Pyrénées et ancien ministre, et le général comte Jordana, ministre des Affaires étrangères du gouvernement de Burgos. Par ces accords, connus depuis sous les noms de leurs signataires, les deux pays s'engagent à « maintenir des relations amicales, vivre en bon voisinage et pratiquer au Maroc une politique de loyale et franche collaboration ». Ce préambule établi, la reconnaissance *de jure* du gouvernement Franco par la France et l'Angleterre est annoncée le 27 février 1939. Le 23 mars, le nouvel ambassadeur de France à Madrid, le maréchal Pétain, remet ses lettres de créance au général Franco ; il est accueilli très favorablement par la presse nationaliste qui rappelle la coopération du maréchal avec l'armée espagnole au temps de la guerre du Rif et les relations personnelles entretenues anciennement avec de hauts responsables militaires, en particulier les généraux Primo de Rivera, Sanjurjo et Francisco Franco[65].

Les accords Bérard-Jordana prévoient la restitution à la nation espagnole représentée par le « gouvernement national » de tous les biens qui se trouvent en France du fait de la Guerre civile : l'or déposé en garantie à la Banque de France, les armes et le matériel de guerre républicains, le bétail, la flotte marchande ou de pêche, le patrimoine artistique, les dépôts de valeurs diverses, les véhicules. Ces accords ne stipulent rien de précis au sujet des réfugiés espagnols, mais la troisième partie du texte comporte des engagements qui seront rappelés par l'Espagne à la France pendant les deux décennies suivantes, car jusqu'à l'aube des années 1960 les accords Bérard-Jordana seront les seuls textes à réguler les rapports bilatéraux. Les deux pays se promettent donc, en 1939, de faire en sorte que chacun, sur son territoire, prenne les dispositions nécessaires à la « tranquillité » ou à la « sécurité » de l'autre :

> Comme conséquence de la résolution adoptée par eux de maintenir des relations de bon voisinage, les deux gouvernements s'engagent à adopter les mesures nécessaires à une étroite vigilance, chacun d'eux sur son propre territoire, de toute activité dirigée contre la tranquillité ou la sécurité du pays voisin.
> Le gouvernement français adoptera en particulier les mesures nécessaires pour interdire, à la proximité de la frontière, toute action des Espagnols qui serait contraire à la déclaration antérieure.

La défaite de la République espagnole est ainsi entérinée par la France avant même que Madrid ne se soit rendue et que la Guerre civile espagnole ne soit officiellement terminée. Les accords Bérard-Jordana seront invoqués à de nombreuses reprises par le gouvernement franquiste après la Seconde Guerre mondiale afin d'obtenir une limitation à l'activité politique des républicains espagnols en France ; tout au long de l'année 1939, ils sont un moyen de pression efficace pour Franco qui désire obtenir le plus rapidement possible leur application.

De son côté, lors de sa première rencontre avec le général Jordana, le maréchal Pétain demande à son hôte d'activer le rapatriement des réfugiés. En effet, en dépit de la réouverture de la frontière espagnole annoncée par Albert Sarraut pour la date du 11 mars, le nombre de retours quotidiens admis par les autorités nationalistes connaît diverses fluctuations : ces retours sont de l'ordre de quelques centaines de réfugiés en mars, avant que de nouvelles limitations n'interviennent à la mi-avril. Pour des raisons différentes mais convergentes, le général Franco et l'ambassadeur français s'accordent à déplorer les lenteurs d'exécution des accords Bérard-Jordana ; le maréchal Pétain intervient constamment à ce sujet au printemps et au début de l'été 1939 [66]. Le Saint-Siège et le Foreign Office insistent également auprès de Paris pour que soit hâtée la restitution de l'or espagnol ; Londres craint en effet de voir Franco se lier plus étroitement aux pays de l'Axe.

En mai 1939, afin de hâter les rapatriements de réfugiés, le gouvernement français entreprend la restitution des biens prévue dans les accords Bérard-Jordana et en accélère le rythme ; les rapatriements sont plus massifs durant l'été avec la restitution, par la France, de près de 5,5 milliards de francs. Le 28 juillet, le maréchal Pétain télégraphie avec satisfaction à Paris qu'à la suite de la restitution de l'or déposé à la Banque de France à Mont-de-Marsan « les autorités d'Irún viennent de recevoir pour instructions de prendre toutes les dispositions utiles en vue de recevoir incessamment 50 000 miliciens au rythme de 2 500 par jour [67] ». Le gouvernement de Burgos accepte d'admettre quotidiennement 1 000 hommes par Irún et 1 500 par Port-Bou, Le Perthus et Puigcerda, ainsi que 300 femmes et enfants [68]. Le 2 août, le ministre de l'Intérieur réitère ses instructions sur la nécessité de convaincre les hésitants à repartir en Espagne — comme les 250 000 qui l'ont déjà fait — à présent que la frontière est largement ouverte.

Au cours de l'été 1939, le gouvernement français est cependant conscient que la plupart des réfugiés susceptibles de rentrer en Espagne ont déjà repassé la frontière et que la majeure partie de ceux qui restent redoutent des représailles et ne le feront pas [69]. Aussi le maréchal Pétain qui craint que les autorités aient du mal à réunir 50 000 hommes à évacuer en trois semaines, juste au moment où l'Espagne accepte de les laisser entrer, se propose-t-il d'intervenir auprès du gouvernement de Burgos afin que celui-ci adopte des mesures de clémence vis-à-vis des rapatriés ; le maréchal recommande également que l'on mette les réfugiés en demeure d'opter pour le rapatriement ou pour l'engagement dans les unités de prestataires en train de se constituer. Après avoir visité les camps des Pyrénées-Orientales et signalé la diffusion de tracts alertant les réfugiés sur les risques encourus lors d'un retour en Espagne — « peloton d'exécution, camp de concentration, torture, mort » — le maréchal s'inquiète de ce que cette propagande ne diminue encore le nombre des volontaires au rapatriement[70]. De fait, le nombre des retours baisse significativement durant les derniers mois de 1939, en dépit de l'appel de l'ambassade franquiste aux Espagnols qui résident en France afin d'inciter à rentrer « ceux qui n'ont à se reprocher aucun crime », « ceux qui ont une conscience nette et un passé honnête[71] ». De son côté, avec la déclaration de guerre, le gouvernement français ne souhaite plus à présent que le départ des seuls réfugiés « non susceptibles d'apporter un travail utile à l'économie française ».

L'on sait encore peu de chose sur la manière dont les rapatriements se sont effectués en Espagne même : un immense chantier est à défricher qui permettrait de mieux connaître le vécu de ces milliers de personnes tentées ou contraintes de rentrer, pour différentes considérations jointes aux incitations françaises ; de mieux connaître aussi l'étendue et la nature de la répression qui a pu s'exercer sur les rapatriés ou leurs familles. Les actes d'allégeance au nouveau régime signalés par les consuls franquistes existent, tels ceux qui se disent « apolitiques », « rouges déçus et repentis » ou républicains de hasard, du seul fait de leur lieu de naissance dans une zone tenue par le gouvernement de l'époque. Il est évidemment difficile de déterminer la part de soumission obligée, la véritable indifférence et le retournement opportun. Davantage vraisemblable et majoritairement partagé, en revanche, est le désir de ceux qui se disent « soucieux de retrouver leurs familles et leurs activités habituelles[72] ». Lluís Montagut rapporte le cas d'un compagnon, paysan taciturne originaire du val d'Aran, qui n'avait jamais quitté son village avant la mobilisation générale de la guerre et se retrouve en exil en France alors qu'il ne parle que la variante de langue catalane de sa région. Lluís Montagut écrit à la femme de l'Aranais de sa part et celle-ci fait dire en retour, par l'intermédiaire du curé du village, que son mari peut retourner

au pays sans aucune crainte ; la lettre est accompagnée de deux
déclarations favorables établies par des membres en vue de la
Phalange locale [73]. Les retours sont très divers dans leurs motivations et leurs modalités et ils sont parfois provisoires. Des entretiens permettent de déceler le souvenir de l'humiliation et des
vexations imposées à ceux qui rentrent en Espagne, comme ce fut
le cas pour José Sangenis, reparti avec sa mère et sa sœur pour
Barcelone en novembre 1939 avant que de reprendre à nouveau
le chemin de l'exil français après la guerre mondiale [74].

La France sert aussi de lieu de transit pour d'autres émigrations,
à destination essentiellement de l'Amérique latine, en particulier
du Mexique de Lazaro Cárdenas qui offre, dès février 1939, une
hospitalité généreuse aux républicains espagnols. Mais cette nouvelle émigration ne touche vraisemblablement qu'un peu plus de
15 000 personnes en 1939 et en 1940, avec une prédominance
de réfugiés provenant du secteur tertiaire et, plus généralement,
d'intellectuels [75]. Réémigration sélective aussi d'un point de vue
politique, du fait du contrôle important exercé par le Servicio de
evacuación de los republicanos españoles, le SERE, devenu, en
mars 1939 sous l'égide du gouvernement Negrín, Servicio de emigración. Les représentants du SERE, munis d'un laissez-passer
spécial et d'une attestation de la Légation du Mexique, sont
dûment autorisés par le gouvernement français à procéder au
recensement des réfugiés désireux d'aller au Mexique [76]. Du fait
des dissensions politiques existant au sein du camp républicain, le
SERE parvient à imposer des quotas en fonction de l'appartenance
politique ou syndicale et est vite considéré par nombre de réfugiés
comme un instrument aux mains des communistes. Il n'est pas
niable que les tendances proches du dernier gouvernement républicain se trouvent plutôt avantagées par rapport aux autres militants, notamment les anarchistes pourtant très nombreux dans
l'exil : généralement, les proportions retenues de candidats au
départ tournent autour de 50 % pour les communistes et les socialistes, de 20 % pour les anarchistes, de 20 % pour les républicains
et les partis régionaux et de 3 % pour les non-affiliés [77]. Les divisions politiques sont telles que l'aile modérée du PSOE, regroupée
autour d'Indalecio Prieto, ancien ministre de la Défense de Juan
Negrín, constitue en juillet 1939 un organisme concurrent du
SERE, la Junta de auxilio a los republicanos españoles, la JARE [78].
La JARE deviendra d'ailleurs le seul organisme espagnol responsable de l'émigration quand le SERE sera dissous par le gouverne-

ment français, à l'instar de toutes les organisations communistes ou suspectées de l'être, après la signature du Pacte germano-soviétique. C'est le Mexique qui accueille le plus important contingent de réfugiés, environ 7 500 en 1939. Le Chili et la République dominicaine reçoivent respectivement autour de 2 300 et 3 100 réfugiés ; d'autres pays latino-américains, comme l'Argentine, le Venezuela, la Colombie et Cuba, voient arriver un total d'environ 2 000 Espagnols. Les autres pays européens, eux, n'en acceptent que quelques milliers ; quant à l'URSS, si l'on excepte les Espagnols qui s'y trouvent déjà pour des motifs divers avant la fin de la Guerre civile, elle en accueille moins d'un millier.

Avec les rapatriements et les réémigrations, on peut estimer en définitive qu'à la fin de l'année 1939 plus de 300 000 réfugiés espagnols ont quitté la France ; c'est-à-dire près des deux tiers des réfugiés arrivés lors de la *Retirada* ou au cours des années antérieures. Les chiffres avancés au long de l'année par les divers ministères concernés — Intérieur, Travail, Affaires étrangères — indiquent globalement cette diminution progressive. Les réfugiés sont évalués à environ 355 000 début mai (354 345, dont 155 138 civils et 199 207 miliciens), entre 260 000 et 350 000 en juin et autour de 230 000 à 250 000 en août[79]. Ce qui permet à Albert Sarraut de déclarer à la Chambre des députés le 14 décembre 1939 qu'il ne reste plus en France que 140 000 réfugiés, dont 40 000 femmes et enfants environ ; estimation sans doute un peu minorée dans le but évident de démontrer l'efficacité de la politique gouvernementale et de ne pas encourir les reproches des parlementaires partisans de pratiques plus expéditives. Plus proche peut-être de la réalité, une note diplomatique anonyme de la fin décembre 1939 évalue à 180 000 le nombre de réfugiés espagnols présents en France, dont 45 000 femmes et enfants. D'ailleurs, en avril 1940, le ministère de l'Intérieur dénombre encore près de 167 000 réfugiés espagnols, parmi lesquels il y aurait autour de 50 000 femmes et enfants et près de 80 000 miliciens[80] ; au même moment le premier bureau de l'état-major de l'armée fait d'ailleurs état de 104 000 miliciens[81]. Ultérieurement, en février 1941, le gouvernement de Vichy estime à environ 140 000 le nombre des réfugiés et, fin 1941, à près de 85 000 pour la seule zone non occupée[82]. Mais il est clair, encore une fois, que l'on ne peut parvenir qu'à des approximations ; l'imprécision porte essentiellement sur l'impossibilité de prendre en compte la multiplicité des situations à un moment donné et, surtout, du nombre de femmes et d'enfants, parfois inclus dans les statistiques globales, parfois non. Quant aux réfugiés d'Afrique du Nord, ils sont le plus souvent absents des décomptes nationaux.

Après les diverses réémigrations, après le retour volontaire en Espagne des réfugiés qui ont fui leur pays en guerre sans réelle nécessité d'émigrer, entraînés par des circonstances exceptionnelles, et le départ contraint de ceux qui ont été poussés au rapatriement par les incitations françaises des premiers temps de l'exode, l'exil politique espagnol se constitue véritablement. Il est formé des hommes et des femmes qui n'ont d'autre choix que de rester en exil. Ces nouveaux arrivés représentent dès lors une part importante de la colonie espagnole de France, autour de 40 % à la fin de l'année 1939. Pour autant, le statut de réfugié politique tel qu'il a été accordé aux Russes et aux Arméniens dans les années 1920 ne leur est pas octroyé en 1939, tant l'on considère leur séjour en France comme transitoire. Fin décembre 1939, la période d'indécision est pourtant déclarée terminée par le gouvernement français : celui-ci considère caduque sa recommandation du mois d'août indiquant qu'il n'y a pas lieu de contraindre les Espagnols à décider s'ils entendent réclamer le bénéfice du droit d'asile[83]. Ce n'est toutefois pas pour leur attribuer un statut, mais les astreindre aux prestations obligatoires nouvellement décrétées :

> Dans les circonstances actuelles, il n'existe plus aucun motif pour prolonger cette indécision et il convient d'inviter ces étrangers à faire connaître s'ils se considèrent comme réfugiés ou si, au contraire, ils se sont ralliés au régime franquiste.

Si un Espagnol ne peut produire, lors d'une demande de titre de séjour ou du renouvellement du sien, un certificat de nationalité de moins de six mois,

> [...] il conviendra de le considérer comme ne jouissant plus de la protection de son pays d'origine. Comme tel, l'intéressé devra, s'il est âgé de 20 à 48 ans, être soumis au dénombrement prévu par ma circulaire du 5 août 1939, en vue d'être astreint aux prestations[84].

Une diaspora espagnole

À l'improvisation des camps pour les militaires répond celle des centres d'hébergement pour les femmes, les enfants et les vieillards ; même si les années précédentes, des recensements relatifs aux possibilités d'hébergement ont été effectués pour les premières vagues de réfugiés espagnols, les besoins sont infiniment plus importants en 1939 et les réactions des populations déjà concernées précédemment sont à prendre en compte. Albert Sarraut alerte les préfets à ce propos, le 25 janvier, au moyen d'une circulaire confidentielle :

> Je leur demande de faire procéder immédiatement, aussi discrètement que possible, pour ne pas donner aux Espagnols l'impression que nous nous préparons à les recevoir, à un recensement des locaux, publics et privés, vacants dans leurs départements et qui pourraient être employés pour le logement des réfugiés[85].

Si des femmes et des enfants ont passé un temps plus ou moins long dans certains camps en 1939, la séparation des familles s'effectue généralement à la frontière ou dans les camps de triage ; les civils sont dirigés alors vers des départements éloignés de la frontière, région parisienne exceptée. Les réfugiés espagnols sont dispersés sur le territoire français en fonction des possibilités et des bonnes volontés locales. Quarante-cinq départements d'évacuation avaient été envisagés en 1937 ; en mars 1939, ce sont au moins soixante-dix-sept départements qui reçoivent finalement quelque 170 000 réfugiés civils[86]. C'est dire la dispersion géographique considérable des réfugiés. En avril 1939, le préfet de la Mayenne s'enquiert auprès de ses collègues de l'importance des contingents de réfugiés accueillis dans leur département : quarante-huit répondent et fournissent ainsi un « instantané » partiel de la répartition des réfugiés espagnols à cette époque. Les effectifs sont variables d'un département à l'autre. Dans les départements où sont localisés des camps d'internement, les chiffres varient d'une à plusieurs dizaines de milliers de réfugiés ; mais, généralement, le nombre d'Espagnols oscille entre quelques centaines — comme dans la Marne — à plus de 4 000, comme en Charente ou dans les Landes. La moyenne des effectifs de réfugiés accueillis est de l'ordre de 2 500 à 3 500 comme dans l'Aveyron, le Calvados, le Cher, la Dordogne, le Finistère, le Loir-et-Cher, la

Loire-Inférieure, le Loiret, le Lot, le Lot-et-Garonne, le Pas-de-Calais, la Saône-et-Loire, la Seine-Inférieure, le Tarn, le Vaucluse ou la Haute-Vienne[87].

Les modalités d'accueil ne revêtent pas nécessairement le même caractère que les années précédentes, et des mouvements de population très nombreux se produisent. Pour reprendre l'exemple des six départements de l'actuelle région Centre, plus de 13 000 réfugiés sont conduits dans cinq d'entre eux — Cher, Eure-et-Loir, Indre, Loir-et-Cher, Loiret — mais pas en Indre-et-Loire. Les lieux d'hébergement diffèrent souvent des années antérieures et l'on constate une très grande dispersion des réfugiés dans les départements où ils avaient été plutôt concentrés en 1937 : cinquante-six centres d'hébergement s'ouvrent dans l'Eure-et-Loir et cinquante et un dans le Loir-et-Cher. Une tendance inverse se manifeste dans le Cher où huit centres accueillent les réfugiés : trois centres communaux, trois centres de vacances et deux ensembles assimilables à des camps au lieudit Châteaufer et à Noirlac. À partir de ces départements, de très nombreux convois sont organisés tout au long de l'année 1939 pour effectuer des rapatriements qui concernent au minimum 7 000 personnes, soit plus de la moitié de l'effectif total ; 400 autres personnes rentreront également en Espagne au cours des cinq premiers mois de 1940. Ces chiffres sont des minima et rien ne permet de savoir si ces retours sont le fait de personnes arrivées en 1939 ou auparavant. Le nombre de réfugiés de la région qui réussissent à gagner d'autres pays, essentiellement l'Amérique latine, est plus incertain : autour de 200 personnes semblent avoir fait partie des principaux convois (*Mexique, Winnipeg, Sinaia, De La Salle, Ipanema, De Grasse...*)[88]. Dans la Mayenne, quelque 2 000 réfugiés espagnols — dont environ 140 arrivés avant le début de l'année 1939 — sont accueillis les premiers jours du mois de février ; ils sont répartis dans près de deux cents communes, soit dans les trois quarts des communes du département. À partir de la Mayenne également, de nombreux mouvements se produisent : les rares hommes valides arrivés jusqu'ici sont dirigés vers les camps d'internement ; quelques chanceux — une quarantaine — peuvent s'embarquer pour l'Amérique et de nombreux réfugiés — surtout des femmes et des enfants — repartent vers l'Espagne. Au 1er juin 1939, 425 réfugiés auront ainsi quitté le département[89].

Les préfets et les maires parent au plus pressé pour héberger les réfugiés et il est certain que l'organisation matérielle des centres se ressent de l'improvisation qui règne pour résoudre à la fois les problèmes de logement, de ravitaillement et de santé. Les lieux d'hébergement sont très divers. Dans certains départements, tous les locaux disponibles sont utilisés, qu'ils soient adaptés à recevoir des personnes (écoles, centres de vacances, sanatoriums, casernes, maisons inhabitées...) ou qu'ils ne le soient pas de prime abord (anciennes usines, haras, écuries, moulins, salles des fêtes, halles, églises ou prisons désaffectées, granges...)[90]. On réquisitionne ainsi un camp de vacances à Quiberon, la colonie Sainte-Marguerite à Pornichet, la caserne Gribleauval à Clermont-Ferrand, une ancienne école professionnelle à Périgueux ou le palais de la Houille blanche à Grenoble[91]. À Châteaufer, d'anciennes écuries, dont certaines dépourvues de portes, servent de dortoirs ; dans le même département du Cher, à Sancoins, les dortoirs sont aménagés dans un ancien atelier occupé une semaine auparavant par une foire au bétail. La paille est le mode de couchage le plus général et l'armée ne loue que tardivement des couvertures aux préfets. Dans les locaux de fortune, les arrivées d'eau et les installations sanitaires sont rares ou inexistantes ; dans les villes qui en possèdent — comme à Dreux, Sancerre ou La Châtre — les réfugiés sont conduits aux bains-douches municipaux. Des équipements sont parfois mis en place pour assurer un assainissement et une hygiène minima, comme aux Aydes ou à La Guerche où des tinettes mobiles sont installées[92]. Dans les régions rurales, toutefois, ces conditions matérielles sont le reflet de la vie quotidienne de nombreuses communes qui ne disposent pas encore à cette date d'adduction d'eau et, par conséquent, d'équipements sanitaires ; pas plus que les habitations paysannes ne sont dotées alors de mode de chauffage autre que celui fourni par la cheminée. Cette rusticité étonne parfois certains réfugiés issus de zones urbaines, notamment de la prospère Catalogne, qui sont beaucoup mieux équipées dans le domaine sanitaire que les campagnes françaises de l'époque. La nourriture s'apparente aussi à l'ordinaire des petits paysans de la région et à celle des collectivités soumises à des limitations budgétaires, tels les hospices. Dans les zones rurales pauvres, les populations françaises du Nord et de l'Est ne bénéficieront pas toujours de meilleurs logements lors de l'exode de 1940 ; aussi, la recommandation du ministre de l'Intérieur —

significative cependant par la discrimination conseillée vis-à-vis de l'étranger — est probablement vaine :

> Je rappelle qu'en aucun cas tout logement de réfugié espagnol ne doit pas être meilleur que celui assigné à nos compatriotes réfugiés et que vous ne devez pas hésiter à assurer en tout état de cause priorité, hébergement et confort aux réfugiés français. Je ne saurais admettre, pas plus que vous-même, aucune restriction de quelque nature qu'elle soit à cette règle [93].

Souvent hypothéquée par de difficiles conditions matérielles, aggravées en périodes de froid, la vie quotidienne dans les centres est marquée par une promiscuité de tous les instants et une surveillance pour le moins tatillonne. En premier lieu, une quarantaine sanitaire — souvent plus courte — est appliquée autour des centres dont l'accès est interdit ; il est vrai que les réfugiés, affaiblis par la guerre et l'exode, sont parfois atteints de maladies contagieuses que l'on soigne encore mal à l'époque ou dont les complications sont encore redoutables. Des cas de diphtérie ou de typhoïde sont signalés dans des centres d'Orléans, Blois ou en Eure-et-Loir ; rougeole, coqueluche et oreillons sont diagnostiqués dans divers départements [94]. Mais surtout, certaines autorités locales appliquent à la lettre les diverses consignes ministérielles soulignant la nécessaire surveillance des réfugiés ; dans les centres importants, les gendarmes sont présents en permanence, comme à Chaumont, Lamotte-Beuvron, Saint-Amand-Montrond, La Guerche ou Les Aydes. Après la levée du cordon sanitaire, les contacts des réfugiés avec le monde extérieur restent limités, malgré l'intervention de comités de solidarité et les sorties demeurent strictement réglementées dans leurs horaires et leurs modalités. La direction des centres est placée sous la responsabilité des préfets qui veillent à y faire régner la discipline et l'ordre, plus ou moins rigoureux selon les départements. Des tâches sont confiées aux réfugiés, notamment des travaux de couture pour le centre ou les hôpitaux militaires ; par la suite, les responsables des centres engageront les réfugiés à trouver du travail à l'extérieur.

Après plusieurs mois passés à l'hôpital d'Orléans au chevet de sa fille atteinte de dysenterie, Ángeles Yagüe rejoint quelque trois cents autres réfugiés — hommes âgés, femmes et enfants — au centre d'hébergement de la Verrerie des Aydes installé dans une ancienne cristallerie[95]. Cinquante ans après, certains détails de la vie quotidienne sont restés gravés dans sa mémoire avec intensité : elle se souvient particulièrement de l'unique poêle qui parvenait mal à chauffer d'immenses dortoirs et servait surtout, au cours de l'hiver 1939-1940, à faire fondre la neige pour pouvoir se laver car l'eau était gelée aux robinets. Au début, les réfugiés dormaient sur de la paille étendue sur le sol, puis des châlits ont été installés afin d'isoler un peu les étroits matelas de l'eau qui dégoulinait par terre. Pas de souvenir de faim, même si les portions étaient réduites et les aliments rustiques ou déconcertants pour des Espagnols, comme le camembert un peu avancé. Avec beaucoup d'élégance, Mme Yagüe note : « Malgré le froid, les gouttières et la paille, nous ne sommes pas passés par des calamités physiquement insurmontables. Nous avons toujours eu un toit et de la nourriture. » Mais un certain contrôle des entrées et des sorties et surtout l'inquiétude par rapport aux autres membres de la famille, notamment les maris dont on ignorait tout, étaient, à des niveaux différents, difficiles à supporter. Parfois, se souvient Ángeles, une mère était sans nouvelles d'un de ses enfants, égaré lors de l'exode ou au cours de quelque changement de convoi ou d'un détachement imprévu de wagons. Afin d'échapper au rapatriement, ajoute-t-elle, des femmes célibataires tâchaient de se trouver un époux dans les camps. Enfin, Mme Yagüe mentionne les organismes de solidarité qui venaient en aide aux réfugiés : la Croix-Rouge, des syndicats, et surtout les Quakers qui ont laissé aux Espagnols un souvenir de gratitude émue[96].

Le corollaire inévitable du désordre immense de l'arrivée et de l'accueil des réfugiés, de leur dispersion, de l'internement des hommes dans les camps et des déplacements divers est la séparation, parfois prolongée, des familles. Des femmes sont sans nouvelles de leurs enfants ou de leur conjoint, des hommes ignorent le lieu de résidence de leur famille. De nombreuses pages de journaux témoignent des innombrables recherches entreprises pour localiser des membres de la famille ou des amis proches. *L'Indépendant des Pyrénées-Orientales* est l'un des premiers à proposer des pages à cette fin ; il organise même un service spécialisé et propose aux préfets des départements d'accueil de leur envoyer quelques exemplaires du journal pour les faire circuler dans les centres d'hébergement. D'autres journaux français, comme *Le Populaire*, organe de la SFIO, font de même. En dépit des conditions de l'exode et de la précarité des situations, une presse de l'exil espagnol commence à faire son apparition et des journaux, édités par les réfugiés eux-mêmes, publient de longues listes d'avis de recherche. C'est le cas de *Voz de Madrid*, organe du gouvernement Negrín, d'*España expatriada* éditée par la Solidarité internationale antifasciste, de *Reconquesta* de l'Alliance nationale de Catalogne ou de *Treball* et *Midi* du Partit socialista unificat de Catalunya[97]. Le Comité international de la Croix-Rouge se préoccupe aussi du problème. Diverses circulaires ministérielles, de mai à octobre 1939, préconisent les regroupements familiaux mais les miliciens internés dans les camps en sont exclus ; lorsque des hommes trouvent de l'embauche à l'extérieur des camps, il leur faut justifier de ressources suffisantes pour que les préfets accèdent aux demandes de regroupement familial.

Ces séparations souvent prolongées sont à l'origine de nombreux drames individuels. Dans les meilleurs des cas, les familles pourront se retrouver au bout de quelques mois. Parfois, la séparation durera des années. Dans d'autres circonstances, ces séparations seront définitives. Soit pour cause de décès, comme dans le cas de Rosa Laviña qui apprend dans un centre d'hébergement de la Sarthe, trois mois après son arrivée, que son père, interné d'abord au camp d'Argelès puis très vite envoyé dans le Pas-de-Calais, est mort[98]. Soit que l'homme ait dû laisser femme et enfants en Espagne, ou que ceux-ci y soient retournés, et qu'ils n'aient jamais pu se rejoindre par la suite. Effet de la guerre et de l'exil, les familles recomposées ne sont pas rares : des hommes qui ont une femme et des enfants en Espagne « refont leur vie » en France. Ce n'est que longtemps après son arrivée dans un centre d'hébergement d'Orléans que Ángeles Yagüe apprend, par le biais d'une annonce dans un journal, que son mari se trouve à Nîmes dans une Compagnie de travailleurs étrangers. Quant aux parents de Pauline, dans le livre d'Isabel Fernández, ils se sont vus pour la dernière fois juste avant la chute de Barcelone, où la mère était venue rejoindre son mari alors engagé sur le front de Catalogne ; après la débâcle, le père est interné au Barcarès et il apprend par ses propres parents restés en Espagne que sa femme et sa fille sont passées en France. Ce n'est qu'en octobre 1939 qu'une lettre de l'épouse, hébergée dans la Mayenne, parvient à son mari au camp. Bien que le mari ait entre-temps trouvé du travail, il leur faudra attendre 1942 pour se retrouver[99].

Comme beaucoup, la famille Morato passe la frontière en ordre

dispersé : la mère, la tante, une jeune réfugiée aragonaise accueillie dans la famille pendant la guerre et le jeune Josep arrivent au
Boulou. Ils sont rapidement évacués vers Le Luc, dans le Var,
tandis que le père, mobilisé, arrive avec ses compagnons et est
interné à Argelès. Les femmes et les enfants sont hébergés dans
une ancienne usine, ainsi qu'une cinquantaine d'autres réfugiés,
puis dans un hôtel désaffecté ; ils sont bien traités et connaissent
tout à la fois la solidarité d'une population de gauche sympathisante et la curiosité des autres. La présence d'un anarchiste espagnol installé depuis longtemps comme agriculteur dans la région,
mais reparti en Espagne comme volontaire pendant la guerre, puis
revenu dans ce qui est son nouveau pays, facilite certainement les
relations. Alors que les enfants fréquentent l'école du Luc, leur
mère, Mercedes, demeure sans nouvelles du père ; quant à ce dernier, il est persuadé que sa famille est restée dans leur petit village
de Catalogne et ce n'est que trois mois plus tard qu'un de ses
compagnons de camp lui signale un avis de recherche publié par
sa femme dans un journal. La joie des uns et des autres sera
complète lorsque le père aura la possibilité, dans le courant de
l'année, de faire venir sa famille dans le petit village des Pyrénées-Orientales où il a trouvé un emploi agricole sur la recommandation d'un ancien interné qui y avait des connaissances. En
1942, ils penseront être plus en sécurité en Dordogne, avant de
revenir, après la guerre mondiale, dans la région de Perpignan[100].
La famille Alberola connaît un itinéraire un peu similaire au
début : la mère et ses deux enfants sont conduits à Tenay, dans
l'Ain, tandis que le père parvient à éviter les camps et rejoint les
milieux libertaires à Marseille. Un oncle maternel résidant déjà en
France, à Clermont-Ferrand, sert de lien entre les membres de la
famille. Le père, enseignant rationaliste, est réclamé par le maire
socialiste de Tenay pour assurer l'école — en espagnol et en français — aux petits réfugiés[101] ; malgré les quotas politiques instau-
rés par le SERE, la famille réussit à embarquer au printemps sur
l'*Ipanema* à destination du Mexique[102]. Innombrables sont les
récits de séparation et d'errance : tandis que Jean Gaspar est
interné dans le camp d'Argelès et son père à Bram, les femmes
de la famille sont conduites en Saône-et-Loire ; le jeune homme
s'évade du camp et trouve quelques mois un travail dans la région,
avant d'être repéré et renvoyé à Argelès, où il retrouve quelques
membres de sa famille, notamment sa mère, son frère et sa
sœur[103]. Des reconduites à la frontière s'effectuent parfois de

manière si précipitée, sans s'interroger sur les possibilités réelles de rapatriement, que l'internement est en effet à nouveau la seule issue ; le ministère de l'Intérieur le constate en septembre 1939 :

> Certains convois de femmes et d'enfants espagnols ont été dirigés par des préfets sur la frontière sans qu'un tri sérieux sur les possibilités de retour ait été effectué, d'où de très grosses difficultés [104].

Les cas les plus dramatiques sont certainement ceux des enfants « perdus » au cours de l'exode. Une jeune femme, arrivée dans la Mayenne, est sans nouvelles de sa petite Trinidad de six ans qui faisait partie d'une colonie d'enfants de Barcelone, sans doute évacuée vers la même période [105]. Dans l'Eure-et-Loir, Magdalena F. a été séparée de ses trois enfants âgés de trois à dix ans ; à Châteaudun, Sarra B. voudrait retrouver son enfant de deux ans. À Buzançais, huit femmes ont perdu la trace de leurs enfants et au Blanc, elles sont sept dans le même cas. À Chartres, Delphina G. ignore où se trouve sa fille de dix ans ; à Blois, de nombreuses mères sont également à la recherche de leurs enfants [106]. Après être arrivée dans ce que ses parents pensaient être un refuge pour enfants mais qui s'est révélé n'être qu'un lieu où affluaient de nombreux réfugiés de Catalogne, Raquel, sept ans, emportée par le flux de l'exode, passe seule en France avec une autre petite fille de douze ans. Montées dans un train qui emporte les réfugiés vers un département de l'intérieur, les deux fillettes arrivent à Mayenne ; une église désaffectée, garnie de paille, sert de lieu d'hébergement pendant une dizaine de jours avant que les familles ne soient réparties dans plusieurs localités. Accueillies dans la maison d'une employée municipale d'un petit village, Raquel et Socorro n'auront des nouvelles de leurs parents, grâce à l'entremise de leur hôtesse et d'une annonce publiée dans L'Œuvre, qu'à l'été suivant : la mère et le père de Raquel avaient échoué respectivement au Pouliguen, en Loire-Atlantique, et au camp d'Argelès, tandis que les parents de Socorro se trouvaient près de Tarbes [107]. Beaucoup de regroupements familiaux tarderont à s'effectuer du fait du déclenchement de la guerre mondiale, puis de l'exode de 1940, qui rendront la situation des réfugiés espagnols encore plus précaire.

Ne pas sombrer : débuts de réorganisation politique
et d'expression culturelle

Malgré le traumatisme de la défaite et les difficultés de tous ordres liées à leur exode, les Espagnols entreprennent dès les débuts de leur arrivée en France de reconstituer leurs organisations politiques et syndicales ; compte tenu de différents facteurs, le résultat en sera toutefois inégal selon les tendances au moment où se déclenchera la Seconde Guerre mondiale.

Les premiers regroupements politiques s'opèrent dans les camps d'internement eux-mêmes, car les solidarités s'y reforment. Très rapidement, chaque baraquement tend à réunir des hommes issus d'une même unité militaire, souvent constituée d'ailleurs sur des bases politiques. Cependant, les clivages qui ont déchiré le camp républicain pendant la guerre se poursuivent et parfois s'exacerbent ; à présent que la nécessité de faire face à la guerre n'amortit plus les antagonismes politiques, « l'âge de la controverse commence [108] ». L'éclatement des organisations consécutif à l'exode et aux conflits hérités de la Guerre civile ne permettra guère que des prises de position individuelles, ou au mieux de groupes isolés, par rapport au conflit mondial qui s'annonce.

Dans les camps de concentration, toute expression politique étant prohibée, une activité culturelle est entreprise par des internés. Ce travail d'éducation et de culture permet de retrouver la dignité et de lutter contre l'abattement né de la déroute, de l'isolement, de l'humiliation et de l'inaction forcée ; en perpétuant l'idéal pour lequel ils se sont battus en Espagne, cette activité aide les réfugiés à lutter contre la désespérance de leur situation. Surmonter la défaite et l'exil passe par l'affirmation d'une identité. De même qu'en Espagne la lutte contre le franquisme a été menée largement au nom de la défense de la culture, la survie dans les camps passe par la sauvegarde et l'expression de l'identité culturelle républicaine ; l'exil espagnol se veut immédiatement une résistance culturelle. Dès les premiers mois de leur arrivée en France, s'impose donc aux républicains espagnols la nécessité intellectuelle et morale de poursuivre purement et simplement la vie culturelle de la République qu'ils ont défendue : une République qui a mené un travail important en matière d'enseignement et d'éducation, travail qu'il s'agit de poursuivre afin de nier la défaite et d'abolir la dure réalité de l'exil. Naturellement loin d'être neutres, les activités culturelles menées par les républicains espagnols se trouvent intimement liées à leur combat politique.

Au sortir de la Guerre civile, toutes les structures institutionnelles et partisanes espagnoles se trouvent éclatées. Le jour même de la reconnaissance du gouvernement de Franco par l'Angleterre et la France, le 27 février 1939, le président de la République Manuel Azaña[109] présente sa démission au président des Cortes, Diego Martínez Barrio ; ce dernier, au lieu d'assumer la présidence de la République par intérim comme le prévoit la Constitution espagnole de 1931, conditionne son accord à une consultation préalable de Juan Negrín retourné dans la zone Centre-Sud et quitte peu après la présidence des Cortes, occupée provisoirement par le premier vice-président, Luis Fernández Clérigo. De son côté, avec une légitimité plus ou moins discutée par la Commission permanente des Cortes, le gouvernement Negrín entend assumer la représentation de la légalité républicaine dans l'exil. Du fait de la démission des plus hauts représentants de la République espagnole, de la légitimité controversée du gouvernement Negrín, les institutions républicaines apparaissent complètement désagrégées dès les premiers jours de l'exil. Les institutions de la Seconde République espagnole comportent également deux gouvernements régionaux autonomes : le gouvernement basque et la Generalitat de Catalogne. L'exil basque a été le plus précoce ; lorsque l'Euzkadi est entièrement occupée par les franquistes en septembre 1937, la Délégation basque à Paris se trouve considérablement renforcée par l'arrivée de nombreux conseillers et députés. Paris est entre 1938 et 1940 la véritable capitale de l'Euzkadi démocratique. L'activité des Basques est particulièrement soutenue par des catholiques français groupés autour de Marc Sangnier et par la puissante section française de la Ligue internationale des amis des Basques, présidée par François Mauriac. Quant au gouvernement de la Généralité, constitué à Barcelone en juin 1937, il se trouve pratiquement autodissous dès mars 1939 : il est mis en effet en sommeil de par la volonté de Josep Tarradellas, secrétaire général du parti majoritaire, l'Esquerra republicana de Catalunya ; ce dernier considère que le Front populaire est rompu et souhaite marginaliser le parti communiste catalan, le PSUC.

Au cours des quelques mois qui séparent la *Retirada* du déclenchement de la guerre puis de l'occupation de la France, les partis politiques espagnols n'ont guère le temps de se réorganiser dans l'Hexagone, à l'exception du PCE et du PSUC, et, dans une mesure moindre, de la CNT et du POUM. Certains partis se trouvent pratiquement décapités parce que nombre de leurs cadres et de leurs parlementaires ont réussi à quitter la France et trouver asile dans d'autres pays, notamment en Amérique latine. En dépit des difficultés d'ordre matériel, des publications en espagnol paraissent en France : une quarantaine de titres, de longévité, de périodicité et d'aspect très dissemblables. Mais les républicains espagnols n'auront ni le temps ni la possibilité de faire émerger des publications durables et, en tout cas, aucun des journaux réguliers des grands partis et syndicats. Dès lors qu'une publication revêt les apparences d'un véritable journal et dépasse le niveau d'un bulletin à diffusion limitée, elle fait l'objet d'interdiction ou de suspension de la part d'un gouvernement français désireux de ménager ses relations avec Franco dans le double but de se débarrasser du fardeau des réfugiés et de s'assurer de la neutralité du Caudillo en cas de conflit généralisé [110]. Le nouveau régime espagnol ne cesse pourtant de se plaindre auprès du Quai d'Orsay, tout au long de l'année 1939, au sujet des activités des « Espagnols rouges » en France : cinquante-six notes sont ainsi remises entre le 4 avril et le 21 décembre 1939 et une quinzaine d'entre elles sont relatives à la presse en espagnol dont l'interdiction est demandée [111]. De Madrid, le maréchal Pétain se fait l'écho fidèle des desiderata franquistes et exprime au président du Conseil son souci que l'activité des réfugiés ne compromette pas les relations de la France avec les dirigeants actuels de Madrid et ne fasse « en pleine guerre le jeu de nos ennemis » ; il ajoute que la France travaillerait contre ses intérêts en « se bornant à garantir en bloc la correction des réfugiés espagnols [112] ». Le maréchal a certainement à l'esprit la longue lettre envoyée le 26 décembre 1939 au président Daladier par l'ambassadeur d'Espagne en France, José Félix Lequerica, qui résume l'ensemble des plaintes formulées par Madrid

> quant à l'organisation en France d'un État hostile à l'État espagnol, jouissant de la faveur officielle et de la liberté d'exercer toutes ses activités qui vont à l'encontre de la vie normale du gouvernement reconnu en Espagne et de la clause, peut-être essentielle, de la convention qui a été à la base de la reprise de nos rapports [113].

Pourtant, le principal parti de gouvernement de la République espagnole, le Parti socialiste ouvrier espagnol, émerge très divisé de la guerre d'Espagne ; les tendances constituées dès le début des années 1930 par les partisans respectifs de Julián Besteiro, de Francisco Largo Caballero[114], d'Indalecio Prieto[115], puis de Juan Negrín[116], ont vu leurs dissensions se creuser au cours de la Guerre civile. Qui plus est, des litiges existent sur la légitimité de la direction du PSOE en 1939 : deux — presque trois — commissions exécutives revendiquent la représentation du parti et il est patent que le gouvernement Negrín est minoritaire au sein du PSOE. Les divergences apparues dès 1938 entre Juan Negrín et son ministre de la Défense d'alors, Indalecio Prieto, continuent après la défaite au sujet du contrôle du gouvernement républicain en exil et des fonds encore disponibles ; la rivalité et les polémiques entre le SERE et la JARE sont là pour en témoigner[117]. Devant le déclenchement de la guerre mondiale, l'organe du SERE, *Norte,* prend toutefois position et déclare : « Inconditionnellement, avec la France et l'Angleterre, nous sommes pour abattre le régime d'opprobre d'Hitler et de ses complices[118]. » Les républicains, répartis en divers groupes, traditionnellement peu nombreux et peu organisés, animés surtout par quelques personnalités, n'ont pas de structure ni d'organe de presse en ce début d'exil et nombre de dirigeants ont gagné l'Amérique. Quant au Parti ouvrier d'unification marxiste, dont les dirigeants arrêtés à la suite des journées de mai 1937 viennent de sortir de prison au moment de la chute de Barcelone, il a adhéré au Front ouvrier international contre la guerre, front créé en septembre 1938 par l'Independent Labour Party britannique et divers groupes allemands, français et italiens pour lutter contre la guerre dans une perspective révolutionnaire, celle du « défaitisme révolutionnaire ». Comme le PSOP[119] dont il est proche, le POUM se trouve morcelé en trois tendances lorsque la guerre mondiale éclate. Les deux tendances principales, le POUM proprement dit et l'Izquierda revolucionaria (IR) du POUM, proche du Parti ouvrier internationaliste trotskiste, s'opposent notamment sur une alliance avec le PCF que proposerait le premier et récuserait le second.

Il est certain que la cohésion idéologique des partis communistes — Parti communiste espagnol et Parti socialiste unifié de Catalogne —, qui bénéficient par ailleurs de l'aide du PCF, leur permet de surmonter plus facilement les difficultés de la débâcle. Déjà, dans les camps, l'Internationale communiste suit avec attention le travail politique effectué par les militants qui se réclament d'elle ; le compte est fait des communistes présents dans les divers camps ainsi que de l'ampleur de la propagande diffusée clandestinement[120]. En dépit de la prohibition de toute activité politique et du chaos des débuts, le PCE parvient à se réorganiser sur les lieux de l'internement ; d'ailleurs, « pour améliorer la situation, quelques camarades de la direction du parti sont près des camps pour orienter et diriger le travail à l'intérieur[121] ». Les partis communistes mettent en place un réseau de distribution pour acheminer leurs publications, essentiellement celles du PSUC[122] — ainsi que *L'Humanité* et les textes de l'Internationale communiste — dans les centres d'hébergement et les camps d'internement, parvenant à déjouer la surveillance policière. Mais ces partis se trouvent rapidement privés de leurs cadres dirigeants : la direction du PCE s'installe à Moscou — notamment Dolores Ibarruri[123], Enrique Líster, Juan Modesto, Vicente Uribe, Valentín González dit « El Campesino » — et d'autres leaders partent pour le Mexique et l'Argentine. L'interdiction du PCE et du PSUC le 26 septembre 1939 entraîne un nouvel internement dans les camps des responsables restants. Pour être interdite aussitôt que publiée, dans le cas du PSUC, ou pour ne pas être encore parue, comme pour le PCE, la presse communiste ne répercute guère la stratégie suivie par les communistes espagnols vis-à-vis de la guerre mondiale. Mais celle-ci ne diffère pas de celle qui a été définie par l'Internationale : après le Pacte germano-soviétique, la guerre devient une guerre interimpérialiste, à laquelle les masses ouvrières n'ont rien à gagner. Santiago Carrillo résume l'opinion de la direction du PCE, sinon de sa base, quand il écrit plus tard :

> Pour un communiste espagnol, à l'époque, [le Pacte germano-soviétique] n'a soulevé aucune difficulté ; pas seulement à cause de notre confiance inconditionnelle en Staline mais surtout parce que nous sortions de l'Espagne remplis de haine pour ces puissances dites « démocratiques » européennes qui nous avaient trahis, qui nous avaient vendus. Parce que c'est à cause de ces puissances que nous avions perdu la guerre...[124]

Les anarchistes, soutenus par leurs homologues français et par la Solidarité internationale antifasciste[125], ont le sentiment d'avoir perdu, en plus de la guerre, leur identité sociale, en quittant l'unique lieu où leur action politique et culturelle avait revêtu un sens et eu des incidences directes sur les événements et l'histoire[126]. Vers la fin de février ou au début de mars 1939, des dirigeants anarchistes, réunis semble-t-il à Paris, décident de fondre les comités directeurs de la Fédération anarchiste ibérique, de la Confédération nationale du travail et de la Fédération ibérique des jeunesses libertaires en un Conseil du mouvement libertaire, dont font partie notamment Mariano Vázquez, Germinal de Sousa, Germinal Esgleas et Federica Montseny [127]. Mariano Vázquez en assume le secrétariat et, après sa mort accidentelle pendant l'été 1939, celui-ci sera confié à Germinal Esgleas, compagnon de Federica Montseny. Ce Conseil fonctionnera jusqu'à l'occupation de la France, mais la plupart des responsables seront internés et les militants dispersés. Déjà, deux grandes orientations se font jour au sein de la CNT : celle qui impute les revers révolutionnaires à l'abandon des principes anarchistes et celle qui considère, au contraire, que la CNT a été entravée par des scrupules idéologiques [128].

Quoique sans référence explicite à une CNT désorganisée, des publications animées indéniablement par des anarchistes adoptent des positions très nettes par rapport à la guerre mondiale qui se profile : *España expatriada* [129], à Orléans, et *Democracia* à Paris. Le premier journal craint que la signature du Pacte germano-soviétique ne rompe « tout l'équilibre européen » et affirme en première page : « Présents ! Pour le front de la paix et de la démocratie. [...] Dans ces moments décisifs pour le sort de l'Europe, nous, les antifascistes espagnols, disons aux démocraties : présents ! Vous avez près de vous un peuple qui a lutté pour la liberté et qui continuera la lutte jusqu'à ce qu'on arrive à abattre le fascisme, qui n'est qu'une tyrannie [130]. » *Democracia* ne cesse de condamner l'alliance germano-soviétique et « la funeste intervention de Moscou en Espagne [qui] voulait convertir l'Espagne en une colonie de la Russie » ; face au conflit mondial, la position est claire :

Nous nous sentons amis et défenseurs des démocraties... Le lien qui unit encore notre destin espagnol à celui du monde n'est pas autre chose que le lien démocratique... Nous sommes ainsi au service réciproque de toutes les démocraties et principalement de celles comme la France, avec laquelle nous aspirons à collaborer quand l'Espagne recouvrera à nouveau la plénitude de son destin.

Personne comme les Espagnols n'a été victime des erreurs des démocraties... Pour cela précisément, nous croyons que personne comme nous, les Espagnols rejetés d'Espagne, ne mérite la considération de ceux qui n'ont pas su ou pas voulu agir conformément aux principes qu'il faut sauver... Un Espagnol antitotalitaire est avec la France et l'Angleterre face à Mussolini ou Hitler, là-bas et ici [131].

Mais ces prises de position isolées n'engagent en rien la CNT, dont les dirigeants et les militants sont davantage préoccupés, en cette année 1939, comme dans les autres mouvements, à analyser les causes de la défaite en Espagne et à tenter de se réorganiser. Quant aux nationalistes basques et catalans, ils affirment leur solidarité avec les démocraties : la guerre mondiale est, pour eux, la preuve éclatante de l'injustice de l'agression dont ils ont été victimes. Le journal basque *Euzko Deya* — la plus ancienne publication de l'exil, éditée à Paris depuis novembre 1936 après la prise d'Irún et de Saint-Sébastien — manifeste sa sympathie pour la Pologne catholique attaquée par Hitler et affiche ses sentiments francophiles et stigmatise la barbarie nazie [132]. Le président du gouvernement d'Euzkadi, José Antonio de Aguirre, appelle les Basques à « servir, dans les rangs de l'armée ou dans les services qu'on leur désignera, la cause de la liberté et de l'humanité ». Le triomphe d'Hitler signifierait l'esclavage des peuples, Basques inclus, et les dirigeants basques appellent leurs compatriotes à aider la France :

> Les autorités françaises [...] nous font l'honneur de la confiance en permettant que nos hommes aillent travailler dans les arsenaux qui, jusqu'à cette heure, étaient interdits à la main-d'œuvre étrangère... À tout moment [nous] sommes disposés à suivre les ordres des autorités françaises, à leur prêter notre loyale collaboration... Le premier courant, j'ai adressé une circulaire priant mes compatriotes de s'offrir personnellement et collectivement aux maires de leurs localités respectives pour les travaux qu'ils jugeront nécessaires [133].

Les nationalistes catalans, enfin, sont dispersés en divers groupes désarticulés par l'exil. La défaite de la Catalogne et l'exil entraînent une telle radicalisation au sein de ces partis que de nombreux militants les désertent ; un regroupement comme le Front national de Catalogne, créé au cours de l'hiver 1939-1940 par un groupe de nationalistes d'origines diverses, associe les opposants de l'intérieur mais n'a pas encore d'idéologie bien élaborée. Animé par des représentants de plusieurs partis catalans, un journal comme *El Poble català*, principal hebdomadaire des Catalans en France, apparaît déterminé dans son soutien à la France : dès sa création à la fin d'octobre 1939, *El Poble català* salue la France et souligne les liens historiques et culturels anciens l'unissant à la Catalogne[134]. Il met en relief la similitude des points de vue entre les deux nations : « Les objectifs que poursuivent l'Angleterre et la France dans la lutte actuelle sont les mêmes que la Catalogne a obstinément poursuivis au long d'une histoire marquée de sacrifices sanglants[135]. » *El Poble català* annonce la création d'une section catalane de l'Association des amis de la République française[136], aux côtés des sections espagnole, basque ou polonaise ; au début de l'année 1940, le journal demande au gouvernement français de faire en sorte que les réfugiés enrôlés dans les unités de prestataires étrangers et

> qui veulent servir le pays qui les a accueillis ne se sentent ni victimes de traitements vexatoires ni exploités. Il faut faire à tout prix en sorte qu'ils puissent se considérer comme de libres soldats de la liberté[137].

Pendant l'année 1939, la majeure partie des réfugiés demeure soumise à l'internement et les camps deviennent, paradoxalement, le lieu d'une expression culturelle significative. Seule occupation collective tolérée par la censure exercée par les autorités des camps, l'activité culturelle devient un moyen de combattre le désarroi des internés et de remédier à leur désœuvrement. Elle est aussi et surtout la continuation de l'expérience éducative et culturelle entreprise en Espagne par la République. Appuyée par divers comités de solidarité qui fournissent papier, crayons, encre et couleurs aux internés, cette activité est menée, tant dans son inspiration que dans sa forme, dans le droit fil de l'effervescence culturelle de la période de la Guerre civile ; période où le langage est entré en première ligne dans le combat opposant deux visions antagonistes du monde et où le camp républicain a connu un foisonnement impressionnant de publications, à la mesure de sa croyance dans le pouvoir du verbe et les vertus de l'éducation, et en proportion de la diversité des conceptions en présence sur la nature de la guerre ou de la révolution en cours.

Les enseignants, les étudiants et les artistes qui se retrouvent dans les camps aux côtés des dizaines de milliers de soldats de l'armée républicaine sont les principaux initiateurs de ce vaste travail d'éducation et de diffusion de la culture. Dans le camp d'Argelès, le *Boletín de los estudiantes* affirme la continuité avec la période républicaine et proclame que ce sont les réfugiés qui représentent les valeurs culturelles de l'Espagne, et par voie de conséquence, le pays lui-même :

> Étudiants du camp d'Argelès-sur-Mer, nous continuons notre tâche de divulgation de la culture que nous avons commencée en Espagne, quand la *Barraca* et nos Missions paysannes apportaient l'art dans tous nos villages de Castille et d'Espagne.
>
> Le travail constructif réalisé par la République espagnole pendant huit années dans le domaine de l'Instruction publique a été totalement anéanti par le gouvernement de Burgos... Ce sont eux l'anti-culture. Ils ne sont pas l'Espagne. C'est nous qui sommes l'Espagne [138].

Cette activité culturelle serait restée largement inconnue si n'étaient parvenus jusqu'à nous de fragiles et merveilleux témoignages de cette « presse des sables » qui sert à l'organiser : dactylographiés parfois, généralement manuscrits — voire calligraphiés —, ce sont des bulletins reproduits manuellement à quelques exemplaires, illustrés avec soin à la plume ou avec des crayons de couleur, pour donner l'aspect d'un véritable périodique, à l'image des nombreuses publications éditées pendant la guerre d'Espagne [139]. Pratiquement tous les « camps ordinaires » en ont vu éclore, en France métropolitaine comme en Algérie. Afin de ne pas donner prise à la censure, la préoccupation culturelle apparaît dominante dans ces bulletins qui ne comportent pas de critiques à l'égard des conditions de vie dans les camps ; ils pratiquent un art savant de la litote ou un humour distanciateur qui laisse, tout au plus, exhaler la nostalgie de l'exilé. Le schéma de ces « publications » est quasiment identique de l'une à l'autre, que ce soit dans le *Boletín de los estudiantes*, la *Hoja de los estudiantes* ou dans *Profesionales de la enseñanza* « édités » dans les camps d'Argelès-sur-Mer, de Saint-Cyprien, de Gurs ou du Barcarès par les étudiants de la Fédération universitaire et scolaire [140] et les instituteurs de la Fédération espagnole des travailleurs de l'enseignement [141]. À Argelès, les principaux animateurs en sont de jeunes diplômés de l'École normale de Valence, Antonio Gardó Cantero [142], Miguel Monzó et Miguel Orts.

Généralement, ces bulletins dressent un bilan des activités culturelles réalisées dans le camp, définissent les objectifs et donnent de brèves informations sur la situation des réfugiés, le contexte international ou l'Espagne. Même tonalité dans *Exilio*, édité par les jeunes libertaires dans le camp Morand en Algérie

ou dans *L'Îlot de l'art*, « hebdomadaire des artistes espagnols »
du camp de Saint-Cyprien. Un bulletin de ce dernier camp indique
comment les ex-enseignants souhaitent organiser le temps des
internés : des heures sont dévolues au repos, aux études et aux
cours, aux repas, au ménage, à la gymnastique et au temps libre
pour la promenade, la détente ou les occupations personnelles ;
les veillées sont consacrées à des lectures, des conférences, des
récitals ou des chants [143]. Alphabétisation, enseignement primaire,
cours de langue (français, anglais, catalan...), leçons d'hygiène et
d'éducation sexuelle, mais aussi cours de perfectionnement (algèbre, trigonométrie...) se succèdent à un rythme impressionnant et
attirent des centaines d'élèves. L'éducation physique et sportive
est également l'objet d'une organisation rigoureuse, non seulement pour combattre les maux résultant de cette inactivité forcée
mais aussi afin de contribuer à l'épanouissement harmonieux des
individus, même dans les conditions des camps d'internement.
Ainsi, à Gurs, en juillet 1939, 3 883 élèves suivent 110 cours
dispensés par 42 enseignants et 49 étudiants [144].

Le talent graphique des internés se laisse libre cours dans ces
bulletins qui voient également éclore une certaine création littéraire, toujours en continuité avec la période de la guerre d'Espagne : de courts poèmes font un écho inversé avec leurs vers
irréguliers et nostalgiques au ton épique du *Romancero* de la
Guerre civile, cet immense corpus poétique constitué au cours du
conflit par des auteurs connus et anonymes. Les bulletins *Barraca*
et *Desde el Rosellón*, confectionnés par le groupe d'intellectuels
et d'artistes du camp d'Argelès — accueillis ultérieurement au
château voisin de Valmy — comportent de nombreuses créations
poétiques et plastiques qui évoquent constamment la douleur de
l'exil. « Le sable m'a pénétré corps et âme. Et j'ai envie de pleurer, pleurer, afin de sécher l'encre avec laquelle j'écris. Parce que
je vais pleurer du sable », écrit un poète. La plupart des vers, à
l'image de ceux-ci, ne traduisent plus le souffle de l'épopée et de
l'espérance comme pendant la guerre d'Espagne, mais la tristesse
et le désarroi du vaincu et de l'exilé. Des expositions de dessins
sont cependant organisées dans la « baraque de la culture » du
camp d'Argelès. Des récitals de poésie sont prévus chaque soir
dans les *rincones de cultura*, les « coins de la culture » : les poètes
les plus appréciés des internés sont Federico García Lorca, Antonio Machado et Juan Ramón Jiménez [145]. Ce choix est d'ailleurs
autant littéraire que symbolique : Lorca, fusillé à Grenade par les

franquistes au début de la guerre, et Machado, mort à Collioure quelques jours après son arrivée en France, deviennent rapidement des personnages mythiques pour les exilés ; quant à Juan Ramón Jiménez, il obtiendra en 1956 le prix Nobel de littérature.

Quelques « livres » sont même réalisés à Argelès : recueils de caricatures et de poèmes, édition manuscrite, en un exemplaire, du *Romancero gitano* de Lorca. Les réfugiés ont la certitude que la République a été soutenue par les meilleurs poètes, les Machado, Lorca, Jiménez, Alberti, Hernández et tant d'autres ; aussi, face à l'obscurantisme réactionnaire du franquisme, les républicains exilés, y compris dans leur situation présente d'internés, se sentent les héritiers de la brillante tradition culturelle qui s'est épanouie sous la Seconde République. Les activités culturelles et artistiques développées dans les camps d'internement ne sont cependant pas le fait que d'une minorité : elles concernent de nombreux internés, soit par leur participation aux cours, discussions ou soirées poétiques, soit par leur contribution à l'élaboration d'humbles objets — en particulier des sculptures de bois, d'os ou d'argile — ou de modestes créations littéraires qui témoignent d'un savoir-faire, d'une pratique et d'un intérêt pour la littérature. Ce sont en tout cas les manifestations d'une culture répandue au-delà du cercle des seules élites intellectuelles, une culture que se sont appropriée les nombreux autodidactes issus des organisations syndicales. La célébration du 14 Juillet à Gurs est l'occasion, pour les réfugiés, d'organiser une fête ; dans le camp du Barcarès, Eulalio Ferrer raconte que, pour la date anniversaire du 19 juillet 1936, jour de la riposte populaire au soulèvement franquiste, les internés organisent un concert de pièces populaires espagnoles et un « festival » de variétés [146].

Les statuts d'autonomie de la Catalogne et de l'Euzkadi abolis et les langues régionales interdites par le nouveau régime, ceux des Basques et des Catalans qui, grâce à leurs relations en France et à leurs revenus, ont pu échapper aux camps d'internement font preuve, en ce début d'exil, du même volontarisme dans le domaine culturel. Ce sont essentiellement des responsables politiques ou des intellectuels qui entendent affirmer une continuité avec la période républicaine, pendant laquelle leur région a connu l'autonomie et leur culture a été reconnue. Le journal basque *Euzko Deya* qui s'emploie depuis 1937 à plaider la cause politique de l'Euzkadi, s'efforce aussi de faire connaître les activités en France du groupe folklorique *Elaï-Alaï* et de la troupe de musique et de danse *Eresoinka* ; après la Guerre civile, la préoccupation culturelle devient prédominante dans le journal comme si, alors que tout est perdu, la culture est ce qui reste à maintenir. *Euzko Deya* publie alors, jusqu'en mai 1940, des études littéraires et linguistiques. De son côté, la Généralité patronne, à Paris en 1939, la création de la fondation Raymond-Lulle par le Conservatoire de la culture catalane ; cet organisme qui porte le nom du père de la littérature catalane — philosophe mystique et romancier du XIIIᵉ siècle — mène une importante activité de sauvegarde de la culture catalane en aidant intellectuels, artistes et étudiants exilés, en organisant une bibliothèque et en établissant les contacts avec les Catalans d'Amérique. La fondation poursuit également à Paris, à partir de décembre 1939, la publication de la *Revista de Catalunya*, fondée en 1924 à Barcelone. Première revue culturelle de l'exil républicain, la *Revista de Catalunya* est animée en France par ceux-là mêmes qui la dirigeaient en Catalogne, artistes, intellectuels, scientifiques ou personnalités politiques rassemblés autour du linguiste Pompeu Fabra, qui a grandement contribué à la restauration de la langue catalane dans le mouvement de renaissance de la culture catalane, la *Renaixença* [147]. Pompeu Fabra a réuni une équipe où l'on rencontre les noms de l'archéologue et anthropologue Pere Bosch-Gimpera, de l'historien Antoni Rovira i Virgili [148], du violoncelliste Pablo Casals ou des anciens conseillers de la Généralité Lluís Nicolau d'Olwer et Carles Pi i Sunyer. Revue de caractère scientifique, la *Revista de Catalunya* est interdisciplinaire : l'histoire, le droit, la philosophie, l'archéologie, la critique littéraire ou la théorie mathématique y côtoient des récits de voyages, des biographies ou des poèmes.

Cependant, pour la majorité des réfugiés contraints de demeurer en France, ceux qui n'ont pas pu ou pas voulu retourner en Espagne ni partir pour une nouvelle destination, la question primordiale en cette année 1939 est de sortir des camps d'internement et, si possible, de retrouver leur famille. Pour cela, il faut contracter un engagement militaire ou trouver du travail à l'extérieur, travail qui sera d'ailleurs organisé collectivement pour le plus grand nombre d'entre eux. À nouveau, les réfugiés seront amenés à connaître des déplacements plus ou moins forcés et se trouveront pris, souvent au premier rang, dans la tourmente de la guerre mondiale.

III

Dans la tourmente
de la Seconde Guerre mondiale

Premier cadre d'un exil
amorce de temps erratiques
seuil d'un chapitre sauvage
de tragédie et de calvaire.

Melitón Bustamante Ortiz [1]

Lorsque la Seconde Guerre mondiale éclate, la situation des réfugiés espagnols est extrêmement confuse. Le conflit accentuera encore la précarité de leur sort et entraînera, en premier lieu, une mobilité géographique accrue. Si un certain nombre de réfugiés sont déjà repartis, vers l'Espagne ou vers une autre terre d'exil, ceux qui demeurent en territoire français se trouvent dispersés aux quatre coins de l'Hexagone et en Afrique du Nord. Dispersion amplifiée encore par rapport aux premiers temps de l'exode du fait de la grande diversité des situations.

Devant la lenteur des rapatriements et la perspective d'une nouvelle guerre mondiale, le gouvernement songe à tirer parti d'une main-d'œuvre disponible. Les camps d'internement se vident progressivement à mesure que l'embauche à l'extérieur commence à s'organiser : embauche directe et individuelle, mais aussi collective. L'encadrement des réfugiés dans les Compagnies de travailleurs étrangers comme l'engagement militaire provoquent des déplacements importants ; la déportation en Allemagne sera l'ultime destination de plusieurs milliers d'entre eux. L'occupation de la France rend encore plus difficiles les conditions de vie des réfugiés espagnols, encadrés dans des structures de travail, soumis

à une surveillance permanente et proie commode pour les recrutements de main-d'œuvre effectués par l'occupant. La survie au
quotidien s'organise pourtant, tandis que le refus de travailler pour
l'Allemagne et la volonté de continuer le combat mené en Espagne poussent de nombreux Espagnols à la clandestinité résistante.

Les réfugiés mis au travail et encadrés dès l'avant-guerre

Dans un premier temps, le gouvernement français est persuadé
que le véritable cataclysme que constitue, selon beaucoup, l'arrivée massive des Espagnols est un événement contingent et provisoire ; il ne songe donc pas à intégrer les réfugiés dans l'économie
française. La récession économique est encore proche et les réticences à employer une main-d'œuvre étrangère sont assez largement partagées. Ce n'est qu'à la fin du mois de mars 1939 que le
ministère de l'Intérieur envisage cette éventualité ; il charge les
préfets de faire recenser, avec l'aide des ingénieurs en chef des
départements, les travaux qui pourraient leur être confiés, les
effectifs de réfugiés susceptibles d'être employés et les modes
d'organisation. Les travaux de terrassement, de démolition de
vieux bâtiments, de construction de fortifications et de nettoyage
de fossés sont évoqués ; ce sont des travaux à caractère exception-
nel et urgent, afin de ne pas concurrencer la main-d'œuvre locale.
Quant aux salaires, il n'est pas question de tenir compte de ceux
pratiqués généralement dans le département : le logement et la
nourriture assurés, les Espagnols seraient tout au plus gratifiés
d'une prime de rendement à déterminer[2].
Devant les résultats lents et partiels des efforts déployés pour hâter
les rapatriements et encourager les réémigrations, le gouvernement
français est ainsi amené à statuer sur une utilisation massive des réfugiés. Par le décret du 12 avril 1939, il fixe les obligations des étrangers
considérés comme réfugiés ou sans nationalité, les déclarant assujet-
tis — pour les hommes de vingt à quarante-huit ans — à offrir dès le
temps de paix des prestations d'une durée égale à celle du service
imposé aux Français. À partir du moment où la notification lui en est
faite, l'intéressé doit s'y conformer, faute de quoi il sera passible de
sanctions prévues par la loi, à moins de quitter le territoire français
sans intention de retour. Des décrets ultérieurs — du 27 mai 1939 et
du 13 janvier 1940 — fixeront le caractère et le mode d'exécution de
ces prestations et feront des Compagnies de travailleurs étrangers —

ou Unités de prestataires militaires étrangers — des unités militarisées, d'environ 250 hommes, commandées par des officiers français. La rémunération des travailleurs incorporés dans les CTE comprend deux parties :

1. Les allocations mises en commun et relatives à l'habillement, au campement, à l'alimentation, au chauffage et à l'éclairage [...] À ces allocations s'ajoutera une prime éventuelle spéciale pour les travaux pénibles, attribuée par le général commandant la Région, dans les conditions fixées pour les primes éventuelles et les primes spéciales aux Alpes [...] accordées aux militaires français.

2. Les allocations remises en propre à chaque intéressé seront déterminées comme suit :

a) l'argent de poche représenté par une allocation journalière de 0fr.50. Cette indemnité ne sera pas due aux travailleurs espagnols punis, malades, indisponibles ou absents ;

b) une prime de bon rendement, dont le taux maximum est fixé par homme à 0fr.75 par journée de travail. Le général commandant la Région déterminera les conditions d'attribution et fixera le taux de la prime dans la limite maximum ci-dessus [3].

En mai, le ministère du Travail propose aux directeurs des offices départementaux de placement d'« effectuer leur recrutement de main-d'œuvre pour les exploitations agricoles, non à l'étranger comme précédemment, mais dans les camps où de nombreux Espagnols appartiennent à des professions agricoles et qui, jusqu'à ce jour, sont demeurés inemployés [4] ». Assez rapidement, une évaluation du potentiel économique que représente la masse des réfugiés est effectuée. Tandis que les services de police continuent d'identifier les « éléments indésirables », les autorités militaires chargées des camps entreprennent, de concert avec le ministère du Travail, la classification professionnelle des hommes valides internés ; il s'agit, selon la circulaire du ministre de l'Intérieur du 5 mai 1939, de « transformer cette masse inorganisée et passive que constituent ces réfugiés en éléments utiles à la collectivité nationale ». Des équipes sont en voie de constitution pour être mises à la disposition des généraux chefs de région et affectées à des travaux concernant la défense nationale ; mais chaque département doit prévoir l'utilisation possible de la main-d'œuvre espagnole, principalement dans les activités agricoles. Les réfugiés employés individuellement ou en petits groupes feront l'objet d'une étroite surveillance, de manière à ce qu'à la moindre incartade l'indésirable soit immédiatement reconduit au camp. Au niveau départemental, une commission restreinte composée de l'inspection du Travail, du directeur de l'Office de placement, du directeur des Travaux agricoles et d'un membre de la Chambre d'agriculture adaptera ces directives aux conditions locales comme à l'état d'esprit de la population des lieux, afin d'arriver à un résultat positif au moment où les travaux agricoles nécessiteront l'intervention d'une main-d'œuvre complémentaire.

Des précisions ultérieures sont apportées quant aux modalités d'utilisation de la main-d'œuvre agricole espagnole [5]. Les demandes des employeurs devront être transmises aux services de la main-d'œuvre étrangère des quatre départements où se trouvent les principaux camps d'internement : Basses-Pyrénées, Tarn-et-Garonne, Pyrénées-Orientales et Hérault. Les réfugiés engagés dans des exploitations agricoles recevront un récépissé provisoire de carte d'identité valable pour trois mois, portant l'indication de leur spécialité et du département où leur résidence est autorisée. Le transfert entre lieu d'hébergement et lieu de travail s'effectuera gratuitement ; les réfugiés qui sortiront des camps pour aller travailler dans des exploitations agricoles seront soumis à une visite médicale sérieuse. Ils devront être vêtus proprement et correctement afin de dissiper les préventions dont font état des employeurs éventuels. Tous les départements sont concernés, Corse comprise, à l'exception de la Seine, de la Seine-et-Oise, de la Moselle, du Bas-Rhin et du Haut-Rhin. De même que les ouvriers employés dans l'industrie, ces travailleurs feront l'objet d'une surveillance attentive ; si l'administration ou les employeurs sont amenés à faire des observations défavorables, les réfugiés seront réintégrés dans les camps.

À partir du mois de mai 1939, des travailleurs sont embauchés dans les camps, pour des travaux agricoles ou ne demandant pas de spécialisation particulière. Selon les mémoires publiés, nombre de propriétaires du Midi viennent recruter des ouvriers agricoles et s'assurer de la bonne constitution physique des réfugiés. Antoine Miró, décidé à trouver de l'embauche afin de sortir du camp, se présente le jour où l'on demande des travailleurs agricoles et fait état de son expérience dans la ferme parentale. Quand un propriétaire — les employeurs doivent en effet venir en personne au camp pour choisir et emmener leurs ouvriers — s'approche de lui pour vérifier qu'il ne cache « ni défaut, ni malformation », et évaluer ses biceps, ses jambes et ses genoux, il ne peut s'empêcher de se rebiffer et de dire qu'il est « encore un homme libre » et non « un esclave ou une bête de somme »[6]. Ces pratiques de recrutement qui choquent particulièrement ces soldats vaincus d'une armée régulière, au point de laisser un vif sentiment d'humiliation de nombreuses années plus tard, sont courantes toutefois à l'époque dans les régions espagnoles de grandes propriétés et dans certaines campagnes françaises. Francisco Pons parle également « des paysans français, bien roses et bien mis, [qui] sont là, de l'autre côté des barbelés, à la recherche de travailleurs costauds, rudes à la besogne, pas *rouspéteurs* pour un sou, puisqu'ils ne veulent pas retourner à la condition à laquelle ils souhaitent ardemment échapper[7] ». Car sortir du camp pour exercer un emploi, même si celui-ci est peu considéré et mal rémunéré, c'est le plus souvent retrouver une part de dignité.

Les réfugiés dans l'économie de guerre

Dès la fin du printemps 1939, des CTE sont formées directement dans les camps et, afin d'en finir avec leur internement, nombre de républicains espagnols s'y engagent ; ils sont autour de 20 000 lorsque la guerre éclate[8]. Une première tranche de cinquante-trois CTE est constituée à la suite d'une dépêche ministérielle du 20 avril et une seconde de vingt-six après un ordre du 13 juin ; ces compagnies sont en principe destinées à des travaux d'organisation défensive des frontières et à l'aménagement de camps militaires. Lors de la formation de la deuxième tranche, six CTE sont constituées à Septfonds, deux à Saint-Cyprien, quatre au Vernet, une à Gurs et treize au Barcarès, Agde et Argelès[9]. Dans de nombreux témoignages il apparaît que, malgré les réticences pour ce type d'embauche, sortir du camp pour travailler est préférable à l'internement qui dégrade l'individu et altère la personnalité. « Ce qui importe, c'est de partir une fois pour toutes », note Eulalio Ferrer. « Nous avons tellement envie de ne plus voir le camp que nous acceptons sans la moindre objection... Nous allons perdre l'étiquette infamante d'*indésirables* », espère Lluís Montagut[10]. C'est surtout à partir de la déclaration de guerre et du décret du 4 septembre que les CTE sont massivement organisées. Vingt CTE sont mises sur pied après le 1er septembre, la plupart à destination des régions de l'intérieur et le ministère de la Guerre souhaite en former quarante autres avant la mi-novembre ; les premières compagnies constituées au printemps semblent toutefois avoir connu une certaine baisse d'effectifs du fait des rapatriements[11]. Reposant au début sur le volontariat, cet enrôlement deviendra obligé quand, après le début de la guerre, les pouvoirs publics voudront mobiliser toutes les forces vives et songeront à vider les camps afin de les fermer définitivement ou d'y recevoir d'autres internés. Au 15 décembre 1939, soixante-seize CTE, formées avant guerre à l'aide de volontaires, sont affectées à la zone des armées et quarante compagnies nouvelles, formées de prestataires non volontaires, sont constituées dans les camps du Sud-Ouest.

À la mi-février 1940, il est clair pour le gouvernement qu'il ne doit plus y avoir, à quelques exceptions près, de réfugiés espagnols, mais seulement des étrangers d'origines diverses ayant tous une situation normale. « Les réfugiés espagnols doivent dès à présent cesser de former une catégorie à part, assistée sur un budget spécial, pour se fondre dans la masse des étrangers résidant sur notre sol. » Albert Sarraut constate que les Espagnols arrivés après la Guerre civile sont presque tous incorporés dans l'économie française et perdent ainsi le caractère de « réfugiés assistés » ; le nombre des internés des camps pyrénéens a diminué à tel point que « dans quelques jours — précise le ministre — on pourra dire qu'ils sont pratiquement vidés de leurs éléments utilisables ». Deux ensembles de réfugiés sont ainsi déterminés : ceux qui doivent rentrer en Espagne ou trouver d'urgence un pays d'accueil et ceux qui sont autorisés à rester en France.

Dans la première catégorie, se trouvent les enfants dont les parents sont en Espagne, les orphelins, les femmes et les enfants dont le soutien naturel ne se trouve pas en France et les malades ou invalides qui n'ont pas fui pour échapper à des représailles politiques. Le rapatriement de ces personnes est obligatoire, à l'exception de celles qui trouvent rapidement un emploi pour assurer leur subsistance et de celles pour qui le retour comporte un danger grave ; le retour devra s'effectuer par Hendaye. Seuls sont autorisés à rester en France les réfugiés valides susceptibles d'occuper un emploi salarié, les invalides, blessés et incurables dont le retour présente un risque, les familles dont le chef ou l'un des membres a obtenu un emploi, les familles dont le soutien est incorporé dans une Compagnie de travailleurs ou dans une formation combattante et les familles dont le soutien est interné comme suspect. Dès qu'un réfugié a obtenu un emploi, ses parents — au sens large du terme — sont autorisés à le rejoindre ; c'est, en effet, le « meilleur moyen de stabiliser une main-d'œuvre absolument indispensable dans les circonstances actuelles à l'activité du pays ». Quant aux familles dont le chef appartient à une CTE ou a souscrit un engagement militaire, elles ont droit aux allocations militaires dans les mêmes conditions que les familles de Français mobilisés. Le ministre conclut sa circulaire en ces termes :

> Notre hospitalité reste ouverte à qui apporte à la Nation le concours de son travail ; l'intérêt supérieur du pays commande qu'elle soit désormais fermée — hormis pour les invalides et les malades et sous les réserves indiquées plus haut — aux oisifs ou aux inutiles [12].

Depuis la *Retirada*, les pouvoirs publics ont oscillé entre deux politiques à l'égard des réfugiés espagnols : leur renvoi à l'extérieur du territoire français afin d'alléger les dépenses occasionnées par leur arrivée et leur utilisation comme main-d'œuvre ou comme force combattante afin de tirer profit de leur présence. À partir de la déclaration de guerre, la seconde attitude — esquissée dans la circulaire du 19 septembre — prévaut indubitablement, mais le souci de se débarrasser au plus tôt de ceux qui ne peuvent être utiles à l'économie française demeure présent. Cependant, au cours du premier semestre de 1940, la main-d'œuvre espagnole apparaît si indispensable que, par deux fois, la date d'application des instructions de février 1940 est repoussée : fixée d'abord au 15 mars, la date est reportée au 1er mai puis au 1er juin. Il est fait mention d'une « main-d'œuvre qui s'avère de jour en jour plus indispensable [13] ». Au mois de mai, il est même question que les hommes, les femmes et les enfants âgés de plus de quatorze ans, aptes à un travail manuel, devront être autorisés à demeurer en France, à moins qu'ils ne soient dangereux pour l'ordre public :

> À cause de la pénurie de main-d'œuvre dont souffrent notre industrie et notre agriculture, Monsieur le ministre du Travail m'a demandé de ne pas rapatrier d'office les réfugiés espagnols aptes à un travail manuel [14].

Après avoir été ballottés d'un lieu à l'autre depuis leur arrivée, la plupart du temps sans connaître à l'avance leur destination, les réfugiés espagnols continuent à connaître des déplacements de divers types au cours de la guerre mondiale ; si quelques-uns de ces mouvements sont volontaires, beaucoup sont contraints et forcés. Comme le gouvernement français n'est plus très enclin à les susciter, les rapatriements continuent de façon extrêmement réduite de la déclaration de guerre à l'armistice. Pourtant, un décret d'amnistie est publié en Espagne le 2 octobre et diffusé dans les camps, mais les termes en sont tels qu'il n'incite guère au retour les derniers hésitants. L'amnistie est accordée aux militaires condamnés par des juridictions de guerre à des peines de privation de liberté inférieures à six ans et un jour, ainsi qu'aux civils condamnés à des peines de même nature ; un projet de réduction de peine, pour ceux qui ne sont pas responsables de « délits de sang », est annoncé [15]. Il s'agit d'une amnistie partielle qui n'abolit aucunement la loi des « responsabilités politiques » de février 1939 ; pour deux départements comme le Loiret et l'Eure-et-Loir, le pourcentage des retours est estimé alors à seulement 5 % [16].

Les premiers déplacements collectifs de réfugiés espagnols s'effectuent dans le cadre de la formation des CTE. Les travaux de défense nationale, liés à l'organisation défensive des frontières ou à l'aménagement de certains camps militaires, qui constituent l'affectation principale des CTE, conduisent les ex-internés vers des destinations géographiques extrêmement diverses. Ainsi, les cinquante-trois premières compagnies constituées sont dirigées vers les départements du Nord (Bray-Dunes), du Morbihan (Coët-quidan), de la Marne (Suippes et Mourmelon), de l'Aube (Mailly-le-Camp), de la Savoie (les Rochilles), du Gard (camp des Garrigues), de l'Aveyron (Larzac) et du Tarn-et-Garonne (camp de Caylus). Quant aux vingt-six CTE suivantes, elles sont affectées dans le Nord, la Meuse, le Jura, l'Aube, l'Indre-et-Loire, le Maine-et-Loire et l'Ain [17]. Douze CTE, aux effectifs plus réduits, sont formées en Afrique du Nord et intégrées au 8e Régiment de travailleurs étrangers ; en avril 1940, environ 2 500 hommes se trouvent répartis entre l'Algérie, le Maroc et la Tunisie [18]. En 1940, les destinations des autres compagnies formées sont encore plus variées ; pratiquement toutes les régions militaires sont concernées, car les CTE sont mises à la disposition non seulement de l'armée, mais également des régions, de l'agriculture, des usines d'armement ou d'aéronautique, du génie, des Eaux et Forêts ou de la SNCF. Ainsi, dans la 15e région militaire, les travailleurs espagnols sont employés à la construction ou à l'entretien du réseau routier : routes autour de Briançonnet, Utelle, Moulines et du col des Champs, mais aussi routes du camp des Garrigues. Au 1er mai 1940, en ne comptant que les compagnies affectées hors des armées, sept CTE se trouvent en Normandie, six en Bretagne, vingt dans le Centre, une dans le Doubs, quinze en Champagne et Bourgogne, vingt-neuf en Poitou-Charentes, sept dans les Pays-de-Loire, trois en Auvergne, six dans l'Ain et l'Isère, cinq dans le Languedoc, les Bouches-du-Rhône et la Corse, deux dans le Roussillon, quatorze dans la seule Haute-Garonne, six dans le Lot, le Lot-et-Garonne et l'Ariège, seize en Aquitaine et une dans l'Oise [19].

Par ailleurs, des milliers de réfugiés sont recrutés directement dans les camps et placés dans l'industrie ou l'agriculture. Si les recrutements agricoles sont souvent régionaux, voire locaux et voisins des camps, ils peuvent également être, comme les autres types d'embauches, très dispersés dans l'Hexagone. Les Houillères de Decazeville viennent recruter à Argelès, Saint-Cyprien et Septfonds du personnel de remplacement pour combler les vides creusés par la mobilisation. La Compagnie de Decazeville délègue son responsable du personnel assisté d'un jeune interprète espagnol ; ils embauchent d'abord des hommes jeunes, célibataires, en bonne santé, possédant une qualification, puis la sélection se fait moins exigeante. De septembre 1939 à février 1940, les Houillères de Decazeville recrutent plus de 400 hommes [20]. Les Compagnies de Saint-Étienne et de la Grand-Combe viennent également embaucher. À l'automne 1939, plus de 1 000 hommes, en provenance surtout du camp de Bram, arrivent dans le Loiret et le Loir-et-Cher pour travailler dans l'agriculture. Dans ce dernier département, 800 hommes, au minimum, en provenance de divers camps du Midi, Bram, Septfonds, Saint-Cyprien et Argelès, sont employés dans des entreprises dont beaucoup travaillent pour le ministère de l'Armement, notamment à Salbris, Romorantin ou La Ferté-Imbault [21].

L'industrie de guerre s'est, en effet, rapidement intéressée aux ouvriers spécialisés espagnols, nombreux parmi les réfugiés. Peu de temps après la déclaration de la guerre, l'ancien sous-secrétaire d'État pour l'aviation de la République espagnole, Nuñes Maza, a suggéré au gouvernement français d'utiliser les compétences des ouvriers spécialisés internés, notamment pour la fabrication d'appareils de bord tels que thermomètres, indicateurs de vitesse, manomètres ou contrôleurs de vol. Après une première attitude de méfiance de la part du ministère de l'Intérieur craignant, de la part d'une main-d'œuvre étrangère, des actes de sabotage contre les fabrications destinées à la défense nationale, c'est finalement l'avis de la direction de la production qui prévaut[22]. En effet, cette dernière « estime qu'il faut évidemment tirer parti des spécialistes espagnols actuellement en France, mais que leur affectation doit être faite avec prudence, sous la responsabilité des ministères de l'Intérieur et du Travail en même temps que du ministère de l'Air[23] ».

Les usines d'armement et d'aéronautique nécessitent de la main-d'œuvre formée et procèdent rapidement à des embauches dans les camps. C'est ainsi que le camp de Septfonds, où ont été rassemblés en priorité des ouvriers qualifiés, est l'objet de nombreux plans de recrutement. Le ministère de l'Air est le premier à venir chercher des ajusteurs pour les usines toulousaines de Bréguet et Dewoitine et pour Gnome-et-Rhône. Deux cent soixante ouvriers sont ainsi recrutés au 9 novembre. La parité ayant été décidée avec le précédent département ministériel, le ministère de l'Armement fait connaître également ses besoins en main-d'œuvre pour diverses usines, particulièrement pour les établissements Aufière de Pantin et Nonancourt, seuls constructeurs de postes centraux de tirs destinés à des matériels de DCA. Bien que la zone soit officiellement interdite aux réfugiés espagnols, d'autres entreprises de la région parisienne sont concernées, tels une usine d'optique à Levallois ou encore, à Paris même, l'usine Panhard et divers établissements comme les Ateliers de Ris ou Précision moderne.

Rapidement, d'autres entreprises font connaître leurs besoins. La société des Forges et Aciéries de Firminy nécessite 500 manœuvres spécialisés. Les ateliers de fabrication dépendant du ministère de l'Armement de Toulouse et de Tarbes s'adressent directement à un organisme de Bayonne, l'Office d'aide aux Basques, afin de recruter de la main-d'œuvre[24]. Ainsi, dans la région toulousaine, trois entreprises emploient un grand nombre d'Espagnols : en juillet 1940, 1 500 réfugiés travaillent à la Poudrerie nationale de Toulouse, 1 300 à la Poudrerie nationale du Fauga et 1 600 à la Société nationale des constructions aéronautiques du Midi, née de la fusion en 1939 des usines Dewoitine et Latécoère[25].

Afin de donner des ordres de grandeur, évoquons les estimations du général Ménard, chargé de la coordination des services concernant les réfugiés espagnols, sur la situation des ex-miliciens espagnols au 15 novembre 1939 : 102 CTE — soit 25 500 hommes — sont employées à cette date aux armées ou dans les régions de l'intérieur ; 5 000 Espagnols sont utilisés dans l'industrie, placés par le ministère du Travail et l'Armement ; 13 000 sont placés dans l'agriculture par le ministère du Travail. Environ 53 000 internés demeurent dans les camps du Sud-Ouest et, avant le 31 décembre, il est envisagé de les employer, entre les différents départements ministériels, selon la répartition suivante : 12 000 pour la Guerre, 6 000 pour le Travail — dont 4 000 ouvriers spécialisés — et 16 000 pour l'Armement, essentiellement à la Direction des poudres [26]. Fin décembre, le total des différentes compagnies, utilisées aux armées et à l'intérieur, se monterait à 180. Les Espagnols représentent la grande majorité des travailleurs étrangers encadrés dans ces unités militarisées rattachées au ministère de la Guerre ; ces formations sont d'ailleurs souvent appelées « Compagnies de travailleurs espagnols » dans les textes officiels. Entre 50 000 et 60 000 Espagnols sont ainsi incorporés et mis à la disposition des armées et des ministères ; 55 000 selon une estimation de l'état-major de l'Armée en date du 17 février 1940. Parmi ces travailleurs, 12 000 seraient alors employés aux armées, 21 000 mis à la disposition des régions militaires et 3 000 à celle du ministère de l'Air [27]. Ce qui permet à l'armée de dresser le bilan suivant fin avril 1940 :

Les 104 000 ex-miliciens espagnols réfugiés en France ont tous été astreints au service des prestations.
— 55 000 ont été organisés en compagnies de travailleurs ;
— 40 000 ont été directement placés par le ministère du Travail dans l'industrie ou dans l'agriculture ;
— 6 000 se sont engagés dans la Légion ou aux RMVE [Régiments de marche de volontaires étrangers] ;
— 3 000 inaptes à tout travail ont été maintenus dans les camps [28].

Les chiffres ne rendent évidemment pas bien compte de la diversité des situations. Il existe des nuances importantes entre les conditions de vie du réfugié recruté individuellement pour travailler dans l'agriculture ou l'industrie, logé dans la ferme d'un propriétaire ou en ville, même si ce sont des conditions rustiques, et celles du prestataire, embauché pour divers travaux collectifs, encadré en permanence et soumis à une discipline plus ou moins contraignante, comme c'est le cas pour les travaux liés à la défense nationale. Le placement individuel est, en principe, réservé aux miliciens sur lesquels on possède des « informations favorables », mais cela n'exclut pas une certaine surveillance ; le regroupement familial est, dans ce cas, non seulement toléré mais souhaitable selon les textes officiels, même si la réalité s'avère souvent autre[29]. Ainsi, le père de Pauline, employé sous la tutelle de sa CTE comme bûcheron dans une scierie à Villefranche-de-Périgord, peut faire venir sa femme et sa fille en 1942 et reprendre une vie familiale rompue depuis la veille de la chute de Barcelone[30]. Son cas n'est pas isolé et, assurément, des différences de conditions de vie existent entre Antoine Miró qui trouve dans une ferme du Cher une atmosphère quasiment familiale et peut y faire venir sa famille, et Lluís Montagut, incorporé dans la 44e CTE et qui est envoyé dans l'Aube pour effectuer des manutentions de matériel de guerre, logé avec ses compagnons dans une ancienne étable entourée de barbelés. Des réfugiés, placés individuellement dans de nombreuses régions, auront souvent la possibilité de reconstituer leur famille, ou parfois d'en fonder une avec des femmes du cru, tandis que ceux qui restent encadrés dans des compagnies connaissent longtemps les aléas de la vie collective. Les autorités militaires sont conscientes des différences entre les divers régimes auxquels sont confrontés les réfugiés espagnols, au point que le général Ménard recommande, « afin d'éviter des difficultés dans le commandement des unités de travailleurs espagnols », de donner des instructions

> pour que soit évité, dans toute la mesure du possible, l'emploi, sur un même lieu de travail, des ouvriers espagnols de l'industrie ou de l'agriculture et des travailleurs des compagnies placées sous vos ordres ou stationnées sur le territoire de la région[31].

Les travailleurs embauchés dans l'agriculture peuvent connaître des recrutements par équipes ou des placements individuels ; ils sont mis alors à la disposition des maires des communes et placés sous le contrôle direct du directeur des Services agricoles et sous la surveillance de la gendarmerie. Ainsi, dans le Cher, de septembre 1939 à juin 1940, 577 prestataires sont répartis dans 299 fermes disséminées sur 75 communes ; dans le Loir-et-Cher, la répartition des travailleurs espagnols est effectuée sur 19 communes et 17 villages emploient des « équipes militaires de battage », indispensables alors que la mobilisation prive de bras les exploitations agricoles. L'Eure-et-Loir emploie, à l'automne 1939, plus de 300 prestataires pour aider aux battages. Au printemps 1940, en dépit de la démobilisation d'une partie des appelés et des permissions « agricoles », les départements du Centre manquent encore de main-d'œuvre et le directeur des Services agricoles du Loiret s'oppose aux départs des Espagnols vers d'autres départements. Les modalités d'hébergement des travailleurs dans les fermes sont certes variables, mais vraisemblablement guère différentes de celles que connaissent, à la même époque, les salariés agricoles ou les saisonniers français : des bâtiments de ferme vétustes, voire des étables. Parfois, la condition des prestataires engagés dans l'industrie est meilleure : quarante Espagnols provenant du camp d'Argelès, employés comme terrassiers et poseurs de voies par une entreprise de travaux publics sur les chantiers de Mennetou-sur-Cher, sont logés à l'hôtel. Les conditions de travail sont variables et dépendent largement de la personnalité des propriétaires. Les salaires sont également très différents d'un département à l'autre, oscillant de 2 à 22 francs de l'heure, et de 5 à 10 francs par jour, nourriture et logement non compris ; comparativement avec les prestations reçues par les journaliers français, celles des réfugiés sont souvent inférieures, mais curieusement supérieures aux rémunérations versées aux militaires français requis pour aider aux travaux agricoles [32]. Cela étant, le prestataire ne peut se déplacer sans autorisation hors des limites de l'agglomération qui lui a été désignée ; tout manquement se solde par un renvoi dans un camp d'internement ou par une peine de prison. Les contrôles effectués par la gendarmerie sont fréquents et dissuadent toute velléité de déplacement, que ce soit pour chercher un autre travail ou se rapprocher de la famille. À la fin des contrats individuels, faute d'une autre embauche, ou après un séjour à l'hôpital, c'est à nouveau le camp d'internement pour beaucoup de prestataires espagnols. Ainsi, Jeanine Sodigné-Loustau a pu dénombrer quelque 253 travailleurs employés dans l'agriculture dans le Loiret et l'Eure-et-Loir qui, entre octobre 1939 et janvier 1940, sont retournés vers les camps de Bram, Agde et Saint-Cyprien [33]. La condition d'étranger de droit commun, annoncée en février 1940, reste une fiction pour les Espagnols qui ne sont plus considérés comme « réfugiés », sans avoir pourtant jamais bénéficié de ce dernier statut.

Pour les prestataires encadrés dans les CTE, les conditions de vie sont souvent difficiles. Alejandro Prieto Velasco raconte comment la 250ᵉ CTE, formée à Gurs et affectée à Châteaudun, est logée dans le pavillon de chasse délabré d'une grande propriété ; la nourriture, peu abondante, est si mauvaise et l'attitude d'un officier si déplaisante que les prestataires se mettent en grève malgré la menace d'un conseil de guerre. L'officier changé, la faim ne les tenaillera plus autant qu'auparavant. Amador Martínez Fernández, employé à creuser des tranchées et construire un arsenal près de Lannemezan, parle des difficiles conditions de travail des prestataires, mal vêtus et mal chaussés sur un sol gelé[34]. De l'autre côté de la Méditerranée, en Afrique du Nord, les Espagnols sont employés à des travaux difficiles : en Tunisie, les marins de la flotte républicaine internés au camp de Maknassy sont envoyés dans le Sud pour construire une ligne de chemin de fer. En Algérie, les républicains espagnols travaillent à des réfections de routes dans le Sud constantinois, à l'extraction du charbon à Kenadza dans le Sud oranais et à l'aménagement de la voie ferrée entre Bouarfa, Colomb-Béchar et Kenadsa au Sahara. La discipline y est particulièrement sévère et le rendement exigé des prestataires par des chaleurs très fortes apparente les compagnies à des bagnes, d'autant que la nourriture y est très insuffisante[35].

Dans les centres d'hébergement, dès avant leur fermeture décrétée pour la mi-mars 1940 — puis repoussée de début mai à début juin —, les personnes aptes à travailler sont embauchées dans les fermes ou les usines des environs. Leur placement se heurte à diverses difficultés, liées aux réticences de certaines populations, comme celles des ruraux d'Eure-et-Loir par exemple : la méfiance à l'égard de réfugiés affublés de nombreuses tares, considérés comme des « oisifs », s'accompagne de craintes de concurrencer la main-d'œuvre locale et de considérations sur le caractère saisonnier de certains travaux. Au centre de la Verrerie d'Orléans, les femmes sont d'abord employées à confectionner des paillasses, pour l'armée mais aussi pour les centres d'hébergement ; après la déclaration de guerre, elles sont embauchées dans une usine de fabrication de masques à gaz, à quelques kilomètres de la ville, avec des horaires de roulement en trois-huit. Tandis que les personnes âgées gardent les enfants, d'autres femmes sont demandées pour le travail domestique en ville[36]. Au centre de Bois-Brûlé, dans le Loir-et-Cher, des femmes sont recrutées — sans tenir compte de leur qualification — comme manœuvres, ouvrières agricoles, bonnes à tout faire, chemisières, bonnes de ferme, couturières ou vachères. Les réfugiées du centre de La Guerche sont embauchées dans les Ateliers de cette ville et à l'hôpital de Saint-Amand-Montrond. Des Espagnoles sont employées dans le Cher au binage des betteraves, travail pénible, généralement assuré par des saisonniers polonais. Les salaires sont très variables, mais généralement inférieurs aux taux pratiqués dans le même département pour des travailleurs français [37].

Après cette mise au travail et cet encadrement, accélérés à partir de la déclaration de guerre, le problème des séparations familiales ne trouve pas toujours de solutions satisfaisantes et encore moins générales.

Soumis à l'autorisation préfectorale, le regroupement familial est subordonné à l'obtention de ressources suffisantes pour faire vivre la famille. Théoriquement possible dans les cas d'embauche individuelle, il se heurte souvent à l'absence de garanties financières du fait de la modicité des indemnités [38] ; il demeure impossible pour les réfugiés encadrés dans les CTE restées groupées et pour ceux engagés dans une formation militaire. Dans les meilleurs des cas, pour ces derniers, les possibilités de « regroupement familial » consistent en visites : les hommes engagés dans les CTE sont autorisés à rencontrer leur famille hébergée dans des centres d'accueil. Ils doivent pour cela obtenir un ordre de mission de quelques jours auprès du chef de leur compagnie et solliciter l'accord du maire de la ville où est situé le centre et celui du préfet du département concerné. Le voyage aller et retour leur est, dans ce cas, payé. Au centre d'hébergement de la Verrerie des Aydes, à Orléans, les premières visites semblent avoir eu lieu l'hiver 1939-1940, soit environ un an après la *Retirada*. Si le directeur du centre a autorisé le premier mari en visite à dormir quelques jours à l'hôtel avec sa famille et a pris en charge les frais d'hébergement, ce ne fut pas le cas des suivants qui retrouvaient leur famille dans les grands dortoirs de l'ancienne usine [39]. En février 1940, le préfet du Cher indique nettement que « les familles [qui bénéficient des allocations militaires] ne pourront être autorisées à rejoindre leur parent ou leur soutien, engagé dans l'armée ou incorporé dans une Compagnie de travail [40] ». D'autres préfets, comme celui des Deux-Sèvres, ont la même attitude. Le constat dressé en décembre 1939 par Jean Moulin, alors préfet d'Eure-et-Loir, sur la situation des réfugiés espagnols montre très clairement les difficultés rencontrées pour le regroupement familial, difficultés qui se trouveront aggravées du fait de l'occupation de la France :

> Le département d'Eure-et-Loir compte, depuis septembre dernier, un fort contingent de réfugiés espagnols en provenance du camp de

Bram et appelé à suppléer temporairement au manque de main-d'œuvre dans l'agriculture. Ces ouvriers, nourris et logés par les agriculteurs pour le compte desquels ils sont occupés, reçoivent, en outre, non pas un salaire mais une indemnité journalière variant entre 5 et 10 F. [...] Or, la majeure partie de ces travailleurs ont leur famille hébergée dans d'autres départements et manifestent un désir évident de se regrouper dans la commune de leur lieu d'emploi. [...]

Bien que les instructions ministérielles soient favorables à ces regroupements, j'ai l'honneur de vous faire connaître que, malgré mon désir de donner satisfaction à ces réfugiés dont l'appoint en main-d'œuvre m'a été particulièrement précieux, je ne puis envisager d'accorder à ces étrangers l'autorisation qu'ils sollicitent en raison de ce que leurs gains ne constituent pas une rémunération leur permettant d'assurer la subsistance de leur famille. En outre, les travaux pour lesquels ces réfugiés ont été demandés sont sur le point de prendre fin, et il est vraisemblable qu'ils seront obligés de réintégrer leur camp d'origine, après l'échéance. [...]

J'ajoute que, par suite de l'afflux de réfugiés français, les municipalités ne disposent plus de locaux leur permettant d'héberger un plus grand nombre de réfugiés espagnols [41].

De nombreuses inconnues subsistent encore sur le devenir de tous les travailleurs dispersés dans de nombreuses régions lors de l'offensive allemande et des premiers mois de l'Occupation. Ce qui est certain, c'est que les réfugiés civils et les membres des CTE implantés en zone Nord connaissent, comme la population française de ces départements, les remous et les errances de l'exode. Dès la fin mai 1940, le ministère de la Défense signale que des Espagnols employés par les armées dans le nord de la France circulent dans l'agglomération parisienne ; ordre est donné de les rassembler au stade Jean Boin et de les diriger ensuite vers le camp d'Argelès [42]. Les camps du Midi sont de toute manière la destination des hommes des CTE qui parviennent à se replier en zone non occupée. Lors des premiers bombardements et de l'avance allemande, la 44e CTE de Lluís Montagut, stationnée dans l'Aube, reçoit un ordre d'évacuation qui s'effectue dans la panique et le désordre ; aussi un petit groupe d'inséparables prend-il ses distances avec la compagnie et, au prix de cent difficultés, gagne les Pyrénées-Orientales. Mais un contrôle de la gendarmerie conduit les Espagnols tout droit au camp d'Argelès-sur-Mer [43]. Pour les anciens prestataires qui parviennent à échapper à un nouvel internement, c'est la survie qui s'organise alors tant bien que mal. Francesc Parramón Cortina raconte comment sa CTE, basée à Saint-Nazaire, se trouve livrée à elle-même à l'approche des Allemands ; avec d'autres Espagnols, il s'empare d'un camion abandonné dans le port de l'Atlantique par les Anglais, pour le compte desquels ils travaillaient, et se dirige vers Toulouse. Il parviendra à y vivre sans papiers pendant deux ans jusqu'à son arrestation[44].

C'est la même errance pour nombre de réfugiés civils, femmes et enfants, qui prennent les routes de l'exode en juin 1940 comme les Français et s'arrêtent où ils peuvent. Ainsi, Electra García, envoyée dans un centre du Pas-de-Calais, à Berck, rejoint le Midi, Narbonne et Béziers, où elle a des attaches familiales[45]. Enric Yuglà Mariné se souvient comment il a mis trente et un jours pour aller de Bourges à Montauban, avec une vingtaine d'amis espagnols, surtout des femmes et des enfants ; à Montauban, le groupe s'est dispersé, chacun cherchant à survivre par ses propres moyens, et Enric Yuglà est parvenu à s'installer à quelques kilomètres du chef-lieu du Tarn-et-Garonne et à trouver des petits travaux pour vivre[46]. Après des détours dans d'autres centres d'accueil, des réfugiés hébergés avant l'offensive allemande dans le Loiret ou l'Eure-et-Loir retournent dans ces départements en même temps que les populations autochtones ; dans l'Indre, un petit nombre d'entre eux arrivent au « centre de recueil » de Douadic[47]. L'armistice ne facilitera pas beaucoup les regroupements familiaux et plusieurs indices donnent à penser que nombre de séparations ont perduré longtemps.

Engagements dans l'armée française et déportations

Avec l'embauche à l'extérieur et l'incorporation dans les Compagnies de travailleurs étrangers, le troisième et dernier moyen pour sortir des camps d'internement est l'engagement militaire, auquel les autorités incitent les internés de façon plus ou moins insistante ou discrète selon les moments. À cause peut-être de l'opposition des réfugiés les plus politisés, notamment celle des anarchistes et des communistes, la propagande française en faveur d'un engagement dans la Légion étrangère — assimilée au Tercio franquiste par les républicains espagnols — ne rencontre qu'un succès relatif. Le contrat peut être d'une durée de cinq ans ou pour la durée de la guerre. À la déclaration de guerre, quelques milliers d'hommes s'engagent toutefois dans les Régiments de marche de volontaires étrangers. La différenciation d'avec la Légion s'avère délicate puisque, aux dires mêmes de l'état-major de l'armée, « les RMVE sont constitués par : les engagés *pour la durée de la guerre* au titre de la Légion étrangère (neutres ou alliés), [et] les engagés au titre du décret du 27 mai 1939 [48] ». Lequel décret prévoit la formation de corps spéciaux de combattants étrangers. Le total de l'engagement militaire espagnol représente environ 6 000 hommes, sans que l'on puisse, à l'heure actuelle, comptabiliser précisément chacun des deux types de contrat ; les volontaires sont, généralement, de très jeunes hommes et, souvent, des militaires de carrière [49]. Il s'agit de la seule incorporation militaire possible pour les Espagnols car l'armée française, désireuse de préserver ses relations avec le gouvernement de Franco, ne souhaite pas, comme c'est le cas pour les Polonais et les Tchécoslovaques, constituer des unités régulières espagnoles. José Goytia rappelle le désir des aviateurs républicains de pouvoir s'engager dans des unités espagnoles au sein de l'aviation française ; au lieu de cela, nombre d'entre eux se retrouvent dans une CTE au camp de Cognac où, en dépit de leurs nombreuses heures de vol, ils sont employés, munis de pelles et de pioches, au seul élargissement des pistes de l'aérodrome [50].

Les engagés pour cinq ans dans la Légion étrangère sont envoyés en Algérie, à Sidi-Bel-Abbès, après passage au Service d'immatriculation de Sathonay. Quant aux RMVE, ils sont formés au Barcarès, comme le rappelle aujourd'hui la grande stèle érigée sur l'esplanade des Volontaires-Étrangers, aménagée sur l'une des plages. Regroupés dans ce camp avec d'autres engagés, les Espagnols constituent près de la moitié des effectifs des unités de marche de volontaires étrangers à la date du 10 février 1940 : ils sont alors 2 709 sur un total de 6 770 volontaires apatrides ou appartenant à 45 nationalités différentes, précédant de loin les nombreux « apatrides », les Roumains, les Hongrois, les Portugais, les Suisses et les Grecs. Toujours à cette même date, l'on peut constater que la majeure partie des Espagnols se sont engagés au titre du décret du 27 mai 1939 et seulement 617 au titre de la Légion étrangère proprement dite pour la durée de la guerre. Dans la mesure du possible, les étrangers sont regroupés par nationalité et forment des unités relativement homogènes. Les Espagnols engagés dans les diverses unités de volontaires étrangers connaîtront un séjour souvent continu au front jusqu'à l'été 1940, aussi bien dans les Ardennes, en Argonne, dans les Vosges, en Lorraine, dans la Somme, dans l'Oise, qu'à Narvik en Norvège[51]. Par ailleurs, pendant l'offensive allemande de mai-juin 1940, une forte proportion de CTE de France métropolitaine se retrouvent dans la zone des opérations armées et les Espagnols paient un lourd tribut en morts et en blessés. Une quinzaine de compagnies sont affectées dans la tragique « poche de Dunkerque » et plusieurs d'entre elles sont anéanties lors des attaques allemandes et des bombardements incessants[52]. En tenant compte des divers types d'encadrement — CTE et régiments de volontaires étrangers —, on estime généralement autour de 5 000 le nombre d'Espagnols qui trouvent la mort au cours de la bataille de France[53], sans compter les centaines qui périssent lors de la campagne de Norvège, notamment à Narvik[54].

Les formations militaires dans lesquelles s'engagent les Espagnols sont destinées à s'illustrer sur les fronts les plus divers, pendant toute la durée de la guerre. Entre 1940 et 1945, des unités à participation espagnole notable se distinguent particulièrement, telle la 13e Demi-brigade de la Légion étrangère — DBLE — de la France libre qui a donné leur première unité de choc aux Forces françaises libres. Formée en Afrique du Nord, la 13e DBLE s'illustre à Narvik, connaît différentes péripéties en Angleterre et continue son action en Afrique, puis en Érythrée, en Palestine, à Bir-Hakeim, en Tunisie. Intégrée au fur et à mesure de son avancée par d'autres légionnaires, notamment espagnols, la 13e DBLE fait de décembre 1943 à juin 1944 la campagne d'Italie puis participe au débarquement de Provence ; à la fin de la guerre, elle combat en Alsace et poursuit son avancée jusqu'au Danube. Les Espagnols se trouveront mêlés aux combats fratricides du Levant en 1941 et, par le fait du hasard, certains seront engagés dans le camp vichyssois, tandis que d'autres combattront avec les Alliés. Les unités de la Légion regroupées après l'armistice en Algérie et au Maroc, sous l'autorité du gouvernement de Vichy, sont formées d'un grand nombre d'Espagnols, composante étrangère la plus nombreuse ; après le débarquement allié de novembre 1942, ces unités se battent en Tunisie et aident considérablement les forces alliées, puis on les retrouve à Belfort, en Alsace et enfin en Allemagne. Les pertes sont très lourdes et les Espagnols, las de combattre après tant d'années de guerre, sont parfois source de préoccupation pour le commandement militaire[55]. Enfin, issus du Corps franc d'Afrique, de nombreux Espagnols se retrouvent dans la 2ᵉ Division blindée du général Leclerc et sont regroupés dans le 3ᵉ Bataillon de marche du Tchad. Une compagnie de ce bataillon, « la Nueve », commandée par le capitaine Raymond Dronne, est à dominante espagnole avec des officiers issus de l'armée républicaine ; les hommes sont politisés, quoique de tendances diverses. C'est cette 9ᵉ Compagnie qui fournit les éléments du détachement précurseur de la 2ᵉ DB qui entre dans Paris dans la nuit du 23 au 24 août 1944 et les premiers véhicules blindés à entrer dans la capitale portent les noms évocateurs de *Madrid*, *Guernica*, *Teruel*, *Guadalajara* ou *Don Quichotte*. Les Espagnols de la 2ᵉ DB participent ensuite à la campagne d'Alsace et parviennent à Berchtesgaden en mai 1945. Les républicains espagnols ont ainsi, aux côtés des Français, combattu sur de nombreux fronts, en Europe, en Afrique ou au Proche-Orient et ils ont généralement fait, par leur bravoure, l'admiration de leurs compagnons d'armes.

Lors de l'avancée des troupes allemandes au printemps 1940, nombreux sont les Espagnols faits prisonniers en particulier dans les Vosges, dans le Doubs, dans l'Aisne, dans la Meuse ou sur le Territoire de Belfort. Ces prisonniers, non assimilés aux soldats de l'armée régulière, sont déportés en Allemagne dans des camps de concentration. Les républicains espagnols sont ainsi les premiers déportés à partir du territoire français. Après un temps plus ou moins long passé dans des stalags en compagnie des soldats français — à Strasbourg, à Belfort ou en Allemagne —, les prisonniers espagnols sont transférés dans des camps au régime infiniment plus rigoureux. Les déportations commencent dès l'été 1940 et se poursuivent ensuite, à des rythmes variables, tout au long de l'année 1941. Le premier convoi en direction de Mauthausen date, selon Émile Temime, du 6 août 1940 et provient du stalag XIII-A installé près de Sulzbach en Bavière [56]. Alfonso Cañete raconte comment il est sorti, dès le 30 avril 1939, du camp du Barcarès avec la 27ᵉ CTE pour aller travailler au camp militaire de Suippes, dans la Marne ; à la déclaration de la guerre, la compagnie est transférée avec, semble-t-il, le consentement des prestataires, vers la Moselle où les Espagnols construisent des fortifications aux côtés des militaires français. Au moment de l'offensive allemande, alors qu'elle se trouve près de Saint-Dizier en Haute-Marne, toute la compagnie est faite prisonnière. Après avoir été détenus à Chaumont, les prisonniers sont transférés en janvier 1941 en Allemagne dans un stalag ; mais, le 2 avril suivant, les Espagnols sont déportés à Mauthausen d'où les survivants ne sortiront qu'en mai 1945[57].

Ce tragique cheminement de nombre de prestataires espagnols vers les camps de la mort tient à la fois aux conditions de l'armistice qui les ignore et ne permet pas de les assimiler aux militaires français et à des décisions allemandes prises, semble-t-il, au plus haut niveau. Dans son témoignage, Luis Velázquez González, engagé dans un RMVE et fait prisonnier dans les Ardennes belges, rappelle comment très rapidement, dans les stalags, les Allemands s'efforcent d'identifier les juifs et les « Espagnols rouges » pour les distinguer des soldats français prisonniers. Aussi, quand, par ruse ou par hasard, des Espagnols arrivent à être confondus avec les Français, ils ne sont pas déportés mais restent dans les stalags, où les conditions de vie sont celles de prisonniers de guerre ordinaires et d'où les évasions ne sont pas impossibles : c'est le cas, par exemple, de Luis Velázquez González et de Jaime Montané Escalas, pris pour des Français et, à ce titres, rescapés de la déportation[58].

Ces transferts vers des camps de concentration correspondent vraisemblablement à des représailles générales décidées au plus haut niveau, à Berlin même, contre tous les anciens « combattants rouges d'Espagne », qu'ils fassent partie du Reich ou qu'ils soient arrêtés dans les pays annexés ou occupés. L'ordre écrit daté du 25 septembre 1940 que nous avons pu retrouver n'est peut-être pas le premier ; il émane en tout cas du chef de la police de sécurité allemande. Il y est prescrit de mettre en détention, au moins pour la durée de la guerre, les combattants rouges d'Espagne arrêtés par la Wehrmacht ou les Einsatzkommandos et de les interroger en détail :

> Les combattants rouges d'Espagne de nationalité étrangère et également les Espagnols qui ont été internés dans les États ennemis — surtout dans la France occupée — ou qui ont été activement engagés contre l'Allemagne et ont été faits prisonniers par les Allemands sont — sur ordre du Führer — dépossédés du statut de prisonniers de guerre et remis à la Police secrète d'État[59].
> [...] Ceux à qui le statut a été enlevé doivent, sur la demande des services compétents de la Wehrmacht, être remis aux postes de la Police d'État et, selon les termes du dossier IV C 2 du Service de sécurité du Reich, remis dans le camp de concentration prescrit[60].

Une distinction est opérée, selon la nationalité, entre les « combattants rouges ». Lorsqu'ils sont âgés de moins de cinquante-cinq ans et déclarés aptes à aller dans un camp, les étrangers qui ont combattu contre les troupes de Franco doivent être incarcérés. S'il s'agit d'individus de nationalité espagnole, leur envoi dans un camp s'effectue directement ; en ce qui concerne les anciens combattants originaires d'Amérique du Nord ou du Sud, une décision d'internement doit intervenir au cas par cas. Ainsi, environ 7 200 républicains espagnols sont envoyés dans l'ensemble concentrationnaire de Mauthausen — camp central et camps annexes comme celui de Gusen — où ils sont employés à l'exploitation des carrières de granit. Le taux de mortalité des détenus, marqués d'un triangle bleu « Rotspanier », est bien supérieur à celui de l'ensemble des autres détenus du camp. L'année 1941 — notamment de juillet à février de l'année suivante — est particulièrement meurtrière pour les déportés ; le kommando de Gusen est le plus redoutable, puisque plus de 80 % des décès s'y produisent[61]. Compte tenu des conditions de travail extrêmement pénibles, des privations, des brimades et châtiments en tous genres, près de 5 000 Espagnols perdent la vie dans l'ensemble concentrationnaire de Mauthausen[62]. Les « Espagnols rouges » ont été décimés à dessein par les nazis jusqu'à ce que ces derniers perçoivent l'intérêt de prolonger le plus possible cette main-d'œuvre esclave ; les Espagnols survivants seront les déportés qui totaliseront le plus grand nombre d'années dans cet enfer concentrationnaire. À partir des quelque quatre cents fiches individuelles de déportés espagnols rassemblées, dans les années 1950, par le Comité d'histoire de la Seconde Guerre mondiale, l'on peut constater que les plus vulnérables ont été bien entendu les plus âgés ; près de la moitié des disparus sont nés avant 1900 et certains d'entre eux ont déjà un âge avancé au moment de leur déportation, comme José Mestre-Tartera, né en 1878 et décédé le 2 août 1941 à Gusen. La quasi-totalité de ces déportés provient de CTE capturées par les Allemands au printemps 1940[63].

Les prestataires et les engagés volontaires ne sont pas les seuls à connaître la déportation dès août 1940. Des populations civiles en sont également victimes. Une terrible odyssée attend environ 2 000 civils, regroupés à Angoulême et tombés sous le contrôle des autorités d'occupation. Ce sont des hommes, généralement d'un certain âge pour avoir échappé à l'internement, ou de très jeunes gens, mais aussi des femmes accompagnées d'enfants ; ils sont conduits par les Allemands, dans des wagons de marchandise, jusqu'à Mauthausen. Les hommes sont internés dans le camp, tandis que les femmes et les enfants de moins de seize ans, après plusieurs jours d'attente, sont ramenés à la frontière espagnole et refoulés dans la Péninsule [64]. Des familles entières ont été ainsi séparées et souvent décimées, tels les Ferrer, les Alcubierre, les Quesada, les Cortès ou les Sarroca, entre autres ; et, selon leurs compagnons de détention, les hommes adultes, déjà âgés, ont péri assez rapidement à Mauthausen [65]. Ensuite, au fil des années de guerre, la déportation sera le châtiment principal réservé à ceux qui s'engageront contre l'occupant nazi. Le nombre de républicains espagnols déportés pour faits de Résistance est difficile à apprécier car ils se sont trouvés dispersés dans de nombreux camps, notamment à Buchenwald, Bergen-Belsen, Dachau, Flossenbürg, Neuengamme, Ravensbrück, Sachsenhausen-Oranienburg ou Auschwitz.

Âgé de vingt ans, en septembre 1943, Jorge Semprún, membre du réseau de Résistance Buckmaster, est arrêté dans un faubourg de Joigny et déporté peu après à Buchenwald ; il n'en sortira qu'en avril 1945. Ce n'est que vingt ans après, en 1963, avec *Le Grand Voyage*, qu'il parviendra à écrire sur cette période ; et ce n'est que cinquante après qu'il explicitera son choix crucial de l'après-guerre, vivre ou écrire, dans *L'Écriture ou la vie* [66]. La dispersion des Espagnols dans de nombreux camps ne leur permet donc pas de constituer des groupes importants, sauf à Mauthausen où ils sont arrivés en masse. Dans ce dernier camp, l'organisation des Espagnols se révèle singulière, au moins pour la dernière période de son histoire, comme en témoigne José Ester Borrás. Arrêté pour sa participation au réseau Ponzán, José Ester Borrás est déporté à Mauthausen après un passage au camp de Neuen Bremen ; arrivé en avril 1944, il devient rapidement responsable du comité clandestin de la CNT et se montre partisan de l'alliance avec les déportés communistes en vue de la constitution d'un comité national espagnol, partie prenante du comité international clandestin. José Ester Borrás entretient d'ailleurs d'excellentes relations avec le responsable du PCE dans le camp, Montero, une « excellente personne » selon lui, issu également de la Résistance française et employé pareillement à l'armurerie du camp. En mars 1945, José Ester Borrás retrouve sa femme Alfonsina, arrivée à Mauthausen avec un convoi en provenance du camp de femmes de Ravensbrück. De même que les Espagnoles de Ravensbrück arrêtées en France ont été assimilées aux résistantes françaises,

José Ester Borrás se trouvera mêlé au groupe des déportés français et sera ainsi évacué par la Croix-Rouge, avant les autres Espagnols, dès le 22 avril 1945[67].

De nombreuses femmes espagnoles ont été déportées, pour faits de Résistance, essentiellement à Ravensbrück. L'histoire de cette période tragique est redevable à Neús Català d'avoir sorti ses compagnes de l'oubli dans lequel elles avaient été tenues, plus encore que les résistants espagnols de sexe masculin. Après avoir été emprisonnée à Limoges et transférée à Compiègne, Neús Català fait partie du « convoi des 27 000 », ces mille femmes désignées par les nazis par le début de leur matricule, qui arrivent au camp le 3 février 1944 : femmes françaises, polonaises, tchèques ou espagnoles. Neús Català a participé à l'organisation de maquis en Dordogne et en Corrèze ; c'est elle qui avait pu obtenir la première mitrailleuse du maquis de Tournac — le groupe Carlos — et elle a été agent de liaison comme beaucoup de femmes à l'époque. Neús Català a été arrêtée par les Allemands le 11 novembre 1943, ainsi que son premier mari, Albert Roger, qui mourra en déportation[68]. Interrogée à Périgueux, incarcérée à Limoges, Neús Català est déportée à Ravensbrück et incorporée au kommando de Holleischen ; sa jeunesse et sa vitalité lui permettront de survivre jusqu'à sa libération du camp, le 5 mai 1945, mais beaucoup de femmes succomberont aux maladies, aux mauvais traitements, à l'épuisement ou seront exécutées par les nazis, telle Mimi, jeune mère espagnole de Pau, pendue pour acte de sabotage au camp de Flossenbürg[69].

Sous Vichy, renforcement de l'encadrement et travail obligatoire

Après l'armistice, seuls restent incorporés les Espagnols engagés dans la Légion pour cinq ans. Ceux qui, parmi les prestataires et les engagés pour la durée de la guerre, ont échappé à la mort ou à la déportation sont internés à nouveau dans des camps du Midi ; ainsi, les 21e, 22e et 23e RMVE sont directement dissous au camp de Septfonds à partir du 22 juin 1940[70]. Dès le mois de juillet 1940, en effet, les autorités de Vichy décident que les prestataires espagnols doivent retrouver leur statut d'avant-guerre : seuls sont admis librement à résidence ceux qui, appréciés comme non « dangereux pour la sécurité publique », justifient de moyens d'existence, c'est-à-dire essentiellement d'un contrat de travail. Il en est de même pour les engagés pour la durée de la guerre qui doivent justifier, de surcroît, d'un certificat de bonne conduite sous les drapeaux [71]. Peu après, le 27 septembre 1940, le gouvernement de Vichy crée, dans le prolongement direct des CTE, des structures pour les étrangers de dix-huit à cinquante-cinq ans « en surnombre dans l'économie nationale ». Aux CTE, succèdent les GTE, Groupements de travailleurs étrangers. Les étrangers qui ont cherché refuge en France et se trouvent dans l'impossibilité de retourner dans leur pays d'origine gardent toutefois la possibilité d'émigrer vers un autre pays. Les GTE, constitués pour le temps que les circonstances l'exigeront, sont rattachés au ministère de la Production industrielle et du Travail, mais c'est le ministère de l'Intérieur qui désigne les étrangers qui doivent en faire partie. Ce qui importe, en effet, pour l'État français, c'est de « maintenir la discrimination effectuée actuellement entre les réfugiés et les autres étrangers » ; si ces derniers bénéficient d'un régime de droit commun, avec un statut de travailleurs libres, les réfugiés sont soumis à un régime d'exception et sont incorporables dans des groupes de travailleurs [72]. Encore une fois, comme dans les CTE, les Espagnols constituent la très grande majorité des effectifs des GTE ; en août 1943, sur un total de 37 000 travailleurs, 31 000 sont espagnols [73]. Les étrangers affectés à ces groupements ne recevront pas de salaire, mais une éventuelle prime de rendement ; leurs familles bénéficieront cependant de subsides à déterminer [74]. Sont considérés comme « en surnombre dans l'économie nationale » :

> [...] les étrangers qui ne possèdent pas de ressources personnelles suffisantes pour subvenir en totalité à leur entretien, à celui des personnes normalement à leur charge ou qui ne reçoivent pas de moyens d'existence de leurs proches parents (père, mère, frère ou sœur). Par suite, les étrangers qui bénéficient de secours versés par la Légation du Mexique ou par des organismes charitables doivent être considérés comme en *surnombre* dans l'économie nationale et incorporés s'ils n'ont pas d'autres ressources [75].

L'été 1940, dans le désordre qui suit la débâcle, d'anciens prestataires ou volontaires réussissent — comme Francesc Parramón Cortina et Enric Yuglà Mariné — à disparaître et à trouver des emplois civils. Mais la majorité d'entre eux se retrouvent dans les camps, où le régime est plus sévère qu'avant guerre. Le 2 octobre 1940, le gouvernement de Vichy stipule que les Espagnols indésirables ou indigents doivent être internés au Vernet ou à Rieucros s'ils sont dangereux pour l'ordre public, et à Argelès s'ils sont en « surnombre dans l'économie nationale[76] ». Le camp d'Argelès se remplit à nouveau : il y aurait entre 15 000 et 20 000 internés en novembre 1940, dont une majorité d'Espagnols, ainsi que des femmes et des enfants[77]. Les importantes inondations qui ont affecté la région en octobre 1940 aggravent encore les conditions de vie des internés : les baraques sont alors pleines d'eau jusqu'à hauteur du genou et il n'est possible ni de s'asseoir ni de dormir, se souvient Manolo Valiente[78]. Le ministère de l'Intérieur complète, en avril 1941, son dispositif d'exclusion par rapport aux étrangers inaptes au travail ou auxquels la loi du 27 septembre 1940 n'est pas applicable : ils seront dirigés vers le camp de Rivesaltes — s'il s'agit de familles comprenant des enfants de moins de dix-huit ans —, à Noé et au Récébédou — si ce sont des vieillards de plus de soixante ans, des infirmes ou des malades — et à Argelès et Gurs dans les autres cas[79]. Les Espagnols ne sont pas, loin de là, les seuls destinataires des mesures qui visent à réglementer le séjour des réfugiés et les « camps-hôpitaux » de Noé et du Récébédou, en Haute-Garonne, se peuplent dès leurs débuts de juifs allemands comme de réfugiés espagnols, en provenance les uns de Gurs et les autres d'Argelès, d'Agde et du Vernet. Beaucoup de mutilés de la guerre d'Espagne séjourneront dans ces derniers camps jusqu'à la Libération. Au camp du Vernet, les Espagnols, au nombre de 405, constituent début 1942 la nationalité la plus représentée devant les Italiens, les Polonais et les Russes ; à l'été 1943, ils sont 617 sur 1 186 détenus, représentant plus de la moitié des effectifs du camp, sans compter les 73 hommes rattachés administrativement au Vernet mais détachés à l'extérieur pour travailler[80].

La question de l'utilisation des étrangers se pose pratiquement dans les mêmes termes qu'avant la guerre ; du fait de la pénurie de main-d'œuvre, rendue encore plus critique à cause de l'absence des prisonniers, les étrangers apparaissent comme un appoint nécessaire, particulièrement dans l'agriculture et dans les mines[81]. Aussi un certain nombre de dispositions sont-elles prises par le gouvernement de Vichy pour faciliter l'emploi des étrangers soumis au décret de septembre 1940. Par exemple, en ce qui concerne

l'agriculture où le déficit en bras, sensible avant guerre, s'avère
« dramatique », une circulaire d'avril 1941 recommande de
« pousser au maximum » l'application d'une précédente recommandation, en date du 17 décembre 1940, qui rendait possible le
détachement dans des exploitations agricoles des étrangers faisant
partie d'un GTE. En effet, commente le texte,

> il n'y a pas [...] de travail plus urgent en ce moment que celui qui
> est destiné à assurer notre nourriture au cours des prochains mois
> [...].
> Le placement individuel des travailleurs étrangers dans l'agricul-
> ture a été réalisé déjà de façon très heureuse dans certains départe-
> ments et notamment dans le Gers, où le Groupe n° 541 (Fleurance)
> se trouve entièrement diffusé chez les agriculteurs [82].

Les GTE sont regroupés en vastes ensembles et soumis à des
« commandements de zone », d'abord au nombre de sept puis de
huit. Cependant, dans la pratique, sans compter le placement individuel, les travailleurs sont répartis en petits groupes en fonction
des tâches auxquelles ils sont affectés. Une multitude de camps
s'ouvrent ainsi pour recevoir les travailleurs étrangers. Les hommes des GTE restent groupés dans le cas des travaux d'intérêt
général, tels que l'aménagement de routes, les constructions de
barrages ou la coupe du bois nécessaires aux gazogènes. Certains
travailleurs sont affectés le jour dans une entreprise ou une ferme
et reviennent le soir au cantonnement ; d'autres encore sont amenés à vivre chez leur patron à la campagne ou dans des logements
individuels en ville, tout en restant attachés administrativement à
un GTE. Bien que les cas d'espèce soient très divers, les travailleurs étrangers placés individuellement dans l'agriculture sont
nourris et logés et reçoivent environ 10 francs par jour [83].
Dans un département rural comme celui du Lot, trois camps
sont improvisés, à Catus, Cajarc et Puy-l'Évêque, pour héberger
les GTE n°s 554, 508 et 549 ; les Espagnols constituent l'immense
majorité des effectifs de ces groupes ainsi que des GTE n°s 501
et 538, basés dans les petites communes de Concots et Vers. À
Catus, le camp est installé dans une grande écurie et les ouvriers,
mal nourris, travaillent dans des fermes assez éloignées. À Cajarc,
plus de 200 ouvriers constituent la main-d'œuvre d'une entreprise
chargée de la construction d'un barrage sur le Lot [84]. Sur le Causse
de Limogne-en-Quercy, les habitants se souviennent aujourd'hui

encore des Espagnols employés à la construction de la route qui relie aujourd'hui Villefranche-de-Rouergue à Cahors et passe par Concots ; le soir, se rappelle-t-on, les réfugiés aidaient souvent aux travaux des fermes des environs, mais ils avaient l'obligation de se présenter régulièrement à l'administration du camp pour attester de leur présence. Les témoignages concordent sur leur dur labeur et leur maigreur, due à une nourriture insuffisante. Certains, cependant, ont été embauchés dans des exploitations agricoles — où ils travaillaient la vigne, sarclaient le maïs et les choux — et quelques-uns sont même restés dans la région après guerre [85].

Alors que le pays connaît toujours une crise de la main-d'œuvre dans l'agriculture et les mines, le secrétariat d'État au Travail déplore, en mai 1943, le fait que nombre de travailleurs étrangers, attirés par des hauts salaires, ont « déserté la terre pour s'embaucher comme manœuvres sur les chantiers allemands ou comme garçons de café ou garçons de restaurant dans les *soldatenheim* ». De même, « des ouvriers des mines et des spécialistes de la métallurgie ont été embauchés comme terrassiers, chauffeurs ou garçons de café [86] ». Ces remarques concernent probablement en partie, en tant que groupe le plus nombreux, les Espagnols embauchés dans les GTE. Mais il est difficile de faire le descriptif d'ensemble de la situation des réfugiés, tant la diversité des cas est grande. Effectivement, l'été 1941 et l'hiver 1942-1943, les services de police du Cher constatent que les salaires élevés versés dans les usines travaillant pour le compte des Allemands attirent des hommes, qui franchissent la ligne de démarcation pour se faire embaucher en zone occupée [87] ; ultérieurement, l'exemption du STO — Service du travail obligatoire — pour les travailleurs employés dans les usines produisant du matériel militaire allemand jouera également un rôle. Assurément, pendant toute la période, malgré les interdits et la surveillance dont ils font l'objet, beaucoup de réfugiés espagnols connaissent une certaine mobilité afin de trouver de meilleures conditions de vie, se rapprocher de parents ou d'amis ou échapper à un encadrement trop rigide. Sans compter les déplacements imposés et, pour beaucoup, le refus de travailler pour les Allemands quand les réquisitions se multiplient. Dans le 147e GTE stationné dans le Cher, les désertions se multiplient à l'été 1943, au moment où les ponctions allemandes se font plus fortes [88].

Paradoxalement, c'est auprès de l'Espagne franquiste que le régime de Vichy se voit obligé de se justifier, en juin 1942, à la suite d'articles qui critiquaient l'utilisation des réfugiés espagnols par la France, publiés dans le journal phalangiste *Arriba*. Vichy assure Madrid que le sort des réfugiés n'a rien de dramatique, que 31 000 Espagnols sont dispersés dans les campagnes et mènent la vie des ouvriers et paysans de tous les pays et que l'on n'enregistre « pas de plaintes » de leur part. Le quotidien phalangiste n'a, en effet, pas hésité à faire grief à la France — celle dite, par le journal, du Front populaire — de l'exploitation des républicains, que Vichy nie pour sa part auprès du régime ami. *Arriba* remarque perfidement que dans les CTE

> [le] régime de travaux forcés qui y était appliqué en vertu d'une étrange interprétation du droit contre les réfugiés politiques subsista jusqu'en septembre 1940 où les bataillons passèrent de la dépendance du ministère de la Guerre sous celle du ministère de la Production industrielle. En fait, la situation n'a pas changé.
> [...] lorsqu'elle se trouva avec 150 000 hommes réfugiés sur son sol, [la France] n'hésita pas à leur chercher une occupation, même forcée, peu après leur arrivée [alors que les prisonniers français en Allemagne sont bien traités...] Ce sont les miliciens à qui la courtoisie du Front populaire offrit un refuge en France [...] pour les utiliser ensuite comme des forçats dans les fortifications du Luxembourg à la mer et dans la construction du transsaharien [89].

Lorsque les Allemands entreprennent de recruter de la main-d'œuvre partout où ils le peuvent, pour construire le Mur de l'Atlantique, des fortifications sur la côte méditerranéenne, des abris pour les sous-marins et pour aller travailler en Allemagne même, les GTE constitueront des réserves idéales de travailleurs. Les chiffres avancés parfois en ce domaine sont à prendre avec d'infinies précautions, car il convient de distinguer le nombre de travailleurs *officiellement* demandés par les autorités allemandes et le nombre réel de travailleurs *effectivement* recrutés en France ou envoyés en Allemagne. Aussi les chiffres suivants, donnés par l'historien espagnol Javier Rubio, correspondent-ils davantage à la première catégorie, celle des normes officielles allemandes, qu'aux effectifs réels : 26 000 Espagnols auraient été officiellement recrutés entre 1942 et 1944 pour l'organisation Todt et environ 40 000 envoyés travailler en Allemagne [90] ; ces chiffres donnent un ordre de grandeur probablement plus proche de la réalité dans le premier cas — le recrutement pour l'organisation Todt — que dans le second cas, l'envoi en Allemagne. Ce qui est avéré, en revanche, c'est qu'à partir de 1942, lorsque les réquisitions commencent véritablement, les services allemands de main-d'œuvre recrutent directement au sein des GTE et les préfets français n'hésitent pas à puiser dans les effectifs des groupements pour répondre aux demandes formulées par les autorités d'occupation et pallier les défections des Français. Dans un premier temps, les Allemands prennent la peine de susciter des engagements volontaires : les agents recruteurs jouent habilement sur le mauvais accueil réservé par les Français pour persuader les hésitants qu'ils n'ont rien à perdre. Mentionnons un exemple parmi d'autres de recrutement de main-d'œuvre pour le travail en zone occupée et en Allemagne. Les 7, 8 et 10 août 1942, les GTE les plus importants stationnés dans le Lot — les GTE n°s 508 et 554 — sont rassemblés par la gendarmerie sur ordre du préfet à l'occasion du passage de la Commission Todt. Karl Hack, responsable allemand de la Commission, chargé de la propagande pour le recrutement de travailleurs étrangers volontaires, est assisté par un Espagnol, un certain José María Otto, dont tous les anciens membres des GTE se souviennent. Otto joue sur sa bonne connaissance de la situation des exilés pour susciter des engagements[91]. Ces agents recruteurs insistent sur le fait que, dans un premier temps, les Espagnols considérés comme des « rouges » avaient été contraints de travailler pour l'organisation Todt et désertaient en masse. À présent, argumentent-ils, les Allemands ont changé d'attitude : le groupe sera constitué sur la base du volontariat, il sera uniquement espagnol et chacun sera consulté sur son lieu de travail.

> Ce que nous avons mis deux mois et demi à comprendre, les Français n'y ont rien compris au bout de trois ans et demi. Ici, il y encore des Compagnies de travail. En zone occupée, les Espagnols sont des hommes libres, avec les mêmes droits et les mêmes devoirs que les ouvriers allemands.
> En Allemagne et en zone occupée, les travailleurs espagnols voyagent en wagons de voyageurs comme tout le monde.
> [Les travailleurs disposent de] logements vastes et dotés des plus grandes facilités d'hygiène [...] et tout cela sans garde d'aucune sorte [...]
> [Les travailleurs espagnols] pourront se faire des costumes à la mode espagnole [des pantalons de 32 cm et non des « tubes » comme en portent les Français] [...]
> Nous ne vous demandons pas vos idées. Elles ne nous intéressent

pas. Le nazisme ne fait pas la guerre à la France, à l'Espagne, à l'Angleterre ni à l'Amérique. Nous faisons la guerre au capitalisme judéo-international.

[...] Par un accord entre les deux gouvernements, le temps passé par les travailleurs en zone occupée ou en Allemagne sera considéré comme étant exécuté sous le drapeau espagnol[92].

Les représentants de la Commission Todt soulignent également que les travailleurs auront, comme les militaires allemands, accès à la cantine et auront des salaires plus élevés que dans les GTE ; après six mois passés en Allemagne, les volontaires auront même droit à une permission de dix jours pour se rendre en Espagne avec un passeport allemand. De toute manière, soulignent les agents recruteurs, les Espagnols ne sont pas assurés de garder leur travail actuel en France puisqu'ils devront laisser leur place aux prisonniers de guerre qu'ils remplacent actuellement et que les Français partis pour la relève vont contribuer à libérer bientôt. Après ces allocutions qui veulent démontrer où se trouve l'intérêt bien compris des réfugiés, généralement seul un petit nombre de volontaires se propose ; mais, quelles qu'en soient les explications — lassitude, absence de perspectives, désir de survie, manque de convictions politiques —, il est indéniable que des engagements se produisent. Dans le Lot, lors du recrutement d'août 1942, sur six groupes totalisant 2 424 hommes, seulement 138 s'engagent[93]. Dans le Cher, en juillet 1942, 30 volontaires se présentent sur les 377 hommes du 147e GTE[94]. Lluís Montagut décrit parfaitement l'opération de recrutement menée au camp d'Agde, comme dans les autres camps, et avec beaucoup d'habileté, par José María Otto. D'abord, indique Montagut, « l'annonce de la visite d'Otto a provoqué des réactions diverses, comme il était prévisible dans un groupe aussi hétérogène. Il y a ceux qui sont carrément hostiles à toute collaboration avec les Allemands, par principe ; les indifférents ; ceux qui, déçus, ont perdu toute confiance, et les volontaires non avoués, éternels hypocrites, toujours prêts à se vendre au plus offrant sans regarder la couleur de la pièce ». Le fameux Otto, né à Barcelone de parents allemands, se targue auprès des réfugiés d'avoir fait la guerre d'Espagne du côté républicain et d'avoir connu, comme la majorité des Espagnols, le camp d'Argelès à la suite du passage de la frontière. Après avoir fait miroiter aux hommes les avantages matériels du travail effectué pour le Reich, Otto tente de les débarrasser de leurs « préjugés démodés » et de leur répugnance à travailler pour ceux qui les ont combattus en Espagne :

> Ici, vous ne faites rien d'autre, car les fruits de votre travail, c'est nous qui en profitons. À Toulouse, par exemple, nous avons visité une usine d'aviation, mais, étant donné qu'ils ne font rien d'autre qu'exécuter nos commandes, nous n'avons recruté personne. En France, la relève a déjà commencé. Les Français souffrent d'une crise de sentimentalisme et, pour se soulager, ils ont trouvé un remède de charlatan : récupérer des expatriés en les remplaçant par d'autres qui vont connaître l'exil.
>
> [...] Nous venons d'établir une convention permettant à nos ouvriers d'envoyer de l'argent à leurs familles qu'ils ont abandonnées bien involontairement en Espagne, et dont le dénuement fait frémir, croyez-moi, car je l'ai vu. Abandonnés de tous, les parents des « rouges » sont condamnés à crever de faim car la charité chrétienne est limitée et l'altruisme n'est pas de mise lorsqu'il s'agit de gens considérés comme indésirables [...] Votre devoir est de venir en aide à ceux qui souffrent à cause de vous, car je sais que, par caractère et par tempérament, vous vous sentez obligés d'accomplir votre devoir d'époux et de pères. Cette occasion est probablement la dernière qui vous soit offerte de vous tirer de ce merdier. Pensez qu'en Afrique nombreux sont ceux qui travaillent au charbon en compagnie de Sénégalais et d'Algériens, et qu'il faudra les remplacer à mesure qu'ils mourront d'inanition, épuisés, intoxiqués, foutus ; et ça continuera tant qu'il restera des hommes disponibles. Voilà la seule solution que vous offre la France.
>
> [...] Ici, vous serez toujours une main-d'œuvre bon marché, exploitée sans vergogne. Avec nous, vous deviendrez des hommes libres, des travailleurs bien payés, des ouvriers considérés et respectés. C'est votre dignité d'homme qui est en jeu [95].

Même si le volontariat est minoritaire, ses proportions exactes en sont inconnues, de même que la durée réelle des engagements. Probablement le désarroi né des conditions de l'exil et le trouble causé chez beaucoup de réfugiés espagnols par le Pacte germano-soviétique conduisent-ils un certain nombre d'entre eux à répondre aux premiers appels de main-d'œuvre lancés par les autorités d'occupation. Juan Marín García ne cache pas que la situation des réfugiés est si précaire dans Paris occupé, en principe interdit aux républicains espagnols, sans guère de possibilité de trouver un travail, que le consulat soviétique conseille aux sympathisants communistes d'aller travailler en Allemagne afin d'assurer également l'*authenticité* du Pacte germano-soviétique. D'ailleurs, les premiers travailleurs volontaires font rapidement savoir à leurs familles et amis qu'ils disposent en Allemagne de bonnes conditions de logement et de nourriture et d'un salaire correct ; ils pressent même leurs femmes de les rejoindre, avec leurs enfants. Juan Marín García et deux de ses amis iront travailler un an à Francfort afin que leurs compatriotes ne perdent pas le contact avec leurs compagnons restés en France[96]. Des spécialistes font même des propositions de service aux Allemands, comme M. P., ancien officier d'artillerie, qui a déjà travaillé comme ingénieur dans une fabrique française de poudres et explosifs ; ou F. U., mécanicien, et M. F., tourneur-ajusteur, spécialiste dans la construction de torpilles marines et de moteurs d'avions[97]. Mais, devant l'insuccès manifeste du recours au volontariat et devant l'extrême rareté des propositions spontanées, les Allemands procèdent à des réquisitions individuelles et à des ponctions autoritaires dans les GTE ; l'immense majorité des Espagnols embauchés pour l'organisation Todt ou le travail en Allemagne sont recrutés autoritairement et ces réquisitions connaissent une intensification en 1943. Tel Patrice, membre d'une CTE employée dans une scierie landaise, qui a la malchance de croiser sur une route un convoi allemand ; il sera envoyé travailler dans une usine d'armement près de Hambourg[98]. À titre d'exemple des ponctions effectuées dans les GTE, une Commission franco-allemande de recrutement de la main-d'œuvre espagnole opère dans le camp lotois de Catus les 24 et 28 février 1943, ainsi que le 1er mars suivant, et 114 travailleurs sont embauchés[99]. Dans le Cher, des réquisitions effectuées la nuit par la gendarmerie française permettent de recruter 78 Espagnols en juin 1943 et 17 en janvier 1944, malgré le souhait des exploitants agricoles de garder des hommes avec qui ils travaillent depuis deux ou trois ans et dont ils apprécient les services[100]. En 1943, sur ordre de Vichy, le préfet de Montpellier complète à l'aide de travailleurs étrangers âgés de dix-huit à cinquante ans les contingents à fournir à l'organisation Todt. Le GTE n° 3 doit fournir 600 travailleurs provenant de différents départements de la région et, si le contingent n'est pas atteint — comme dans l'Aude où, une première fois, sur les 124 hommes convoqués 38 ne se présentent pas —, il est procédé à un nouveau recrutement trois mois plus tard. De l'Ariège, neuf convois d'Espagnols sont ainsi partis entre mars 1943 et février 1944, totalisant 704 travailleurs désignés par le préfet, les défaillants étant remplacés par des détenus prélevés d'office au camp du Vernet [101].

Mais tous les travailleurs officiellement recrutés ne se retrouvent pas sur les chantiers. Les archives abondent en plaintes de provenances diverses au sujet des désertions. La liste de 490 Espagnols évadés au 1er février 1942 du seul camp de La Pallice, en Charente-Inférieure, n'est sans doute que l'une des plus spectaculaires. Il y est question des « étrangers évadés des centres où ils sont employés par les autorités allemandes ». « Il s'agit presque toujours d'Espagnols recrutés [...] dans les camps de travailleurs étrangers de la zone libre [...], or il s'agit, en l'espèce, d'individus ayant presque tous fait partie de l'ancienne armée républicaine espagnole, anarchistes ou communistes dangereux, capables de commettre n'importe quels méfaits ou même de se livrer à des attentats [102]. » D'abord, beaucoup de travailleurs étrangers requis ne se présentent pas aux convocations. Ainsi, dans l'Aude, après les défections d'avril 1943, 158 hommes sont convoqués au début du mois de juin suivant, toujours sur demande du préfet ; 121 seulement se présentent et 91 sont déclarés aptes [103]. De même, à partir du camp lotois de Cajarc, beaucoup d'Espagnols désertent quand il s'agit pour eux de travailler pour l'organisation Todt ; les réfractaires formeront, avec le capitaine Philippe — Jean-Jacques Chapou — les maquis des environs [104]. Car, généralement, déserter signifie, pour les réfugiés espagnols, aller grossir les rangs des maquis et participer alors à une résistance active contre l'occupant.

En dépit de la surveillance dont ils font l'objet, un certain nombre d'Espagnols embauchés dans les chantiers de l'organisation Todt en zone occupée parviennent en effet à s'évader et, tant que les deux zones existent, ceux qui sont arrêtés par la gendarmerie sont apparemment réaffectés dans des GTE. Ainsi, F. G. a été incorporé au 649e GTE de Calviac, en Dordogne, puis envoyé en octobre 1941 à Saint-Nazaire pour travailler à la construction d'une base sous-marine ; employé comme charpentier et gratifié seulement, pour douze heures de travail quotidien, d'une boule de pain pour quatre jours, de soupe, de pommes de terre et de topinambours, il décide de retrouver son ancien GTE. C'est le cas également de M. F.-G., du 3e GTE — 356e compagnie — stationné à Saint-Sernin-sur-Rance dans l'Aveyron, qui a été désigné d'office en octobre 1941 pour aller travailler près de Bordeaux à la construction d'une voie ferrée aboutissant à une base sous-marine ; le motif de son évasion n'est pas lié à ses conditions de vie, plutôt satisfaisantes du point de vue alimentaire et sanitaire, mais à son refus de travailler davantage pour les Allemands ; il est affecté au 355e GTE de Coupiac, dans l'Aveyron. De même A. M., envoyé à l'automne 1941 au camp de Saint-Médard-en-Jalles, toujours près de Bordeaux, a sauté du train qui le menait chaque jour du camp à son travail[105]. Ou encore José Manuel Gallego Mora, recruté pour aller travailler au Mur de l'Atlantique, qui s'évade au bout d'une semaine et s'engage dans un maquis de la Creuse, département où il avait été embauché chez des agriculteurs au début de la guerre[106]. Antonio Téllez Solà, enrôlé dans le 321e GTE à Mende, fait l'objet d'une mesure disciplinaire et est envoyé travailler dans une mine d'antimoine à Collet-de-Cèze, puis requis par l'organisation Todt pour un chantier de construction d'un blockhaus à Agde ; il s'évade et rejoint un groupe de guérilleros[107].

Les désertions sont telles que les Allemands recourent à des représailles collectives, ainsi que le rapporte Manuel Izquierdo, embauché de force au camp d'Argelès, comme nombre d'autres compatriotes, pour aller travailler près de Brest à la construction du Mur de l'Atlantique. Au milieu des autres nationalités présentes sur le chantier, les Espagnols se distinguent particulièrement par le nombre des désertions, aussi trois cents d'entre eux sont-ils envoyés au camp de concentration d'Alderney. Dans ce camp situé dans les îles anglo-normandes, mais rattaché administrativement à celui de Neuengamme, les internés sont soumis à un régime de travail extrêmement dur et beaucoup n'y résistent pas[108]. Au début de 1944, les autorités de Vichy constatent encore les défections des Espagnols .

> De très nombreux étrangers, principalement des asilés espagnols, employés sur les chantiers de l'organisation Todt, surtout sur la côte atlantique, désertent fréquemment leur lieu de travail et se rendent à l'intérieur du territoire pour essayer d'obtenir des préfectures des cartes d'identité[109].

De l'autre côté de la Méditerranée, le sort des réfugiés espagnols en Afrique du Nord n'est pas meilleur, loin s'en faut, que celui de leurs compatriotes restés en métropole. En novembre 1940, le 8e Régiment de travailleurs étrangers est dissous et, selon les dispositions prises par le décret-loi du 27 septembre 1940, les CTE sont redistribuées en treize groupes, affectés aux mêmes travaux que précédemment. En novembre 1940, un peu plus de 3 000 Espagnols sont répartis entre Boghar, Colomb-Béchar, Kenchela et Bouarfa ; à ces GTE viennent s'ajouter six autres groupes formés d'un nombre à peu près équivalent d'anciens engagés dans la Légion étrangère pour la durée de la guerre, appartenant à diverses nationalités, et affectés à Saïda, Aïn Sefra et Colomb-Béchar. La situation sanitaire et alimentaire de ces GTE se dégrade rapidement et l'encadrement des nouvelles formations revêt, dans certains cas, un caractère répressif. Des groupements sont transformés en sections disciplinaires où les travailleurs, soumis à l'arbitraire de leurs chefs, connaissent mauvais traitements et sévices. Les plus connus sont le 5ᵉ GTE, stationné à Meridja, au Maroc, et surtout le 6ᵉ GTE, basé au camp de Hadjerat M'Guil, où le sadisme des gardiens est tel que certains d'entre eux seront jugés et condamnés à mort en 1944.

Nombre de réfugiés espagnols, jugés comme des « étrangers indésirables qui ne peuvent être ni expulsés ni rapatriés », se retrouvent, aux côtés d'autres détenus, dans des camps réservés aux internés politiques. Neuf camps existent en Algérie, dont deux, Djelfa et Berrouaghia au sud d'Alger, sont destinés aux étrangers de sexe masculin. Les femmes sont dirigées sur le camp de Ben Chicao. À Djelfa, où le nombre d'internés espagnols augmente considérablement en 1941-1942 à la suite de vagues d'arrestations d'anarchistes et de communistes, comme à Berrouaghia, les conditions de vie sont extrêmement dures, marquées par la malnutrition et les vexations[110]. La description idyllique des camps algériens que donne en septembre 1941 le général Weygand ne correspond pas exactement à la réalité, lorsqu'il souligne au ministère des Affaires étrangères la bonne hygiène, l'alimentation suffisante et l'absence de travail forcé dans des camps où, selon lui, les internés ne sont soumis qu'à des « travaux volontaires (jardinage, corvées de ravitaillement, équipements de points d'eau...) destinés à augmenter leur bien-être[111] ». Le débarquement allié de novembre 1942 n'a pas de conséquences immédiates sur le sort des réfugiés espagnols, car la nomination du général Giraud au poste de commandant en chef laisse en place l'administration vichyste. Il faudra attendre avril 1943 pour que, sous la pression des organisations communistes, les camps soient officiellement dissous, et juillet suivant pour que les internés soient libérés. Libération assortie de certaines conditions, avec la mise en demeure de choisir entre trois possibilités : l'émigration vers le Mexique, un contrat privé de travail ou l'engagement militaire, que ce soit chez les Pionniers britanniques, dans les troupes américaines, dans la Légion étrangère ou dans les Corps francs d'Afrique.

Toute la période de la guerre mondiale est ainsi marquée par de nombreux déplacements, massifs ou individuels, des réfugiés espagnols, sans parler des évasions et des nombreux mouvements liés à la clandestinité. Même si l'internement dans les camps du Midi, qui persiste pendant toute la période, est beaucoup plus réduit en ce qui concerne les Espagnols ainsi disséminés sur tout le territoire, il faut rappeler les assignations à résidence et la surveillance constante exercée sur les anciens responsables politiques. Mis au travail dès avant la déclaration de guerre, engagés sur divers fronts au cours des opérations militaires françaises, transférés d'un chantier à l'autre, déportés très tôt en Allemagne, encadrés par Vichy dans des Groupements de travailleurs, requis en priorité pour travailler au service de l'occupant, les réfugiés espagnols subissent les conséquences de la guerre mondiale et de l'Occupation de manière beaucoup plus dure que les nationaux. Sans droits reconnus, considérés avec suspicion, ils sont utilisés comme travailleurs ou comme combattants. À cette situation de vulnérabilité s'ajouteront les interventions du gouvernement franquiste pour obtenir du régime ami de Vichy la surveillance et la livraison de nombre de ses opposants.

La préoccupation première de la grande majorité des réfugiés est de se faire oublier et de survivre. Lorsque les familles ont pu se reconstituer, elles mènent, avec la précarité en plus, une vie qui s'apparente au quotidien à celle de nombreux Français : il faut trouver un logement et, en période de restrictions, avec de faibles revenus, essayer de manger et de faire manger les enfants. Quand ils sont regroupés en un lieu avec quelques-uns de leurs compatriotes, les réfugiés s'entraident. Ainsi, parlant de son père et de ses compagnons du GTE, déplacés du Lot-et-Garonne à la Dordogne puis dans les Landes en fonction des chantiers, Pauline, héroïne d'Isabel Fernández, se souvient :

> Comme tous les autres habitants de cette France occupée, ils font de leur mieux pour survivre. Ils ont laissé les baraquements et logent maintenant à petit prix dans une vieille ferme abandonnée qu'ils

essaient de rendre plus ou moins habitable. En plus de leur rude journée dans les bois, ils cultivent un lopin de terre qui leur fournit pommes de terre et autres légumes. Étant tous d'origine paysanne, ce travail de maraîcher leur permet de se replonger dans leur passé, tout en apportant un plus non négligeable dans leur assiette, en cette époque de restrictions.

De son côté, la Mère ne chôme pas. En plus des travaux ménagers, elle s'occupe d'une basse-cour, où elle élève des poulets, des canards et même des oies, qu'elle a appris à gaver suivant la mode du pays.

[...] Comme tout le monde à cette sombre époque, ils essaient aussi d'acheter de la nourriture au marché noir, au risque de se la faire confisquer par les gendarmes ou même d'aller en prison[112].

Cette relative tranquillité est, cependant, à tout moment menacée par les réquisitions de main-d'œuvre, faites directement par les Allemands ou par l'intermédiaire des gendarmes français. Par deux fois, le père de Pauline est conduit dans un camp ; de Gurs, il s'évade rapidement et, la seconde fois, il est conduit de Noé à Calais, où il doit travailler dans une usine pour le compte de l'occupant. Il s'évade encore une fois mais, pour récupérer des papiers, confisqués par les autorités d'occupation, il est paradoxalement amené à travailler un temps sur la base aérienne de Mont-de-Marsan alors sous tutelle allemande. D'autres réfugiés parviennent tant bien que mal à s'intégrer dans un village, où ils sont disposés à exercer tous les métiers pour survivre, tel *L'Espagnol* du roman de Bernard Clavel[113] ou tel Antoine Miró, à qui une fermière berrichonne a donné le nom d'« exilé », lui montrant ainsi « sa sympathie et sa compréhension[114] ». Les témoignages de réfugiés abondent de récits — parfois dramatiques, quelquefois cocasses — sur la difficile survie dans la France occupée. La grande majorité des réfugiés, comme chez les Français, tentent de vivre et tâchent de passer inaperçus. Dans le contexte pourtant très particulier des milieux artistiques parisiens, la comédienne Maria Casarès, fille du président du gouvernement espagnol au moment du déclenchement de la Guerre civile, se rappelle : « À cause de ma situation toujours délicate de réfugiée espagnole, je me rendais sagement où j'étais convoquée[115]. » Mais, en dépit de cette nécessité de se cacher, de se fondre dans la population française, en dépit de la marge de manœuvre très étroite qui est la leur, des Espagnols reprendront le combat mené en Espagne et s'engageront dans une résistance active contre l'occupant de leur pays d'exil.

IV

Libérer la France pour libérer l'Espagne

> Rien de tout cela ne nous a fait oublier notre
> devoir comme patriotes : la lutte pour la recon-
> quête de l'Espagne.
>
> *Reconquista de España*
> (n° 29, février-mars 1944)

En dépit de cette période difficile, complexe et mouvante, marquée par de très nombreuses situations d'errance, de précarité, de
combats sur divers fronts, quand ce n'est pas de travail obligatoire, de privation de liberté ou de déportation, de nombreux réfugiés espagnols reprennent le combat dans l'espoir de libérer
l'Espagne en même temps que leur pays d'exil. Pourtant, en tant
que réfugiés politiques considérés en bloc comme des « rouges »,
ils sont au cœur de la politique d'exclusion du régime de Vichy
qui cherche d'abord à se débarrasser d'eux. Ils sont aussi l'objet
de la vindicte du nouveau régime espagnol qui dispose d'appuis
et de complicités sur le territoire français tant avec le régime du
maréchal Pétain qu'avec les autorités d'occupation. Les républicains espagnols sont donc particulièrement surveillés et vulnérables et la répression est une menace constamment présente. Cela
n'empêche pas un nombre assez important d'entre eux de marquer
leur opposition au nazisme déjà combattu en Espagne et de développer diverses formes d'actions résistantes ; tandis que certains
participent à des mouvements français de Résistance, des réseaux
clandestins de passage des Pyrénées s'organisent et des groupes
autonomes de guérilleros se constituent. Avec, en objectif dernier,
la libération de l'Espagne de la tyrannie franquiste.

*Des réfugiés pris entre la politique d'exclusion de Vichy
et les demandes franquistes d'extradition*

Le régime de Vichy est si désireux de voir partir de France les
« Espagnols indésirables » qu'un accord est conclu, le 22 août
1940, avec le gouvernement mexicain. Le Mexique de Lázaro
Cárdenas se montre le seul État prêt à offrir une hospitalité généreuse aux réfugiés républicains et à défendre leurs droits ; il se
déclare disposé à accueillir rapidement, sans distinction de sexe,
d'âge, d'opinions religieuses ou politiques, tous les Espagnols
réfugiés en France qui en feront librement la demande. L'État
français s'engage de son côté à assurer le respect de l'existence
et de la liberté des personnes qui ont cherché asile sur son territoire, en limitant en particulier toute mesure d'extradition aux crimes et délits de droit commun. La Légation mexicaine en France
assurera la subsistance des réfugiés sans ressources jusqu'au
moment de leur émigration et prendra en charge le transport mari-
time des candidats[1]. Les représentants du Mexique en France
entreprennent rapidement, avec l'aide de réfugiés dûment accrédités, le recensement des candidats à la réémigration et des aides
sont généreusement distribuées. Les anciens parlementaires reçoivent une allocation de 1 000 francs par mois — l'épouse percevant
500 francs et chaque enfant 300 francs — et les autres réfugiés
touchent 500 francs par mois — ainsi que 300 francs pour la
femme et 250 francs par enfant[2]. À la suite de cet accord franco-
mexicain, de nouveaux départs s'effectuent, en 1940, en 1941 et
en 1942, qui concernent environ 2 000, 1 900 et 3 000 personnes.
Cependant, assez rapidement, malgré l'intérêt de Vichy à voir
partir les réfugiés, différents ministères se plaignent de l'aide
accordée aux républicains espagnols, envers lesquels ils ont les
plus grandes préventions. Les ministères des Affaires étrangères
et de l'Intérieur protestent contre le fait que, depuis la signature
de l'accord, « la Légation du Mexique a constamment tenu à exercer sur les réfugiés espagnols un droit de protection[3] ». Et, très
tôt, la police de Vichy soupçonne la Légation du Mexique de
fournir des faux papiers aux réfugiés interdits de réémigration et
à des internés ou des assignés à résidence, et elle la suspecte de
couvrir les activités politiques des républicains comme de favoriser les liens entre communistes français et espagnols[4]. L'utilisation, par les Espagnols accrédités par la Légation, de voitures
officielles et de laissez-passer rend difficile leur surveillance et

permet, sans aucun doute, à des réseaux politiques de se reconstituer ; la police s'irrite de ce que ces experts « mettent à profit leurs déplacements et les contacts fréquents qu'ils ont avec leurs compatriotes, resserrant chez ces derniers les liens politiques du Frente popular qu'un exil avait quelque peu relâchés[5] ». Si bien que perquisitions au domicile d'Espagnols ou d'associations, arrestations, internements ou assignations à résidence se multiplient à partir de la fin du printemps 1942. Les relations franco-mexicaines se dégraderont au point d'aboutir à la rupture des relations entre Mexico et Vichy, en décembre 1942 ; en dépit du fait que la Légation suédoise prendra en compte les intérêts du Mexique, les réfugiés espagnols n'auront plus alors aucune protection officielle en France.

Pendant la durée de l'accord franco-mexicain, les réémigrations sont freinées, malgré le souhait de Vichy et les facilités accordées par le Mexique, lorsque le gouvernement franquiste intervient auprès de la Commission allemande d'armistice et présente à celle-ci des listes de réfugiés qu'il souhaite voir retenus en France afin d'en obtenir l'extradition. La logique d'exclusion mise en avant par Vichy est gênée par ce ralentissement imposé aux réémigrations et, quelles que soient ses sympathies pour Madrid, le gouvernement du maréchal Pétain doit, afin de faciliter le départ des réfugiés, ménager le Mexique auquel le lie l'accord d'août 1940 ; aussi décide-t-il de ne prendre en compte qu'une partie des listes franquistes et il se retranche derrière le protocole des démarches diplomatiques et les procédures d'extradition[6]. Dès le printemps 1940, Madrid demande à Vichy de retenir en France un certain nombre de personnalités républicaines, au premier rang desquelles figurent Manuel Azaña, Juan Negrín et Indalecio Prieto ; mais certains réfugiés s'embarquent « à l'insu des autorités ». Le 24 juillet 1940, le gouvernement espagnol fait savoir à l'ambassadeur français que Manuel Portela Valladares — ancien président du Conseil des ministres — et des membres du gouvernement basque sont sur le point de s'embarquer à Marseille ; des ordres sont donnés pour mettre obstacle à leur départ[7]. À partir de l'été 1940, les diverses demandes d'extradition formulées par l'Espagne comprennent un total de 3 617 personnes. Mais l'État français ne désire prendre en considération, dans un premier temps, que les deux listes comprenant seulement 636 noms remises directement, le 27 août 1940, par le ministre espagnol des Affaires étrangères, Serrano Suñer, à l'ambassadeur français à Madrid, de La

Baume. Le gouvernement de Vichy laisse les cours de justice statuer sur les demandes d'extradition. Mais il est désireux que celles-ci arrivent le plus rapidement possible pour pouvoir se débarrasser, « en organisant leur départ pour le Mexique, de ceux des Espagnols indésirables dont l'extradition ne serait pas accordée par les tribunaux ». Or, au 10 février 1941, seule une quinzaine de demandes régulières d'extradition ont été présentées ; deux ont été acceptées et une rejetée par l'autorité judiciaire[8].

Toutefois Vichy ne saurait résister totalement aux pressions franquistes. Le 25 novembre 1940, le ministère de l'Intérieur dresse des listes d'Espagnols susceptibles d'être réclamés par l'Espagne, même si certains d'entre eux sont inscrits par la Légation du Mexique pour embarquer sur L'Alsina. Parmi les personnes retenues, se trouvent l'ancien chef du gouvernement Francisco Largo Caballero, Rodolfo Llopis[9], Julián Zugazagoitia Mendieta — tous trois du PSOE — et José Moix Regas, du PSUC. Ce qui vaudra au premier d'être déporté en Allemagne et à Julián Zugazagoitia, ancien ministre de l'Intérieur, d'être livré à Franco par l'occupant et exécuté. Les visas de sortie sont refusés à un grand nombre de dirigeants républicains, parmi lesquels, en plus des noms déjà cités, figurent l'architecte de la ville de Madrid Gabriel Pradal, le journaliste Benito Artigas Arpón et le général José Riquelme.

Les demandes franquistes relatives à la suspension des départs de réfugiés espagnols vers le Mexique dépendent non seulement du régime de Vichy mais surtout de la Commission allemande d'armistice qui, à l'instigation de Madrid, « a montré beaucoup de réticence » à l'égard du projet de réémigration et contrôle les mouvements de navires en partance[10]. Aussi le président de la délégation française auprès de la Commission d'armistice est-il obligé d'expliciter les préférences de son gouvernement ; le 11 décembre 1940, le général Doyen indique ainsi au général von Stülpnagel que le gouvernement français est prêt à « arrêter le départ des personnes dont l'embarquement avait été jugé indésirable par la Commission allemande d'armistice et que celle-ci déclarait susceptibles, même rendues en Amérique, de mener une action hostile au Reich ». Mais pour les Français, cette demande ne peut avoir un caractère général car il n'est pas possible de maintenir en France « toute une catégorie d'étrangers » alors que de très nombreux Français ne sont pas encore autorisés par les autorités allemandes à regagner leur domicile en zone interdite et que le gouvernement doit subvenir à leur entretien. Or, l'accord avec le Mexique et avec d'autres États d'Amérique centrale permettrait le transfert de 100 000 à 150 000 « personnes actuellement indésirables sur le sol français » ; et Doyen d'ajouter : « Mon gouvernement ne peut envisager de renoncer au bénéfice des accords qu'il a négociés à ce sujet [11]. » Par ailleurs, l'intervention efficace de la Légation du Mexique et les protestations de plusieurs pays américains — l'Argentine et la Colombie, mais également les États-Unis, dont le président Roosevelt déclare son « intérêt personnel » pour certains dirigeants réclamés par l'Espagne — limitent certainement les extraditions. Il apparaît qu'entre octobre 1941 et janvier 1942, sur cinquante-huit demandes d'extradition, les cours de justice de métropole et du Maroc en ont accordé douze et refusé huit, les autres procédures étant en cours. Parmi les extraditions rejetées figurent celles de Julio Just [12], Federica Montseny, Francisco Largo Caballero, Josep Tarradellas [13] et Manuel Portela Valladares [14] ; au Maroc, en revanche, celle de Cipriano Mera est acceptée [15].

Le gouvernement de Vichy ne néglige pas pour autant la possibilité d'un rapatriement des réfugiés espagnols pour parvenir à se débarrasser davantage de ces derniers. En février 1941, il constate qu'il reste en France environ 140 000 réfugiés ; au début de la guerre, les autorités espagnoles étaient disposées à en reprendre 50 000, mais, comme le déplorent les officiels du régime, « à l'époque, le gouvernement français ne s'est pas prévalu de cette offre ». Après l'armistice, Madrid, qui s'est opposé au rapatriement des réfugiés, semble plus favorable à leur retour en 1941 [16]. Si bien que l'amiral Darlan précise aux préfets que « les Espagnols dangereux pour l'ordre public ou en surnombre dans l'économie nationale » seront invités à regagner l'Espagne. Ne seront maintenus en France « que ceux qui, prétendant risquer des représailles dans leur pays d'origine, invoqueront des faits précis pour établir l'exactitude de leurs allégations. Ces étrangers seront dirigés sur le Mexique dès que la Commission de Wiesbaden aura autorisé leur départ ». Quant à ceux qui font l'objet d'une demande d'extradition, ils partiront pour le Mexique si la cour de justice n'accède pas à la demande de l'Espagne. En revanche, les réfugiés incorporés dans les GTE ne seront pas encouragés à partir :

> Les Espagnols appartenant aux Groupements de travailleurs constituent une main-d'œuvre utile à l'économie nationale ; il n'y a donc pas lieu, pour le moment de les inciter à quitter la France [17].

Une surveillance permanente et multiforme

Dès mai 1940, les personnalités républicaines résidant dans la Haute-Garonne, les Hautes-Pyrénées, les Basses-Pyrénées, l'Ariège et les Pyrénées-Orientales sont invitées à rejoindre, dans un délai de quarante-huit heures, les départements de l'Orne, de la Sarthe et de la Mayenne [18]. Sous le régime de Vichy, la surveillance est encore plus sévère : la localisation des dirigeants républicains est soigneusement répertoriée, leurs déplacements sévèrement contrôlés et les départs de France limités par les exigences franquistes ; internements et, pour le moins, assignations à résidence sont le lot de la plupart d'entre eux, notamment en cas de décision négative d'une cour de justice au sujet de leur extradition. Ainsi, Francisco Largo Caballero, arrêté le 29 octobre 1941, est interné à Vals-les-Bains puis astreint à résider à Nyons, dans la Drôme, après le refus d'extradition prononcé par la cour d'appel de Limoges en novembre 1941. Le leader socialiste sera arrêté à Nyons le 20 février 1943 par la police politique italienne et la Gestapo, conduit à Lyon pour interrogatoire, puis à Neuilly et enfin à Berlin, avant d'être envoyé, en juillet 1943, au camp de Sachsenhausen, d'où il ne sera libéré que le 24 avril 1945 [19]. Les faits et gestes des réfugiés espagnols font l'objet de rapports constants ; un exemple parmi d'autres : le préfet des Pyrénées-Orientales signale à son ministre de tutelle, en janvier 1941, les activités supposées d'anciens délégués du SERE et de la JARE, notamment celles de Mariano Rojo, ancien député socialiste, ex-sous-directeur du ravitaillement à Valence, qui sera arrêté [20].

En France occupée, la surveillance exercée sur les réfugiés est constante et multiple, tant de la part de l'État français que des autorités allemandes et des représentants franquistes ; la coopération est étroite entre les différents services policiers chargés de ce contrôle même si des divergences d'intérêts immédiats apparaissent parfois. Soucieux d'assurer la sécurité des troupes d'occupation, le Commandement militaire allemand demande dès octobre 1940 des rapports mensuels sur l'activité des « Espagnols rouges » — *Rotspanier* — afin de procéder à leur recensement et de les localiser. Dès le début de 1941, les préfets de la zone occupée sont en mesure d'envoyer les listes d'Espagnols résidant dans leur département [21]. Les occupants livrent au gouvernement de Madrid quelques anciens dirigeants républicains qui sont exécutés après une procédure judiciaire sommaire. C'est le cas en particulier de

Lluís Companys, ancien président de la Généralité de Catalogne, de Joan Peiró Bellis[22], de Julián Zugazagoitia — mentionné plus haut — ou de Cruz Salido, ancien secrétaire général du ministère de la Défense. Après l'exécution de Companys, en octobre 1940, le ministère des Affaires étrangères de Vichy se sent obligé de faire savoir aux pays latino-américains que « la livraison [de ce dernier] aux autorités espagnoles n'est aucunement imputable à la police française qui, du fait de la Convention d'armistice, n'exerce plus son contrôle normal sur la région » où il a été arrêté[23]. Toutefois, les autorités d'occupation ont une autre priorité — l'exploitation de la main-d'œuvre des pays occupés — qui prend rapidement le pas sur la simple répression à l'égard des Espagnols, et les amène à jeter leur dévolu sur la force de travail abondante qu'ils représentent pour les chantiers de l'organisation Todt et les usines d'outre-Rhin.

L'Espagne franquiste, quant à elle, représente une force de pression importante, puisqu'elle intervient directement auprès de la Commission allemande d'armistice pour empêcher des réémigrations et obtenir, des autorités d'occupation ou de l'État français, les extraditions de ses ennemis ; de toute manière, elle fournit nombre de renseignements sur les républicains espagnols aux divers services de répression à l'œuvre en territoire français. Ainsi, l'ambassadeur Lequerica intervient régulièrement auprès du gouvernement de Vichy pour l'informer sur l'activité, les déplacements et les relations des réfugiés espagnols en France ; il transmet également la liste des réfugiés qui sont, selon lui, de véritables fonctionnaires de la Légation du Mexique à Vichy et, à son gré, trop libres de leurs mouvements. Parmi ses nombreuses interventions, il signale en septembre 1940 à Vichy des associations espagnoles « hostiles au gouvernement de Franco » et, en 1941, il informe l'État français que les Espagnols partis pour le Mexique sont recrutés pour « l'armée de Gaulle ». C'est à la suite d'une dénonciation de Lequerica que Max Aub est envoyé en Algérie en 1942, où il sera notamment interné dans le terrible camp de Djelfa. En février 1943, l'ambassadeur espagnol envoie à Vichy une feuille clandestine datée du 7 novembre 1942 et localisée de Grenoble, qui attaque les institutions espagnoles : il s'agit, en fait, de l'annonce de la réunion constitutive de l'Unión nacional española. En mai 1943, Lequerica dénonce auprès de Vichy la propagande « séparatiste » menée auprès des réfugiés par Juan Vilar Costa, prêtre et professeur de langue et littérature espagnoles au séminaire de Montréjeau en Haute-Garonne ; le prêtre sera interné au Vernet au mois de juillet suivant[24].

Enfin, les structures policières de l'État français jouent un rôle primordial dans le contrôle des Espagnols qui, à l'été 1940, se retrouvent majoritairement en zone non occupée. Les réfugiés sont surveillés par les différents services de police français, épaulés à tous les échelons par ceux des Renseignements généraux ; un bon connaisseur, le commissaire Roger T., suit les dossiers relatifs aux républicains espagnols pendant toute la durée de la guerre et coordonne les opérations.

Le POUM est le premier touché par la répression ; en février 1941, pratiquement tous les dirigeants du parti et de l'IR du POUM — notamment Wilebaldo Solano[25], Ignacio Iglesias[26] et Juan Andrade[27] — sont arrêtés à Montauban et traduits dans cette même ville devant la section spéciale du tribunal militaire de la 17ᵉ Division militaire. Les condamnations sont prononcées, les 17 et 18 novembre suivant, au motif de « constitution d'une association étrangère dans des conditions irrégulières », « propagande politique d'inspiration étrangère », « distribution et détention de tracts et bulletins d'origine ou d'inspiration étrangère de nature à nuire à l'intérêt national » et « activité communiste ». Les peines sont lourdes, allant d'un an de prison à vingt ans de travaux forcés, assorties de nombreuses années d'interdiction de séjour ou d'amendes. Wilebaldo Solano, considéré à juste titre comme le principal responsable du mouvement, est condamné à vingt ans de travaux forcés, Ignacio Iglesias à douze années de la même peine et Juan Andrade à cinq ans de prison[28] ; les dirigeants du POUM n'auront ainsi bénéficié que de deux ans de liberté après leur sortie de prison de Barcelone.

En décembre 1941, c'est au tour de divers responsables du mouvement libertaire, non internés au Vernet, d'être appréhendés : Germinal Esgleas, Federica Montseny, Manuel González Marín et Eduardo Val Bescos. Les enquêtes policières sont parties de la découverte d'un centre de propagande libertaire espagnol constitué à Casablanca autour de Cipriano Mera[29] et se sont poursuivies dans les régions de Périgueux, Montauban et Toulouse ; elles ont visiblement cherché à élucider les ramifications entre les diverses tendances libertaires et leurs représentants, avant d'aboutir à ces arrestations et au transfert en Algérie d'autres cadres anarchistes jugés dangereux et internés au Vernet, comme Valerio

Mas Casas, Francisco Isgleas ou Germinal de Sousa [30]. Quant à Germinal Esgleas [31], Manuel González Marín et Eduardo Val [32], ils sont inculpés d'atteinte à la sécurité de l'État par le tribunal militaire permanent de la 17e Région militaire, siégeant à Toulouse le 24 septembre 1942. Germinal Esgleas restera onze mois au secret à la prison Saint-Michel de Toulouse, puis sera interné à la prison militaire de Nontron, d'où il ne sera libéré que le 10 juin 1944 par les FFI des Charentes [33] ; quant à sa compagne, Federica Montseny, qui est enceinte, et dont la cour d'appel de Limoges refuse l'extradition vers l'Espagne, elle est assignée à résidence à Salon en Dordogne [34].

Deux organisations espagnoles ainsi décapitées en 1941, les services vichyssois de police ne relâchent pas pour autant leur surveillance, mais redoublent de vigilance. Des rapports réguliers et des listes de suspects espagnols sont demandés par Vichy en 1942 et 1943. Une circulaire du ministère de l'Intérieur du 13 novembre 1942 constate le développement de la presse clandestine espagnole et enjoint aux préfets d'effectuer une enquête sur la « propagande anarchiste et communiste dans les milieux espagnols », afin de renforcer les mesures de surveillance. Département par département, à partir des réponses obtenues, le ministère fait le compte des Espagnols arrêtés et écroués sous l'inculpation d'« association de malfaiteurs » et reconstitution de ligues dissoutes ; il dresse le bilan des mesures d'internement au camp du Vernet prises à l'encontre de ceux qui sont « susceptibles de se livrer à la propagande subversive et des éléments dangereux pour la sécurité publique », ainsi que des perquisitions effectuées, des arrêtés d'expulsion prononcés, et des « personnes étrangères appartenant à d'autres nationalités ayant été inculpées dans des affaires de propagande concurremment avec des Espagnols [35] ». Le bilan de ces mesures répressives pour 1942 est assez impressionnant : il se monte à 911 arrestations, 610 internements, 1 429 perquisitions et 177 expulsions. Au moins huit personnes d'autres nationalités sont impliquées dans des activités avec les Espagnols : Italiens, Portugais, Polonais ou Français.

Après les « poumistes » et les anarchistes, c'est au tour des communistes d'être frappés par la répression et l'année 1942 est une année noire pour eux. Une première rafle au printemps permet d'arrêter les cadres du parti en zone occupée ; des filatures effectuées par les Renseignements généraux débouchent sur près de 150 arrestations dans les régions de Paris, Nantes et Bordeaux et décapitent ainsi le PCE et le PSUC[36]. Certaines des arrestations de zone occupée donnent lieu, à Paris en 1943, au procès dit des « terroristes de l'Union nationale », intitulé aussi « procès des quarante », parmi lesquels se trouvent six femmes ; les peines sont cependant relativement légères pour l'époque, n'excédant pas deux ans de prison[37]. La découverte de propagande clandestine est souvent à l'origine des rafles : un exemplaire de *Reconquista de España* trouvé en janvier 1942 dans le 3ᵉ GTE des Pyrénées-Orientales entraîne une condamnation ; un tract perdu par un Espagnol à Fumel — Lot-et-Garonne — conduit à vingt-deux arrestations et dix condamnations. La préfecture de police de Paris, alertée par la recrudescence de la propagande communiste espagnole dans la capitale au printemps 1942, arrête trente personnes le 27 juin et découvre des ramifications du mouvement en province, notamment à Nantes, Saint-Nazaire et Lorient ; douze Espagnols sont appréhendés et internés. Les exemples de ce type abondent : la découverte de publications clandestines comme *Alianza, Reconquista de España, Treball* ou *Mundo obrero* à Mauléon, dans les Basses-Pyrénées, à Perpignan, Bordeaux, Argelès-sur-Mer, Toulouse, Alès ou Tarascon, entraîne des arrestations[38].

Les organisations communistes en zone non occupée sont lourdement frappées à l'automne 1942 : c'est un contrôle d'identité à Toulouse, le 1ᵉʳ septembre 1942, au cours duquel un réfugié s'enfuit en abandonnant cinquante exemplaires d'*Alianza* qui est à l'origine d'une vaste rafle dans onze départements du Sud-Ouest et du Centre et de l'arrestation de 131 Espagnols. Le procès qui s'ensuit, connu sous le nom d'« affaire *Reconquista de España* », a lieu en janvier 1944 à Toulouse et met en relief le travail de propagande mené par le PCE et l'UNE dès 1941. Le procureur analyse en détail, lors des séances, le contenu de titres comme *Reconquista de España, Alianza* et *Mundo obrero* publiés en 1941 et 1942 et l'activité du groupe Reconquista dans quelques départements du Sud-Ouest[39]. Le 2 juin 1944, treize inculpés sont condamnés à des peines allant de deux à quatre années de prison et à des amendes de 2 000 francs, mais le 30 juillet 1944 les détenus, incarcérés à la prison Saint-Michel, ainsi que vingt-sept autres prisonniers politiques, seront remis aux autorités allemandes[40]. Les juges ne s'y trompent pas, qui voient dans les publications clandestines tout à la fois l'expression et le catalyseur des combats antinazis de l'ombre.

À l'automne 1942, c'est au tour des combattants communistes de la lutte armée parisienne d'être arrêtés ; parmi eux, se trouve Josep Miret Musté, responsable du PSUC clandestin. Les organisations clandestines espagnoles ayant été décapitées en 1941 et 1942, le bilan de la répression policière apparaît moins élevé en 1943 mais il représente cependant 236 arrestations, 380 internements, 1 115 perquisitions, 34 condamnations et 47 expulsions ; dix autres étrangers sont appréhendés avec les Espagnols, des Italiens surtout. La fin de l'année 1942 marque de toute manière une nouvelle étape dans l'action clandestine espagnole ; les maquis, qui prêtent moins le flanc à la répression, succèdent à la lutte armée urbaine et le Sud-Ouest, à son tour occupé par les troupes allemandes, devient le lieu privilégié de la résistance espagnole. Cette surveillance policière permanente dont les réfugiés font l'objet et cette répression impitoyable menée pendant les deux premières années de l'occupation de la France doivent être prises en compte si l'on veut comprendre l'élaboration des stratégies et les modalités d'action des Espagnols pendant la période de la Seconde Guerre mondiale.

Débuts d'organisation et premiers engagements dans la Résistance

Déçus par l'accueil français, désillusionnés sur la patrie des droits de l'homme, nombre de réfugiés espagnols ont la ferme volonté de ne pas se mêler aux problèmes d'un pays qui, par le traitement qu'il leur a dispensé, a engendré des rancœurs tenaces[41]. À cela s'ajoute le fait que la majorité d'entre eux est déjà suffisamment préoccupée par la survie au quotidien pour ne pas s'impliquer immédiatement, tandis que d'autres sont freinés dans un éventuel engagement par les positions politiques de leur mouvement par rapport à la guerre mondiale. Aussi peut-on dire que si, chez les réfugiés espagnols, le sentiment antifasciste est général et l'engagement spontané, celui-ci est rarement immédiat. En dépit des périodes de latence et du désir général de marquer une pause après des années de guerre, de nombreux réfugiés s'engagent sous diverses formes. Trois temps marquent la participation des Espagnols à la Résistance, scandés selon les principales phases de l'occupation de la France. La première période s'étend de l'occupation du nord de la France à l'occupation totale du pays et couvre les années 1940, 1941 et 1942 ; elle est caractérisée par l'éclatement des structures organisationnelles espagnoles, puis par un début de réorganisation et par les premiers engagements et la répression. L'entrée dans la clandestinité est marquée, parallèlement à un début de structuration de l'exil espagnol, par la mise en place de réseaux de passage des Pyrénées, en liaison avec les services secrets alliés, par la guérilla urbaine en zone occupée et par le développement de la propagande. La deuxième période, qui correspond à l'année 1943 et à la première moitié de 1944, se distingue par l'unification de la Résistance espagnole sous l'égide du PCE, par le développement des maquis et par la prédominance affirmée du Sud-Ouest. La troisième période est celle des combats pour la libération de la France et celle où se pose — avec particulièrement d'acuité et un espoir immense — la question de la libération de l'Espagne dans la continuité des combats précédents.

Il est indéniable et compréhensible que les réfugiés espagnols restent désorientés de longs mois après la défaite de la France et les débuts de l'occupation allemande. Dispersés, encadrés, surveillés, déjà lourds d'une longue expérience de l'exil, ils sont dépourvus de structures organisationnelles ; ces dernières n'ont été reconstituées que partiellement, et pour peu de temps, avant la guerre mondiale. Du fait du départ de nombreux dirigeants vers l'Angleterre et l'Amérique latine, le centre de gravité politique de l'émigration républicaine se trouve placé essentiellement à Londres ou à Mexico pendant le conflit mondial. Après avoir quitté Paris pour Bordeaux deux jours avant l'entrée des Allemands dans la capitale, le dernier chef du gouvernement républicain, Juan Negrín, gagne Londres le jour même de l'armistice. Le président de la Généralité, Lluís Companys, désigne, en avril 1940, un Conseil destiné à remplacer le gouvernement catalan ; mais ce sera à Londres qu'un Conseil national de Catalogne, présidé par Carles Pi i Sunyer, assumera la continuité des institutions catalanes pendant la guerre, surtout après l'exécution de Companys en octobre 1940 [42]. Le gouvernement d'Euzkadi se trouvera, quant à lui, sans direction pendant l'odyssée invraisemblable de son président, José Antonio de Aguirre : bloqué en Belgique en mai 1940, caché un temps en France occupée, il gagne Berlin même grâce à l'aide de diplomates latino-américains et, en 1941, il réussira à gagner la Suède puis l'Amérique [43]. C'est à Londres également qu'un Conseil national basque, présidé par l'ancien ministre de la

Justice Manuel de Irujo, assurera la représentation de l'Euzkadi[44]. Avant que des limitations aux réémigrations ne soient apportées, l'été 1940, de nombreux cadres syndicaux ou politiques ont pu gagner divers pays d'Amérique ou, pour les dirigeants communistes, l'URSS.

L'exode de nombreux cadres politiques s'accompagne, pour les réfugiés espagnols, d'un approfondissement de leurs clivages ; les divisions héritées de la Guerre civile, loin de se diluer dans l'exil, se voient au contraire avivées par les interrogations sur les responsabilités de la défaite et par les rivalités nées du désir de contrôler les organismes d'aide, le SERE et la JARE, détenteurs des derniers fonds de la République. Il n'y aura donc pas, dans un premier temps, de position commune des républicains espagnols par rapport à la guerre mondiale et à la Résistance, d'autant que les positions politiques de divers groupes — communistes, libertaires, poumistes — ne favorisent pas un engagement résistant immédiat. Les communistes sont dans leur grande majorité liés par le Pacte germano-soviétique ; les anarchistes sont surtout préoccupés par leurs compagnons restés en Espagne et par le sort des réfugiés, tandis que le POUM — rapidement décapité — est partisan du défaitisme révolutionnaire. Quant aux autres formations politiques, elles sont dispersées, souvent divisées, sans porte-parole et sans organe d'information ; les socialistes et les républicains qui participeront à la Résistance le feront à titre individuel, comme d'ailleurs de nombreux militants anarchistes. Mais l'évolution des considérants politiques aura des conséquences très importantes.

L'évolution la plus nette est, en premier lieu, celle des communistes. L'attaque allemande contre l'URSS, en juin 1941, ouvre une nouvelle période, marquée par le virage stratégique des partis communistes : d'impérialiste, la guerre devient nationale, et le combat contre l'ennemi hitlérien apparaît alors justifié. Selon deux témoignages, il serait possible que la première réunion importante de cadres du PCE, tenue à l'intérieur même du camp d'Argelès à la fin d'octobre 1940, ait pris dès cette époque une position en flèche par rapport aux directives de l'Internationale communiste[45]. S'il y est décidé d'unifier l'action des réfugiés afin d'obtenir les mêmes droits que les travailleurs français et de prendre des mesures pour que les meilleurs militants retournent en Espagne, il y est également envisagé, semblerait-t-il, de lutter aux côtés du peuple français contre le nazisme et ses collaborateurs de Vichy. Ces témoignages reflètent le désaccord de certains cadres moyens et de militants du PCE par rapport au Pacte germano-soviétique, mais ils sont toutefois insuffisants pour pouvoir dater avec certitude l'amorce d'un changement d'analyse politique de la part de l'ensemble des communistes espagnols. Le virage straté-gique officiel date sans conteste de l'été 1941, lorsque le mouve-ment communiste international prône une large alliance contre le nazisme et ses alliés au sein des fronts nationaux. Le bureau politi-que du PCE lance depuis Moscou, en août 1941 et en septembre 1942, des appels sur les ondes de Radio España independiente pour que se constitue un bloc antifranquiste englobant aussi bien la CNT que les éléments conservateurs de l'intérieur non phalan-gistes [46]. Dès lors, le PCE sera le seul mouvement politique espa-gnol à entrer, en tant que tel, dans la Résistance et c'est lui qui prendra l'initiative de la constitution d'un front national, qui pren-dra le nom d'Union nationale espagnole.

Du côté des anarchistes, les plus nombreux dans l'exil français, diverses orientations se cristallisent au moment du déclenchement de la guerre mondiale ; encore ne concernent-elles pas directement le conflit en cours, mais plutôt la manière de réorganiser la CNT, vivant paradoxe d'une centrale syndicale « apolitique » marquée par une récente expérience gouvernementale. Les diverses posi-tions théoriques recouperont en grande partie les attitudes par rap-port à un engagement résistant. Face à Esgleas-Montseny, partisans du retour à l'apolitisme de la pure doctrine anarchiste et à une lutte autonome, hors de toute structure partisane, s'opposent Juan García Oliver et le groupe désigné à la CNT sous le nom des Amis de Londres. L'ancien ministre de la Justice de Francisco Largo Caballero, réfugié en Suède puis au Mexique, resté en liai-son avec des militants internés dans les camps français, propose la création d'un parti politique, le Parti ouvrier du travail — POT — qui serait pour la CNT ce que le PSOE est pour l'UGT. Ses partisans en France, internés au Vernet pour la plupart, sont Ricardo Sanz, ancien chef de la 26e Division — ex-colonne Dur-ruti —, assisté de García Vivancos, ancien gouverneur militaire de Gérone et d'Antonio Ortiz. Le responsable de la tendance serait Ramón Liarte [47]. Les Amis de Londres sont des libertaires réfugiés en Angleterre qui n'ont pas voulu reconnaître le Conseil national du mouvement libertaire constitué en France : leurs représentants dans l'Hexagone sont Manuel Salgado, Manuel González Marín et Eduardo Val Bescos [48]. Le POT restera à l'état de projet, même si une circulaire d'Esgleas dénonce en février 1941 l'opération en

cours ; mais il est clair que l'on retrouve ses partisans, ainsi que
les Amis de Londres, engagés plus précocement, et en plus grand
nombre, dans la Résistance que les autres anarchistes. Ces deux
tendances sont d'ailleurs exclues du mouvement libertaire en
février 1941 par le Conseil national. La guerre mondiale réactive
ainsi les clivages hérités de la guerre d'Espagne entre partisans et
adversaires de la participation au gouvernement, le POT et les
Amis de Londres apparaissant comme les héritiers des « participa-
tionnistes ». Dès lors, les anarchistes adopteront des stratégies différentes par rapport au conflit en cours.

Dès l'été 1941, les organisations communistes entreprennent
une guérilla urbaine en zone occupée. Fait d'une minorité, cette
guérilla témoigne du rôle significatif des étrangers — qui constituent à cette date l'essentiel des groupes qui la mettent en œuvre
— et notamment de la place des Espagnols dont le combat est
loin d'être négligeable. Le PCE se réorganise à l'automne 1940 à
Paris, grâce aux contacts établis avec le PCF par l'intermédiaire
d'anciens cadres des Brigades internationales, tout particulièrement de Lise Ricol — elle-même d'origine espagnole — et de
son mari Artur London. La continuité entre la participation à la
guerre d'Espagne et les premiers engagements dans la Résistance,
notamment dans la lutte armée, est maintenant bien établie. Henri
Rol Tanguy, qui a été commissaire politique de la XIVe Brigade
internationale — la Marseillaise — et qui, comme chef des FFI
de la région parisienne, a décidé de l'insurrection d'août 1944
dans la capitale, a souligné plus tard l'importance de l'expérience
espagnole dans la constitution des premiers noyaux de Résistance[49]. La liaison ainsi renouée avec la Main-d'œuvre ouvrière
immigrée, la MOI[50], et l'appui apporté par des représentants de
la vieille immigration économique espagnole aident considérablement le PCE. Nadal — « Henri » — est chargé de la direction du
parti en zone occupée, tandis que Josep Miret Musté — membre
de la Commission exécutive du PSUC et du gouvernement de la
Généralité de Catalogne et ancien commissaire de la 43e Division
pendant la guerre d'Espagne — réorganise le PSUC en collaboration avec Elisa Uliz. Les premiers contacts de dirigeants communistes espagnols avec les responsables de l'Organisation spéciale
— presque tous anciens combattants des Brigades internationales
— se nouent à l'été 1941. Conrado Miret Musté — frère de Josep,
« Lucien » dans l'OS ou « Alonso » dans la MOI — prend la
direction de l'OS-MOI, c'est-à-dire des groupes armés de diverses

nationalités organisés par la MOI et qui luttent aux côtés des groupes français de l'OS.

Conrado Miret Musté dirige diverses opérations contre des garages allemands à Paris ou dans la proche banlieue de la capitale. Arrêté par la Gestapo fin 1941 ou début 1942 — les dates divergent selon les témoignages —, il meurt sous la torture. Antonio Buitrago lui succède à la tête de l'appareil militaire du PCE en zone occupée et il est, à son tour, torturé à mort par la Gestapo ; Montero prend alors la direction, dans la région parisienne, du 2e détachement des FTP-MOI, organisation qui supplante l'OS-MOI à partir du printemps 1942. Ce détachement est composé pour l'essentiel d'Espagnols auxquels la direction de la MOI a adjoint sept jeunes combattants juifs d'origine polonaise afin de les initier à la tactique de la guérilla urbaine. Le groupe réalise diverses opérations contre les troupes d'occupation, notamment des actions contre des officiers ou contre des trains en partance pour l'Allemagne. La grande rafle de novembre 1942 conduit à l'arrestation et à la déportation à Mauthausen de Montero et de trois autres guérilleros, un autre combattant étant tué sur place. À la même période, Josep Miret Musté tombe entre les mains de la Gestapo ; déporté à Mauthausen en août 1943, il sera abattu par un SS lors du bombardement de son Kommando en novembre 1944[51]. En décembre 1942, est arrêté à Paris un autre communiste espagnol, Joaquim Olaso, responsable technique des FTP-MOI parisiens dès leur création, qui sera également déporté[52]. José Barón — « Robert » — est chargé de la coordination des groupes armés en zone Nord[53]. Après la décapitation de la Résistance dans cette région, les survivants du détachement espagnol et les nouvelles recrues s'incorporent à des groupes de la MOI auprès de volontaires d'autres nationalités ; parmi eux se trouve Celestino Alfonso, l'un des vingt-trois résistants du groupe Manouchian stigmatisés par la fameuse Affiche rouge apposée par les nazis et fusillés le 21 février 1944.

Parallèlement à la guérilla urbaine en zone occupée, les organisations communistes favorisent, dans la zone dite libre, la création d'une presse clandestine. Le simple inventaire des parutions clandestines espagnoles met en évidence le grand nombre de publications dues directement ou indirectement aux partis communistes et à l'UNE — ce qui témoigne de la prépondérance de l'UNE dans la structuration de l'exil espagnol pendant la clandestinité et illustre le fait que les partis communistes sont les seuls à s'engager en tant qu'organisations dans la Résistance. Assurément, l'apparition d'une presse clandestine marque les débuts d'une réorganisation des réfugiés espagnols pendant l'occupation de la France et constitue l'une de leurs premières activités de résistance, à l'instar de nombre de mouvements français qui s'organisent autour de la publication d'un journal [54] ; même lorsqu'elle est l'expression de groupes qui mettent en œuvre des actes « s'efforçant d'empêcher la réalisation des objectifs de l'occupant national-socialiste » — répondant ainsi bien à la définition classique des mouvements de Résistance [55] —, cette presse est initialement et constamment par la suite préoccupée par la libération de l'Espagne. Sans que le nombre des titres, leur tirage, leur aspect et leur diffusion soient comparables à ceux de la presse clandestine de langue française — éditée également au prix de mille risques —, près d'une trentaine de bulletins sont publiés par les réfugiés espagnols, dans des conditions rendues très périlleuses par leur condition d'étrangers soumis à des surveillances multiples [56]. La presse espagnole est ainsi l'une des plus importantes parmi les presses clandestines éditées par des immigrés dans la France occupée ; quant au nombre de titres, elle vient après la presse polonaise et semble plus abondante que celle des organisations juives de Résistance [57].

Ce sont probablement les jeunes communistes et leurs sympathisants qui publient les premiers bulletins clandestins en espagnol. La plus ancienne publication clandestine parvenue jusqu'à nous est apparue à Toulouse, le 14 avril 1941, pour commémorer le dixième anniversaire de la République espagnole ; ce petit bulletin dactylographié, intitulé *España día,* est rédigé par de jeunes militants de la Juventud socialista unificada, proche du PCE [58]. À partir probablement de la fin de 1941, la JSU fait paraître *Alianza.* Un exemplaire d'avril 1942, publié à Toulouse pour la célébration du 14 avril, a pu être conservé : c'est une parfaite réussite de réalisation, grâce à des jeunes gens rompus au dessin et à la calligraphie [59]. *Alianza* appelle les jeunes Espagnols à « lutter unis pour la reconquête de l'Espagne et de la République populaire dans une puissante Alliance nationale de la jeunesse » ; la stratégie d'union nationale, largement diffusée par le PCE dès l'été 1941, après l'attaque allemande contre l'URSS, y est clairement exprimée [60]. *Alianza* continue de paraître au moins toute l'année 1942, comme en témoigne la lecture que fait de son numéro de juin-juillet le procureur général auprès de la cour d'appel de Toulouse lors du procès *Reconquista de España* [61]. Dans la presse clandestine espagnole, l'emblématique *Reconquista de España* se distingue particulièrement, en effet, par sa régularité de parution, le nombre de ses éditions locales et la complexité de ses réseaux de diffusion.

Reconquista de España joue un rôle considérable dans la propagande espagnole clandestine à partir de 1941 ; publiée, en premier lieu, en tant qu'organe du Parti communiste, elle est d'abord manuscrite, puis ronéotypée. À partir de juillet 1941, *Reconquista de España* est imprimée et sort alors de manière régulière chaque mois. En novembre 1941, une « Edición de la juventud » reproduit une allocution prononcée à Moscou par Ruben Ruiz Ibarruri, fils de Dolorès Ibarruri, et appelle les jeunes « à la lutte, en quelque lieu qu'[ils se trouvent], contre le fascisme criminel ». Des consignes d'action précises y sont données aux jeunes qui se trouvent dans des pays occupés par les nazis : « Coupez les communications, faites sauter les ponts et les trains, rendez inutilisables les centrales électriques, les usines, les réserves d'essence et de matériel, les magasins de munitions. » En 1942, la commémoration du 14 avril est encore l'occasion pour *Reconquista de España,* démultipliée en de très nombreuses éditions locales manuscrites, de diffuser les consignes de résistance à l'occupant ; l'évocation de l'histoire espagnole est, pour le bulletin, un moyen efficace de sensibilisation des réfugiés. L'autre campagne menée par le bulletin clandestin concerne l'envoi de travailleurs espagnols en Allemagne : « Se laisser emmener en Allemagne, c'est se laisser tuer dans la trahison. Organisons la lutte contre ce danger[62]. » À partir de 1942, *Reconquista de España* est imprimée dans la cabane d'un chantier de bûcherons employés à la fabrication du charbon de bois, dans les massifs montagneux du Vaucluse ; l'équipe d'édition est formée de trois hommes qui composent, impriment et portent les exemplaires à un dépôt, où d'autres militants viennent les chercher[63]. Il semblerait qu'ensuite, dès 1942, le journal soit tiré dans une imprimerie établie à Cavaillon dans une usine d'électricité désaffectée[64]. Ainsi, dès ses débuts, la presse clandestine espagnole affiche son objectif principal dans le titre même de son bulletin le plus régulier et le plus diffusé : reconquérir l'Espagne.

Les réseaux de passage des Pyrénées

En dépit de cet engagement important des communistes dans la Résistance à partir de l'été 1941, la première participation à la Résistance active est sans conteste, en termes de chronologie, l'organisation de réseaux de passage clandestin des Pyrénées. Cette activité résistante des Espagnols a été longtemps méconnue du fait de son caractère nécessairement discret et parce que le souvenir en a été peu entretenu dans l'exil lui-même ; les rares survivants de ces réseaux en ont généralement parlé tardivement ou pas du tout, probablement embarrassés comme militants anarchistes ou marxistes révolutionnaires d'avoir travaillé — en vain quant à la perspective de renversement de Franco — pour des services secrets alliés [65]. Ces réseaux de passage sont généralement basés sur l'utilisation des structures clandestines de liaison avec l'Espagne mises en place par les organisations politiques républicaines en exil. L'une des filières d'évasion la plus ancienne et fameuse est due à l'initiative d'un militant libertaire de la CNT, Francisco Ponzán — « François Vidal » —, dont le groupe est l'élément moteur du réseau connu sous le nom de « Pat O'Leary », du nom de guerre de l'officier belge qui le dirige [66]. La genèse de ce réseau est d'ailleurs révélatrice des dissensions au sein du mouvement anarchiste et de l'articulation entre antifranquisme et Résistance antinazie. Les Espagnols disposés à collaborer avec des services secrets alliés sont des adversaires des communistes : ils sont anarchistes, nationalistes basques ou issus de l'extrême gauche non stalinienne. Les motivations de ce travail clandestin sont exprimées par les acteurs eux-mêmes. Francisco Ponzán déclare volontiers lors de réunions clandestines : « Ce n'est pas la patrie française qui est en danger, ni la liberté de la France qui est en jeu : ce sont la liberté, la culture et la paix mondiales [67]. » Andreu Cortines, que l'on retrouvera auprès de Josep Rovira dans un autre réseau de passage, tient à préciser :

> Ceux qui travaillaient dans le service de Rovira ne cessaient pas d'être des militants politiques. Ils souhaitaient le triomphe des forces qui combattaient les nazis-fascistes, pour une raison morale certes, mais plus encore politique, car ils considéraient que c'étaient les prémices de notre objectif : celui de reconquérir la liberté de notre patrie [68].

Jeune instituteur libertaire, Francisco Ponzán a fait partie en 1936 du Conseil régional de défense d'Aragon et il a été responsable d'un groupe spécialisé dans la recherche d'informations militaires et de sabotages derrière les lignes ennemies rattaché au Servicio de información especial periférica (SIEP) de l'état-major républicain. À la fin de la campagne de Catalogne, le groupe passe la frontière à Bourg-Madame et prend soin, avant les fouilles effectuées par les gendarmes, d'enterrer les armes en territoire français. Après avoir séjourné dans le camp de Bourg-Madame, Francisco Ponzán et son groupe sont internés au Vernet. Très rapidement, par le biais d'un membre du groupe, charpentier de son état, qui circule assez librement en proposant ses bons offices, Francisco Ponzán parvient à sortir du camp autant que nécessaire [69] pour préparer la nouvelle activité que lui confie le Conseil général du mouvement libertaire : sortir des camps franquistes les militants anarchistes en danger de mort. Il s'agit pour cela de trouver des guides et des contacts, de préparer le matériel nécessaire et de chercher des refuges sûrs pour les camarades qui s'évaderont d'Espagne ; par son expérience de la lutte clandestine pendant la guerre d'Espagne dans le cadre du SIEP et par les points d'appui qu'il a su laisser en Espagne, Francisco Ponzán est certainement le mieux placé.

Dans l'Ariège, Ponzán bénéficie de l'appui de deux familles aragonaises de l'ancienne immigration économique, installées à Varilhes non loin du Vernet, et d'un garagiste français communiste de la même commune qui lui établira un contrat de travail en bonne et due forme pour l'extraire définitivement du camp, en août 1939. Dès la fin 1939, compte tenu de la situation en Espagne, Francisco Ponzán propose au Conseil général du mouvement libertaire, présidé par Germinal Esgleas, d'utiliser les services des militants qui travaillent dans la Péninsule pour les services secrets anglais ou français et y effectuent des tâches de renseignement, voire de sabotage, contre les intérêts allemands. Refus net de la part de Germinal Esgleas ; aussi Francisco Ponzán et Juan Manuel Molina — « Juanel [70] » — qui a été l'intermédiaire entre celui-ci et le Conseil rompent-ils toute relation avec la direction de la CNT en exil. Il est vraisemblable que Ponzán entre en contact dès novembre 1939 avec les services secrets britanniques, intéressés au premier chef à ce que l'Espagne reste en marge du conflit ; il entraîne à sa suite une grande partie de son groupe, décidé à collaborer avec les Alliés contre les activités allemandes en Espagne, espérant par là même œuvrer contre le franquisme[71].

Dès l'occupation de la France, Francisco Ponzán se trouve pris dans les « règles étranges d'un jeu très subtil », entre les services secrets anglais et les services français de renseignements et de contre-espionnage, inféodés officiellement à Vichy et représentés dans la zone pyrénéenne par Robert Terres, lieutenant « Tessier »[72]. À l'automne 1940, Ponzán quitte l'Ariège pour Toulouse et se met en relation avec les premiers résistants français, notamment autour de l'Hôtel de Paris situé près de la place du Capitole ; dès le printemps 1941, la nécessité de disposer d'un réseau d'évasion bien organisé s'avère impérieuse afin de faire transiter par l'Espagne, à destination de l'Angleterre, les aviateurs britanniques ou alliés échoués en France. Sans que les occasions de menées antifranquistes soient laissées de côté — comme cette distribution massive de papillons noirs et rouges pour commémorer, en novembre 1941 à Madrid et Barcelone, l'anniversaire de la mort de Durruti —, Francisco Ponzán et son groupe organisent ainsi le passage de la frontière franco-espagnole pour des centaines d'aviateurs alliés, de juifs et de résistants ; ils assurent également l'acheminement dans les deux sens du courrier de diverses organisations de résistance. Mais des membres du groupe sont détenus en Espagne ; Ponzán ainsi que sa sœur Pilar et cinq autres compagnons — dont trois guides — sont arrêtés en octobre 1942. La police de Vichy trouve chez eux des « matrices métalliques, des timbres de caoutchouc, des faux papiers officiels, des faux passeports, 116 extraits de mariage britanniques en blanc » ; elle trouve également des cartes de militants de la Phalange, des sauf-conduits français pour étrangers et tout le matériel pour établir de fausses cartes d'identité françaises, anglaises, espagnoles ou allemandes, bref tous les éléments nécessaires pour les évasions au-delà de la frontière franco-espagnole[73]. Tandis que Pilar Ponzán est internée au camp de Brens, dans le Tarn, les hommes sont transférés au Vernet mais relâchés assez rapidement grâce à l'intervention du lieutenant Tessier. Le travail clandestin reprend et devient de plus en plus difficile après les nombreuses « chutes » de membres du réseau, dont celle de Pat O'Leary. Fait prisonnier à nouveau en avril 1943, Francisco Ponzán est « réclamé » par les nazis à la prison Saint-Michel ; avec une cinquantaine d'autres détenus, il est assassiné et son corps est brûlé le 17 août 1944 dans la forêt de Buzet-sur-Tarn, à la veille de la libération de Toulouse.

Un autre réseau de passage des Pyrénées, où les réfugiés espagnols jouent un rôle moteur, est le groupe Martin du réseau Vic, dirigé par le Catalan Josep Rovira ; organisateur et commandant de la 29ᵉ Division — celle du POUM — sur le front d'Aragon, Josep Rovira est devenu l'un des responsables du POUM en France après l'arrestation des autres dirigeants début 1941[74]. Il est contacté à l'automne suivant par le commandant « Vic » — René Jeanson ou « René » — désireux de regagner Londres après avoir été parachuté en France pour une mission d'information sur les troupes allemandes[75]. À partir de ce moment, avec l'aide en particulier des militants du POUM en exil et de ceux restés dans la Péninsule, Rovira assure, en liaison avec le commandant Vic, le passage en Espagne de nombreux agents provenant de pays occupés par les Allemands, de résistants, de parachutistes et d'aviateurs tombés en France. Malgré le péril que cela représente pour lui, Josep Rovira ira même, en février 1944, rechercher à Barcelone même le chef du réseau passé en Espagne afin d'organiser un service en sens contraire[76]. En dépit d'une tentative d'infiltration par des agents de la Gestapo à l'automne 1943, le groupe Martin poursuit son activité jusqu'à la fin de la guerre. Autre cas d'action spécifique entreprise par les réfugiés républicains pendant la guerre mondiale : le gouvernement basque en exil met ses services secrets à la disposition des Alliés. Leur chef est arrêté à Madrid et exécuté le 6 mai 1943. Au Pays basque, des réfugiés participent également au réseau belge Comète[77].

Les guérilleros et l'hégémonie communiste

La Résistance espagnole entre dans une nouvelle période à la fin de 1942. Après les incertitudes des débuts de l'Occupation, à la suite des premiers engagements et de la répression qui a frappé divers groupes, le PCE devient sur le plan militaire aussi bien que politique l'élément moteur de cette Résistance. Dès la fin de 1941, le PCE entreprend de sélectionner un certain nombre de militants pour former des groupes de guérilleros en zone Sud ; ces combattants sont issus pour la plupart du légendaire XIVᵉ Corps de guérilleros de l'armée républicaine espagnole et sont habitués à combattre à l'arrière-garde de l'ennemi. Au printemps 1942, le PCE constitue une formation militaire qui porte le nom même de cette unité qui a contribué à la protection de Madrid pendant la guerre d'Espagne. Parallèlement, le PCE prend l'initiative de constituer un mouvement politique unitaire, l'Unión nacional española, à l'instar des fronts nationaux créés par les partis communistes après l'attaque contre l'URSS.

L'UNE est créée le 7 novembre 1942, très probablement à Toulouse, lors de la conférence dite « de Grenoble » afin de déjouer la surveillance policière. L'UNE, structure de large alliance, rassemble non seulement des communistes, mais aussi des Espagnols d'autres horizons politiques — socialistes, républicains ou anarchistes — que la dispersion de leurs organisations et le silence de leurs dirigeants poussent à rejoindre la seule structure de lutte organisée contre le nazisme. Mais le PCE demeurera la seule force politique organisée dans ce regroupement. L'UNE devient la direction politique des groupes reliés au XIVᵉ Corps de guérilleros. Le programme de l'UNE, approuvé lors de sa constitution et reproduit dans *Reconquista de España,* atteste que la préoccupation principale du mouvement est et demeure l'Espagne ; ce programme se veut une plateforme unitaire destinée à rassembler tous les opposants au franquisme autour de l'indépendance de l'Espagne, de la constitution d'un gouvernement d'union nationale et du rétablissement des libertés démocratiques élémentaires. Un seul point de ce programme concerne la guerre mondiale : l'UNE se prononce pour la neutralité de l'Espagne. Les divers éléments du programme de l'UNE permettent de saisir la spécificité de l'action résistante des Espagnols en France, car ce sont ces objectifs qui motivent fondamentalement l'action des guérilleros espagnols :

> Pour l'indépendance et la souveraineté nationales ; contre la participation de l'Espagne à la guerre au service de l'Allemagne ; pour un authentique gouvernement d'union nationale avec des représentants de toutes les forces patriotiques d'Espagne depuis les partis ouvriers jusqu'aux catholiques et aux droites ; amnistie pour les persécutés par la Phalange ; garantie de la liberté de conscience ; juste satisfaction des droits particuliers des Catalans, des Basques et des Galiciens ; remise aux tribunaux de la justice des Phalangistes et de leurs complices [78].

Après avoir été l'organe du PC, *Reconquista de España* devient l'organe de l'« Union nationale de tous les Espagnols » dès la création de cette dernière. La publication régulière de *Reconquista de España* et sa fonction de porte-parole d'un mouvement à prétention unitaire sont un stimulant certain de la lutte clandestine et un élément important de coordination. Des réseaux complexes de distribution se mettent en place pour diffuser *Reconquista* auprès des guérilleros qui sont le bras armé de l'UNE. Des centres de diffusion semblent exister à Toulouse et à Villejuif ; la diffusion elle-même est assumée essentiellement, comme dans les autres mouvements de Résistance, par des femmes[79]. La liaison avec Cavaillon est assurée et, à partir de Toulouse, des valises de *Reconquista de España* sont acheminées vers les consignes de bagages de diverses gares du Sud-Ouest ; la propagande est également introduite en Espagne. De nombreux suppléments locaux ou régionaux se rattachent à *Reconquista de España* : plus de trois cents sous diverses formes matérielles, parus dans des régions très diverses de l'Ouest, du Centre, du Sud-Ouest, du Sud-Est ou d'Afrique du Nord. L'UNE impulse également des publications en catalan par le biais de son antenne catalane, l'Aliança nacional de Catalunya, et éditera, en 1944, des bulletins à destination des diverses formations de guérilleros, tels *Lucha, Anónimos* ou *Liberación*.

Pendant que se constitue l'UNE, le PCE s'organise militairement. Le premier responsable militaire du XIVe Corps de guérilleros espagnols est Jesús Ríos. Deux chantiers d'exploitation forestière, où sont stationnés des GTE, jouent un rôle primordial dans l'organisation politico-militaire du XIVe Corps, l'un situé dans l'Aude et l'autre dans l'Ariège, avec un va-et-vient saisonnier des hommes entre les deux départements. Les cadres des groupements constitueront souvent le noyau initial de l'état-major du XIVe Corps, tel José Antonio Valledor, basé dans l'Aude, qui transfère ses hommes dans l'Ariège en août 1942[80]. Le premier groupe de guérilleros se constitue dans l'Aude en mai 1942, auquel Jesús Ríos donne le nom de 234e Brigade, en souvenir de la formation qu'il a commandée en Espagne ; dès ses débuts, le combat mené en France s'inscrit clairement dans le prolongement de la guerre d'Espagne. L'unité est formée d'Espagnols employés dans la région comme bûcherons, charbonniers, ouvriers de barrages ou mineurs[81]. L'organisation militaire de la Résistance espagnole se calque sur la situation des réfugiés ; aussi l'adaptation obligée à l'encadrement des Espagnols dans les GTE introduitelle immédiatement un élément de spécificité par rapport à la Résistance française. Les groupes de guérilleros sont directement issus des noyaux de protection ou de résistance qui se créent à partir des chantiers de GTE, notamment dans les lieux les plus propices à l'activité clandestine de par leur environnement naturel comme les exploitations forestières des départements pyrénéens, les barrages en construction du Massif central ou les mines cévenoles. Par exemple, dans de nombreuses régions, les Espagnols sont employés dans des chantiers forestiers à la coupe des arbres et à la fabrication du charbon de bois, très prisé en cette période de pénurie d'autres combustibles, et ils servent de paravents à des groupes de protection ou à des groupes de guérilleros [82].

Le XIVe Corps de guérilleros espagnols est un mouvement armé autonome, dirigé par un véritable état-major, indépendant des autres mouvements de Résistance ; le poste de commandement se trouve d'abord situé dans un petit village de l'Ariège, Dalou, près de Varilhes. Début 1943, une réunion des chefs de guérilleros envisage la création de structures régionales, appelées « divisions », ainsi que la formation d'un bataillon spécial dans l'Ariège, installé dans la forêt d'Auton-les-Cabannes ; à la faveur d'une trahison, les forces de Vichy attaquent le maquis ariégeois le 22 avril 1943 et une trentaine de guérilleros sont fait prisonniers. Jesús Ríos est parmi les détenus et il est remplacé par Silvestre Gómez — « Margallo » — qui entreprend de réorganiser le XIVe Corps. Le poste de commandement du XIVe Corps reste quelques mois à Bagnères-de-Bigorre, dans les Hautes-Pyrénées, avant de s'installer dans le Tarn, près de Gaillac, chez Pepita Ramos. La structuration en divisions, commencée par Ríos, se poursuit, mais les appellations correspondent davantage à des répartitions géographiques qu'à des formations militaires classiques ; les effectifs sont modestes au départ, réduits le plus souvent à quelques unités en 1942 avant d'augmenter à partir de 1943. À la fin de 1942, des unités existent dans l'Aude, l'Ariège, le Tarn, la Haute-Garonne, l'Aveyron, le Cantal et la Haute-Savoie. La 1re Division de guérilleros rassemble les formations constituées dans la Haute-Garonne, le Tarn-et-Garonne, l'Ariège, le Gers, les Hautes-Pyrénées et l'est des Basses-Pyrénées ; elle est commandée par José García Acevedo. La 4e Division regroupe les brigades des Pyrénées-Orientales, de l'Aude, du Tarn, de l'Aveyron et de l'Hérault ; dirigée par Camaño jusqu'à l'arrestation de ce dernier, elle l'est ensuite par Medrano puis par Miguel Angel Sanz avant que celui-ci ne soit nommé chef d'état-major en mai 1944[83]. Les groupes formés dans le Gard et en Lozère constituent le noyau de la 3e Division, placée sous le commandement de Cristino García. En 1943, les groupes de guérilleros les plus actifs sont ceux de l'Aude, de l'Ariège, du Tarn, de l'Aveyron, de la Haute-Garonne, des Basses-Pyrénées, des Pyrénées-Orientales, de Corrèze, de Dordogne, de l'Allier, de Haute-Savoie et de l'Ain[84] ; ils effectuent divers types de sabotages, attaquent des détachements allemands ou aident à des évasions de prisonniers et les opérations de protection sont sans doute intimement liées aux opérations de combat proprement dit[85]. À Toulouse, les attentats contre des officiers allemands s'intensifient en 1943-1944, réalisés par des guérilleros ou des militants de la MOI, comme le 6 octobre ou le 4 décembre 1943 ; le 5 février 1944, un tramway allemand est attaqué à la grenade et à la mitraillette, un autre est détruit par l'explosion d'une bombe le 8 avril suivant[86].

En dépit de l'indépendance instaurée dès le départ, la question des relations du XIVe Corps avec les autres formations de Résistance se pose nécessairement. Miguel Angel Sanz qui, avant d'être l'historien de cette période, en a été un acteur important, notamment comme représentant des guérilleros espagnols auprès de l'état-major des FFI, résume significativement ces relations de la manière suivante : « Pour assurer une meilleure liaison avec les FTPF, les guérilleros espagnols de la zone Sud entrent — au moins sur le papier — dans les organisations des FTP de la MOI[87]. » Officiellement donc, à l'automne 1943, le XIVe Corps de guérilleros espagnols s'intègre dans les FTP de la MOI ; Luis Fernández est chargé du contact avec le Comité militaire FTP-MOI, alors situé à Lyon. Les unités de guérilleros de la 1re Division, la 35e Brigade FTP-MOI de Toulouse — la brigade Marcel Langer — et un petit détachement de la MOI du Lot-et-Garonne forment la nouvelle Inter-région « B » FTP-MOI sous le commandement de José García Acevedo. Mais la seule unité de la 1re Division réellement intégrée dans les FTP-MOI est la 2e Brigade de guérilleros de la Haute-Garonne qui réalise des opérations avec la 35e Brigade FTP-MOI de Toulouse, sous le commandement de son propre chef, Joaquín Ramos. L'intégration dans les FTP de la MOI se borne en fait à des changements de noms des formations espagnoles ; dans les autres départements de la zone Sud, les brigades de guérilleros, composées uniquement de réfugiés espagnols, deviennent « régions » et les divisions « inter-régions ».

Mais la Résistance espagnole conserve son indépendance et ses cadres propres ; seuls quelques responsables espagnols inter-régionaux sont pendant quelque temps chefs FTP-MOI et ont sous leurs ordres des combattants d'autres nationalités. Ce qui n'exclut pas, bien entendu, l'unité d'action avec les FTP-MOI ; celle-ci est particulièrement mise en pratique dans les Brigades « A » et « C », de Dordogne et de Corrèze, rattachées à la 15e Division commandée par Vicente López Tovar[88].

Au commencement de l'année 1944, l'état-major du XIVe Corps de guérilleros contrôlerait des unités espagnoles dans trente et un départements de la zone Sud ; au 6 juin 1944, au moment du débarquement allié en Normandie, les effectifs seraient d'environ 3 400 hommes pour les neuf départements de la région R4-FFI, et, fin août, quelque dix mille hommes pour toute la France. Ces estimations, avancées par Miguel Angel Sanz, paraissent vraisem-blables et soulignent tout à la fois la faiblesse relative des chiffres au début de 1944 et le bond quantitatif de juin 1944[89]. Ces chiffres sont corroborés par le rapport du général Chevance-Bertin, commandant FFI des zones Sud-Ouest et Centre, qui estime en octobre 1944, dans ces régions, les effectifs de guérilleros à envi-ron 7 500 hommes, dont un tiers munis d'armes, surtout légères, et note « l'excellente tenue de ces troupes[90] ».

À titre de comparaison, et pour avoir une meilleure idée du taux de participation espagnole à la Résistance, il n'est pas sans intérêt d'indiquer des effectifs de maquis dans la région. Ainsi, les FTP du Gers comptent, selon leur propre commandant, environ 800 hommes au 6 juin 1944 et la 35e Brigade de guérilleros du départe-ment autour de 520 hommes à la même date ; de même, Jean-Pierre Vernant, chef régional FFI de Haute-Garonne, indique que les maquis du département rassemblent environ 1 000 hommes entre le 6 juin 1944 et le 15 août suivant, tandis que la 2e Brigade espagnole comporte à elle seule 220 hommes au 6 juin et 315 un mois plus tard[91]. Si les ordres de grandeur réels sont différents des chiffres diffusés par la légende, ils montrent néanmoins qu'un pourcentage significatif de réfugiés espagnols a choisi de s'enga-ger dans la Résistance.

Les républicains espagnols ont apporté dans la Résistance leur expérience de la lutte armée, acquise en Espagne, et leur détermi-nation à poursuivre en France le combat entrepris au-delà des Pyrénées ; combattants expérimentés, courageux, les guérilleros ont fortement contribué dans certaines régions au harcèlement des forces allemandes et vichyssoises et gagné l'estime de chefs de la Résistance aussi divers que Serge Ravanel, responsable FFI de la région toulousaine, le capitaine Duguet « Craissac » — membre de l'état-major du précédent —, le commandant anglais Crypte ou le commandant « Aube », futur général Bigeard[92].

Par le biais de ses initiatives militaires et politiques et du fait de son rôle majeur au sein de l'UNE et du Corps des guérilleros, le PCE affirme son hégémonie sur la Résistance espagnole à partir du début de 1943. Les stratégies indécises des autres mouvements contribuent largement à cet état de fait. Les socialistes et les républicains sont toujours dispersés et divisés et les militants de ces tendances qui participent à la Résistance le font à titre individuel. Quant à la CNT, après les arrestations de ses principaux dirigeants à la fin de 1941, plusieurs « commissions de relations » se constituent en diverses régions, à Marseille, Bordeaux, Lyon et Saint-Étienne ; mais le noyau le plus important s'organise dans le GTE du barrage de l'Aigle autour de José Berruezo[93]. Les préoccupations manifestées dans les premières circulaires émises par la commission du barrage de l'Aigle concernent surtout la réorganisation de la CNT, la solidarité avec les internés en France et la lutte contre Franco[94]. Ce groupe organise un plénum régional sur le site même du barrage en septembre 1942 et il parvient à réunir un plénum national de la CNT en juin 1943, à Mauriac ; le plénum de Marseille, en décembre 1943, marque la division des anarchistes entre « collaborationnistes » favorables à un futur gouvernement républicain et « apolitiques » opposés à toute participation gouvernementale. La première tendance fait en outre adopter à la majorité un accord qui conseille « à tous les militants de la CNT et du MLE de rejoindre la Résistance française plutôt que de se laisser emmener en Allemagne » ; Juan Manuel Molina est réélu sur cette base. L'autre tendance considère la guerre comme un conflit strictement capitaliste et conseille aux militants libertaires de « se fondre dans la population civile[95] ». Le groupe rassemblé autour de José Berruezo est lié à la Résistance française, et il représente une exception, car il constitue l'une des rares formations de Résistance exclusivement espagnole qui ne soit pas rattachée à l'UNE.

Des Espagnols s'intègrent aussi dans des organisations françaises de Résistance. C'est le cas le plus fréquent en dehors des départements méridionaux. En Charente et en Charente-Maritime, où les réfugiés ont particulièrement souffert au début de l'occupation allemande, le contact est pris dès 1941 avec le groupe FTP de la région qui organise des sabotages à la gare et à l'arsenal d'Angoulême pendant l'hiver 1941-1942. Pilar Claver et José Goytia — qui sera responsable régional FTP à Bordeaux — évoquent les actions de sabotage menées par les Espagnols dans les entreprises travaillant pour les Allemands à Angoulême et dans les entrepôts servant au ravitaillement des troupes d'occupation de la région[96]. Dans divers départements, tels que l'Eure, la Nièvre, l'Yonne, la Côte-d'Or ou dans les Pays-de-Loire, les Espagnols, rejoignent des formations françaises, particulièrement les FTP. En Franche-Comté, les Espagnols qui sont fréquemment employés dans des entreprises industrielles travaillant pour le compte des Allemands, s'intègrent dans les FTP ; dans le nord du Jura, Manuel de Castro, le chef du groupe Pasteur, composé d'Espagnols, est choisi pour commander le secteur FTP de Dole[97]. Dans les Alpes-de-Haute-Provence, des réfugiés espagnols incorporés dans un GTE rejoignent le maquis FTP et leur responsable, Manuel López, devient également responsable d'une compagnie FTP[98]. En Bretagne, le groupe de Rennes est dirigé par Pedro Flores, responsable régional des groupes armés espagnols ; également capitaine FFI, Pedro Flores est fusillé le 8 juin 1944 à la caserne du Colombier.

Dans le Sud-Ouest, région d'implantation majoritaire des guérilleros, des Espagnols participent aussi à des formations françaises ; pour des raisons purement locales, parce que les premiers contacts sont pris avec la Résistance française, ou pour des motifs politiques, afin de se soustraire à l'hégémonie de l'UNE, comme cela peut être le cas pour des socialistes ou des anarchistes. Dans le Lot, dans le triangle Grèzes-Espagnac-Camboulit voisin de Figeac, Jean-Jacques Chapou crée avec les républicains espagnols les maquis Liberté-République-Fraternité. En Aveyron, dans le bassin de Decazeville, il semble que la partition s'effectue assez nettement : les sympathisants communistes rejoignent l'UNE tandis que les non-communistes se rallient directement aux mouvements français[99]. Dans le Gers, où guérilleros et FTP se regroupent, des Espagnols se retrouvent autour de Vic-Fezensac dans le bataillon de l'Armagnac du capitaine Maurice Parisot ; dans les environs de Mirande-Miélan, ils sont dans le bataillon Soulès de l'AS et, près de Castelnau-sur-Auvignon, dans le groupe de Julián Carrasco[100]. Des défections se produisent égale-

ment dans l'UNE, comme celle du socialiste Julián Carrasco —
alias commandant « Renard » — et de plusieurs de ses camarades,
à la suite d'une altercation avec le communiste Tomás Guerrero
(« Camilo »), chef de la 35ᵉ Brigade du Gers.

Toutefois, la participation des Espagnols à des mouvements
français de Résistance est encore aujourd'hui incomplètement
connue dans de nombreux départements. C'est probablement dans
ces mouvements que les réfugiés de la Guerre civile côtoient le
plus souvent les Espagnols de la « vieille immigration » ; mais là
encore, les connaissances actuelles sont fragmentaires. Le cas de
Celestino Alfonso, arrivé depuis longtemps en France et intégré
dans les FTP de la MOI après son engagement en Espagne, n'est
pas isolé. Les frères Pérez de Vitry-sur-Seine, nés en Espagne et
naturalisés français, également volontaires pendant la Guerre
civile, participent pour les deux survivants d'entre eux à la Résistance dans la région toulousaine ; leurs parents sont arrêtés en
représailles et emprisonnés, le père déporté à Dachau, mais Antonio Pérez commandera à la Libération un groupe qui deviendra la
148ᵉ Compagnie du 1ᵉʳ Régiment de Haute-Garonne [101]. De même,
Angelines Martínez, née à Saint-Denis de parents espagnols, et
dont le frère s'est engagé pour la cause républicaine pendant la
guerre d'Espagne, se retrouve avec des réfugiés républicains dans
les organisations communistes de La Plaine-Saint-Denis. La maison des Martínez sert de refuge et de lieu de réunion et la jeune
fille participe aux actions de propagande contre l'occupant et le
régime de Vichy auprès de la population, tant française qu'espagnole, de cette banlieue. Si bien qu'à la mi-septembre 1941 le
quartier espagnol de Saint-Denis — l'ancienne rue de la Justice
et les impasses avoisinantes [102] — est investi par l'armée allemande qui procède à de nombreuses arrestations. Après avoir été
détenue à la prison de la Santé pendant plusieurs mois, Angelines
Martínez est conduite dans des forteresses allemandes puis au
camp de Ravensbrück et, début 1945, à celui de Mauthausen [103].
La présence espagnole dans la Résistance française est véritablement multiforme par la diversité des modalités d'action et, même
si les réfugiés y occupent une place prédominante, l'on y rencontre des représentants des diverses vagues migratoires espagnoles.

Le grand espoir de la Libération

La période de la libération de la France est marquée tout à la fois, pour les réfugiés espagnols, par une intense participation aux combats contre l'occupant aux côtés des Français et par une série d'actions, d'ampleur et de nature diverses, dirigées directement contre l'Espagne franquiste. Dans l'esprit des républicains espagnols, il ne fait pas de doute que la bataille engagée en France contre le nazisme a sa continuation logique dans une Espagne dont le régime doit tant à l'Allemagne nazie ; les réfugiés sont persuadés aussi que le franquisme ne peut survivre à son ancien allié. Aussi les Espagnols s'emploient-ils, dès le printemps 1944, à faire reconnaître leur rôle spécifique dans la Résistance en France et à entreprendre des préparatifs en vue d'actions futures au-delà des Pyrénées.

Le particularisme de la lutte armée espagnole s'affirme alors encore plus nettement. Probablement sous l'impulsion de l'unification des mouvements français de Résistance et de la constitution des FFI en décembre 1943, l'UNE réorganise son bras armé et constitue l'Agrupación de guerrilleros españoles, dont le commandement est confié à Luis Fernández. Une ferme des environs de Gaillac sert toujours de quartier général avant que celui-ci n'aille s'installer à l'Isle-en-Dodon, en Haute-Garonne. Si l'organisation reste identique à celle du XIVe Corps de guérilleros, l'encadrement politique et la stratégie se trouvent modifiés : le mouvement est en étroite relation, dans chaque département, avec les autres formations de Résistance encadrées dans les FFI, mais les guérilleros n'ont plus de liaison organique avec la MOI et sont représentés directement — par Miguel Angel Sanz — auprès de l'état-major national des FFI. Toutefois, les structures régionales de l'AGE coïncident parfois mal avec les régions FFI et, dans certaines zones, les unités espagnoles s'intègrent dans les formations françaises sous le commandement des états-majors FFI. Les unités contrôlées directement par l'état-major de l'AGE se trouvent dans la région R4 FFI, commandée par le colonel Serge Ravanel, et dans la région R3, placée sous les ordres de Gilbert de Chambrun, colonel « Carrel ». Par la représentation directe auprès des FFI, effective également à l'échelon régional, sans passer par le canal de la MOI, l'UNE souhaite apparaître indépendamment des autres mouvements de Résistance pour s'assurer la reconnaissance et le soutien ultérieurs des Alliés. Avec cette indépendance affirmée au sein de la Résistance, l'UNE se positionne pour être en meilleure posture afin d'atteindre son objectif premier et ultime : la reconquête de l'Espagne. Parallèlement, l'UNE organise les bases d'une future armée espagnole d'intervention. À la suite du débarquement allié en Normandie du 6 juin 1944, elle décide le regroupement massif des meilleurs éléments qu'elle encadre afin d'organiser de nouveaux groupes de combat. Malgré la vigilance des Allemands, de la milice et de la police de Vichy, l'UNE fait venir des combattants aguerris vers les maquis du Sud, proches de la frontière, dans l'Ariège, l'Aude, le Gers, le Tarn, les Pyrénées-Orientales, les Basses-Pyrénées et les Hautes-Pyrénées [104].

Les guérilleros prennent une part active à la libération de nombreux départements du Midi, libération qui y est l'œuvre de la Résistance seule. Après le débarquement allié en Méditerranée du 15 août 1944, les troupes allemandes commencent un repli général et les résistants entreprennent de retarder leur retraite et de leur infliger le maximum de pertes. Les Espagnols participent nombreux aux combats qui se livrent alors pour libérer le Gers (à l'Ile-Jourdain), le Gard (bataille de La Madeleine près d'Anduze), l'Hérault (à Montpellier), le Tarn (à Albi, Carmaux et Castres), l'Aveyron (à Rodez), la Dordogne (à Périgueux et Bergerac) ou les Pyrénées-Orientales (à Prades, Céret et Perpignan). C'est dans l'Ariège que le rôle des guérilleros est probablement le plus considérable ; le 21 juillet 1944, le maquis de la Crouzette est attaqué par les Allemands et les forces vichystes. Puis les guérilleros participent aux batailles autour de Foix et de Pamiers, à l'embuscade de Prayols et aux combats de Castelnau-Durban. Ce sont eux qui libèrent le chef-lieu du département, les maquisards français étant arrivés sur place après la libération de Foix. Des Espagnols sont présents aussi dans les « maquis sacrifiés » du plateau des Glières, en Haute-Savoie — où une « section Ebro » est formée [105] —, dans ceux du Vercors, entre Isère et Drôme, et dans ceux du mont Mouchet, situé aux confins de la Haute-Loire, du Cantal et de la Lozère. La guerre continue pour nombre d'entre eux sur les « fronts oubliés » que sont les combats autour de Lorient, de Royan, du Verdon et de la Pointe-de-Grave, auxquels participent notamment le bataillon basque Gernika et le bataillon non communiste à dominante anarchiste Libertad.

Pour de nombreux combattants espagnols, la guerre se poursuit ainsi jusqu'à sa fin officielle. Les unités de guérilleros sont incorporées dans les FFI : les guérilleros qui veulent rester dans l'armée sont regroupés en quatre grandes divisions — 99ᵉ, 102ᵉ, 186ᵉ et 204ᵉ — pour former ensuite onze bataillons de sécurité cantonnés à Toulouse, Muret, Lourdes, Jurançon, Salies-de-Béarn, Saint-Jean-de-Verges, Alet, Limoux et Prades. L'état-major du groupement de ces bataillons de sécurité se trouve à Montréjeau, dans la Haute-Garonne, et dépend du commandement des 16ᵉ et 17ᵉ régions militaires et de l'état-major du Commandement militaire de la frontière des Pyrénées (CMFP) [106]. Ces bataillons de sécurité ne seront démobilisés que le 31 mars 1945. Les guérilleros mettent à profit leur rôle actif dans cette période pour s'emparer des lieux qui ont été, sous l'Occupation, les symboles de la répression ou de l'exploitation des travailleurs étrangers. À Toulouse, une fois les Allemands chassés, l'état-major de l'AGE s'installe dans le bâtiment du « Grand-Rond » qui servait de quartier général à la Gestapo et son état-major régional occupe les locaux du consulat général d'Espagne ; symboliquement aussi, les Espagnols investissent le siège du GTE du département, au 4, rue de Belfort.

À la faveur des combats de la Libération auxquels ils prennent, dans certaines régions, une place déterminante, les réfugiés occupent également des locaux appartenant à l'État espagnol dont ils se sentent les légitimes représentants. Les guérilleros, munis d'un brassard aux couleurs de la République espagnole, barré de l'indication « UNE-FFI » surmontée de la croix de Lorraine, représentent une force non négligeable dans certaines villes. Des consulats espagnols de nombreuses villes du Sud-Ouest sont ainsi occupés, de même que la Chambre de commerce espagnole de l'avenue de l'Opéra à Paris, des écoles espagnoles à Pau et Bayonne ou un local à Mostaganem dépendant du consulat espagnol d'Oran. À Paris, le gouvernement basque en exil s'installe à nouveau dans l'immeuble qu'il a acheté en 1937 au 11, avenue Marceau et qu'un jugement de la période de Vichy avait rétrocédé à l'Espagne franquiste. Peu après le débarquement allié en Normandie et à mesure que les combats de libération gagnent du terrain en France, la préoccupation première des réfugiés espagnols réapparaît avec force. Ainsi, pour le huitième anniversaire du 18 juillet, *Reconquista de España* est entièrement consacrée à l'Espagne et pose clairement la question du retour dans la Péninsule avec tous les moyens à la disposition des guérilleros :

> Retourner en Espagne par tous les moyens que nous avons à notre disposition pour renforcer et accélérer encore plus la lutte intérieure

dans notre patrie. Organiser des groupes de l'Union nationale dans tous les lieux où travaillent et vivent des Espagnols. Entrer dans les groupes de guérilleros et les milices patriotiques qui se battent en France en première ligne contre l'armée hitlérienne, en aidant le peuple français à se libérer, et en même temps récupérer les armes perdues lors de notre entrée en France qui nous permettront la réorganisation de notre armée patriotique pour la reconquête de l'Espagne [107].

Les appels diffusés par l'AGE se font plus pressants et explicites à mesure que de nombreuses régions françaises sont libérées. La 26e Division de l'AGE dans son bulletin *Anónimos*, édité dans l'Aude, exhorte les guérilleros à présenter pour la lutte en Espagne la même détermination dont ils ont fait preuve pour libérer le département ou ceux des Pyrénées-Orientales et de l'Ariège [108]. Les jeunes guérilleros, regroupés dans une organisation appelée Jeunesse combattante, appellent les autres jeunes Espagnols à les rejoindre et à se mobiliser contre le franquisme ; leur bulletin *Alianza* invite la jeunesse à être plus attentive que jamais aux consignes et aux orientations données par Radio España independiente — stación Pirenaíca —, la radio de l'UNE [109]. Rarement une opération clandestine aura été tant annoncée. À l'automne 1944, la reconquête de l'Espagne est directement tentée par la tentative d'invasion du val d'Aran, région facilement accessible du côté français et relativement enclavée par rapport à l'Espagne. Dès septembre 1944, afin d'éviter la concentration des forces franquistes dans la zone, de nombreux guérilleros sont envoyés dans la Péninsule par l'état-major de l'AGE ; plus de 3 000 hommes seraient ainsi entrés en ordre dispersé en Espagne au cours du mois d'octobre. La stratégie envisagée est la suivante : une fois la dispersion de l'ennemi effectuée, il s'agit de créer une zone libérée et de susciter un mouvement d'insurrection nationale. L'opération débute le 19 octobre ; elle est dirigée par Vicente López Tovar [110], chef de la 204e Division de guérilleros et lieutenant-colonel FFI, et elle mobilise entre 3 500 et 4 000 hommes qui entrent dans le val d'Aran en plusieurs groupes. Le premier jour, les guérilleros contrôlent la moitié du val, mais cependant pas les points stratégiques. Le manque de communication entre les groupes dispersés, l'arrivée rapide dans le val d'Aran de troupes franquistes déjà en alerte et l'absence de réaction de la population locale en faveur des guérilleros contraignent, au bout de quelques jours, ces derniers à une retraite désordonnée. L'ordre officiel d'évacuation est donné dès le 28 octobre suivant par Vicente López Tovar et le représentant du PCE, Santiago Carrillo ; le 29 octobre, le plus gros des troupes se replie vers la France mais beaucoup d'hommes rentrent en ordre dispersé. L'opération même se solde par une soixantaine de morts, mais si l'on prend en compte tous les guérilleros tombés dans les Pyrénées au cours des quatre derniers mois de 1944, le chiffre est beaucoup plus élevé, sans parler des prisonniers [111].

Bien que certains aspects de cette opération restent encore obscurs, il est clair que la décision d'envahir le val d'Aran a été prise directement par la direction communiste de l'UNE, malgré les réticences de certains chefs de guérilleros, dont López Tovar lui-même [112]. L'invasion a été organisée sans concertation aucune avec les FFI et en dépit de nombreux éléments défavorables. Le climat impose les dures conditions météorologiques d'un hiver précoce. Aucun des Alliés ni le gouvernement provisoire du général de Gaulle n'ont intérêt, alors que la guerre n'est pas terminée totalement, d'ouvrir un nouveau front sur les Pyrénées ; la capacité de garantir le calme dans la zone frontalière franco-espagnole est, pour les Américains, un test de l'autorité réelle du Comité français de libération nationale qui entreprend de surveiller plus étroitement la région et d'en éloigner les guérilleros espagnols [113]. Cette opération, presque ouvertement annoncée dans la presse de l'UNE, n'est pas une surprise pour des forces franquistes largement préparées ; tandis que rien ne donne à penser que la population, qui supporte mal la dictature, soit prête à se soulever contre celle-ci. Sur le plan politique, l'UNE qui a acquis une prépondérance incontestable au sein de l'exil pendant la Résistance, voit son hégémonie commencer à se fracturer dès le lendemain de la libération de nombreuses régions, en septembre 1944. Les organisations politiques espagnoles non communistes remettent en cause la prétention de l'UNE à une représentation exclusive de l'exil républicain et fondent, le 9 septembre 1944, une Alliance démocratique espagnole — ADE — où se retrouvent, à l'exception des communistes, toutes les tendances politiques, républicains, nationalistes catalans, socialistes et libertaires, centrales syndicales CNT et UGT comprises [114]. Il est vraisemblable que l'UNE a voulu engager une épreuve de force et une course de vitesse, non seulement contre le franquisme mais aussi face aux Alliés — afin de les mettre devant le fait accompli — et aux autres courants politiques de l'exil, de manière à garder sa prééminence. Mais la tentative d'invasion du val d'Aran se solde par un double échec, militaire et politique, pour l'UNE.

Les lendemains de la Libération :
les fractures au sein de l'exil et les hésitations françaises

L'insuccès de l'opération du val d'Aran ne fait que précipiter une recomposition politique de l'exil espagnol, commencée dès le début de septembre 1944. La situation d'hégémonie politique de l'UNE, et par voie de conséquence celle du PCE, qui a prévalu au sein de l'exil espagnol pendant la clandestinité est en voie d'éclatement rapide. L'Alliance démocratique espagnole se transforme rapidement, le 23 octobre 1944, en un comité de France de la Junte espagnole de libération, fondée à Mexico en novembre 1943. La JEL française est plus large que la JEL mexicaine, car elle rassemble également les deux centrales syndicales. L'acte de constitution de la JEL précise que tout parti ou organisation peut faire partie de la Junte à « la seule condition de son caractère démocratique et de son activité dans ce sens pendant la guerre d'Espagne ». Cette double réserve écarte manifestement à la fois les partis communistes, hégémoniques dans l'UNE en France, et les monarchistes de la CEDA — Confédération espagnole des droites autonomes dirigée par Gil Robles — ralliés à la Junte suprême d'Union nationale constituée en Espagne en 1943 [115]. Les partis et syndicats signataires de l'acte constitutif de la JEL reprochent au PCE son sectarisme et sa prétention à diriger tout mouvement unitaire sur le territoire français — manifestés avec brutalité à la Libération [116] — et son alliance avec la droite monarchiste dans la Péninsule. Les républicains espagnols se déterminent toujours par rapport à un double échiquier politique, celui de l'exil en France et celui de l'opposition au franquisme à l'intérieur de l'Espagne. La droite monarchiste est qualifiée par la CNT de courant « le plus archaïquement réactionnaire d'Espagne [117] » ; courant avec lequel il est impossible de faire l'unité, selon des militants du PSOE, car la mort de nombreux révolutionnaires espagnols le sépare des républicains [118].

Les antagonismes entre l'UNE et les mouvements espagnols non communistes sont apparus au grand jour à la Libération de la

France ; il ne s'agit plus seulement de divergences politiques mais il est imputé à l'UNE la disparition et l'assassinat de récalcitrants et d'opposants. Dans la presse éditée après la Libération par l'ADE et la JEL, il est fait mention de nombreux meetings suspendus du fait de l'intervention de sympathisants de l'UNE et même d'assassinats[119]. Ainsi, *El Socialista* et *C.N.T.* se font l'écho des obsèques d'Auxiliano Benito, membre du comité toulousain du PSOE, « vilement assassiné dans les environs de Toulouse par certains éléments espagnols que, *par chance*, nous connaissons tous ». La tension est telle que, pour calmer les esprits des militants confédéraux, la CNT fait paraître en première page du journal où est évoqué le cortège mortuaire, suivi par les sympathisants et dirigeants de tous les mouvements de la JEL, l'appel suivant : « Sérénité, camarades ! Que personne ne fasse un pas ni ne prenne aucune décision en marge des organismes directeurs... Que les armes que la France républicaine nous a confiées pour défendre la liberté ne servent pas pour nous assassiner comme des insensés[120]. » Dans une lettre adressée au gouvernement provisoire de la République française — GPRF —, les organisations constitutives de l'ADE — républicains, anarchistes, socialistes, nationalistes catalans et syndicalistes de l'UGT et de la CNT — attirent l'attention des nouvelles autorités françaises sur « les manœuvres de la prétendue Union nationale espagnole, laquelle, par tous les procédés imaginables, tente d'absorber ses compatriotes réfugiés afin de disposer d'eux ». Et de citer « quelques cas de violences exercées contre plusieurs Espagnols non acquis à l'Union nationale », à la faveur de la libération de divers départements, dont l'Ariège, l'Aveyron, le Lot ou la Haute-Garonne : emprisonnements, menaces de mort, disparitions inexpliquées, exécutions. Un cas particulièrement odieux est signalé près de Castelnau-Durban, dans l'Ariège : l'assassinat de toute une famille — femme et enfants compris — dont le père avait toujours refusé d'intégrer un maquis de l'UNE en dépit des pressions dont il était l'objet[121].

Les combats de la Libération, dans lesquels les guérilleros de l'UNE ont joué un rôle important dans certaines régions, ont occasionné des règlements de comptes politiques et permis que des groupes plus ou moins contrôlés par l'UNE — mais du moins se réclamant d'elle — aient mis à profit leur toute-puissance du moment pour se débarrasser d'opposants. À l'arrière-plan de cette période de la Libération, se profilent nettement les violents antagonismes de la Guerre civile réactivés au sortir de la clandestinité.

C'est pour cette raison que, pour ne pas être enrôlés dans un groupe de guérilleros de l'UNE après avoir été libérés de la centrale d'Eysses par les FFI le 19 juillet 1944, le dirigeant du POUM Wilebaldo Solano organise, avec ses compagnons libertaires, le bataillon Libertad. S'ils réussissent à sauver Juan Andrade, autre responsable du POUM, laissé par les communistes dans la prison de Bergerac après la libération des autres prisonniers politiques, ils ne parviennent pas à sauver Juan Farré Gassó, militant du même parti, assassiné par des « staliniens » peu après sa libération du camp de Mauzac [122].

Néanmoins, ces clivages internes de l'exil sont encore peu perceptibles aux yeux des Français. Jusqu'à son autodissolution en juin 1945, l'UNE apparaît comme l'organisation représentative de la Résistance espagnole. Il est vrai que les guérilleros qu'elle contrôle constituent une force non négligeable à l'automne 1944, notamment dans le Sud-Ouest. Le commandement militaire de la frontière les estime — ou les redoute — à quelque 10 000 hommes début octobre 1944 dans les départements pyrénéens où les forces FFI ne sont pas supérieures [123]. Du fait de leur rôle actif pendant la guerre, les Espagnols jouissent à la Libération de la sympathie des pouvoirs issus de la Résistance et nombre de personnalités politiques et d'autorités locales ne manquent pas de la manifester. Le préfet de l'Aveyron accorde une interview au journal de l'UNE publié à Rodez, La Unión, et affirme que « l'Espagne fasciste [...] ne doit pas être reconnue et ne le sera pas ». Le ministère des Affaires étrangères espagnol se plaint en avril 1945 auprès du délégué français en Espagne — seul représentant de la France dans un pays avec lequel il n'y a pas de relations diplomatiques officielles, mais seulement des « relations de fait » — de ce qu'un Comité franco-espagnol des Basses-Pyrénées se soit constitué sous la présidence d'honneur du préfet, du maire de Pau et du chef de la 3e Division militaire, avec pour objectif d'obtenir la rupture de toute relation avec l'Espagne. Cependant, il s'agit plus de prises de position en faveur des républicains exilés, contre le régime franquiste, que d'un aval plein et entier donné à l'UNE. Le maire de Perpignan et le préfet de l'Hérault prennent des positions ouvertement antifranquistes ; le préfet d'Alger accepte la présidence d'honneur d'un Cercle García Lorca, association culturelle créée par des républicains. Cette sympathie envers les républicains espagnols est à l'image du vote unanime de la commission des Affaires étrangères de l'Assemblée consultative qui se prononce le 25 mai 1945 pour la rupture des relations avec l'Espagne [124].

Pourtant, dès la Libération, les nouvelles autorités françaises se trouvent de fait partagées entre la sympathie et la reconnaissance envers les Espagnols, le souci de finir la guerre au plus tôt et le désir de réaffirmer l'autorité de l'État. L'agitation entretenue par les guérilleros dans le Sud-Ouest va à l'encontre de la volonté de reprise en main du pouvoir central qui impose partout aux dirigeants de la Résistance de rentrer dans le rang [125]. Les occupations de consulats, les incursions en Espagne et la tentative d'invasion du val d'Aran surviennent à un moment où, la guerre n'étant pas terminée, l'ouverture d'un front au sud de la France apparaît d'autant moins souhaitable que le gouvernement espagnol est représenté à Alger comme le CFLN — Comité français de libération nationale — l'est à Madrid. Il est patent également que les Alliés, les Britanniques en particulier, souhaitent ménager Franco dans le but évident de protéger leurs intérêts dans la Péninsule. En novembre 1944, la direction des FFI constate qu'à partir du moment où le GPRF entretient des relations diplomatiques avec le gouvernement espagnol, il se doit de « veiller à ce que l'ordre public, au-delà des Pyrénées, ne soit pas troublé du fait d'éléments résidant en France [126] ». Si « l'UNE [...] correspond exactement, tant dans ses origines que dans ses buts, à la Résistance française telle qu'elle est représentée par le CNR [Conseil national de la Résistance] », le reproche lui est fait néanmoins de ne pas compter de personnalités vraiment représentatives et d'être manœuvrée par le PCE. Surtout, les exigences politiques du moment empêchent de toute évidence que les résistants espagnols soient laissés libres d'agir pour la réalisation de leur objectif principal :

> Quels que soient les sentiments de reconnaissance que la France puisse avoir pour les réfugiés espagnols qui ont participé à la lutte commune contre les Allemands, quelles que soient les sympathies que peut rencontrer le programme de l'UNE dans la population française, le GPRF s'est trouvé obligé d'interdire aux guérilleros l'accès d'une zone longeant la frontière espagnole et profonde de 20 km. Le GPRF s'est trouvé également obligé de faire procéder à l'évacuation des consulats espagnols, momentanément occupés par les adversaires du général Franco [127].

La presse espagnole attise le feu et mène de fortes campagnes de presse contre « les Espagnols réfugiés [qui] provoquent des désordres dans le sud de la France » ; prétextant l'occupation des consulats espagnols, les effectifs de guérilleros proches de la frontière et des incursions de ces derniers dans la Péninsule, elle prétend qu'« une bonne partie de la France est dominée par les Rouges espagnols [128] ». Aussi, en 1945, la politique de la France envers l'Espagne concilie-t-elle sympathie active envers les républicains espagnols et souci de ne pas envenimer les relations avec Madrid [129]. Le décret du 15 mars 1945 accorde la qualité de réfugiés aux Espagnols qui ont fui le régime franquiste ; mais l'occupation de locaux appartenant à l'Etat espagnol suscite l'irritation de Madrid et Paris fait procéder aux évacuations. Les consulats espagnols occupés par les réfugiés sont tous rendus aux nouvelles autorités espagnoles et la plupart peuvent reprendre leurs fonctions début 1945 ; certains restent toutefois fermés encore quelque temps en raison de troubles ou de menaces, comme à Toulouse, Perpignan, Tarbes, Bayonne ou Agen [130]. La Chambre de commerce espagnole de Paris est évacuée début 1945 et les clés remises au chargé d'affaires officiel. Cependant, pendant plusieurs années, Paris fera la sourde oreille aux récriminations constantes de Madrid au sujet de l'immeuble du 11, avenue Marceau [131]. Bien que Madrid ait obtenu rapidement satisfaction en ce qui concerne la restitution des locaux consulaires et scolaires situés en territoire français, les autorités espagnoles ne cessent de se plaindre auprès du délégué français en Espagne de l'activité incessante des réfugiés en France et de la protection dont ils bénéficient auprès de nombre de personnalités et de pouvoirs locaux [132].

Illustration des incertitudes de la politique française vis-à-vis de l'Espagne en 1945, Georges Bidault, soutenu par de Gaulle, passe outre à la résolution de la commission des Affaires étrangères et signe un accord économique avec Madrid le 15 septembre. Dans la période de pénurie où se trouve la France, cet accord présente de grands avantages pour le pays : en échange de phosphates, de ferraille, d'électricité et de matériel mécanique, la France reçoit des pyrites, indispensables à la fabrication des engrais agricoles, des produits alimentaires, des textiles et un crédit remboursable en trois ans [133]. Ainsi, en dépit du grand capital de sympathie que les résistants espagnols ont gagné auprès de nombre de Français, de personnalités politiques, de dirigeants de la Résistance ou d'autorités locales, les nouvelles donnes de la situation française et internationale sont lourdes de conséquences pour les réfugiés.

Surveillés en permanence, encadrés, soumis aux ponctions autoritaires du travail obligatoire, sans cesse menacés d'internement voire d'extradition, les réfugiés espagnols sont parvenus pendant l'occupation de la France à se réorganiser après un temps de latence dû à la multiplicité des événements et des situations vécus depuis la fin de la Guerre civile. Si l'engagement dans la Résistance n'est pas plus général qu'il ne l'est dans la population française ou chez les autres immigrés, il apparaît cependant proportionnellement plus important. Cet engagement est remarquable tant par le nombre de participants que par la pluralité des modes d'intervention dans la Résistance : comme les liens avec l'Espagne demeurent essentiels, des réseaux de passage clandestin des Pyrénées sont organisés très tôt par les républicains, tandis qu'une presse clandestine espagnole fait son apparition et que les actions armées commencent, dans le cadre de mouvements français ou d'un mouvement autonome. Avec, la plupart du temps, une indépendance affirmée par rapport au reste de la Résistance. Tout au long des diverses phases de cette période et au travers des nombreuses actions menées, l'objectif final affirmé demeure, au-delà de la libération de la France, celle de l'Espagne : les réfugiés espagnols sont persuadés que la victoire des démocraties entraînera le retour de la démocratie en Espagne. Ainsi que le décrit l'écrivain Corpus Barga [134] en 1945, l'expérience historique vécue par les républicains les a mis d'emblée dans une perspective spécifique :

> Les Espagnols qui se trouvaient en France quand les armées d'Hitler l'envahirent n'étaient pas seulement les soldats d'une armée régulière qui, jusqu'au dernier moment, avaient lutté pour la défense de leur patrie. Ils n'étaient pas non plus des émigrés normaux, incorporés à la vie économique du pays qui les avait accueillis. Ils étaient encore moins des aventuriers disposés à se mêler allégrement à tout ce qui serait risques et aventures... Ils savaient que leur guerre avait été seulement le premier acte de la catastrophe que le fascisme allait rendre inévitable. Pour eux la lutte n'était pas terminée [135].

V

Entre exil provisoire et définitif...
au lendemain de la Seconde Guerre mondiale

> Ami, ce que l'exil a de plus importun,
> Lui dis-je, c'est qu'on est en proie à la chimère.
>
> Victor Hugo,
> *Les Bannis, La Légende des siècles*

Ce n'est qu'au lendemain de la guerre mondiale, avec le rétablissement progressif de la paix, que l'exil espagnol prend les contours géographiques et sociologiques qui seront les siens pendant les décennies suivantes. Depuis les débuts de l'exil, compte tenu des vicissitudes rencontrées, l'impératif de survie a été un élément déterminant de la situation des réfugiés, tout particulièrement pendant les années de guerre ; d'ailleurs, nombre de réfugiés espagnols, dont le chiffre est encore difficile à donner avec précision, ont trouvé la mort au cours de la période. Dans la nouvelle colonie espagnole qui se dessine après la Libération, les réfugiés occupent une place considérable. Une place qui ira croissant jusqu'à l'aube des années 1950 avec l'arrivée de milliers de clandestins venus de la Péninsule. Géographiquement, la présence des réfugiés contribue notablement à élargir les zones traditionnelles de l'implantation hispanique. Si la mobilité reste importante au cœur de l'Hexagone, une stabilisation tend assez rapidement à se produire du fait de la recherche de réseaux d'accueil et de la nécessité de trouver un emploi. Socialement, la colonie espagnole se diversifie grâce à l'apport des émigrés de la Guerre civile à qui est enfin octroyé le statut de réfugiés politiques. Les mécanismes d'insertion dans la « vieille immigration » et dans la société française elle-même sont divers et complexes. Les républicains espagnols considèrent leur exil comme passager et, durant cette période, leur installation a un caractère volontairement provisoire ; mais, du fait de la longévité du franquisme et de la prolongation de l'exil, un lent processus d'intégration en France est cependant en marche.

Les réfugiés espagnols en 1945

Dès les débuts de l'année 1945, un certain nombre d'organismes dédiés à l'assistance aux personnes déplacées se préoccupent du sort des républicains espagnols. Le CIR, le Comité intergouvernemental pour les réfugiés mis en place en 1938 et dont le siège est à Londres, reçoit des rapports adressés par diverses associations ou par ses propres représentants. Ce qui attire dans un premier temps l'attention des observateurs, ce sont les situations de tension créées par la présence des réfugiés espagnols dans le Sud-Ouest ; malgré l'évacuation des républicains hors des consulats franquistes, les titulaires de ces lieux n'osent pas les regagner. Le rôle des Espagnols dans les comités de libération est également souligné au point que le délégué en France du CIR remarque qu'« il y a quelque étonnement à ce que des citoyens français soient arrêtés sur les routes par lesdits Espagnols, revêtus ou non de l'uniforme français[1] ». Au-delà de ces observations sur le climat entretenu par certains groupes, tous les rapports constatent la difficile situation des réfugiés espagnols au sortir de la guerre. Si la présence des travailleurs agricoles espagnols est « non seulement tolérée mais souvent même souhaitée » et si, de façon générale, les travailleurs manuels sont momentanément intégrés dans l'économie locale, les intellectuels qui parlent très mal le français n'ont guère trouvé à s'employer et vivent difficilement. Le délégué en France du CIR, le gouverneur V. Valentin-Smith, remarque en particulier que les Espagnols de la zone Nord se trouvent dans une situation beaucoup plus précaire que ceux du Midi :

[Dans le Midi], les Espagnols sont employés à des travaux agricoles ; ils sont de très bons travailleurs et y rendent des services qui atténuent, dans la population, le sentiment général de xénophobie dont je vous ai plusieurs fois parlé [...]
Dans la zone Nord, au contraire, dont le Service social d'aide aux

émigrants [SSAE] (Mme Chevaley) s'occupe plus spécialement, la situation des Espagnols est extrêmement difficile et Mme Chevaley serait très anxieuse de recevoir un secours pour empêcher les milliers d'Espagnols qui s'adressent à elle de mourir de faim et de froid. Elle m'a cité des cas très douloureux[2].

Le représentant en Europe occidentale de l'Unitarian Service Committee américain décrit également la difficile situation matérielle des Espagnols en France : « La Guerre civile, l'internement, la prison, les persécutions de la Gestapo ont laissé des marques indélébiles : tuberculose, maladies intestinales, anémie rampante, spécialement chez les enfants[3]. » D'anciens résistants, membres des FFI, sont malades et nécessitent des secours ; une quarantaine d'entre eux sont abrités dans un château réquisitionné à Oloron et un nombre équivalent de tuberculeux, soignés à l'hôpital Purpan, à Toulouse. Au problème des mutilés de guerre, s'ajoute celui des familles dispersées, provisoirement ou définitivement privées de soutien financier parce que le père est combattant, déporté ou mort. Divers centres abritent des femmes, des enfants, des vieillards et des mutilés espagnols, aux côtés d'autres réfugiés. Ils sont une centaine dans le Limousin, à La Meyze et Sereilhac ; autant se retrouvent dans le Puy-de-Dôme à Combronde, Châteauneuf-les-Bains et Nebouzat. Dans le Sud-Ouest, à Septfonds et à La Pomponne, des enfants, des mutilés et des adultes espagnols sont également hébergés[4].

Le Secours Quaker indique que de nombreux réfugiés n'ont pas trouvé de travail depuis la Libération parce que celui qu'ils occupaient pendant la guerre n'existe plus ; d'autres ont quitté l'emploi qu'ils occupaient dans les départements de l'intérieur afin de se rapprocher de la frontière et se trouvent sans moyens de subsistance. Aux réfugiés d'avant-guerre viennent s'ajouter de nouveaux arrivants d'Espagne, surtout des déserteurs de l'armée, généralement internés un mois ou deux dans le camp de Rivesaltes et sans ressources lorsqu'ils sont libérés. Beaucoup d'Espagnols travaillent dans les campagnes et les familles dont le père est déporté, requis pour le STO ou malade reçoivent une aide des préfectures. Les Quakers apportent une assistance à une centaine de familles dans l'Hérault et les Pyrénées-Orientales ; ils emploient soixante Espagnols à Montauban et distribuent des vêtements, du lait et quelques subsides à Toulouse. Leur aide est complémentaire de celle du SSAE à Marseille et à Toulouse, tandis que ce dernier organisme s'occupe des Espagnols surtout à Paris et à Bordeaux [5]. Les déportés espagnols survivants commencent également à revenir en France ; il ne peut s'agir pour eux d'un véritable rapatriement, mais d'un retour vers une terre d'exil, comme le remarque Jorge Semprún :

> J'ai pensé à tout ce qu'il y aurait à dire sur ces deux mots : retour, rapatriement. Le second, bien entendu, était pour moi dépourvu de sens. Tout d'abord, je n'étais pas revenu dans ma patrie en revenant en France. Et puis, si l'on allait au fond des choses, il était clair que je ne pourrais plus jamais revenir dans aucune patrie. Il n'y avait plus de patrie pour moi. Il n'y en aurait jamais plus. Ou alors plusieurs, ce qui reviendrait au même.
>
> [...] Mais le mot « retour » n'aurait pas tout à fait convenu non plus, malgré son apparente neutralité. Certes, d'une façon purement descriptive, on pourrait dire que j'étais retourné à mon point de départ. Mais celui-ci était occasionnel : je n'étais pas retourné chez moi. J'aurais pu être arrêté n'importe où, revenir n'importe où. Du coup, on retombait sur la figure précédente du discours, concernant le retour, son improbabilité. Plus encore : étais-je vraiment retourné quelque part, ici ou ailleurs, chez moi ou n'importe où ? La certitude qu'il n'y avait pas vraiment eu de retour, que je n'en étais pas vraiment revenu, qu'une part de moi, essentielle, ne reviendrait jamais, cette certitude m'habitait parfois, renversant mon rapport au monde, à ma propre vie [6].

Cependant, avant la fin du premier trimestre de 1945, le statut juridique des réfugiés espagnols est enfin précisé. Le gouvernement français étend à ces derniers le mécanisme de protection institué avant la guerre pour les réfugiés russes et arméniens [7]. Le décret du 15 mars 1945 accorde la qualité de réfugiés aux Espagnols qui, en droit ou en fait, ne jouissent pas de la protection du gouvernement espagnol [8] : il leur donne ainsi le bénéfice du statut international des réfugiés tel qu'il résulte de la Convention du 28 octobre 1933, c'est-à-dire le bénéfice du statut Nansen attribué avant la Seconde Guerre mondiale aux Russes, aux Arméniens, aux Assyriens, aux Assyro-Chaldéens et assimilés et aux Sarrois [9]. Les réfugiés espagnols reçoivent un certificat d'identité et de voyage, dont le modèle est quasiment identique à celui du passeport Nansen, dont la dénomination est officiellement supprimée après guerre tout en demeurant présente dans le langage administratif courant. Un Office central pour les réfugiés espagnols —

OCRE —, créé par le décret du 3 juillet 1945, est chargé d'assurer la protection juridique et administrative des réfugiés[10]. Le CIR — puis l'OIR, l'Organisation internationale pour les réfugiés qui lui succédera à la fin de 1946 — patronne l'Office. Après la publication du décret, le gouvernement français demande en effet au CIR de constater que les réfugiés espagnols relèvent de son mandat général et l'invite à assumer leur représentation légale et administrative. L'OCRE est placé, en France, sous la triple tutelle des ministères de la Justice, des Affaires étrangères et de l'Intérieur[11]. La direction de l'OCRE est assumée par le personnel diplomatique ou consulaire espagnol qui a exercé antérieurement des fonctions en France et y a un domicile ininterrompu depuis 1932[12].

Peu de temps après la constitution de l'Office, ses responsables entreprennent une vaste tournée dans les départements où les Espagnols sont nombreux et dressent, pour le CIR, un bilan de la situation des réfugiés au lendemain de la guerre mondiale. À la fin du mois d'août 1945, le directeur de l'OCRE, Fernando G. Arnao, fait part au gouverneur V. Valentin-Smith des résultats de l'enquête, menée tant auprès des administrations préfectorales qu'auprès des délégués de l'Office dans les régions. En Auvergne, les réfugiés sont nombreux dans le Cantal tandis que, dans le Puy-de-Dôme, sur environ 2 800 Espagnols présents, une cinquantaine seulement sont des réfugiés. La plupart des réfugiés présents dans ce dernier département travaillent et sont appréciés de la population française. Cependant, dans le Puy-de-Dôme, des malades, des femmes et des enfants sont encore hébergés dans les camps de Nebouzat, Châteauneuf-les-Bains et Combronde. Dans le Languedoc-Roussillon la concentration de réfugiés espagnols est tout à fait importante ; ils sont autour de 800 dans le Gard, dont la presque totalité a un emploi, et ils sont considérés comme d'excellents travailleurs. Beaucoup plus nombreux dans l'Hérault, les réfugiés y sont autour de 6 000, employés surtout à des travaux agricoles ; l'aumônerie protestante de Lunel vient en aide à plus de 200 réfugiés espagnols, protestants ou sympathisants, domiciliés dans ce département ou en Haute-Garonne, dans le Tarn et le Tarn-et-Garonne. À Carcassonne, une maison de repos organisée sous les auspices du Comité d'accueil et d'aide aux réfugiés espagnols rapatriés des camps de concentration d'Allemagne accueille des déportés rescapés. Dans les Pyrénées-Orientales, environ un tiers des 40 000 Espagnols présents dans le département sont des réfugiés, dont le nombre s'accroît considérablement avec l'arrivée de clandestins en provenance d'Espagne. Le secrétaire général de la préfecture des Pyrénées-Orientales constate que les relations entre la population française et les réfugiés espagnols sont « les meilleures », car ces derniers, très souvent Catalans, partagent la même langue et les mêmes coutumes que les autochtones. En grande majorité, les réfugiés de l'Hérault gagnent leur vie, mais quelques intellectuels sont dans une situation délicate ; le préfet du département signale cependant que

> les excellents rapports existant depuis l'exode espagnol entre les réfugiés et les Français se sont considérablement refroidis comme conséquence des abus commis par certains groupes de « guérilleros » lors de la Libération. La démobilisation des « guérilleros » a produit le meilleur effet et, petit à petit, l'animosité entre la population française et les réfugiés tend à disparaître [13].

Dans la région de Toulouse et dans les départements pyrénéens, les réfugiés espagnols sont évidemment très nombreux mais leur effectif est difficile à établir avec précision à cette date. Près de la Ville Rose, dans des baraquements construits dans l'ancienne poudrerie à l'initiative du maire et baptisés « Ville de Don Quichotte », ont été installés environ 300 réfugiés récemment arrivés des camps allemands. En Haute-Garonne, depuis que les formations de guérilleros ont été désarmées et qu'un certain nombre de combattants, rassemblés un temps dans la région, se sont éparpillés dans d'autres départements, les relations entre les Français et les réfugiés sont redevenues aussi cordiales qu'avant. Le préfet du Gers fait un grand éloge des réfugiés, employés surtout dans l'agriculture et considérés comme de bons travailleurs, et il estime que l'essor du département est dû dans une large mesure à la main-d'œuvre agricole espagnole. Les Basses-Pyrénées voient, comme les Pyrénées-Orientales, affluer des clandestins, qui sont dirigés pareillement vers le camp de Gurs ; la majeure partie des réfugiés déjà présents sont basques ou navarrais, ce qui concourt à l'excellence des relations avec les Français. En Gironde, au moins un tiers des 20 000 Espagnols sont des réfugiés qui vivent en bonne harmonie avec la population locale ; dans le quartier bordelais de la place de la Victoire, les Espagnols sont presque aussi nombreux que les Français. Les réfugiés de la région ont vécu des moments difficiles dès l'arrivée des Allemands, contraints en grand nombre à travailler pour l'organisation Todt,

et ont participé ensuite aux combats de la Libération, notamment
à la réduction des « poches » allemandes de l'Atlantique. La seule
accusation grave rapportée de leur tournée par les responsables de
l'OCRE provient de Dordogne où des réfugiés espagnols, anciens
maquisards, se sont trouvés mêlés à des attentats contre certains
collaborateurs que l'opinion publique considérait comme insuffi-
samment châtiés [14].

Le CIR met des crédits à la disposition de sa délégation en
France pour assurer, sous le contrôle et avec l'aide de différentes
organisations bénévoles, l'assistance des Espagnols républicains
réfugiés en France. Entre le mois de septembre 1945 et le début
juillet 1946, le tiers de ces fonds est distribué par le SSAE, un
autre tiers par les Quakers et le reste par différents organismes
tels que l'Unitarian Service Committee ou l'American Christian
Committee. « Tout réfugié espagnol, pour être assisté, doit fournir
le numéro du certificat de nationalité délivré par l'OCRE et
authentifié par [le CIR] [15]. » En revanche, l'assistance des blessés
de la Guerre civile espagnole — ainsi que les pensionnables —
incombe au gouvernement républicain en exil constitué au
Mexique. En Afrique du Nord, il y aurait encore à la fin de 1945,
environ 10 000 réfugiés, dont les huit dixièmes sont des hommes,
tous inscrits à l'Amicale d'entraide aux réfugiés espagnols ; une
aide permanente est nécessaire pour 180 personnes. Le sort des
déportés survivants reste longtemps précaire. Le délégué en
France du CIR signale au préfet de Haute-Garonne en mars 1946
que plusieurs milliers d'anciens déportés espagnols envisagent de
revenir dans le Sud-Ouest : ils sont actuellement soit dans la
région parisienne, où ils vont être prochainement privés d'hébergement faute de crédits ministériels, soit dans des zones d'occupation alliée et sur le point de retourner en France [16].

À la fin de la guerre mondiale, la situation des exilés républicains est diverse. Si beaucoup sont insérés dans la vie locale, les
séquelles des errances liées à l'exil et à la guerre sont visibles chez
un grand nombre d'entre eux. Aux situations difficiles vécues par
les anciens déportés, les blessés et les mutilés des deux guerres,
s'ajoutent les problèmes des familles séparées, la précarité des
conditions de vie de beaucoup, les maladies dues à des états physiques déficients depuis des années ; des camps perdurent pour ceux
qui n'ont pas d'autre alternative. Assurément, l'application aux
Espagnols dès le printemps 1945 de la convention internationale

de 1933 relative aux réfugiés constitue pour eux une protection inestimable : le droit au séjour leur est enfin reconnu et beaucoup — au lieu de la carte de résident ordinaire de trois ans — bénéficieront d'une carte de « résident privilégié » valable dix ans. Les réfugiés peuvent trouver librement du travail et s'installer dans la région de leur choix. Une « normalité » s'instaure ainsi dans le déracinement de l'exil ; les premières années d'après-guerre, cette situation est vécue cependant comme provisoire, tant l'espoir est grand de repartir vite en Espagne et beaucoup refusent toute « installation », persuadés qu'ils auront regagné Madrid ou Barcelone l'année suivante. Ce sentiment de vivre dans le transitoire conduit beaucoup d'entre eux à ne pas acheter, dès qu'ils ont quelques revenus, d'autres meubles que ceux strictement nécessaires. Les réfugiés, avec leurs particularités, seront toutefois amenés insensiblement à se fondre dans la population espagnole de France et dans la société française.

Qui sont les réfugiés ? Origines géographiques et socioprofessionnelles

De par leur origine sociale, les réfugiés présents après guerre sur le sol français ne se distinguent pas radicalement, dans leur grande masse, des Espagnols qui les ont précédés dans l'Hexagone ; néanmoins, de réelles différences sociales caractérisent un certain nombre de réfugiés par rapport aux émigrants antérieurs. Cette situation d'ensemble de l'après-guerre s'explique par le fait que nombre de représentants des professions libérales et d'intellectuels ont réémigré vers l'Amérique latine et ceux qui restent en France sont, dans leur grande majorité, des hommes de troupe de l'armée républicaine. Dans la plupart des bateaux partis pour le Mexique, tels le *Sinaia,* l'*Ipanema* ou le *Mexique,* la proportion des réfugiés appartenant au secteur tertiaire est élevée, composée plus particulièrement d'enseignants, d'artistes, de médecins, de journalistes et d'avocats [17]. De manière générale, plus de la moitié des Espagnols accueillis par le Mexique de 1939 à 1948 appartiennent au secteur tertiaire et, pour une grande part d'entre eux, aux professions libérales [18]. Un recensement de juillet 1942 de la Légation du Mexique fait état de 3 892 officiers et sous-officiers, ainsi que de 1 743 médecins, 1 224 avocats, 431 ingénieurs, architectes et techniciens, 216 professeurs de l'enseignement secondaire,

156 professeurs d'université[19]. Cette prépondérance du secteur tertiaire et des intellectuels se retrouve dans les autres pays latino-américains qui ont reçu des réfugiés espagnols. Cet état de fait, qui ne correspond pas forcément aux souhaits mêmes des pays d'accueil, désireux le plus souvent de recevoir des agriculteurs et surtout des techniciens et des ouvriers qualifiés, a assurément des causes multiples : la proximité socioculturelle des réfugiés du secteur tertiaire et des intellectuels avec les responsables du SERE et de la JARE n'est pas seule en cause. La difficulté pour cette catégorie sociale de trouver en France une profession correspondant à ses capacités y est également pour beaucoup ; l'effet d'entraînement et l'émigration en chaîne d'intellectuels, à partir de noyaux initiaux qui ont trouvé une insertion satisfaisante en Amérique latine, a fait le reste. Enfin, peut-être moins démunis financièrement pour commencer une nouvelle vie en terre américaine, ces réfugiés ont probablement aussi une meilleure connaissance des pays d'outre-Atlantique et une conscience plus nette de l'ampleur de la défaite. L'exil de la Guerre civile se trouve non seulement dispersé géographiquement mais aussi, d'une certaine manière, scindé socialement.

Selon les estimations globales dont nous disposons, les catégories socioprofessionnelles d'origine les plus massivement représentées en France relèvent, comme pour l'immigration économique espagnole de l'entre-deux-guerres, des secteurs industriel et agricole. D'après un recensement effectué en juin 1939 par le SERE auprès de 159 000 réfugiés internés dans les camps, ces secteurs sont évalués respectivement à environ 45 % et 30 % de l'ensemble des réfugiés. En dépit d'un taux de réponses difficiles à classer, situé autour de 13 %, cette même enquête fait apparaître un secteur tertiaire de plus de 10 %. Cette image de l'exil est toutefois incomplète puisqu'elle ne fait état ni des réfugiés civils qui ont pu échapper à l'internement et appartiennent pour une grande part d'entre eux au secteur tertiaire, ni de la grande majorité des femmes, dont un certain nombre d'enseignantes ou d'infirmières accompagnatrices de colonies d'enfants. Tel qu'il se présente, ce recensement souligne néanmoins les principaux traits de la composition sociologique de l'exil et l'on peut constater que les salariés de l'agriculture forment la grande masse des internés, soit près de 29 %, suivis par les ouvriers de la métallurgie, les mécaniciens et les électriciens qui représentent environ 12 %. La proportion d'ouvriers qualifiés est plus importante que dans les émigrations précédentes, notamment dans la métallurgie, la mécanique, l'électricité et les transports[20]. Le secteur tertiaire est également beaucoup plus développé et diversifié qu'auparavant, évalué de 10 à 12 % de l'ensemble[21]. Il est composé d'employés de commerce, de fonctionnaires (employés, professeurs, instituteurs), de militaires de carrière, d'ingénieurs ou de membres des professions libérales (médecins, pharmaciens, infirmiers, dentistes, opticiens, architectes, graphistes...). Les différences d'origine géographique entre les réfugiés et les immigrés des périodes précédentes expliquent probablement en partie les dissemblances sociales ; la Catalogne, proche de la France mais plus prospère sur le plan économique, a peu alimenté jusqu'à présent les flux migratoires ibériques vers la France et les migrants provenaient majoritairement, jusqu'à la Guerre civile, des provinces plus méridionales du Levant. Or, la Catalogne, aux activités économiques diversifiées et au niveau culturel élevé, fournit un fort contingent d'exilés et un pourcentage élevé de professions intellectuelles et de cadres dirigeants d'entreprises industrielles et commerciales[22].

Une particularité de l'émigration politique de la guerre d'Espagne est qu'elle reflète socialement l'Espagne de son époque : il s'agit d'un pan entier de la société espagnole qui est parti, dans des proportions pratiquement identiques, dans ses composantes, à celles du pays d'origine. Bien que minorée par rapport à la place du secteur primaire qui occupait en 1930 plus de 45 % de la population active en Espagne même[23], la présence importante de réfugiés issus du monde rural marque une spécificité de l'exil espagnol : elle est le reflet de la place prédominante du secteur agricole dans la société espagnole, mais surtout de la mobilisation des paysans pendant la Guerre civile, notamment dans les collectivités agraires développées à l'instigation des anarchistes, tout particulièrement en Aragon, en Catalogne et dans le Levant. Quant à la prééminence des travailleurs du secteur secondaire dans l'exil, alors qu'ils ne sont qu'un peu plus de 26 % de la population active espagnole dans les années 1930, elle s'explique assurément par le recrutement, en majorité ouvrier, des organisations politiques et syndicales de la gauche et de l'extrême gauche, notamment en Catalogne. Bien que les données sur l'origine socioprofessionnelle des réfugiés soient rares et que la grande majorité des documents établis en France — tels les recensements de population ou les dossiers de naturalisation — indiquent préférentiellement l'emploi occupé dans l'Hexagone, ces principaux traits de l'exil espagnol se trouvent confirmés dans divers départements.

Dans le Cher et le Loir-et-Cher, l'éventail des professions marque une prépondérance des secteurs secondaire et primaire, et atteste la présence d'employés, de fonctionnaires, d'enseignants[24]. À Cransac, dans l'Aveyron, les réfugiés occupaient en Espagne des emplois de manœuvres, mineurs, ouvriers d'usine, cultivateurs, journaliers agricoles, artisans, commerçants, employés ou fonctionnaires ; des femmes sont modistes, mercières ou infirmières[25]. En Haute-Garonne, parmi les réfugiés qui obtiennent leur naturalisation en 1955 et 1956, la grande majorité de ceux qui étaient en âge d'avoir une profession en Espagne étaient agriculteurs ; quelques-uns étaient ouvriers spécialisés — ajusteurs, monteurs ou tourneurs — ou maçons. La présence d'un militaire de carrière rappelle la diversité sociale de l'exil. La plupart des femmes se déclarent sans profession, mais dans le cas des paysans cela signifie tout simplement qu'elles travaillaient à la ferme avec le reste de la famille ; il y a cependant des ouvrières de filatures, originaires notamment de Catalogne. Quant à la provenance géographique de ces nouveaux citoyens français de la région toulousaine, elle est essentiellement catalane : ils sont très nombreux à venir de Barcelone, de Tarragone ou de Lérida, de ces villes mêmes ou des environs proches. Mais ils sont issus également de Castille — régions de Madrid et Valladolid — ou d'Aragon, des environs de Saragosse et de Huesca ; plus minoritairement, ils proviennent d'Albacète, Murcie, Algésiras, Santander, Badajoz, Almería ou Jaen[26]. Ces données relatives à un groupe relativement restreint de personnes sont corroborées par d'autres enquêtes faites à partir d'échantillons plus importants[27]. La Catalogne apparaît comme la principale région d'origine, suivie par l'Aragon, l'Andalousie — notamment Grenade et Cadix —, le Levant — aux traditions migratoires anciennes vers la France — et la Nouvelle-Castille. L'appartenance socioprofessionnelle est liée également à l'origine géographique. Les régions industrielles fournissent une bonne partie des ouvriers qualifiés : Pays basque, Catalogne, Nouvelle-Castille, Santander. Les régions agraires sont les principaux lieux de naissance des ouvriers non qualifiés : Aragon, Navarre, Levant, Andalousie[28]. Si la Catalogne est particulièrement représentée dans l'exil, elle ne constitue cependant que l'une des régions d'origine des réfugiés ; de par la mobilisation, le volontariat et les divers déplacements à l'intérieur même de la

Péninsule en liaison avec l'évolution des fronts militaires, la Guerre civile a opéré de nombreux brassages de populations. L'exil est particulièrement riche de cette diversité géographique et sociale que l'on ne trouve pas dans les émigrations antérieures et postérieures.

L'exil est composé en effet des cadres de la Seconde République espagnole. La quasi-totalité des réfugiés responsables ou animateurs des activités politiques et culturelles de l'exil, particulièrement de la presse et du réseau associatif, sont des responsables politiques ou syndicaux, des intellectuels et des membres des professions libérales. Cependant, la seule caractérisation socioprofessionnelle est insuffisante pour appréhender dans sa complexité la réalité sociale de l'exil espagnol. En effet, nombre de dirigeants de partis et de mouvements — et non des moindres par leurs responsabilités passées en Espagne puis dans l'exil — sont d'anciens ouvriers ou artisans ; ce sont avant tout des militants politiques et syndicaux dont l'expérience et le niveau de culture sont assez différents de ceux que leur catégorie sociale d'origine est censée avoir. C'est le cas de beaucoup de militants de base, que leur goût pour la culture et leurs activités en Espagne — notamment pendant la Guerre civile — ont transformés en autodidactes aux connaissances diverses et étendues. C'est l'une des caractéristiques fondamentales de cet exil que d'être porteur d'une expérience historique qui ne permet pas d'appliquer les critères habituels de l'analyse sociologique. Ainsi, pour ne prendre que l'exemple de la CNT, deux dirigeants sont maçons de leur état : Cipriano Mera et José Peirats. Le premier, organisateur du syndicat du bâtiment en Espagne dans les années 1920, est le vainqueur des Italiens à Guadalajara en 1937 et l'un des membres du Conseil de défense de Madrid à la fin de la guerre ; en exil, il continue à travailler comme maçon, auréolé d'un prestige important. José Peirats, autre ouvrier du bâtiment, est également journaliste et écrivain, membre de la Société des auteurs espagnols, officier d'état-major pendant la Guerre civile et secrétaire de la CNT « apolitique » en exil à plusieurs reprises. Le directeur des publications de la Généralité de Catalogne en exil, Andreu Cortines, est un ancien ouvrier barcelonais qui exerce un emploi similaire en exil à Boulogne-Billancourt, chez Renault, après avoir été membre du réseau d'évasion Vic pendant la Seconde Guerre mondiale.

Les porte-parole de l'exil, que l'on retrouve à la tête des nombreuses publications espagnoles, sont soit des responsables politiques et syndicaux, soit des intellectuels, soit le plus souvent les deux à la fois. Cela n'a rien d'étonnant si l'on se rappelle que la Seconde République a marqué l'arrivée au pouvoir des intellectuels, à la place d'une classe politique défaillante ou absente ; intellectuels de profession ou « intellectuels organiques », au sens gramscien du terme, qui jouissent d'une certaine audience dans un milieu déterminé, celui du parti, du syndicat ou de l'association où ils jouent un rôle dirigeant. L'exil compte d'anciens journalistes professionnels et des enseignants, très présents dans ses activités publiques. Nombre de noms de la fine fleur du journalisme espagnol d'avant l'avènement du franquisme participent à la presse de l'exil. Il y a d'anciens collaborateurs d'*El Sol*, le journal libéral qui a été le porte-parole d'une fraction éclairée de la bourgeoisie espagnole et a fortement contribué à la proclamation de la République, comme Luis Araquistáin, Benito Artigas Arpón[29], Julio Alvarez del Vayo, Corpus Barga, Salvador de Madariaga, Felipe Aláiz[30] ou Rodolfo Llopis. Mario Aguilar, ex-directeur du quotidien populaire de Barcelone *El Día gráfico,* démocrate de gauche indépendant, dont le talent et la probité sont loués par tous, dirige à Montpellier l'intéressant *Sagitario* et collabore à de nombreux autres titres. Arsenio Jimeno, ancien directeur de *Vida nueva* à Saragosse, dirige divers journaux du PSOE dans l'exil[31]. Andrès Saborit Colomer, qui a succédé à Pablo Iglesias à la direction d'*El Socialista* dans les années 1920, est à nouveau chargé du journal à Toulouse à la fin des années 1940[32]. Felipe de Urcola, directeur avant la Guerre civile du quotidien de Saint-Sébastien *El Pueblo vasco,* est responsable de diverses publications basques en France. D'anciens enseignants participent également à la presse de l'exil : professeurs d'université comme l'anthropologue basque José Miguel Barandiarán, le linguiste catalan Pompeu Fabra ou le juriste Félix Montiel. Il faut se rappeler que Juan Negrín, diplômé de médecine de l'université de Leipzig, a été professeur de physiologie à l'université de Madrid avant d'être ministre et que Rodolfo Llopis, secrétaire du PSOE en exil, est ancien professeur d'école normale et ex-directeur général de l'enseignement primaire.

Des membres des professions libérales sont également présents dans l'exil, comme l'architecte Gabriel Pradal, directeur d'*El Socialista* dans les années 1950, qui a réalisé notamment la Casa del Pueblo de Madrid[33], ou comme les avocats Amadeu Hurtado ou Ricardo Gasset. Amadeu Hurtado, doyen de l'ordre des avocats en 1922, a été également patron de presse, propriétaire de *La Publicidad*, journal moderne et de qualité ; il a soutenu financièrement et politiquement deux journaux madrilènes partisans des Alliés pendant la Première Guerre mondiale, *El Liberal* et *El Heraldo*. Ricardo Gasset, directeur de *L'Espagne républicaine* et de *L'Espagne*, a été journaliste, avocat, député pour la Galice de l'Unión republicana, sous-secrétaire d'État aux Communications et aux Transports ; il joue, à Toulouse au lendemain de la Libération, en tant que représentant de la JEL du département, le rôle d'une sorte d'ambassadeur de l'exil auprès des hommes politiques français avec lesquels il a tissé un réseau de relations. Comme on le verra ultérieurement, de nombreux artistes sont également réfugiés en France et leur présence témoigne encore de la diversité sociale de l'exil espagnol.

La place de l'exil dans une colonie espagnole nouvelle

La présence des réfugiés de la Guerre civile transforme profondément la structure de cette colonie : d'abord, elle contribue à ce que celle-ci soit la seule population étrangère à avoir vu ses effectifs augmenter entre l'avant-guerre et l'après-guerre. D'autre part, les réfugiés constituent un pourcentage important de cette colonie, dont ils modifient sensiblement la composition socioprofessionnelle et élargissent l'implantation géographique. Ainsi, d'après l'enquête effectuée tout au long de l'année 1945 auprès des étrangers de plus de quinze ans — et ceux de moins de quinze ans exerçant une profession —, la population espagnole en France s'est accrue de plus de 26 % entre 1936 et 1945, passant d'environ 206 000 personnes à un peu plus de 260 000 personnes adultes ; ce nombre est en réalité supérieur du fait que les enfants n'ont pas été pris en compte. Les Espagnols représentent un cas d'exception car, dans le même temps, l'ensemble de la population étrangère de France a baissé de près de 16 % ; toutes les autres catégories d'étrangers ont vu leurs effectifs diminuer, à l'exception, dans une proportion bien moindre, des Hollandais et des Polonais. Cette diminution est due notamment à des départs volontaires et forcés, les juifs étrangers ayant été particulièrement éprouvés par les déportations. Les Espagnols représentent cependant, comme avant-guerre, le troisième contingent de population étrangère en France, toujours derrière les Italiens et les Polonais.

Dans le cadre de cette enquête de 1945, plus de 103 000 Espagnols déclarent être arrivés entre 1936 et 1945, soit près de 40 % de l'ensemble : il s'agit donc d'une population assez largement renouvelée, où les réfugiés occupent une place importante. En 1945, l'implantation des Espagnols est encore marquée par la répartition géographique imposée aux réfugiés à leur arrivée et pendant la guerre mondiale. Dans les départements de l'Ouest, tels le Finistère, la Manche, l'Ille-et-Vilaine, la Loire-Inférieure, la Mayenne, la Sarthe, l'Eure-et-Loir, le Maine-et-Loire, la Vendée ou les deux Charentes, mais aussi dans ceux du Centre comme dans le Loir-et-Cher, l'Indre-et-Loire, la Corrèze, ou le Cantal, qui ne sont pas les zones traditionnelles de l'immigration hispanique, les Espagnols constituent la nationalité étrangère prépondérante [34]. Le grand Sud-Ouest voit sa population espagnole s'accroître d'un tiers, et l'aire d'implantation y est plus vaste qu'auparavant : elle s'étend jusqu'à la Dordogne, au Lot et à l'Aveyron. Le Sud-Est, des Alpes-Maritimes à l'Hérault, accuse une diminution, tandis que les effectifs restent stationnaires dans les régions parisienne et Rhône-Alpes.

La population active espagnole a, elle aussi, connu un net accroissement entre 1936 et 1945 : elle passe d'un peu plus de 141 000 personnes à 185 000, ce qui représente plus de 31,1 % d'augmentation. Dans le même temps, les deux groupes étrangers les plus nombreux avant guerre voient leur population active décroître : les Italiens marquent une baisse de plus de 30 % et les Polonais de 5,8 % [35]. Chez les actifs espagnols, le poids du secteur rural — agriculture et forêts — est prépondérant ; ce secteur d'activité occupe plus de 74 000 personnes, environ 40 % de l'ensemble, soit encore plus qu'avant guerre. Mais le recensement, commencé avant même l'achèvement de la guerre mondiale, fait état d'une situation révélatrice des emplois occupés par les réfugiés pendant les années du conflit et évoque notamment le rôle des chantiers forestiers dans la constitution des maquis espagnols. Les autres secteurs d'activité importants sont les industries de transformation, qui occupent plus de 58 000 Espagnols, la manutention et les transports qui en emploient près de 19 000. Ces données indiquent également que les réfugiés ont trouvé une insertion professionnelle qui n'est guère différente de celle des immigrés espagnols arrivés antérieurement : l'exilé politique devient aussi un immigré du travail.

Lors du recensement de 1946, la nouvelle colonie espagnole apparaît encore assez dispersée dans l'Hexagone ; la tendance au regroupement dans les zones traditionnelles d'implantation hispanique a cependant commencé, même si de nombreux réfugiés finissent par s'installer dans les régions où le hasard de la géographie imposée par les autorités françaises les a placés avant ou pendant la guerre mondiale. Bien que ce recensement ne différencie pas les réfugiés de la Guerre civile des immigrants plus anciens, l'on peut constater que cinq départements rassemblent alors chacun plus de 20 000 Espagnols : l'Hérault, les Pyrénées-Orientales, l'Aude, la Gironde et la Seine. Trois départements ont entre 14 000 et 19 000 Espagnols : la Haute-Garonne, les Bouches-du-Rhône et les Basses-Pyrénées. En dépit d'une plus grande dispersion des Espagnols sur le territoire français qu'avant guerre, la tendance à l'afflux des réfugiés dans les régions habituelles de l'immigration espagnole se confirme et elle se poursuivra dans les années suivantes ; elle s'explique certainement par le désir de se rapprocher de l'Espagne, afin d'être prêts à y repartir, mais surtout par la recherche de réseaux de solidarité, familiaux, régionaux ou idéologiques.

C'est seulement avec la fin totale des hostilités que beaucoup de familles, séparées souvent depuis la *Retirada*, peuvent se reconstituer. Sans même parler des engagements militaires lointains et des déportations, les divers membres de la famille peuvent avoir été dispersés dans différentes régions de la métropole ou d'Afrique du Nord, au gré des enrôlements dans les Compagnies puis dans les Groupes de travailleurs étrangers. Souvent aussi, en 1939, dans l'urgence, les hommes sont venus seuls en France chercher refuge et leur famille les rejoint une fois la guerre mondiale terminée, au minimum sept ans après ; parfois, les enfants étaient trop jeunes à la fin de la Guerre civile pour que leurs parents les entraînent dans leur équipée. Les exemples sont nombreux de familles séparées par les Pyrénées pendant des années. Ainsi, Isabel O. est venue rejoindre son mari en 1948 avec ses deux enfants, nés à Jaen, en Andalousie, en 1934 et en 1939 ; pendant ce temps, son époux a connu l'internement au camp de Saint-Cyprien, puis a travaillé en Haute-Loire et dans l'Isère avant de venir s'installer en Haute-Garonne. C'est en 1946 qu'Amedeo V., accompagné de sa mère et de son frère, a pu retrouver son père, réfugié de 1939. María del Pilar B. est arrivée en France en 1948 rejoindre le père de ses enfants, nés en 1934 et en 1937, et leurs retrouvailles donneront le jour à un troisième enfant en 1949 [36]. C'est encore Anita Alonso et sa mère, seules en Aragon depuis la fin de la Guerre civile, qui découvrent en 1952 la région de Decazeville où s'était réfugié leur père et époux, dont elles étaient restées deux ans sans nouvelles pendant la guerre mondiale [37]. Le chanteur Paco Ibañez est arrivé avec sa mère en France en 1948, à l'âge de quatorze ans, rejoindre son père exilé depuis 1939 [38].

Franco se maintient, l'exil continue

La persistance du régime franquiste après l'effondrement des pays de l'Axe place la France dans une position plus difficile que ses alliés, du fait non seulement des convictions idéologiques de ses dirigeants mais aussi de la présence en France des réfugiés et des solidarités issues de la Résistance. À partir de 1946, la France soutient ouvertement les républicains espagnols et adopte une stratégie internationale de condamnation et d'isolement de l'Espagne franquiste. Parallèlement, elle accueille de façon généreuse les nombreux clandestins qui proviennent de la Péninsule. Car l'émigration liée à la guerre d'Espagne ne se borne pas aux flux migratoires déclenchés au cours des événements et à l'exode massif des dernières semaines du conflit ; elle reprend après la Seconde Guerre mondiale, dans des proportions certes moins considérables mais toutefois importantes, qu'il convient de ne pas négliger sous peine de ne pas comprendre l'évolution même de l'exil républicain. Bien que ce ne soit pas totalement concomitant, l'on ne peut s'empêcher de relever un certain parallélisme entre une normalisation croissante des relations de la France avec l'Espagne franquiste à partir de 1948-1949 et une augmentation du nombre de refoulements à la frontière.

En dépit des concessions faites aux autorités franquistes depuis la Libération, les relations entre la France et l'Espagne se détériorent rapidement du fait des rapports privilégiés des gouvernements issus de la Résistance avec les républicains espagnols et des nombreuses interventions du Quai d'Orsay en faveur de militants antifranquistes emprisonnés en Espagne. Le 27 février 1946, à la suite de l'exécution en Espagne de Cristino García, chef de maquis dans les Cévennes, et de onze autres antifranquistes, pour la plupart anciens combattants de la Résistance en France, le gouvernement français décide, sous la pression d'une forte mobilisation de l'opinion, la fermeture de la frontière franco-espagnole à partir du 1er mars suivant. Cristino García, réfugié en France, employé comme mineur dans le bassin minier du Gard, avait été l'un des organisateurs des maquis espagnols de ce département et de ceux de la Lozère ; il avait participé à la libération de Nîmes et pris une part importante à la bataille de La Madeleine, près d'Anduze, contre une colonne allemande remontant vers le Nord. La fermeture de la frontière entre les deux pays est multiforme et s'applique tant aux personnes qu'aux correspondances postales et télégraphiques et aux marchandises ; certaines exceptions sont cependant prévues pour les diplomates, la Croix-Rouge ou les Portugais et les Français désireux de regagner leurs pays respectifs.

Alors que la presse franquiste continue à dénoncer les « écoles de terrorisme en France [39] », Paris déploie une intense activité diplomatique afin d'attirer l'attention de ses alliés anglais et américains sur les « dangers que la situation actuelle en Espagne fait courir à la sécurité internationale » et de leur proposer l'adoption d'une attitude commune à l'égard de l'Espagne [40]. Ces efforts aboutissent à la proclamation d'une déclaration commune signée par les Etats-Unis, la Grande-Bretagne et la France, en date du 4 mars 1946, plus connue sous le nom de « note tripartite ». Tout en affirmant leur intention de ne pas intervenir dans les affaires intérieures de l'Espagne, les trois gouvernements manifestent le souhait que « les dirigeants espagnols, patriotes et libéraux, réussissent à provoquer la retraite pacifique de Franco [41] ». Paris multiplie les notes à destination de ses alliés afin que la question espagnole soit posée devant les nouvelles instances internationales ; tant et si bien que l'Assemblée générale de l'ONU du 12 décembre 1946 condamne le régime franquiste et recommande à tous les membres des Nations unies de retirer leurs ambassadeurs. L'organisation internationale demande à ces pays que

si, dans un délai raisonnable, l'Espagne n'est pas pourvue d'un gouvernement tenant ses pouvoirs du consentement des gouvernés, et s'étant engagé à respecter la liberté du peuple, de religion et de réunion, à organiser des élections [...] de rappeler immédiatement leurs ambassadeurs et ministres plénipotentiaires accrédités à Madrid [42].

Malgré la fermeture de la frontière, des clandestins espagnols de plus en plus nombreux parviennent à passer en France ; ce sont des prisonniers politiques en fuite, des déserteurs, des opposants ou des proches parents de réfugiés déjà présents en France. Mais il est probable aussi que la situation économique de grande pénurie des premières années du franquisme pousse un certain nombre de réfugiés économiquement faibles à chercher à vivre plus décemment ailleurs et que leur proportion tend à augmenter ; ce qui place les autorités françaises devant la question, souvent insoluble, de différencier les authentiques réfugiés politiques des autres. Le gouvernement républicain en exil, alors reconstitué, reconnaît tous les clandestins comme siens car il les estime poussés hors d'Espagne par la répression ou par la misère, des maux engendrés pareillement selon lui par le franquisme. On a déjà vu que nombre de familles se sont reconstituées après la guerre mondiale et les arrivées clandestines y sont pour beaucoup. Isabel Fernández raconte comment Jésus, qui n'a pas vu sa femme et ses enfants restés en Andalousie depuis plus de dix ans, se met en contact avec un passeur andorran d'un réseau clandestin ; ce dernier ira chercher la famille de Jésus jusque dans son village et l'amènera à la frontière française, au Pas-de-la-Case, après une longue marche dans la montagne. La mère et son fils aîné resteront un mois au centre de Perpignan afin de régulariser leur situation tandis que le plus jeune pourra partir immédiatement avec son père[43].

Moins de 3 500 en 1946, les clandestins sont plus de 9 000 par an en 1947 et en 1948 ; ils dépassent les 10 000 en 1948[44]. Dans un premier temps, les Espagnols qui franchissent clandestinement la frontière sont conduits, par les gendarmes des départements où ils ont été interceptés, au camp de Rivesaltes et « lorsque les représentants de la JEL, de l'UNE ou des organisations syndicales espagnoles — UGT, CNT — se portent garants des sentiments démocratiques des internés, ceux-ci sont mis en liberté[45] ». Ensuite, les clandestins sont orientés vers le camp de Noé, en Haute-Garonne ; ce dernier camp rassemble, aux côtés d'autres étrangers, une majorité d'Espagnols en attente de régularisation de leur statut[46]. Pour ne pas prolonger cet internement, l'on songe à déplacer rapidement ces clandestins vers la « villa Don Quichotte », à Récébédou près de Toulouse, organisée à l'origine pour l'hébergement en transit et la réinsertion professionnelle d'anciens déportés espagnols. Le CIR finance le transport des clandestins vers ce centre ou vers celui de Tivoli situé au Bouscat, près de Bordeaux, déjà spécialisé dans la mise au travail des Espagnols réfugiés provenant des départements frontaliers de l'Ouest pyrénéen ; un autre centre fonctionne à Mérignac dans la même région et la mise au travail des Espagnols s'y opère pareillement sous le contrôle de l'Office national d'immigration[47]. Des examens médicaux sont également effectués.

À partir de l'été 1946, les clandestins espagnols affluent en grand nombre vers la France. Devant ces entrées de plus en plus massives, les autorités françaises ouvrent dès cette année-là un centre aux haras de Perpignan afin d'identifier les clandestins dont le cas est examiné ensuite par un fonctionnaire du CIR, puis de l'OIR ; il s'agit de trier les réfugiés véritables et les éléments qui pourraient apparaître suspects tant aux yeux du milieu espagnol qu'à ceux de la police. Les vérifications s'avèrent nécessaires, selon le directeur de l'OCRE, car un certain nombre d'arrivants clandestins sont de toute évidence envoyés en France pour y établir un service de renseignement et d'espionnage[48]. Créé à un moment où les immigrés clandestins sont peu nombreux, aménagé avec des moyens de fortune, le Centre des haras de Perpignan ne comporte pas de matériel de couchage jusqu'en mai 1947 ; devant l'afflux des clandestins, il devient en 1948, aux dires mêmes de l'administration française, tout à fait inadéquat du fait de l'insuffisance et de la précarité des locaux, de l'absence de gardiennage et du nombre réduit du personnel[49]. Les centres de reclassement professionnel sont également vite engorgés, d'autant que la Poudrerie nationale reprend dès l'automne 1946 les locaux de la « villa Don Quichotte » et que le centre de Mérignac sert aussi au triage des clandestins italiens qui ont, pour beaucoup, déjà travaillé en France et sont souvent réclamés par leurs anciens employeurs. Aussi, dès qu'un clandestin justifie d'un répondant en France, il est directement envoyé chez cette personne. Un certificat de réfugié lui est délivré par le CIR et l'OIR, sur proposition de l'OCRE[50]. Afin de ne pas raviver les mauvais souvenirs des camps d'internement français de 1939 et ceux, encore plus proches, des camps de concentration et d'extermination allemands, ces différents centres sont fermés un à un et l'OIR ouvre en 1948 des bureaux spéciaux proches de la frontière, à Hendaye, Bayonne, Pau, Toulouse et Perpignan. Il ne semble pas non plus, pour des raisons similaires, que l'on ait souhaité prolonger l'utilisation du camp de Rivesaltes, camp créé pour les Espagnols en

1939 et qui a perduré toute la guerre pour de nombreux internés, surtout juifs[51]. Cependant, les difficultés rencontrées par les clandestins font dire au représentant du CIR :

> Aucune branche de l'administration française n'a pu donner les sommes nécessaires pour faire sortir de prison ou des camps entourés de barbelés et rendre à la liberté d'accueil qu'ils venaient chercher en France les réfugiés espagnols fuyant le régime de Franco, à la suite de la Guerre civile ibérique, et cela au moment où le gouvernement français mène la campagne que vous savez contre ce même gouvernement...
>
> Il y avait entre la position « théorique » du gouvernement français et sa position « pratique » à l'égard des réfugiés espagnols une contradiction qui n'a pu être dénouée que grâce à l'intervention du CIR[52].

Pour donner une idée de l'intensification des entrées d'Espagnols, durant le premier semestre 1948, c'est une moyenne mensuelle de 252 hommes, 119 femmes et 75 enfants qui sont contrôlés au camp des haras de Perpignan[53]. Le préfet des Pyrénées-Orientales estime que, parmi ces clandestins, un dixième seulement sont de véritables exilés politiques, 30 à 40 % sont de proches parents de réfugiés vivant déjà en France et qu'une majorité est composée d'émigrés « économiques ». Mais les autorités préfectorales sont généralement favorables à ce que le statut de réfugié soit assez libéralement reconnu par l'OIR à cause des motifs qui ont conduit le réfugié dit « économique » à venir en France et en considération des dangers que celui-ci encourt à retourner dans son pays[54] ; aussi, les refoulements semblent être insignifiants en 1946 et 1947 et avoisiner les 6 % des entrées en 1948. L'attitude libérale des préfets est évidemment calquée sur celle du ministre de l'Intérieur Jules Moch qui craint de « risquer de remettre entre les mains des autorités de leur pays des Espagnols qui seraient des réfugiés authentiques[55] ». Le 21 janvier 1949, le ministre, en réponse aux nombreux préfets qui prétextent des raisons économiques pour que leur département soit dispensé de recevoir des clandestins, demande à ceux-ci de faire un effort de placement des Espagnols qui ont des raisons politiques de ne pas retourner dans la Péninsule.

À partir de 1948, cependant, le ministère de l'Intérieur prend des dispositions pour canaliser les réfugiés et limiter l'afflux de nouveaux immigrés. Une circulaire du 26 mars 1948 prescrit un

« éloignement des réfugiés espagnols indésirables et des immigrés clandestins espagnols » des dix-huit départements du Sud-Ouest, compris dans les régions Midi-Pyrénées et Languedoc, ainsi que les Bouches-du-Rhône et la Gironde. Ces mêmes départements sont interdits aux « réfugiés espagnols considérés comme dangereux pour l'ordre public, en raison de leurs antécédents judiciaires ou de leurs agissements » ; les réfugiés doivent obtenir une autorisation préalable des préfets pour pouvoir résider dans la Seine, la Seine-et-Oise, les Alpes-Maritimes, le Haut-Rhin, le Bas-Rhin et la Moselle[56]. Le problème crucial auquel sont confrontés les pouvoirs publics est celui du placement professionnel des nouveaux immigrants dans une période où le chômage commence à sévir. Le 2 novembre 1948, le ministre du Travail préconise une mesure générale de refoulement, sauf pour ceux qui veulent travailler dans les mines ou l'agriculture, secteurs demandeurs de main-d'œuvre. L'éloignement des départements du Sud-Ouest et l'évacuation vers l'intérieur des nouveaux arrivants ne donnent pas toujours les résultats escomptés car nombre de préfets n'hésitent pas à renvoyer les Espagnols à leur point de départ. Aussi est-il demandé au ministère de l'Intérieur de ne maintenir l'interdiction de séjour que pour la région parisienne et les départements frontaliers, parce que les clandestins ont de nombreuses attaches dans le Sud-Ouest[57].

Lorsqu'en 1950 les services mis en place par l'OIR sont supprimés, les autorités françaises effectuent elles-mêmes les enquêtes relatives aux réfugiés espagnols. Les dispositions libérales appliquées par l'OIR pour accorder le statut de réfugiés aux clandestins, en conformité avec l'avis donné par l'OCRE, sont remplacées par des mesures plus restrictives. Les autorités françaises opèrent une distinction plus nette entre, d'un côté, ceux qui quittent l'Espagne pour des raisons politiques ou les proches parents de réfugiés demandant le regroupement familial et, de l'autre, ceux qui sont à la recherche d'une meilleure situation économique. Représentant déjà environ 20 % des entrées en 1949, les refoulements vers l'Espagne augmentent alors considérablement ; de 1950 à 1952, bien que les entrées clandestines aient beaucoup diminué, les refoulements concernent plus de la moitié de celles-ci[58].

C'est en 1951 que la presse fait état d'incidents à la frontière espagnole et des journaux n'hésitent pas à parler d'un « marché scandaleux » : quatre clandestins espagnols — trois socialistes et un anarchiste — ont demandé la protection de l'OIR car ils ont été contraints de s'engager dans la Légion étrangère sous peine d'être refoulés en Espagne[59]. Daniel Mayer et Guy Mollet, respectivement ancien et actuel secrétaire général de la SFIO, interviennent auprès du ministère de l'Intérieur — par dépôt d'une question écrite à l'Assemblée et directement — pour obtenir des informations. Ils demandent que les clandestins qui déclarent fuir le régime franquiste soient admis au bénéfice du droit d'asile en France sans qu'il soit fait pression sur eux pour qu'ils s'engagent dans la Légion. De fait, sur la demande pressante du ministère de la Défense, la Direction du personnel et des affaires politiques du ministère de l'Intérieur avait demandé aux préfets, par une circulaire confidentielle en date du 28 février 1951, de faciliter au maximum l'action des personnels militaires chargés du recrutement de la Légion. À la suite des diverses protestations, la Direction de la réglementation du même ministère, qui n'avait pas eu connaissance de la circulaire en provenance de l'autre Direction, demande le 7 janvier 1952 aux préfets des départements frontaliers de ne pas faire proposer aux clandestins espagnols, par les fonctionnaires de police, l'engagement militaire. Le ministère de la Défense réclame toutefois, en mai 1952, des assouplissements à cette mesure car le recrutement de la Légion a, selon lui, diminué de 30 % en 1952 par rapport à la moyenne de 1951, ce qui met en péril le plan de relève de 1953 des légionnaires servant en Indochine. Postérieurement, le ministère de l'Intérieur ne constatera pas, pour sa part, de diminution sensible des engagements dans la Légion à partir de la date où les instructions du 7 janvier 1952 commencent à avoir leur effet ; en effet, du 1er avril 1951 au 31 mars 1952, sur 1 123 clandestins espagnols entrés en France, 267 se sont engagés, soit 23,8 %, et du 1er avril 1952 au 31 mars 1953, sur 924 clandestins, l'on peut dénombrer 181 engagements, soit 19,5 % du total[60].

La progressive « installation » des réfugiés dans l'exil

Du fait des possibilités du marché français du travail et de leur origine socioprofessionnelle, les réfugiés se retrouvent fréquemment en France dans les mêmes secteurs d'emploi que leurs compatriotes arrivés antérieurement. Des exemples régionaux, assez différents pour prendre en compte la variété de la répartition géographique des réfugiés et la diversité de leur insertion dans la société française, permettent d'approcher cette réalité ; ces exemples sont pris dans deux départements, l'un à la fois rural et urbain, la Haute-Garonne, et l'autre, essentiellement rural, le Lot. Les dossiers de naturalisation consultables en Haute-Garonne offrent l'opportunité de connaître les itinéraires sociaux et personnels des postulants, quel que soit leur statut juridique d'origine. Quant aux dénombrements des étrangers effectués avec un soin tout particulier à diverses dates dans le second de ces départements, ils donnent la possibilité de confronter les situations des Espagnols de diverses catégories, réfugiés ou non.

Dans le département de la Haute-Garonne, sur un échantillon par tirage aléatoire de 150 dossiers de naturalisation constitués par des Espagnols en 1955 et 1956, 111 concernent des réfugiés et 39 des immigrés anciens ; ces derniers sont tous arrivés avant guerre et songent à acquérir la nationalité française de nombreuses années après leur arrivée en France. Cette constatation n'a absolument pas valeur d'exemple car il s'agit simplement d'un « instantané », à un moment donné, de l'acquisition de la nationalité française au sein de la colonie espagnole ; elle témoigne simplement du fait qu'un certain nombre de « vieux immigrés » ont attendu parfois longtemps avant de demander leur naturalisation, tandis que, nous le verrons, de jeunes réfugiés, âgés de vingt ou trente ans, sont nombreux à la demander à cette époque. L'étude de dossiers individuels d'Espagnols de statuts divers à une date donnée permet cependant d'établir des comparaisons éclairantes sur les deux groupes d'immigrés. Près de la moitié de la quarantaine d'immigrés anciens sont arrivés en France dans les années 1920 ; le reste d'entre eux est arrivé, dans des proportions similaires, avant 1920 ou entre 1931 et 1939. Leurs métiers sont divers, généralement peu qualifiés : manœuvres, ouvriers, domestiques ou femmes de ménage, chauffeurs, ouvriers agricoles, garçons bouchers ou peintres ; mais l'on trouve aussi des cultivateurs, des boulangers, un menuisier, un charpentier, un poissonnier, un pâtissier confiseur, un maraîcher ou un serrurier. Il s'agit donc, à partir d'une situation d'origine très modeste, d'un début d'ascension sociale par le biais de l'agriculture, du commerce ou de l'artisanat ; c'est également une émigration majoritairement masculine et la moitié des hommes concernés ont une épouse française.

Les activités exercées par les réfugiés dans le département de la Haute-Garonne ne sont guère différentes de celles de leurs compatriotes ; les origines paysannes et ouvrières de la majorité ne les prédisposaient pas, dans un premier temps, à entrer dans d'autres secteurs d'emploi. Les manœuvres sont les plus nombreux, suivis par les maçons, les divers types d'artisans et les métayers ; mais, dans le secteur secondaire, les spécialisations antérieures ont généralement trouvé à s'employer et ajusteurs, mécaniciens ou tourneurs sont nombreux. L'on trouve même deux chefs de chantier, un employé SNCF, un assistant de bactériologie et un gérant de cave coopérative. À cette époque, les réfugiés se marient essentiellement entre eux, mais dans ce groupe le cinquième des hommes ont épousé des Françaises[61]. En dépit de certaines différences sociales qui tiennent à l'antériorité d'installation des uns et à une qualification plus importante des autres, les deux groupes d'Espagnols sont amenés à se côtoyer dans les mêmes secteurs d'activité.

Des constatations similaires peuvent être faites, sur un nombre beaucoup plus important de réfugiés, dans le département du Lot. En raison de l'arrivée des réfugiés de la Guerre civile et de leur implantation dirigée vers des départements éloignés de la frontière, les Espagnols constituent à nouveau, à partir de 1939, la population étrangère la plus nombreuse dans ce département. Cette place, ils l'avaient déjà occupée tout au long du XIXe siècle et dans le premier quart du XXe siècle ; les divers émigrés politiques — libéraux, carlistes ou républicains — s'étaient mêlés tout au long des décennies aux travailleurs saisonniers, aux journaliers agricoles, aux manœuvres recrutés pour les grands travaux de la région — notamment la construction des voies ferrées — et aux ouvriers embauchés dans les industries locales. À partir de 1926, l'afflux des Italiens dans le Lot relègue au deuxième rang la colonie espagnole du département[62]. Cette composition de l'immigration en terres lotoises sera sensiblement modifiée par l'arrivée des réfugiés républicains. Au début des années 1940, les Espagnols, toutes catégories confondues, représentent moins de 40 % des étrangers présents dans le département : au 23 janvier 1941, ils sont 1 767, dont 1 120 réfugiés, sur un total de 4 659 étrangers. Mais, déjà en 1944, les Espagnols sont près de la moitié des étrangers du département — 2 801 sur 5 853 — et les réfugiés, au nombre de 2 053, en constituent le plus fort pourcentage ; viennent ensuite les Italiens, les Polonais, les Portugais et les Belges. En 1945, le Lot compte 2 546 Espagnols, dont 1 655 réfugiés, sur un total de 5 091 étrangers[63]. Au cours de la décennie suivante, la place prédominante des ressortissants de la Péninsule s'accentuera. Mais elle sera parallèle à une diminution du nombre total d'étrangers et à une lente baisse du chiffre des réfugiés, sans que l'on puisse, en l'état actuel des recherches, en cerner les causes ; causes liées soit à des sorties du département — retours dans le pays d'origine ou mobilité à l'intérieur du territoire français —, soit à des naturalisations de populations anciennement implantées, voire nouvellement arrivées. Au 31 décembre 1950, il y a encore 2 257 Espagnols dans le Lot, dont 1 634 réfugiés ; cinq ans plus tard, les chiffres se montent respectivement à 2 019 et 1 178, sur un total de 3 732 étrangers [64].

Dans le département du Lot, au cours des décennies 1940 et 1950, les emplois occupés par les étrangers de diverses nationalités et par les Espagnols des deux catégories ne sont guère différents les uns des autres. Les Espagnols arrivés avant, pendant ou après la Guerre civile se retrouvent, dans des proportions similaires, dans les mêmes secteurs d'emploi. En 1941, les Espagnols, réfugiés ou non, sont employés majoritairement dans l'agriculture. Les deux catégories d'Espagnols fournissent davantage de travailleurs agricoles que de métayers ; les réfugiés sont 283 dans le premier type d'emploi, les non-réfugiés 193 et l'on dénombre 102 réfugiés métayers et 42 Espagnols non réfugiés. En revanche, à cette date, les non-réfugiés sont une quarantaine à être commerçants ou petits patrons employant moins de dix personnes et quelques-uns sont artisans, tandis que les réfugiés sont plus de 200 à être employés comme manœuvres contre 90 chez leurs compatriotes non réfugiés. L'ancienneté de l'installation des uns, comme le sentiment du provisoire chez les autres expliquent les différences d'activités. En 1945, la situation n'a guère évolué et les uns et les autres sont surtout ouvriers agricoles, travailleurs industriels ou ouvriers forestiers ; les gens de maison et les serveurs restent, dans les deux cas, comme au début de la guerre, assez peu nombreux (moins d'une trentaine). Plus de la moitié de la population espagnole du département est, en 1945, constituée d'hommes, venus seuls chercher du travail ou trouver refuge dans les petites villes de la vallée du Lot, les terres fertiles proches des rivières ou les contrées arides des Causses [65]. En 1950, le taux de masculinité est presque aussi considérable, représentant encore la moitié du nombre d'immigrants espagnols, situation classique dans nombre de processus migratoires ; néanmoins, des familles se sont reconstituées après des années de séparation ou de nouvelles se sont créées, des enfants sont nés en nombre dans le département.

L'exemple de Cahors-ville au 31 décembre 1950 est particulièrement éclairant et mérite que l'on s'y attarde[66]. À cette date, le
chef-lieu du Lot abrite 492 étrangers, dont 328 Espagnols ; parmi
ces derniers, 250 sont des réfugiés, soit une grande majorité. Les
autres groupes importants sont italiens, portugais, polonais et belges. Dans la cité des Cadurques, beaucoup plus que dans les zones
rurales du département, les femmes espagnoles s'y trouvent presque en parité avec les hommes : 81 réfugiées statutaires pour
93 hommes et 33 non-réfugiées pour 41 Espagnols de sexe masculin. La différence entre les deux groupes d'Espagnols tient plus à
l'âge et aux dates d'arrivée qu'aux professions exercées ; même
si les éléments manquent pour connaître les proportions de déclassement, l'on peut penser que dans ce département, où les offres
d'emploi sont relativement peu diversifiées, les réfugiés qui s'y
fixent retrouvent plus ou moins leur occupation d'origine. Plus de
40 % des Espagnols non réfugiés présents à Cahors à cette date
sont nés avant 1900, un peu plus de 20 % entre 1900 et 1910 et
environ 10 % entre 1911 et 1920 ; seuls quatre enfants de moins
de quinze ans sont issus des dix-huit familles de cette catégorie
présentes en ville. À l'opposé, près de la moitié des Espagnols
réfugiés sont nés après 1921 ; un peu plus d'un cinquième d'entre
eux sont nés entre 1900 et 1910, un nombre presque équivalent
est né entre 1911 et 1920 et seulement 10 % avant 1900. Les
54 familles de réfugiés de la ville comptent 76 enfants de moins
de quinze ans et la plupart d'entre eux — soit 52 — sont nés en
France ; d'ailleurs, l'immense majorité de ces jeunes — 44, très
exactement — ont vu le jour dans le département même, surtout
à Cahors, sinon dans les petites villes quercynoises de Figeac et
de Montcuq ou, à part une exception, dans les départements voisins de la Haute-Garonne et du Lot-et-Garonne. Les naissances se
sont échelonnées régulièrement, au nombre de cinq à sept par an,
tout au long des années 1940. Les réfugiés sont plus jeunes et
leurs groupes familiaux en voie d'élargissement. Les deux catégories d'Espagnols sont venues en famille, ou du moins vivent à
nouveau avec leurs proches en 1950 ; ce sont des familles au sens
élargi du terme, qui comprennent souvent des parents âgés et des
frères ou sœurs adultes. Les couples parentaux sont tous composés
de compatriotes et l'on ne trouve guère, à cette date, que trois
couples mixtes chez les non-réfugiés. Une cinquantaine de personnes isolées uniquement, surtout des hommes, vivent à cette date
dans la ville ; quelques femmes se trouvent seules avec des

enfants, mais l'on ne trouve pas de femmes seules sans enfant —
hormis le cas particulier de deux religieuses — comme l'on en
trouvera dans l'immigration économique postérieure des années
1960.

Bien que les dates d'arrivée en France de tous les Espagnols
soient inconnues, les dates d'installation des adultes à Cahors sont
significatives, même si ce n'est vraisemblablement pas leur premier lieu français de résidence. Les Espagnols non réfugiés sont
venus en majorité dans les années 1920 et, de manière générale,
avant la Guerre civile ; toutefois, un petit cinquième d'entre eux
sont arrivés dans la ville dans les années 1940. Les réfugiés résident à Cahors, pour 20 % d'entre eux, depuis 1939-1940, mais la
grande majorité a choisi de s'y installer à partir de la fin de la
guerre mondiale, et l'année 1945 représente celle du plus grand
nombre d'arrivées dans la ville. Dans cette image figée à une
date donnée qu'est un recensement de population, les traces de la
mobilité géographique des réfugiés parviennent cependant à poin-
dre ; les errances et les séparations antérieures sont parfois perceptibles. Ainsi, les époux A., originaires de Madrid, arrivent à
Cahors en 1945, avec trois enfants, nés en Seine-et-Marne, dans
le Lot-et-Garonne et en Haute-Garonne, tandis que le quatrième
naîtra dans le chef-lieu du Lot en 1948. Si Mme B. a rejoint dès
1940 son mari arrivé à Cahors en 1939, Mme Br., de Santander,
installée dans la ville depuis 1939, n'a vu arriver qu'en 1950 son
fils, sa belle-fille et leur premier enfant, né en Espagne en 1949.

Une grande majorité de femmes sont indiquées comme « sans
profession » dans les deux groupes d'Espagnols ; on trouve seulement une femme de ménage et une bonne parmi les non-réfugiées.
Ces dernières sont plus âgées et travaillent peut-être moins hors
de leur domicile, tandis que les réfugiées se déclarent femmes de
ménage, mais aussi couturières, coiffeuses, filles de salle ou dac-
tylos. Quant aux emplois exercés par les hommes, ils sont très
semblables chez les nouveaux arrivants et chez les immigrés plus
anciens. La catégorie la plus représentée chez les uns et les autres
est celle des manœuvres ; métier exercé par plus de 30 % des
réfugiés, mais seulement 20 % des non-réfugiés. Les réfugiés sont
ensuite maçons, polisseurs, ouvriers d'usine, menuisiers, ouvriers
agricoles, chauffeurs, boulangers, cuisiniers, tailleurs ou ouvriers
peintres ; on trouve aussi, toujours en 1950, un charpentier, un
comptable, un forgeron, un plombier, un électricien, un ajusteur,
un tourneur, un cordonnier et même un entrepreneur. Les Espa-

gnols non réfugiés occupent des emplois moins variés que leurs compatriotes ; s'ils sont également menuisiers ou maçons et si l'on trouve un chaisier, un cuisinier, un chauffeur, un garçon d'hôtel et un jardinier, l'on ne trouve qu'un mécanicien. Moins spécialisés à l'origine, ils sont en revanche déjà mieux insérés à cette date dans le tissu social français : l'un est propriétaire exploitant, un deuxième est restaurateur et un autre entrepreneur.

Toujours en cette même année 1950, en dehors des limites de la ville de Cahors, 1 929 Espagnols vivent dans le reste du département du Lot ; près des trois quarts d'entre eux sont des réfugiés. Les sous-préfectures de Figeac et Gourdon en abritent 295, surtout des « politiques », si l'on excepte les quinze Espagnols non réfugiés présents dans la ville natale de Champollion. Dans les différents bourgs ou villages de l'arrondissement de Cahors, les deux groupes d'Espagnols se répartissent indifféremment ; dans les petites communes, ils sont souvent quelques unités, avec cependant deux concentrations notables, à Montcuq et Puy-Lévêque. Dans le premier de ces bourgs, il n'y a que des Espagnols non réfugiés, une petite cinquantaine, dont 38 sont des fermiers. C'est probablement le nombre proportionnellement beaucoup plus élevé des fermiers chez les Espagnols « ordinaires » qui les distinguent des réfugiés à cette date ; le travail de la terre est même, dans ce périmètre, leur occupation professionnelle principale. Bien que moins nombreux que les réfugiés, ils sont 73 à être répertoriés dans cette catégorie dans l'arrondissement de Cahors, alors que leurs compatriotes n'y sont que 48. Quatre d'entre eux sont même devenus propriétaires exploitants dans cette région, déjà fortement désertifiée du fait d'un exode rural ancien, alors qu'aucun réfugié ne l'est à cette époque dans cette zone. Ces immigrants anciens sont, ensuite, ouvriers agricoles pour une quarantaine d'entre eux et travailleurs industriels pour une vingtaine.

Dans ce même arrondissement de Cahors, toujours en dehors de la ville, les réfugiés sont tout d'abord, pour 132 d'entre eux, travailleurs industriels ; 111 sont ouvriers agricoles, 17 ouvriers forestiers, trois font office de gens de maison, deux sont manœuvres, deux encore artisans. Mais l'on trouve aussi un commerçant, une dactylo, un électricien et un soudeur-plombier [67]. Beaucoup font souche dans la région, comme M. G., arrivé en 1949 à Cénevières, une petite commune de la vallée du Lot, où il a épousé une compatriote, venue en 1937 et répertoriée comme non réfugiée ; son métier de plombier, puis d'installateur de chauffage central, l'amène à se déplacer beaucoup dans la région et à nouer d'amples et cordiales relations avec nombre d'habitants du cru. Les mêmes différences sociales entre les anciens immigrants et les réfugiés apparaissent donc dans une zone rurale et dans une zone urbaine ; elles tiennent pour une bonne part à une antériorité des premiers dans la région et, partant, à un degré plus avancé d'intégration et d'ascension dans la société d'accueil. Mais ces inévitables inégalités sociales, conjuguées à une expérience historique différente des uns et des autres, sont parfois contrebalancées par des liens régionaux et familiaux, par des affinités politiques ou, tout simplement, par une solidarité humaine ; ce qui explique la diversité des impressions ressenties au quotidien par les réfugiés lors de leur arrivée dans des zones notablement « hispanisées ».

Il existe probablement des différences notables entre les régions où la colonie espagnole ancienne, tournée essentiellement vers les activités agricoles, a pu accéder en nombre au statut de propriétaires et les zones industrielles, où les traditions de vie et de travail collectif ont permis un brassage plus rapide des divers groupes d'Espagnols. Le souvenir de l'accueil dans le département des Pyrénées-Orientales conservé par la famille M., marqué par l'indifférence voire l'hostilité des habitants d'origine espagnole, ne coïncide pas avec celui gardé par les réfugiés arrivés à Saint-Denis, colonie espagnole importante de la région parisienne, ou dans la zone minière de l'Aveyron. À quelques kilomètres des limites du département du Lot, dans le bassin houiller de Decazeville, les réfugiés trouvent généralement aide et réconfort — en dépit des divergences de trajectoires individuelles ou d'opinions politiques — auprès de leurs compatriotes implantés dans la région. Alors que l'opinion publique française est assez divisée à leur égard et que les actes de solidarité coexistent avec les réflexes assez répandus de peur ou de défiance, les familles espagnoles installées plus anciennement dans le bassin manifestent souvent leur sollicitude aux nouveaux arrivants dans le dénuement ; elles réclament parfois un proche, interné dans un camp, et s'en portent garantes, elles offrent l'hospitalité à des hommes séparés de leur famille ou apportent une aide financière aux réfugiés en dépit de faibles revenus.

À Decazeville, Cransac ou Viviez, d'anciens réfugiés se souviennent aujourd'hui encore du soutien prodigué par des Espagnols de la « vieille immigration », employés dans les mines ou les usines de la région, de l'accueil amical reçu dans des familles ou des gestes de solidarité [68]. Par la suite, cela n'empêchera pas les antagonismes et les dissensions entre les deux catégories d'immigrants venus à des dates et dans des conditions différentes ; les réfugiés tiendront notamment à affirmer leur qualité de « politiques » et à être distingués d'une population souvent misérable qui a, selon eux, quitté l'Espagne de sa propre volonté. En dépit d'attitudes dissemblables vis-à-vis de la religion et de la politique, il semble que les deux groupes se soient rejoints peu à peu dans le bassin houiller aveyronnais, notamment par la multiplication des mariages, pour n'en plus former qu'un. Il est cependant probable que la faible importance de la colonie espagnole de la région, soudée par le travail dans les mines, unifiée par la pratique commune de l'occitan sur les lieux de travail, a facilité l'interpénétration des deux groupes d'immigrés [69].

L'exemple de Béziers, deuxième ville du département de l'Hérault qui compte, avant la Seconde Guerre mondiale comme dans l'immédiat après-guerre, le plus fort contingent d'immigrés espagnols de France, est à cet égard significatif. Étant donné l'ancienneté de l'implantation hispanique dans la région, c'est à Béziers que s'était créée, en 1889, la plus ancienne société espagnole de secours mutuel, la Colonia española. Après des débuts difficiles, la Colonia española fusionne, dans les années 1930, avec trois autres entités, une association récréative, l'Ateneo de Béziers et le Centro español ; avec l'aide de ses sociétaires, elle achète en 1939 un immeuble dans la ville. Pendant la Guerre civile, les Espagnols du district de Béziers-Saint-Pons parviennent à construire une colonie pour enfants à Sète afin d'accueillir les orphelins de Madrid. Dans le rapport des activités fait pour le centenaire de la Colonia española, il apparaît que, dès le 22 août 1944, l'Union nationale espagnole est représentée dans le Comité provisoire de la Colonia. Après la guerre, la Colonia développe ses activités — mutualité, aide sociale, culture, sports et fêtes — avec la participation notable des émigrés politiques : célébration du jour anniversaire de la proclamation de la République, le 14 avril, aide aux Espagnols déportés en Allemagne, exposition de peintres exilés, réception en l'honneur de Pablo Casals ou conférences prononcées par des responsables de l'exil (les socialistes Antonio Gardó Cantero et Rodolfo Llopis, l'anarchiste José Peirats ou le républicain Fernando Valera). La Colonia prête ses salles — gratuitement ou moyennant une somme modérée — aux partis et groupements de l'exil de toutes les tendances, des anarchistes aux communistes[70]. Sans sous-estimer les luttes d'influence politique dont elle a été le théâtre, il est symptomatique de voir comment une structure mutualiste et associative espagnole, très anciennement ancrée dans la région biterroise, a accueilli les orphelins madrilènes pendant la guerre et s'est faite ensuite tout naturellement le point d'ancrage et le lieu de regroupement des exilés de toutes tendances.

L'expérience relatée par Isabel Fernández dans la région de Mazamet montre bien l'ambivalence des relations entre les « économiques » et les « politiques » ainsi que la vie même des réfugiés. Une méfiance réciproque existe là aussi entre les deux groupes, due notamment au fait que les premiers, appelés *Sudètes* par leurs compatriotes, sont catholiques et généralement très pratiquants et que les seconds ont « perdu la foi [...] pendant la guerre d'Espagne, par suite de l'attitude du clergé qui s'est fait ouvertement l'allié de Franco, donc de l'ennemi[71] ». Beaucoup de réfugiés sont ouvertement athées, mais dans ce domaine aussi, les choses ne sont pas aussi simples et il n'est pas rare — voire assez fréquent dans certaines régions, sans parler des Basques généralement très catholiques — que des républicains espagnols continuent à baptiser leurs enfants et à les marier à l'église, comme ils y conduisent leurs défunts. Parfois certains choisissent le temple protestant, pensant ainsi moins trahir leurs convictions politiques.

L'enracinement séculaire de la religion chrétienne en Espagne, comme la difficulté d'afficher une absence totale de religion dans certaines régions en France expliquent pour une bonne part la survivance de ces pratiques religieuses. Ceux que l'on désigne parfois comme les « rouges espagnols » présentent ainsi les mêmes contradictions que les Français de l'époque. Certaines fêtes qui rassemblent les Espagnols sont également des moments forts de la vie sociale française. La première est Noël, et si l'aspect religieux en est banni pour beaucoup de réfugiés, le réveillon est l'occasion de rassembler les amis autour de spécialités culinaires du pays, de chansons et de danses du folklore espagnol. L'autre fête est, en novembre, celle des « cochonailles », comme dans toutes les campagnes ; autour de la préparation des diverses charcuteries issues de bêtes élevées par les familles pour améliorer l'ordinaire, elle permet de réunir les compatriotes à tour de rôle pendant plusieurs semaines. Au cours de ces fêtes, généralement célébrées entre Espagnols, l'évocation du pays se fait ainsi sur tous les modes possibles. Mais Pauline ne peut que constater :

Ces fêtes, tout comme les excursions organisées, resserrent les liens de la communauté espagnole mais rendent l'intégration assez difficile. En effet, les vétérans, comme les jeunes vivent et s'amusent entre eux, un peu en vase clos, et c'est seulement au travail ou à l'école qu'ils sont en contact avec les Français.

Il faut ajouter que les parents ne tiennent pas du tout à voir leur progéniture prendre racine en France car, dans ces années-là, leur désir de rentrer en Espagne est encore intact, et ils ne voudraient pas laisser une partie d'eux-mêmes derrière eux, le moment venu. Du côté français, on ne voit pas non plus d'un bon œil les mésalliances avec ces étrangers [72].

Les premiers contacts de Pauline avec l'autre groupe d'Espagnols s'effectuent aussi dans le travail, lors des vendanges auxquelles elle participe avec son père mis en chômage technique par son usine mazamétaine de délainage. Ceux qu'elle appelle joliment des années après, avec sa conscience d'adulte, des « réfugiés économiques » constituent la majorité des vendangeurs. Le travail et la vie en commun pendant ces semaines de dur labeur permettent aux uns et autres de se connaître. Des années plus tard, comme bien d'autres réfugiés, Pauline épousera d'ailleurs un Français d'origine espagnole, né en France de parents andalous venus dans les années 1930. Au début, les deux familles ne sont pas très enthousiastes du choix des jeunes gens ; la famille socialiste aurait préféré un parti plus républicain et la famille catholique est un peu inquiète de l'arrivée de cette jeune fille sans religion. Mais la tolérance et la bienveillance des uns des autres, alliées à la détermination des deux jeunes, permettent non seulement le mariage, mais une mutuelle compréhension. Le parcours de la famille andalouse, poussée hors de sa région d'origine par une misère digne de l'époque médiévale, est différent, quoique aussi dramatique, que celui de la famille de Pauline. À la suite d'un compromis, le mariage aura lieu non devant l'autel de l'église, mais discrètement dans la sacristie [73]. L'itinéraire de Pauline n'est certainement pas isolé et illustre particulièrement la complexité et le caractère évolutif des relations entre les réfugiés et la « vieille immigration ».

Le tournant des années 1950 : normalisation des relations franco-espagnoles et apogée de l'exil

L'arrivée de clandestins pendant la seconde moitié des années 1940 a augmenté considérablement le nombre de réfugiés espagnols et accru l'importance relative de ces derniers au sein de la colonie espagnole. L'effectif des réfugiés politiques espagnols en France est au faîte de sa courbe. Parallèlement, alors que le régime franquiste rentre progressivement en grâce sur le plan international et que la France même rétablit des relations diplomatiques avec Madrid, la perspective tant caressée par les réfugiés d'un retour rapide au pays s'estompe. L'exil espagnol est contraint de se concevoir dans la durée. De nouveaux mouvements de population se produisent, à la fois vers l'extérieur de la France et, surtout, à l'intérieur même de l'Hexagone ou de l'Afrique du Nord vers la métropole, pour aboutir à une nouvelle configuration de la colonie espagnole dans son ensemble et à une répartition géographique nouvelle des réfugiés.

La continuité du régime franquiste n'est pas sérieusement menacée par la condamnation, surtout morale, prononcée par l'ONU en décembre 1946. La France ne peut que constater les réticences de ses alliés à définir des sanctions précises et leur souci primordial de non-ingérence dans les affaires intérieures d'un pays tiers[74]. Le Quai d'Orsay, qui reçoit de nombreuses plaintes et des demandes de dérogations à propos de la fermeture de la frontière franco-espagnole, émanant particulièrement de la colonie française d'Espagne, plaide plutôt pour le réalisme. Si le ministre des Affaires étrangères, Georges Bidault, ne souhaite pas que le régime franquiste perdure, il lui importe, constatant les divisions de l'opposition républicaine, d'en tenir compte comme le font les Anglais et les Américains, afin de ne pas faire perdre à la France ses positions économiques en Espagne[75]. Le ministre avance l'argument que d'autres pays continuent de commercer avec l'Espagne et que seule la France se trouve en état d'infériorité dans la Péninsule[76]. À la rentrée 1947, Franco menace de fermer le lycée français de Madrid. Des mesures dérogatoires successives sont prises et, dès l'été 1947, le Quai d'Orsay, surmontant les hésitations qui retiennent encore certains milieux politiques, décide de rouvrir la frontière. Mais de nombreux mois sont nécessaires pour y parvenir : le 5 février 1948 un accord est signé avec l'Espagne pour une réouverture de la frontière à partir du 10. Les modifications du contexte international comme celles de la situation politique intérieure ont des conséquences directes sur la politique française envers l'Espagne : la mise en route du Plan Marshall et la création du Kominform marquent le début de la constitution des blocs et l'amorce de la « guerre froide », tandis que la sortie des communistes français du gouvernement et leur passage dans l'opposition consacrent la rupture du tripartisme. Très vite après la réouverture de la frontière, dès la mi-février, des pourparlers commerciaux s'engagent entre Paris et Madrid afin d'assurer à la France la fourniture de pyrites espagnoles contre des phosphates d'Afrique du Nord. Les négociations commerciales se poursuivent les mois suivants dans les deux capitales pour aboutir à un accord en mai 1948[77]. Sous l'effet conjugué des nécessités économiques, de l'évolution de la situation internationale et intérieure et de son isolement croissant dans sa démarche antifranquiste, la France aligne progressivement sa politique sur celle de ses alliés.

Les années 1948 et 1949 marquent un tournant important dans cette inflexion. Deux accords commerciaux et financiers sont signés à Madrid le 8 mai 1948 et le 14 juin 1949. À partir de ce moment, fort de ces premiers résultats, le gouvernement franquiste ne cesse de se plaindre, par l'intermédiaire de son représentant en France ou par celui du ministre plénipotentiaire chargé de la délégation française en Espagne, de l'activité politique des réfugiés espagnols en France et de la faveur dont ils semblent bénéficier. De toute manière, l'isolement international du régime franquiste est en voie de prendre fin et l'année 1950 est une année clé pour sa survie : en août, les États-Unis consentent un prêt à l'Espagne et, en novembre, l'ONU annule sa résolution du 12 décembre 1946, ce qui laisse les pays membres libres de rétablir des relations diplomatiques avec Madrid. En France, si la gauche socialiste estime que l'envoi d'un ambassadeur en Espagne poserait un problème au sein du gouvernement, une soixantaine de députés appartenant à divers groupes déposent une proposition de résolution demandant le rétablissement rapide des relations diplomatiques avec l'Espagne[78]. En décembre 1950, la commission des Affaires étrangères de l'Assemblée se prononce à nouveau, à la demande de Daniel Mayer, contre la reprise des relations diplomatiques avec l'Espagne, mais une démarche des socialistes français auprès des travaillistes anglais pour inciter ces derniers à s'opposer à l'envoi d'un ambassadeur à Madrid ne remporte pas le succès escompté. Des relations diplomatiques officielles sont établies entre la France et l'Espagne en janvier 1951 ; en avril 1951, la commission des Affaires étrangères rendra hommage aux antifranquistes de l'intérieur et de l'extérieur, mais s'opposera cependant au retrait de l'ambassadeur demandé par le PCF[79].

Parallèlement à la progressive normalisation des relations franco-espagnoles et aux nombreux gestes de conciliation de Paris envers le gouvernement franquiste durant l'été 1951, et surtout au cours des années 1952 et 1953, l'émigration clandestine se trouve endiguée et l'octroi du statut de réfugié plus limité. Aussi, en 1954, n'enregistre-t-on qu'une dizaine d'entrées clandestines d'Espagnols par mois ; de ces nouveaux arrivés, l'Office français de protection des réfugiés et apatrides, le nouvel organisme créé en 1952 afin de garantir en France l'exécution de la Convention de Genève de 1951 relative au statut des réfugiés, n'en inscrit que dix en tout[80]. Les réfugiés espagnols constituent la clientèle la plus nombreuse de l'OFPRA à sa création et le resteront jusqu'au début des années 1960 : jusqu'à cette dernière date, les Espagnols représentent la moitié du nombre total de réfugiés et apatrides recensés en France. En 1954, si l'on dénombre près de 108 000 réfugiés espagnols, le groupe le plus important après eux, celui des réfugiés russes, ne compte qu'environ 30 000 personnes ; les Arméniens et les Polonais ne sont, respectivement, qu'autour de 21 000 et 16 000[81].

Avec toutes les précautions que l'on doit prendre en maniant les statistiques disponibles — par ailleurs assez différentes selon la source dont elles émanent, ministère de l'Intérieur, OFPRA ou INSEE —, on peut tirer plusieurs indications sur l'exil politique et sa place dans la colonie espagnole à la charnière des décennies 1940 et 1950. Les arrivées clandestines de la seconde moitié des années 1940 expliquent pourquoi l'émigration politique espagnole atteint, très probablement en 1949 ou en 1950, son chiffre le plus élevé de l'après-guerre, soit 125 000 personnes à la première de ces dates selon l'INSEE[82]. L'émigration politique connaît alors sa plus forte importance relative au sein de l'ensemble de la colonie espagnole, dont elle représente près de 40 %. D'un ordre de grandeur comparable, quoique plus faibles parce que les modes de calcul sont différents, basés sur les titres de séjour valides, sont les chiffres du ministère de l'Intérieur. Selon les services de ce ministère, le saut quantitatif se situe en 1950 où « le chiffre des réfugiés espagnols est monté de 89 607 en 1949 à 117 824 en 1950, soit une augmentation de 28 217 ». D'après ces estimations, les exilés représenteraient alors environ 34 % de la colonie espagnole[83]. Intéressante à plus d'un titre est l'intervention du ministre de l'Intérieur Jules Moch, en janvier 1950, lors d'un déjeuner de l'Association de la presse étrangère ; tout en arrondissant passablement les chiffres pour les besoins de son discours, il dessine la physionomie de la colonie espagnole du moment, telle qu'elle apparaît alors aux pouvoirs publics :

> Aujourd'hui, ne demeurent en France que 330 000 Espagnols qui sont pour moitié des réfugiés politiques. Mais ce total s'accroît d'un millier d'émigrants clandestins par mois, comportant une petite minorité de réfugiés en danger et une majorité de chômeurs fuyant la misère de l'Espagne actuelle. Nous accueillons largement les premiers mais devons, hélas, refouler les seconds auxquels nos préfets ne peuvent plus fournir de travail... Robustes, sobres, estimés, les Espagnols sont nombreux dans nos départements du Midi. Ils s'intègrent aisément dans notre vie, s'assimilent rapidement et font souche en France. Seuls quelques agitateurs et de petites organisations doivent être surveillés et parfois rappelés à l'ordre[84].

En 1950, deux zones attirent particulièrement les réfugiés espagnols : le Sud-Ouest et la région parisienne. Les réfugiés ne diffèrent guère en cela de leurs compatriotes. Un important rapport du ministère de l'Intérieur sur les Espagnols en France au 31 décembre 1950 met en évidence le fait que la population espagnole, toutes catégories confondues, est implantée de façon majoritaire dans la Seine, les départements du Sud-Ouest et la région marseillaise. Les huit départements où les Espagnols sont les plus nombreux sont, par ordre décroissant, la Seine, la Gironde, l'Hérault, les Pyrénées-Orientales, les Bouches-du-Rhône, la Haute-Garonne, l'Aude et le Rhône. La Seine a définitivement supplanté l'Hérault à la place de premier département espagnol de France, encore occupée par ce dernier dans l'immédiat après-guerre. Cependant, le centre de gravité de la colonie espagnole est à nouveau nettement le Sud-Ouest ; près de la moitié des Espagnols y résident et ils constituent plus de la moitié de la population étrangère de la région[85]. Au 31 décembre 1949, plus de 159 000 Espagnols vivent dans les quatorze départements du grand Sud-

Ouest [86]. Cela signifie que les exilés ont majoritairement retrouvé les zones traditionnelles d'implantation hispanique tandis qu'un autre mouvement s'opère, qui les conduit en grand nombre vers la capitale. Les réfugiés représentent alors 24 % de la colonie espagnole dans la Seine et 30,9 % dans la Seine-et-Oise [87].

Les dix départements où les réfugiés « statutaires » — ceux à qui a été octroyé le statut de réfugiés politiques — sont les plus nombreux au 31 décembre 1950 sont, par ordre décroissant, la Haute-Garonne, les Pyrénées-Orientales, la Seine, la Gironde, l'Ariège, les Hautes-Pyrénées, l'Hérault, l'Aveyron, les Bouches-du-Rhône et l'Aude. Ces départements correspondent pour une grande part à ceux où les Espagnols non réfugiés sont les plus représentés. Quelques départements comme le Rhône, les Basses-Pyrénées, le Tarn ou le Gard qui comportent un nombre important de ressortissants espagnols — entre 11 500 et 6 500 — ont un nombre assez faible de réfugiés « statutaires », situé entre 1 500 et 2 800. En revanche, l'immigration politique est plus nombreuse que l'immigration « économique » dans la Haute-Garonne, l'Ariège, l'Aveyron, le Tarn-et-Garonne et les Landes ; dans le Lot-et-Garonne et les Hautes-Pyrénées, les deux groupes se trouvent en nombre pratiquement égal. Ainsi, géographiquement comme socialement, les réfugiés marchent sur les traces de leurs compatriotes.

Quelques portraits de la « première génération »

La multiplicité des parcours personnels, la large palette des idéologies et l'importance des composantes régionales sont des données fondamentales de l'exil républicain. À côté de la diversité des situations et des vécus déjà évoqués, quelques portraits de membres de la « première génération » de l'exil, celle qui est arrivée adulte en France, permettront de rendre plus sensible la pluralité des visages de l'Espagne républicaine. Bien que chaque personne ne puisse être représentative à elle seule du groupe auquel elle se rattache, ces portraits correspondent aux principaux courants politiques de l'exil.

La personnalité de cet éventail qui arrive la plus âgée en exil est Pompeu Fabra. Né en 1868 à Barcelone, il est ingénieur chimiste de formation, mais il se passionne très tôt pour les questions linguistiques. Il contribue à la restauration de la langue catalane dans une Catalogne marquée depuis le milieu du XIXe siècle par une renaissance de la culture régionale, la *Renaixença* ; la résurrection d'une langue, toujours parlée dans le quotidien, comme véhicule de culture, est l'une des affirmations essentielles de ce mouvement. Pompeu Fabra publie en 1898 une *Contribució a la gramàtica de la llengua catalana*, primée par les Jeux floraux de la langue catalane, restaurés en 1859. Alors que le catalanisme devient un phénomène politique et plus seulement culturel, Fabra travaille dans les années 1910 avec Enric Prat de la Riba, leader catalaniste issu des milieux économiques et fondateur de la Lliga regionalista. Il devient professeur de catalan à la Diputación de Barcelone et à l'Institut d'études catalanes, œuvrant à une normalisation orthographique du catalan et préparant des dictionnaires de catalan. Supprimée pendant la dictature de Primo de Rivera, sa chaire est restaurée avec la République et il devient, en 1933, président de l'université autonome de Barcelone et président du Conseil de culture de la Généralité. En 1939, il s'exile en France et y poursuit son travail linguistique : il publie pendant l'Occupation une grammaire catalane puis, à Montpellier, une édition en français de celle-ci. Il préside à la réapparition à Paris de la *Revista de Catalunya* publiée à Barcelone depuis 1924. En 1945, il est reçu docteur *honoris causa* de l'université de Toulouse et il est conseiller auprès du gouvernement catalan en exil jusqu'à la dissolution de ce dernier en janvier 1948. Honoré et admiré par ses compatriotes pour son travail de normalisation de la langue catalane moderne, il reçoit d'eux de nombreux hommages, notamment les 28 et 29 février 1948 à Prades, où une médaille d'or lui est offerte, acquise par une souscription auprès des Catalans de la diaspora[88]. Pompeu Fabra meurt à Prades en 1949 et l'une des universités de Barcelone porte aujourd'hui son nom. Il est l'un des trois Catalans, formant la « trinité catalane », dont la presse catalane de l'exil suit avec attention les activités, les deux autres étant le violoncelliste Pablo Casals et l'historien Antoni Rovira i Virgili[89]. Bien que son champ d'activité privilégié ait ressorti essentiellement au domaine linguistique, Pompeu Fabra marque bien, en sa seule personne, les étapes du catalanisme depuis la fin du siècle dernier et il est l'exemple accompli de ces nationalistes catalans passés d'un catalanisme culturel à l'expression politique de celui-ci.

Manuel de Irujo y Ollo est l'une des plus importantes figures

ENTRE EXIL PROVISOIRE ET DÉFINITIF...

du nationalisme basque. Né à Estella, en Navarre, en 1892, diplômé de lettres et de droit, il devient avocat et entre rapidement en politique. Son père a été l'avocat et l'ami intime de Sabino Arana Goiri, le fondateur en 1895 du Parti nationaliste basque ; le PNV demande dès la fin du siècle dernier un gouvernement et une législation particulière pour la Navarre et les trois provinces basques — Biscaye, Guipúzcoa et Alava — qui ont respective-ment pour capitales Bilbao, Saint-Sébastien et Vitoria. Affilié très jeune au PNV, Manuel de Irujo entre aux Cortes en 1931 et 1936. En 1936, il participe à l'organisation de la résistance armée contre les franquistes en Guipúzcoa et il accepte la charge de ministre dans le gouvernement de Largo Caballero en échange du statut d'autonomie du Pays basque, présenté aux Cortes le 1er octobre 1936. D'abord sans portefeuille, il est ministre de la Justice en 1937 dans le gouvernement de Juan Negrín formé à Valence ; mais il démissionne à la fin de l'année pour marquer sa volonté d'obtenir des garanties d'indépendance pour les tribunaux. À nou-veau ministre sans portefeuille, il se retire une nouvelle fois, par solidarité avec le ministre catalan dont il appuie les demandes d'autonomie de la Généralité et parce qu'il désapprouve des condamnations à mort. Adversaire des juridictions d'exception et de la peine de mort, il défend les droits de l'homme dans les circonstances les plus difficiles : il dénonce tant les actions incon-trôlées de certaines patrouilles anarchistes que les procédés poli-ciers des appareils staliniens. En exil à Londres, il y assure la représentation des Basques pendant la guerre mondiale ; ensuite, en France, de 1945 à 1947, il occupe différentes charges dans les gouvernements en exil. Chrétien convaincu, Manuel de Irujo est l'ami de divers intellectuels catholiques français progressistes, notamment de Paul Vignaux. Européen militant, il est vice-prési-dent du Conseil fédéral du Mouvement européen. Après la mort de Franco, il rentre dans son pays natal en 1977 ; il est élu séna-teur pour la Navarre et député au Parlement basque jusqu'à sa mort, à Pampelune, en 1981 [90]. Manuel de Irujo est l'un de ces catholiques résolument républicains qui a beaucoup influé sur la prise de conscience antifranquiste puis antifasciste au sein d'une partie du catholicisme français [91].

L'un des principaux représentants en France des gouvernements républicains de l'exil a été Julio Just Jimeno. Né à Valence en 1892, ingénieur, député de sa ville en 1931 pour le Parti républi-cain radical et, en 1936, pour Izquierda republicana, il est ministre des Travaux publics en 1936-1937. En exil, il connaît avec sa famille l'errance de nombre de réfugiés ; son épouse et lui-même cherchent à trouver quelque travail pour subsister dans les lieux où ils se trouvent : Port-Vendres, Marseille, le département de l'Aude, Paris, puis, après l'exode de 1940, Orléans, Bordeaux, Carcassonne, Narbonne. Julio Just est accrédité comme expert auprès de la Légation du Mexique pour s'occuper de l'exécution des accords franco-mexicains d'août 1940. Il est cependant arrêté en février 1941 et emprisonné à Foix dans l'attente d'une décision sur la demande d'extradition dont il fait l'objet. Bon orateur, il se défend lui-même lors du procès ; l'extradition n'étant pas accordée, il est interné dans les camps du Récébédou et du Vernet jusqu'en 1943, puis assigné à résidence dans le Lot, à Limogne. De 1947 à 1976, date de sa mort, il est membre de tous les gouvernements en exil, à l'exception de celui d'Alvaro de Albornoz de 1949 à 1951 ; il a en charge divers portefeuilles — Défense, Intérieur, Émigration — et assume la vice-présidence du gouvernement plusieurs années (1960-1962 et 1971-1976). Par les contacts qu'il a su développer avec les gouvernements français, il est un interlocuteur régulier de ceux-ci. Il travaille à plein temps pour le gouvernement en exil mais il collabore aussi à divers journaux américains — tel le *New Herald* — et il écrit de manière suivie dans *La Dépêche du Midi*. Julio Just n'a jamais renoncé à ses idéaux républicains et il est mort en exil sans être retourné en Espagne, même pendant les quelques mois séparant le décès de Franco du sien[92] ; il symbolise l'attachement de nombre de réfugiés aux institutions républicaines contre lesquelles le général dictateur s'est rebellé.

Dans la mouvance socialiste, l'itinéraire d'Antonio Gardó Cantero est exemplaire aussi de ces fidélités aux convictions. Né à Valence en 1909, il milite d'abord à la CNT comme beaucoup d'Espagnols puis il rejoint le PSOE en 1932. Délégué des Jeunesses socialistes, il devient enseignant et secrétaire général du Séminaire de pédagogie de l'université de Valence en 1934-1935 ; il est secrétaire général de la Fédération espagnole des travailleurs de l'enseignement en 1936. Volontaire pendant la Guerre civile, il est lieutenant d'artillerie. Exilé en France en 1939, il est l'un des animateurs du travail culturel entrepris dans le camp d'Argelès ; il participe à la Résistance dans le Midi où il est responsable de l'UNE pour la Lozère, l'Ardèche, le Gard et l'Hérault et, à ce titre, membre de l'état-major FFI de Montpellier. Son activité dans l'UNE pendant la guerre l'entraînera dans une scission socialiste aux côtés des partisans de Negrín, Ramón González Peña, Ramón Lamoneda et Julio Alvarez del Vayo ; il est secrétaire général du PSOE de France puis dirigeant de l'Union socialiste espagnole et il participera à la création du Front révolutionnaire antifasciste et patriote en 1971. Il réintègre le PSOE à la base après ces longues années de dissidence. Enseignant l'espagnol dans plusieurs lycées, il est secrétaire général de l'Ateneo ibéroamericano de Paris depuis sa fondation en 1957 jusqu'en 1993, et il est cofondateur de la Fondation internationale Antonio Machado de Collioure en 1977. Toujours vivement intéressé par la pédagogie, remarquablement cultivé, avec un sens très hispanique de l'élégance, il mettra à profit, jusqu'à sa mort en 1997, toutes les réunions publiques où il est question de l'Espagne pour évoquer l'histoire de la République espagnole et de ses fidèles[93].

Dans cette Seconde République espagnole, la place des femmes a été particulièrement importante, faisant de l'Espagne d'alors un pays largement en avance sur ses voisins européens. De nombreuses femmes ont occupé des postes de responsabilités, telles Isabel de Palencia, ambassadeur en Suède et en Finlande, ou Victoria Kent, directeur général des prisons. Le « *No pasarán !* » de Dolores Ibarruri, la Pasionaria, membre du comité exécutif du PCE depuis 1933, député des Asturies en 1936, a symbolisé pour beaucoup la résistance au franquisme. Mais la plupart de ces personnalités se sont exilées dans d'autres pays que la France : Grande-Bretagne, États-Unis, Mexique ou URSS. En revanche, Federica Montseny, dirigeante de la CNT a joué un grand rôle dans l'exil français. Née à Madrid en 1905, elle est la fille de Joan Montseny et de Teresa Mañé, fondateurs en 1898 de la fameuse *Revista blanca*, créée sur le modèle de la *Revue blanche*. Federica Montseny est également l'épouse de Germinal Esgleas, secrétaire à diverses reprises du comité national de la CNT en exil. Dirigeante de la CNT et de la FAI, elle accepte pendant la Guerre civile de participer au gouvernement de Largo Caballero ; elle est, aux côtés de trois autres militants confédéraux, ministre de la Santé et de l'Assistance sociale de novembre 1936 à mai 1937. Son dramatique exode en France en 1939, avec sa mère et deux jeunes enfants, a déjà été évoqué, de même que son arrestation en 1941 et le rejet de sa demande d'extradition. À la Libération, Federica Montseny est l'un des chefs de file de la tendance « apolitique » de la CNT, opposée à toute collaboration gouvernementale. Son activité politique et culturelle est considérable dans l'exil ; auteur de divers ouvrages historiques et autobiographiques, animatrice de très nombreux titres de la presse anarchiste — de *Cénit* à *Espoir* —, Federica Montseny synthétise divers aspects de l'anarchisme espagnol, confronté à l'élaboration de stratégies par rapport au pouvoir en temps de guerre et de révolution puis dans l'exil.

À l'aube des années 1950, le caractère provisoire de l'installation des réfugiés en France tend à s'estomper. Avec la rupture de l'isolement international du franquisme, l'espoir de voir le régime honni disparaître s'amoindrit. Les rangs des exilés continuent en revanche de s'accroître par l'arrivée de nouveaux réfugiés et les regroupements familiaux s'effectuent essentiellement à l'extérieur de l'Espagne. Les républicains espagnols, munis enfin d'un statut juridique, commencent à émerger de la difficile situation qui a été la leur depuis leur arrivée en France, aggravée par les années de guerre mondiale. Par obligation, le réfugié politique devient, malgré lui, un immigré. Si son origine sociale ne le distingue guère des Espagnols qui l'ont précédé en France et s'il se retrouve, majoritairement, dans les mêmes secteurs d'emploi que ses compatriotes, l'exilé est porteur d'une autre expérience historique qui marque ses comportements et ses activités. La présence de dirigeants politiques et syndicaux, d'intellectuels, de membres des professions libérales et d'artistes modifie profondément la physionomie de la colonie espagnole de France. La période de l'après-guerre est marquée, pour le réfugié espagnol, par une stabilisation géographique et un début d'insertion professionnelle et sociale. La nécessité d'avoir un travail pour assurer sa subsistance, la réunion des familles disloquées par l'exode et l'accès des enfants nés en France à la nationalité française le conduisent insensiblement à modifier le caractère provisoire de son installation. Même si le réfugié continue à militer pour le changement de régime en Espagne — et ce militantisme est particulièrement multiple et intense pendant la première décennie — l'intégration se fait sans y penser, progressivement, par le biais du travail et de l'école. Même si les préoccupations de beaucoup restent tournées vers l'Espagne, un lent et inéluctable processus d'intégration est en marche.

VI

De l'espérance à la désillusion :
dix années tournées vers l'Espagne,
1945-1955

Si ma plume valait ton pistolet de capitaine, je mourrais content.

Antonio Machado

[...] la Muse me console dans mon voyage vers le Pont, lieu qui m'est assigné ; elle est demeurée la seule compagne de mon exil, elle seule est sans peur au milieu des embûches, et ne craint ni l'épée du soldat, ni la mer, ni les vents, ni la barbarie...
[...] ma Muse qui me visite en de si grands malheurs, trouve la force de revenir à ses rythmes et à son culte d'autrefois.

Ovide, *Tristes*,
livre IV, 1, 19-24

Au lendemain de la guerre mondiale, parallèlement au processus social d'intégration en France qui s'amorce indépendamment de leur volonté, les réfugiés espagnols déploient une intense activité. À la Libération, un immense espoir s'empare des républicains de voir sombrer le régime franquiste, à l'instar des régimes hitlérien et mussolinien qui ont aidé les nationalistes à s'installer en maîtres en Espagne. Diverses stratégies sont avancées et mises en œuvre afin de hâter le retour en Espagne qui semble alors proche. Afin de répondre aux exigences de l'heure, les partis se réorganisent, des regroupements politiques s'effectuent, des associations se constituent et un nombre considérable de publications périodiques paraissent. L'Espagne et la lutte contre le régime franquiste en sont la raison d'être essentielle, le but premier. Le besoin impératif de sauvegarder l'identité culturelle d'un exil riche d'une expérience historique unique conduit les réfugiés espagnols, situés dans la perspective d'un retour imminent, à créer de nombreux organismes à vocation culturelle et à affirmer leur culture plurielle. Car, il s'agit d'un groupe très politisé, du moins tant que le retour en Espagne semble possible, mais extrêmement divisé. L'admission de l'Espagne à l'ONU en 1955, moins de dix ans après sa condamnation par cette instance internationale, scelle irrémédiablement une période où le retour dans le pays d'origine est apparu comme possible pour les exilés.

L'obsession du retour

À la fin de la guerre mondiale, toutes les tendances politiques de l'exil sont fermement persuadées que la défaite de Hitler et de Mussolini va entraîner, comme conséquence logique, celle de Franco. Pour saluer l'année 1945, le PCE proclame : « 1945, année de luttes, année de combat à mort contre Franco et la Phalange, mais année de luttes libératrices, année de combats victorieux, année qui verra l'écrasement de Franco et de la Phalange et resurgir une nouvelle Espagne[1]. » La CNT proclame en février 1945 que « l'heure de notre retour en Espagne s'approche[2] » et lance au mois de mai suivant un appel à « tous les hommes de conscience libre » pour leur rappeler que, si le nazisme et le fascisme sont écrasés, « la Phalange patrouille dans les rues » et que la répression se poursuit en Espagne. Elle invite les antifascistes, les partis de gauche et les organisations ouvrières, tous ceux qui combattent pour les droits de l'homme, à se mobiliser pour demander la rupture des relations avec Franco et le rétablissement de la légalité en Espagne[3]. Le POUM également, dans le premier numéro de *La Batalla*, en mai 1945, titre : « Franco doit être balayé comme Hitler et Mussolini. » La chute du Caudillo paraît inéluctable en cette période de défaite du fascisme. Persuadé cependant que les Espagnols ne peuvent placer des espoirs dans les pays anglo-saxons, le POUM pense que les meilleurs alliés des démocrates espagnols sont les mouvements populaires et « les mouvements de Résistance contre le fascisme de divers pays européens[4] ». L'argument développé par les exilés espagnols auprès des instances internationales est que le régime franquiste menace la paix, non seulement à l'intérieur de l'Espagne, mais aussi au niveau mondial.

C'est aux nécessités d'une éventuelle intervention militaire en Espagne ou, du moins, d'une réorganisation de l'armée républicaine avant le retour dans la patrie, que répond la création en décembre 1944 de l'Agrupación militar de la República española[5]. Créée à Toulouse par le général J. Hernández Saravia et quelques officiers supérieurs afin de rassembler les anciens militaires républicains, l'AMRE entend recenser les membres dispersés de l'armée républicaine et « reconstituer nominalement, dans la mesure du possible, les anciens cadres de commandement qui pourront être mis aux ordres du gouvernement légal quand ce gouvernement, en accord avec ceux des nations alliées, reviendra intervenir dans les affaires d'Espagne[6] ». À l'automne 1945 encore, la section des carabiniers de l'AMRE se déclare disposée à regrouper, organiser, préparer tous ses membres afin que « lorsque le gouvernement donnera l'ordre d'agir, cela se réalise avec efficacité et rapidité[7] ». L'AMRE compte entre 3 000 et 3 500 adhérents, mais elle est dissoute par son fondateur lorsqu'il devient ministre de la Défense du gouvernement Giral, sous le prétexte qu'elle fait double emploi avec les services de ce ministère. C'est alors que les communistes, afin de conserver un groupement susceptible de fournir des cadres militaires en prévision d'une action armée en Espagne, fondent l'Agrupación militar del Ejército republicano español, l'AMERE[8]. La formation du gouvernement en exil marque la fin d'une courte période où l'éventualité d'une action militaire en Espagne avait été envisagée par quelques officiers républicains ; alors que certains groupes poursuivent leur tactique de guérilla, l'action diplomatique devient prééminente pour le gouvernement en exil.

En dépit de l'échec de la stratégie qui a inspiré l'entrée dans le val d'Aran à l'automne 1944, l'appel à l'« insurrection nationale », ce soulèvement populaire qui viendrait appuyer une intervention extérieure, est encore maintenu par le PCE au début de l'année 1945. Qualifié ultérieurement, en 1948, par Santiago Carrillo de « révolutionnaire en parole et de réactionnaire et provocateur dans les faits », ce mot d'ordre est rapidement abandonné ; mais, dès la libération de la France, le PCE engage ses meilleurs militants de l'exil à aller renforcer le mouvement de guérillas qu'il suscite en Espagne.

La presse communiste de l'exil consacre de nombreux articles et premières pages aux actions de guérilla, qu'il faut, selon Enrique Líster, soutenir résolument [9]. Les maquis du Levant sont particulièrement magnifiés [10] ; toutes les offensives des guérilleros sont célébrées : occupations de villages, attaques de gardes civils. Jusqu'en 1948, cette lutte semble aller croissant selon la presse du PCE ; mais cette même année, il semble que Staline « conseille » aux dirigeants communistes espagnols de cesser la guérilla en Espagne et d'orienter davantage leur action à l'intérieur des syndicats verticaux officiels [11]. En 1949, la presse communiste insiste d'ailleurs beaucoup plus sur l'action d'orientation politique mise en œuvre par les guérilleros. La réorientation stratégique est sensible : chaque guérillero est invité à être un instructeur politique des paysans, un propagandiste de la République et un organisateur des masses rurales pour la défense de leurs intérêts [12]. C'est dire que la guérilla n'est plus tout à fait à l'ordre du jour. Si la presse communiste de l'exil se fait encore l'écho, en 1949 et en 1950, des actions de guérilla proprement dites, il est clair que le PCE en a abandonné — officiellement du moins — l'aspect militaire.

Après la scission confédérale de l'automne 1945, la CNT tient également un langage radical et ne croit plus qu'à l'action révolutionnaire, par le biais de l'insurrection populaire et de l'implantation du communisme libertaire. À partir de juillet 1946, le MLE-CNT engage son énergie vers la révolution sociale, contre tout compromis, face au parlementarisme et au capitalisme. « Un seul chemin de libération : l'action ! » proclame *Solidaridad obrera* [13]. Le peuple espagnol ne doit pas, selon les anarchistes « apolitiques », mendier sa liberté dans les chancelleries, « il doit la conquérir les armes à la main [14] ». Le MLE-CNT, comme le PCE, envoie des militants en Espagne pour y consolider la lutte clandestine et prête « tout son appui aux actions de force qui peuvent miner les assises du régime : attentats, sabotages, coups de main.... et à ce qui, à un moment donné, pourrait provoquer un état de panique tel que la chute de Franco serait accélérée ». Un plan de coordination et de lutte contre le fascisme est approuvé au plénum de 1946 et cette stratégie est confirmée lors du deuxième congrès du MLE-CNT en octobre 1947 [15]. La presse en exil se fait l'écho des actions de guérilla menées en Espagne et de la répression impitoyable qui les accompagne [16]. « La *démocratie* franquiste persiste, torture et assassine, mais elle ne pourra se consolider », proclame la CNT en 1948 [17]. La CNT affirme aussi que plus de

60 % des guérilleros qui combattent dans les sierras sont libertai-res, alors que les communistes prétendent être l'axe de la gué-rilla[18].

Mais ces diverses actions de guérilla, en dépit de leurs succès partiels, ne se prolongeront guère, sauf dans certaines régions, au-delà du début des années 50. La forte répression et le manque de soutien populaire à ce qui apparaît souvent comme une autre guerre civile font qu'elle s'éteint progressivement[19].

Il n'échappe pas à certains exilés, comme par exemple les anar-chistes « politiques », que fondamentalement le peuple espagnol ne souhaite pas une nouvelle guerre fratricide : « Le peuple espa-gnol désire un changement de régime sans convulsion profonde : c'est une vérité que n'importe quel étranger visitant l'Espagne pourrait recueillir de lèvres espagnoles, quelle que soit la condi-tion sociale à laquelle appartiennent les personnes interrogées[20]. » Aussi une bonne partie des réfugiés suit-elle avec attention les débats internationaux relatifs au « problème espagnol ». La mou-vance républicaine, au sens restreint du terme, mise sur l'action diplomatique. Le gouvernement en exil consacre l'essentiel de son activité à des démarches auprès de l'ONU et des dirigeants des grandes puissances ; son journal, *La Nouvelle Espagne*, tient avec optimisme ses lecteurs en haleine au fur et à mesure de l'élabora-tion des propositions de sous-commissions du Conseil de sécurité qui aboutissent à la condamnation de l'Assemblée générale de décembre 1946. L'espoir est grand après cette décision : « Jusqu'à maintenant, nous nous trouvions en présence d'une condamnation platonique du régime franquiste... Maintenant, l'Assemblée des Nations unies est allée plus loin[21]. » Même si, très rapidement, le gouvernement déplore que l'on n'ait pas prévu de sanctions plus efficaces contre le franquisme et interdit aux membres de l'ONU d'importer des produits agricoles de la Péninsule[22]. La JEL, égale-ment, ne peut s'empêcher de proclamer dans *L'Espagne républi-caine* « l'agonie du franquisme », « la préface de la fin », allant même jusqu'à annoncer que l'on va « vers le dénouement »[23].

Les espérances suscitées par les prises de position de l'ONU s'effondrent vite, pour autant qu'elles aient été un temps cares-sées. Certains, dès 1945, ont mis les réfugiés en garde contre un optimisme excessif, tel Wilebaldo Solano du POUM : « N'ou-blions pas, si nous voulons nous épargner de nouvelles désillu-sions inutiles, que la politique de la bourgeoisie anglo-saxonne est absolument déterminée par des intérêts et des nécessités en contradiction et en opposition avec ceux du peuple espagnol... On condamne politiquement Franco, comme à San Francisco, pour lui arracher de nouvelles concessions économiques ou stratégiques. On obtient ces concessions et l'on continue, et l'on continuera, à le soutenir [24]... » Et Juan Andrade, dans le même journal, compare cette attitude expectative de l'exil à la conduite tenue au cours de la Guerre civile : « Alors, on espérait tout d'une aide officielle de l'extérieur ; aujourd'hui, toute la confiance repose également sur les accords d'une conférence ou d'une réunion internationale [25]. » La CNT « apolitique » dénonce également dès 1945 le « double jeu des démocraties » et pense que, dans le cas seulement où les intérêts économiques des grandes puissances seraient menacés par la continuation du régime franquiste, l'on songerait à donner une solution au problème espagnol ; aussi le peuple espagnol a-t-il le devoir d'assumer la responsabilité de « forger lui-même son destin » et ne doit-il rien attendre de l'ONU ni des promesses des grandes puissances [26]. Le secrétaire général du PSOE, Rodolfo Llopis, constate en mai 1947 que « le Conseil de sécurité possède les moyens pour provoquer les actes qui mettraient notre peuple en situation d'exprimer sa volonté [27] ». La CNT approuve ce commentaire fait par le socialiste Luis Araquistáin [28] :

> L'ONU est née pour mettre un frein à d'éventuels conflits futurs et si, malgré tout, ils surgissent, pour les empêcher de s'étendre. Mais elle n'est pas née pour créer des conflits internationaux et, là où ils n'existent pas comme en Espagne, il est inutile d'espérer que l'ONU intervienne pour résoudre un problème intérieur qui, par ses origines et sa concomitance avec les nations vaincues, sera un opprobre historique pour les vainqueurs mais ne leur enlèvera pas le sommeil : la raison d'État n'a jamais eu et n'aura jamais d'entrailles ou de honte, quels que soient les gouvernements qui la représentent, qu'ils s'intitulent communistes, socialistes ou bourgeois. La raison d'État n'a pas de parti, dans aucun pays : elle est simplement l'expression de l'égoïsme national à outrance [29].

La CNT ne pense pas non plus que les Espagnols puissent espérer grand-chose des organisations syndicales internationales. Si elles n'ont pas organisé de boycott économique de l'Espagne franquiste qui, seul, permettrait d'asphyxier le régime, c'est que les « grandes centrales réformistes » ont, selon la CNT, partie liée avec leurs gouvernements respectifs [30]. L'URSS ne tient pas non plus à une remise en cause qu'elle ne contrôlerait pas du *statu quo* en Espagne ; aussi un certain nombre de représentants de partis communistes réunis les 29 et 30 janvier 1946, à Paris, afin de « renforcer l'aide au peuple espagnol », se mettent-ils d'accord sur le fait qu' « il ne s'agit pas de réclamer une intervention directe de leurs pays dans les affaires espagnoles : il s'agit d'obtenir que cesse l'intervention de leurs gouvernements et des forces réactionnaires de leurs pays en faveur de Franco et de son régime ». Si les partis communistes demandent la rupture des relations commerciales et diplomatiques avec l'Espagne, la fermeture des consulats franquistes et la reconnaissance d'un gouvernement d'union nationale auquel les communistes participeraient, ils s'en tiennent à une résolution somme toute générale[31]. L'appui du mouvement communiste à l'Espagne républicaine est plus symbolique que réel. À l'instar de Luis Araquistáin, Jean Cassou insiste sur la complexité de la conjoncture internationale qui pèse défavorablement sur le sort de l'Espagne et condamne les réfugiés à un exil prolongé :

> Franco demeure au pouvoir, non point parce qu'il est le plus fort, mais parce qu'il est soutenu par d'autres puissances... Les puissances étrangères qui soutiennent Franco ne sont nullement convaincues de l'excellence de sa cause ; elles n'apportent à son secours aucune sorte de conviction, ni même de sympathie. Elles le soutiennent en silence, avec dédain et comme de façon négative. Elle ne veulent pas qu'il tombe : c'est tout. Mais, en cette non-volonté, elle mettent une formidable obstination. Et c'est là le terrible drame de la volonté espagnole : elle s'use non point contre la force de l'adversaire, mais contre une savante et monstrueuse combinaison qui n'ose pas dire son nom, qui ne se déclare point et, par conséquent, ne se discute point...
> Et ainsi le peuple espagnol qui combat Franco, en réalité ne combat pas Franco : fidèle à sa tradition donquichottesque, il se bat contre des fantômes et des nuées[32].

L'exil des républicains espagnols est, par conséquent, destiné à se prolonger. Certains, comme Indalecio Prieto à partir de 1950, se repentent d'avoir accordé une confiance imméritée aux démocraties. À sa décharge, il demande s'il fallait « se méfier depuis le début d'un gouvernement comme le britannique, composé totalement de socialistes, et d'un gouvernement comme le français, formé partiellement de socialistes ». Le fait que le gouvernement américain ne comportait aucun socialiste devait-il inciter à douter de sa fermeté[33] ? L'ONU annule, en novembre 1950, la décision de décembre 1946 et l'Espagne est admise à l'UNESCO en 1952 ; préludes à la signature de l'accord militaire américano-espagnol en 1953. Que le régime franquiste puisse entrer à l'UNESCO, « l'*organisation des idées* par excellence des Nations unies » est quelque chose qui à soi seul « condamne moralement et sans remède ceux qui votèrent pour », déclare Julio Alvarez del Vayo en 1952[34]. De quel droit, ajoute-t-il, les États-Unis, la Grande-Bretagne et la France ont-ils décidé quelle est « la véritable représentation de la culture espagnole, celle de l'intérieur de l'Espagne ou celle de l'exil » ? Et Julio Alvarez del Vayo cite les grands noms de la culture espagnole qui ont quitté l'Espagne à l'avènement du franquisme ou n'y sont jamais retournés à cause de la nature du régime : Pablo Casals, Antonio Machado, Luis Jiménez de Asúa, León Felipe, Manuel de Falla, Rafael Alberti ou Pablo Picasso[35].

L'obsession du retour est si forte chez les réfugiés que l'on peut se demander dans quelles proportions ceux-ci y ont cédé. Les retours de l'après-guerre mondiale sont encore mal connus ; ils sont, en tout cas, difficiles à comptabiliser car nécessairement espacés et individuels. Ils sont sans aucun doute très minoritaires, comme en attestent les regroupements familiaux qui s'effectuent, dans leur très grande majorité, à l'extérieur de l'Espagne et tout particulièrement en France. C'est que le régime franquiste poursuit les vaincus de sa vindicte. À la loi sur les « responsabilités politiques » de 1939, s'ajoutent la loi de mars 1940 sur la répression de la franc-maçonnerie et du communisme qui demeurera en vigueur jusqu'en 1963 et la loi sur la sécurité de l'État d'avril 1941. La loi martiale, qui établit le délit de rébellion militaire pour toute une série d'actes commis par les opposants au soulèvement de juillet 1936, est maintenue jusqu'en 1948[36]. Le régime franquiste ne consentira aucune amnistie pendant trente ans ; il se borne à promulguer une série de grâces, toujours partielles et limitées, pour l'immense majorité d'entre elles, aux délits de droit commun[37]. Ce n'est que le 10 novembre 1966 que Franco consentira à « l'extinction des responsabilités politiques des personnes » pour les événements survenus entre le 1er octobre 1934 et le 18 juillet 1936[38] ; et c'est seulement le 31 mars 1969 que seront prescrits tous les délits commis à l'occasion de la Guerre civile. Parmi la centaine de personnalités — dirigeants politiques et syndicaux, intellectuels, militants engagés dans les mouvements de l'exil — dont nous avons pu reconstituer la biographie, une infime minorité est retournée en Espagne avant la mort de Franco, du moins avant les toutes dernières années du régime. Les cas de Ricardo Gasset, ex-directeur de *L'Espagne républicaine*, et de l'abbé José Miguel Barandiarán, anthropologue basque réputé, représentent de rares exceptions. Le premier est retourné en Espagne dès la fin des années 1940 et le second est rentré en 1953 pour enseigner à l'université de Salamanque, à la faveur de la tentative de libéralisation menée par le ministre de l'Éducation de l'époque, Joaquín Ruiz Giménez, afin de desserrer l'étau du syndicat universitaire officiel. Mais le second, rédacteur en chef de *Gernika-Euzko Jakintza* et d'*Ikuska*, une fois cette parenthèse libérale refermée, est retourné à Sare, dans les Basses-Pyrénées, où il s'était fixé au début de la Guerre civile [39].

Pour beaucoup de réfugiés qui ont ou non exercé des responsabilités particulières pendant la période républicaine, il s'agit d'abord d'une question de principe et du refus de sembler pactiser avec le régime en revenant en Espagne. Ce qui n'empêchera pas certains d'entre eux, au fil des années, de se rendre dans leur pays d'origine par exemple à l'occasion du décès d'un proche resté au-delà des Pyrénées. Au risque de perdre le statut de réfugié qui implique le non-retour dans le pays d'origine ; à moins que quelques-uns — dont le nombre est incertain — soient inscrits, pendant un temps, à la fois dans les consulats espagnols et à l'OFPRA. Mais, sans entrer dans les méandres de situations administratives individuelles ambiguës, encouragées par les représentants franquistes afin d'accentuer les divisions chez les réfugiés, il convient de mentionner des retours assez rapides en Catalogne, pendant ou après la guerre mondiale ; notamment de divers intellectuels, tels Ferran Soldevila, Maurici Serrahima, puis Carles Riba en 1943, Rafael Tasis ou Claudio Ametlla en 1948 [40]. Retours qui expliquent peut-être les relations ultérieures étroites et complexes entre les nationalistes catalans en exil et l'opposition intérieure catalane. Les liens avec l'Espagne sont cependant maintenus dans beaucoup de familles, par le biais d'un des membres, souvent la femme lorsqu'elle n'est pas réfugiée, mais surtout par celui des enfants, devenus français, qui peuvent s'y rendre librement.

Un groupe politisé et divisé

L'exil espagnol connaît un degré important d'organisation, attesté par le nombre et la vigueur des partis, syndicats, groupes ou associations qui le structurent. Mais un morcellement considérable correspond à cette forte structuration, dû au poids des dissensions et des antagonismes, apparus pendant la Guerre civile, aggravés par les nouveaux conflits nés dans l'exil et de l'exil. Pas moins de 160 entités se sont créées tout au long de l'exil, mais la période de plus intense activité et de plus grande implantation est celle qui va de la fin de la guerre mondiale au début de la décennie suivante. Assurément, toutes ces entités n'ont pas la même dimension ni la même influence et un certain nombre se recoupent et s'entrecroisent, partageant les mêmes affiliés. Ce sont des partis et des mouvements politiques où les diverses tendances sont représentées : anarchistes, socialistes, communistes, nationalistes basques et catalans, groupes d'extrême gauche, républicains, mais aussi regroupements politiques divers. Sans parler des institutions républicaines reconstituées dans l'exil, ce sont également des structures syndicales ou des associations de types divers : associations culturelles ou régionales, associations d'anciens combattants, déportés et internés, d'anciens résistants, associations professionnelles, de solidarité et d'aide aux réfugiés, d'émigrés ou associations franco-espagnoles. L'immense majorité de ces organismes, sinon la totalité, rendent publique leur existence et assurent leur influence par la publication d'un périodique, bulletin, revue ou journal, ce qui aboutit, pour toute la durée de l'exil, à l'édition d'environ 650 titres différents. Ces titres sont considérablement dissemblables de par leur durée, leur rythme de parution, leur aspect matériel ou leur nature ; s'il en est beaucoup d'éphémères, d'irréguliers et de modestes, un certain nombre connaissent une grande longévité, une périodicité établie, des tirages importants et une présentation soignée, voire artistique[41].

Les premières années après la fin de la guerre mondiale sont marquées, pour les réfugiés espagnols, par un fort taux de politisation et par un engagement politique important. Ils sont très nombreux à participer aux organisations politiques et syndicales qui se sont reconstituées dès la libération de la France. Ce phénomène politique et sociologique est l'une des caractéristiques de l'exil républicain. Certains ordres de grandeur peuvent en donner une idée tangible : sur les quelque 100 000 réfugiés dénombrés en

1949[42] divers éléments laissent penser qu'une grande proportion d'entre eux — sinon l'immense majorité — sont, à cette date, liés plus ou moins directement aux organisations politiques et syndicales de l'exil. Assurément, les indications données par les mouvements eux-mêmes et par les diverses administrations chargées de surveiller les étrangers peuvent être exagérément gonflées ; dans un cas, pour faire croire à une force militante plus considérable que celle des autres organisations et, dans l'autre, pour alerter les autorités de l'État sur les dangers d'une possible subversion interne de la part des Espagnols. Mais le recoupement des données, renforcé par des précisions fournies par des observateurs lucides, permet d'évaluer de façon vraisemblable les sphères d'influence des organisations.

Les représentants de l'Espagne franquiste en France sont particulièrement anxieux de connaître l'ampleur des mouvements de l'exil. En 1946, le consul d'Espagne à Pau adresse à Madrid une estimation des effectifs des partis ; s'en tenant aux trois principales tendances, il indique que les anarchistes seraient au nombre de 40 000, les socialistes 17 000 et les communistes 10 000[43].

En 1948, les services des Renseignements généraux de Haute-Garonne, particulièrement vigilants par rapport à l'activité de l'importante colonie toulousaine d'exilés, font état pour toute la France d'environ 98 000 affiliés et sympathisants d'organisations politiques espagnoles : autour de 41 000 pour les diverses tendances anarchistes, autour de 30 400 pour les différentes nuances du socialisme, plus de 22 200 pour les partis communistes, autour de 2 000 pour les nationalistes basques et catalans, près de 1 800 pour les partis républicains et environ 300 pour le POUM[44].

La même année, les services parisiens de renseignements avancent un chiffre d'environ 50 000 affiliés ; la hiérarchie des effectifs est cependant la même, avec des chiffres allant de 20 000 militants pour les organisations anarchistes, 15 000 pour les socialistes, 10 000 pour les communistes, un peu plus de 2 000 pour le nationalistes, 2 000 pour les républicains et toujours 300 pour le POUM[45]. En dépit du caractère surévalué des estimations toulousaines — dû indubitablement aux fortes proportions locales des effectifs — et en revanche de la probable prise en compte des seuls affiliés et non de la mouvance des organisations dans le rapport parisien, il est vraisemblable qu'en 1948 les mouvements politiques et syndicaux espagnols influencent plus ou moins directement, selon des modalités diverses, de 50 000 à 100 000 personnes[46]. Mais cette date correspond, pour tous les groupes, à l'apogée et, par voie de conséquence, au début du déclin de leur sphère d'influence.

Très politisé, du moins les premières années de l'après-guerre, l'exil espagnol est également très divisé. L'importance respective des diverses tendances reflète la réalité espagnole des années de la République, marquée par la prééminence des courants anarchistes et socialistes[47]. De par leur importance numérique en Espagne et par le fait qu'ils ont probablement moins réémigré, les anarchistes constituent sans conteste le groupe le plus nombreux en France. Selon les propres déclarations de Germinal Esgleas et de Juan Puig Elias, responsables des publications *C.N.T.* et *Solidaridad obrera*, le MLE-CNT aurait 30 000 adhérents en 1946 et la minorité « réformiste » quelque 5 000 affiliés ; ils indiquent au ministère de l'Information que le congrès de la CNT de mai 1945, avant la scission, a rassemblé 400 délégués représentant 450 fédérations locales[48]. Pour l'après-scission, José Borrás donne des chiffres un peu minorés : 22 000 pour les « orthodoxes » et 4 000 à 5 000 pour les « politiques »[49]. Ordres de grandeur confirmés, semble-t-il, par des rapports ultérieurs des services de renseignements, basés eux-mêmes sur des documents internes indiquant, par département, le nombre d'adhérents à jour de leur cotisation : 18 000 inscrits réguliers au MLE-CNT en 1947, avec une mouvance « non inscrite » comparable en nombre[50] ; au 31 octobre 1948, 12 500 sur 23 000 militants se sont acquittés de leur cotisation[51]. En 1952, ce serait 15 240 membres que compterait la CNT d'Espagne en exil[52] et environ 12 500 en 1953[53]. Les Jeunesses de la Federación ibérica de juventudes libertarias subissent la même inexorable chute d'effectifs : si les organisations de jeunesse des deux tendances rassemblent de 4 000 à 5 000 membres en 1948, la FIJL « apolitique » n'aurait plus que 1 839 affiliés dans toute la France en 1955[54].

Le courant socialiste représente la seconde force politique de l'exil espagnol. Les divisions internes font que le PSOE se réorganise très lentement et ses effectifs sont bien inférieurs à ceux de la mouvance libertaire. La tendance Prieto-Llopis rassemble environ 4 000 adhérents en 1945[55] et 8 000 en 1946[56]. Lors du second congrès du PSOE, en 1946, 283 délégués représentent 247 sections sur les 301 recensées. En 1950, le PSOE ne regroupe plus que 5 800 adhérents à jour de leur cotisation et 5 472 en 1952 ; à cette dernière date, le parti socialiste ne compte plus que 268 sec-

tions et, en 1955, 253 [57]. Mais le courant socialiste est bicéphale :
au parti s'adjoint le syndicat UGT. Cette dernière organisation
rassemble environ 9 000 syndiqués en 1945 et, en 1946, elle est
formée de 429 sections implantées dans 79 départements métropo-
litains ; elle a, en outre, une section en Corse et vingt-sept en
Afrique du Nord, dont quatorze en Algérie, surtout dans l'Oranais [58]. Cela représente alors de 12 500 à 13 000 adhérents ;
comme pour les autres organisations, ces effectifs connaissent une
décrue régulière et ce chiffre tombe à 10 000 en 1947, 9 080 en
1948, 7 145 en 1949, 5 500 en 1952 et 4 574 en 1953 [59]. Aussi le
chiffre avancé en 1948 par les Renseignements généraux de Toulouse, de 18 500 membres dont 14 500 cotisant régulièrement, est-
il déjà dépassé par l'érosion des effectifs comptabilisés par le syndicat lui-même. Les Jeunesses socialistes qui regroupent environ
1 900 adhérents en 1948, n'en rassemblent plus qu'un millier en
1954, organisés dans 47 fédérations locales et sans doute moins
en 1956, avec 41 fédérations [60].

En ce qui concerne le mouvement communiste espagnol, les
chiffres sont moins importants, mais il s'agit certainement du
groupe le mieux organisé. Si l'on prend toujours en compte la
distinction entre les adhérents du parti et la sphère d'influence,
nécessairement plus large, les effectifs proprement dits rassemblés
par les organisations communistes sont probablement assez proches, en 1948, du chiffre de 8 000 donné par les services parisiens
de renseignements. Un autre rapport officiel, daté de 1947, estime
de 10 000 à 12 000 le nombre de militants du PCE et de ses organisations satellites, à 4 000 ceux du PSUC, 2 000 ou 3 000 ceux de
la JSU et 500 ceux du PC d'Euzkadi [61] ; mais les administrations
françaises avancent souvent des chiffres surévalués, tant la peur
des organisations communistes se développe dans le contexte de
la « guerre froide » naissante. En janvier 1950, quelques mois
avant l'interdiction des organisations communistes espagnoles,
l'on parle même d'une douzaine de milliers de militants éprouvés,
« des militants sûrs, fidèles, à l'exclusion des sympathisants, des
abonnés à *Mundo obrero* ou des membres d'une organisation
satellite » et l'on estime les apparentés à plusieurs dizaines de
milliers de personnes [62]. D'autres estimations, plus vraisemblables,
situent les effectifs du PCE autour de 7 450 en 1949, avec des
sections importantes dans les Pyrénées-Orientales, la région parisienne, les Bouches-du-Rhône et la Haute-Garonne [63] ; à la veille
de leur dissolution en septembre 1950, les adhérents du parti et

de ses organisations annexes — UGT-Junte centrale, JSU, Groupement militaire de l'armée républicaine espagnole (AMERE), Amicale des anciens FFI et résistants espagnols, Union des femmes antifascistes espagnoles, Solidarité espagnole — représentent certainement une dizaine de milliers de personnes[64].

Sans même parler de dissolution décrétée par les pouvoirs publics comme celle des organisations communistes en 1950, contraintes ensuite à la clandestinité, la plupart des mouvements politiques connaissent leur époque de plus grande activité dans la seconde moitié des années 1940 et voient leurs effectifs baisser nettement à partir du début de la décennie suivante. Ces diminutions continues du potentiel militant de l'exil s'expliquent par un processus de vieillissement des organisations et surtout par le désengagement progressif des fidèles dû à de multiples facteurs, parmi lesquels le découragement devant l'absence de perspectives politiques à court terme, les dissensions internes et les impératifs de l'insertion professionnelle en France ne sont pas les moindres. Tant que l'espoir demeure de voir chuter le franquisme, toutes les énergies sont tendues dans cette direction et la grande majorité des réfugiés se sent engagée dans une option politique définie ; ensuite, sans forcément abandonner leurs idées, les exilés s'estiment moins partie prenante d'un objectif dont l'échéance recule jusqu'à ne plus paraître qu'un souhait assez illusoire. Les nécessités de la vie quotidienne achèvent graduellement d'éloigner les réfugiés d'un militantisme actif.

Les années de clandestinité ne sont pas sans laisser quelques séquelles au sein même de nombreuses organisations. Un certain nombre de scissions prolongent, dans divers mouvements, la participation de quelques-uns de leurs militants à l'UNE. Des libertaires de l'UNE se regroupent dans une Agrupación de Cenetistas de la Unión nacional, éditent leur propre *Solidaridad obrera* en 1944 et 1945 et y expliquent les raisons de leur collaboration aux formations de guérilleros de l'UNE ; ils entendent démontrer que leurs idées n'empêchaient pas une collaboration avec l'UNE pendant la guerre[65]. Ce groupe se dissoudra cependant au printemps 1945, comme l'UNE elle-même, et la plupart de ses membres réintégreront la CNT[66]. Même clivages du côté des nationalistes catalans : ceux qui avaient été liés à l'Alliance nationale de Catalogne pendant la clandestinité créent, contre les anciens dirigeants de l'Esquerra republicana de Catalunya, une Esquerra republicana renovada et reprennent, en 1944 et 1945, la publication d'*El Poble català*. Les républicains et les socialistes ne sont pas épargnés par ces dissensions. Bien que Juan Negrín n'ait pas particulièrement approuvé la politique de l'UNE, il se trouve qu'un certain nombre de ses partisans ont combattu avec l'UNE pendant la guerre mondiale ; ces militants se réclament de la commission exécutive « sortie d'Espagne » et publient, à Toulouse puis à Paris de 1944 à 1946, deux *Socialista* concurrents de celui du PSOE de Rodolfo Llopis, car ils

> refusent de renier [leur] action comme socialistes durant l'occupation allemande et dans les mois qui suivirent immédiatement la libération de la France... Quand aucun organisme compétent de notre parti ne donnait, ni ne pouvait donner de directives, nous avons agi dans la clandestinité — comme ils disent — où nous avons pu et comme nous avons pu, conscients de contribuer à affaiblir l'ennemi commun et de réaliser, par conséquent, un travail socialiste [67].

Cependant, au lendemain de la guerre mondiale, devant l'opportunité que peuvent offrir les circonstances internationales pour le renversement de Franco, l'unité des forces antifranquistes apparaît comme la préoccupation affirmée de tous les secteurs de l'exil. Le PCE qui voit s'effriter l'influence de l'UNE en fait un axe fondamental de son activité. « Chaque communiste doit être un artisan de l'unité », telle est l'invitation adressée à ses militants dans *Unidad y lucha*. « La tâche primordiale et décisive en ce moment est celle d'unir toute l'émigration républicaine ; dans cette tâche, nous devons marcher en tête [68]. » Santiago Carrillo et la Pasionaria défendent en toutes occasions la politique d'unité et de combat du PCE [69]. Un journal communiste publie même un discours de Federica Montseny sur l'unité dans l'émigration, base indispensable pour le retour des exilés en Espagne [70]. Mais les antagonismes sont si profonds que des déclarations d'intention ne suffisent pas pour les balayer. Sans parler des affrontements physiques déjà mentionnés, les autres mouvements reprochent au PCE et à l'UNE de semer la désagrégation en leur sein plutôt que d'œuvrer pour l'union. D'autres conceptions de l'unité se présentent également, comme celle des trotskistes du Groupe communiste internationaliste, petite formation rattachée à la IVe Internationale. Cette organisation rejette aussi bien l'UNE que la JEL et se prononce pour une alliance ouvrière, basée sur l'unité syndicale et orientée vers un programme révolutionnaire ; elle renvoie dos à dos les deux orientations principales :

L'UNE veut sauver l'Espagne avec Gil Robles... la JEL veut sauver l'Espagne derrière Martínez Barrio, l'auteur de cette fameuse manœuvre qui consista, en juillet 1936, à proposer un « arrangement » aux militaires qui, naturellement, refusèrent avec mépris et leur acceptation aurait représenté le triomphe « à froid » du coup d'État [71].

Confrontée à l'échec de sa stratégie unitaire, l'UNE décide de s'autodissoudre en juin 1945 afin de « faciliter l'unité des Espagnols ». L'annonce de cette décision est contresignée par les principaux responsables du mouvement [72] : Joan Aguasca, président du secrétariat de l'UNE en France, Serafín Marín Cayre [73], du Mouvement d'unité républicaine, Jesús Martínez du PCE, le général José Riquelme, président du comité national de l'UNE en France, Julio Hernández pour les socialistes de l'UNE et Enrique de Santiago, pour l'UGT tendance González Peña [74]. Les communistes ont pour objectif de constituer un seul « organisme d'unité et de lutte des réfugiés espagnols en France » et ils en appellent à la JEL afin qu'elle fasse également sa part de chemin vers l'union ; ce qui ne les empêche pas de poursuivre de leur vindicte les militants et sympathisants du POUM, traités de criminels, « chiens trotskystes » et agents policiers au service de l'ennemi [75]. Quelques années plus tard, Santiago Carrillo critiquera sévèrement la politique menée par l'UNE et imputera son échec aux responsables du PCE en France pendant la clandestinité ; il leur reprochera d'avoir accordé plus d'importance au développement de l'UNE qu'à celui du parti et il dénoncera les éloges « grotesques » dont *Reconquista de España* couvrait Gil Robles et « l'indécente démagogie sur l'insurrection nationale [76] ». Après la dissolution de l'UNE, la JEL de France voit aussi son rôle décliner rapidement car, à l'automne 1945, les institutions républicaines se reconstituent au Mexique ; la JEL finira par se dissoudre à son tour en septembre 1947 après deux années de paralysie totale.

Toutes les organisations de l'exil sont unanimes pour déplorer leurs divisions ; elles souhaitent une unité qu'elles savent improbable à concrétiser et chaque mouvement pense qu'il est le plus unitaire. « L'idéal serait, affirme la CNT, que, dans la lutte contre Franco, la plus légère fissure ne puisse diviser le groupe de l'antifascisme véritable ». « Le critère de l'objectivité, du désintéressement et de la pondération est le seul qui puisse conduire à l'unité absolue de l'antifascisme, unité dont on parle jusqu'à l'excès, mais que beaucoup veulent conditionner selon une appréciation individualiste ou égoïste, incompatible avec les nécessités immédiates et générales de la libération de l'Espagne[77]. » Lucidité et souhaits sincères ne suffisent pas pour élaborer une stratégie adaptée : les exilés espagnols en feront l'amère expérience. Leur désunion, accentuée par la diaspora, les rend peu crédibles mais le contexte international ne leur sera pas non plus favorable.

Une intense activité de publication

Dès la libération de la France, l'exil espagnol se manifeste par une véritable explosion éditoriale qui participe de la révolution sans précédent qui se produit au même moment dans ce domaine et voit la création d'une abondante presse nouvelle. La liberté de la presse et de l'information à peine rétablie par le gouvernement de la France libre, les journaux se multiplient, particulièrement ceux en langue espagnole. La presse espagnole devient rapidement la presse en langue étrangère la plus abondante en France, comme le fait remarquer Georges Bidault en 1946 au président du gouvernement basque[78]. Les publications espagnoles fleurissent en de nombreux endroits, tout particulièrement à Toulouse, Paris, Perpignan, Alger, Bordeaux, Oran et Marseille ; il n'est pas de groupe politique ou syndical, d'association professionnelle ou de comité d'intellectuels qui ne crée un périodique. Les publications se multiplient sans contrainte au cours des mois qui suivent la Libération jusqu'à ce que la presque totalité de la presse espagnole soit suspendue en février 1945 ; on objecte le trop grand nombre de publications en langue espagnole et le manque de papier, dont les stocks encore rares doivent être répartis équitablement. Il est vrai que le contexte général est celui d'un difficile réapprentissage de la liberté dans un pays soumis au rationnement et à la recherche d'une stabilité politique qui passe notamment par un équilibrage politique des publications.

Fidèle à l'esprit de la Résistance, la presse nouvelle, intransigeante et idéaliste, se trouve vite confrontée aux réalités économiques et à la volonté de reprise en main du pouvoir central ; la presse hispanique fait partie du lot, à cette différence près que les Espagnols ne sont pas, de par leur extériorité à la citoyenneté française, partie prenante de la restructuration générale qui s'opère en France et ils s'estimeront lésés eu égard à leur activité résistante et, plus encore, en regard de la tâche de libération de l'Espagne restant à accomplir. Après avoir décrété le 16 janvier 1945 la suppression de tous les journaux se disant organes des FFI[79], le gouvernement provisoire décide, le 12 février, de suspendre momentanément la publication des journaux espagnols dont le nombre est jugé excessif. Le général de Gaulle demande expressément au directeur régional de l'Information de Toulouse de suspendre et, s'il le faut, de faire immédiatement saisir les journaux espagnols non autorisés publiés dans sa région ; ce dernier fait part au commissaire de la République de la position du chef du gouvernement provisoire et demande à tous les directeurs de journaux espagnols de suspendre leurs publications dans les huit jours[80].

La plupart des journaux cessent de paraître et les autres sont saisis lorsqu'ils tentent de sortir clandestinement. Si bien qu'au mois d'avril 1945, en dépit d'une manifestation de protestation patronnée par l'ensemble de la presse toulousaine et de l'avis plus nuancé des autorités locales, aucune publication espagnole n'est plus mise en vente en Haute-Garonne. Seuls subsistent des bulletins intérieurs de différents mouvements et partis[81]. Ce dernier subterfuge est d'ailleurs largement employé par de nombreuses publications, dont le sous-titre se transforme d'*organe officiel* en *bulletin intérieur* et dont le format se réduit également. C'est le cas, par exemple, d'*Acción libertaria* et *Adelante* à Marseille, de *C.N.T.* à Toulouse, d'*Exilio* à Brive ou de *Ruta* à Marseille. Certains titres disparaissent définitivement en 1945, comme l'édition espagnole du *Populaire girondin*, *España popular* ou *El Patriota del Sudoeste*. Mais la plupart des responsables des principaux partis et syndicats entreprennent les démarches nécessaires pour obtenir l'autorisation de faire paraître leurs publications, comme la JEL qui obtient, dès juin 1945, l'autorisation de publier *L'Espagne républicaine*. Le temps de constituer les dossiers de demande d'autorisation de paraître, qui s'assurent notamment de l'absence de compromission du journal pendant la guerre, la plupart des autorisations sont accordées à partir de mars 1946. Une certaine stabilisation de la presse se produit alors et, dès 1946, Paris devient la ville où s'éditent le plus grand nombre de titres de périodiques espagnols, suivie par Toulouse et Perpignan, tandis que l'Algérie n'abritera plus, à partir de 1948, aucune publication républicaine.

L'activité de propagande est le reflet direct de la force et de l'implantation des organisations politiques et syndicales. Publier un journal, c'est affirmer son existence politique et organisationnelle, le premier et le plus fondamental des signes de cette affirmation. Aussi l'époque de floraison maximale de la presse de l'exil espagnol correspond-elle exactement aux années où la grande majorité des réfugiés se reconnaît dans un mouvement donné. De toute la durée de l'exil, c'est de 1944 à 1947 que se créent la plupart des périodiques espagnols : 55 en 1944, 101 en 1945, 63 en 1946 et 48 en 1947, selon les chiffres que nous avons établis ; assurément, beaucoup de titres disparaissent pendant cette période, mais les disparitions se réduisent constamment et passent d'une cinquantaine en 1946 à un peu plus d'une quinzaine à la fin des années 1940, ce qui marque une certaine stabilisation et l'émergence de titres réguliers et durables. C'est également entre 1944 et 1950 que se publient annuellement le plus grand nombre de publications, plus d'une cinquantaine de titres. L'apogée de cette activité se situe entre 1945 et 1947, trois années où le nombre de périodiques publiés dépasse largement la centaine : 144 en 1945, 134 en 1946 et 131 en 1947. C'est au cours de cette période que sont créés quelques-uns des titres les plus durables et les plus réguliers de l'exil, une grande partie de ceux qui en seront en quelque sorte les publications « historiques » : *Alderdi* du Parti nationaliste basque, *La Batalla* du POUM, le *Boletín de la Unión general de los trabajadores, C.N.T.* de la CNT « apolitique », *Endavant* du Mouvement socialiste de Catalogne, *L'Espagne républicaine* de la JEL, *España libre* de la CNT « politique », *Mundo obrero* du PCE, *Oficina prensa Euzkadi (O.P.E.)* du gouvernement basque, *Política* de la Gauche républicaine, *Renovación* des Jeunesses socialistes, *Ruta* de la FIJL, *El Socialista* du PSOE, *Solidaridad obrera* de la CNT « apolitique » ou *Terra lliure* de la CNT catalane.

En liaison avec l'implantation et la sphère d'influence des organisations, les deux tendances politiques qui apparaissent dominantes dans cette activité éditoriale sont les anarchistes et les socialistes. L'abondance de la presse anarchiste, déjà marquée pendant la guerre d'Espagne, tient à la fois à l'importance des organisations anarcho-syndicalistes à cette époque et à la mission éducatrice confiée à la presse par les libertaires. En fin analyste des mentalités, Pío Baroja signalait déjà dans *La Ciudad de la Niebla* que là où il y a trois anarchistes se fonde un journal[82].

Pendant la durée de l'exil les anarchistes publieront plus de 110 titres, dont la grande majorité émanent de la CNT d'avant la scission de 1945 ou d'après la réunification de 1961, ainsi que de la CNT « apolitique », majoritaire dans l'exil français. Les publications les plus importantes sont *C.N.T.*, éditée essentiellement à Toulouse après un court passage à Paris entre 1948 et 1950 ; confectionnée dans la région parisienne, *Solidaridad obrera, « Soli »*, est l'héritière du journal du même nom publié en Espagne à partir d'octobre 1907, trois ans avant la constitution de la CNT. L'autre force politique importante est constituée par les jeunes de la FIJL, liés essentiellement à la tendance « apolitique », qui publient notamment *Crisol* ou *Ruta,* ainsi que *Nueva Senda*, après l'interdiction du précédent journal en 1953. Un certain nombre de titres de la mouvance anarchiste sont publiés indépendamment des organisations, par des groupes très divers. Quant à la CNT favorable à la participation au gouvernement en exil, elle publie, d'abord à Paris puis à Toulouse, *España libre* et, dans la région parisienne, *Juventud libre*, qui sera interdite en 1960, avant même les nombreuses interdictions de 1961.

Presque aussi nombreux, si l'on y adjoint les publications de l'UGT — véritable support syndical du socialisme espagnol —, les titres édités par la mouvance socialiste attestent que ce courant est, dans l'exil comme dans la guerre d'Espagne, l'autre grande force du mouvement ouvrier espagnol. Quasiment 110 publications émanent de cet ensemble. La fraction majoritaire de l'UGT, conduite par Rodolfo Llopis et Pascual Tomás, fait preuve d'une grande activité éditoriale ; parallèlement, le PSOE majoritaire, tendance d'Indalecio Prieto et Rodolfo Llopis, renforcé par les Jeunesses socialistes, publie la majeure partie des titres de cette mouvance. Activité indubitablement favorisée par le fait que le Comité international des conférences socialistes — embryon de la future Internationale socialiste — reconnaît en 1948 le groupe dirigé par Llopis, au détriment du parti sympathisant de Juan Negrín, mené par Ramón Lamoneda et Ramón González Peña. *El Socialista* publié par le PSOE majoritaire devient assez rapidement le seul de ce nom après l'éclosion et la disparition de divers homonymes ; si, de 1944 à 1955, il est l'organe du parti et le porte-parole de l'UGT en exil car la direction politique se trouve officiellement en Espagne, il devient après cette date, et jusqu'en 1972, l'organe du parti tout entier[83]. La publication d'un journal est ainsi indissociable de la lutte pour la légitimité de l'organisation et pour la direction du parti.

Les publications éditées par les partis communistes espagnol, catalan et basque, par les jeunes de la JSU et par les organisations sympathisantes constituent le troisième ensemble, avec plus de 80 titres. Les partis communistes se réorganisent très vite après la libération de la France et, du fait de leur action prééminente dans la Résistance, ils bénéficient d'une importante implantation après guerre. Ils déploient alors une intense activité éditoriale, notamment sous couvert d'organisations unitaires comme l'UNE ou les Comités France-Espagne, afin de mobiliser les énergies et d'appuyer leur stratégie de guérilla en Espagne, comme dans *Unidad y lucha, España popular, Lluita* ou *Reconquista de España*. Le parti de Dolores Ibarruri anime également des mouvements de femmes comme l'Unión de mujeres antifascistas españolas et l'Unió de Dones de Catalunya qui éditent, entre autres, *Mujeres antifascistas españolas, Unión de mujeres españolas* ou *Companya*. Le PCE influence, puis contrôle, la fraction de l'UGT créée par des socialistes dissidents, anciens militants de l'UNE, qui édite des titres comme *Lligam* à Paris ou *Nuestro trabajo* à Marseille. Après la mise hors la loi des organisations communistes en 1950, cette activité de publication devient clandestine et si *Mundo obrero* parvient à sortir, en dépit des saisies régulières dont il est l'objet, ce courant se borne à influencer quelques publications — comme *Cultura y paz, Madres, Novagalicia* ou *Alkarrisketa* — sans apparaître publiquement.

La vigueur des tendances nationalistes se traduit par le nombre important de leurs publications, plus d'une quarantaine de titres. Chez les Catalans, l'organisation la plus importante et active est l'Esquerra republicana de Catalunya, fondée par Lluís Companys, et dont l'organe est *La Humanitat*. Le Moviment socialista de Catalunya, créé en 1945 par un dissident du PSUC, Manuel Serra Moret, dont le catalanisme s'accommode mal de l'inféodation du parti communiste catalan au PCE, constitue une force montante, accrue par l'entrée d'anciens militants du POUM ; le MSC publie notamment *Endavant*. Des formations unitaires regroupent un temps diverses organisations catalanes et éditent des bulletins ; c'est le cas du Front nacional de Catalunya, du Front de la llibertat ou de Solidaritat catalana. Moins divisés, les Basques connaissent surtout la prééminence du PNV, parti démocrate-chrétien, pilier du gouvernement d'Euzkadi en exil, qui publie *Alderdi*. La scission tardive du PNV qu'est l'ETA publiera des bulletins comme *Zutik !* à destination principale de l'intérieur.

Les partis républicains proprement dits, ceux qui s'intitulent comme tels en référence au type de régime souhaité, mènent une activité éditoriale plus réduite quoique régulière. Mais ce sont eux qui, essentiellement, animent les publications des gouvernements en exil, surtout après le départ des autres forces politiques de ces institutions en 1947. Cet ensemble représente plus d'une quarantaine de titres. Le mouvement républicain le plus actif est l'Izquierda republicana, fondée en 1934 par Manuel Azaña et Alvaro de Albornoz, qui publie des journaux comme *Política* et *El Pueblo*. L'Unión republicana, fondée la même année que l'IR par Diego Martínez Barrio et d'autres députés du parti radical, publie des *Cahiers républicains espagnols*. Ultérieurement, en 1959, se créera l'Acción republicana democrática española qui opérera la fusion des deux organisations précédentes et de divers groupes, et éditera *República* et *A.R.D.E.* Les partis républicains assurent la continuité des institutions républicaines — présidence de la République, gouvernement et Cortes — et éditent des bulletins d'information tels que la *Gaceta oficial de la República española, Notices informatives, La Nouvelle Espagne* ou le *Boletín de información.* Quant aux institutions régionales, si le gouvernement basque perdure au long de l'exil, celui de la Généralité est dissous en 1948, mais sa restructuration en 1954 donne naissance à diverses publications telles que le *Diari oficial de la Generalitat, Generalitat* ou *Documents*.

Les publications du POUM et de divers mouvements d'extrême gauche représentent environ trente-cinq titres ; la première organisation publie *La Batalla*, qui succède au journal édité à Barcelone à partir de 1922, et divers bulletins comme *Informaciones poumistas*. Beaucoup moins développée, la tendance trotskiste édite cependant un certain nombre de périodiques en tant que section de la IVe Internationale, telles *Lucha de clases* et *Cuarta Internacional* ; la Ligue communiste révolutionnaire publiera *Combate* dans les années 1970, tandis qu'à la même période un front d'organisations d'extrême gauche, créé à l'intérieur mais actif également en exil, le Front révolutionnaire antifasciste et patriote, éditera divers bulletins dont ceux de l'Agence de presse Espagne populaire. Quant aux publications des organisations syndicales autres que la CNT et l'UGT, elles représentent une vingtaine de titres ; elles émanent de Solidaridad de trabajadores vascos —

syndicat des travailleurs chrétiens d'Euzkadi —, de l'Unió de rabassaires — Union des travailleurs catalans de la terre — et, dans la dernière période, des Commissions ouvrières. Des titres comme *Euzko langilien alkartasuna, La Terra, La Terra catalana, Metal, Textil, Construcción, Alianza* ou *Alianza sindical* montrent la diversité de l'affiliation syndicale des exilés espagnols.

La presse de l'exil espagnol revêt un caractère essentiellement militant, au sens où elle œuvre pour une cause. Comme toute crise sociale ou révolutionnnaire d'importance, la guerre d'Espagne, événement fondateur de l'exil républicain, devenue à son époque même l'un des grands mythes du xxᵉ siècle, a été productrice d'imaginaires sociaux, eux-mêmes générateurs de toute une symbolique. Cette presse, centrée sur l'Espagne, les stratégies politiques, la culture et la mémoire des réfugiés, est un miroir assez fidèle de l'imaginaire collectif de l'exil espagnol ; d'autant que l'importance de certains tirages — de 50 000 à 100 00 exemplaires par mois pour quelques titres, de 10 000 à 50 000 par mois pour beaucoup — et la longévité de quelques journaux — une quinzaine d'entre eux ont été publiés pendant au moins vingt ans — indiquent qu'il ne s'agit pas, à certaines époques, d'un phénomène minoritaire, groupusculaire ou confidentiel, mais que l'aire d'influence de cette presse peut concerner des dizaines de milliers de personnes. Une grande partie des ressources financières des organisations est consacrée à l'édition de publications, ce qui fait de cette activité l'une des plus importantes de l'exil, son mode de cohésion privilégié et un élément déterminant de sa structuration. Quant aux animateurs et auteurs de cette presse, responsables politiques, militants, intellectuels ou artistes, ils constituent les porte-parole de l'exil.

Dans les publications périodiques de toutes les tendances, une place considérable est dévolue à l'histoire et à la mémoire, particulièrement jusqu'au début des années 1960. Il s'agit de raviver régulièrement pour les lecteurs le souvenir des grandes figures de la culture espagnole, et surtout des événements récents de l'histoire espagnole qui ont valeur symbolique. La presse de l'exil célèbre unanimement Cervantes, Goya, Lorca ou Machado et évoque aux dates anniversaires de leur disparition, selon la tendance politique, le souvenir de militants, de responsables de partis ou d'hommes politiques morts pour une juste cause. Il est des dates qui, chaque année, sont célébrées dans la presse de l'exil et font l'objet de commémoration et de réflexion sur l'histoire de la Seconde République et de la Guerre civile : le 14 avril 1931 — date de proclamation de la République —, le 18 juillet 1936 — début de la guerre — ou le 19 juillet 1936 — jour où le gouvernement républicain décide l'armement du peuple — sont particulièrement évoqués. Évocations qui comportent des nuances importantes selon l'orientation idéologique de la publication, tant cette histoire revisitée par le biais des commémorations rituelles est un élément fondamental de l'imaginaire collectif de l'exil, nourri d'un passé exaltant et d'événements érigés au rang de mythes. Les réfugiés se sentent les héritiers d'une geste, qualifiée de républicaine ou de révolutionnnaire selon les opinions, et dont ils ne cessent de revivre les moments glorieux et les jours de défaite. Cela explique grandement le fort taux de politisation, la vigueur et l'importance des polémiques.

La reconstitution des institutions républicaines et les nouveaux clivages

Parallèlement à une intense activité politique et culturelle, menée par les partis, syndicats, associations et organismes divers qui se reconstituent ou se créent après la guerre mondiale, les républicains espagnols se dotent d'un gouvernement en exil. C'est à Mexico, le 17 août 1945, que des députés républicains, réunis grâce aux bons offices du gouvernement mexicain, proclament Diego Martínez Barrio président de la République. Cette réunion a rassemblé 96 députés résidant au Mexique ; 47 députés ont envoyé leur adhésion depuis la France et 69 d'autres pays. Juan Negrín présente sa démission de chef du gouvernement et, le 26 août, Diego Martínez Barrio nomme José Giral, dirigeant de l'Izquierda republicana, président du conseil des ministres. José Giral a été professeur de chimie dans les universités de Salamanque et Madrid et recteur de cette dernière avant de devenir ministre de la Marine en 1931 ; il a été le président du gouvernement pendant les six premières semaines de la Guerre civile, à partir du 19 juillet 1936, avant d'occuper divers postes ministériels jusqu'en 1939. Après quelques consultations, José Giral forme un premier gouvernement composé de personnalités républicaines — dont Alvaro de Albornoz et Manuel Torres Campaña —, socialistes — Fernando de los Ríos et Trifón Gómez San José —, et de nationalistes basques et catalans — tels Manuel de Irujo et Miguel Santalo. Ce cabinet s'élargit peu de temps après à deux dirigeants de la CNT, Horacio Martínez Prieto et José Expósito Leiva ; ce dernier est sorti clandestinement d'Espagne pour s'adjoindre au gouvernement[84]. Le premier gouvernement Giral ne parvient cependant pas à rassembler toutes les tendances de l'exil : Juan Negrín s'étant refusé à accepter un autre poste que celui de la présidence du gouvernement, les socialistes négrinistes, les communistes — solidaires des premiers — et le groupe républicain communisant en demeurent exclus.

Ce gouvernement en exil est reconnu par plusieurs pays latino-américains, le Mexique, le Guatemala, le Panamá et le Venezuela ; mais la liste ne s'étendra guère, les mois suivants, qu'à la Pologne, la Yougoslavie, la Tchécoslovaquie, la Roumanie, la Bulgarie et l'Albanie[85]. L'URSS qui multiplie les déclarations contre Franco ne reconnaîtra jamais officiellement les gouvernements espagnols en exil. Lors de ses premières déclarations politiques, Giral manifeste tout de suite son attachement indéfectible à la République dont il entend être le légitime représentant. Afin d'élargir son assise politique et son audience internationale, José Giral invite en mars 1946 les communistes à entrer dans son gouvernement. Santiago Carrillo devient ministre sans portefeuille le 1er avril. Un mois plus tard, l'ouverture se fait à droite, avec la nomination du républicain conservateur Rafael Sánchez Guerra, sorti clandestinement d'Espagne, et du côté du mouvement nationaliste galicien, avec l'arrivée d'Alfonso Rodríguez Castelao. En février 1946, le gouvernement Giral choisit de s'installer à Paris, où il pense recueillir davantage d'appuis diplomatiques qu'au Mexique : il y est reçu avec chaleur par de nombreuses personnalités politiques françaises. La capitale devient le siège des institutions républicaines reconstituées dans l'exil car les représentants de la Généralité de Catalogne et du gouvernement basque s'y installent également. Les membres du gouvernement en exil ne bénéficient pas à proprement parler d'immunité diplomatique même si certains sont munis de cartes diplomatiques attribuées à titre personnel. Ce statut ambigu est révélateur de l'embarras que ce gouvernement, non officiellement reconnu, constitue pour la France, même à l'époque d'une sympathie officielle affirmée. Un appartement frappé de réquisition à la Libération, au 35, avenue Foch, est cependant mis à la disposition du gouvernement républicain qui l'occupera du 28 mai 1947 jusqu'au début des années

1960. Pendant la durée de cette occupation prolongée des lieux, les gouvernements républicains disposent d'espaces pour faire fonctionner les divers rouages des institutions en exil.

Dans ses élargissements successifs, le gouvernement Giral semble avoir réussi à rassembler toutes les tendances politiques de l'exil. Mais la réalité de l'émigration espagnole est plus complexe et la formation de ce gouvernement engendre d'autres fractures. La participation de deux anarchistes au gouvernement provoque la scission de la CNT entre « politiques » — ou « collaborationnistes » — qui acceptent de prendre part au gouvernement, et « apolitiques », opposés à une participation gouvernementale. Les divergences au sein de la CNT ne sont pas nouvelles, réactivées pendant la Seconde Guerre mondiale et apparues au grand jour au Mexique où, dès 1942, la CNT se scinde en deux organisations rivales, l'une « apolitique » et l'autre « interventionniste ». En France, l'apolitisme révolutionnaire refait fortement surface au début de 1945[86]. En octobre 1944, le plénum de la CNT tenu à Toulouse avait vu le triomphe de la ligne « collaborationniste » et il y fut envisagé d'assumer des responsabilités gouvernementales, comme pendant la guerre d'Espagne[87]. Les militants de la FIJL mènent dans *Ruta* une violente campagne contre cette stratégie et, lors du congrès des fédérations locales du MLE en France, tenu à Paris du 1er au 12 mai 1945, la direction du mouvement en exil passe aux mains de Germinal Esgleas, farouche défenseur de l'anarchisme traditionnel, opposé à toute participation gouvernementale. Or, la CNT de l'intérieur, intégrée dans l'Alianza nacional de fuerzas democráticas — ANFD —, créée à l'été 1944 dans la Péninsule par la plupart des mouvements antifranquistes, décide de collaborer avec le gouvernement Giral[88] ; le comité national de la CNT de l'intérieur, reconnu en mai 1945 comme l'organe suprême du mouvement libertaire aussi bien dans la clandestinité que dans l'exil, propose plusieurs noms à José Giral qui en choisit deux pour son gouvernement. Il se trouve que l'un des deux ministres anarchistes, Horacio Martínez Prieto, s'était prononcé en 1937 pour la constitution d'un organisme politique qui compléterait le MLE. Aussi le choix de Giral ravive-t-il de vieux débats qui agitent la CNT depuis des années et fait-il exploser la CNT.

La scission confédérale est consommée lors d'une réunion du comité national du MLE-CNT tenue à Toulouse les 30 septembre et 1er octobre 1945. Désormais, deux CNT rivales coexisteront jusqu'à la réunification de 1960-1961 : plus nombreuse dans l'exil

La longue colonne des réfugiés au passage de la frontière.

Soldats républicains à l'arrivée en France.

À la frontière : deux images de l'exode des républicains espagnols…
Femmes et enfants dans le dénuement et le désarroi; armes abandonnées par des combattants républicains sous le regard des soldats français…

Devant le photographe
les miliciens manifestent
en levant le poing leur volonté
de ne pas renoncer, malgré
la présence symbolique
du soldat « maure ».

Les baraquements
du camp du Barcarès.

Réfugiés derrière
les barbelés d'un camp.

Bulletins manuscrits illustrés par des artistes internés dans le camp d'Argelès (puis accueillis au château de Valmy).

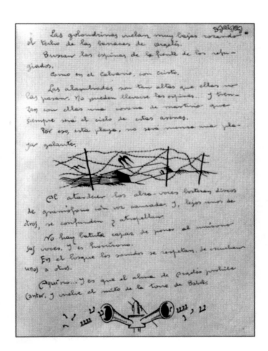

Photos : BDIC /Di Guellas - Bruno des Gayets.

File d'attente à la pompe au cours de la toilette dans un camp de réfugiés.

Les barbiers du camp à l'œuvre.

Les vestiges du camp de Rivesaltes en 1995.

Monument aux morts du camp d'Argelès,
situé aux abords de l'ancien camp.

Monument en mémoire des volontaires étrangers.
Le Barcarès.

Photos : Geneviève Dreyfus-Armand.

La tombe du poète
Antonio Machado
dans le cimetière
de Collioure.

Photo :
Geneviève Dreyfus-Armand.

Monument érigé
à Annecy à la mémoire
des Espagnols tombés
en France pendant
la Seconde Guerre
mondiale.

Photo : Pierre Marques.

Cimetière des réfugiés
espagnols morts dans
le camp d'internement
de Septfonds
(Tarn-et-Garonne)
en 1939-1940.

Photo :
Geneviève Dreyfus-Armand.

Les photos créditées D.R.
appartiennent à la collection
Mariano Aguayo.

français, où elle s'appuie aussi sur la majeure partie de la FIJL, la CNT « apolitique » est minoritaire en Espagne, où l'orthodoxie semble plus difficile à maintenir. La polémique est vive, par voie de presse interposée, entre les anarchistes « apolitiques » et « politiques ». Les premiers accusent les seconds de faire confiance à la stratégie diplomatique et d'abandonner la lutte[89] ; ces derniers dénoncent « la bande factieuse de Toulouse » et se targuent d'être, contrairement à leurs détracteurs, en accord avec le comité national d'Espagne[90]. La participation au gouvernement républicain a ainsi engendré une profonde fracture, qui ne sera pas sans laisser de traces, au sein du mouvement anarchiste ; mais dans la recomposition qui s'effectuera ultérieurement, les défenseurs de l'orthodoxie ne se retrouveront pas nécessairement parmi les plus révolutionnaires. Quant au POUM, il entend préserver son indépendance politique et organisationnelle par rapport aux institutions républicaines[91], aussi adopte-t-il une attitude pragmatique : « Ni adhésion inconditionnelle, ni opposition systématique[92]. » Pour le POUM, « le Parlement, ou les restes du Parlement espagnol, n'est plus qu'un pauvre symbole qui ne dit rien et ne représente rien ; c'est à l'intérieur de l'Espagne qu'ont surgi les institutions véritablement représentatives ». Le gouvernement républicain devrait, selon ce parti, mettre au service de la résistance intérieure une partie substantielle des fonds dont il dispose à l'extérieur[93]. *La Batalla* développe une stratégie de front ouvrier et milite pour une alliance des forces démocratiques, tout particulièrement pour l'unité syndicale entre la CNT et l'UGT. Quant au Groupe communiste internationaliste, il se prononce pour un « gouvernement ouvrier ».

Une remise en cause fondamentale du gouvernement Giral provient pourtant des rangs du PSOE. Elle se produit le lendemain même du jour où le gouvernement obtient la confiance des Cortes et elle émane, le 8 novembre 1945, d'Indalecio Prieto. Le leader socialiste défend l'idée que si un jour les militants restés en Espagne « adoptent des résolutions qui ne soient pas la consécration indéfinie des institutions ainsi créées », le conflit devra se résoudre simplement de la manière suivante : « Nous obéirons à ce que l'on nous dira depuis l'Espagne, quand une voix autorisée s'exprimera[94]. » En clair, si l'opposition intérieure ne se prononce pas pour une simple reconduction de la République, Prieto est partisan de se conformer à cet avis. Le 7 décembre 1945, Indalecio

Prieto expose son plan de manière précise : après le renversement
de Franco, un gouvernement transitoire composé de personnalités
non coupables de la répression rétablira les libertés publiques fondamentales et organisera un plébiscite, sous le contrôle de pays
latino-américains, afin de déterminer la nature du nouveau régime[95]. Les thèses de Prieto rencontrent l'appui inattendu de celui
qui avait été son rival en Espagne, Francisco Largo Caballero,
arrivé à Paris en septembre 1945 après sa sortie du camp de Sachsenhausen. Malgré sa courte durée, du fait du décès de Largo
Caballero à Paris en mars 1946, cette coïncidence de points de
vue entre les deux leaders socialistes dont les stratégies avaient
été si divergentes durant la Guerre civile a certainement fait faire
un pas décisif à l'idée plébiscitaire[96]. À propos du gouvernement
en exil, Francisco Largo Caballero déclare :

> La République assassinée, toutes les institutions qui l'incarnaient
> sont mortes. Sans la République, il ne peut exister de président, ni
> son Parlement, ni sa délégation permanente des Cortes, ni son gou-
> vernement. Tout ce qui se dit à cette encontre est, à mon avis, subter-
> fuge[97].

Des dissentiments existent aussi entre le gouvernement en exil
et l'organisation clandestine de l'intérieur, l'ANFD, rejointe par
les communistes début 1946. Favorable à une solution plébiscitaire, l'ANFD a apporté un soutien mitigé au gouvernement lors
de la formation de celui-ci. Persuadée que les puissances occidentales, dont l'aide contre Franco serait déterminante, n'accepte-
raient qu'une solution monarchiste, l'organisation clandestine a
entrepris des pourparlers avec les monarchistes, sous l'impulsion
de la CNT, son aile marchante. De son côté, le groupe monarchiste s'est également reconstitué. Le prétendant, don Juan de
Borbón, fils du roi Alphonse XIII déposé en 1931, s'est installé
au Portugal accompagné de Gil Robles ; certains de ses partisans
lui conseillent de se poser comme futur monarque constitutionnel
et il prend contact avec des représentants de l'ANFD sur la base
d'une solution plébiscitaire et d'une Assemblée constituante. Les
pourparlers de l'ANFD avec les monarchistes provoquent des discussions au sein du gouvernement en exil — suivies avec attention
par les diplomaties des grandes puissances[98] — et manifestent au
grand jour la rivalité de ces deux instances pour la direction de
l'antifranquisme.

Le gouvernement Giral est, quant à lui, hostile à toute formule plébiscitaire. « Ni monarchie, ni plébiscite, ni médiation ! » telle est l'une des premières déclarations du gouvernement lors de son arrivée en France[99] ; alors que, dans le même temps, des mouvements représentés dans le gouvernement prennent, à l'intérieur de l'Espagne, une position moins légitimiste. Pour affirmer la continuité des institutions qu'ils prétendent représenter, José Giral et les présidents des gouvernements régionaux, Josep Irla et José Antonio de Aguirre, publient en février 1946 un « Manifeste aux Espagnols » dans lequel ils affirment leur « foi en la République comme unique institution qui peut résoudre, en termes démocratiques, de justice et de liberté, les problèmes divers et compliqués posés aujourd'hui aux peuples dont nous représentons légitimement les intérêts ». Ils coupent court par avance à toute autre solution qui ne serait pas le rétablissement pur et simple de la République :

> Nous sommes nettement et légitimement républicains et nous n'admettons aucune sorte d'arrangements de collaboration avec qui que ce soit. À la dictature franquiste doit succéder immédiatement, et sans étapes intermédiaires, la restauration de la République.
> La consultation du peuple espagnol se fera le plus rapidement possible, une fois établi le régime républicain. À cela, nous nous engageons solennellement[100].

La fameuse « note tripartite » publiée par les gouvernements américain, anglais et français, le 4 mars 1946, vient s'inscrire en complet décalage par rapport à cette déclaration et renforce les positions de l'ANFD pour une solution plébiscitaire négociée avec les monarchistes ; en effet, il est souhaité dans la note qu'un « gouvernement provisoire [soit] chargé de la résolution des affaires courantes et que, sous sa direction, le peuple espagnol puisse trouver l'occasion de définir le type de gouvernement qu'il désire se donner ». Tout en exprimant « sa profonde gratitude envers la France pour les efforts qu'elle a faits pendant les négociations », le gouvernement en exil fait part de son « amertume » et de sa « pénible impression »[101]. José Giral continue de déployer une intense activité diplomatique pour tenter de faire admettre son point de vue auprès des grandes puissances et à l'ONU ; parallèlement, les conversations de l'ANFD avec les monarchistes reprennent et l'organisation clandestine envoie un délégué auprès du gouvernement Giral, le libertaire Juan García Durán, pour lui faire part des vœux des antifranquistes de l'intérieur[102]. Mais la majorité du gouvernement en exil maintient des positions légitimistes.

Les tiraillements avec l'opposition intérieure et le fait que la résolution votée par l'ONU en décembre 1946 recommande aux pays membres de retirer leurs ambassadeurs d'Espagne, mais ne reconnaisse toujours pas le gouvernement républicain, font imploser celui-ci. Les socialistes et les anarchistes sont convaincus que le gouvernement Giral n'a plus de poids sur la scène internationale et qu'un nouveau cabinet plus souple, davantage conforme aux résolutions de l'ONU, serait souhaitable[103].

Le 27 janvier 1947, après quinze mois d'existence, le cabinet Giral présente sa démission. La crise ministérielle ne prend fin que le 11 février suivant, avec la formation d'un gouvernement présidé par Rodolfo Llopis. Ce gouvernement se compose des républicains Julio Just Jimeno et Fernando Valera Aparicio et des nationalistes Manuel de Irujo et Miquel Santaló ; le communiste Vicente Uribe occupe le ministère de l'Économie et Trifón Gómez San José, dirigeant de l'UGT, est chargé de celui de l'Émigration. Luis Montoliú, militant de la CNT sorti clandestinement d'Espagne après avoir été condamné à mort en 1944, est chargé du ministère de l'Information[104].

Pour marquer sa distance avec les pourparlers entrepris avec les monarchistes par les organisations clandestines, le nouveau gouvernement se déclare prêt à empêcher que « puisse s'établir en Espagne un régime distinct de la République sans que, préalablement, la volonté nationale ait été consultée[105] ». Par l'intermédiaire du Quai d'Orsay, le grand Conseil maçonnique d'Espagne envoie un courrier à Diego Martínez Barrio, président de la République et grand maître de la Loge espagnole, et à Rodolfo Llopis. Les francs-maçons de l'intérieur souhaitent que les dissensions cessent et que « toutes les fractions représentatives de l'antifranquisme, même celles qui n'adhèrent pas à la République » interviennent dans la nouvelle organisation étatique et qu'un plébiscite définisse la nature du régime[106]. Mais Martínez Barrio reste opposé à ce type de solution. Hostiles à la constitution du gouvernement Llopis comme à une formule plébiscitaire, des socialistes proches de Juan Negrín, comme Julio Alvarez del Vayo et Ramón González Peña, et des dissidents de l'Izquierda republicana créent en février 1947 le mouvement España combatiente[107]. Le gouvernement se heurte aussi à l'opposition interne des anarchistes « politiques » qui pensent que « le gouvernement en exil a pour mission essentielle de se donner les moyens d'établir, entre forces républicaines de l'extérieur et de l'intérieur, les liens qui rendront possible une réelle efficacité dans la lutte contre le régime franquiste » ; il s'agit de coordonner l'action avec l'opposition intérieure, non de diriger celle-ci [108].

De leur côté, les socialistes proches de Prieto critiquent la présence communiste dans le cabinet, défavorable selon eux à une reconnaissance internationale. Et surtout, le leader socialiste provoque un retournement de stratégie au sein du parti. Pour la première fois depuis 1939, Indalecio Prieto retraverse l'Atlantique ; il quitte Mexico pour intervenir à Toulouse, en juillet 1947, devant l'Assemblée des délégués départementaux du PSOE, organisme intermédiaire entre deux congrès. Son autorité politique et son éloquence font adopter à une grande majorité diverses décisions qui réorientent la stratégie socialiste : appel à toutes les forces antifranquistes qui acceptent la formule des Nations unies avec création d'une commission chargée de recueillir le maximum d'adhésions, demande réitérée d'aide à l'ONU, réduction à de « simples proportions symboliques » des institutions républicaines et baisse drastique de leurs dépenses, enfin refus de toute relation avec les communistes [109]. Ces résolutions sont approuvées par le PSOE et l'UGT clandestins. Le PCE hostile aux positions du PSOE qui s'est, selon lui, prononcé à Toulouse « pour la disparition des institutions de la République » se retire du gouvernement [110]. Le 6 août 1947, après six mois d'existence, le cabinet Llopis présente sa démission [111].

La réorientation stratégique effectuée par le PSOE à l'été 1947 est confirmée lors du IIIe congrès du parti en mars 1948. Indalecio Prieto devient président du PSOE et cette élection conforte la véritable « guerre froide » qui s'instaure à l'intérieur même de l'exil [112]. Les ennemis désignés par le nouveau dirigeant du PSOE sont les « deux totalitarismes, le totalitarisme phalangiste et le totalitarisme communiste » ; par ailleurs, l'union des antifranquistes de droite et de gauche s'impose [113]. Indalecio Prieto devient la cible privilégiée de la presse communiste [114]. Les années 1947-1948 marquent ainsi un moment fort de la profonde coupure entre les communistes et les autres forces de l'exil espagnol. Aux clivages antérieurs s'ajoute la découverte du camp de concentration soviétique de Karaganda où, depuis 1939, des républicains espagnols sont retenus prisonniers et la quasi-totalité de la presse de l'exil dénonce les faits[115]. Un grand meeting est organisé à la Mutualité le 11 juillet 1948 par la Fédération espagnole des déportés et internés politiques « contre la permanence du régime franquiste et pour la liberté des aviateurs et marins antifascistes espagnols, envoyés en Russie par le gouvernement républicain pour suivre des cours pendant la Guerre civile et qui sont depuis six ans internés par Staline à Karaganda ». Le meeting rassemble, à l'exclusion des communistes, tous les secteurs de l'exil et marque la profondeur du fossé qui sépare les uns des autres[116].

À la suite de son changement d'orientation, le PSOE se dit décidé à tenter tout ce qui est « compatible avec sa dignité » pour libérer l'Espagne et multiplie les démarches : Indalecio Prieto s'entretient avec Ernest Bevin au Foreign Office, Trifón Gómez discute avec le Département d'État américain[117]. Enfin, des conversations ont lieu à Londres entre Prieto et Gil Robles : un mémorandum est publié à l'issue de ces rencontres et le leader socialiste marque ses points d'accord et de désaccord[118]. Un pacte est signé, en août 1948 à Saint-Jean-de-Luz, entre les socialistes et les monarchistes afin de définir la période de transition de l'après-franquisme : large amnistie pour les condamnés politiques, État de droit garantissant les libertés individuelles, maintien de l'ordre public et absence de représailles, réactivation de l'économie, élimination du totalitarisme, incorporation à l'Europe occidentale, liberté religieuse et consultation pour l'établissement d'un régime politique définitif[119]. Le président Aguirre ne désapprouve pas le pacte[120] et l'ANFD — à nouveau sans communistes — apporte son soutien à cet accord considéré comme une « base d'action immédiate pour le rétablissement de la démocratie dans le pays[121] » ; mais des oppositions se font jour, en provenance des groupes républicains, de la CNT « apolitique » et du POUM, ainsi que de l'intérieur du PSOE[122]. Dans le même temps, don Juan de Borbón, tiraillé entre des influences contradictoires et encore dans l'espérance d'obtenir le trône directement des mains de Franco, rencontre le Caudillo sur le yacht *Azor* en croisière dans le golfe de Gascogne. Il en ressort notamment que son fils, le prince Juan Carlos, âgé de dix ans, pourra vivre en Espagne afin d'y faire ses études. Franco, jouant habilement sur l'anticommunisme des puissances occidentales, donne ainsi des gages aux monarchistes au moment même où ces derniers pactisent avec la gauche. En 1950, lorsque se profile le retour des ambassadeurs occidentaux à

Madrid, et avant même que don Juan dénonce purement et simplement le pacte de Saint-Jean-de-Luz[123], Indalecio Prieto démissionne de toutes ses charges et repart pour l'Amérique latine en déclarant :

> Mon échec est complet. Je suis responsable d'avoir induit notre parti à se fier à de puissants gouvernements d'origine démocratique qui ne méritaient pas une telle confiance, comme ils viennent de le démontrer. J'ai rendu le parti victime d'une illusion qui m'a aveuglé[124].

Du côté des institutions républicaines, après la démission du gouvernement Llopis, Alvaro de Albornoz y Liminiana, de l'Izquierda republicana, forme un nouveau cabinet, composé exclusivement de représentants des partis républicains. Les nationalistes basques et catalans refusent d'y participer ; les communistes partisans d'un « gouvernement de large rassemblement républicain et antifranquiste » sont écartés[125] et les socialistes ont pris leurs distances avec les institutions républicaines. Quant aux anarchistes, ils se demandent si « la collaboration ne peut arriver à se traduire par une complicité dans la prolongation du martyre de notre peuple[126] » et si « l'intransigeance légitimiste de quelque secteur a comme limite celle des réserves en francs[127] ». Dès lors, à partir d'août 1947 et jusqu'en juin 1977, tous les gouvernements en exil ne seront composés que de républicains : pendant trente ans, des membres des partis Izquierda republicana, Unión republicana et Partido republicano federal, mouvements plus riches en personnalités qu'en nombre de militants, assurent seuls la continuité de la République espagnole en exil. Un second cabinet Alvaro de Albornoz est composé en février 1949 ; deux gouvernements présidés par Félix Gordón Ordás lui succèdent d'août 1951 à avril 1960, suivis par un gouvernement Emilio Herrera Linares jusqu'en février 1962, d'un cabinet Claudio Sánchez Albornoz jusqu'en février 1971 et, enfin, d'un gouvernement Fernando Valera de 1971 à 1977.

À l'exception des partis républicains, toutes les tendances de l'exil reprochent à ces gouvernements de manquer de représentativité. L'été 1947 marque de toute manière la fin d'une période où les gouvernements en exil ont compté sur une large assise ; ensuite, seul un symbole dépourvu d'appui militant subsistera jusqu'au terme de l'exil. Deux prises de position illustrent les divergences entre ceux pour lesquels les gouvernements en exil ne représentent plus grand-chose et les autres ; Luis Araquistáin polémique en 1952 avec Félix Gordón Ordás, alors président du gouvernement, et développe une allégorie qui ne manque pas d'humour :

> Comme vous le savez, Jeanne la Folle a promené dans la moitié de l'Espagne le cadavre de son mari Philippe le Beau, avant de lui donner une sépulture définitive à Grenade. La pauvre dame croyait alternativement ou que le défunt n'était pas mort ou qu'il allait ressusciter d'un moment à l'autre... Nous, les républicains espagnols, nous faisons quelque chose de semblable avec le cadavre de la République espagnole. Nous avons forgé l'illusion que nous l'avions ressuscitée à Mexico et, depuis lors, nous promenons ses dépouilles de par le monde, dans l'attente que les autres États nous la restaurent d'un moment à l'autre à Madrid...
>
> Ne vous semble-t-il pas, Monsieur le Président, que c'est l'heure de donner ce triste spectacle international pour terminé [...] et d'enterrer définitivement et solennellement notre République ?
>
> [...] Faire de la politique c'est construire, dans le possible, à chaque moment, pour la vie et non pour la mort [128].

À cet avis et à l'éventualité envisagée par son correspondant de la mise en gestation d'une Troisième République, Félix Gordón Ordás réplique peu après :

> Je respecte beaucoup votre opinion relative à la mort de notre régime, mais vous me permettrez de ne pas la partager. Ce qui est définitivement mort c'est l'âme républicaine de quelques républicains éminents. Malgré toutes les difficultés et toutes les douleurs de notre cheminement sur les routes de l'adversité, il y a de très nombreuses personnes, encore plus à l'intérieur de l'Espagne qu'en dehors, qui portent la République vivante dans leur esprit et leur cœur. Je suis l'un de ces hommes. Et parce que je crois en la République, sans appellation ni numéro d'ordre d'aucune nature, je lutte autant que je peux pour son rétablissement...
>
> Il est possible que je me trompe mais je me trouve bien dans mon illusion invincible... Ma foi ne me porte pas à l'aveuglement et je vois combien il est difficile de lutter avec succès dans ces circonstances [129].

Répression au début des années 1950

À l'aube des années 1950, les deux tentatives politiques menées par les exilés espagnols depuis la fin de la guerre mondiale pour rassembler les antifranquistes — à savoir la reconstitution des institutions républicaines et les pourparlers avec les monarchistes — ont échoué : il n'y a plus en exil d'organisme unitaire, les discussions avec la droite antifranquiste ont tourné court et les clivages, au sein des organisations et entre elles, se sont approfondis. La lutte armée n'a pas apporté non plus les résultats escomptés et les guérillas sont en voie d'extinction. Les partis ont perdu beaucoup de leurs effectifs. Le PSOE, qui n'a pas su réintégrer les dissidences de l'après-guerre, connaît une forte crise d'identité et il est profondément marqué par l'échec priétiste. La CNT, minée également dans ses effectifs, est divisée entre une tendance majoritaire dans l'exil, radicale et intransigeante, peu représentée à l'intérieur, et une tendance minoritaire à l'extérieur, majoritaire en Espagne, qui connaît des désillusions identiques à celles des socialistes. En 1949 et 1950, le PCE est préoccupé essentiellement par son combat pour la paix et par la collecte des signatures en faveur de l'appel de Stockholm [130] ; frappés directement par les effets de la « guerre froide », marginalisés avant même d'être interdits, les partis communistes sont secoués par des scissions et diverses exclusions. Les républicains, peu nombreux, sont éclatés en de nombreuses organisations. Les minorités régionales connaissent des difficultés semblables.

Londres a été, par l'intermédiaire de Manuel de Irujo et de Carles Pi i Sunyer, le lieu essentiel de la représentation de la Catalogne et de l'Euzkadi pendant la Seconde Guerre mondiale. José Antonio de Aguirre reprend après la guerre la direction du gouvernement basque ; du côté catalan, Josep Irla, président du Parlement, succède à Lluís Companys à la tête de la Généralité. Comme le cabinet Giral auquel ils sont liés, les deux gouvernements régionaux s'installent à Paris en 1946. Pendant la guerre mondiale, le catalanisme politique a connu une forte radicalisation et beaucoup d'exilés catalans considèrent la République de 1931 comme défunte et proclament le droit de la Catalogne à l'autodétermination. Devant l'émergence des thèses extra-constitutionnelles au sein de l'ERC, Josep Tarradellas, secrétaire général du parti, a pris l'initiative de créer un organisme unitaire, Solidaritat catalana, sur la base du statut de 1932 : les partis et regroupements tels que l'ERC, Acció catalana, Unió democratica de Catalunya, Lliga catalana, Estat català, Front de la Llibertat et Front nacional de Catalunya s'y incorporent [131] ; mais le PSUC en est exclu et les organisations syndicales, CNT, UGT et Unió de rabassaires, restent en dehors. De telle sorte que l'intégration de l'ERC au gouvernement Giral en 1945 marque la victoire du légalisme face à l'alternative extra-constitutionnelle ; lors du premier congrès de l'Esquerra en juin 1945 à Toulouse, Pi i Sunyer abandonne finalement la thèse de l'autodétermination et accepte de se rallier à la Constitution de 1931 et au statut donné à la Catalogne en 1932. La stratégie développée par Josep Tarradellas a ainsi triomphé [132]. Parallèlement, se crée un nouveau mouvement politique, le Moviment socialista de Catalunya, fondé notamment par d'anciens dirigeants du PSUC et du POUM ; socialistes et démocrates, partisans d'une Troisième République à structure fédérative, les militants du MSC sont convaincus que « la défense des droits et des intérêts des travailleurs sont aujourd'hui totalement solidaires de la lutte de la Catalogne pour sa liberté ». Ils seront, par ailleurs, des propagandistes actifs de la construction d'une Europe fédérale et unifiée [133].

Josep Irla constitue en septembre 1945 un gouvernement qu'il préside lui-même. Le cabinet est composé d'intellectuels et d'hommes politiques appartenant aux divers partis catalans, PSUC compris, mais ce sera le premier et le dernier gouvernement catalan en exil. Des divergences internes — notamment l'hostilité des nationalistes envers le PSUC —, le fait que l'opposition intérieure ne le reconnaisse pas et la prise de conscience que les Alliés penchent pour une solution monarchique le font éclater rapidement. Plusieurs ministres démissionnent fin 1947, aussi le président Irla dissout-il le gouvernement en janvier 1948 [134]. Dès lors, il n'y aura plus que le maintien symbolique de la présidence de la Généralité et d'un secrétariat. L'ERC continue d'affirmer sa primauté au sein du catalanisme politique et entretiendra, notamment entre 1947 et 1952, des relations de concertation avec le PNV. En 1954, quand Josep Irla se démet pour raisons de santé, Josep Tarradellas est élu président de la Généralité [135] : pendant vingt ans il assurera la continuité de la Généralité et il sera, en 1977, le premier chef de gouvernement d'une Catalogne en attente de son statut d'autonomie [136]. De la même manière que les Basques, les Catalans ne participeront plus, après août 1947, à aucun gouvernement républicain.

Le Parti nationaliste basque est, avec l'appoint des socialistes, la pierre angulaire du gouvernement basque reconstitué. Les forces politiques qui forment ce dernier sont, dans un premier temps, les mêmes que pendant la Guerre civile : PNV, Comité central socialiste d'Euzkadi, Acción nacionalista vasca, Izquierda republicana, Partido republicano federal et Partido comunista de Euzkadi. Tous ces partis ont signé en mars 1945 le pacte de Bayonne sur la base de la reconnaissance de la République et du statut de 1936[137]. Le gouvernement basque mène une importante activité diplomatique, tant auprès de la France et des autres pays alliés, qu'auprès des organisations internationales, notamment de l'ONU où il jouit d'un certain prestige ; dans cette place privilégiée accordée à l'action diplomatique, il y a la certitude que les démocraties occidentales ne peuvent que manifester leur incompatibilité avec le régime franquiste[138]. La « guerre froide » atteint également le gouvernement basque : afin de tenter de capitaliser l'aide occidentale, le PNV et le PSOE mènent une croisade anticommuniste qui aboutit à l'éviction, en mai 1948, des communistes du gouvernement[139]. Les nationalistes basques entretiennent des relations étroites avec les États-Unis et il est probable qu'un certain nombre de dirigeants du PNV parmi les plus importants aient été encadrés par la CIA[140] : le cas le plus célèbre est celui de Jesús de Galíndez, délégué du gouvernement basque aux États-Unis de 1946 à 1956, auteur des comptes rendus des débats de l'ONU dans *Euzko Deya*[141]. José Antonio de Aguirre, appuyé sur le PNV, assurera la présidence du gouvernement d'Euzkadi jusqu'à sa mort en 1960, date à laquelle il sera remplacé par Jesús María Leizaola[142].

Les partis communistes, marginalisés par les autres formations de l'exil, sont agités par les dissidences de dirigeants de premier plan comme Enrique Castro Delgado, Jesús Hernández ou Valentín González, dit général « El Campesino », qui réagissent contre l'appareil stalinien dont ils ont été des dignitaires[143]. Diverses exclusions ont lieu pour « titisme » comme celle de Félix Montiel[144], qui créera les Cercles d'Acción socialista avec un autre ancien dirigeant communiste, José del Barrio[145]. Le PSUC connaît un éclatement entre militants taxés de « catalanisme », autour de Joan Comorera[146], et partisans d'un lien étroit avec le PCE, regroupés derrière Rafael Vidiella. Les dissensions entre le PCE et le PSUC remontent à loin, la création du parti catalan s'étant faite en juillet 1936 contre l'avis de la direction du PCE, et se poursuivent dans l'exil, en dépit d'une commune allégeance à l'Internationale communiste et à l'URSS. Dès les premiers temps de l'exode, la coordination difficile du travail entre le PCE et le PSUC est soulignée à diverses reprises dans des rapports à l'Internationale [147]. Le passif entre les deux partis communistes, légué par la guerre d'Espagne, explique la réorganisation séparée de ces organisations dans l'exil et pourquoi le PSUC de Joan Comorera développe une intense propagande politique en France, afin de se faire reconnaître directement comme section catalane de l'IC ; cette affiliation directe à l'IC est obtenue en mars-avril 1939. La crise entre le PSUC et le PCE éclate en 1949 ; Comorera est exclu du parti le 8 septembre. Ce même mois et au mois de novembre suivant, le parti catalan prend à témoin le Parti communiste soviétique, par l'intermédiaire de Maurice Thorez, sur la crise qui l'oppose au PCE. La campagne du parti espagnol s'effectue, selon le PSUC, « dans des termes de plus en plus répugnants [...] si violente que l'on trouverait difficilement un cas semblable dans l'histoire du mouvement communiste international. De l'insulte la plus grossière à l'infamie la plus monstrueuse, tout a été fait pour nous déshonorer [148] ». Faute de réponse du PCUS, Joan Comorera, convaincu que « le PCE veut détruire le PSUC », s'adresse à Staline lui-même et lui demande de se pencher sur cette affaire. Le reproche est fait au PCE de ne pas s'intéresser aux problèmes catalans [149]. Cette rupture survient un an avant l'interdiction de toutes les organisations communistes en France.

En 1950, la vie politique française est fortement marquée elle aussi par la « guerre froide », exacerbée par le déclenchement de la guerre de Corée, et l'on redoute une vaste entreprise de subversion communiste. Le gouvernement français craint que les communistes espagnols présents sur le territoire français ne servent de masse de manœuvre au PCF au moment d'une offensive soviétique : « Le but secret du PCF est de se servir des groupes communistes espagnols sur notre sol au moment opportun et non de les diriger sur l'Espagne. » Selon le ministère français de l'Intérieur, la formation militaire clandestine espagnole aurait compté de 6 à 8 000 hommes, répartis dans toute la France avec un champ principal d'action dans la région pyrénéenne et les Landes. Cette organisation bénéficierait du soutien des militants affiliés au PCE et à ses organisations annexes et elle dispose déjà, à Toulouse, de l'Hôpital Varsovie, dont le personnel soignant est généralement membre du PCE. Elle pourrait compter également, pour le rassemblement des troupes, disséminées notamment dans des chantiers forestiers pyrénéens, et pour le transport des armes, sur l'aide logistique de la Société forestière du Midi ; sous ce dernier nom, se dissimule la Société d'exploitation forestière Fernández et Valledor, créée en 1945 par le général des guérilleros Luis Fernández Juan[150]. La conclusion des services de police est que le PCE est

> assuré d'avoir à tout moment des troupes sûres, commandées par des cadres entraînés et parfaitement éduqués, disposant de matériels soigneusement camouflés, des armes, des munitions et des moyens de liaison radioélectriques qui lui permettraient d'occuper et de tenir, dans une région où il s'est ménagé d'ores et déjà de nombreux points d'appui (chantiers forestiers, fermes), tout un secteur stratégique[151].

La découverte, début 1950, d'un dépôt d'armes à Barbazan en Haute-Garonne, précipite les décisions gouvernementales : sept tonnes d'armes et de munitions, provenant du bataillon de guérilleros stationné dans les environs pendant la guerre, celui-là même qui a tenté l'invasion du val d'Aran en octobre 1944. Cette découverte succède à celle, deux ans auparavant, de la cache d'armes effectuée par le 3e bataillon de guérilleros, près de Quillan, dans l'Aude. Parallèlement, les services de police trouvent à Toulouse, chez un ancien guérillero, cinq tonnes de brochures, tracts et ouvrages de propagande communiste et d'instruction militaire et, à Carbonne, dans le même département, un abondant matériel de radio, composé de postes émetteurs-récepteurs, d'archives et de notes techniques. Ces armes, héritées de la période de la Résistance et de la Libération, ce matériel de propagande et de radio, destinés prioritairement à des actions en Espagne, apportent une consistance, dans le contexte tendu de la « guerre froide », à la thèse qui fait du PCE la masse de manœuvre du PCF. Dès lors, à défaut d'une intervention contre le parti français, une action contre le PCE s'impose, même si les services de police reconnaissent par-devers eux que

> ces activités clandestines diverses [...] ont été démesurément grossies par les agents franquistes et français pour donner plus de valeur à leur activité dans le domaine de l'espionnage ou du contre-espionnage ou pour d'autres raisons que nous n'avons pas à exposer ici[152].

Une importante opération de police, dénommée « Boléro-Paprika » dans le langage codé des forces de l'ordre, est lancée au début de septembre 1950, principalement dans le Sud-Ouest ; elle touche 256 à 285 communistes espagnols, parmi lesquels « tous les dirigeants connus du PCE en France, tout le personnel de l'Hôpital Varsovie, tous les chefs de chantier et de service de l'entreprise Fernández-Valledor, ainsi que les dirigeants de l'Amicale des anciens FFI et résistants espagnols et des autres associations d'obédience communiste [153] ». Tous les dirigeants et cadres du PCE ne sont toutefois pas arrêtés, comme le prétend le ministère de l'Intérieur, mais les arrestations touchent plusieurs centaines de responsables et de militants. Les Espagnols appréhendés peuvent opter entre le départ pour un pays de l'Est européen ou la résidence surveillée en Corse ou dans le Sud algérien. Neuf organisations espagnoles communistes et apparentées sont dissoutes ; il s'agit du PCE, du PSUC, du Parti communiste d'Euzkadi, des Amis de *Mundo obrero*, de l'Amicale des anciens FFI, de l'Union des femmes espagnoles, présidée par Dolores Ibarruri, de l'UGT procommuniste, des JSU et de Solidarité espagnole. Dix journaux publiés par ces mouvements sont interdits de circulation, mise en vente et distribution sur toute l'étendue du territoire français : *Mundo obrero* et *Nuestra Bandera* du PCE, *Lluita* du PSUC, *Euzkadi roja* du Parti communiste d'Euzkadi, *Cultura y democracia*, *El Obrero español* de l'UGT, *Mujeres antifascistas españolas*, *Juventud* de la JSU, *Solidaridad española* et *Partidarios de la paz* du Mouvement espagnol pour la paix [154]. L'Espagne franquiste exprime sa satisfaction après ces interdictions pour, très vite, dénoncer l'inefficacité des mesures adoptées contre ces groupes et leurs publications — qui continuent à exister clandestinement — et demander que l'on parvienne à « désarticuler totalement le mécanisme de la propagande clandestine révolutionnaire et soviétique [155] ».

Passés les premiers mois de désorientation après l'opération « Boléro-Paprika », les organisations communistes se réorganisent clandestinement ; si le Comité central du PCE transfère son siège à Prague, un Comité clandestin de libération de l'Espagne se constitue à Paris, dirigé notamment par Antonio Mije et Juan Modesto Guilloto. Un système fortement centralisé se met en place. Il est construit, de la base au sommet, sur le principe de la troïka, comprenant un responsable politique, un secrétaire à l'organisation et un secrétaire à l'agitation et à la propagande, des agents de liaison intervenant à tous les échelons géographiques. L'activité du PCE, devenue secrète, s'appuie dans son aspect public sur le PCF et les organisations qui en sont proches, CGT, Union des femmes françaises ou Partisans de la paix. Les membres de l'UGT-JC, scission procommuniste de l'UGT, s'intègrent dans les groupes de langue de la CGT après la dissolution de leur organisation [156]. La propagande écrite du PCE redevient rapidement active ; *Mundo obrero* et *Euzkadi roja* reparaissent clandestinement. Dès 1951, la Direction de la surveillance du territoire du secteur toulousain repère des infractions à l'interdiction de circulation et de diffusion de *Mundo obrero* ; imprimé en petits caractères sur papier bible, le journal est signalé notamment en Haute-Garonne, dans les Landes, dans le Lot-et-Garonne, dans l'Aveyron et dans le Gers. La nouvelle édition de *Mundo obrero* est diffusée également en Espagne. Les services de police ne relâchent pas leurs efforts pour tenter d'appréhender et faire écrouer des militants du PCE, inculpés de diffusion de journaux interdits ; à Paris en 1951 et à Carmaux en 1955, entre autres, des perquisitions sont effectuées chez des Espagnols sympathisants communistes [157]. Des colis postaux contenant *Mundo obrero* sont saisis à Rouen en novembre 1954, à Toulouse en avril 1958, à Auxerre et à Sens en mai 1958, à Marseille en juillet 1959 et à Lyon en octobre 1959. Des poursuites pour distribution de journaux interdits sont engagées contre une trentaine de réfugiés. Plus nombreuses encore sont les poursuites pour reconstitution d'associations dissoutes : une soixantaine de mesures d'expulsion sont prononcées entre 1954 et 1960 mais, comme les réfugiés ne peuvent être renvoyés dans leur pays, ils sont assignés à résidence. En 1960, la situation de 49 personnes est en cours d'examen [158]. Le PCE, placé hors la loi en 1950 en France, ne retrouvera d'existence légale qu'en 1977 en Espagne.

L'activité politique des exilés :
un sujet constant d'irritation pour le régime franquiste

Avant même que des relations officielles ne soient rétablies entre la France et l'Espagne, l'activité politique des réfugiés espagnols en France et la faveur dont ils semblent jouir sont un motif permanent de récrimination pour le régime franquiste. En 1948-1949, les notes espagnoles de protestation parvenues au Quai d'Orsay dépassent, selon ce dernier, la cinquantaine. Madrid reproche aux autorités françaises, en juillet 1948, une passivité à l'égard de la « propagande organisée par les Espagnols réfugiés dans le sud de la France », notamment l'activité de la radio clandestine basque émettant depuis la France, *Emisora radio Euzkadi*, et la retransmission par Radio-Paris d'un discours d'Alvaro de Albornoz, président du gouvernement républicain en exil[159]. En août 1948, Madrid proteste contre la remise, par le gouvernement républicain, de l'Ordre de la libération à de hautes personnalités françaises[160] et présente une série de doléances ; ces dernières sont relatives tout à la fois à la propagande espagnole « rouge » en France, aux infiltrations armées en territoire espagnol, à la présence du ministre français de l'Éducation nationale à la Sorbonne à l'occasion de la remise du prix de poésie lors des Jeux floraux de la langue catalane et à l'activité militaire des communistes espagnols au sein de l'Ejercito popular republicano español[161].

Tenu régulièrement au courant, jusque dans les moindres détails, par son ambassade et ses services consulaires, de tous les aspects de l'activité des réfugiés, le gouvernement franquiste nourrit contre la France de nombreux griefs. Jusqu'en 1948, les doléances du gouvernement espagnol sont laissées sans réponse mais, à partir de la fin 1949, elles commencent à être prises en compte. Des motions votées par certaines municipalités contre le régime franquiste, comme à Bagnolet dans la Seine et à Aubin dans l'Aveyron, irritent Madrid ; en octobre 1949, ces prises de position municipales sont annulées par le ministère de l'Intérieur. Des incidents hostiles au gouvernement espagnol, survenus le 14 juillet 1949 à la Cité universitaire de Paris et quelques jours plus tard au consulat espagnol de Lyon, donnent lieu à des enquêtes. Afin de répondre à Madrid qui se plaint de ce que la France sert de base arrière aux anarchistes pour préparer des actes de sabotage perpétrés en Espagne — allusion notamment à l'incursion réalisée à Barcelone en juin 1948 par un groupe de quatre hommes, parmi lesquels José Lluis Facerías —, le Sud-Ouest est interdit aux Espagnols « dont l'activité politique peut-être considérée comme dangereuse » ; trente et une assignations à résidence au nord de la Loire sont prononcées[162]. Le ministre de l'Intérieur Jules Moch, tenu pour responsable de ces diverses mesures, est exclu du Comité d'honneur de l'Association France-Espagne ; créée à la Libération pour apporter une aide aux républicains espagnols et développer les liens culturels franco-espagnols, l'association est alors animée essentiellement par des communistes [163].

Toutefois, les doléances de Madrid se multiplient et le Quai d'Orsay se voit contraint, en 1950, de faire le point sur le contentieux franco-espagnol. D'autant que la plainte de l'Espagne officielle concernant la protection et les égards accordés, selon elle, au gouvernement républicain en exil et aux personnalités qui le composent trouve matière à être alimentée ; on critique la présence au congrès du MRP d'un certain nombre d'émigrés, notamment de José Antonio Aguirre, placé lors du banquet offert aux délégations étrangères entre le ministre des Affaires étrangères Robert Schuman et Marc Sangnier. Madrid proteste également contre la réception par le président Auriol du chef du gouvernement républicain, Alvaro de Albornoz [164], et contre la célébration de l'anniversaire de la République, le 14 avril 1950, en présence de membres du gouvernement et de personnalités au siège de ce qui est appelé le « soi-disant gouvernement de la République en exil ». Les autorités franquistes s'insurgent contre la création, avec l'appui du président Herriot, d'une Association des amis de la République espagnole et, de manière générale, contre toute activité des exilés espagnols en France [165].

Lorsque les relations diplomatiques sont rétablies avec la France, en 1951, le gouvernement franquiste pose immédiatement deux exigences concernant les réfugiés : il demande des sanctions à l'égard de la presse qui injurie et insulte le chef de l'État espagnol et il réclame l'internement ou l'expulsion des exilés espagnols du sud de la France [166]. La demande d'éloignement de la frontière revient comme un leitmotiv, notamment pour des Basques « effectuant des travaux d'organisation et se livrant à la réalisation d'actes délictueux susceptibles de troubler l'ordre et la tranquillité de l'Espagne » ; si bien que le ministre des Affaires étrangères propose en septembre 1951 à son collègue de l'Intérieur que la résidence permanente des réfugiés espagnols ne puisse se trouver au sud d'une ligne Bordeaux-Marseille, ce que ce dernier juge « inopportun et inapplicable [167] ». L'été 1951, l'affaire de l'immeuble du 11, avenue Marceau trouve sa conclusion ; revendiqué depuis la fin de la Guerre civile par les autorités franquistes qui estiment propriété de l'État espagnol tous les biens lui ayant appartenu, l'édifice est loué par la Ligue internationale des amis des Basques et occupé par le gouvernement d'Euzkadi depuis la Libération, après une brève occupation des lieux en 1944 par l'ambassade espagnole. Un jugement de 1943 ayant donné raison à l'État espagnol, l'organisme propriétaire, la société Finances et Entreprises — qui a racheté l'immeuble au gouvernement basque en 1939 — engage en 1947 une procédure de tierce opposition contre l'Espagne ; celle-ci est déclarée irrecevable en juillet 1949 et la cour d'appel de Paris rejette le recours de la société le 3 avril 1951. À la suite d'une procédure d'expulsion engagée par l'ambassade espagnole et ordonnée le 6 juin 1951, le gouvernement basque évacue les lieux à la fin du même mois. Les autorités espagnoles, qui s'étaient montrées de plus en plus nerveuses au fil des années au sujet de cet immeuble d'où sortaient nombre de publications basques, exultent[168] ; la presse phalangiste qualifie cette récupération de « Waterloo du gouvernement basque[169] ».

Les exigences et les plaintes espagnoles ne diminuent pas, bien au contraire. Un important mémorandum espagnol daté du 22 août 1952 récapitule pour le Quai d'Orsay la teneur des principales notes de protestation adressées à la France depuis 1945, estimant que les accords Bérard-Jordana sont toujours en vigueur : cinquante-huit notes sont ainsi rappelées dont la préoccupation principale porte sur l' « activité terroriste des Espagnols rouges venant de France » et sur la propagande diffusée par les exilés sur le territoire français. Comme la France refuse le transfert des exilés au nord de la Loire et ne réprime pas efficacement, selon l'Espagne, les activités terroristes qui se préparent sur son sol, Madrid réitère ses exigences et demande diverses compensations économiques, comme prévu dans certaines clauses de l'accord Bérard-Jordana, ainsi que des indemnités à propos des incidents de Chambéry. Une bagarre avait eu lieu en gare de Chambéry le 15 juin 1945 entre la population française et les passagers espagnols d'un train en provenance d'Allemagne, soupçonnés d'être des membres de la División Azul ayant combattu sur le front russe, accompagnés de collaborateurs français ; Madrid soutient qu'il s'agissait de commerçants, d'artisans et d'auxiliaires de l'ambassade d'Espagne à Berlin et du consulat espagnol à Prague et ne cesse de demander une indemnisation pour les blessés — légers — et leurs bagages[170].

L'année 1952 marque une amélioration sensible dans les relations franco-espagnoles ; ce qui fait dire au ministre espagnol des Affaires étrangères, Martín Artajo, que les neuf mois du gouvernement Pinay ont marqué pour l'Espagne la première étape d'une politique de bon voisinage avec la nation française[171]. Les gestes en faveur de l'Espagne se multiplient de façon significative : levée de l'embargo sur les armes, révision du statut de Tanger et apport de la voix de la France pour l'admission de l'Espagne à l'UNES-CO ; en 1953, d'importants crédits sont octroyés pour aider à l'équipement industriel espagnol et la France approuve formellement les négociations entre les États-Unis et l'Espagne aboutissant à la signature d'un accord militaire en septembre. En échange, Franco décide d'aligner sa politique africaine sur celle de la France, déclarant que les Européens sont solidaires au Maroc [172]. Dans ce contexte, la question des réfugiés devient de plus en plus embarrassante pour la France qui, en 1954, accorde une indemnisation pour l'affaire de Chambéry et ferme Radio Euzkadi [173]. Cependant, l'Espagne fait toujours part de nouvelles doléances à propos de la « fréquence et la persistance de la propagande anti-espagnole en France » ; elle se plaint des réunions publiques tenues par les réfugiés, de leurs publications en espagnol en France et des émissions très « anti-espagnoles » de la radio française, avec des interventions régulières du père Olaso — le chanoine Onaindía — et de Salvador de Madariaga. Aussi, en octobre 1955, au moment où la France est confrontée à la question marocaine, l'Espagne ne manque pas de souligner qu'elle remplit ses « devoirs de bon voisinage » au Maroc alors que la France ne le fait ni dans le Rif ni dans les Pyrénées [174].

Devant les plaintes répétées de l'Espagne, les ministres de l'Intérieur et de l'Information procèdent, l'été 1955, à un échange de vues afin d'examiner « les conditions dans lesquelles un contrôle plus strict pourrait être dès maintenant exercé sur les réunions de réfugiés et sur la presse de langue espagnole éditée ou diffusée en France ». En ce qui concerne les réunions, régies par les lois de 1881 et 1907, elles sont libres sans autorisation préalable tant qu'elles ne troublent pas l'ordre public ; quant aux manifestations publiques d'ordre politique, Paris a donné l'assurance à Madrid en 1952 qu'elles ne seraient pas autorisées dans les départements limitrophes des Pyrénées. Pour ce qui est des émissions radiophoniques, si l'Espagne accepte de modifier les émissions de Radio Tétouan et Radio Madrid, la France acceptera d'arrêter les émissions de Salvador de Madariaga et du père Olaso. Quant à la presse, des poursuites ne sont possibles selon la législation qu'en cas d'infractions caractérisées et, plus spécialement, s'il y a offense au chef de l'État ou aux chefs d'État étrangers ; cependant, par application de l'article 14 de la loi du 29 juillet 1881, le ministre de l'Intérieur dispose du pouvoir discrétionnaire d'interdire la circulation, la distribution et la mise en vente en France des journaux ou écrits, périodiques ou non, rédigés en langue étrangère. Depuis 1950, le ministère de l'Intérieur a d'ailleurs interdit dix-huit publications en espagnol et il n'exclut pas d'en interdire d'autres [175]. Pourtant, il est clair — et les pouvoirs publics français ne peuvent en être dupes [176] — que les doléances franquistes relatives à l'activité des réfugiés en France tiennent moins au danger que celle-ci fait courir à la stabilité dans la Péninsule qu'à l'impossibilité, pour un régime autoritaire, d'admettre une expression libre de ses opposants, même à l'extérieur de son territoire.

Affirmation de l'identité culturelle de l'exil et pluralité des cultures

Le régime franquiste ne s'y trompe pas qui se plaint pratiquement tout autant des liens tissés par les réfugiés avec de nombreux secteurs de la société française que des manifestations symboliques d'affirmation identitaire ou des incursions armées en territoire espagnol. C'est que l'exil républicain s'emploie à maintenir l'esprit qui l'a opposé au vainqueur et à le diffuser. De multiples organismes à vocation culturelle se créent en France, qui attirent longtemps les réfugiés même lorsque les partis et les syndicats les mobilisent moins. Les lieux et les modes de la sauvegarde de l'identité culturelle sont divers : associations culturelles proprement dites, *ateneos,* commissions culturelles de partis ou syndicats, institutions à vocation régionale, librairies et maisons d'édition. Mais l'exil est multiple, aussi les cultures sont-elles plurielles et les modes d'expression variés. Bien que des recoupements existent entre elles, plusieurs composantes forment ces cultures d'exil qui s'expriment au travers d'autant de types de publications : les intellectuels dans les revues culturelles, la mouvance républicaine au sens large du terme dans les publications à caractère unitaire, le courant libertaire dans les périodiques anarchistes et les minorités régionales dans les journaux nationalistes. Au-delà des différentes sensibilités, des goûts identiques s'affirment pour l'histoire, pour les arts plastiques, pour la poésie et pour la nouvelle, en filiation directe avec des courants littéraires ou artistiques vigoureux dans l'Espagne d'avant la Guerre civile.

L'une des spécificités de l'exil espagnol est que le combat politique se trouve, dans le prolongement direct de la guerre d'Espagne, souvent associé à la sauvegarde d'un héritage historique et culturel ; de même qu'alors la lutte contre les nationalistes et leurs alliés fascistes s'était faite largement au nom de la défense de la culture, le combat de l'exil contre le franquisme revêt inévitablement un aspect culturel. Ce combat passe notamment par une référence constante à l'action culturelle et éducative de la Seconde République qu'il s'agit de préserver, de poursuivre et de faire connaître. Sans pour autant que le domaine culturel soit exempt de luttes politiques, cet enracinement dans une culture hispanique libérale constitue certainement, au-delà des clivages idéologiques, le ciment essentiel de la cohésion identitaire de l'exil espagnol. Le politique et le culturel étant inextricablement liés dans l'exil républicain, il n'est point étonnant que la culture soit souvent présente dans de nombreuses publications à caractère politique ou informatif, de manière inégale certes, avec plus ou moins de régularité et d'ampleur, mais avec une signification plus pertinente quant aux cultures de l'exil que sa seule présence dans les revues à caractère exclusivement culturel et littéraire. Ces dernières publications ne touchent que le public intellectuel auquel elles sont en priorité destinées, alors que les titres plus généralistes atteignent la masse des militants et sympathisants des partis et des syndicats ; la présence de la culture dans ces divers journaux atteste de son importance.

Les associations et revues culturelles jouent, bien évidemment, un rôle déterminant dans la sauvegarde de l'identité des réfugiés. L'exil éditera plus de quatre-vingts publications de type culturel ; dans cette activité, les intellectuels, les anarchistes et les groupes catalans et basques jouent un rôle majeur. De nombreuses associations se créent dès 1944, témoignant de l'importance que représente la culture, tel l'éphémère Cercle García-Lorca de Casablanca qui édite un bulletin de même nom, et surtout la très active Union des intellectuels qui publie régulièrement pendant quatre ans, de décembre 1944 à la fin de 1948, le *Boletín de la Unión de intelectuales españoles*. Créée dans le sillage idéologique de l'UNE par 44 écrivains, artistes, médecins, enseignants et scientifiques espagnols, dont quatre Catalans et deux Basques, l'UIE se voit ralliée dans un premier temps par 55 autres intellectuels ; en 1945, elle a comme présidents d'honneur Pablo Picasso, la juriste Victoria Kent et le général Emilio Herrera, fondateur et ancien directeur de l'École supérieure d'aéronautique [177]. L'UIE compte parmi ses fondateurs le compositeur Salvador Becarisse, les écrivains José María Quiroga Plá, l'ancien ambassadeur José María de Semprún y Gurrea et le journaliste Corpus Barga. L'UIE organise, à l'Institut d'études hispaniques de la rue Gay-Lussac, des cycles de conférences en histoire, littérature, physique, médecine, histoire de l'art, géographie, histoire littéraire ou en musicologie. C'est au *Boletín de la Unión de intelectuales españoles* que revient le mérite d'avoir lancé le débat sur le rôle des intellectuels dans l'exil. Il aborde tous les thèmes qu'il s'était fixés : cinéma, poésie, musique, droit, peinture, aéronautique, géologie, physique, avec une attention spéciale portée à l'enseignement. Les travaux de l'Institution libre d'enseignement, créée à la fin du XIXe siècle pour revivifier la vie intellectuelle en Espagne et y introduire des méthodes pédagogiques modernes et libérales, sont évoqués longuement. À la fin de 1947, le *Boletín* célèbre le quatrième centenaire de Cervantes. Les aspects culturels de l'*intérieur* — la culture, l'école, la science politique et le système de santé — sont évoqués. Placé dès ses premiers numéros sous le double signe d'Antonio Machado et de García Lorca, le *Boletín* accorde une large place à la poésie et publie aussi des poèmes de ses collaborateurs, José María Quiroga Plá, Corpus Barga, José María de Semprún y Gurrea, Jacinto Luis Guereña, Rafael Alberti ou Arturo Serrano Plaja. Le *Boletín* appelle les intellectuels à la « reconquête — pour la civilisation — de l'intelligence espagnole [178] » ; dans la perspective du retour en Espagne, les intellectuels doivent « commencer déjà par créer ici cette intelligence et cette culture de notre peuple [...] en entrant dans l'arène, dans la lutte politique, en donnant à la masse de nos compatriotes un sens politique, d'unité [179] ».

Dans cette même dynamique de l'engagement nécessaire des intellectuels, on retrouve un certain nombre des animateurs de l'UIE dans le comité de rédaction de la revue *Independencia*, publiée en 1946 et 1947 : les poètes Rafael Alberti et Arturo Serrano Plaja, l'historien du mouvement ouvrier Manuel Nuñez de Arenas [180], le général Emilio Herrera et les anciens ambassadeurs à Londres et à La Haye Pablo de Azcárate et José María de Semprún y Gurrea. Les fils de ces deux derniers, les dirigeants communistes Manuel de Azcárate et Jorge Semprún y participent également. L'émigration est conçue comme « une tranchée » depuis laquelle se mène une « lutte contre la dégradation matérielle et morale que signifie le franquisme, pour la reconquête de l'Espagne et de la République ». *Independencia* ouvre largement ses colonnes à des textes publiés clandestinement en Espagne par l'Unión de intelectuales libres de España. La poésie y tient une place notable, par le biais de poètes espagnols, mais aussi français, tels Paul Éluard ou Pierre Seghers. L'étude du panorama culturel espagnol se poursuit dans *Independencia* et nombre de ces analyses sont dues à la plume de l'historien Manuel Tuñon de Lara[181].

L'après-guerre voit éclore une série d'autres revues culturelles, telle l'éphémère *Ibéria* qui a la particularité, en 1945, de réunir « toutes les langues parlées dans la Péninsule », le castillan, le catalan, le basque, le galicien et le portugais. Animée notamment par Jean Cassou, Manuel de Irujo, Jesús María de Leizaola et Antoni Rovira i Virgili, *Ibéria* souhaite être le catalyseur d'une confédération ibérique où chacune des nationalités conserverait « sa langue, ses mœurs, sa civilisation et ses libertés », dans une association démocratique, sans contrainte ni absorption. À côté de ces revues parisiennes, d'autres titres apparaissent dans le Midi et en Afrique du Nord. De 1945 à 1947, entre Toulouse et Bruges — dans les Basses-Pyrénées —, le poète Jacinto Luis Guereña publie *Méduse* au nom d'un Front franco-espagnol des lettres, présidé par Jean Cassou ; la revue se place sous le double signe de la poésie et de l'amitié franco-espagnole et entend donner vie à la « fraternité lyrique et agissante » des poètes français et espagnols « contre tout ce qui empêche l'homme d'être un homme ». *Don Quichotte,* un journal satirique au ton et aux caricatures virulentes, est édité à Rodez en 1946 et 1947 ; avec un « Sancho Panza » pour rédacteur en chef, il se place dans la lignée du *Canard enchaîné* et de *L'Os libre* et veut « défendre la République, une République propre, honnête, capable, une République par le peuple et pour le peuple ». La satire du journal s'exerce évidemment contre l'Espagne franquiste, la *Franquilandia*, mais elle n'épargne pas l'émigration républicaine et une rubrique est consacrée à « l'humour involontaire de la presse exilée ».

Impulsés par des intellectuels, mais ouverts à un vaste public, des *ateneos* sont créés dans l'exil français, dans la continuation du mouvement culturel libéral né en Espagne dans le premier tiers du XIXe siècle ; les *ateneos* ont été, jusqu'à l'avènement du franquisme qui les interdit, des centres culturels consacrés à la discussion et à l'enseignement, par l'organisation de conférences et de cours publics. Foyers du libéralisme, les *ateneos* — notamment celui de Madrid — ont joué un grand rôle dans la proclamation de la Seconde République. À Paris, un Ateneo hispanista, animé par un professeur, Antonio Pena, fonctionne pendant quelques années après la guerre mondiale au sein de la Société pour la propagation des langues étrangères et organise débats et conférences, à l'hôtel des Sociétés savantes et en Sorbonne[182]. Il est la continuation d'un Club hispaniste créé en 1934 par le même Pena et sa finalité est la diffusion de la langue et de la culture hispaniques ainsi que l'organisation de rencontres conviviales ; d'hebdomadaires *tertulias* — ces typiques veillées à l'espagnole — sont organisées entre les membres de l'*ateneo* et leurs invités, mais aussi des conférences bimensuelles sur des thèmes variés ou des soirées artistiques, littéraires ou musicales[183]. À la même période, un Ateneo espagnol est fondé également à Toulouse, qui invite pour des conférences-débats des personnalités politiques et intellectuelles, tant françaises qu'espagnoles[184].

Une culture que l'on pourrait qualifier de « républicaine » s'exprime dans les publications du gouvernement en exil mais surtout dans celles de mouvements unitaires comme la Junta española de liberación, qui regroupe un temps tous les courants de l'exil à l'exception des communistes. Aux premières se rattache *La Nouvelle Espagne,* journal édité de la fin de 1945 à mars 1947 par le gouvernement républicain ; elle informe essentiellement ses lecteurs des démarches diplomatiques entreprises par ce dernier, mais elle évoque aussi de grandes figures du patrimoine culturel espagnol comme Goya, Lorca, Unamuno ou Blasco Ibañez. *La Nouvelle Espagne* réactive constamment le souvenir des grands épisodes de la République ; les commémorations des dates historiques importantes dans la mémoire collective des réfugiés y occupent une place considérable. Quant à *L'Espagne républicaine*, « hebdomadaire politique et littéraire », elle est fondée par la JEL en 1945 à Toulouse et perdure au-delà de la dissolution de celle-ci à l'automne 1947, pour se poursuivre à Paris sous le titre de *L'Espagne* jusqu'en mai 1949. Publiée en grande partie en français, *L'Espagne républicaine* est à la fois journal d'information et revue culturelle et son caractère unitaire n'exclut pas les débats ; elle suit avec attention tous les débats internationaux relatifs au « problème espagnol » et elle consacre une grande place à la culture sous toutes ses formes et à la poésie en particulier ; poésies française et espagnole sont associées dans la rubrique régulière « Poetas de España » et « Poètes de France ». *L'Espagne républicaine* initie également ses lecteurs à d'autres aspects de la culture française et consacre de nombreux articles aux relations avec l'Espagne d'auteurs tels que Victor Hugo, Théophile Gautier, Alexandre Dumas ou Paul Valéry ; elle rend hommage à Émile Zola et publie en feuilleton *L'Histoire d'un conscrit de 1813* d'Erckmann-Chatrian. Le journal aborde une grande diversité de sujets : scientifiques, artistiques — musique, peinture, cinéma, théâtre —, historiques ou philosophiques. À la fin de 1945, dans la tradition littéraire espagnole de la narration courte, *L'Espagne républicaine* lance un concours de nouvelles auprès de ses lecteurs qui en constituent également le jury[185] ; le concours remporte beaucoup de succès et le journal entreprend de publier les nouvelles qu'il a reçues. Le premier prix est attribué à Juan B. Bergua, avocat, éditeur, ancien propriétaire d'une des plus importantes librairies de Madrid, entré en France en 1937 après plusieurs mois passés dans les prisons de Franco et qui travaille en France comme assistant d'espagnol dans l'enseignement secondaire ; le second prix est décerné à un jeune homme de dix-sept ans, Jaume Canyameres, réfugié en France avec ses parents et fils d'un écrivain catalan, Ferrán Canyameres[186]. Largement diffusée[187], fruit d'une équipe diversifiée, *L'Espagne républicaine* est une réalisation particulièrement achevée ; elle est l'affirmation d'une identité hispanique et un instrument de découverte de la culture française pour les exilés.

Pour certains mouvements politiques, la survie d'une culture est un élément fondamental de l'activité. C'est le cas tout particulièrement pour les anarchistes et les nationalistes basques et catalans. Du fait de l'importance qu'ils attachent à la culture dans la formation et l'épanouissement de l'individu, les anarchistes organisent de manière continue des activités culturelles pour leurs militants et sympathisants. L'un des secrétaires nationaux de la CNT est chargé de la culture et de la propagande ; les fédérations locales proposent des cycles de conférences sur des sujets variés et organisent, particulièrement pour les jeunes, des activités culturelles très diverses, qui vont des visites de musées, des excursions et des tournois sportifs à la constitution de groupes artistiques, théâtraux le plus souvent. Un modeste bulletin de liaison des jeunesses libertaires comme *Crisol,* publié à Paris entre 1945 et 1960, offre à ses lecteurs des textes de réflexion politique et sert également à organiser des activités culturelles : visites au musée de l'Homme, au Louvre, au palais de la Découverte ou conférences. La CNT effectue un travail important d'édition, notamment par le

biais de l'Editorial libertaria, des Ediciones Tierra y libertad ou
de la collection de poche de sa Biblioteca social económica. La
plupart des journaux anarchistes, les hebdomadaires réguliers
comme *C.N.T.* ou *Solidaridad obrera*, mais également des publications en marge de l'organisation comme *Nervio* ou *El Rebelde*,
organisent des « guildes » du livre : des ouvrages de toute nature
qui présentent une valeur littéraire, philosophique ou scientifique,
sont expédiés au domicile de leurs lecteurs à un prix modique. Le
choix en est extrêmement éclectique, sans exclusive, depuis saint
Jean de la Croix et Thérèse d'Avila, jusqu'à Louise Michel et
Kropotkine, en passant par des dizaines de titres de la littérature
universelle — théâtre, poésie, roman, philosophie —, des livres
de médecine, des dictionnaires et des traités d'astronomie ; tous
les auteurs classiques espagnols y sont largement représentés. La
CNT et ses organisations annexes œuvrent ainsi à la formation,
au maintien et au développement d'une culture ouvrière et populaire, née en Espagne dans les écoles rationalistes ou les *ateneos*
populaires.

La première revue illustrée de l'exil espagnol qui paraît en
France est à l'initiative des seuls libertaires ; il s'agit de la superbe
Galería, publiée dès janvier 1945 à Paris et à laquelle Albert
Camus participe. Elle ne survivra pas au-delà de son année de
création mais, en une dizaine de livraisons, elle manifeste son
intérêt pour la littérature, le cinéma, le théâtre, les arts plastiques,
la musique, la danse et la poésie. Magnifique publication en qua-
drichromie, illustrée avec soin et tirée sur du papier de qualité —
au moins pour ses deux premiers numéros —, *Galería* se veut
ouverte à tous les jeunes écrivains, peintres, dessinateurs, poètes
et photographes espagnols, qu'elle souhaite sortir « du silence et
de l'oubli » après « ces dernières années d'indignité et de douleur[188] ». Face à la « médiocrité espagnole, manifestée par des
gens sans scrupules, serviteurs inconditionnels de la doctrine fasciste », elle affirme « l'Espagne de Lorca et de Machado, celle
d'Unamuno ou de Picasso ». Au début de 1945, *Galería* organise
aussi plusieurs spectacles à la salle Pleyel au profit des mutilés de
la guerre d'Espagne et, comme dans la plupart des galas espagnols, chant, théâtre, musique, danse et poésie sont associés, avec
la participation d'artistes d'origine hispanique, comme María
Casares ou Luis Mariano ; une création, par José Torres, de la
Danse du feu extraite de *L'Amour sorcier* de Manuel de Falla,
exilé également, est donnée en mars[189]. *Galería* organise chaque

mois, pour ses abonnés, lecteurs et amis, des spectacles gratuits : récitals de chant ou de poésie, danse, concerts ou soirées flamenco [190]. Ephémère, *Galería* n'en est pas moins significative de cet extraordinaire bouillonnement culturel que manifeste l'exil espagnol au lendemain de la Libération.

Dans les publications libertaires de divers types — syndical, politique ou même bulletin intérieur de liaison —, la culture est une préoccupation toujours présente. À Toulouse, le journal *C.N.T.* manifeste de l'intérêt pour les questions pédagogiques et suit avec attention la vie culturelle dans la Ville Rose. Il parle de cinéma — avec une prédilection marquée pour Chaplin —, de théâtre, de poésie et d'art ; parmi ses auteurs préférés l'on trouve Max Nettlau, Kropotkine et Romain Rolland. La CNT organise des cycles de conférences sur des sujets variés ; en 1947, les cours de formation effectués par des enseignants concernent des domaines aussi divers que l'agriculture, l'algèbre, l'anatomie, l'arithmétique, les sciences naturelles, la comptabilité, le dessin, l'économie, la philosophie, la géographie, la géométrie, l'histoire, la littérature, la pédagogie, la puériculture, la sociologie, la sténographie ou des langues comme l'espéranto, le catalan, l'espagnol, le français, l'anglais et le russe [191]. La CNT organise également à la fin de 1947 un concours d'art théâtral et lyrique pour récompenser la meilleure composition de théâtre musical en deux, trois ou quatre actes, la meilleure œuvre dramatique en un ou plusieurs actes et les meilleurs vers [192]. À Paris également, se crée très tôt un groupe artistique [193].

Une quantité de revues libertaires exclusivement culturelles ou consacrées en grande partie à la culture apparaissent dans différentes régions. En Haute-Garonne, en 1945, un groupe culturel, Elisée Reclus, poursuit dans la revue *Impulso* le travail entrepris en Espagne autour de la pensée du géographe libertaire. En 1945 et 1946, à Toulouse et à Paris, *El Rebelde, Tiempos nuevos* et *Revolución española* se tournent à la fois vers la réflexion politique théorique et les questions culturelles, surtout la poésie et le théâtre ; León Felipe y est particulièrement apprécié et le troisième de ces titres réfléchit sur la notion de théâtre populaire. À la même époque, à Bordeaux, *Demain*, édité par la FIJL, aborde « tout ce qui tend au développement de la personnalité chez les jeunes : sociologie, sciences, arts, littérature ». À Toulouse, entre 1946 et 1948, *Universo* entend répondre « à une nécessité ressentie depuis longtemps : celle d'un lien indépendant, entre des consciences libres de tous les pays » et aborder « les questions les plus profondes et intéressantes, relatives à l'homme, à l'humanité et au monde[194] ». Les thèmes de prédilection d'*Universo* sont variés et la revue, largement illustrée de photographies, de reproductions de tableaux ou de sculptures, publie des articles scientifiques, historiques, sociologiques, littéraires et artistiques. Une guilde des Amis du livre est organisée dès le premier numéro pour fournir des ouvrages à prix modiques aux lecteurs. Ce foisonnement d'initiatives se canalisera, dans les années 1950, dans deux publications qui animeront pendant de nombreuses années la vie culturelle de la mouvance anarchiste en exil.

La première de ces revues est l'emblématique *Cénit*, fondée en janvier 1951 à Paris avant d'aller rapidement s'installer à Toulouse. Même si sa périodicité a quelque peu varié, elle est la publication de l'exil espagnol qui a fait preuve de la plus remarquable longévité : éditée encore au début des années 1990, elle a dépassé les quarante-deux années d'existence ! Animée par une équipe où figurent notamment Federica Montseny, José Peirats[195], Juan Ferrer et Miguel Celma, *Cénit* se place dans la filiation de la fameuse revue anarchiste *La Revista blanca*, publiée par les propres parents de l'ancien ministre de la Santé de 1898 à 1905 et de 1923 à 1936. De présentation soignée, éditée sur papier glacé, avec de belles illustrations en première et dernière pages et une couverture en couleurs, *Cénit* veut lutter contre « l'idée vulgaire que beaucoup de gens ont de l'anarchisme » ; cette idéologie veut, en effet, proposer un autre type de société entre le capitalisme et le « soi-disant communisme » et entre « l'exploitation de l'homme par l'homme et celle de l'homme par l'État ». À distance de l'actualité, *Cénit* entend se consacrer à une réflexion plus durable et rester ouverte à tous ceux dont la pensée est respectable, même si celle-ci est différente de la sienne propre ; perméable à l'humour, la revue se veut « moyen de libération morale, indispensable pour toute autre libération[196] ». Sans parler des nombreux intellectuels de la mouvance libertaire, *Cénit* attire la collaboration de personnalités comme Bertrand Russell ou Albert Camus. La diversité thématique de la revue est impressionnante : les articles littéraires, philosophiques, historiques, artistiques et scientifiques y côtoient la création littéraire qui, là comme ailleurs, honore la tradition hispanique de la poésie et de la nouvelle.

À partir de 1954, le journal parisien de la CNT, *Solidaridad obrera*, se dote d'un supplément littéraire. Mensuel dirigé par Fernando Gómez Peláez [197], puis par Juan Ferrer, le *Suplemento literario de Solidaridad obrera* s'assure la collaboration de nombreux intellectuels espagnols, français ou latino-américains et celle de divers représentants de l'exil, anarchistes ou non. Le *Suplemento* fait appel à des auteurs très divers, sollicités pour leurs connaissances, leur talent ou leur pensée davantage que pour leur adhésion à l'anarchisme. On y trouve aussi bien les signatures de Diego Abad de Santillán [198], Felipe Aláiz [199], José et Octavio Alberola, Benito Milla, José Peirats, Rudolf Rocker ou Ramón Rufat [200], que celles de Luis Araquistáin, Germán Arciniegas, Marcel Bataillon, Albert Camus, Lluís Capdevila, Jean Cassou, Isabel del Castillo, José Camilo Cela, Juan Goytisolo, Jean Guéhenno, Emilio Herrera, Salvador de Madariaga, Octavio Paz, Henry Poulaille, Carlos M. Rama, Alfonso Reyes, Jean Rostand, Bertrand Russell, Albert Schweitzer ou Leopoldo Zea. Les quatre auteurs les plus réguliers ne sont pas anarchistes [201] : Juan Chicharro de León est poète et enseigne la littérature ; Pere Bosch Gimpera, archéologue, anthropologue, essayiste, républicain préoccupé de questions sociales, a été recteur de l'université de Barcelone de 1933 à 1939 [202] ; Lluís Capdevila [203] est écrivain et journaliste, ancien directeur de *La Humanitat* fondée par Lluís Companys et Fernando Valera est un républicain convaincu, un des piliers des gouvernements en exil [204]. Au cours de ses sept années d'existence, le *Suplemento literario* est vraiment, comme il se le proposait lors de sa création, une « fenêtre ouverte à toutes les inquiétudes culturelles, hispaniques et universelles » ; il contribue grandement à faire connaître le « travail des artistes, professeurs, écrivains et techniciens qui vivent dispersés sur le vieux et les nouveaux continents [205] ». Les thèmes sont aussi divers et variés que ceux de *Cénit* ; mais l'on peut y discerner cependant une prédilection pour la littérature et l'histoire et, à la différence de la revue toulousaine, le *Suplemento literario* s'intéresse à l'actualité culturelle, que ce soit dans les arts plastiques, le cinéma, le théâtre, la littérature ou la danse. Le *Suplemento literario* consacre une place grandissante à la poésie qui occupe une page entière à partir de 1957. Ce journal est caractéristique d'une large ouverture de la culture anarchiste et de l'exigence de qualité et de sérieux qui prime sur l'alignement idéologique, même s'il est profondément l'expression de la vision libertaire de la culture et du monde. La FIJL définit ainsi cet attachement des anarchistes à la culture :

Dans nos milieux libertaires, la culture a toujours constitué une des grandes passions, un des grands devoirs. Au cri de rébellion sociale a toujours été associé, comme le papier et l'enveloppe, le désir continuel d'élévation culturelle. Quand naissait un syndicat, ses premiers balbutiements étaient pour demander une bibliothèque, un *ateneo*, une conférence... Culture et révolution sont liées comme les deux pôles du monde qui tournent autour de l'axe d'un destin commun [206].

En 1955, la CNT « apolitique » dresse non sans fierté un premier bilan de son activité culturelle dans l'exil : deux hebdomadaires, deux revues et de nombreux bulletins paraissent alors en France et abordent une grande variété de thèmes. Des cours sont organisés et le *Suplemento literario de Solidaridad obrera* est adopté dans certains lycées français comme matériel d'exercice dans l'apprentissage de la langue espagnole. Les anarchistes animent des troupes théâtrales, parmi lesquelles se distinguent particulièrement celles de Castres, Bordeaux, Toulouse, Perpignan et Lyon : elles présentent des pièces classiques ou des *zarzuelas* — ces drames lyriques spécifiquement espagnols où le chant alterne avec la déclamation —, « non avec le professionalisme et la prestance des compagnies de premier ordre, mais avec la dignité que l'art requiert [207] ». À Toulouse, Paris et Lyon, l'art lyrique s'est développé dans les milieux émigrés et a permis à des comédiens, chanteurs, chœurs et corps de ballets d'émerger ; enfin, à Toulouse, l'ancien siège des CNT française et espagnole, cours Dillon, abrite une « école permanente d'art » dans le domaine folklorique qui a formé de nombreux artistes. La CNT revendique d'avoir maintenu une continuité culturelle dans l'exil :

Le local de *Soli* est visité assez souvent par des intellectuels venus d'Amérique et fréquenté également par des gens de savoir qui, comme nous-mêmes, se trouvent en exil pour non-conformité avec le régime en place en Espagne. À la vue de nos bibliothèques qui débordent d'ouvrages, une mimique admirative apparaît sur leur visage. Ce que l'on admire chez nous, ouvriers manuels, c'est qu'en général l'antifranquisme nous ait placés au premier rang pour les tâches culturelles. Pour n'être pas gens de chaires et de haut savoir, nous n'étions pas les plus indiqués pour impulser cette mission nécessaire...

Ce qui surprend aussi les doctes personnes, qui nous ignorèrent autrefois bien que nous étions près d'eux, c'est que, du fait de la prolongation de l'exil, les enthousiasmes — y compris culturels —

de beaucoup s'évanouissent et que, dans la CNT, ils augmentent au lieu d'entrer dans une période « normale » de dégénérescence progressive...

Les lettres et les arts espagnols ont été honorés à l'étranger par les gens de la CNT, jadis considérée avec beaucoup de bruit et peu d'esprit comme une centrale d'analphabètes. Maintenant que la disgrâce commune nous a mis à l'épreuve de tous ; maintenant que notre constance a dépassé les dispositions des autres, l'on reconnaît la valeur morale des rudes *cénétistes*, ces lutteurs qui entreprennent de réhabiliter l'Espagne par l'action [...] et par la préparation morale des masses [208].

L'un des ensembles associatifs les plus caractéristiques des cultures de l'exil et l'un des plus importants, par sa vigueur et sa longévité, est constitué des organismes basques et catalans. De très nombreuses structures animées par les minorités régionales se créent en divers points de l'Hexagone et quelques-unes subsistent encore de nos jours. Les publications éditées par les institutions gouvernementales basques et catalanes en exil, ou par des partis ou associations nationalistes, ont pour moteur essentiel la sauvegarde de cultures interdites dans l'Espagne franquiste. Même dans les périodiques édités par des branches régionales de courants politiques nationaux, ce ciment culturel est présent. Pendant la durée du franquisme, en exil comme à l'intérieur, l'attachement des Basques et des Catalans à leur langue et à leur culture dépasse largement les cercles nationalistes. Ainsi la CNT elle-même s'exprime-t-elle sur ce terrain dans *Terra lliure* ; ce journal est, malgré ses interruptions, l'une des publications les plus durables de l'exil, puisqu'il a été publié entre 1949 et 1984. Si *Terra lliure*, animée notamment par Roc Llop i Convalia [209], donne bien évidemment des informations sur la CNT catalane — de l'intérieur et de l'exil —, elle s'intéresse aussi à l'actualité culturelle catalane, publie des articles historiques sur la Catalogne et poursuit toute une réflexion sur les relations entre anarchisme et catalanisme. Car il s'agit, pour la CNT,

[d'] affirmer la présence de l'anarcho-syndicalisme sur le terrain des lettres catalanes. Pour faire comprendre que l'utilité et la beauté d'une langue n'ont rien à voir avec le préjugé nationaliste. Pour adapter la CNT à la condition fédéraliste et libertaire qui fut la condition de sa propre naissance. Pour favoriser, face au franquisme, une expression régionale parlée que celui-ci, depuis le pouvoir, interdit [210]

Les Jeux floraux de la langue catalane, organisés chaque année par les Catalans, de 1941 à 1977, intéressent les catalanophones bien au-delà de la mouvance nationaliste. Ce sont des fêtes destinées à célébrer une culture et à stimuler la création littéraire sous tous ses aspects — de la poésie aux essais — dans une langue réduite par décret, dans la Péninsule, à la sphère familiale et privée. Itinérants, les Jeux floraux se tiennent dans des villes où existe une communauté catalane active : en Amérique latine pendant la guerre mondiale et à de nombreuses reprises ensuite ; mais également en Europe, à Montpellier en 1946, à Londres en 1947, à Paris en 1948, 1959 et 1965, à Perpignan en 1950 et en 1964, à Toulouse en 1952, à Marseille en 1967, puis en Allemagne, en Belgique, en Suisse et aux Pays-Bas dans les années 1970. Ces Jeux ont permis, au cours des années de l'exil, de maintenir un lien vivace entre les Catalans dispersés, et les dernières années du franquisme, avec les habitants de la Catalogne péninsulaire[211]. Tous les efforts pour assurer la survie de la langue catalane dans l'exil s'expriment parfaitement dans cette déclaration d'Antoni Rovira i Virgili lors des Jeux floraux de Montpellier en 1946 : « Loin de la patrie matérielle qui est la terre, nous vivons installés dans une patrie spirituelle qui est la langue[212]. »

Afin de maintenir vivante cette « patrie spirituelle », les Basques et les Catalans prennent de nombreuses initiatives. Après la guerre mondiale, le gouvernement basque fait reparaître *Euzko Deya* ; ce journal, défenseur inlassable de l'autonomie basque niée par le franquisme, illustrera pendant près de trois décennies divers aspects de la culture basque. Quant à lui, le PNV publie dès 1947 à Bayonne la revue *Alderdi* ; remarquable également par sa longévité — vingt-sept ans de publication en exil, prolongée par une parution en Euzkadi même, à Bilbao, à partir de 1974[213] —, *Alderdi* comporte articles historiques, littéraires et biographiques, centrés essentiellement sur la culture et l'histoire basques. Écrite en castillan et en basque, *Alderdi* s'emploie depuis la France à organiser la solidarité avec « ceux de l'intérieur » et à maintenir vivante, autant pour ceux-ci que pour les exilés, la culture régionale. Un émetteur radio, Radio Euzkadi, dont nous avons déjà parlé, fonctionne pendant quelques années en direction de l'intérieur, jusqu'à son interdiction en 1954 par le gouvernement français, et la culture paraît y tenir une place notable.

Le 26 avril 1945 — jour du huitième anniversaire de la destruction de la ville par l'aviation allemande — un « mouvement populaire Gernika » est constitué autour de Rafael Picavea, à Saint-Jean-de-Luz. Cet organisme, dont le but est de favoriser l'union des Basques dispersés de par le monde, publiera pendant quelques années la revue *Gernika*. Entre 1948 et 1953, *Gernika* publie des articles historiques, philosophiques, philologiques et littéraires et organise des cycles de conférences. Toujours dans les années 1940, un Institut basque de recherches, doublé d'un Institut Gernika, fondés dans la petite ville de Sare par l'abbé José Miguel de Barandiarán, inspirent des recherches ethnographiques, archéologiques et linguistiques sur l'Euzkadi. De 1946 à 1957, ces deux instituts éditent respectivement *Ikuska* et *Euzko-Jakintza*. L'Institut basque de recherches — Ikuska —, fondé à Vitoria en 1921, poursuit depuis 1936 ses activités dans le Pays basque français, en relation avec le musée des Arts et Traditions populaires et la Société préhistorique française ; depuis lors, il limite le champ de ses études à la « région du Pays basque soumise à la France [214] ». *Ikuska* publie les résultats des recherches ethnographiques, préhistoriques, linguistiques et toponymiques de son important réseau de correspondants [215] ; recherches menées selon une méthodologie scientifique, appuyée notamment sur un *Guide d'initiation aux recherches ethnographiques* — publié dans le premier numéro de la revue — et qui établit un questionnaire type sur la vie rurale, l'habitat, les modes de vie, les coutumes et l'habillement des populations étudiées. Quant à *Euzko-Jakintza,* elle édite des travaux très divers sur le Pays basque ; les index annuels de 1947 à 1952 permettent de suivre la fréquence des thèmes abordés, où la bibliographie, la linguistique, l'ethnographie, la géographie et l'histoire dominent largement [216]. Il est vrai que l'abbé Barandiarán a su s'attirer, comme pour *Ikuska*, la collaboration de membres de l'Académie basque, de professeurs d'universités françaises et étrangères et des responsables du Musée basque de Bayonne.

De leur côté, en 1945, les Catalans créent à Paris l'association Cultura catalana, avec l'objectif de faire connaître l'œuvre culturelle catalane d'avant 1939. Présidée par l'ancien universitaire Lluís Nicolau d'Olwer, avec Pompeu Fabra à la présidence d'honneur, Cultura catalana célèbre dès sa création le centenaire du poète Jacint Verdaguer [217] et organise un concert de Pablo Casals salle Pleyel [218] ; en 1948, elle compte 331 adhérents [219]. Un Centre d'études économiques et sociales Toulouse-Barcelone se constitue en 1944 dans la métropole du Sud-Ouest : l'on y organise cours et conférences afin de préparer les exilés catalans à un retour dans la Péninsule, jugé alors proche. Le cycle d'études proposé comprend différentes sections, sociale, politique et encyclopédique ; il aborde des thèmes historiques, d'actualité ou de culture générale, mais ce centre d'études ne semble pas survivre au-delà de 1946[220]. Des groupes artistiques catalans, chorale, groupes de danse et de sardane, se créent en nombre, particulièrement dans le Sud-Ouest. Des *casals catalàs* — maisons de Catalogne — se constituent ou font suite, comme c'est le cas dans la capitale, à des centres catalans fondés dans les années 1920 par des émigrés catalans. Des *casals* fonctionnent à Perpignan, Montpellier, Paris, Toulouse, Angoulême, Castres, Clermont-Ferrand, Marseille, Carcassonne, ou Lyon ; ils sont au nombre de seize en 1947[221] et proposent à leurs adhérents excursions et visites culturelles, récitals de musique et de chant, ciné-clubs, cours de catalan, conférences, fêtes, troupes de théâtre amateur, équipes sportives ou clubs de sardane[222].

Lieux de rencontre des exilés catalans, où l'on peut parler la langue du pays, célébrer les fêtes traditionnelles, revivre le temps passé, chanter, danser ou faire du théâtre, les *casals* n'échappent pas plus que d'autres organismes aux luttes d'influence politique : ainsi, un Foyer de fraternité catalane — Llar de germanor català — voit le jour à Toulouse en 1950, fondé par les éléments non communistes du *casal* existant[223] ; le *casal català* de Clermond-Ferrand est dissous par arrêté ministériel en 1952, par suite de l'activité politique communiste de ses dirigeants[224]. Pour la grande majorité des réfugiés catalanophones, ces lieux de sociabilité jouent un rôle décisif de maintien d'une identité culturelle : ainsi, de 1945 à 1956, le Casal de Catalunya de Paris compte une moyenne annuelle de 327 adhérents, le nombre de sociétaires oscillant de 162 à 576 par an[225] — aussi peut-on avancer l'hypothèse que plus de deux Catalans réfugiés sur trois dans la capitale l'ont fréquenté à un moment donné[226]. Le nombre de *casals* créés par des réfugiés tourne encore autour d'une bonne quinzaine en 1956 ; on en trouve toujours à Paris, Perpignan, Castres, Angoulême, Lyon, Marseille, Carcassonne, mais aussi à Agde, Béziers, Bordeaux, Montauban, Nevers, Orléans, Avignon, et trois coexistent à Toulouse[227].

De nombreuses publications en catalan sont éditées ; environ un dixième des titres de l'exil sont rédigés en catalan. Rien qu'à Toulouse, entre septembre et décembre 1944, paraissent — ou reparaissent — *Catalunya, El Poble català, Catalunya central,*

Lluita et Foc Nou. Cette dernière publication, éditée jusqu'à l'automne 1947, a un caractère essentiellement littéraire et artistique ; elle se veut « au service de la Catalogne » et la « revue de tous les Catalans qui aiment la Catalogne sans distinction de partis ni de syndicats ». Elle devient, en janvier 1945, le porte-parole de Solidaritat catalana, « mouvement patriotique d'entente », qui vient de se constituer par l'union de divers partis catalans[228]. De grands noms de la culture catalane écrivent dans le journal, ainsi que les porte-parole des partis nationalistes. Les œuvres de création littéraire — poèmes, nouvelles — y occupent une place importante et Pompeu Fabra y poursuit son œuvre de « restauration » de la langue catalane. *Foc nou* suit avec attention l'activité culturelle des Catalans en exil, particulièrement celle de la « trinité catalane » — Pompeu Fabra, Antoni Rovira i Virgili et Pau Casals[229] —, mais aussi celle d'un sculpteur comme Joan Rebull ou de peintres comme Jaume Bordas, Lluis Cazals ou Grau Sala. Une exposition d'art catalan moderne est organisée à la galerie Altarriba de la rue du Bac à Paris en mai 1945 par Solidaritat catalana, avec la participation de nombreux peintres et sculpteurs[230]. *Foc nou* participe à la préparation des Jeux floraux et elle s'en fait l'écho.

De son côté, la Fundació Ramón Llull fait reparaître la remarquable *Revista de Catalunya* pour quelques numéros en 1947.

De par sa proximité géographique avec la Catalogne péninsulaire et de par sa similitude linguistique, le département des Pyrénées-Orientales attire particulièrement les exilés catalans ; tandis que Prades devient un haut lieu international de la musique autour de Pablo Casals, qui refuse toutes les propositions de jouer en Espagne[231], Perpignan constitue vite un centre important de l'émigration catalane. De nombreuses publications sont éditées dans le chef-lieu des Pyrénées-Orientales. Un groupe d'études entreprend la publication de *Quaderns d'estudis politics, economics i socials* destiné à « devenir une conscience » et un lieu de réflexion solide sur l'actualité socio-économique de l'Espagne contemporaine. Réunis autour de l'avocat et ancien patron de presse Amadeu Hurtado — soutien financier de la revue[232] —, de l'ingénieur et homme d'affaires Ferrán Cuito et du spécialiste des problèmes agraires Joaquím Camps i Arboix, les animateurs de *Quaderns* se penchent sur un certain nombre de dossiers économiques spécialisés — tels la banque, le tungstène, le budget ou l'industrialisation — relatifs à la Catalogne dans ses rapports avec l'Espagne et avec l'Europe. À Nice, un groupe de Catalans édite en 1945 une belle revue culturelle, *Per Catalunya,* à laquelle collaborent des écrivains français, tels que Joë Bousquet, Albert Camus, Jean Cassou, Georges Duhamel, Paul Éluard, Max-Pol Fouchet, Jean Paulhan, Jean-Paul Sartre ou Pierre Seghers ; *Per Catalunya* est élégamment illustrée par quelques-uns des meilleurs artistes catalans comme Martí Bas, Antoni Clavé ou Carles Fontseré.

Dans les années 1950, alors que le contexte est difficile pour l'émigration, des revues culturelles catalanes voient cependant le jour, comme *Presencia catalana*, publiée par l'Institut catalan d'art et de culture de Paris en 1952-1953 ; *Presencia catalana*, illustrée par Martí Bas, Antoni Clavé [233] ou Emili Grau Sala, est non seulement l'organe de l'Institut mais se veut le porte-parole de toutes les manifestations de la culture catalane dans le monde et un lieu d'accueil pour les écrivains et artistes catalans. Apparue en 1954, *Vida nova* devient, après la disparition de la *Revista de Catalunya* et de *Foc Nou*, la principale revue culturelle catalane : elle est intéressante tant par sa longévité — elle paraîtra jusqu'en 1973 — que par sa tentative originale d'associer constamment catalanisme et occitanisme, comme l'avaient esquissé avant guerre d'autres revues culturelles [234]. Publiée par une équipe regroupée autour de Max Rouquette, *Vida nova* se veut, en effet, le « porte-parole de tous les fils de ces terres qui forment l'arc occidental de la Méditerranée européenne [235] », et elle suit avec attention toutes les manifestations culturelles catalanes et occitanes.

Afin d'éditer et de faire connaître des auteurs interdits d'expression en Espagne qui apportent une vision historique, politique ou littéraire novatrice, les réfugiés fondent également des maisons d'édition et des librairies. Organismes de type à la fois culturel et commercial, où le profit financier n'est pas le but premier mais le moyen de cet objectif d'expression libre, ce sont des lieux de rencontre pour les réfugiés et les amis de l'Espagne démocratique et des recours intellectuels pour les « exilés de l'intérieur ». Les libraires, souvent éditeurs en même temps, jouent un grand rôle dans la diffusion, tant en France qu'en Espagne et dans d'autres pays, du meilleur de la culture libérale espagnole. La première librairie à être fondée, à Toulouse en 1946, est la Librairie des Editions espagnoles ; elle entreprend un travail important de diffusion de la culture hispanique auprès d'un public français, dans la lignée des activités du Centre d'études économiques et sociales Toulouse-Barcelone. Les protagonistes en sont, pour une bonne part, les mêmes, autour de Louis Solères et d'Antonio Soriano[236] avec, cette fois-ci, un aspect commercial, car ces réfugiés, anciens résistants, se trouvent devant la nécessité de gagner leur vie sans renier leurs idéaux[237]. Ce travail de défense et de propagation de la culture, commencé à Toulouse — où se sont retrouvés dans la clandestinité beaucoup d'intellectuels de diverses nationalités, du Français Jean Cassou à l'Italien Silvio Trentin —, se poursuit à Paris, rue Mazarine puis, à partir de 1948, rue de Seine, dans la Librairie espagnole d'Antonio Soriano, librairie qui est un lieu fondamental d'animation culturelle pendant les longues années de l'exil ; lieu d'échanges où, dit un habitué en se remémorant cette période, « l'on rencontrait les livres impossibles à trouver, où se publiaient les textes interdits et où s'échangeaient souvenirs et paroles d'espérance[238] ». La Librairie des Éditions hispano-américaines est créée au Quartier latin par un autre Catalan émigré, Amadeu Robles. Ces librairies deviennent vite des fournisseurs précieux d'ouvrages hispaniques pour les bibliothèques universitaires françaises. Pendant environ une décennie, à partir de 1951, les éditions Proa de Barcelone reparaissent à Perpignan et publient des auteurs catalans et des traductions d'auteurs français[239].

Dans les publications de toutes les tendances, il est deux domaines privilégiés d'expression littéraire qui s'inscrivent dans la tradition culturelle hispanique : on rencontre partout le même goût pour la poésie et pour la nouvelle. La poésie est présente non seulement dans les revues culturelles mais aussi dans les journaux politiques ou d'information. Elle est même l'objet unique de *Poesía,* éditée en 1946 à Montpellier. Les textes publiés sont souvent empruntés à des poètes consacrés, Lorca, Machado, León Felipe ou Miguel Hernández, mais ils émanent parfois des animateurs des publications ou même d'anonymes. C'est que la poésie est une pratique culturelle profondément enracinée en Espagne, non seulement chez les élites, mais aussi dans les larges masses. Particulièrement prestigieuse dans le premier tiers du siècle, elle a hissé l'Espagne à un niveau élevé dans l'Europe culturelle de l'entre-deux-guerres et elle a été dans la Péninsule le moteur des avant-gardes littéraires et donc politiques. Enfin, il y a chez les républicains le souvenir, vivace encore, du rôle de la poésie pendant la guerre d'Espagne ; poésie qui a été alors la voix de l'épopée et le mode d'expression du poète reconnu comme du milicien quasi analphabète.

Il est possible, au regard de la simple histoire littéraire, que la création poétique des exilés espagnols en France soit maigre en quantité et décevante en qualité en comparaison de la production de l'exil outre-Atlantique[240] ; c'est surtout en Amérique, où ils ont trouvé refuge, qu'écrivent les Juan Ramón Jiménez, León Felipe, Luis Cernuda, Jorge Guillén, Rafael Alberti ou Ramón J. Sender. Mais la poésie est présente de manière notable dans l'environnement culturel de l'ensemble des républicains espagnols en France, par le biais d'une connaissance renouvelée des grands poètes espagnols, par la découverte de poètes étrangers et, il faut en apprécier la signification, par le biais de créations originales, même si ces dernières ne seront pas nécessairement retenues par les critiques littéraires. Deux poètes deviennent des personnages mythiques pour les exilés, Federico García Lorca et Antonio Machado ; souvent cités, ils deviennent objets d'études et de commémorations[241]. Beaucoup de militants sont aussi poètes et se servent de la poésie, naturellement, pour exprimer leurs sentiments, comme en témoignent les poèmes qui parsèment la presse de l'exil. À la différence d'une majorité de militants ouvriers français à la même époque, la poésie est profondément enracinée dans l'univers culturel des réfugiés espagnols.

Le penchant marqué des Espagnols pour les narrations courtes au début du XXᵉ siècle continue à se manifester dans l'exil, comme en témoignent le concours lancé par *L'Espagne républicaine*, la parution de nouvelles dans de nombreuses publications — de *Méduse* à *Galería* en passant par des journaux d'information — ou la création de *La Novela española* et de *La Novela ideal*. À Toulouse, en 1947 et 1948, *La Novela española* perpétue la tradition de la nouvelle ; elle publie sous un petit format — édition de poche avant la lettre — des textes d'auteurs espagnols classiques ou de contemporains déjà consacrés, ainsi que de courts récits originaux émanant de divers collaborateurs. Elle édite Lope de Vega, Unamuno, Lorca ou Machado et également une série de courts récits originaux écrits par ses collaborateurs habituels ou occasionnels, tels Victor Alba, Mateo Santos, Alfonso Comín ou Antonio Zozaya ; beaucoup d'entre eux ont d'ailleurs collaboré en Espagne, dans les années 1910-1935, au développement de ce genre littéraire. Ce goût pour la nouvelle et la narration courte s'était exprimé aussi en Espagne dans des publications périodiques[242]. Les animateurs de *La Novela española,* en fervents défenseurs de cette tradition littéraire, créent un concours avec la direction de *L'Espagne*, assorti d'un prix annuel « Antonio

Zozaya ». En 1955, le Secrétariat intercontinental de la CNT lance *La Novela ideal*. Cette publication reprend le nom même d'une revue éditée en Espagne à partir de 1925 par Federico Urales. Une vingtaine de narrations romanesques semblent avoir paru dans *La Novela ideal* de l'exil, dont certains textes de Georges Arnaud ou d'Albert Camus ; des titres sont plus particulièrement destinés à la jeunesse, comme *Ambe ou l'histoire d'un jour gris*, écrit par Vida Esgleas-Montseny, fille de l'animatrice de la collection. Fait notable, *La Novela ideal* est majoritairement écrite en français [243]. La continuité affirmée par rapport aux traditions littéraires espagnoles est, de toute évidence, un élément de la préservation identitaire entreprise dans l'exil :

> L'Espagne républicaine, la véritable Espagne du peuple, vit dans les prisons de Franco ou en exil... Cette Espagne, c'est celle de toujours, celle qui commence avec les écrivains de la Rome impériale, qui se poursuit avec le Cid et les héros de la Reconquête, avec Christophe Colomb et les découvreurs du nouveau monde, avec Cervantes, sainte Thérèse, Lope de Vega, Calderón, et qui offre à nos yeux émerveillés tant de penseurs, de dramaturges, de poètes, de musiciens d'une réputation mondiale. L'Espagne républicaine ne renie aucune des gloires du passé ibérique parce qu'elle sait que toutes les gloires, même les plus aristocratiques en apparence, ne tiennent leur noblesse que de leur parfait accord spirituel avec ce qu'il y a de plus profond dans le peuple espagnol [244].

L'exil affirme ses propres références culturelles en opposition à l'Espagne franquiste : une autre Espagne existe, avec d'autres valeurs, à l'extérieur du territoire espagnol proprement dit et elle est même plus talentueuse, ce que les réfugiés ne se privent pas de souligner. L'exil se réclame de « l'Espagne de Lorca et Machado, celle d'Unamuno ou de Picasso [245] ». L'exil se réapproprie également les grandes figures de la culture hispanique ancienne et, en particulier, l'auteur d'Espagne le plus prestigieux. De nombreuses publications de l'exil célèbrent les anniversaires de Cervantes et de la publication du *Quijote* ; le quatrième centenaire de sa naissance en 1947 et le 350e anniversaire de la publication de *Don Quichotte* en 1955 sont l'occasion de réaffirmations répétées d'hispanité. À Alger, un Comité commémoratif franco-espagnol du quatrième centenaire de Cervantes est ainsi créé pour célébrer l'anniversaire [246] ; *Independencia* publie une série d'articles [247]. De même que le *Boletín de la Unión de intelectuales espa-*

ñoles, le bulletin *Lee* consacre un numéro entier au quatrième centenaire : véritable guide de référence, il présente les diverses traductions françaises et des études sur la pensée de l'auteur et son œuvre[248]. En 1955, même ferveur, notamment dans la presse anarchiste : un modeste bulletin de la CNT d'Orléans sort spécialement pour célébrer l'anniversaire du *Quijote*. Parallèlement à l'organisation de diverses manifestations d'hommage, le *Suplemento literario de Solidaridad obrera* lui consacre un numéro double. Cette livraison spéciale réunit de nombreuses personnalités, françaises comme Jean Cassou ou Marcel Bataillon, et espagnoles de Salvador de Madariaga à Luis Araquistáin et Lluís Nicolau d'Olwer ; là encore, il s'agit d'étudier la signification du *Quijote*, la manière dont il est perçu dans plusieurs pays, les diverses éditions et la place de Cervantes dans la littérature universelle. Au-delà d'une revendication identitaire, par adhésion à l'humanisme et à l'universalité de Cervantes, il y a une identification des réfugiés au chevalier errant, puisqu'ils peuvent dire les mots mêmes que Cervantes prête au Maure chassé d'Espagne :

> Nous avons été châtiés de la peine d'exil, douce et suave selon certains, mais pour nous la plus terrible que l'on pouvait nous infliger. Où que nous soyons, nous pleurons l'Espagne [...] et nous avons tous le désir d'y rentrer[249].

À l'aide de tous les organismes qu'ils ont créés et avec la participation de nombreux artistes exilés, les républicains espagnols présentent au public français des manifestations artistiques diverses. La période faste est évidemment celle de tous les espoirs, celle de l'après-guerre, quand la sociabilité espagnole, les besoins de la solidarité et le désir de faire connaître en France une culture bannie de son territoire se conjuguent pour stimuler les initiatives. À Marseille, Alger, Toulouse ou Paris, les exilés organisent nombre de galas artistiques au lendemain de la Libération[250]. Dans le domaine des arts plastiques, l'art catalan n'est pas le seul à être promu ; une exposition est projetée pour être présentée successivement à Paris, à Prague et à Madrid que l'on espère bientôt libérée[251]. Persuadée du grand intérêt que présente pour la cause du peuple espagnol le fait de faire connaître les réalisations artistiques de l'exil, la CNT organise aussi une exposition en 1947 après avoir lancé un appel à tous les artistes antifascistes espagnols[252].

L'exposition de l'art espagnol en exil s'ouvre à la chambre de commerce de Toulouse en février 1947 : près de trois cents peintures, dessins et sculptures de quatre-vingt-dix artistes sont exposés ; des œuvres de Picasso et Juan Grís y figurent auprès de celles d'Antoni Clavé, Carles Fontséré, Riva Rovira, Vicens Camps, Joaquín Peinado, Manuel Valiente, Antonio Téllez ou Gregorio Oliván [253]. L'exposition est présentée ensuite à Paris, galerie de La Boétie [254].

Poursuivi les années suivantes avec régularité, bien qu'avec moins d'intensité, cet effort de valorisation de l'activité artistique témoigne de la créativité continue de l'exil espagnol. Des expositions ont lieu encore en 1957 et en 1959, toujours présentées comme « expositions de peintures de l'émigration espagnole ». En mode de prologue à l'une d'elles, Luis Araquistáin se demande pourquoi les exilés espagnols peignent tant. « La peinture européenne naît dans les cavernes d'Espagne », dit-il rappelant les peintures rupestres d'Altamira ; peut-être aussi pour continuer à peindre des « nostalgies, des souvenirs de la patrie absente [255] ».

Il est vrai que tout un milieu artistique espagnol existe depuis longtemps à Paris, renforcé par l'arrivée des artistes exilés ; ces derniers ont rejoint en France le groupe espagnol de l'École de Paris, composé d'artistes arrivés au début du siècle comme Pablo Picasso ou Julio González, dont la fille a épousé Hans Hartung, ou dans l'entre-deux-guerres comme Joan Miró, Joaquín Peinado, Manuel Angeles Ortiz, Grau Sala, Hernando Viñes ou Apeles Fenosa, l'auteur du monument aux victimes d'Oradour-sur-Glane [256]. Beaucoup d'entre eux vivent autour de Montparnasse. Les artistes arrivés en France en 1939 essaient de se rendre à Paris, après un passage plus ou moins long dans les camps d'internement et trouvent de l'aide auprès de leurs aînés, notamment auprès de Picasso. « S'approcher de Picasso était pour les Espagnols le remède suprême dans cette solitude, dans cette situation non seulement d'abandon, mais aussi de mépris [...] ; l'intégrité, la générosité de Picasso dans ces jours d'angoisse sont inoubliables pour beaucoup d'Espagnols qui avaient tout perdu », rappelle Mercedes Guillén, épouse du sculpteur Baltasar Lobo [257]. Pablo Picasso a été, entre autres engagements, président du Comité d'aide aux républicains espagnols, constitué en 1945 pour développer en France un courant de solidarité envers les réfugiés et faire connaître au monde démocratique leur situation souvent précaire. Certains artistes ne feront que passer par Paris pour souvent y revenir

plus tard, d'autres resteront en France. Ils se nomment Orlando
Pelayo, Antoni Clavé, Carles Fontséré, Blasco Mentor, Manuel
Colmeiro, Eduardo Pisano, Jorge Soteras, Baltasar Lobo, Joan
Rebull ou Juan Alcalde. Antoni Clavé devient ainsi l'un des artistes catalans les plus notables de l'École de Paris : il expose dans
la capitale, travaille pour des décors de ballets et connaît vite une
renommée internationale ; Carles Fontséré, quant à lui, quitte
Paris après la guerre et s'installe à New York[258]. C'est à Baltasar
Lobo que l'on doit le monument érigé à Annecy pour commémorer le souvenir des Espagnols morts dans les rangs de l'armée
française et de la Résistance, tandis que Blasco Mentor est l'auteur
de la fresque de 400 mètres carrés qui orne la Maison de la culture
de La Courneuve. Alors que les hommes de lettres, les scientifiques, les membres des professions libérales se sont exilés prioritairement en Amérique, les artistes plasticiens ont dans leur
majorité rejoint le groupe espagnol de l'École de Paris, dont la
renommée était déjà très grande ; c'est donc en France qu'ils ont
la plupart du temps continué à exercer leur art.

Au cours de la décennie qui suit la guerre mondiale, les exilés
espagnols concentrent toutes leurs activités en direction de l'Espagne, au moins tant que les espoirs de retour semblent permis. Plus
encore que leurs inextinguibles divisions et l'échec de toutes les
stratégies mises en œuvre, l'évolution du contexte international ne
favorise pas la cause républicaine ; l'équilibre souhaité des
« blocs » incite tous les vainqueurs de la guerre à ne pas risquer
de troubler la stabilité dans la Péninsule. Le régime franquiste qui
avait su habilement, pendant la guerre, se désolidariser à temps
des pays de l'Axe rentre ainsi peu à peu en grâce à la faveur de la
« guerre froide ». Assurément, du côté des réfugiés, les stratégies
avancées sont trop divergentes pour leur permettre d'unir leurs
efforts efficacement et un certain nombre d'entre eux se trouvent
confrontés à un dilemme crucial et incontournable auquel ils ont
apporté des réponses différentes de par leur contenu ou leur chronologie, sans parvenir à véritablement coïncider : faut-il s'allier
uniquement avec ceux qui ont lutté contre Franco pendant la
Guerre civile, ou également avec ceux qui n'ont pas forcément
lutté contre lui — parfois même avec lui — et sont devenus par
la suite des opposants ? La première décennie après la guerre
mondiale est marquée par la fin des tentatives de renversement du
franquisme par les guérillas, comme elle s'est achevée avec
l'échec des pourparlers avec les monarchistes pour la recherche

d'une solution institutionnelle. Parallèlement, le terrain culturel s'affirme tout à la fois comme le moyen de sauvegarde d'une identité et comme le lieu privilégié de la sociabilité. Tandis que les associations culturelles, les librairies et les maisons d'édition assurent la continuité avec une tradition culturelle hispanique, les organisations de jeunes, les foyers régionaux ou les *ateneos* constituent des structures plus ouvertes que les mouvements politiques ; il fait bon s'y retrouver pour parler sa langue, échanger avec des compatriotes confrontés à la même vie quotidienne, écouter des conférences, préparer des spectacles et, sans doute, rêver au retour en Espagne. Souvent déçus de l'engagement politique, sans pour autant renier leurs convictions idéologiques ou, pour le moins, leur attachement à leurs racines, les réfugiés trouveront longtemps dans ces structures les moyens de surmonter les difficultés de l'exil.

VII

Les dernières années de l'exil (1955-1975) :
« espagnol » en France ou « français » en Espagne ?

J'accepte l'âpre exil, n'eût-il ni fin ni terme,
Sans chercher à savoir et sans considérer
Si quelqu'un a plié qu'on aurait cru plus ferme

Victor Hugo, *Ultima verba*

Avec la seconde moitié des années 1950 s'ouvre la période la plus difficile pour l'exil espagnol. L'espoir d'un retour proche en Espagne s'est évanoui. L'Espagne franquiste est admise dans la plupart des instances internationales et l'exil entreprend alors une longue et difficile traversée du désert. Les organisations politiques, syndicales et associatives voient leurs effectifs chuter de façon impressionnante ; le caractère artificiel de débats sans prise sur le réel, mais aussi les nécessités de la vie quotidienne font fortement diminuer l'activité militante. Les réfugiés voient aussi diminuer leur importance relative au sein de la colonie espagnole de par l'arrivée croissante de nouveaux émigrés, venus chercher dans une France en expansion le travail qu'ils ne trouvent pas en Espagne. L'exil tente, tardivement, de se recomposer et d'œuvrer à des rapprochements internes, comme il multiplie les contacts avec l'opposition intérieure en cours d'émergence dans la Péninsule ; mais, confronté à ses nouvelles générations et à un antifranquisme de l'intérieur qu'il ne contrôle plus, l'exil se marginalise inéluctablement sur le plan politique. Les années 1960 marquent le définitif déplacement du centre de gravité de l'antifranquisme, de l'extérieur vers l'intérieur de l'Espagne. Parallèlement à l'émergence d'un nouvel univers mental, beaucoup moins tourné vers l'Espagne et plus ouvert sur l'extérieur, une double référence culturelle se forge qui fait, définitivement, de la « première génération » de réfugiés des déracinés par rapport à leur pays d'origine sans être totalement intégrés dans leur pays d'accueil ; tandis que les nouvelles générations, arrivées jeunes en France ou nées en territoire français, constituent des exemples indéniables d'intégration dans la société française.

Les mutations de la colonie espagnole dans les années 1960

L'exil de la Guerre civile conserve une place notable au sein de la colonie espagnole tout au long des années 1950 dont il constitue, selon les différentes sources disponibles, un bon tiers. Cette proportion chute soudainement à moins de 20 % en 1962 où, sur un total de 441 658 Espagnols présents en France, le ministère de l'Intérieur ne dénombre que 80 452 réfugiés politiques ; mais, illustration de la fragilité des statistiques, l'OFPRA évalue encore ces derniers à 125 603 deux ans auparavant et la diminution du nombre de réfugiés n'est probablement pas aussi importante en deux ans. Là encore, des modes différents de calcul expliquent cet écart : le ministère de l'Intérieur se fonde sur le nombre de titres de séjour valides, tandis que l'OFPRA indique le total des réfugiés inscrits dans ses services, bénéficiant du statut de 1945, et n'est pas en mesure, sans un certain décalage temporel, de préciser l'importance des réémigrations, des décès, des naturalisations et des retraits de statut. En 1955, l'OFPRA estime d'ailleurs qu'environ 50 000 Espagnols n'ont été jusqu'alors considérés comme réfugiés que par les autorités locales et seraient en situation indéterminée ; ce chiffre est jugé nettement supérieur à la réalité par le ministère de l'Intérieur qui reconnaît cependant qu'un nombre important d'Espagnols arrivés en 1939 n'ont pas éprouvé le besoin de faire officialiser leur qualité de réfugiés politiques[1]. En 1968, année du sommet de la courbe ascendante de l'immigration espagnole du travail, alors que 607 184 Espagnols sont présents en France, les réfugiés politiques — au nombre de 51 931 — ne constituent plus qu'environ 8,5 % de la colonie. La proportion de réfugiés baisse encore régulièrement pour se situer autour de 6 % au début des années 1970. En 1976, au lendemain de la mort du Caudillo, l'OFPRA dénombre 49 036 réfugiés espagnols et, en 1977, le ministère de l'Intérieur les estime à 31 822.

En dépit du caractère relatif des données, la tendance générale est incontestable : le poids numérique de l'exil diminue nettement au fil des années du fait de différents facteurs dont les effets se conjuguent. Ce ne sont pas les réémigrations qui en sont la cause : elles sont faibles depuis le début des années 1950, même en tenant compte du départ d'un certain nombre de dirigeants et militants communistes après les interdictions de 1950. Ce ne sont pas non plus les naturalisations qui expliquent de manière décisive cette diminution du nombre de réfugiés politiques : dans leur immense majorité, ces derniers considèrent longtemps leur installation en France comme provisoire et souhaitent, par la suite, conserver leur nationalité comme un dernier signe d'appartenance. Au moins jusqu'en 1950, les exilés demandent leur naturalisation dans une proportion environ neuf fois moindre que leurs compatriotes non réfugiés. Entre 1956 et 1970, ce sont moins de 13 % des réfugiés inscrits à l'OFPRA qui se font naturaliser, soit un peu plus de 11 000 [2].

À titre de comparaison avec le comportement d'immigrés d'autres nationalités, en majorité « économiques », l'exemple de la Haute-Garonne est particulièrement éclairant ; dans ce département, les Espagnols, toutes catégories confondues, sont les étrangers les plus nombreux et les réfugiés statutaires y sont majoritaires. Or, de 1940 à 1961, sur 13 425 naturalisations accordées, 7 008 le sont à des Italiens et seulement 4 719 à des Espagnols. Le nombre moyen annuel de naturalisations d'Espagnols y est de 270, avec deux pointes, l'une en 1947 et l'autre en 1955, avec respectivement 444 et 431 naturalisations [3]. Les pertes de statut de réfugié dues à un voyage non clandestin en Espagne ou à une inscription avérée dans un consulat sont certes à considérer, mais leur nombre est inconnu. La principale cause du déclin numérique de l'exil républicain est avant tout naturelle : il s'agit du vieillissement de la première génération arrivée adulte en 1939, ou déjà âgée, avec son corollaire de fin de vie en exil. Quant aux enfants nés en France, ils acquièrent tout naturellement la nationalité française selon le Code de la nationalité de 1945. Pour toutes ces raisons conjuguées, le nombre des réfugiés politiques espagnols en France connaît une progressive diminution. Peu de nouveaux réfugiés viennent les rejoindre ; l'OFPRA n'enregistre plus, entre 1961 et 1970, que 6 508 réfugiés espagnols, dont près de 2 000 arrivés avant guerre. Ce qui ne signifie pas qu'il n'y ait plus d'exilés politiques en provenance d'Espagne, mais un certain nombre d'opposants profitent du flot d'émigration économique vers la France pour s'y fondre sans demander ensuite le statut de réfugié politique. Le statut de réfugiés politiques sera retiré aux Espagnols en 1981, le rétablissement de la démocratie en Espagne ne le justifiant plus ; ce dernier lien juridique coupé avec leur passé, certains demanderont leur naturalisation. L'accession de la gauche au pouvoir cette même année facilitera les démarches de naturalisation de beaucoup d'entre eux, notamment de ceux que leur activité antifranquiste a fait repérer par les services français de police.

Les réfugiés se trouvent marginalisés, au sein de la colonie espagnole, par l'afflux, à partir du milieu des années 1950, d'un nombre considérable d'immigrés « économiques ». Du fait de la réorientation de la politique française en matière d'immigration et des difficultés économiques propres à l'Espagne qui conduisent celle-ci à encourager l'émigration, une énorme vague de travailleurs espagnols commence à arriver en France. Dès lors, les réfugiés sont noyés par la nouvelle migration. À partir de 1956, la vague migratoire espagnole ne cesse d'augmenter et connaît une accélération de 1961 à 1964, avec des entrées qui dépassent les 60 000 travailleurs permanents en 1962 et en 1964 ; ces migrants font de la colonie espagnole le groupe étranger le plus nombreux en France en 1968. Cet afflux entraîne également une nouvelle configuration de l'implantation espagnole en France. La nouvelle immigration ne se dirige plus majoritairement, comme avant guerre, vers les départements méridionaux, mais essentiellement vers les zones industrielles et la région parisienne. Aussi, en 1962, cette dernière rassemble-t-elle près de 90 000 Espagnols, dont la moitié résident à Paris même. La colonie espagnole de la région parisienne ne cesse de s'amplifier pour dépasser les 130 000 personnes en 1968, sommet de cet accroissement. De 1965 à 1971 l'émigration espagnole vers la France diminue progressivement ; les naturalisations, qui connaissent une forte hausse avec les émigrés économiques, ainsi que le vieillissement de la population et les retours ne sont pas compensés par des apports nouveaux. Le recensement de 1975 indique déjà une diminution du nombre d'Espagnols, due à des retours et à l'orientation des flux migratoires vers des pays à monnaie forte comme l'Allemagne et la Suisse. Ces nouveaux arrivants sont issus d'une autre génération que les réfugiés de la Guerre civile ou des années d'après-guerre ; ils proviennent en grand nombre des provinces du sud de l'Espagne pour travailler dans la construction, le service domestique ou la sidérurgie. Dans la nouvelle colonie espagnole, l'exil politique n'occupe plus à présent qu'une place réduite.

Les réfugiés sont déstabilisés, de prime abord, par ces migrants qui sont très différents d'eux-mêmes mais aussi de ceux qui les ont précédés en France. Génération élevée sous le franquisme, ces immigrés viennent avec l'aval nécessaire de l'État espagnol chercher en France des ressources que leur pays est alors incapable de leur offrir. Ils quittent la Péninsule pour trouver du travail, et si possible se constituer un pécule, avec l'espoir de retourner dans un pays qui reste fermé aux réfugiés politiques. Cette nouvelle immigration se produit également à un moment où l'exil républicain, vieilli et affaibli, a des capacités moindres de réaction. Ainsi, le militant libertaire Vicente Martí raconte comment il est considéré d'un œil soupçonneux par ses compagnons quand il participe à des réunions avec des jeunes Espagnols nouvellement arrivés, qui travaillent dans les usines de la région avignonnaise[4]. Cependant, des secteurs de l'exil comprennent rapidement l'intérêt que peut représenter la sensibilisation politique ou sociale d'une telle quantité de travailleurs, poussés hors de leur pays par un sous-emploi endémique. Les réfugiés confectionnent alors des instruments de propagande adaptés au niveau de conscience supposé de leurs compatriotes et à leurs préoccupations ; des brochures et des tracts sont distribués à la gare d'Austerlitz, où débarquent les immigrés, ou rue de la Pompe, près de la Mission catholique espagnole qui encadre les nouveaux arrivants. De sorte qu'en 1957 le Quai d'Orsay se plaint auprès du ministère de l'Intérieur de la propagande anarchiste diffusée à la sortie des messes dominicales de la Mission et dans les rues adjacentes où a coutume de se grouper la colonie espagnole[5] ; de la même manière, le PSOE et l'UGT distribuent à Lourdes des tracts auprès des pèlerins espagnols[6]. On essaie également de sensibiliser les nouveaux immigrants, façonnés par près de vingt ans de franquisme et venus surtout pour gagner de l'argent, aux problèmes politiques espagnols en organisant des fêtes, des spectacles de flamenco, du théâtre et des récitals de poésie[7].

Plutôt que d'introduire des pages à l'intention des nouveaux immigrés dans la presse régulière des organisations, on préfère créer des publications particulières, mieux adaptées. Quelques bulletins sont destinés aux migrants comme *Proyección*, publié à

Toulouse vraisemblablement entre 1963 et 1967, ou *Nueva generación*, édité en 1967 par l'Alliance syndicale à l'intention des ouvriers de la région parisienne. La CNT crée *Mi Tierra* en 1965 : il s'agit d'un supplément du *Combat syndicaliste* « au service de l'émigration économique[8] » ; ce journal, rendu éphémère par les dissensions internes de la CNT, s'emploie à montrer la parenté de destin entre les émigrés politiques et les émigrés économiques et se veut « un pont entre deux émigrations ». Les uns et les autres sont tout simplement des « Espagnols hors d'Espagne », la seule différence étant que les politiques ne peuvent rentrer, alors que les autres ont l' « avantage de passer librement la fontière » ; il est souligné surtout que le régime franquiste est responsable de l'exil des uns et de l'émigration des autres :

> L'émigration économique ou politico-sociale sont les membres naturels de la grande famille ibérique du travail et de la culture... La cause de l'émigration espagnole réside dans la misère et l'exploitation que doivent supporter les travailleurs ; par conséquent, l'origine primordiale réside dans le type de régime existant en Espagne...
> L'émigration est un signe indiscutable de misère matérielle qui condamne, en terre étrangère, les hommes et les femmes qui la subissent à l'humiliation, à la solitude et à un travail plus dur et moins rétribué que les gens originaires du pays... Les militants de la CNT tendent la main, ouvertement et chaleureusement, à tous les émigrés économiques en France, en Belgique, en Suisse ou en Allemagne, et se joignent à eux pour penser et lutter pour un monde meilleur et un avenir plus digne pour nos enfants[9].

Sous forme de lettres, intitulées « Entre émigrés » ou « D'un ouvrier à un autre ouvrier », *Mi Tierra* fait s'adresser des émigrés politiques aux nouveaux migrants. Les exilés invitent leurs compatriotes au dialogue et à la rencontre au sein du syndicat et ils entreprennent de les initier à la culture ouvrière qu'eux-mêmes ont acquise après leur journée de travail ; ils leur rappellent qu'ils ont, eux ou des militants comme eux, participé autrefois en Espagne à la formation d'organismes de solidarité ouvrière et que l'on publiait à cette époque dans la Péninsule « des journaux destinés aux ouvriers, écrits par d'autres ouvriers[10] ». Un travail de sensibilisation politique des nouveaux migrants est ainsi entrepris par les réfugiés politiques, sans qu'il soit possible encore d'en connaître l'ampleur et les effets. À la différence de l'Allemagne où l'encadrement syndical institutionnalisé a davantage permis aux partis et syndicats républicains — mais aussi aux syndicats verticaux — de s'implanter chez les travailleurs espagnols immigrés, l'affiliation syndicale aléatoire et diversifiée des immigrés en France a peu favorisé les contacts entre exilés politiques et émigrés économiques. Émigrés dont les réfugiés déplorent parfois la méfiance vis-à-vis des syndicats et le fait qu'ils semblent être seulement venus « chercher du pain [11] ». Dans les années 1960, l'exil républicain se trouve ainsi confronté à une nouvelle situation : minoritaire chez les Espagnols de France, avec des organisations politiques et syndicales très affaiblies, il connaît de plus, au même moment, des restrictions dans son expression publique. La presse de l'exil est contrainte en 1961 de paraître en grande partie en français et il n'est pas exclu de penser que les pressions franquistes pour faire interdire les principaux journaux républicains en France sont notamment dictées par un souci de ne pas voir la grande masse des migrants économiques « contaminée » par les « rouges » ; même s'il est probable que cette crainte découle d'une certaine surestimation des possibilités réelles des exilés.

Les efforts tardifs de recomposition de l'exil

Devant la déliquescence des organisations et l'échec des stratégies suivies et, surtout, devant l'espoir suscité à partir de 1956 par les mouvements universitaires et les grèves ouvrières en Espagne, l'exil entreprend des regroupements et tente de développer une dynamique unitaire. Ces efforts vers une plus grande cohérence sont menés sous la pression de certains secteurs désireux d'en finir avec les divergences stériles mais, davantage encore, de l'opposition intérieure qui appelle de ses vœux une force extérieure d'appui unifiée. Un groupe de l'opposition intérieure fait parvenir aux exilés un document étudiant les diverses possibilités institutionnelles susceptibles de succéder au régime franquiste ; il y apparaît que la monarchie est considérée comme la solution la plus réaliste et la plus viable [12]. Les principales forces politiques de l'exil — communistes exclus — se réunissent pour examiner ces propositions et approuvent à l'unanimité, en mars 1957, un document connu sous le nom d'« Accords de Paris ». Abandonnant son exigence de rétablissement préalable de la République, l'exil accepte de ne pas définir la nature institutionnelle du régime transitoire. Les socialistes, les républicains, les minorités régionales et les syndicalistes, membres du PSOE, de l'Izquierda republicana, du Partido republicano federal, de l'Esquerra republicana de Catalunya, du Partido nacionalista vasco, du Moviment socialista de Catalunya, de l'Acción nacionalista vasca, de l'UGT, de la CNT et de la Solidaridad de los trabajadores vascos déclarent maintenir leurs convictions idéologiques et républicaines propres. Mais tous s'affirment cependant favorables à l'instauration, après la disparition du régime actuel, d'une

> situation transitoire sans signe institutionnel défini, qui assurera le rétablissement des libertés civiques pour le peuple espagnol et préparera une consultation du pays afin que les Espagnols, librement, et avec le maximum de garanties, décident de la forme définitive de gouvernement de l'État espagnol [13].

Différents meetings unitaires sont organisés pour populariser cette résolution qui, aux dires de ses partisans, « offre une solution digne et non sanglante aux problèmes de l'Espagne [14] ». Les partis républicains proprement dits acceptent ainsi officiellement, en 1957, de ne plus faire de la restauration de la République un préalable intangible ; mais la déclaration ne fait qu'avaliser une issue entrevue, depuis plus de dix ans, par de nombreux autres courants politiques, notamment par les socialistes. Il n'en reste pas moins que ces accords constituent dès lors la base programmatique essentielle de divers mouvements. Le PSOE affirme sa volonté de collaborer sur cette base avec toutes les forces disposées à libérer l'Espagne, « à l'exclusion des antidémocratiques et des totalitaires », c'est-à-dire des phalangistes et des communistes [15]. C'est le point central de la déclaration politique votée lors du VIIe congrès du PSOE en août 1958 ; dans un long discours où il fait référence à l'histoire du parti et aux analyses marxistes des divers régimes, Luis Araquistáin fustige le fétichisme des formes de gouvernement et déclare : « Ni Monarchie, ni République : Socialisme [16] ! » Un dirigeant de la CNT « politique », Ramón Alvarez, affirme également que la signature du pacte de Paris « constitue un premier pas indispensable pour parvenir à la liquidation du franquisme [17] ». À la suite de cet important virage, la majeure partie du secteur républicain, longtemps éparpillé en de nombreuses formations, constitue en 1959 une seule entité, l'Acción republicana democrática española. L'ARDE est formée de la fusion de l'Izquierda republicana, de l'Unión republicana et de divers groupes et personnalités de l'intérieur ; le congrès officiel de constitution se tient à Paris du 16 au 18 juin 1960[18].

À la fin des années 1950, la scission de la CNT est de plus en plus déplorée par nombre de militants qui constatent la stérilité des affrontements entre les deux tendances et leur identique échec. Les premiers à prendre publiquement position en faveur de la réunification sont des « politiques » et des représentants de la jeune génération. En 1955, un groupe parisien de dirigeants de la tendance « collaborationniste » — composé de Ramón Alvarez, Horacio Prieto, Acracio Bartolomé, et soutenu d'Argentine par Diego Abad de Santillán — lance le bulletin *Antena confederal,* afin d'aider à surmonter la division confédérale, jugée suicidaire[19]. Une assemblée d'unité confédérale est convoquée à Paris en juin 1956, pour le 20e anniversaire du 19 juillet 1936, par des militants *cenetistas* qui se trouvent en marge des deux fractions[20]. Pour ces militants, l'unité confédérale apparaît d'autant plus impérieuse que le régime franquiste est entré dans une crise décisive avec l'intensification des courants d'opposition et que, « pour la première fois, des représentants de ces courants établissent le dialogue avec les diverses forces de l'exil[21] ». La CNT en exil doit se conduire comme celle de l'intérieur où la scission n'existe pas.

Manuel Buenacasa, un vieux dirigeant de la CNT « politique »[22], lance dans la Drôme un journal dont il dirige la rédaction et assure la réalisation, *Uno.* Il le met au service de l'unité de la CNT et forme un comité pour l'unification. *Uno* attribue les causes de la désunion de la CNT à l'égoïsme du réfugié espagnol parvenu en France à un certain niveau de vie ; celui-ci a su faire preuve de sa capacité d'adaptation et vaincre les difficultés liées à sa condition d'étranger. Si, en d'autres temps, l'émigré espagnol travaillait dans les champs et les mines, le réfugié est souvent employé comme spécialiste et une minorité accède même à l'artisanat. « Conséquence légitime : le réfugié espagnol, sobre et généralement bien organisé, vit bien la plupart du temps ; il a souvent une maison et une voiture, ou au moins une voiture ou, sinon, une moto, et il est rarement talonné par la misère comme l'était autrefois l'ouvrier, surtout dans les campagnes. » Selon Manuel Buenacasa, le réfugié espagnol est bien trop installé pour lutter et, de plus, il a la conscience tranquille comme il cotise à un organisme syndical ou politique espagnol, qu'il achète la presse de l'exil, qu'il assiste à des meetings, ou participe à des bals et à des manifestations culturelles ; quant aux dirigeants, ils se laissent porter par ce courant assoupissant[23]. Selon *Uno*, l'unité de la CNT est impérative pour renverser Franco par la force, car les solutions monarchiques envisagées en Espagne sont à rejeter. La CNT en exil doit être réorganisée, avec des charges de direction non rétribuées — seules les tâches d'administration doivent être payées au tarif syndical — et l'on doit davantage y pratiquer l'alternance.

La CNT « politique » est ainsi majoritairement convaincue de la nécessité de l'union confédérale. Elle en appelle à la raison pour que les deux secteurs anarcho-syndicalistes se réunifient et attend avec impatience les décisions que l'autre CNT doit prendre sur cette question à son congrès de Limoges en 1960[24]. Les « politiques » acceptent les conditions de la CNT « apolitique », forte de son orthodoxie révolutionnaire maintenue et proclamée. Pour cette dernière, la réunification doit se faire par la réincorporation des réformistes qui doivent dissoudre leur organisation et annuler tous les pactes contractés antérieurement ; selon la résolution votée lors du premier congrès intercontinental des fédérations locales, réuni à Limoges à partir du 13 août 1960, les militants seront réintégrés individuellement ou collectivement dans la fédération locale de leur lieu de résidence et une certaine autonomie est laissée aux organes locaux quant au rythme du processus d'unification[25]. À l'automne 1960, nombre de fédérations locales des deux CNT entreprennent leur regroupement[26]. Le second congrès intercontinental de Limoges, tenu du 26 août au 3 septembre 1961, est le premier congrès de la CNT réunifiée.

Au moment où s'opère la réunification de la CNT, une alliance est constituée en mars 1961 entre les trois centrales syndicales de l'exil, CNT, UGT et STV[27] ; l'Alianza sindical española a pour objectif « d'organiser la coordination et l'accentuation de l'action » des trois centrales afin de hâter la disparition du régime franquiste et de s'opposer à l'implantation de tout autre système antidémocratique en Espagne. Une fois la dictature renversée, l'objectif des syndicats sera la promulgation d'une amnistie pour les prisonniers politiques, le rétablissement des libertés publiques et l'application d'une justice « réparatrice » sans esprit de vengeance — avec pleines garanties judiciaires pour les inculpés — afin de sanctionner les abus et crimes commis par la dictature. Les organisations en question s'engagent à coordonner leurs interventions auprès de leurs confédérations internationales syndicales respectives ainsi que leurs activités dans l'exil et dans la clandestinité[28] ; des comités de l'Alianza sindical se constituent dans l'émigration et en Espagne et l'ASE est reconnue au niveau international par la CISL et la CISC [29]. L'unité s'impose d'autant plus dans l'exil qu'un certain nombre d'organisations clandestines sont parvenues à un accord à Madrid et ont annoncé la création, le 27 juin 1961, d'une Unión de Fuerzas democráticas ; l'UFD est composée de l'Izquierda democrática cristiana, du PSOE, de l'Acción republicana democrática española, de l'UGT, du PNV, de l'Acción nacionalista vasca et de la STV [30]. Ces organisations affirment leur opposition au régime franquiste et leur attachement à la démocratie ; elles proposent, comme les signataires du pacte de Paris, un régime transitoire « sans signe institutionnel défini » qui organisera un plébiscite, une fois les libertés rétablies. L'annonce de ce nouveau pacte, probablement signé en France, entre les démocrates-chrétiens, les nationalistes basques et les socialistes, c'est-à-dire entre des oppositions du centre et de la gauche, fait réagir vivement la CNT tenue à l'écart, d'autant que l'UGT avec laquelle elle est liée dans l'Alianza sindical en est partie prenante [31]. Aussi le congrès intercontinental de Limoges de la CNT réunifiée d'août 1961 tient-il à préciser que « les alliances entre forces politiques de diverses tendances idéologiques ne se justifient que sur la base de points concrets qui présentent une urgence, si l'on ne veut pas tomber dans des déclarations inoffensives et sans suite [32] » ; en revanche, la CNT marque son attachement à l'Alianza sindical. L'UFD reçoit peu de temps après sa formation le soutien de l'Internationale socialiste et de deux organisations syndicales internationales, la CISL et la CISC ; elle accepte en 1962 l'adhésion du Groupe des monarchistes parlementaires constitutionnels [33].

Nouvelles relations franco-espagnoles et rebondissement de la répression

Tandis que l'exil tente de se regrouper et que l'opposition intérieure s'organise, les relations franco-espagnoles connaissent une nouvelle tonalité qui n'est pas sans conséquence sur l'activité et le sort des réfugiés espagnols en France. Lorsque s'instaure la Cinquième République, il est patent pour le Quai d'Orsay qu'une double hypothèque grève les rapports franco-espagnols depuis vingt ans : Madrid reproche à la France l'appui accordé aux réfugiés républicains et Paris se plaint de la politique arabe de Franco [34]. Avec le nouveau régime français, les relations franco-espagnoles connaissent des modifications sensibles de nature et d'intensité. Dès 1958, les relations entre les deux pays sont traitées au plus haut niveau de l'État : après une rencontre en août à Saint-Sébastien entre le secrétaire général du Quai, Louis Joxe, et le ministre des Affaires étrangères espagnol, Fernando Castiella, le ministre espagnol du Commerce est reçu en octobre par René Coty et le général de Gaulle. Une mission militaire française se rend à Madrid en avril 1959, les deux ministres des Affaires étrangères, Castiella et Couve de Murville, se rencontrent en octobre suivant et l'on apprend, début 1960, que la plus puissante centrale hydraulique européenne sera construite en Espagne avec du matériel français. Au début de l'année 1961, c'est au tour du général Muñoz Grandes, chef du haut état-major de l'armée espagnole, ancien commandant de la División Azul, de se rendre en voyage officiel à Paris, ce qui suscite notamment une protestation du *Populaire* et la dénonciation par la SFIO de la complaisance du pouvoir à l'égard du régime franquiste[35].

Les revendications espagnoles vis-à-vis de la France sont à nouveau précisées en 1959 et en 1960 : Madrid demande la fermeture immédiate des locaux occupés à Paris par les gouvernements républicain, basque et catalan, le retrait de tout « statut spécial » à leurs membres ainsi que l'interdiction de toutes les publications politiques de l'émigration espagnole et de toute activité dirigée contre l'ordre établi en Espagne[36]. Franco fait valoir qu'il a fait preuve d'une attitude compréhensive à l'égard de la question algérienne, qu'il a fait réprimer les activités du FLN — fermant son bureau à Madrid en 1957 — et neutraliser les activités de personnalités françaises réfugiées en Espagne, alors que la France tolère, selon lui, de nombreuses réunions publiques de réfugiés dans le Sud. Le gouvernement de Madrid rappelle que sept congrès d'organisations politiques espagnoles se sont tenus pendant l'été et l'automne 1958 à Toulouse et à Perpignan, malgré les engagements français de 1952 de ne pas les autoriser dans la région. À propos des soi-disant privilèges accordés, selon le régime franquiste, aux membres des gouvernements républicain, catalan et basque, la France tient à préciser que ce sont des marques de courtoisie accordées à titre individuel — comme aux anciens membres des gouvernements polonais ou baltes — mais qu'ils ne comportent ni immunité diplomatique ni reconnaissance d'une personnalité internationale. Quant à l'appartement du 35, avenue Foch, mis à la disposition du gouvernement républicain en exil, le gouvernement français peut préciser que le tribunal de la Seine a annulé en juin 1955 la réquisition qui le frappait depuis la Libération ; bien qu'il s'agisse d'une affaire de droit privé, il se déclare disposé à intervenir auprès du Conseil d'État pour hâter l'application de cet arrêt.

En ce qui concerne les groupements et associations espagnols existant en France, le gouvernement français accepte d'interdire les manifestations sur la voie publique, mais non les réunions tenues dans un lieu privé que constituent les meetings ou les congrès ; cependant, à partir de 1959, les congrès espagnols sont interdits dans le Sud-Ouest. Quant à la presse espagnole, le gouvernement donne instruction, en décembre 1959, aux préfets — particulièrement à celui de Haute-Garonne — de demander aux directeurs de périodiques de s'abstenir de publier des articles ou des desssins injurieux envers le chef de l'État espagnol, sa famille et son gouvernement, et de renoncer au papier bible qui sert à confectionner des bulletins clandestins très nombreux à passer en Espagne [37]. Madrid, qui n'a de cesse d'obtenir de Paris l'interdiction des publications espagnoles éditées en France, relève dans les journaux ce qui pourrait être assimilé à une injure au chef de l'État espagnol et indique régulièrement des listes de titres à supprimer. Les plaintes franquistes se concentrent sur les publications régulières de l'exil républicain, en particulier sur celles des deux organisations syndicales anarchistes, la CNT « apolitique » et la CNT « politique ». Aussi le gouvernement français donne-t-il, en septembre-octobre 1959, un avertissement assorti de mises en garde aux directeurs de *C.N.T., España libre, Cénit* et *Solidaridad obrera*, ainsi qu'aux responsables du journal du PSOE, *El Socialista* [38].

Mais devant le peu d'effet de ces rappels à l'ordre comme de l'interdiction, en décembre 1959, du papier bible servant à la fabrication des bulletins introduits clandestinement dans la Péninsule, l'Espagne concentre ses plaintes sur un journal anarchiste indépendant, *Nervio*. Le gouvernement français prononce son interdiction le 21 décembre 1959 [39]. Avec la crainte que lui inspire la réunification de la CNT après quinze ans de scission, le gouvernement franquiste multiplie les plaintes contre les publications anarchistes. Aussi, un conseil des ministres restreint réunit autour du Premier ministre Michel Debré, le 14 octobre 1961, les ministres de l'Intérieur et des Affaires étrangères, Roger Frey et Maurice Couve de Murville ; son ordre du jour, limité, ne comporte que deux points, curieusement regroupés : les réfugiés espagnols en France et les menées activistes en Italie et en Belgique. Ce conseil restreint décide que les journaux espagnols feront l'objet d'une interdiction, mais qu'ils pourront reparaître en français ; les congrès sont suspendus pendant six mois, le gouvernement républicain est appelé à la plus grande discrétion et les activités de propagande et d'agitation contre le gouvernement espagnol seront réprimées[40]. Le *Journal officiel* des 2 et 3 novembre 1961 publie l'interdiction des principales publications de l'exil : *Solidaridad obrera* et son *Suplemento literario, C.N.T., España libre* et *El Socialista*. Cette mesure marque la fin des titres historiques de l'exil espagnol. Ces interdictions de journaux, qui paraissent en France pour la plupart depuis 1944, produisent un grand choc au sein de la colonie espagnole qui voit sa liberté d'expression se réduire. Jean Cassou qui a combattu dans les maquis du Sud-Ouest avec les réfugiés républicains et les a soutenus depuis la Libération s'indigne, dans les colonnes du *Monde*, de ce qu'il appelle un marchandage à propos du rapprochement Paris-Madrid. L'interdiction tant désirée par Franco de la presse républicaine vient à point nommé :

> Il s'agit en contrepartie d'obtenir du gouvernement de Madrid qu'il maintienne à l'ombre le quarteron d'activistes actuellement abrité par un régime dont ils professent la doctrine... Estimer au même prix, au même tarif, au même cours les Espagnols républicains réfugiés sur le sol de la République française qui, dans la guerre, la souffrance, dans l'exil, ont partagé le destin de la France, et les Lagaillarde et consorts, qui partagent celui de l'Espagne franquiste, dernier héraut de l'idéal nazi, procède d'une conception fiduciaire apparemment « réaliste »[41].

La pression du problème algérien a modifié la nature des relations entre Paris et Madrid et, dans ce nouveau contexte, les républicains espagnols se trouvent comme dans un étau. La collaboration franco-espagnole s'intensifiera dans les années suivantes, notamment dans le domaine policier. La direction de la Sûreté effectue du 25 juillet au 17 août 1962 une mission en Espagne pour enquêter sur les commandos OAS stationnés dans la Péninsule — les groupes de Pierre Lagaillarde à Madrid, de Joseph Ortiz à Palma de Majorque et du Dr Pérez à Alicante — ainsi que sur leurs liaisons avec la France. C'est au tour du directeur espagnol de la Sûreté de venir à Paris quelques jours plus tard : il demande l'interdiction de l'ETA, l'éloignement de la frontière franco-espagnole des réfugiés considérés comme les plus dangereux et la possibilité pour les policiers espagnols d'assister aux interrogatoires. Paris, qui veut donner des preuves de bonne volonté, demande un rapport sur l'ETA, déclare possibles une éventuelle interdiction du mouvement basque ainsi que l'assignation à résidence de trois ou quatre réfugiés espagnols, conscient des difficultés politiques que l'élargissement de cette dernière mesure ne manquerait pas de susciter en France. Les responsables des deux services de sécurité se rencontrent encore à Madrid en janvier 1963. La délégation française, préoccupée des menaces qui pèsent sur le vie du chef de l'État, demande que des mesures soient prises à l'encontre de quelques « agents actifs de la subversion » ; les Espagnols tiennent « à préciser que l'accord du gouvernement espagnol n'est nullement subordonné à une condition de réciprocité », mais rappelle leur souci de ne pas voir le territoire français servir de base à la préparation d'actions subversives dirigées par des exilés contre leur gouvernement [42]. Une visite du ministre français de l'Intérieur dans la capitale espagnole officialise directement auprès de Franco les demandes de Paris relatives à la surveillance des groupes de l'OAS réfugiés en Espagne [43]. Ces tractations avec l'Espagne franquiste soulèvent de vives critiques de la part de la gauche française, notamment de la SFIO, du PCF et de la FEN [44]. Lorsque Roger Frey rend compte au général de Gaulle de sa mission en Espagne, il est précisé officiellement que les réfugiés espagnols qui ne voudront pas attenter à la vie de Franco ne verront pas leur statut modifié [45]. Cependant, des arrestations et des inculpations d'exilés se multiplient en France à l'automne 1963, notamment à la suite de la mise hors la loi de la FIJL en octobre, et suscitent des protestations de divers courants de l'opinion [46].

Les relations franco-espagnoles s'intensifieront, avec des visites officielles dans la Péninsule de membres importants du gouvernement, en particulier celle du ministre des Affaires étrangères en mai 1964, jusqu'à évoquer une possible entrevue entre de Gaulle et Franco. Celle-ci n'aura lieu toutefois qu'après le retrait du général de Gaulle de la présidence de la République.

*L'exil confronté à ses nouvelles générations
et au développement de l'opposition intérieure*

Cette répression accrue correspond sans aucun doute au fait qu'une mutation est en cours au sein des organisations historiques de l'exil : des oppositions y apparaissent, qui correspondent le plus souvent, étant donné la prolongation de l'exil, à l'apparition de nouvelles générations sur la scène politique. Ces oppositions marquent des désaccords avec les pratiques politiques de l'exil et tendent à avancer des stratégies d'affrontement direct avec le franquisme afin de hâter la chute de celui-ci : elles affectent plus particulièrement le courant anarchiste et le nationalisme basque, tandis qu'une extrême gauche naît, comme au niveau international, de la radicalisation de mouvements issus du socialisme et du communisme.

De nombreuses remises en cause de la stratégie suivie par les leaders de la CNT « apolitique », l'équipe constituée autour de Federica Montseny et Germinal Esgleas, se font jour au sein de l'organisation ; il s'agit d'un conflit à la fois générationnel et politique. Ces contestations internes émanent pour la plupart de militants appartenant à une génération née dans les années 1920 ou 1930, qui ont vécu la Guerre civile très jeunes, voire enfants, et arrivent alors à pleine maturité politique ; mais cette vague de militants plus jeunes entraîne aussi dans son sillage des dirigeants de la génération précédente. Fin 1957, un groupe de militants de la Fédération locale de Paris, composé notamment d'Antonio Téllez Sola, Fernando Gómez Peláez et Mariano Aguayo, lance *Atalaya* afin de « réanimer la vie militante » du mouvement où, selon eux, règne l'apathie et où les attaques personnelles sont monnaie courante[47]. Le groupe critique le mode de fonctionnement de l'organisation : le lieu de résidence du secrétariat intercontinental, fixé à Toulouse, et la rétribution dérisoire qui échoit aux membres élus empêchent des militants d'autres régions d'en faire partie. Une réorganisation s'impose afin de permettre l'élection des membres du secrétariat sur des critères de capacité politique et personnelle et non sur des considérations de proximité avec le siège. Les animateurs d'*Atalaya* ne comprennent pas non plus l'indifférence dont la presse anarchiste de l'exil a entouré l'exécution de José Lluís Facerías, en août 1957, par la fameuse Brigada política social franquiste chargée de la répression politique ; bien qu'ils désapprouvent certaines méthodes d'action de Facerías, ils le considèrent comme un « authentique lutteur anarcho-syndicaliste[48] ». Pour ne pas introduire un facteur de désagrégation au sein de l'organisation, le groupe accepte de suspendre *Atalaya* en juillet 1958 mais entend garder ses positions au sein de la CNT.

L'été 1958, un autre journal voit le jour : *Nervio*, dirigé par Francisco Olaya. *Nervio*[49] se veut le porte-parole de la CNT d'Andalousie et d'Estrémadure et donne quantité d'informations sur ces régions : il publie de nombreux articles de ses correspondants de l'intérieur et dénonce nommément un certain nombre de responsables régionaux de la répression politique[50], ce qui lui vaut d'être interdit à la fin de 1959 par des autorités françaises saisies de la question avec insistance par l'Espagne. *Nervio* estime que le franquisme est en voie de décomposition, que l'exil est « moralement obligé de collaborer avec courage et hardiesse à accélérer le processus » et que ce n'est pas seulement aux compagnons de l'intérieur à « sacrifier leurs vies à cette fin[51] » ; le journal insiste sur le fait qu'un

> groupe d'hommes dans les sierras, celui de Bernabé par exemple, a fait plus de travail, nous a gagné davantage de sympathies et de respect que vingt ans de discours transcendants dans l'exil[52]... Combien de choses auraient-elles pu se faire s'il avait existé la nécessaire coordination entre l'exil et l'intérieur ? Il est encore temps. Avec plus de facilités, peut-être, aujourd'hui qu'hier. Nous avons encore la possibilité de rectifier l'orientation... [53].

Peu de temps après l'interdiction de *Nervio*, début 1961, la même équipe de militants originaires d'Andalousie et d'Estrémadure publie *El Rebelde*, toujours en marge de la CNT ; alimenté de manière aussi précise et documentée que son prédécesseur par des militants de la clandestinité, le journal paraît jusqu'à l'été 1968 et exprime souvent des positions critiques par rapport au comité national de la CNT. *El Rebelde* s'affirme par exemple solidaire — comme la plupart des anarchistes français[54] et des libertaires de l'intérieur — des militants anarchistes espagnols et italiens qui, en 1966, enlèvent à Rome Mgr Marcos Ussía Urruticoechea, conseiller ecclésiastique de l'ambassade espagnole au Vatican. Nouvelle pratique d'action politique utilisée à présent par les antifranquistes, cet enlèvement a pour but d'exiger la « liberté immédiate de tous les prisonniers politiques et sociaux, en échange de la libération de Mgr Ussía dont l'intégrité physique et la sécurité sont scrupuleusement respectées[55] ». *El Rebelde* conteste énergiquement la position de Germinal Esgleas et de Miguel Celma, membres du comité national de la CNT, qui jugent l' « opération purement négative » et réalisée sans l'assentiment du secrétariat intercontinental de la CNT[56] ; *El Rebelde* estime ce rapt positif, car il s'agit d'une « action destinée à appeler l'attention de l'opinion publique sur le problème des détenus en Espagne, une action non violente et symbolique, qui apporte un accroissement positif de popularité[57] ».

Car la réunification de la CNT effectuée en 1960 et 1961 ne conduit pas à un regroupement sans faille de toute la mouvance libertaire : en même temps que le processus unitaire est en cours, des tendances centrifuges apparaissent au grand jour. Ces oppositions sont le fait de nouvelles générations mais aussi de dirigeants « historiques », issus du courant « apolitique » de la CNT comme du courant « politique ». Les uns et les autres critiquent l'immobilisme de la CNT et sa bureaucratisation autour de quelques dirigeants inamovibles. Ainsi, dès la fin 1961, Octavio Alberola, jeune dirigeant de la FIJL venu du Mexique, critique-t-il vivement la sclérose idéologique de la CNT, masquée derrière une démagogie révolutionnaire : « La CNT en exil n'est malheureusement ni syndicaliste ni révolutionnaire », écrit-il dans *Despertar*[58], la publication qui remplace *C.N.T.* et qui résonne, durant sa brève existence, d'une dure polémique entre les défenseurs de l'organisation et ceux qui critiquent son inefficacité[59]. Fin 1965, un groupe où figurent à la fois un vieux leader de l'anarchisme comme José Peirats et un représentant des nouvelles générations comme Octavio Alberola publie la revue *Presencia*. Il s'agit toujours de lutter contre les préjugés dogmatiques des organisations libertaires devenues, selon eux, « classiques » et « monolithiques », afin de pouvoir mieux répondre aux attentes de la jeunesse « inquiète face au triste spectacle de l'exil espagnol ». La plupart de ces opposants ainsi que d'autres militants libertaires se retrouvent, à partir de 1970, autour de Fernando Gómez Peláez dans *Frente libertario* ; leur objectif est de

> mettre un terme à la vie végétative et sans perspectives de nos organisations classiques, et principalement à celle de la CNT, aujourd'hui prisonnière de formules ou de routines de fonctionnement qui la rendent incapable de remplir la haute mission émancipatrice que nos prédécesseurs se fixèrent — il y a soixante ans déjà — comme but et comme guide.

La longue étape passée sans activité syndicale et sans réelles stimulations — non seulement par rapport à l'action antifranquiste mais aussi par rapport aux objectifs libertaires à travers les frontières — a fait apparaître dans nos milieux un complexe d'impuissance et une sorte de conformisme qui, s'ils se prolongeaient, nous mèneraient à la disparition pure et simple de la scène sociale[60].

Depuis une dizaine d'années le contexte international a, évidemment, beaucoup influé sur l'exil espagnol ; l'événement qui a eu un retentissement important sur ces nouvelles oppositions au sein de l'exil, comme sur les mouvements radicalisés de jeunes de divers pays, a été la révolution cubaine. Révolution dirigée contre une dictature d'un pays hispanophone par une poignée de guérilleros dont l'aura a tôt fait de se répandre et qui prend valeur d'exemple à suivre ; d'autant que, les premières années, le pouvoir apparaît essentiellement comme progressiste et anti-impérialiste. La presse de l'exil espagnol salue l'événement. Pour ne prendre qu'un exemple, d'autant plus parlant qu'il émane d'une publication socialiste classique, *El Socialista* publie en février 1959 une longue lettre ouverte à Fidel Castro d'un militant qui salue avec enthousiasme la victoire castriste à Cuba[61]. De même que Pablo Casals appelle de ses vœux l'apparition d'un Fidel Castro pour l'Espagne, le militant socialiste s'adresse au leader cubain et lui rappelle combien de « héros sortis du peuple, du même bois que vos guérilleros, chefs potentiels d'une révolution démocratique, sont morts, l'un après l'autre, pourchassés à coups de fusil par la garde civile dans les montagnes des Asturies ou assassinés par des coups et des tortures raffinées dans les caves de la Direction générale de la Sécurité, à la Puerta del Sol à Madrid ». Ce socialiste demande à Fidel Castro de rompre toute relation, diplomatique, culturelle et commerciale, entre son pays et l'Espagne franquiste et, en conséquence, de rappeler les diplomates cubains à Madrid et d'expulser les représentants espagnols à Cuba[62].

La révolution cubaine influe sur l'orientation idéologique et stratégique d'un certain nombre d'exilés espagnols et stimule la réémergence de l'action directe, abandonnée depuis l'échec des guérillas. Des groupes apparaissent qui dénoncent l'immobilisme de l'antifranquisme « officiel » et certains d'entre eux passeront à l'action concrète. Au Mexique, se créent le Movimiento español 59, composé de jeunes communistes, libertaires, républicains et socialistes, et Acción directa de liberación española, qui regroupe des militants des deux fractions de la CNT, des socialistes et des républicains de toutes les tendances[63]. En Espagne, le Frente de liberación popular et le Directorio revolucionario ibérico de liberación manifestent l'émergence d'une nouvelle opposition au franquisme ; ce dernier organisme se signale notamment, début 1961, par la prise du transatlantique portugais *Santa María*, destinée à faire connaître à l'opinion internationale la permanence d'une résistance résolue aux dictatures d'Espagne et du Portugal. Le PNV, hégémonique au sein du nationalisme basque, connaît aussi des secousses : une scission au sein de l'organisation de jeunesse du parti, Euzko Gastedi, donne naissance à l'ETA en 1959. À l'origine, l'ETA — Euskadi ta Askatasuna, « Pays basque et liberté » — est un mouvement patriotique démocratique et, à la différence du PNV, laïque et indépendantiste ; le mouvement basque édite *Zutik !* en divers lieux de la Péninsule ou en France. Ses premières actions débutent en 1961, avec une tentative de déraillement d'un train occupé par des sympathisants du régime. Influencé par l'expérience des guerres de libération du tiers monde — l'Algérie, Cuba et le Viêtnam —, l'ETA marque rapidement sa différence avec le nationalisme traditionnel et se définit comme un mouvement révolutionnaire de libération nationale[64]. Du tiers-mondisme, l'ETA passe en 1967 au marxisme-léninisme et renforce sa lutte armée contre l'État franquiste : l'organisation séparatiste tue pour la première fois un policier en 1968. La scission marxiste-révolutionnaire de 1970, intitulée ETA-VIe Assemblée, fait état de la tactique « action-répression-action » développée par le mouvement[65].

De son côté, en 1961, lors de son congrès de Limoges, la CNT approuve la formation d'un organisme secret dit de « Defensa interior » (DI) ; constitué en 1962 par des dirigeants issus des deux anciennes tendances de la CNT, le DI est composé notamment de Germinal Esgleas, Cipriano Mera, Juan García Oliver et Octavio Alberola[66]. Les libertaires organisent alors une série de manifestations à caractère symbolique. Il s'agit d'actions qui, si elles sont destinées à frapper l'opinion et à provoquer une réaction du régime, ne doivent pas faire de victimes hormis le général Franco qui reste la cible à atteindre ; de même, le financement de ces actions ne doit être assuré que par des moyens légaux. Les premières actions de harcèlement commencent l'été 1962 dans la capitale espagnole — bombes dans divers édifices symboliques du régime — puis à Barcelone, à Valence, à Saint-Sébastien, dans la basilique même du Valle de los Caídos — édifié à la gloire des vainqueurs de la Guerre civile — et même à Rome. Mais la précarité des groupes d'action, la répression et les réticences d'une partie de la CNT font cesser l'activité du DI, qui est officiellement dissous lors du congrès confédéral de Montpellier en 1965. Compte tenu de l'hétérogénéité du DI, les partisans d'une résistance active au franquisme ont d'ailleurs très vite mené leur activité davantage au sein de l'organisation « jeune », la FIJL ; ce qui vaut à cette dernière de voir interdire son journal, *Nueva Senda*, en mars 1963 et d'être mise elle-même hors la loi en octobre 1963 par le gouvernement français [67]. Le congrès de Toulouse de la CNT en 1963 marque cependant la victoire de l'appareil confédéral — qui tient à sauvegarder la légalité de l'organisation dans l'exil — sur les partisans de l'action révolutionnaire.

Les mesures répressives prises à l'encontre de l'exil espagnol en France sont liées au sensible rapprochement entre Paris et Madrid à partir de l'instauration de la Cinquième République ; elles interviennent au moment même de la radicalisation de certains courants et de l'intensification de la répression en Espagne. 1963 est une année noire pour les antifranquistes, qui voit à la fois l'exécution du communiste Julián Grimau [68] et des libertaires Joaquín Delgado et Francisco Granados [69]. En dépit d'une forte mobilisation internationale, notamment de la gauche française, où le poids des organisations communistes est important, Julián Grimau est exécuté ; quant à Joaquín Delgado et Francisco Granados, qui ne sont pas responsables de l'explosion dont ils sont accusés, ils sont garrotés quinze jours après leur arrestation, à l'issue d'une procédure extrêmement sommaire, sans qu'aucune intervention soit possible. La répression restera la principale risposte des autorités espagnoles et d'un Caudillo diminué physiquement dans les dernières années du régime. Une autre intense mobilisation internationale — notamment en France et en Espagne — au moment du procès de Burgos qui, en 1970, juge des membres de l'ETA obtient cependant la grâce des condamnés à mort. Ce qui fait dire à Julio Alvarez del Vayo au nom du Frente español de liberación nacional qu'il dirige :

> Nous estimons que l'emploi de toutes les formes d'action, l'action violente incluse, est juste si, avec cela, l'on parvient à combattre et détruire le fascisme qui règne dans notre pays, si l'on parvient à libérer un peuple enchaîné, bafoué, assoiffé de justice et de liberté [70].

Il est un fait, précis et indiscutable, qu'en un clin d'œil l'ETA est parvenu à ce que personne n'avait obtenu en de nombreuses années : situer l'ensemble du problème espagnol au centre de l'attention mondiale...[71].

À la suite de la mobilisation au procès de Burgos, un Frente revolucionario antifascista y patriota se constitue en janvier 1971 ; il regroupe diverses organisations d'extrême gauche — dont le FELN d'Alvarez del Vayo — qui veulent unir leurs efforts pour promouvoir une lutte révolutionnaire susceptible d'en finir avec le franquisme[72]. Parallèlement aux actions directes entreprises en Espagne, le FRAP crée une agence d'information, l'Agencia de prensa España popular, qui publie — en Espagne et en France — de nombreux bulletins intitulés *A.P.E.P., Agencia de prensa España popular*. Ces feuilles entendent fournir des informations auxquelles les agences de presse ne donnent pas la priorité : luttes ouvrières, étudiantes et paysannes, répression, conditions de vie des classes populaires en Espagne. Plus généralement, la presse de l'exil s'emploie à faire connaître les nombreux cas de répression qu'engendrent les derniers soubresauts d'un régime franquiste aux abois : arrestations, tortures[73] ou la condamnation à mort de l'anarchiste Salvador Puig Antich[74]. Mais au-delà des protestations unanimes contre la répression, le clivage ne se résorbe pas dans l'exil entre les organisations « historiques » et les oppositions radicales de type nouveau.

Parallèlement, en Espagne, une nouvelle génération qui n'a pas connu la Guerre civile arrive à l'âge adulte, élevée dans l'orthodoxie politico-religieuse du franquisme ; issue en général d'une classe moyenne sympathisante du régime, elle porte un regard critique sur ses aînés, ceux de l'intérieur comme ceux de l'extérieur. Cependant, des contacts s'amorcent avec les exilés, avec les dirigeants politiques et les intellectuels, qui donnent un ton à l'opposition antifranquiste de cette période : le désir de réconciliation nationale et de rencontre des deux Espagnes[75]. Une opposition de type nouveau émerge en Espagne, marquée par un certain pragmatisme politique et par l'importance de deux courants peu ou plus du tout représentés publiquement dans l'exil : la démocratie-chrétienne et le communisme. La première n'est présente en exil qu'au travers du PNV, alors qu'elle joue un rôle croissant en Espagne ; quant au second, interdit et marginalisé politiquement dans l'exil, il prône en Espagne à partir de 1956 une politique de réconciliation, attire une bonne partie du monde intellectuel et contribue, au début des années 1960, à la création des Commissions ouvrières, nouvelle forme d'organisation, souple et unitaire, capable d'utiliser les syndicats verticaux. L'opposition intérieure se forge essentiellement selon sa propre expérience et ses propres modalités. L'exil se trouve de plus en plus marginalisé par rapport à l'ensemble des oppositions en cours d'émergence et il s'opère une translation du centre de gravité de l'antifranquisme de l'extérieur vers l'intérieur. La question d'une nécessaire jonction des deux pôles se pose avec acuité à partir du milieu des années 1950.

Paradoxalement, c'est sur le terrain de la construction européenne que s'effectue la première convergence publique, à Munich en 1962, entre certains secteurs de l'exil et des opposants de l'intérieur. Si les anarchistes, les communistes et l'extrême gauche manifestent, au nom de l'internationalisme ou de l'anti-étatisme, la même défiance, voire le même rejet, envers la construction européenne que l'extrême gauche française dans son ensemble, l'européisme joue un rôle significatif dans les stratégies de divers autres courants politiques. La construction d'une Europe des régions motive très tôt les nationalistes basques et catalans exilés et l'idée européenne est un axe de plus en plus présent dans le combat antifranquiste des socialistes et des républicains. Les dirigeants du Mouvement socialiste de Catalogne — Enric Gironella, Jordi Arquer, Josep Pallach — exercent une influence indubitable sur la prise de conscience européenne de la mouvance socialiste. Si bien qu'à partir des années 1960 le PSOE place sur ce terrain sa stratégie internationale de lutte contre le franquisme : fermer la porte de l'Europe à l'Espagne de Franco. Une personnalité de l'exil occupe une place déterminante dans le processus de « jonction européenne » entre les opposants de l'extérieur et ceux de l'intérieur : Salvador de Madariaga. Écrivain, diplomate, membre du secrétariat de la SDN en 1921, professeur à Oxford, ambassadeur de la Seconde République à Washington, représentant espagnol à la SDN, ancien ministre, Madariaga est très introduit dans les cercles européens. Il préside le Conseil fédéral espagnol du Mouvement européen, créé en 1949 à Paris, où adhèrent tous les partis de l'exil, à l'exception des anarchistes, des communistes et des « poumistes ». Ce Conseil fédéral est représenté au sein du Conseil international du Mouvement européen.

Il revient à Salvador de Madariaga l'idée d'avoir organisé une réunion des courants pro-européens espagnols de l'extérieur comme de l'intérieur, où ils se sont beaucoup développés depuis le début des années 1950. Le Conseil fédéral espagnol du Mouvement européen demande au secrétariat du Mouvement européen de convoquer une rencontre de travail entre les délégués espagnols deux jours avant la tenue du congrès du Mouvement prévu à Munich les 7 et 8 juin 1962. À l'invitation de Maurice Faure, président du Mouvement, une délégation de 118 Espagnols, dont quatre-vingts personnes venues de l'intérieur, participe à cette réunion : personnalités du domaine culturel et politique issues de tous les secteurs de l'opposition — monarchistes compris —, à l'exception des anarchistes et des communistes. Salvador de Madariaga en représentation des exilés et José Gil Robles, porte-parole des démocrates-chrétiens, des libéraux et des monarchistes de l'intérieur, jouent un rôle de premier plan. À cette occasion, pour la première fois, aux dires mêmes de José María de Areilza, l'ambassadeur espagnol en poste à Paris, demeuré spectateur : « Dans une assemblée internationale européenne, des personnalités politiques espagnoles appartenant à un large éventail idéologique, socialistes, républicains, nationalistes basques et catalans, démocrates-chrétiens et libéraux monarchiques, avaient coïncidé pour indiquer les principes qu'ils considéraient indispensables pour une future Espagne, capable de s'intégrer pleinement dans les organisations européennes [76]. »

Les délégués espagnols se mettent d'accord sur le texte d'une résolution qui est, malgré les manœuvres franquistes, adoptée par le congrès du Mouvement européen. La résolution fixe, en conformité avec la Convention européenne des droits de l'homme et la Charte sociale européenne, les conditions que doit remplir tout pays qui demande son adhésion ou son association aux organisations européennes : l'établissement d'institutions authentiquement représentatives et démocratiques, la garantie effective de tous les droits de la personne humaine — particulièrement la liberté individuelle et d'opinion —, la reconnaissance de la personnalité des diverses communautés naturelles, la liberté syndicale et le respect des droits de l'opposition. Les délégués espagnols s'engagent à renoncer à toute violence — active ou passive — avant ou pendant le processus d'évolution démocratique de l'Espagne [77]. Par cette résolution, ils ferment ainsi la porte de l'Europe à l'Espagne franquiste. Comme la réunion de Munich s'est tenue alors que des grèves ouvrières, les plus importantes depuis l'instauration du franquisme, viennent de se dérouler dans les Asturies, au Pays basque et en Andalousie occidentale[78], le gouvernement de Madrid réagit de manière répressive et condamne à l'exil ou à la résidence surveillée aux Canaries les personnalités sorties d'Espagne pour assister au congrès de Munich. En dépit de la violente campagne de dénigrement entreprise par les franquistes au sujet de la réunion de Munich, qualifiée d'« alliance contre nature », il n'en demeure pas moins que les exilés et les opposants de l'intérieur ont, comme l'indique *Dialeg*, revue démocrate-chrétienne catalane de l'exil, fait coïncider l'Europe avec « démocratie, liberté et justice sociale [... et] qu'à Munich, se sont solidarisés autour d'une déclaration démocratique des hommes et des courants politiques éloignés autant de Franco que du communisme[79] ». Si la réunion est dénoncée par les anarchistes et le POUM, la presse socialiste de l'exil salue « le serment de Munich [qui] marque une étape peut-être décisive vers la libération de l'Espagne[80] ». Pour un grand nombre d'Espagnols, socialistes, libéraux, nationalistes basques et catalans — ceux-là même qui joueront un rôle de premier plan dans la construction de l'Espagne actuelle —, l'instrumentalisation de l'idée européenne permet de délimiter un territoire commun, où ils peuvent élaborer une stratégie unitaire face au franquisme.

Cependant, malgré cette convergence ponctuelle, des distorsions continuent d'exister entre l'exil et l'opposition intérieure. Héritier des luttes sociales et politiques des années 1930, très politisé, l'exil s'interroge souvent sur les actions qui se développent à l'intérieur : davantage syndicales que proprement politiques, sans claire vision d'un renversement du régime, ces actions témoignent d'un certain apolitisme de la classe ouvrière qui va de pair avec un activisme très important. À partir du début des années 1960, l'opposition intérieure est, en effet, de type social plus que politique, basée sur des mouvements canalisés par les organisations catholiques d'apostolat ouvrier, sur la rébellion des étudiants et sur la protestation ouvrière[81]. L'exil est conscient de sa relative impuissance à exercer une influence sur l'opposition intérieure et c'est au contraire sous la pression de cette dernière qu'il abandonne des positions intransigeantes, qui correspondent mal à la situation réelle de l'Espagne, comme la restauration de la République. Mais l'exil a parfois bien du mal à admettre que des évolutions politiques ne se fassent pas à l'intérieur comme il l'entend.

Ainsi, le PSOE de Rodolfo Llopis rechigne à accepter que les socialistes d'Espagne s'allient avec les communistes ou avec les nouveaux groupes d'opposition afin de former un ensemble qui appuierait tactiquement la monarchie[82]. Les socialistes dè l'intérieur, dont la section de Séville représentée par Felipe González, souhaitent que la direction du parti et sa base de propagande retournent en Espagne ; ils obtiennent, lors du congrès du PSOE en 1970, l'autonomie de décision — dans les limites de la politique adoptée par le parti — pour les questions relatives à l'intérieur. Sur le plan syndical, les rénovateurs conquièrent la majorité lors du congrès de 1971 de l'UGT, présidée depuis 1956 par Rodolfo Llopis ; l'UGT est dirigée désormais, jusqu'en 1976, par une sorte de comité mixte constitué par des dirigeants de l'intérieur et de l'extérieur, avec prédominance du premier secteur, et où Nicolás Redondo joue un rôle notable. Dans le parti, les socialistes d'Espagne rencontrent cependant toujours l'opposition des dirigeants dans leur volonté d'alliance tant avec des groupes de droite qu'avec les communistes. Le conflit politique se double de plus d'un affrontement indéniable entre générations, entre les jeunes de l'intérieur et la vieille garde, qui assume depuis près de trente ans le maintien de l'organisation en exil. Le schisme se produit en 1972. La majorité de la Commission exécutive du parti décide de tenir un congrès ordinaire en avril ; mais Rodolfo Llopis souhaite un congrès extraordinaire qui n'entraînerait pas d'élections et ne se décide pas à le convoquer. Aussi la Commission exécutive dans sa majorité — tous les représentants de l'intérieur et une partie de ceux de l'extérieur — décide-t-elle de passer outre à l'opposition du secrétaire général et de tenir un congrès à Toulouse au mois d'août suivant. Le 12e congrès du PSOE d'août 1972 se tient sans son secrétaire général qui convoque un autre congrès pour le mois de décembre. Le congrès d'août marque tout à la fois la fracture entre les socialistes d'Espagne et la direction de l'exil et la consolidation du parti dans la Péninsule : y assistent la quasi-totalité des fédérations régionales d'Espagne et environ 65 % des exilés[83]. La rupture est consommée entre le PSOE « rénové » qui compte sur la participation des nouveaux dirigeants de l'intérieur et de quelques-uns de l'exil et le PSOE « historique », composé essentiellement de leaders de l'exil.

La reconnaissance internationale aidera à trancher la situation complexe du socialisme espagnol ; au début de l'année 1974, l'Internationale socialiste décide de reconnaître le congrès tenu en août 1972 comme « légal et légitime » face à celui convoqué postérieurement par Rodolfo Llopis. En octobre de la même année, le congrès du PSOE rénové, intitulé en toute logique 13ᵉ congrès du PSOE en exil, se tient à Suresnes du 11 au 13 octobre 1974. Le parti rénové reçoit l'appui du parti socialiste français récemment reconstitué, avec la participation de François Mitterrand, premier secrétaire du PS, de Lionel Jospin et de Robert Pontillon, maire de Suresnes et secrétaire international du PS, ainsi que de Daniel Mayer pour la Ligue des droits de l'homme[84]. C'est au congrès de Suresnes que Felipe González, qui s'est imposé comme le chef de file des « rénovateurs », est élu premier secrétaire du PSOE ; la résolution politique adoptée au congrès se prononce pour les alliances « à gauche » et une « rupture démocratique » véritablement socialiste[85]. Le nouveau PSOE va poursuivre en Espagne un processus de réorganisation et d'affirmation et il sera à même d'être avec la démocratie-chrétienne de gauche, en 1975, le pivot central de la Plataforma de convergencia democrática, rassemblement de groupes d'opposition depuis les carlistes jusqu'aux communistes dissidents ; en 1976, ce front s'alliera à la Junta democrática, constituée quelque temps auparavant par le PCE, pour former la Coordinación democrática. La transition démocratique est alors en marche.

Ces relations conflictuelles de l'exil et de l'opposition intérieure, nourries par des rivalités et des incompréhensions entre militants de la clandestinité et de l'extérieur, se résoudront parfois devant les tribunaux publics après le rétablissement de la démocratie en Espagne. La présence de deux journaux intitulés *El Socialista*, édités simultanément par le secteur « historique » du PSOE et par son aile « rénovée », sera tranchée par la justice espagnole en 1979 qui donnera au PSOE légitimé par l'IS l'exclusivité du titre[86]. Par voie de justice également, les groupes qui se réclament de la CNT régleront leurs différends relatifs aux biens ayant appartenu à la centrale anarcho-syndicale, à ses archives et jusqu'à son nom même. Un certain nombre de syndicats en désaccord avec la direction de la CNT intérieure, elle-même très liée aux dirigeants historiques de l'exil, quittent la confédération lors du 5ᵉ congrès, tenu à Madrid, du 8 au 16 décembre 1979. Ils s'unifient et constituent à Valence, les 29-30 juin et 1ᵉʳ juillet 1984, la « CNT renovée ». Mais la direction de la CNT porte l'affaire devant la justice et, à la suite de la sentence qui lui attribue la propriété du nom « CNT », la « CNT rénovée » change d'intitulé et donne naissance, lors d'un premier congrès extraordinaire tenu

à Madrid le 29 avril 1989, à une Confederación general del trabajo. La lutte pour la direction de l'antifranquisme, entre les chefs
historiques exilés et les jeunes opposants clandestins, est bel et
bien terminée ; au terme de près de quarante ans d'éloignement
de l'Espagne, il est clair que l'évolution de leur pays d'origine
s'est effectuée en grande partie sans les exilés. Mais ces décennies
ont, de toute évidence, implanté en France la majorité de ces derniers.

L'émergence de nouvelles cultures

Une émigration aussi importante par son nombre et sa durée
provoque inévitablement, par le simple brassage de populations,
d'amples « métissages » culturels. Des facteurs semblent *a priori*
défavorables à un tel résultat : les conditions de l'arrivée en
France, une forte structuration identitaire, le faible pourcentage de
naturalisations et l'extériorité maintenue par rapport à la société
française tant que le retour est espéré et la volonté de « reconquête » de l'Espagne prépondérante. En revanche, le combat en
commun avec les résistants français contre l'occupant nazi, les
contacts avec les responsables et les militants d'organisations politiques françaises homologues, l'immersion dans la vie économique et sociale française et, surtout, la longue durée de l'exil qui
voit l'apparition de nouvelles générations, nées en France et intégrées à la société française, sont des facteurs favorables à un sentiment de double appartenance culturelle voire à une intégration.
Parallèlement à la sauvegarde d'une identité culturelle qu'il s'est
assignée de façon volontariste, l'exil, confronté à d'autres cultures, notamment celle du pays d'accueil, témoigne de façon grandissante, au fil des années, de ses rencontres culturelles. Cette
imprégnation culturelle s'effectue dans des structures créées par
les exilés, dans des mouvements franco-espagnols ou transnationaux et, bien entendu, au sein de la société française elle-même ;
les cultures de l'exil changent progressivement de nature. Plus
ouvertes sur d'autres univers intellectuels et mentaux, elles expriment ces rencontres et attestent d'une multiplicité de références
culturelles. Les années 1960 sont particulièrement marquées par
cette ouverture au monde extérieur.

Certes, la persistance et la vitalité des cultures régionales sont
indéniables, surtout du côté catalan. Les *casals catalàs* sont

encore nombreux à fonctionner dans les années 1960 ; ils sont au nombre de onze en 1965, ce qui indique la vigueur de leur implantation et fait de la France, avec l'Argentine et le Mexique, le principal foyer de l'émigration catalane dans le monde. Il existe alors en France une dizaine de publications en catalan[87]. Dans les années 1950, afin de faire connaître et stimuler la culture catalane, s'est constitué à Paris un Institut catalan d'art et de culture, sous le patronage de Mario Roques, de l'Institut, et du recteur Jean Sarrailh ; le bureau comprend des personnalités telles que l'hispaniste Marcel Bataillon, Albert Camus, Jean Cassou, François Mauriac ou le professeur de médecine Camille Soula[88]. Au cours de la décennie suivante, afin d'assurer la jonction avec les Catalans de l'intérieur ou avec les réfugiés qui ont pu retourner en Catalogne comme, par exemple, l'écrivain Rafael Tasis, se créent des délégations françaises d'organismes culturels constitués au-delà même des Pyrénées. Le circuit s'est à présent inversé et l'initiative culturelle revient à présent à la Catalogne. Le Patronat de cultura catalana popular dont le siège clandestin est à Barcelone implante une antenne en France afin de localiser, cataloguer et, si possible conserver, la production catalane imprimée de l'exil. Un Omnium cultural est fondé en tant que société civile par un groupe de mécènes, à Barcelone en 1961, afin de faire connaître à l'extérieur la langue et la culture catalanes persécutées par le franquisme ; interdit en 1963, l'Omnium poursuit sa vie dans la clandestinité et implante en janvier 1964 une délégation à Paris, dans un vaste appartement rue de Ponthieu, près des Champs-Élysées. L'Omnium cultural de Paris publie un *Butlletí*, organise une bibliothèque et une discothèque catalanes, propose des conférences et des cours de catalan et présente des expositions d'artistes catalans ; c'est ce même organisme qui fait connaître le chanteur Raimón à Paris. L'Omnium cultural anime également une émission bimensuelle en catalan, diffusée en France par l'ORTF et retransmise dans un certain nombre de pays latino-américains[89]. En 1971 quand, du fait de décès et de retours en Catalogne, l'Omnium cultural se trouve dépourvu de militants pour le faire fonctionner, ses responsables négocient la cession du centre à l'Université française ; l'Omnium est ainsi la base de l'Institut d'études catalanes de l'université de Paris IV-Sorbonne, installé à présent dans le Marais, non loin du Centre Pompidou[90]. Ce dernier exemple est tout à fait symbolique : un organisme créé par des mécènes catalans, animés par des réfugiés, sans que cela soit exempt de tensions entre l'exil et l'opposition intérieure, devient partie intégrante de l'Université française. C'est en 1969 qu'apparaissent à Paris les Éditions catalanes, fondées par Jordi Pujol, Josep Benet et Albert Manent ; elles éditent des textes de dénonciation sur la situation en Catalogne ainsi que des dossiers très documentés sur la région.

À partir de la fin des années 1950, les cultures de l'exil sont plus diverses et multiples qu'auparavant. Elles sont marquées par les rencontres effectuées avec d'autres univers mentaux ; elles sont ouvertes sur de nombreux horizons internationaux, au premier rang desquels figurent la France et l'Europe ainsi que l'Amérique latine et le Portugal. Les interdictions de publications de 1961, qui mettent fin aux titres « historiques » de l'exil, renforcent les réseaux relationnels et les liens militants des républicains espagnols avec des personnalités et des organisations françaises. Depuis les débuts de l'exil, certes, des solidarités existent entre les réfugiés et des secteurs importants de la société d'accueil ; le PNV, le PSOE et le PCE entretiennent des liens privilégiés avec les trois plus grands partis politiques français de l'après-guerre, le MRP, la SFIO et le PCF. Des marques de sympathie sont manifestées officiellement aux républicains, lors de congrès de leurs organisations, d'événements particuliers ou à l'occasion de la commémoration du 14 avril[91]. À son tour, le gouvernement en exil confère l'Ordre de la Libération de la République espagnole à diverses personnalités ; cette distinction a notamment été attribuée à Édouard Herriot, Gaston Monnerville, Paul Rivet et Daniel Mayer. Des associations franco-espagnoles concrétisent ces réseaux de sociabilité : la plus ancienne, créée dès 1938, est la Ligue internationale des amis des Basques, animée par plusieurs évêques, des intellectuels catholiques comme François Mauriac, Francisque Gay, Jacques Maritain et des personnalités telles que Paul Rivet, Philippe Serre et Pierre-Henri Teitgen. L'Association France-Espagne, fondée en 1945 et présidée par Jean Cassou et Paul Éluard, a François Mauriac comme président d'honneur, et Madeleine Braun, Charles d'Aragon et Paul Rivet comme vice-présidents ; elle joue un grand rôle au lendemain de la guerre, avant que des divergences politiques et l'influence croissante des communistes ne provoquent le départ d'un certain nombre de personnalités — Mauriac, Cassou — et sa progressive désagrégation. La création, en 1950, de l'Association des amis de la République espagnole a pour but de contrebalancer son influence ; cette dernière est animée par Édouard Herriot, Claudius Petit, René Cassin, Yvon Delbos et Pierre Mendès France. De nombreuses autres associations voient le jour, plus éphémères ou locales.

Des auteurs français issus d'horizons très divers collaborent à la presse de l'exil ; l'ampleur des collaborations intellectuelles dans les revues basques et catalanes a déjà été soulignée et il suffit d'évoquer le fait qu'*Euzko Deya* compte avec la participation de Georges Bernanos, Jacques Maritain, François Mauriac ou Paul Vignaux. Albert Bayet, l'un des organisateurs de la nouvelle presse issue de la Résistance, écrit dans *France-Espagne, Heraldo de España* et *Nuestro combate*, organe de l'Amicale des anciens FFI et résistants espagnols. De nombreux hispanistes, tel Marcel Bataillon, y participent également. Mais il est trois noms que l'on retrouve constamment : ceux de Paul Rivet, Albert Camus et Jean Cassou. Ethnologue, fondateur du musée de l'Homme, socialiste, président avec Alain et Paul Langevin du Comité de vigilance des intellectuels antifascistes, résistant et délégué du Comité français de libération nationale pour l'Amérique latine, Paul Rivet est très actif dans les réseaux de soutien aux républicains. Albert Camus, d'origine espagnole par sa mère, ancien membre du Comité algérien d'aide au peuple espagnol, collabore à *Galería, La Novela ideal, Cénit*, le *Suplemento literario de Solidaridad obrera*, les *Cuadernos* du Congrès pour la liberté de la culture ; il est célébré tant par les républicains que par les socialistes et les anarchistes. Lui-même se sent une grande dette envers les exilés et ne peut s'empêcher de déclarer au moment où il reçoit le prix Nobel : « L'Espagne en exil m'a souvent témoigné une gratitude disproportionnée. [...] Et cette amitié, bien qu'elle soit imméritée, est le plus grand orgueil de ma vie [92]. » Quant à Jean Cassou, né de mère andalouse et de père français, traducteur dès les années 1920 de Miguel de Unamuno et également d'auteurs espagnols classiques et contemporains, il dénonce l'aspect unilatéral de l'accord de non-intervention pendant la Guerre civile. Responsable des Mouvements unis de Résistance dans la région de Toulouse, commissaire clandestin de la République, il côtoie de nombreux résistants espagnols. Aussi Jean Cassou préside-t-il l'Association France-Espagne et est-il membre du comité de parrainage de l'Amicale des anciens guérilleros espagnols en France, aux côtés de Jacques Chaban-Delmas, Alain Savary, Gilbert de Chambrun, Léo Hamon et Serge Ravanel. Il est président d'honneur du Front franco-espagnol des lettres qui édite la revue *Méduse* et membre du comité d'honneur de l'Ateneo ibéro-americano. Il collabore à des publications aussi diverses que *L'Espagne républicaine, France-Espagne, Nouvelles d'Espagne, Heraldo de España, Ibéria, Letras españoles, Per Catalunya, Cuadernos*, le *Suplemento de Solidaridad obrera, Le Socialiste* ou *Umbral*. La rencontre dans le comité éditeur de *Nueva República*, de 1955 à 1958, de trois des plus actifs défenseurs des réfugiés espagnols n'est pas sans signification, à un moment crucial de l'histoire de l'exil. Albert Camus, Jean Cassou et Paul Rivet patronnent ainsi ce journal, dont José del Barrio est le rédacteur en chef, et qui se prononce pour une critique sereine et constructive au sein de l'exil.

Ces réseaux de sociabilité entretenus par les responsables d'organisations sont mis à profit et se trouvent amplifiés de fait dans les années 1960. Les interdictions d'organes de presse de 1961 renforcent, on l'a dit, les liens des républicains espagnols avec leurs amis français. Afin de protéger l'activité des exilés, et comme un quota important d'articles en français doit être respecté, les organisations françaises homologues assument officiellement la publication des journaux de l'exil républicain. La SFIO publie *Le Socialiste*, publication française sur le plan légal, dirigée officiellement par un conseil de rédaction français, mais dont la direction réelle et la rédaction restent aux mains des responsables du PSOE. Le journal est domicilié cité Malesherbes, au siège de la SFIO, et il est confectionné à Marseille dans l'imprimerie du *Provençal*. De nombreux dirigeants socialistes français et européens y apportent leur collaboration, tels Willy Brandt, Eugène Descamps, François Mitterrand, Daniel Mayer, Guy Mollet ou Alain Savary. C'est au siège de la CGT-FO que s'éditent différents bulletins de l'UGT. La CNT française prête son propre journal, *Le Combat syndicaliste,* à la CNT espagnole qui, beaucoup plus importante, en prend la maîtrise effective pour remplacer *Solidaridad obrera* ; d'irrégulier, vaguement mensuel, le journal devient hebdomadaire et bilingue. La section française de l'AIT aide également les Espagnols à publier *Espoir* à Toulouse, en continuation de *C.N.T.* Le travail culturel de la CNT se poursuit dans *Umbral*, « revue mensuelle d'art, lettres et études sociales » qui prend, jusqu'en 1970, le relais du *Suplemento literario*, avec des centres d'intérêt et des collaborateurs aussi variés, et une attention particulière portée à l'Amérique latine. Si l'on connaît mal encore l'importance de la participation des réfugiés à des organisations politiques ou syndicales hexagonales et si l'on peut affirmer qu'elle est différente selon les générations — les plus anciennes privilégiant de toute évidence le militantisme au sein des organisations espagnoles —, ces collaborations avec des mouvements français, au moment de la réduction de la liberté d'expression des exilés, renforcent les liens de ces derniers avec divers secteurs de la société.

Dans le domaine culturel, toujours intimement lié au politique chez les républicains espagnols, les initiatives tendent davantage à revêtir un caractère international à partir du milieu des années 1950. Un Ateneo Cervantes se crée à Lyon en 1961 sur le modèle classique de ses devanciers, organisant expositions artistiques, conférences, cours d'espagnol, bibliothèque ou service de librairie [93], mais l'Ateneo ibéro-americano de Paris se place dès sa création, en 1957, dans une perspective transnationale. Il est certes créé à une époque où l'espoir de retour en Espagne a complètement disparu, mais si la discussion sur les statuts est rude lors de sa constitution, le choix du terme « ibéro-américain » va presque de soi, sous l'influence probable de Fernando Valera, collaborateur de divers journaux latino-américains [94] : Latino-Américains comme Portugais en exil adhèrent à l'Ateneo dans les années 1960 [95]. Son comité d'honneur est triple : français, latino-américain et espagnol. Aux côtés de personnalités ou d'écrivains latino-américains tels que Germán Arciniegas, Miguel Angel Asturias, Josué de Castro ou Eduardo Santos — ancien président de la République de Colombie exilé en France —, et d'autorités morales espagnoles telles que Pablo Casals, Salvador de Madariaga, Gregorio Marañon, Ramón Menéndez Pidal et Claudio Sánchez Albornoz, l'Ateneo se place sous le patronage d'intellectuels français attachés avec ferveur à la cause républicaine : Charles V. Aubrun, Marcel Bataillon, Albert Camus, Jean Cassou, Pierre Darmangeat, Paul Rivet ou Jean Sarrailh. L'Ateneo ibéro-americano connaît une longévité considérable, car il poursuit encore de nos jours son activité ; Antonio Gardó Cantero en est le secrétaire depuis sa fondation jusqu'en 1993. Des membres des gouvernements en exil font partie de son bureau, tels Manuel de Irujo, Julio Just et Fernando Valera. L'objet de l'Ateneo est, explicitement, d'« encourager et stimuler la continuité de la culture ibéro-américaine », en cultivant « la tradition libérale et démocratique de cette culture [96] ». Il est divisé en quatre sections : lettres et arts, sciences, jeunesse et politique ; cette dernière englobe aussi l'économie, la géographie et l'histoire. En veillant à garantir la pluralité des opinions, il organise des conférences sur des thèmes aussi divers que « la philosophie espagnole contemporaine », « la constitution de la Seconde République », « l'Islam : Mahomet son fondateur et le Coran, son livre sacré » ou « la poésie et la musique dans les traditions sépharades d'Orient[97] ». L'Ateneo obtient l'entrée gratuite du Louvre pour ses adhérents et y organise longtemps des visites-conférences le samedi ; d'autres visites sont organisées le jeudi. Ce sont des activités culturelles variées qui sont ainsi offertes aux Espagnols de Paris. Les manifestations organisées ne manquent pas d'associer des personnalités françaises connues pour leur sympathie envers les républicains espagnols, tel Daniel Mayer lors d'un hommage au général Emilio Herrera Linares, président fondateur de l'Ateneo. Le siège de l'Ateneo se trouve fixé au Musée social, fondation privée reconnue d'utilité publique, créée en 1894 pour pérenniser les pavillons d'économie sociale des Expositions universelles et pour recueillir tous les documents ayant trait à la question sociale au sens large du terme, tant en France qu'à l'étranger[98]. C'est dans ce lieu original, creuset d'hommes et d'idées, centre de recherches et d'études que l'Ateneo organise généralement ses réunions dans des salles qu'il peut y louer. L'Ateneo ibéro-americano de Paris représente l'une des tentatives les plus abouties pour rassembler dans un même organisme Espagnols, Latino-Américains et Portugais, reliés par une commune opposition aux dictatures de leurs pays respectifs et par une volonté semblable de sauvegarder des identités culturelles parentes.

Assurément, dès les débuts de l'exil, diverses publications culturelles s'intéressent à la culture française, telles la *Revista de Catalunya*, *L'Espagne républicaine*, *L'Espagne*, *Independencia* ou *Méduse*. Au lendemain de la guerre, à Nice, *Per Catalunya* multiplie les regards croisés sur les cultures française et catalane ; elle rend hommage à des écrivains français, tels Max-Pol Fouchet ou Paul Éluard, et propose très régulièrement une rubrique intitulée « Les artistes catalans vus par les critiques français », où sont analysées les œuvres d'Antoni Clavé, Lluís Jou, Lluís V. Molné ou Francesc Riba-Rovira. En 1946-1947, *Heraldo de España* possède une section consacrée à la « Littérature française en espagnol » qui s'intéresse à la culture française, à la littérature espagnole en France et à la présence de l'Espagne dans la littérature française. Cependant, au début des années 1950, la publication de la revue *Cuadernos* constitue une ouverture intellectuelle internationale nouvelle. De larges secteurs de l'exil participent à l'édition de *Cuadernos del Congreso por la libertad de la cultura*, organe d'expression de la section espagnole du Congrès du même nom, constitué à Berlin en juin 1950 par 118 écrivains, artistes et scientifiques originaires de vingt pays, décidés à « défendre le droit de critique et la pensée libre[99] ». Les présidents d'honneur du Congrès pour la liberté de la culture sont Benedetto Croce, John Dewey, Karl Jaspers, Salvador de Madariaga, Jacques Maritain et Bertrand Russell ; le président de l'exécutif en est Denis de Rougemont et le secrétaire général Nicolas Nabokov. La section espagnole du Congrès publie les *Cuadernos* de 1953 à 1965 ; la rédaction est assumée par d'anciens dirigeants du POUM, Julián Gorkín[100] et Ignacio Iglesias, dont les convictions antistaliniennes rejoignent celles des anciens communistes Ignacio Silone et Arthur Koestler, autres animateurs du Congrès. Les *Cuadernos* sont l'homologue de la revue *Preuves*. La participation de nombreux écrivains ou hommes politiques français et latino-américains y est considérable ; des horizons variés sont représentés par des personnalités telles que Nehru, Boris Pasternak, William Faulkner, Aldous Huxley ou Theodor Adorno. La plupart des intellectuels de l'exil et nombre de responsables politiques, des socialistes aux anarchistes et aux nationalistes catalans — communistes exceptés — collaborent aux *Cuadernos* : Salvador de Madariaga, Luis Araquistáin, Américo Castro, Fernando Valera, Rodolfo Llopis, Federica Montseny, entre autres. La section espagnole du Congrès pour la liberté de la culture marque la première ouverture d'ampleur de l'exil espagnol sur l'Amérique latine mais aussi sur d'autres continents[101].

C'est en 1961 que se constituent les éditions Ruedo ibérico, l'aventure éditoriale la plus importante de l'exil espagnol, à l'initiative de José Martínez Guerricabeitia et de deux dissidents du PCE, Jorge Semprún et Fernando Claudín. Ruedo ibérico édite de nombreux ouvrages sur l'Espagne qui, très rapidement, circulent clandestinement dans la Péninsule. Les auteurs représentent un éventail varié, qui va de Herbert Southworth, Gabriel Jackson, Gerald Brenan et Hugh Thomas à Léon Trotski, Jesús Ynfante, Daniel Artigues et Luciano Rincón, *alias* Luis Ramírez. Ruedo ibérico édite à la fois des études originales, des traductions en espagnol des plus importantes recherches internationales sur l'histoire récente de l'Espagne et la revue *Cuadernos de Ruedo ibérico*. Les éditions Ruedo ibérico ont donné véritablement « une plate-forme à l'intelligentsia antifranquiste aux temps où la frustration était totale », selon une formule de l'historien Nicolás Sánchez Albornoz, fils du célèbre médiéviste Claudio Sánchez Albornoz, avant-dernier président du gouvernement en exil[102]. Publiés entre 1965 et 1977, les *Cuadernos de Ruedo ibérico* sont la revue fondamentale de la dernière décennie de l'exil proprement dit et ils témoignent de l'évolution de ce dernier comme de ses formes d'expression. José Martínez et Jorge Semprún les placent d'emblée sous le signe de l'autonomie et de la rigueur : indépendance par rapport aux partis et effort pour s'en tenir à la réalité, loin de toute pensée dogmatique ; ils se prononcent pour un pluralisme socialiste, « radicalement libre [et] radicalement rigoureux[103] ». Les *Cuadernos de Ruedo ibérico* sont un creuset où se mêlent exilés et opposants de l'intérieur — deux cultures qui ont eu leur développement propre — mais aussi intellectuels de divers pays, tout particulièrement de l'Amérique latine. La revue, augmentée de suppléments annuels et enrichie par les nombreuses publications des éditions, contribue grandement à l'étude de la réalité espagnole et marque une nouvelle étape de l'émigration, beaucoup plus en prise sur les problèmes présents de l'Espagne intérieure. Travaux de sociologie, d'économie, de politologie concourent à une connaissance de l'Espagne réelle ; il ne s'agit plus de la représentation d'une Espagne mythique ou mal connue, comme souvent au long de ces années dans la presse de l'exil. L'actualité politique espagnole est suivie régulièrement ; d'importantes études sont menées sur le mouvement ouvrier, le syndicalisme et le monde rural espagnols ainsi que sur la vie culturelle dans la Péninsule. Critiques littéraires et cinématographiques, créations poétiques, nouvelles et humour des caricatures achèvent de donner un style vivant à l'ensemble. Les *Cuadernos de Ruedo ibérico* marquent aussi l'arrivée à maturité d'une nouvelle génération d'exilés, réfugiés jeunes en France sans avoir eu de responsabilités importantes en Espagne, moins marqués par les vieilles dissensions et plus aptes à capter les aspirations de l'opposition intérieure.

L'une des dernières créations culturelles de l'exil est, en 1971, la revue *Libre*, « revue du monde de langue espagnole » qui réunit des écrivains et des artistes espagnols et latino-américains autour d'un projet « révolutionnaire sur tous les plans fondamentaux accessibles au verbe ». *Libre* proclame que « contrairement à ce dont on aurait pu préjuger, elle ne prétend pas être une revue d'intellectuels exilés mais une plate-forme de lancement des meilleurs écrivains de langue espagnole qui, d'où ils se trouvent, peuvent apporter une contribution à la cause de [leurs] peuples ». De Julio Cortázar à Manuel Vázquez Montalbán, de Carlos Fuentes à Octavio Paz et Gabriel García Márquez, et de Wilfredo Lam à Antoni Tápies, l'on y trouve en effet les meilleurs auteurs de langue espagnole du moment et quelques-uns des artistes importants de cette aire culturelle. Les quatre numéros parus sont publiés sous la direction respective de Juan Goytisolo, Jorge Semprún, Teodoro Petkoff et Mario Vargas Llosa. Essentiellement littéraires, les numéros abordent également la situation présente de l'Amérique latine et étudient Che Guevara comme l'Unité populaire au Chili. Il s'agit là d'une revue tout à fait intéressante par son contenu et la rencontre, faite sur le sol français, entre écrivains espagnols et latino-américains. Elle témoigne, comme la plupart des initiatives culturelles des années 1960, de la profonde mutation des cultures de l'exil, passés de la sauvegarde d'une identité à une large ouverture.

Parcours individuels et familiaux. Quelques portraits de la « génération oubliée » et des générations suivantes

D'après une enquête d'opinion effectuée auprès des Français afin de connaître leur attitude à l'égard de l'immigration étrangère, le démographe Alain Girard indique en 1974 que l'intégration des Espagnols est jugée exemplaire [104]. Sur le plan géographique, même si certains départements sont plus particulièrement « hispanisés », la répartition est suffisamment équilibrée pour éviter toute formation de « ghetto » et, même là où la densité espagnole est assez forte, l'on constate, selon l'expression des sociologues, une « invisibilisation » des Espagnols, du fait de leur facilité à se fondre dans la masse des Français par l'apparence et l'attitude. Les réfugiés ne sont pas distingués de l'ensemble de la colonie espagnole. Ceux qui ont fait si peur en 1939 à de nombreux secteurs de la population, soulevé les craintes les plus irrationnelles, se sont ainsi fondus dans la population française au point de ne plus s'y distinguer, sauf à l'audition de quelque accent rocailleux jugé sympathique. Les naturalisations et les mariages mixtes ont bien sûr joué leur rôle. Mais, dans le cas des réfugiés, les naturalisations ont été moindres ou tardives et c'est un processus lent et progressif d'intégration dans la société française qui s'est opéré ; même si ce processus s'est effectué sans être voulu et si les préoccupations de beaucoup sont restées longtemps tournées vers l'Espagne. Les liens tissés par les républicains avec de nombreux secteurs de la société française, en particulier avec des organisations politiques, syndicales ou associatives, ne sont pas étrangers à cette acculturation graduelle. Le rôle du travail et de l'école est déterminant, à une époque où le système français d'éducation demeure le principal vecteur d'intégration, où le plein emploi des « trente glorieuses » absorbe différents types de main-d'œuvre, spécialisée ou non, et où la formation permanente permet une mobilité sociale [105]. Quant aux générations nées en France, elles ne se distinguent guère dans la population française, si ce n'est, pour certains de leurs représentants, par un intérêt plus prononcé pour la culture espagnole.

Lors des deux dernières décennies de l'exil, qu'en est-il de l'intégration des réfugiés espagnols en France ? On a vu la prégnance de l'espoir de retour, longtemps caressé par certains, la volonté de maintenir une identité, mais aussi l'inéluctable obligation d'insertion professionnelle pour vivre et assurer le quotidien de familles enfin rassemblées. La question se pose différemment selon l'âge d'arrivée en France et, donc, selon les générations. C'est à partir du milieu des années 1950 que les naturalisations prennent une certaine ampleur, mais elles ne touchent, jusqu'en 1970, qu'un peu moins d'un huitième des réfugiés inscrits à l'OFPRA ; elles se développent surtout ensuite, quand il est patent que le retour en Espagne n'est plus envisageable, sauf pour des séjours temporaires, et elles concernent moins la génération arrivée adulte que les réfugiés plus jeunes qui ont un avenir à construire en France. Le statut de réfugié joue un rôle paradoxal : s'il favorise l'obtention de la naturalisation, il permet aussi d'éviter celle-ci comme unique ou meilleure solution aux problèmes de la vie quotidienne, celui du travail par exemple [106]. L'application de la convention de Genève de 1951 garantit en effet la situation légale du réfugié, lui donne une position plus favorable qu'aux autres étrangers résidant en France et lui octroie une carte de résident de dix ans automatiquement renouvelable, dite de « résident privilégié [107] ».

La « première génération », adulte au moment de l'exode, garde généralement la nationalité espagnole, par principe et par attachement à son identité. Bien souvent, des décennies après l'exode, nombre de ses représentants parlent le français avec un fort accent ; leur long exil, si longtemps estimé temporaire, fait qu'ils se sentent définitivement espagnols en France tout en étant perçus comme des Français en Espagne. L'Espagne nouvelle ne ressemble évidemment plus à celle qu'ils ont quittée, où ils ont tant investi, ni à celle qu'ils ont eu le temps de mythifier, et la France est à présent le pays où vivent leurs enfants et petits-enfants, le pays où ils ont passé le plus clair de leur vie. Celle que l'on appelle parfois en Espagne la « génération oubliée » est la génération « intermédiaire », celle des réfugiés nés dans les années 1920 et 1930, arrivés jeunes — enfants ou adolescents — avec leurs parents. En fonction de leur âge au moment de l'exode de leurs parents, leur intégration s'est faite plus ou moins facilement ; il est certain que les plus jeunes ont pu, assez rapidement, vivre comme les enfants français du même âge et bénéficier plus tôt de l'important moteur d'intégration qu'est l'école, tandis que les plus avancés en âge ont souvent connu davantage de difficultés [108]. Même si l'Espagne demeure pour elle la terre de l'enfance et des premiers souvenirs, par rapport aux générations précédentes c'est celle qui demande le plus sa naturalisation, poussée par des parents qui, quant à eux, conservent leur nationalité espagnole. Ainsi, dans le livre d'Isabel Fernández, *Pauline ou l'histoire d'une intégration*, le père de Pauline décide en 1954 de faire naturaliser ses enfants afin de donner au plus jeune la possibilité d'obtenir une bourse pour faire des études et permettre à sa fille aînée d'accéder à des métiers plus qualifiés que le sien ; pour le frère cadet de Pauline, né en France, la procédure est rapide et elle prendra quelques mois de plus pour la jeune fille. Des années plus tard, alors que la mère est très malade, les parents de Pauline demanderont la naturalisation pour eux-mêmes afin de pouvoir rendre visite à leur famille en Espagne munis de cette protection. Enfin, pour les « nouvelles générations » nées en France, la question de la nationalité n'en est pas une puisqu'elle est attribuée en vertu du *jus soli* de la législation française. Pour ces descendants de réfugiés, l'Espagne est soit une origine occultée, soit une référence mythique, soit une racine redécouverte au hasard de l'évolution personnelle.

Sur la longue durée, au terme des années 1960, les évolutions amorcées la décennie précédente se confirment et s'amplifient. Alors que l'on constate parfois que les réfugiés sont frappés de déclassement par rapport à leur situation sociale antérieure — comme cela a pu être le cas pour les réfugiés russes du début du siècle par exemple —, les républicains espagnols connaissent, entre le milieu des années 1950 et la fin des années 1960, une ascension de leurs catégories socioprofessionnelles. Selon les dépouillements des dossiers de l'OFPRA effectués par Aline Angoustures, cette ascension est marquée par une diminution des emplois non qualifiés, notamment d'ouvriers agricoles, et par une augmentation du tertiaire. Les réfugiés occupent des postes supérieurs à ceux des migrants espagnols en général : le nombre d'ouvriers qualifiés, de cadres moyens et supérieurs est plus grand chez les réfugiés que chez leurs compatriotes [109].

Certes, des exilés espagnols, issus de catégories sociales élevées en Espagne, doivent se contenter en France, pour survivre, de professions « alimentaires », destinées à couvrir leurs besoins et ne correspondant pas à leurs qualifications : architectes travaillant comme dessinateurs, médecins admis comme infirmiers, professeurs employés comme maîtres auxiliaires ou encore patrons de presse devenus pigistes. Pour ne citer qu'un exemple, on peut évoquer Fernando Valera, écrivain, dirigeant du Parti radical socialiste puis de l'Union républicaine, député, ministre dans les gouvernements en exil, qui gagne sa vie comme lecteur d'espagnol dans divers lycées parisiens, notamment le lycée Voltaire. Mais ce déclassement est surtout le fait de la première génération, arrivée adulte voire âgée en France, et si des cas individuels peuvent être cités à l'appui, il n'est pas confirmé par les statistiques globales : moins de 17 % de déclassement, plus d'un tiers de progression et une bonne moitié de simple reproduction [110]. En revanche, il existe une importante progression d'une génération à l'autre. La génération « intermédiaire », venue à l'époque de l'enfance ou de l'adolescence, connaît une ascension sociale d'autant plus importante qu'elle est arrivée jeune et peut s'acclimater tôt dans son nouveau pays. Cette génération, née entre 1925 et 1939, manifeste des comportements sociaux tout à fait spécifiques. En premier lieu, un fort taux de mariages mixtes, alors que la génération précédente a eu tendance à se regrouper et à se marier entre réfugiés : plus de la moitié des mariages de cette classe d'âge se font avec des Français, mais ce sont plutôt des hommes espagnols qui épousent des femmes françaises. Cette génération enregistre déjà une très forte progression par rapport aux professions exercées par les parents ; le taux de reproduction sociale est inférieur

au tiers des personnes concernées alors que la mobilité ascension-
nelle est bien supérieure à la moitié et que les déclassements sont
autour de 12 %. En ce qui concerne les générations nées à partir
du début des années 1940, la progression par rapport aux parents
est encore plus significative, de l'ordre de 75 %, et la reproduction
est seulement de 25 %[111]. Les réfugiés espagnols de la première
génération, qui ont connu des situations difficiles et exercé souvent des métiers peu qualifiés et ingrats, ont fortement encouragé
leurs enfants à se former et, de fait, à occuper des postes plus
gratifiants que les leurs ; une première progression sociale ainsi
effectuée, les conditions de vie des générations suivantes ont été
largement facilitées. Bien que l'exil soit riche d'une multiplicité
d'individualités aux parcours très divers, suivre des groupes, des
familles ou des personnes dans la longue durée permettra de rendre plus concrète l'approche de sa complexité.

En 1960, la situation des réfugiés espagnols dans la commune
de Cahors est bien différente de ce qu'elle était dix ans plus tôt.
D'abord, leur effectif a fortement diminué. Ils sont passés de 250
à 129, tandis que les Espagnols non réfugiés sont devenus majoritaires ; ces derniers, au nombre de 78 en 1950, sont 361 à cette
date, arrivés surtout à partir de 1955 et 1956, et de façon importante et continue dans la seconde moitié des années 1950[112], illustration locale de l'importante migration du travail venue en France
à partir du milieu des années 1950. Sur les 54 familles de réfugiés
présentes dans la ville de Cahors en 1950, il n'en reste plus qu'une
quinzaine. Il est malheureusement impossible, compte tenu des
archives disponibles à cette date, de savoir si cette diminution est
imputable à des départs — vers d'autres régions françaises, voire
vers la Péninsule — ou à des naturalisations ; certainement aux
deux causes à la fois, mais la proportion de chacune d'entre elles
demeure inconnue. Il faut se rappeler toutefois le grand nombre
d'enfants de moins de quinze ans, dont une grande majorité née
en France, parmi les réfugiés présents dans cette ville en 1950 ;
la naturalisation de ces jeunes par déclaration d'option — puisque
la plupart d'entre eux n'ont pas atteint leur majorité en 1960 —
explique leur absence presque générale du recensement de cette
même année, alors que leur famille est restée à Cahors. On ne
constate pas de grands changements socioprofessionnels dans les
familles présentes encore dans cette ville en 1960. Beaucoup
d'hommes sont manœuvres ; mais il y a des mécaniciens, un

plombier, un boulanger, un cordonnier. Les femmes sont souvent déclarées femmes de ménage ; un entrepreneur est devenu métreur. Cette stabilité socioprofessionnelle tient probablement à la nature du marché de l'emploi dans le Lot, département rural, et dans Cahors en particulier, chef-lieu administratif dépourvu d'industries importantes. La rareté des activités créatrices d'emplois dans la ville explique probablement de nombreux départs de réfugiés vers d'autres régions. Cependant, des évolutions se dessinent avec la génération suivante : un jeune, déclaré maçon comme son père en 1950, est indiqué chef de chantier dix ans plus tard. Dans les départements où les activités économiques sont plus diverses, les mutations sociales sont plus sensibles ; mais surtout, il n'est possible de percevoir ces dernières que dans la longue durée[113].

En Haute-Garonne, au milieu des années 1950, nombreux sont les jeunes d'une vingtaine d'années à demander leur naturalisation[114]. La plupart sont nés en Espagne entre 1930 et 1938 ; ils sont généralement venus en France avec leurs parents en 1939 et ils ont connu avec eux les errances de nombreux réfugiés, mais quelques-uns sont arrivés après la guerre mondiale, avec la mère, pour rejoindre le père déjà exilé. Même quand ils sont majeurs, ils résident près de leurs familles qui vivent dans la quasi-totalité des cas dans ce même département ; quant aux frères et sœurs, ils habitent également dans la région toulousaine ou dans un département voisin et certains d'entre eux sont déjà naturalisés, par mariage ou par décret et, pour les plus jeunes de la fratrie, par déclaration d'option ou susceptibles de l'être à leur majorité. Ces nouveaux Français exercent à cette date des métiers divers et, compte tenu de leur âge, ils sont généralement apprentis ; ils sont ainsi ébénistes ou menuisiers, mécaniciens, maçons, plombiers, électriciens, ajusteurs-tourneurs, charcutiers ou cuisiniers, mais il n'y a pratiquement pas de manœuvres ou d'ouvriers agricoles parmi eux comme dans la génération parentale. En revanche, on rencontre des sténodactylos, des aides-comptables, un agent d'assurances ou un monteur téléphoniste et, surtout, fait remarquable, de nombreux étudiants. Ces jeunes gens poursuivent des études de comptabilité, d'électricité ou de sténodactylographie, mais l'on rencontre aussi des bacheliers entrés dans l'enseignement supérieur ; les parents de ces étudiants n'occupent pas des emplois qualifiés, ils sont ouvriers agricoles, manœuvres ou cordonniers, un seul est chef de chantier.

On perçoit donc, dès cette date, dans ce département, un début de mobilité sociale ascendante entre les générations, qui coïncide pour une bonne part à celle entreprise par les Français à la même période. Les mariages mixtes commencent également à se développer, mais ce sont généralement, en Haute-Garonne comme au niveau national, des Espagnols qui épousent des Françaises et non l'inverse ; ainsi, un jeune coiffeur, marié à une coiffeuse française, travaille dans le salon appartenant à son beau-père. Un facteur d'intégration supplémentaire est représenté par le service militaire ; lorsque le jeune homme exprime clairement qu'il est prêt à se soumettre aux obligations militaires en France ou lorsque son âge le rend « susceptible de remplir ultérieurement dans notre pays » ces mêmes obligations, sa naturalisation est grandement facilitée et même souhaitée par les autorités, surtout en cette période de guerres coloniales. D'autres guerres que celles qu'ils ont déjà vécues attendent en effet les jeunes réfugiés nés au début des années 1930. Les guerres coloniales sont présentes dans le récit d'Isabel Fernández. Nés au début des années 1930, tous deux fils de parents de nationalité espagnole, les trajectoires personnelles des deux jeunes hommes dont il est question sont significatives : Enrique passe de longues années en Indochine et Alexandre est rappelé pour aller combattre en Algérie en 1956, après avoir — comme bien d'autres jeunes Français — déjà accompli ses obligations militaires. C'est le cas également de José, né en 1931, réfugié en 1939 en Afrique du Nord avec ses parents, qui passe plusieurs années dans un camp en Algérie et gagne la métropole après la guerre mondiale, à l'exemple de nombre d'autres compatriotes ; il sera mobilisé pour aller combattre en Indochine, puis en Algérie, et il servira encore en Afrique [115].

Dans bien des témoignages, la volonté de « s'en sortir » propre à la génération qui a connu la Guerre civile durant son enfance revient comme un leitmotiv : peut-être désir de promotion sociale individuelle, mais avant tout volonté d'effacer les souvenirs souvent traumatisants du passé et de se donner les moyens de continuer, sous d'autres formes, la lutte menée par les parents. Le métier est souvent conçu comme un mode d'engagement — enseignement, journalisme, médecine, littérature ou carrière politique, par exemple, s'y prêtent aisément — et souhaité davantage pour les possibilités d'action qu'il offre dans une société que par le statut proprement dit qui lui est attaché. Chez les réfugiés espagnols, groupe très politisé, à la forte identité collective, les jeunes manifestent très souvent un désir d'apprendre et de se former, un goût de la culture, plus qu'un désir exclusif d'ascension sociale ; ils sont poussés aussi par leurs parents qui, même s'ils n'ont pas pu faire d'études, éprouvent une attirance et un respect profonds pour la culture et encouragent leurs enfants à acquérir les connaissances qui leur permettront d'échapper à leur condition. « Mes parents n'avaient pas fait d'études : ils en souffraient. Ils pensaient que les livres étaient pour nous la vraie planche de salut, l'unique chance d'échapper à la condition ouvrière. Chez ma mère surtout, un moment câbleuse chez Renault, la blessure sociale était aussi profonde que la blessure politique », témoigne Odette Martínez-Maler[116]. À Decazeville, Jean Vaz renchérit : « Nos parents étaient des gens formés socialement et politiquement, ils défendaient l'idée que l'éducation représentait la libération de l'homme. Ils nous motivaient beaucoup sur le plan scolaire... Plusieurs têtes de classe étaient à ce moment-là espagnoles parce qu'il y avait cette motivation familiale qui n'existait peut-être pas dans le milieu populaire français[117]. » Isabel Fernández parle de « défi au destin » à relever : « Pauline étudie. Elle n'apprend pas très vite, mais sa soif de connaissance est telle qu'elle ne compte pas les heures qu'elle passe derrière ses livres et ce travail studieux la comble. Peut-être aussi, quelque part dans sa tête, y a-t-il ce défi au destin qu'elle veut relever ? Il n'est pas si facile pour une enfant de réfugié d'étudier ! Personne dans sa famille ne peut l'aider ou si peu, surtout en français[118]. » Isabel Fernández, qui est probablement le double de Pauline, fera carrière dans le commerce international de la laine, alors que son père, paysan d'origine, a travaillé comme ouvrier dans l'industrie lainière du Tarn. Bien qu'elle soit issue d'un milieu social différent, María Casares évoque également cette volonté de « s'en sortir » :

> J'appartiens peut-être à une génération difficile à classer dans un lieu ou un temps précis, une génération qui vient d'ailleurs, en France, ou plutôt qui vient d'ailleurs partout où elle se trouve ; l'éternel troupeau d'émigrants ou d'exilés qui, ailleurs, sortis de leurs terres, se retrouvent dans la situation où il leur faut se rendre digne de vivre...
>
> [...] il nous fallait mériter de vivre ; et pour cela, tout refaire, tout recommencer, *jusqu'à l'alphabet*, qu'il nous fallait rapprendre à épeler. Et les manières. Et l'esprit. Et le cœur... Il fallait enfoncer jusqu'au tréfonds de soi, ce qui avait été, et accueillir, boire, avaler tout ce qui nous venait d'ailleurs...
>
> [...] Du haut de mes quatorze ans tout frais accomplis, ramassée

sur moi-même et ma sauvagerie, sourde et aveugle à tout ce qui n'était pas « m'en sortir » sur le moment même, et *vivre*, immédiatement consciente par éducation de ce que je devais à ceux qui m'accueillaient, passionnément curieuse des hommes quels qu'ils fussent, armée d'une vitalité à la limite du monstrueux [...] je regardais le monde comme l'on considère une pomme à croquer, avec des dents de loup. Mais sans autre ambition que « m'en sortir » — et vivre.

[...] Même ma langue, je devais m'efforcer le plus possible de l'oublier. Il fallait en apprendre une autre, la perfectionner, la faire mienne [119].

Le rôle symbolique joué par l'appropriation de la langue française dans le processus d'intégration est souligné dans beaucoup de témoignages, pas seulement chez une comédienne désireuse d'interpréter des rôles du répertoire français. Parfois, cet apprentissage se double d'un oubli de la langue d'origine, « effacée comme un mauvais souvenir [120] » et la maîtrise du français apparaît comme la conquête d'une autre identité. L'évocation faite par une romancière d'origine espagnole de plusieurs générations d'une même famille, composée comme souvent d'immigrés et de réfugiés, revient à plusieurs reprises sur les rapports ambigus des réfugiés avec leur langue maternelle et avec l'idiome du pays où ils vivent. « À présent, c'est trop tard. Je ne rêve ni ne pense plus qu'en français. Et c'est en français que remonte le passé », constate Julien qui a dix-sept ans lorsque éclate la Guerre civile. Il précise : « Je m'étais construit Français entre une mère qui n'a jamais parlé que le catalan et un père qui maniait le castillan comme une arme ou du moins comme une menace... À l'école [...] je m'y étais beaucoup battu, non pas comme mon frère pour être le premier de la classe, mais simplement pour exister... On m'appelait surtout *l'Espingouin*, et ça, je n'aimais vraiment pas. J'ai défendu mon identité française à coups de poings, de pieds, de dents [121]. » Odette Martínez-Maler décrit fort bien cette double référence culturelle matérialisée par la pratique de deux langues, dont l'une prend progressivement le dessus :

Entre tous nos fragments d'Espagne, le seul ciment était la langue. Mais ce ciment lui-même était fissuré. Ce que la langue donne à entendre, c'est aussi ce que l'exil nous interdit de voir. Une musique familière désigne un pays absent. Comment cette musique familière ne deviendrait-elle pas, elle aussi, une musique étrangère ?

[...] Comment ma première langue — la langue des origines —

a-t-elle travaillé en douce, en sourdine, la seconde, devenue la langue de l'intégration et du savoir ?... Ma langue maternelle, au domicile familial, alternait avec le français. Elle insistait, sonore et diffuse, par la présence de ses mots et, surtout, de l'accent espagnol *dans* la langue française. Cette alternance et cette insistance désignaient le français comme cette autre rive où il fallait accoster. Peut-être ne s'agissait-il au fond que de trouver refuge dans une identité scolaire (et française).

[...] La plupart des enfants d'émigrés connaissaient (et connaissent) cet entre-deux. Et ce fut, pour chacun de nous, une aventure solitaire d'aller vers des mots qui furent d'abord ceux de l'école et de l'écrit, des mots étrangers qui n'étaient pas donnés, adoucis par des voix familières, enrobés de certitudes, des mots granitiques quelquefois, qui, telles des énigmes, pouvaient rester impénétrables ou résister à l'appropriation durant de longs jours.

Happée par l'école, j'ai succombé très tôt à un amour démesuré de la langue, obstiné et prétentieux, naïf et provocant [122].

La génération née en Espagne dans les années 1920 et 1930 — comme María Casares en 1922 — a vécu la Guerre civile dans l'enfance ou l'adolescence avec les profondes empreintes que peuvent laisser sur des êtres jeunes des événements traumatiques tels que les bombardements des villes, les luttes fratricides, les clivages au sein des familles ou les séparations souvent prolongées d'avec les proches ; sans compter les débuts difficiles de l'exil, avec le passage dans les camps d'internement, les centres d'hébergement ou les colonies d'enfants et, très rapidement, la Seconde Guerre mondiale. Comme le souligne Jorge Semprún dans *Le Grand Voyage*, récit du terrible itinéraire qui le mène du camp de Compiègne à celui de Buchenwald, « j'étais sorti de la guerre de mon enfance pour entrer dans la guerre de mon adolescence, avec une légère halte au milieu d'une montagne de livres ». Cette génération a en commun d'appartenir à ce que l'écrivain appelle « cet âge grave qu'ont les enfants d'après-guerre [123] ». María Casares parle également de « l'âge d'une enfant précocement poussée » et d' « adolescence manquée » ; elle se définit, à son arrivée en France à l'âge de quatorze ans, comme « à la fois enfant et femme, passée brutalement, en brusque convulsion, d'un état à l'autre [124] ». Il s'agit d'une génération qui mène sa vie et ses combats dans un autre pays que celui de ses pères, inscrite entre la génération des combattants — anonymes ou célèbres — de la Guerre civile et une génération plus jeune intégrée en France dès sa naissance. « À y bien réfléchir, je n'étais pourtant pas exilé. Rien que le fils d'une exilée », constate Michel del Castillo[125]. L'héritage venu de la génération précédente peut être vécu, selon l'âge au moment de la guerre, selon la situation sociale ou familiale, selon le tempérament personnel et les événements rencontrés, comme douloureux, mythique ou encombrant ; mais il est déterminant pour la construction individuelle.

Une trentaine d'entretiens menés avec des représentants de cette génération permettent de confirmer à la fois les statistiques globales et de mettre en évidence la spécificité de cette classe d'âge qui a connu enfant la Guerre civile. L'origine socioprofessionnelle des parents est généralement modeste ; la plupart sont agriculteurs, et le sont restés en France, ou sont employés comme ouvriers. Les enfants, nés dans les années 1920 ou 1930, ont des professions plus diversifiées et plus qualifiées : on rencontre des mécaniciens, des ouvriers qualifiés, un maquettiste, une modéliste, des artisans, plusieurs sont ingénieurs ou techniciens supérieurs, et il y a des secrétaires administratifs et un professeur d'université. La mobilité sociale ascendante par rapport aux parents est manifeste et, comme pour beaucoup de Français à la même époque, la progression s'est effectuée à l'aide de l'apprentissage ou de la formation continue, notamment des cours du soir. Ainsi, Ramón S., dont le père, militant de la CNT, était cantonnier en Espagne, se situe en France dans la lignée politique de celui-ci et a effectué un parcours professionnel très diversifié, commencé à l'âge de quatorze ans comme ouvrier agricole ; devenu apprenti mécanicien, puis mécanicien, gérant de garage, il est aujourd'hui propriétaire-exploitant d'un garage. Cristobal G., issu d'une famille de paysans modestes, a d'abord exercé le métier de mosaïste en France, puis a été, au gré des circonstances, terrassier, coffreur, ouvrier agricole, mécanicien sur bois, charpentier. Il s'est formé ensuite pour être, à partir de 1955, dessinateur industriel puis il est devenu ingénieur en 1969, avec des responsabilités assez importantes à ce titre, notamment la construction de grands équipements en Amérique latine. Ou encore, Pierre V., dont les parents sont restés métayers en France et qui, après avoir travaillé comme comptable, a poursuivi des études supérieures et a terminé sa carrière comme professeur d'université. Pour beaucoup d'entre eux, les liens avec le groupe des réfugiés ont été importants à certains moments, même s'ils sont restés informels ou irréguliers, marqués par la participation à des mouvements et associations ou, du moins, aux activités publiques de l'exil ; ces liens se sont souvent distendus par la suite, laissant toutefois inchangée la relation affective, faite généralement d'attachement et, pour une minorité, de déception. Répartis dans diverses régions françaises, surtout l'Ile-de-France et le Midi, très peu de ces personnes interrogées ont souhaité retourner en Espagne après le franquisme ; seulement quelques-unes d'entre elles ont effectué des essais temporaires. Les liens avec l'Espagne demeurent toutefois réguliers, renforcés par des voyages et des séjours fréquents.

Quant au positionnement par rapport aux choix idéologiques des parents, on peut déceler trois types principaux d'attitude : la discontinuité, la rupture et la filiation. Sauf exception, on parle généralement de l'engagement du père, la mère partageant généralement celui-ci, même si elle n'y a pas un rôle actif. Le respect et l'admiration pour l'engagement des parents sont unanimes chez les personnes rencontrées, mais il peut très bien y avoir un net refus, comme chez Antonio A., de « faire de la politique » ; souvent parce que l'on a souffert enfant de cet engagement. Ainsi, pendant les années de prison de son père, Antonio A. a vécu difficilement en Espagne avec sa mère, contrainte d'accepter les petits travaux qu'elle trouvait pour faire subsister la famille ; venu en France dans les années 1960, il ne participe à aucun mouvement ou parti espagnol et ne souhaite pas se mêler de politique, même s'il en suit l'évolution aussi bien en France qu'en Espagne [126]. C'est le cas également de Ramón S., né en 1929. Son père, cheminot barcelonais, militant de la CNT, s'est réfugié en France en 1939, seul de sa famille, et y a connu la forteresse-prison de Collioure, les camps d'internement, les Compagnies de travailleurs étrangers, le travail dans une base allemande de sous-marins en Bretagne. Lui-même, venu voir clandestinement son père en 1951, fait son service militaire en Espagne avant de venir se réfugier en France en 1957 après avoir participé à une grève à Barcelone. Sa mère, femme de ménage et lavandière, respectueuse des traditions, reste en Espagne. Fraiseur-outilleur, Ramón trouve facilement du travail en France à la faveur de la grande vague migratoire espagnole et ne demande pas le statut de réfugié politique ; syndiqué à la CGT, proche du parti communiste, il refuse de s'engager davantage, surtout dans les organisations de l'exil qui le déçoivent. « Les enfants de réfugiés ont souffert plus que les autres », remarque-t-il. Aussi ne veut-il pas faire connaître à la famille qu'il a constituée en France avec une compatriote les mêmes problèmes qu'il a connus enfant et adolescent : famille éclatée, détruite et sacrifice des proches à un idéal qui s'éloigne toujours. Le père est jugé trop bon et plein d'illusions [127].

À côté de cette discontinuité, il peut y avoir rupture idéologique. Des fils d'anarchistes, comme Ramón S., se rapprochent en France des organisations communistes ; l'inverse se rencontre aussi. Les conflits qui ont traversé la société espagnole traversent également les familles. Les grands-parents maternels de Pauline sont favorables aux nationalistes, tandis que ses grands-parents paternels sont républicains. Les parents de Concepción, personnellement très impliquée dans la mouvance anarchiste en France, sont franquistes. Les parents eux-mêmes peuvent appartenir à des tendances radicalement opposées, l'un étant républicain et l'autre franquiste, mettant en quelque sorte les enfants en situation de choix. Le cas d'Angelina n'est probablement pas aussi rare qu'il y paraît ; son père, proche de la CNT, s'exile en France en 1939 et sa mère, profranquiste, reste en Espagne et place la petite fille dans un orphelinat. Angelina rejoint son père en France en 1955 et épouse un réfugié de tendance républicaine ; elle-même se rapproche des socialistes, sans militer de façon régulière, mais toujours attentive à la sauvegarde de la mémoire des républicains espagnols, notamment des anciens résistants [128].

Mais cette génération peut se situer également dans la continuité de la précédente. De véritables familles politiques se constituent à partir des familles biologiques. Cette continuité semble beaucoup plus manifeste dans la génération née en Espagne que dans la suivante, où discontinuités et ruptures sont beaucoup plus fréquentes par rapport aux parents ; comme si la proximité de la Guerre civile avait davantage réuni, dans leur manière d'être et de penser, ceux qui l'ont vécue comme adultes et ceux qui l'ont vécue comme enfants. Les exemples de continuité abondent. Pauline dont parle Isabel Fernández est socialiste, comme son père ; les frères José et Carlos Martínez Cobo le sont également, comme Carlos Martínez Parera, longtemps trésorier du PSOE en exil [129]. Une continuité remarquable dans la durée est celle des familles anarchistes, où il n'est pas rare de rencontrer deux générations de militants convaincus — comme dans les familles A. et Ms. — ou trois générations — comme chez les S. —, voire quatre générations ; ainsi, dans la famille M., où les grands-parents ont été animateurs d'une collectivité agricole en Catalogne, trois générations sont libertaires et une partie de la quatrième génération, encore dans l'enfance, est déjà sensibilisée aux idéaux des générations précédentes. C'est que la Guerre civile espagnole a eu des effets différents selon la date de naissance des individus, mais aussi selon leur tempérament. L'exemple de la famille Ms., arrivée en France en 1939, est à cet égard significatif : six frères et sœurs, nés entre 1930 et la fin des années 1940, dont trois nés en Espagne en 1931, 1934 et 1937. Le père, dont les autres membres de la famille étaient plutôt favorables aux franquistes, était cheminot cénétiste à Madrid. Il n'a jamais parlé à ses enfants de son activité militante et eux-mêmes n'osaient pas poser de questions à un père réservé et austère. Des trois aînés, nés en Espagne, les deux premiers, traumatisés par la Guerre civile et par les camps français, ont tenté d'oublier cette période et ne se sont jamais ensuite intéressés à la politique ; le troisième s'est engagé un temps puis a arrêté toute activité militante. Des trois plus jeunes, nés en France, l'un n'a pas voulu d'un « engagement » ; quant aux deux autres, le premier a longtemps occulté les problèmes posés par la guerre d'Espagne, avant de participer à des groupes libertaires espagnols, et la plus jeune a entrepris une thèse d'histoire sur cette période. Rien de linéaire ni de systématique donc dans les transmissions d'héritage des réfugiés républicains et dans les réappropriations ultérieures effectuées par les générations suivantes. Quelques itinéraires et portraits très divers de personnalités appartenant aux générations arrivées jeunes en France, illustreront la pluralité des composantes de l'exil républicain.

Le plus ancien parmi eux, puisqu'il est le seul à avoir eu — même si c'est dans une organisation de jeunesse — des responsabilités en Espagne est Wilebaldo Solano. Né à Burgos en 1916, il est dirigeant des jeunesses du POUM alors qu'il fait ses études de médecine. Arrêté en avril 1938 lors de la répression dirigée contre le POUM à la suite des journées de mai 1937 à Barcelone, il est transféré dans une prison de Cadaqués deux jours avant l'entrée des troupes franquistes à Barcelone ; il s'évade avec les autres dirigeants du POUM, notamment Juan Andrade, Pere Bonet [130] et Julián Gorkín, et passe la frontière grâce à l'aide du PSOP de Marceau Pivert et de militants comme Victor Serge et Colette Audry. Il se rend à Paris, puis est assigné à résidence à Chartres et travaille en usine ; après son arrestation et sa condamnation, il est détenu à Montauban puis à la maison centrale d'Eysses. Libéré le 19 juillet 1944 par un groupe de résistants du Lot commandés par le capitaine Dollé, il sert ensuite dans les services sanitaires sur le front du Médoc, dans le bataillon espagnol Libertad, avant d'être démobilisé en février 1945. Il est le secrétaire général du POUM en exil de 1948 à 1974. Il travaille comme journaliste à l'AFP de 1954 à 1981. Après sa retraite, il partage son temps entre Paris et Barcelone, où il contribue à la création de la fondation Andrès-Nin ; il a notamment l'occasion de servir de conseiller historique au réalisateur britannique Ken Loach pour le film *Land and Freedom*, qui a eu un retentissement important en France et en Espagne dans les années 1990[131].

Le fondateur des éditions Ruedo ibérico, rédacteur en chef des *Cuadernos de Ruedo ibérico*, José Martínez Guerricabeitia, est né quelques années plus tard, en 1921, dans une famille anarcho-syndicaliste. José Martínez milite à la FIJL et, comme il commence à travailler jeune, il entre à la CNT et se bat dans une colonne anarchiste pendant la Guerre civile. Arrêté, il est envoyé, du fait de son jeune âge, dans une maison de redressement où il reste deux ans et demi. Il entre ensuite dans la clandestinité et sert notamment de contact à Valence pour la FUE. À la suite d'une nouvelle arrestation, la FIJL décide en 1948 de le faire partir en exil et le nomme membre de sa délégation extérieure ; il en démissionne début 1949 ; tout en gagnant sa vie et avec le secours d'une bourse, il passe une licence à la Sorbonne. José Martínez entre alors chez Larousse puis travaille comme correcteur à l'ONU et dans une maison d'édition. Las des factions de l'exil, il décide de créer une maison d'édition pour mener un travail de réflexion unitaire : elle « démarre sur huit roues », grâce à la vente des automobiles de José Martínez et de Nicolás Sánchez Albornoz. Une SARL « Éditions Ruedo ibérico » est constituée le 28 septembre 1961 et José Martínez s'investit pleinement dans cette aventure éditoriale qui a un impact considérable sur la nouvelle opposition intérieure. Revenu en Espagne au début des années 1980, José Martínez n'y trouve pas les conditions favorables pour poursuivre son travail et, très isolé, meurt subitement à Madrid en 1986[132]. De l'Espagne, il n'a connu que la guerre, la répression, la clandestinité puis un retour décevant dans un pays dont il a pourtant contribué à dessiner les traits actuels.

L'itinéraire d'Antonio Téllez Solà, né en 1921 à Tarragone, commence de la même manière que celui de José Martínez ; militant de la FIJL en Espagne à partir de 1936, mobilisé à dix-huit ans à la fin de la Guerre civile, il s'exile en février 1939. Après un an d'internement à Saint-Laurent-de-Cerdans et à Septfonds, il est engagé pour travailler à la construction d'une poudrerie à Lannemezan ; après l'armistice, il travaille comme paysan, mais il est à nouveau interné à Argelès. En 1942, il est enrôlé dans le 321ᵉ GTE à Mende, puis est requis par l'organisation Todt pour un chantier de construction d'un blockhaus à Agde ; il s'évade et rejoint un groupe de guérilleros dans l'Aveyron et s'incorpore à la 9ᵉ brigade de l'UNE. Il participe à la tentative d'invasion du val d'Aran et rejoint Toulouse. Élu en 1945 au Comité national de la FIJL, il est chargé de récupérer l'armement dispersé en France pendant la guerre ; en 1946, il effectue des missions de contact avec les guérilleros qui se battent en Espagne, afin de les aider et de faire connaître leur lutte. Après l'échec de cette tentative, il se rend à Paris, travaille comme artiste peintre et passe un CAP de tabletier façonneur de matières plastiques ; employé en usine jusqu'en 1959, il devient ensuite traducteur technique indépendant puis, en 1960, journaliste à l'Agence France-Presse jusqu'en 1986. Après la mort à Barcelone en 1957 de son ami José Lluís Facerías, l'un des militants anarchistes de la lutte armée, il fonde *Atalaya* qui débat des problèmes internes de la CNT et des méthodes d'action de ses organes dirigeants. Abandonnant tout militantisme organisationnel en 1961, il se consacre à écrire l'histoire des groupes d'action antifranquistes [133].

Né quelques années plus tard, arrivé à l'âge de treize ans en France, Antoine Cascarosa appartient à une famille d'agriculteurs de la province de Huesca. Il arrive avec sa mère le 7 février 1939. Envoyée en Normandie, la famille se replie dans le Midi en juin 1940 et elle est alors internée dans les camps d'Argelès et de Rivesaltes. Antoine Cascarosa aura l'opportunité de quitter les camps en 1942 pour séjourner dans des colonies d'adolescents, notamment au Chambon-sur-Lignon, et y étudier. Devenu ingénieur spécialiste du traitement des eaux à Paris, en 1948, il participe un temps au mouvement libertaire puis s'investit beaucoup dans ses responsabilités professionnelles. Il retourne pour la première fois en Espagne en 1967, après le décès de ses parents. En 1970, il opte pour la nationalité française et il continue à vivre en France, où habitent ses enfants et petits-enfants [134].

Elle aussi déjà plusieurs fois évoquée, María Casares est l'une des comédiennes les plus emblématiques du théâtre et du cinéma français de l'après-guerre. Fille de Santiago Casares Quiroga, chef du gouvernement républicain lors de l'éclatement de la Guerre civile, María Casares est la touchante Nathalie dans *Les Enfants du Paradis* de Marcel Carné ; elle est aussi l'interprète privilégiée d'Albert Camus dans la plupart des créations théâtrales de l'écrivain, *Le Malentendu, L'État de siège* ou *Les Justes*, et une Sanseverina marquante dans *La Chartreuse de Parme* de Christian Jacque, aux côtés de Gérard Philipe. Elle campe des figures inoubliables dans *Orphée* et *Le Testament d'Orphée* de Jean Cocteau et participe à l'aventure du Théâtre national populaire avec Jean Vilar ; elle interprète également Jean Genêt et travaille avec Koltès et Patrice Chéreau au théâtre des Amandiers de Nanterre. Bien qu'elle soit restée longtemps espagnole, María Casares qui s'est tant appliquée à apprendre sa nouvelle langue est devenue l'une des figures les plus importantes du théâtre français. « Bien qu'enfant de la France, dans ma nouvelle patrie le théâtre, ma nationalité — comme mes origines — reste espagnole ou, pour mieux dire, réfugiée espagnole en France [...] en attendant, pour demander la nationalité française — celle que je veux adopter afin de témoigner de ma fidélité au pays qui m'a accueillie et qui m'a faite et à mes nouveaux frères d'adoption —, le jour où je pourrai rentrer en Espagne pour m'y installer peut-être, et y vivre alors en représentant la France [135]. » Elle ne deviendra française qu'à la fin des années 1970 mais elle ne rentrera que pour de brefs séjours en Espagne, car elle a désormais fixé son nouveau port d'attache en Charente. Elle est décédée en 1996.

La langue française a été choisie par des écrivains réfugiés. Jorge Semprún, né en 1923, fils de l'ambassadeur de la République espagnole aux Pays-Bas, José María Semprún y Gurrea, quitte La Haye pour la France en février 1939 avec son frère aîné pour poursuivre des études au lycée Henri IV. Pendant la guerre mondiale, il participe très tôt à la Résistance et il est arrêté à l'âge de vingt ans. Déporté à Buchenwald jusqu'à la fin de la guerre, il écrit vingt ans après, *Le Grand Voyage*, où il évoque le terrible périple qui le mène de Compiègne au camp nazi avec ses compagnons de captivité. Après son retour de déportation, il devient traducteur à l'UNESCO de 1948 à 1952 ; il est élu au Comité central du PCE en novembre 1954 et à la Commission exécutive en octobre 1956. Chargé de 1953 à 1962 d'aller coordonner à Madrid le travail clandestin du PCE, il effectue diverses missions en Espagne, relatées dans *Autobiografía de Federico Sánchez*. Il est exclu du PCE en avril 1965 et il se consacre alors à l'écriture et devient scénariste ; il est l'auteur de romans comme *La*

Deuxième Mort de Ramón Mercader, La Montagne blanche, Alga-rabie et de scénarios, tels ceux de *Z* et de *L'Aveu,* avec Costa-Gavras, et de *La Guerre est finie*, avec Alain Resnais. Jorge Sem-prún participe également au travail des éditions Ruedo ibérico avec José Martínez et Fernando Claudín. Il deviendra ministre de la Culture de Felipe González de 1988 à 1991. Son avant-dernier ouvrage, *L'Écriture ou la vie*, revient sur son expérience concentrationnaire en analysant son choix crucial de l'après-guerre, vivre ou témoigner par l'écrit. Par sa culture et son œuvre, il occupe une place importante dans les lettres françaises [136].

Plus jeune de dix années, Michel del Castillo, né de mère espagnole et de père français, est lui aussi issu de cette génération d'« enfants de la Guerre civile », marquée par les drames du conflit espagnol, de l'exil et de la guerre mondiale. Déporté très jeune en Allemagne, interné dans un centre de redressement en Espagne, c'est également en français qu'il décide d'exorciser les souvenirs de sa douloureuse jeunesse. S'il est choisi pour incarner Pablo, le syndicaliste condamné à mort par les franquistes dans le film tiré du *Mur* de Sartre, l'écriture est son mode d'expression favori : de *Tanguy* à *La Nuit du Décret* et au *Crime des pères*, en passant par *Le Vent de la nuit*, et bien d'autres titres. Son œuvre est abondante et fait partie intégrante du paysage littéraire français.

Le couturier Paco Rabanne est lui aussi issu de l'exil républicain. De son vrai nom Francisco Rabaneda Cuervo, il est né en 1934 près de Saint-Sébastien ; son grand-père maternel est l'un des premiers socialistes espagnols abattus par la garde civile. Son père, colonel du roi, se rallie à la République après le départ d'Alphonse XIII et commande pendant la guerre les forces républicaines de la région Nord. « Nous devions le suivre partout sur le front. Ce sont là mes premiers souvenirs : ramasser les vêtements à la hâte, marcher dans la campagne, s'entasser dans une charrette ou parfois à l'arrière d'un camion bringuebalant, toujours entre deux campements improvisés, exposés aux bombes et aux mitrailleuses dont j'apprenais très vite à évaluer la menace. » La famille se trouve à Guernica lors du bombardement de mai 1937 et Paco Rabanne se souvient : « Ma mère m'obligeait à me mettre des crayons dans la bouche avant de m'endormir afin de ne pas être victime des bombes soufflantes qui tombaient à proximité. Les gens succombaient parce qu'ils ne savaient pas qu'il fallait garder la bouche ouverte, sous peine d'exploser par compression de la cage thoracique. » En 1939, le jeune Paco est contraint de quitter l'Espagne avec sa mère, ses deux sœurs, son frère et sa grand-mère ; capturé, le père est fusillé par les franquistes. La famille connaît des camps d'internement, puis est accueillie à Morlaix, chez un député socialiste du Finistère. Sa mère a été première main chez Balenciaga en Espagne avant de se lancer dans l'activisme politique et devenir un membre important du PSOE ; elle est une matérialiste convaincue, résolument athée et anticléricale, alors que la grand-mère est profondément religieuse, assiste à la messe tous les matins et professe une foi volontiers teintée « de magie blanche voire d'occultisme ». Paco Rabanne se trouve très tôt « partagé entre ces deux savoirs », ces deux visions de la vie. Quand il a quatorze ans, la famille quitte Morlaix pour les Sables d'Olonne et, à dix-sept ans, il se rend à Paris pour étudier à l'École des beaux-arts. Il poursuit des études d'architecture pendant dix ans. Passionné de dessin, il fait des maquettes afin de payer ses études puis dessine sacs, ceintures, bijoux qu'il réalise lui-même et propose à des couturiers, Balenciaga, Givenchy, Jacques Griffe, Saint-Laurent ou Dior. Il vend des dessins et passe ainsi à la mode ; il a alors envie de présenter sa propre collection de haute couture, sidéré que l'on « pouvait faire du 1930 dans les années 60 ». Il s'intéresse au plastique, à l'aluminium, jamais employés encore dans la mode et, en 1964, il organise sa première présentation de collection. « Ce fut un terrible scandale [... ces] filles bardées de métal, moulées dans des housses en rondelles de Rhodoïd, cuirassées de triangles d'aluminium reliés par des anneaux et des rivets. » Pour la première fois en France, il fait appel à des mannequins noires et accompagne le défilé de musiques de Pierre Boulez. Paco Rabanne qui raconte dans ses mémoires ses expériences mystiques et ésotériques — il a effectué très jeune un « voyage astral » — montre combien la guerre d'Espagne et les vicissitudes familiales ont influé sur sa vision présente du monde [137].

Quant aux générations nées en France, elles ont certes connu les problèmes causés par les aléas de l'histoire parentale, par les rêves de retour longtemps caressés par la famille et par une double référence culturelle à assumer. Mais elles sont parfaitement intégrées dans la société française ; même lorsqu'elles revendiquent l'héritage des républicains espagnols, elles se sentent à l'aise dans un pays qui accepte l'entre-deux des cultures et la pluralité. Car leurs rapports à l'Espagne des parents ont été, selon les cas, indirects, fragmentaires, problématiques ou réguliers, lorsque les enfants ont pu se rendre dans la famille restée dans la Péninsule. La transmission de l'expérience historique de la génération précédente a été également extrêmement diverse : elle a pu être intense, par le discours, par l'imprégnation politique et militante ou par l'implication dans les activités politiques des parents. Mais l'histoire a pu être ensevelie par les parents, qui n'ont livré que des bribes de récits ou ont gardé le silence le plus total [138]. Ces descendants de réfugiés espagnols ne se distinguent guère des Français de même âge, si ce n'est, pour quelques-uns, par un intérêt particulier porté à l'Espagne, qui se manifeste notamment par la forte présence d'enfants ou petits-enfants de républicains espagnols dans l'enseignement de l'espagnol dans les lycées ou à l'université. Les enquêtes et les travaux ne font que commencer sur cette population, très diverse, issue de l'exil de façon proche ou déjà lointaine. Des exemples très différents d'itinéraires de femmes illustreront la pluralité des destins dans les nouvelles générations issues de l'exil.

La présentatrice de télévision Christine Bravo explique que sa réussite sociale est une « réussite de survivants ». Ses grands-parents maternels, réfugiés, ont connu le destin de la plupart de leurs compatriotes et le passage dans les camps ; « quand, enfin, on les a sortis des camps, ils sont devenus esclaves de paysans français : garçons de ferme, sans paie. Mais quand ils sont montés à Paris, après la Libération, ils avaient une combativité plus forte que le commun des mortels ». Son père, maçon, et sa mère, sténodactylo, ont vécu dans les appartements exigus de diverses banlieues jusqu'à ce que son père devienne chef d'entreprise, et Christine Bravo de conclure : « J'ai reçu ça dans le berceau : il faut se battre, c'est dur, on est étranger [139]. »

Conchita Lacuey, née en France, de parents réfugiés, est députée socialiste à l'Assemblée nationale. Son père, ébéniste, dirigeant du PSOE en exil à Bordeaux, l'entraîne très jeune dans des meetings et les ventes publiques d'*El Socialista*. Elle évoque l'ambiance très politisée dans laquelle vivaient les réfugiés et les principes inculqués par les parents : l'amour de la liberté, de la démocratie, de l'Espagne et de la République. Conchita Lacuey opte à quatorze ans pour la nationalité française et, lorsqu'elle commence à travailler comme comptable à dix-huit ans, elle se syndique à la CGT-FO et, très rapidement, entre au Parti socialiste français. Elle reconnaît que si Franco était mort plus tôt elle serait rentrée en Espagne avec son mari, d'origine espagnole également ; mais l'achat d'une maison les retient en France. Puis sa vie prend un autre cours et Conchita Lacuey entre en politique, devient maire adjointe de Floirac, une commune de Gironde formée d'une forte colonie espagnole, et ensuite députée. Elle est même l'élue qui a recueilli le plus grand pourcentage de suffrages, plus de 63 % des voix [140].

La première enquête systématique sur cette génération a été faite par le biais du film documentaire qui donne la parole à quelques-uns de ses représentants. *Apatrides* de Herta Alvarez permet, à partir d'itinéraires de vie très différents, de situer les enfants d'exilés placés entre deux pays et deux cultures. Si certains vivent finalement en Espagne, comme Thomas, devenu professeur à l'université de Barcelone, la majorité est restée en France. Ainsi de Françoise Martínez, née en 1943, d'un père ouvrier, militant à la CNT ; elle a pu étudier et devenir médecin. Proche du parti communiste, elle a travaillé longtemps au dispensaire Cervantes tenu à Paris par la Croix-Rouge républicaine espagnole et mis ainsi ses compétences au service de ses compatriotes. Elle a choisi de rester en France, où elle peut parler espagnol avec ses patients, mais elle s'intéresse tout autant à la littérature française qu'aux écrivains espagnols ou latino-américains. Paloma, fille de l'historien Manuel Tuñon de Lara, enseigne l'espagnol et, après avoir tenté de vivre en Espagne, a choisi finalement la France ; avec le paradoxe que, si elle se sent française en Espagne, elle se sent espagnole en France, sentiment qui lui paraît plus indispensable. Dans de nombreux cas, lorsque les liens avec les racines et la culture d'origine sont forts, la double référence culturelle apparaît toujours comme une ouverture supplémentaire et donc comme une richesse. À l'heure où l'Europe devient une réalité quotidienne, les enfants de réfugiés espagnols se sentent depuis longtemps à l'aise dans deux pays à la fois, leur pays d'origine et le pays où ils vivent.

En 1979, quand l'OFPRA décide de mettre fin officiellement au statut de réfugié pour les Espagnols, considérant que l'Espagne a retrouvé un régime démocratique, 15 951 personnes sont concernées [141]. La plupart des réfugiés républicains continueront cependant à résider en France où ils vivent, pour les plus anciens, depuis des décennies, et surtout où vivent leurs enfants et leurs petits-enfants, de nationalité française pour l'immense majorité d'entre eux. Des retours se sont certes produits au cours des années ; mais on n'en connaît pour l'instant ni le nombre, ni les dates, ni les motivations, ni les circonstances, ni les modalités de réinsertion en Espagne. On ne peut pas ne pas se poser la question d'une éventuelle influence des exilés revenus en Espagne. La diversité des activités développées par l'exil amène à s'interroger sur le rôle de ce dernier dans l'évolution de l'Espagne après le franquisme. Basée sur de nombreux indices non quantifiés pour l'instant, une hypothèse peut être formulée selon laquelle les minorités régionales ont assuré, davantage peut-être que d'autres composantes de l'exil, un pont entre l'avant-franquisme et l'après-franquisme. Il faudrait étayer cette hypothèse par une étude, systématique si possible, des retours des exilés et de leurs modes de réinsertion en Catalogne et en Euzkadi ; mais il est significatif que celui qui a été pendant toute la durée de l'exil le secrétaire du principal parti catalan, l'ERC, et le président de la Généralité pendant vingt ans, Josep Tarradellas, a été celui qui a assuré, après Franco, le transfert de compétence de l'administration centrale à la Généralité provisoire, pendant que se mettait en place le statut d'autonomie de la Catalogne. Les exemples seraient nombreux de responsables catalans actuels, formés au moins en partie dans l'exil. La Généralité de Catalogne et le gouvernement basque sont les seules institutions de l'exil à avoir retrouvé leur rôle dans l'Espagne démocratique actuelle. Au Pays basque également, la réinsertion des exilés s'est faite assez naturellement : si José Antonio de Aguirre est mort en 1960, son successeur, José María de Leizaola, a été élu député du PNV en 1980, et le négociateur du statut basque de 1936, Manuel de Irujo, a retrouvé un siège de sénateur en Navarre en 1977.

Quant aux générations suivantes issues de cet exil, elles sont parfaitement intégrées à la société française, où l'on constate nombre de promotions sociales par rapport à l'appartenance socioprofessionnelle des parents. De façon quasiment unanime, les générations plus jeunes reconnaissent avoir hérité de leurs parents des atouts considérables pour la vie : le goût de la culture et de la formation, l'amour de la liberté et le sens de la lutte. La mobilité du destin des réfugiés de la première génération perdure toutefois : toujours considérés comme des Espagnols en France et comme des Français en Espagne, ils effectuent d'incessants aller et retour entre les deux pays. Car l'attachement au pays d'origine est vif, même si la vie a dû se faire ailleurs ; et le souvenir des épopées et des rêves anciens a souvent été transmis aux descendants qui, un jour ou l'autre, même après avoir souhaité les ignorer, se trouvent confrontés au besoin de renouer avec leurs origines.

CONCLUSION

Histoire et mémoire
Le regard de l'exil sur lui-même

> Il me semble que je suis déjà éloigné de ma patrie
> depuis autant d'années que l'ennemi grec menaça
> la Dardaïenne Troie. On croirait que le temps s'ar-
> rête, tant il va lentement et tant l'année accomplit
> sa route à pas lents.
>
> Ovide, *Tristes*, livre V, 10, 3-6

L'exil consécutif à la Guerre civile espagnole a la spécificité d'être issu d'un événement qui a eu valeur de mythe dès son épo- que et il en reste profondément imprégné. Il a également la parti- cularité de mettre à nu les contradictions d'une France terre d'asile qui, certes, reçoit en 1939 le flux des réfugiés, mais à contrecœur, et ouvre des camps d'internement pour les soldats vaincus d'une armée régulière. Enfin, il se produit à la veille du conflit mondial et les exilés sont entraînés dans la spirale de la guerre : ils sont mobilisés en grand nombre dans les Compagnies puis les Groupes de travailleurs étrangers, s'engagent dans les unités étrangères de l'armée française qui leur sont ouvertes ou participent pour beau- coup à la Résistance. Autant d'événements fondateurs de l'exil espagnol qui, par leur ampleur et leur intensité, ne manquent pas de marquer profondément les réfugiés espagnols, d'autant plus qu'il s'agit de plusieurs traumatismes successifs ; la Guerre civile et la défaite, puis les conditions de l'arrivée en France et les aléas de la guerre mondiale ont contribué à forger un ensemble de repré- sentations collectives tout à fait spécifiques. Pour un groupe d'exi- lés, la mémoire historique est, encore plus que pour tout autre groupe, vitale à maintenir : elle est facteur de cohésion, à la fois culturelle et politique. Choisir de se remémorer telle ou telle date, tel ou tel personnage, n'est pas un fait anodin : c'est un mode de construction ou de reconstruction ; c'est le moyen d'indiquer clairement quelle filiation historique l'on entend se donner, quel exemple l'on donne à suivre[1]. Commémorer un événement ou célébrer une personnalité est l'occasion de tirer des leçons pour le présent et montrer la direction que l'on estime juste pour l'avenir. Le rituel célèbre les possibilités de recommencement. Aussi la mémoire joue-t-elle un rôle très important dans l'exil républicain, même si elle est loin d'être commune, si elle est l'occasion d'une « justification obsessionnelle, dans des règlements de comptes sans fin[2] » et si elle est parfois un refuge lorsque les perspectives d'avenir sont brouillées. L'imaginaire collectif des exilés est nourri d'un passé exaltant, d'événements érigés au rang de mythes, ce qui explique grandement le fort taux de politisation et la vigueur des polémiques. Ce qui fait réagir durement Michel del Castillo comme représentant de la « génération oubliée », victime de combats qui n'ont pas été les siens ; il porte sur les exilés un regard comparable — et probablement aussi injuste — à celui porté par des jeunes Français sur les anciens combattants de la Première Guerre mondiale :

Peu de conflits auront fait autant de bruit que la guerre d'Espagne, ce prétoire du siècle. À ce flot de rhétorique, on cherche bien entendu toutes sortes de raisons. On déclare sans rire que ce fut une guerre mythique. La vérité est qu'elle ne fut si contagieuse que par la qualité unique de sa haine... En Espagne, on tuait d'abord, on condamnait ensuite. Cette simplicité biblique fit tout le succès de cette guerre. Rien ne porte à parler comme le malheur.

[...] auréolés de leur expérience *historique* [les vieux exilés] avaient combattu à la Casa del Campo, à Belchite, fait le coup de feu contre les militants du POUM, dans les rues de Barcelone, en 1937. Ils avaient commandé des brigades, péroré devant les micros. Quelques-uns s'étaient retrouvés en Allemagne, *Nacht und Nabel*, Nuit et Brouillard, dans la carrière de Mauthausen. Clandestins, ils avaient défié la police franquiste, subi des interrogatoires musclés, croupi dans les geôles de Burgos ou de Montjuich. Leurs noms et leurs photos remplissaient les manuels d'histoire et leurs disputes sanglantes appartenaient à la scolastique de la politique... Ils défilaient, majestueux, occupés à disséquer leurs erreurs, dont ils tiraient d'autres *contributions théoriques*[3].

Parallèlement, une mémoire de l'exil se crée qui vient s'ajouter à la mémoire historique de la période qualifiée de républicaine — ou de révolutionnaire, selon les options idéologiques — dont les réfugiés sont les dépositaires et les hérauts. Mémoire de l'exil alimentée par les événements vécus et les situations subies : camps d'internement, travail encadré et engagements dans de nouveaux combats. Mémoire d'autant plus exacerbée qu'elle a été niée : les camps ont été rapidement occultés, éclipsés par de plus tragiques ; quant à la participation des républicains espagnols à la Deuxième Guerre mondiale aux côtés des Français — et particulièrement à la Résistance —, elle est restée longtemps méconnue, oubliée des historiens français jusqu'à une date fort récente[4], et absente en tout cas de la mémoire collective française[5]. Les raisons de cet « oubli historique » tiennent notamment à la manière dont la France a écrit sa propre histoire et à la manière dont les mémoires dominantes de l'après-guerre — la mémoire gaulliste et la communiste — ont méconnu ou minimisé la participation des étrangers à la Résistance pour faire prévaloir l'image d'un large consensus national contre l'occupant nazi[6]. Les mécanismes de cette oblitération revêtent cependant un caractère spécifique dans le cas des Espagnols. La Guerre civile espagnole a été intégrée en France, à la fin des années 1930, aux conflits politiques internes et elle a soulevé les passions les plus contradictoires. Après la Deuxième Guerre mondiale, beaucoup d'éléments ont contribué à effacer le rôle des Espagnols. Ce sont d'abord les images négatives héritées de l'épuration et la présence des guérilleros dans la région de Toulouse qui ont donné, selon la formule de Pierre Bertaux, premier commissaire de la République à Toulouse, « apparence de corps à la légende répandue avec complaisance à Paris de la *République rouge du Sud-Ouest*[7] ». Ensuite, lorsque la « guerre froide » entraîne irrésistiblement la rentrée en grâce de Franco dans le concert des nations, le rôle joué par les antifranquistes pendant la guerre mondiale sera plongé dans l'oubli pour longtemps.

Du côté des exilés espagnols eux-mêmes, trois éléments sont à prendre en compte pour tenter de cerner les raisons pour lesquelles ils n'ont pas écrit sur cette question — sauf quelques brefs témoignages publiés après la guerre — avant la fin des années 1960. D'abord, la première participation, chronologiquement parlant, à la Résistance a sans doute été l'organisation en coopération avec les services secrets alliés de réseaux de passage des Pyrénées ; or

cette aide de première importance apportée à la Résistance a surtout été le fait de militants anarchistes et du POUM agissant indépendamment de leurs mouvements. Aussi cette activité a-t-elle été
longtemps méconnue, non seulement du fait de son caractère discret mais parce que les acteurs eux-mêmes n'en ont généralement
pas parlé. Deuxième aspect à prendre en considération : la
mémoire de la lutte armée organisée de manière autonome, qui a
surtout été menée par les communistes, a pâti du passage forcé
dans la clandestinité des militants communistes à partir de 1950
et de l'interdiction de l'Amicale des anciens FFI et résistants espagnols. Enfin, la préoccupation principale des réfugiés espagnols a
été l'Espagne : la participation à la Résistance en France n'a été
pour beaucoup qu'une étape moralement et politiquement obligée
dans la longue marche qui devait aller de l'exode à la « reconquête » de l'Espagne. Plus de trente ans encore après les événements,
il est significatif que les anciens guérilleros tiennent à rappeler
leur spécificité : s'ils ont combattu aux côtés des mouvements de
la Résistance, ils ne se sont intégrés à aucun, et s'ils recevaient et
obéissaient aux ordres des états-majors départementaux et régionaux des FFI, ils ont toujours maintenu leur autonomie interne [8].
C'est ainsi que, gommée des mémoires dominantes de l'après-
guerre, brouillée par des images négatives de la période incertaine
de la Libération, ignorée par un régime franquiste habilement neutre, longtemps oubliée des historiens, la participation des Espagnols à la Résistance a été tue par les acteurs eux-mêmes ou
limitée dans son expression publique. Nourrie de ces rejets, cette
histoire n'a plus été alors qu'un mythe chez les acteurs eux-
mêmes, l'un des mythes fondateurs de l'identité collective de
l'exil républicain en France.

L'exil espagnol ne manque cependant pas, parfois, de se regarder lui-même : il est à la fois prisonnier de son imaginaire et de
ses démons et conscient, à certains moments, de ses difficultés,
de ses manques et de ses faiblesses ; il s'interroge aussi sur sa
mission et sa fonction historique. Les réfugiés éprouvent parfois
une mauvaise conscience par rapport à l'opposition intérieure,
soumise à la répression franquiste, tandis que les exilés sont trop
préoccupés de « leurs partis, de leurs dirigeants, de leurs ministres [9] ». Les Espagnols sont conscients des difficultés rencontrées,
physiques comme psychologiques, liées à leur situation d'exilés.
L'Hôpital Varsovie, créé pour les besoins sanitaires des guérilleros dans la rue toulousaine qui lui a donné son nom et dirigé par

l'Amicale des anciens FFI et résistants espagnols, est amené à se pencher, au-delà des grands traumatismes dus aux guerres, sur la pathologie de l'émigration. Le bulletin de l'hôpital, *Anales del Hospital Varsovia*, étudie les aspects sanitaires de l'exil espagnol et signale les nombreux cas de blennorragie dus aux séparations familiales, aux changements de partenaires et au nomadisme forcé des réfugiés, ainsi qu'à des conditions de vie longtemps sans hygiène [10]. Les médecins de l'Hôpital Varsovie ont à soigner, encore au début des années 1950, nombre de maladies de l'estomac, du ventre ou du foie et pensent que l'une des causes fondamentales de la pathologie digestive de l'émigration provient de l'amibiase des camps ; ils essaient également d'analyser les effets de la guerre sur le psychisme infantile et juvénile. Une activité importante d'aide sanitaire et sociale aux réfugiés et aux émigrés économiques est effectuée par la Croix-Rouge républicaine espagnole reconstituée en 1945 ; reliée au ministère républicain de l'Émigration, elle fonctionne avec l'accord officieux du Comité international et du gouvernement français et elle exerce son activité jusqu'à sa dissolution en 1986. Des dispensaires installés généralement dans des locaux prêtés par la Croix-Rouge française reçoivent des patients à Paris et à Toulouse jusqu'à la fin du franquisme ; ceux de Bayonne et Montauban ne semblent pas, faute de moyens, fonctionner au-delà de 1950 [11].

Avec l'aide de diverses organisations humanitaires, françaises et étrangères, les exilés espagnols prennent ainsi en main une part importante des problèmes de santé des migrants. Très tôt, par ailleurs, les exilés se sont interrogés sur les conséquences de l'exil sur leurs comportements et, partant, sur leurs pratiques collectives. Une série de conférences est présentée dès 1945 au Centre d'études Toulouse-Barcelone sur ce thème, notamment par le docteur Josep Solanes, ancien médecin des hôpitaux psychiatriques de la Généralité de Catalogne et des services de santé mentale de l'armée républicaine. Josep Solanes essaie d'expliquer, au travers de la psychologie et d'exemples empruntés à l'histoire, le climat de désunion et de discorde qui règne parmi les exilés républicains en France [12]. Il poursuit son travail de réflexion dans diverses études publiées dans les *Quaderns d'estudis politics, economics i socials* de Perpignan [13]. Il prend ses exemples tant chez Dante, Marx ou Chateaubriand, pour montrer le climat de discorde des milieux exilés et indiquer que « la vie, en exil, fermente en vase clos » ; tous les proscrits veulent rester ce qu'ils étaient en arrivant et ne pas se laisser absorber par leur nouvel environnement, chacun désire « être un *émigré* si l'on veut, mais pas un *immigré* ». De plus, l'exilé garde les yeux et l'esprit toujours fixés sur sa patrie d'origine et l'exil perturbe sa manière de vivre le temps : il oscille entre le passé et le futur, entre la nostalgie et l'espérance, et le présent n'est pour lui qu'une parenthèse. « Le cours de la vie semble en suspens. Le présent de l'exil est un temps lacunaire, il commence avec une catastrophe qui a tranché les axes directeurs de la vie. Le présent est vide car il n'a pas de racines dans le passé. Et surtout car il n'a pas de prolongement dans le futur. » Les exemples historiques sont nombreux et les Espagnols n'échappent pas à la règle, à cette déperdition du sens de la réalité chez les exilés [14].

Plutôt que d'être une communauté cohérente de personnes liées par des intérêts supérieurs, un milieu exilé peut ressembler davantage à un rassemblement d'individus réunis par le hasard d'un naufrage sur une plage déserte [15]. L'exil a des dénominateurs communs avec la captivité, notamment l'absence, l'irréversibilité du temps, le souvenir du passé et l'espérance de la liberté ; aux plans d'évasion des prisonniers correspondent les programmes de reconstruction des exilés, mais tandis que les premiers connaissent une certaine camaraderie, les brouilles divisent les seconds même si l'entraide n'est pas exclue. Enfin, si des divergences antérieures expliquent les divergences de l'exil, ces dernières sont jugées inacceptables car d'une stérilité flagrante, alors que l'on attribue aux confrontations une fonction normale dans la configuration d'un pays. L'émigration républicaine se reconnaît elle-même des responsabilités dans son échec politique et estime qu'elle ne peut incriminer uniquement les dérobades des pays dont elle espérait de l'aide. Certes, les démocraties ont trop rapidement reconnu Franco après la guerre d'Espagne et lui ont même donné des gages d'amitié ; certes, les grandes puissances n'ont pas été, après guerre, à la hauteur des souhaits des réfugiés, mais le comportement des représentations nombreuses et désunies de l'antifascisme espagnol en exil n'a pas été exempt d'erreurs :

De quel droit pouvons-nous demander aux autres qu'ils remplissent leur devoir si nous ne commençons pas nous-mêmes à remplir le nôtre ? Nous nous plaignons de ce que les autres n'ont pas résolu notre problème ou ne nous ont pas aidés à le résoudre. Avons-nous été capables de mettre sur pied un projet de solution, d'indiquer un

chemin à notre peuple, de préparer une issue *politique* à la crise d'Espagne, c'est-à-dire réalisable, juste, avec des garanties de solidité et
d'avenir [16] ?

L'exil est conscient également de son décalage croissant avec
une opposition intérieure qu'il ne comprend pas toujours bien et
qu'il est prompt parfois à juger sévèrement. Ce sont ces comportements que dépeignent Jorge Semprún et Alain Resnais dans *La
guerre est finie*, quand ils évoquent ces hommes secs, infatigables
et usés qui tâchent de faire rentrer leurs rêves dans la réalité lointaine de l'Espagne, et le personnage principal, interprété par Yves
Montand, ne peut s'empêcher de penser, en parlant des jeunes de
vingt ans qui « bougent » en Espagne dans les années 1960 : ils
n'ont pas fait la guerre et « ce n'est pas notre passé qui les fait
bouger mais leur avenir ». Une analyse politique de l'exil, effectuée en 1966 par Xavier Flores dans une publication spéciale des
Cuadernos de Ruedo ibérico, fait le bilan des diverses stratégies
et des modes de structuration de l'émigration républicaine : déliquescence des institutions républicaines, équivoque du pacte signé
avec les monarchistes, inutilité tardive des « Accords de Paris »,
verbalisme, manque de coordination et de programme, providen-
tialisme et extériorisation excessive de la lutte par rapport au terrain essentiel qu'est l'Espagne. Quelle explication avancer ?

Il est logique de se demander à quoi obéit cette persistance dans
l'erreur, cette incapacité à improviser une tactique nouvelle, cette
manie de se placer périodiquement dans des situations déjà complètement sans issue, qui nous fait penser au complexe de répétition de
Freud. Bien que délicat, le diagnostic de cette attitude est possible :
après le double traumatisme de la Guerre civile et de la guerre mondiale, la mort de la majeure partie des dirigeants politiques de la
République et la dispersion forcée des exilés en une trentaine de pays
européens et latino-américains provoquèrent une réduction drastique
des secteurs véritablement politisés. Des partis qui étaient de grands
latifundia politiques en Espagne se trouvèrent réduits à de très petits
minifundia, ancrés dans le culte du passé, dont les militants, au lieu
de se renouveler, se consacraient à se raconter les souvenirs de la
Guerre civile, ce qui est humainement compréhensible mais politiquement négatif. En marge de ces petites enclaves, la grande masse
des exilés se consacra à travailler et à refaire ses foyers défaits. Les
années passèrent, les grandes figures continuèrent de mourir —
aujourd'hui, il n'en reste tout au plus que cinq ou six — et une
poignée de politiques de second rang — dont quelques-uns ne man-

quent pas de talent — s'approprièrent définitivement des *minifundia*, transformant en *res privata* ce qui avait été autrefois *res publica*. Les années passèrent encore, des idées nouvelles et des nouvelles générations surgirent, d'autres hommes vinrent d'Espagne, disposés à collaborer avec les exilés, à les aider à rénover les partis et à programmer un futur, mais blottis dans leurs boutiques et craignant que leurs mérites et leurs postes soient discutés, les nouveaux leaders les reçurent avec la typique prévention de ceux qui ne sont pas sûrs d'eux-mêmes [17].

En dépit de ses insuffisances souvent clairement perçues, parfois sévèrement jugées, l'exil s'assigne une fonction. Arrivés avec la réputation de « *rouges* capables de toutes les férocités et d'Espagnols paresseux, incultes et demi-sauvages », les réfugiés ont pu faire changer d'avis nombre de Français : ils ont apporté une autre image de l'Espagne [18]. Parfois même, en évoquant de belles figures de l'exil, certains en viennent à exprimer « le plaisir d'être réfugié [19] ». De même que l'on s'accorde à reconnaître le prestige culturel des exilés américains, l'exil espagnol en France s'attribue un prestige moral. Les arguments sont toujours identiques : malgré leur déroute, les républicains se sont, dans leur immense majorité, non seulement comportés dignement mais parfois héroïquement et ils ont su gagner des lauriers pour leur patrie « sur tous les champs de bataille, ceux des armes, ceux des arts et ceux des lettres [20] ». Le même auteur qui porte un jugement sévère sur le fonctionnement de l'exil, Xavier Flores, reconnaît que si l'émigration a échoué politiquement, si elle n'a pas su maintenir le contact avec la réalité espagnole, ni former un front commun de l'opposition autour d'un programme concret périodiquement ajusté, elle a su parfaitement accomplir l'une de ses tâches qui était de dénoncer inlassablement devant le monde démocratique les abus du nouveau régime. La « gigantesque épopée de l'exil » faite « de sang, de sueur et de larmes » a, de plus, « servi au mieux, comme aucune autre, le prestige de l'Espagne dans le monde » :

Que ce soit par la création de chaires universitaires et de maisons d'édition en Amérique, que ce soit en mourant pour la liberté et la démocratie sur les champs de bataille d'Europe, les Espagnols exilés ont acquis pour l'Espagne des lettres de noblesse qui constitueront, le jour où l'histoire pourra librement s'écrire dans notre pays, un de ses chapitres les plus beaux et les plus impérissables [21].

Bien qu'elle soit souvent sous-estimée par rapport à celle de l'exil républicain en Amérique, la vie culturelle de l'exil espagnol en France a été extrêmement riche et variée. La presse de l'exil, véhicule des cultures, a été un instrument important de sauvegarde d'une identité culturelle mais aussi un lieu de rencontre de la culture espagnole avec d'autres cultures, et notamment celle du pays d'accueil. Des préoccupations d'une continuité à maintenir par rapport à la République et d'une identité à conserver malgré le déracinement, on est passé, au fil des ans et des générations, à une ouverture croissante sur d'autres univers. Sauvegarde identitaire et ouverture sont allées de pair et l'on peut avancer l'hypothèse que cette ouverture s'est d'autant mieux effectuée que l'identité d'origine a été préservée. Malgré la présence et l'activité en France d'intellectuels et d'artistes de renommée internationale, tels que Pablo Casals, María Casares, Antoni Clavé, Juan Goytisolo, Michel del Castillo, ou Jorge Semprún — pour ne citer que quelques noms —, les cultures de l'exil espagnol en France ont été, à la différence de l'exil américain, davantage des cultures de masses que d'élites. Pratiquées au quotidien par des milliers de gens, placées au centre de nombreux groupes de sociabilité, elles ont contribué à forger les références culturelles présentes des exilés et de leurs descendants.

À la manière d'un bilan, plus de vingt ans après la *Retirada*, deux journaux s'interrogent sur l'émigration républicaine. En août 1961, dans le journal de la CNT « politique », *España libre*, le républicain Julio Just souligne le fait que le refus du régime totalitaire franquiste est tel chez les exilés de 1939 qu'ils préfèrent mourir n'importe où plutôt que de rentrer en Espagne. Les divers engagements aux côtés des Alliés pendant la guerre mondiale montrent qu'ils ont « l'irrépressible tendance à se sentir soldats de la liberté partout où elle est en danger », ce que Julio Just appelle leur « esprit garibaldien[22] ». La même année, le dernier éditorial de *C.N.T.* daté du 5 novembre 1961 — deux jours après la parution au *Journal officiel* du décret d'interdiction de l'hebdomadaire — rappelle ce qu'a été jusqu'alors l'émigration politique espagnole. En dépit des cris de terreur des « bien-pensants français » qui ont cru à une invasion de barbares, l'on a dû reconnaître — c'est le cas d'un haut responsable de la police, que le journal cite pour appuyer son propos — que « l'émigration politique espagnole a été un modèle de sobriété, de discipline et de moralité individuelle et collective » Les délinquants ont été peu nombreux dans cet exode et « aujourd'hui, il n'y a pas d'industrie, de travaux publics ou d'entreprise où il n'y ait de main-d'œuvre espagnole qualifiée » ; ces travailleurs réfugiés intégrés dans l'économie française sont des « hommes conscients, dignes, cultivés », des ouvriers capables, sobres et sérieux. Cette conduite et ces compétences sont, ajoute *C.N.T.*, « notre gloire, notre honneur » ; cette émigration a été, à part quelques exceptions, « la plus consciente, la plus capable, la plus digne, la plus cultivée et la plus préparée d'Espagne[23] ». Une autre tâche que s'assigne l'exil est la transmission d'une expérience historique et culturelle à des générations qui ont été coupées du passé de leur pays par les années de franquisme :

> L'utilité primordiale de l'émigration consiste précisément à représenter un capital de connaissances et d'expériences que les nouvelles équipes de l'intérieur ne possèdent pas, surtout en ce qui concerne les affaires internationales...
> Une des tâches fondamentales de cette émigration consisterait donc à transmettre aux nouvelles générations ce que trente années de luttes lui ont permis de connaître et d'informer cette même jeunesse des réalités qui sont aujourd'hui masquées par les propagandes[24].

L'exil a très certainement contribué à la réinsertion rapide de l'Espagne dans l'Europe, par l'ancienneté des liens tissés par les réfugiés avec tous les dirigeants politiques européens, au travers des organismes transnationaux, franco-européens ou internationaux auxquels ils ont pu participer, contrairement aux Espagnols de l'intérieur. Le grand effort mené en Espagne depuis une quinzaine d'années, tant de la part des pouvoirs publics que des universités et des partis pour récupérer les traces de l'histoire de l'exil est là pour témoigner de l'intérêt porté à ce qui a été une longue parenthèse dans l'histoire espagnole : il est certain que les républicains ont assuré audehors des frontières de leur pays la transmission d'un héritage historique et culturel. Et peut-être qu'aujourd'hui l'Espagne, qui ne veut plus entendre parler des vieux conflits, a besoin de ne plus vouloir ignorer son passé pour en tirer toutes les leçons.

Si présentement les républicains espagnols, et surtout leurs descendants, sont complètement « invisibles » dans la société française, à part l'accent persistant des représentants de la première génération encore présents, il ne faudrait pas oublier combien leur arrivée a soulevé — à côté de solidarités actives et affirmées — de peur, de méfiance et de mépris. Ce rappel historique ne manque pas de résonance dans l'actualité.

L'arrivée des républicains espagnols en France a grandement contribué à modifier les représentations que l'opinion française se faisait de l'Espagnol avant la Seconde Guerre mondiale : on est passé peu à peu de la double image de l'ouvrier agricole analphabète et du « rouge » inquiétant à celle du résistant courageux, du républicain convaincu et du voisin sympathique. Les républicains espagnols ont été également au cœur des mobilisations effectuées à différentes époques en faveur des victimes du franquisme. L'activité de dirigeants politiques et syndicaux, de responsables d'associations, d'intellectuels et d'artistes, ainsi que l'ancrage profond et généralement réussi de la plupart des réfugiés dans la société française, ont forgé une image positive, souvent empreinte de respect et d'admiration. Pourtant, les chemins de l'intégration n'ont pas toujours été aisés : les Espagnols ont dû surmonter les jugements dépréciatifs portés sur les immigrés de l'entre-deux-guerres et les réactions de défiance et de crainte soulevées par l'arrivée des réfugiés en 1939. Faudrait-il dire que le vecteur de l'intégration des républicains espagnols — leur « chance », si on ose s'exprimer ainsi — a été le déclenchement de la guerre mondiale ? Car ces réfugiés se sont mobilisés en nombre non tant pour défendre un pays qui s'était plutôt mal conduit à leur égard, mais au nom de valeurs transnationales, et notamment celles de la France des droits de l'homme ; aussi leur intégration s'est-elle largement faite par le biais du sang versé. L'évolution positive dans les représentations, comme les apports des républicains espagnols dans le tissu social et la vie culturelle de nombreuses régions françaises, ont indéniablement œuvré de façon concrète à la construction européenne en cours.

NOTES

Principaux sigles utilisés

AIT : Association internationale des travailleurs
AGE : Agrupación de guerrilleros españoles
ANC : Aliança nacional de Catalunya
CFLN : Comité français de libération nationale
CISL : Confédération internationale des syndicats libres
CNR : Conseil national de la Résistance
CNT : Confederación nacional del trabajo
ERC : Esquerra republicana de Catalunya
ETA : Euzkadi ta azkatasuna
FETE : Federación española de trabajadores de la enseñanza
FFI : Forces françaises de l'intérieur
FIJL : Federación ibérica de juventudes libertarias
FRAP : Frente revolucionario antifascista y patriótica
FTP : Francs-tireurs et partisans
FUE : Federación universitaria escolar
IR : Izquierda republicana
JARE : Junta de auxilio a los Republicanos españoles
JEL : Junta española de liberación
JSE : Juventudes socialistas españolas
JSU : Juventudes socialistas unificadas
MLE : Movimiento libertario español
MOI : Main-d'œuvre immigrée
MSC : Moviment socialista de Catalunya
PCE : Partido comunista de España
PNV : Partido nacionalista vasco
POUM : Partido obrero de unificación marxista
PSOE : Partido socialista obrero español
PSOP : Parti socialiste ouvrier et paysan
PSUC : Partit socialista unificat de Catalunya
SERE : Servicio de evacuación de los Republicanos españoles

SIA : Solidaridad internacional antifascista
STV : Solidaridad de trabajadores vascos
UGT : Unión general de trabajadores
UIE : Unión de intelectuales españoles
UNE : Unión nacional española

Abréviations pour les sources

ACCPCE : Archivo del Comité central del Partido comunista español (Madrid)
AGE : Archivo general de la administración civil del Estado (Alacalá de Henares)
AD HG : Archives départementales de la Haute-Garonne
AD Lot : Archives départementales du Lot
AD TG : Archives départementales du Tarn-et-Garonne
AMAE : Archives du ministère des Affaires étrangères (France)
AMI : Archives du ministère de l'Intérieur
AN : Archives nationales (Paris)
CRCEDHC : Centre russe de conservation et d'étude des documents en histoire contemporaine (Moscou)
SHAT : Service historique de l'Armée de terre

Introduction

1. Voir notamment Émile Temime, « Émigration "politique" et émigration "économique" », in *L'Émigration politique en Europe aux XIXᵉ et XXᵉ siècles*, Rome, École française de Rome, 1991, pp. 57-72.

2. Voir le numéro spécial de *Matériaux pour l'histoire de notre temps* consacré aux « Exilés et réfugiés politiques dans la France du XXᵉ siècle » (nᵒ 44, octobre-décembre 1996), notamment Janine Ponty, « Réfugiés, exilés, des catégories problématiques », p. 11.

3. Jorge Semprún, *L'Écriture ou la vie*, Paris, Gallimard, 1994, p. 160.

4. Jean-Luc Mathieu, *Migrants et réfugiés*, Paris, PUF, 1991, p. 11.

5. Michael R. Marrus, *Les Exclus. Les réfugiés européens au XXᵉ siècle*, Paris, Calmann-Lévy, 1986, pp. 12-13.

6. Émile Temime, « Bilan et lacunes des recherches récentes sur l'histoire espagnole du XXᵉ siècle en France et en Espagne », *Matériaux pour l'histoire de notre temps*, nᵒ 3-4, juillet-décembre 1985, p. 13.

7. À part l'ouvrage précurseur de Guy Hermet, *Les Espagnols en France. Immigration et culture*, Paris, Éditions ouvrières, 1967, 335 p.

8. Comme les titres suivants : Jaime Espinar, *Argelès-sur-Mer (Campo de concentración para Españoles)*, Caracas, editorial Elite, 1940 ; Manuel García Gerpé, *Alambradas. Mis nueve meses por los campos de concentración de Francia*, Buenos Aires, editorial Costa, 1941 ; Rafael Alberti, *Vida bilingüe de un refugiado español en Francia (1939-1940)*, Buenos Aires, editorial Bajel, 1942, 21 p. ; Miguel Gímenez Igualada, *Más allá del dolor*, Mexico, editorial Tierra y Libertad, 1946.

9. Isabel de Palencia [ancien ambassadeur républicain en Suède et en Finlande, émigrée en France, en Grande-Bretagne, aux Etats-Unis et au Mexique], *Smouldering freedom... The story of the Spanish Republicans in exile,* Londres, Gollancz, 1946, 191 p., Victoria Kent [ancien directeur général des prisons], *Quatre ans à Paris,* Paris, Éditions le Livre du Jour, 1947, 214 p. et Federica Montseny [ancien ministre de la Santé], *Cien días de la vida de una mujer,* Toulouse, Universo, 1949, 48 p. et *Pasión y muerte de los Españoles en Francia,* Toulouse, Universo, 1950 (paru dans *El Mundo al día*).

10. Geneviève Dreyfus-Armand, « Historiographie des premières années de l'exil espagnol et état de la question », *Exils et émigrations hispaniques au xxᵉ siècle,* Université de Paris VII, Centre d'études et de recherches inter-européennes contemporaines (CERIC), Centre de recherches hispaniques, 1993, nº 1, pp. 50-67.

11. Jorge Semprún, *L'Écriture ou la vie, op. cit.,* pp. 163, 260, 269, 282.

12. Notamment, les ouvrages de Teresa Pamies, Cipriano Mera, Antoine Miró et Lluís Montagut ; se reporter à la bibliographie.

13. Pour ne citer que leurs titres principaux : Alberto E. Fernández, *Españoles en la Resistencia,* Madrid, Zyx, 1973, 269 p. ; Miguel Angel Sanz, *Luchando en tierras de Francia. La participación de los Españoles en la Resistencia,* Madrid, ed. de la Torre, 1981, 254 p. ; Eduardo Pons Prades, *Republicanos españoles en la Segunda guerra mundial,* Barcelona, Planeta, 1975, 593 p.

14. À l'exception de *Vae Victis ! Los republicanos españoles en Francia* de David Pike, publié en 1969 chez Ruedo ibérico.

15. Javier Rubio, *La Emigración española a Francia,* Barcelone, Ariel, 1974, 402 p. et *La Emigración de la guerra civil de 1936-1939. Historia del éxodo que se produce con el fin de la IIᵃ República española,* Madrid, editorial San Martin, 3 vol., 1977, 1 229 p.

16. *El Exilio español de 1939,* Madrid, Taurus, 1976-1978, 6 vol., 1 868 p.

17. Pour ne citer que quelques titres : José Borrás, *Política de los exiliados españoles, 1944-1950,* Paris, Ruedo ibérico, 1976, 326 p. ; José Maria del Valle, *Las Instituciones de la República española en exilio,* Paris, Ruedo ibérico, 1976, 367 p. ; David Wingeate Pike, *Jours de gloire, jours de honte. Le Parti communiste d'Espagne en France depuis son arrivée en 1939 jusqu'à son départ en 1950,* Paris, SEDES, 1984, 311 p. ; Carlos et José Martínez Cobo, *Intrahistoria del PSOE,* 4 vol., Barcelona, Plaza y Janès, 1989-1993.

18. La première rencontre scientifique est organisée à Madrid par la Fondation Sánchez Albornoz en 1987, avec la collaboration de la Communauté autonome de Madrid et de l'Institut de coopération ibéro-américaine (*El Exilio español de la posguerra*), suivie en 1988 par un colloque réuni à Salamanque par l'Archivo histórico nacional, sección guerra civil (*Movimientos migratorios provocados por la guerra civil*). Les actes n'ont, semble-t-il, pas été publiés. Citons également le colloque organisé à Barcelone à l'initiative du Centre d'estudis histórics internacionals (9-11 octobre 1989) sur *L'Exili als països catalans, 1939-1978,* pour lequel existent des pré-actes, mais incomplets.

19. Antonio Soriano, *Éxodos. Historia oral del exilio republicano en Francia, 1939-1945,* Barcelona, Crítica, 1989, 251 p.

20. *Plages d'exil. Les camps de réfugiés espagnols en France, 1939,* coordination de Jean-Claude Villegas, Nanterre, Bibliothèque de documentation internationale contemporaine, Dijon, Hispanistica XX, 1989, 235 p.

21. *Les Français et la guerre d'Espagne*, Actes du colloque tenu à Perpignan les 28, 29 et 30 septembre 1989, édités par Jean Sagnes et Sylvie Caucanas, Perpignan : Centre de recherche sur les problèmes de la frontière, 1990, 439 p.

22. *La Oposición al régimen de Franco. Estado de la cuestión y metodología de la investigación*, Coordinación de Javier Tusell, Alicia Alted, Abdón Mateos, Madrid, UNED, 1990, 3 vol., 412 p., 484 p., 688 p.

23. *Exil politique et migration économique. Espagnols et Français aux XIXe et XXe siècles,* sous la direction d'Émile Temime, Paris, CNRS, 1991, 205 p.

24. *Exils et migration. Italiens et Espagnols en France, 1938-1946,* sous la direction de Pierre Milza et Denis Peschanski, Paris, L'Harmattan, 1994, 695 p., et *Emigración y exilio. Españoles en Francia, 1936-1946,* Josefina Cuesta Bustillo y Benito Bermejo coordinadores, Madrid, Eudema, 1996, 392 p.

25. Signalons entre autres : Pierre Marques, *Les Enfants espagnols réfugiés en France (1936-1939),* Paris, à compte d'auteur, 1993, 258 p. ; Marie-Claude Rafaneau-Boj, *Odyssée pour la liberté. Les camps de prisonniers espagnols, 1939-1945,* Paris, Denoël, 1993, 347 p. ; *La Oposición libertaria al régimen de Franco, 1936-1975,* Madrid, Fundación Salvador Seguí, 1993, 918 p ; Neús Catalá, *Ces femmes espagnoles. De la Résistance à la déportation,* Paris, Tirésias, 1994, 356 p.

26. Geneviève Dreyfus-Armand, *L'Émigration politique espagnole en France au travers de sa presse, 1939-1975*, thèse de doctorat, IEP de Paris, 1994, 1 417 p. ; Jeanine Sodigné-Loustau, *L'Immigration politique espagnole en région Centre (Cher, Eure-et-Loir, Indre, Loir-et-Cher, Loiret) de 1936 à 1946*, thèse de doctorat, Université de Paris VII, 1995, 925 p. et annexes.

27. « La circulation des élites entre la France et l'Espagne, 1955-1975. Regards croisés sur la génération 1925-1940 », table ronde organisée par le CHEVS à la Fondation nationale des sciences politiques, le 21 janvier 1994 (*CHEVS. Bulletin,* n° 6, mars-avril 1996, pp. 18-54). L'ouvrage *Les Enfants de la Guerre civile,* issu du colloque du même nom organisé par le CHEVS en décembre 1997, est à paraître aux éditions de L'Harmattan.

28. Constitué officiellement le 28 juillet 1995, date de l'annonce de sa création dans le *Journal officiel,* le CERMI a été présenté publiquement le 22 février 1996 dans les salons de l'ambassade d'Espagne. Son siège social est fixé à la Bibliothèque de documentation internationale contemporaine (BDIC), à Nanterre. Présidé par Andrée Bachoud, le bureau fondateur est composé de Geneviève Dreyfus-Armand, secrétaire générale, et de Janine Sodigné-Loustau, trésorière. Les présidents d'honneur en sont alors à titre personnel, Daniel Mayer, ancien ministre et ancien président du Conseil constitutionnel, et l'historien Émile Temime, spécialiste des questions migratoires, directeur d'études à l'EHESS. Les autres présidents d'honneur sont, ès qualités, l'ambassadeur d'Espagne à Paris, le président de l'Université de Paris VII et le directeur de la BDIC.

29. En 1995, la FACEEF a organisé deux journées destinées à recueillir les témoignages sur les débuts de l'exil et sur la contribution des Espagnols à la Résistance et à la libération de la France. Un livre, *Memorias del olvido. La contribución de los republicanos españoles a la Resistencia y a la liberación*

de Francia, 1939-1945 (Paris, FACEEF, 1996. 192 p.), en est issu et l'enregistrement intégral des séances est consultable à la BDIC.

I. Un exode sans équivalent

1. Poème cité dans *Le Romancero de la résistance espagnole*, Paris, Maspero, 1970.

2. Ralph Schor, *Histoire de l'immigration en France de la fin du XIXe siècle à nos jours*, Paris, Armand Colin, 1996, p. 58.

3. Javier Rubio, *La Emigración española en Francia*, Barcelone, Ariel, 1974, p. 35.

4. Rose Duroux, *Les Auvergnats de Castille. Renaissance et mort d'une migration au XIXe siècle,* Clermont-Ferrand, Publications de la Faculté des Lettres et Sciences humaines, 1992, p. 88.

5. Émile Temime, « Les recherches sur les échanges migratoires entre la France et l'Espagne », in *Exil politique et migration économique. Espagnols et Français aux XIXe et XXe siècles*, Paris, CNRS, 1991, p. 12.

6. Gérard Noiriel, *Le Creuset français. Histoire de l'immigration, XIXe-XXe siècles*, Paris, Seuil, 1988, pp. 370 et 374.

7. Javier Rubio, *La Emigración española en Francia, op. cit.*, pp. 100-102.

8. *L'Emancipation*, 24 juin 1916 et 14 avril 1917, citée par Jean-Paul Brunet, *Une banlieue ouvrière : Saint-Denis (1890-1930). Problèmes d'implantation du socialisme et du communisme,* thèse de doctorat, Université de Paris IV, 1978, tome II, p. 795.

9. Geneviève Dreyfus-Armand, « L'immigration espagnole en banlieue parisienne : la diversité des flux migratoires, 1918-1968 », in *Immigration, vie politique et populisme en banlieue parisienne (fin XIXe-XXe siècle)*, sous la direction de Jean-Paul Brunet, Paris, L'Harmattan, 1995, pp. 132-133.

10. Javier Rubio, *La Emigración española en Francia, op. cit.,* pp. 148-149.

11. Résultats statistiques du recensement général de la population effectué le 8 mars 1936, tome I, 5e partie (*Étrangers et naturalisés*), Paris, Imprimerie nationale, 1943, p. 29.

12. Javier Rubio, *La Emigración española en Francia, op. cit.*, p. 154.

13. Statistique générale de la France. Résultats statistiques du recensement général de la population effectué le 8 mars 1931, Paris, Imprimerie nationale, 1933-1935.

14. Georges Mauco, *Les Étrangers en France : leur rôle dans l'activité économique*, Paris, Armand Colin, 1932, pp. 189, 318-319, 390-391, 429-430. Photo, p. 314.

15. Ralph Schor, *Histoire de l'immigration en France..., op. cit.*, p. 114.

16. Pierre Milza, « L'immigration italienne en France d'une guerre à l'autre », in *Les Italiens en France de 1914 à 1940*, Rome, École française de Rome, 1986, p. 30.

17. Ralph Schor, *L'Opinion française et les étrangers en France, 1919-1939,* Paris, Publications de la Sorbonne, 1985, pp. 59-61.

18. *Voz de Madrid*, n° 25, 31 décembre 1938, p. 5.

19. *Voz de Madrid* évoque de nombreux commerçants des Halles de Paris,

regroupés dans l'Unión frutera, qui vivent de l'importation de fruits espagnols et prennent le parti des franquistes. Tandis que leurs employés, recrutés dans les campagnes du Levant, ont souvent des sympathies républicaines qu'ils doivent cacher.

20. *Voz de Madrid*, nᵒ 1, 18 juillet 1938.

21. *La Nouvelle Espagne antifasciste*, nᵒ 38, 16 juin 1938.

22. Manuel Buenacasa (Caspe, 1886-Bourg-lès-Valence, 1964) : ébéniste, obligé de s'exiler à diverses reprises en France entre 1911 et 1918, il est secrétaire national de la CNT en 1918. Nouveaux exils en France sous la dictature de Primo de Rivera. Il combat sur le front d'Aragon pendant la Guerre civile et se réfugie à nouveau en France en 1939 où il est interné ; assigné à résidence dans le Rhône par le gouvernement de Vichy, il aide la Résistance française et œuvre à la restructuration de la CNT clandestine en France (*Solidaridad* et Manuel Buenacasa, *El Movimiento obrero español, 1886-1926. Historia y crítica. Figuras ejemplares que conocí*, Paris, Imprimerie des Gondoles, 1966, 320 p.).

23. *Solidaridad. Organo de « Solidarité espagnole »*, nᵒ 1, 1939 (Solidarité espagnole succède à la Fédération régionale des comités d'action antifasciste de langue espagnole du Rhône, à la suite du décret-loi du 12 avril 1939 sur les associations étrangères qui oblige cette dernière à changer de nom et de structure).

24. *Voz de Madrid*, nᵒ 29, 28 janvier 1939.

25. Voir notre décompte fait à partir du *DBMOF* (Geneviève Dreyfus-Armand, « Les Espagnols dans le *Dictionnaire biographique du mouvement ouvrier français* », *Matériaux pour l'histoire de notre temps*, nᵒ 34, janvier-juin 1994, pp. 6-10).

26. Marie-Line Montbroussous, *Histoire d'une intégration réussie. Les Espagnols dans le bassin de Decazeville*, Rodez, éditions du Rouergue, 1995, pp. 97-98.

27. *Dictionnaire biographique du mouvement ouvrier français (DBMOF)*, sous la direction de Jean Maitron, IVᵉ partie : 1914-1939, *De la Première à la Deuxième Guerre mondiale*, tome 38.

28. *DBMOF*, IVᵉ partie : 1914-1939, *De la Première à la Deuxième Guerre mondiale*, tome 17.

29. Benito Bermejo, « La Falange española en Francia », in *Emigración y exilio. Españoles en Francia, 1936-1946*, Madrid, Eudema, 1996, p. 231.

30. Juliette Bessis, « Une émigration effacée : Italiens et Espagnols en Afrique du Nord française », in *Exils et migration. Italiens et Espagnols en France, 1938-1946, op. cit.*, pp. 429-444.

31. Andrée Bachoud, *Los Españoles ante las campañas de Marruecos*, Madrid, Espasa Calpe, 1988, p. 145 ; José Fermín Bonmatí Antón, *La Emigración alicantina a Argelia*, Alicante, Secretariado de publicaciones de la Universidad, 1988, pp. 42-45 et Juan Batista Vilar, *Los Españoles en la Argelia francesa (1830-1914)*, Madrid, Centro de Estudios Históricos, Murcie, Université, 1989, p. 214.

32. AN, F7 13067, cité par Sylvie Premisler, *L'Émigration politique espagnole en France, 1872-1876, 1894-1912*, maîtrise, Université de Paris X, 1972, 74 p.

33. *El Socialista español*, mai-juin 1957, p. 2.

34. AN, F7 15172.

35. *Bulletin du Comité d'aide aux victimes du fascisme en Espagne*, numéro spécial, probablement d'avril 1935.

36. Gérard Noiriel, *La Tyrannie du national. Le droit d'asile en Europe, 1793-1993,* Paris, Calmann-Lévy, 1991, p. 54.

37. Lettre du ministre de l'Intérieur au président du Conseil, 8 mars 1932 (AN, F7 15172).

38. Lettre du directeur adjoint, chef du service des associations, au directeur de la Sûreté générale, 13 juillet 1931 (AN, F7 15172).

39. AN, F7 15172 et AMAE, série Europe 1918-1940, sous-série Espagne, vol. 267, pp. 125-128.

40. Pierre Laborie, *L'Opinion française sous Vichy*, Paris, Seuil, 1990, pp. 132-133 et 164.

41. Geneviève Dreyfus-Armand, « El Eco de la guerra de España en el exterior », in *El primer día de la Guerra civil española. El eco de la Guerra de España* (tome 6 de *La Guerra civil española*, coordination de Luis Palacios Bañuelos), Madrid, Edilibro/Club internacional del libro, 1996, pp. 218-282.

42. Javier Rubio, *La Emigración de la guerra civil de 1936-1939. Historia del éxodo que se produce con el fin de la IIª República española*, Madrid, editorial San Martin, 1977, pp. 35-113.

43. Ralph Schor, *Histoire de l'immigration, op. cit.*, pp. 120-133.

44. Catherine Gousseff, « Quelle politique d'accueil des réfugiés en France ? Le cas des Russes dans les années vingt », *Matériaux pour l'histoire de notre temps,* n° 44, octobre-décembre 1996, pp. 14-19.

45. L'évaluation faite par Javier Rubio, pour cette vague, est d'environ 160 000 personnes, dans *La Emigración de la guerra civil de 1936-1939, op. cit.*, pp. 57 et 106. Elle est de 125 000 dans sa communication « Los Españoles en Francia, hacia Francia y desde Francia » in *Exils et migration. Italiens et Espagnols en France, 1938-1946*, p. 39. Quant à lui, le ministère de l'Intérieur estime cette vague à environ 150 000 personnes (AMI, 89/31 Mi 6).

46. Rafael Picavea (1868-1946), fondateur de nombreuses entreprises minières, bancaires, industrielles et journalistiques en Espagne (Banque de Biscaye, entreprise la Papelera española, quotidien *El Pueblo vasco* de Saint-Sébastien) ; auteur de travaux d'assainissement et d'adduction d'eau de diverses villes ainsi que d'un plan d' « haussmanisation » de Madrid...) (*Euzko Deya*, n° 242, 15 juillet 1946).

47. AMI, 89/31 Mi 6.

48. 45 000, dont le quart d'enfants, selon Javier Rubio, *La Emigración de la guerra civil de 1936-1939, op. cit.,* p. 65.

49. Pierre Marques, *Les Enfants espagnols réfugiés en France (1936-1939)*, Paris, à compte d'auteur, 1993, p. 151.

50. *Le Monde*, 24 octobre 1996, p. 7.

51. Michael Marrus, *Les Exclus, op. cit.*, p. 20.

52. Télégramme adressé aux préfets des départements frontières par le ministre de l'Intérieur, le 20 juillet 1936 (cité par José María Borrás Llop, *Francia ante la guerra civil española. Burguesia, interés nacional e interés de clase,* Madrid, Centro de investigaciones sociológicas, 1981, p. 268).

53. Réitéré par l'instruction du ministère de l'Intérieur du 23 septembre 1936 (AN, F7 15172).

54. AN, F7 15172.

55. Ces réfugiés français sont entre 7 000 et 8 000 en décembre 1937 et 12 000 en septembre 1938 (José María Borrás Llop, *Francia ante la guerra civil española, op. cit.*, p. 31).

56. Instruction du ministère de l'Intérieur, 19 août 1936 (AN, F7 15712).

57. Instructions du 17 novembre 1936, du 14 octobre 1936 et du 9 mars 1937 (*ibid.*).

58. Instruction du 2 septembre 1936 (*ibid.*).

59. Instructions du 29 novembre 1936 et du 5 mars 1937 (*ibid.*).

60. Instructions des 9 mars, 26 mars et 6 avril 1937 (*ibid.*).

61. Allier, Ardèche, Aveyron, Cantal, Charente, Charente-Inférieure, Cher, Creuse, Dordogne, Drôme, Gard, Gironde, Indre, Indre-et-Loire, Landes, Loir-et-Cher, Loire, Loire-Inférieure, Loiret, Lot, Lot-et-Garonne, Maine-et-Loire, Nièvre, Puy-de-Dôme, Basses-Pyrénées, Deux-Sèvres, Tarn, Tarn-et-Garonne, Vaucluse, Vendée, Vienne.

62. Ain, Corrèze, Côte-d'Or, Eure-et-Loir, Finistère, Gers, Ille-et-Vilaine, Lozère, Mayenne, Orne, Sarthe, Morbihan, Saône-et-Loire, Yonne.

63. Circulaire du 10 juin 1937 (citée par José María Borrás Llop, *Francia ante la guerra civil española, op. cit.*, p. 269.

64. Lettre du ministre de l'Intérieur au ministre des Affaires étrangères, 11 août 1937, AMAE, série Europe 1918-1940, sous-série Espagne, vol. 188, p. 24.

65. Instructions secrètes des 27 et 28 septembre 1937 (citées par Ralph Schor, *L'Opinion française et les étrangers en France, op. cit.* p. 674).

66. Instructions du 27 septembre 1937 (citées par Javier Rubio, *La Emigración de la guerra civil de 1936-1939, op. cit.*, p. 54) et du 29 septembre 1937 (AN, F7 15172).

67. AN, F7 15172.

68. Lettre du ministre des Affaires étrangères à Jean Herbette, ambassadeur de France en Espagne, 23 septembre 1937 (AMAE, *ibid.*, vol. 188, pp. 101-102).

69. *Journal officiel. Lois et décrets*, 1936 (pp. 9355, 9594, 9772, 10434, 11703) et 1937 (pp. 209, 2819, 5242, 7499, 7852, 9981, 11286, 12096).

70. Ralph Schor, *L'Opinion française et les étrangers en France, op. cit.*, p. 673.

71. José María Borrás Llop, *Francia ante la guerra civil española, op. cit.*, p. 276.

72. AN, F7 15172.

73. Lettre du 17 octobre 1936 (AMAE, série Europe 1918-1940, sous-série Espagne, vol. 267, pp. 225-230).

74. Circulaire ministérielle du 17 juin 1938 (AN, F7 15172).

75. Jeanine Sodigné-Loustau, *L'Immigration politique espagnole en région Centre, op. cit.*, pp. 183, 237-246.

76. « Los Olvidados, 4 000 réfugiés espagnols en Mayenne (1937-1945) », *L'Oribus*, n° 41, avril 1996, 120 p.

77. Jeanine Sodigné-Loustau, *L'Immigration politique espagnole en région Centre, op. cit.*, pp. 260-267.

78. *Journal officiel. Débats parlementaires, Chambre des députés,* séance du 14 mars 1939, p. 956.

79. *Ibid.*, p. 954.

80. *Id.*

81. AMAE, série Europe 1918-1940, sous-série Espagne, vol. 189, p. 158-160.

82. Lettre du 31 janvier 1939 (AN, BB 18 / 3183).

83. *Journal officiel. Débats...*, *op. cit.*, pp. 952-953.

84. *Ibid.*, séance du 10 mars 1939, p. 905.

85. Ralph Schor, *L'Opinion française et les étrangers en France, op. cit.*, pp. 677-697.

86. Antoine Miró, *L'Exilé. Souvenirs d'un républicain espagnol,* Paris, éditions Galilée, 1976, p.137.

87. Francisco Pons, *Barbelés à Argelès et autour d'autres camps,* Paris, L'Harmattan, 1993, p. 18.

88. Voir notice biographique ultérieurement dans « Quelques portraits de la *première génération* ».

89. Federica Montseny, *Pasión y muerte de los Españoles en Francia,* Toulouse, éditions Espoir, 1969, p. 18 (paru en plusieurs livraisons dans *El Mundo al día* en 1950).

90. Neil Mac Master, *Spanish Fighters. An Oral History of Civil War and Exile,* Londres, MacMillan, 1990, p. 127.

91. *L'Humanité, L'Aube,* 5 février 1939.

92. Jean-Marie Ginesta, « Les camps de réfugiés espagnols dans la presse française en 1939 », in *Plages d'exil, op. cit.*, pp. 149-150.

93. AN, F7 15172.

94. Isabel de Palencia, *Smouldering freedom... The story of the Spanish Republicans in exile,* Londres, Gollancz, 1946, p. 39.

95. 8 421 blessés sont évacués vers 34 départements selon Cavaillou et Leclainche, « Les problèmes sanitaires posés par l'exode en France des réfugiés espagnols », *Bulletin de l'Académie de médecine,* CXXI, n° 7, mars 1939, pp. 328-336, cité par Jeanine Sodigné-Loustau, *L'Immigration politique espagnole en région Centre, op. cit.*, p. 162.

96. Antoine Miró, *L'Exilé, op. cit.*, pp. 132-133.

97. Federica Montseny, *Pasión y muerte de los Españoles en Francia, op. cit.*, pp. 10-11 et 22.

98. Federica Montseny, « Cien días de la vida de una mujer », *El Mundo al día,* n° 21, 15 novembre 1949, p. 4.

99. Andres Capdevila, *Un Episodio de nuestra evacuación a Francia, Figueres,* s.l., [1978], p. 35.

100. Rose Duroux, Raquel Thiercelin, « Los niños del exilio : asignatura pendiente », in *Emigración y exilio. Españoles en Francia, 1936-1946, op. cit.*, pp. 168-169.

101. Témoignage de Rosa Laviña in Antonio Soriano, *Éxodos, op. cit.*, p. 174.

102. Isabel de Palencia, *Smouldering freedom, op. cit.*, pp. 34, 46.

103. Antoine Miró, *L'Exilé, op. cit.*, pp. 133-134.

104. Eduardo Pons Prades, *Los Derrotados y el exilio*, Barcelone, Bruguera, 1977, p. 137.

105. Le terme est employé sans arrêt à l'époque dans les textes et déclarations officiels, au sens où l'on entend « concentrer », afin de les surveiller, ceux que l'on juge « indésirables ».

106. Note du 11 novembre 1940 (AMAE, Vichy-Europe, Espagne, vol. 275, pp. 19-20) ; le détail est le suivant : 300 000 miliciens, 214 337 civils dont 78 162 femmes, 78 629 enfants et 57 546 vieillards et invalides).

107. G. Hoppenot, sous-directeur du service Europe (AMAE, série Europe 1918-1940, sous-série Espagne, vol. 189, p. 90).

108. *Journal officiel. Débats parlementaires. Chambre des députés*, séance du 15 mars 1939.

109. *Ibid.*, séance du 14 mars 1939, pp. 955-956.

110. Environ 470 000 selon les travaux de Javier Rubio (*La Emigración de la guerra civil de 1936-1939, op. cit.*, p. 72).

111. AN, Centre des archives d'outre-mer, F80 2075, cité par Anne Grynberg et Anne Charaudeau, « Les camps d'internement », in *Exils et migration. Italiens et Espagnols en France, 1938-1946, op. cit.*, p. 144.

112. Anne Chareaudeau, « Les réfugiés espagnols dans les camps d'internement en Afrique du Nord », *Hommes et migrations*, n° 1158, octobre 1992, pp. 23-29.

II. D'une guerre à l'autre

1. Ralph Schor, *Histoire de l'immigration en France..., op. cit.*, p. 158.

2. Jorge Semprún, « Le point de vue d'Orwell », *Matériaux pour l'histoire de notre temps*, n° 5, janvier-mars 1986, p. 32.

3. Cité par Pierre Laborie, *L'Opinion française sous Vichy*, Paris, Seuil, 1990, p. 126.

4. *Journal officiel. Lois et décrets*, 3 mai 1938, pp. 4967-4969.

5. *Ibid.*, 13 novembre 1938, pp. 12920-12923.

6. L'expression est reprise de Stéphane Courtois, Denis Peschanski et Adam Rayski, *Le Sang de l'étranger. Les immigrés de la MOI dans la Résistance*, Paris, Fayard, 1989, 470 p.

7. *Journal officiel. Débats parlementaires, Chambre des députés*, séance du 10 mars 1939, p. 902.

8. Javier Rubio, « La politique française d'accueil : les camps d'internement », in *Exils et migration. Italiens et Espagnols en France, 1938-1946, op. cit.*, p. 129.

9. Lluís Montagut, *J'étais deuxième classe dans l'armée républicaine espagnole*, Paris, François Maspero, 1976, pp. 94-95 et 102.

10. Antoine Miró, *L'Exilé, op. cit.*, p. 138.

11. Mariano Constante, *Les Années rouges de Guernica à Mauthausen*, Paris, Mercure de France, 1971, p. 138.

12. Antonio Soriano, *Éxodos, op. cit.*, p. 169.

13. Sur la « mémoire » des camps, voir Geneviève Dreyfus-Armand, Émile

Temime, *Les Camps sur la plage, un exil espagnol,* Paris, Autrement, 1995, 141 p.

14. *La Dépêche* du 2 février 1939, cité par Marie-Claude Rafaneau-Boj, *Odyssée pour la liberté. Les camps de prisonniers espagnols, 1939-1945,* Paris, Denoël, 1993, p. 117.

15. Pierre Izard, « Argelès-sur-Mer. L'exode espagnol », in *Plages d'exil, op. cit.,* pp. 213-218.

16. Federica Montseny, *Pasión y muerte de los Españoles en Francia, op. cit.,* pp. 47-52.

17. Lluís Montagut, *J'étais deuxième classe dans l'armée républicaine espagnole, op. cit.,* pp. 105-108.

18. Jean-Claude Fau, « Le camp des réfugiés espagnols de Septfonds (1939-1940) », in *Les Camps du Sud-Ouest de la France. Exclusion, internement et déportation,* Toulouse, Privat, 1994, pp. 37-38.

19. Claude Laharie, *Le Camp de Gurs, 1939-1945. Un aspect méconnu de l'histoire du Béarn,* Pau, Infocompo, 1985.

20. Ulrich Sonnemann, « Gurs, 1941. Où il est question d'une aiguille de montre qui tourne à l'envers », *Le Château-Lyre,* n° 2, mars 1991, pp. 15-20.

21. Antonio Soriano, *Éxodos, op. cit.,* p. 101.

22. Rapport du Dr Weissman-Netter sur l'Algérie, in *Deux missions internationales visitent les camps de réfugiés espagnols (mai 1939),* Paris, Comité international de coordination et d'information pour l'aide à l'Espagne républicaine, 1939.

23. Antonio Soriano, *Éxodos, op. cit.,* p. 24.

24. Près de l'ancien camp d'Argelès, il faut beaucoup de ténacité pour trouver, dans un petit chemin, une stèle érigée en mémoire des morts du camp au début des années 1990 à l'initiative de M. N. Goldberg, d'Anvers (Goldberg est d'ailleurs l'un des noms inscrits sur la stèle). Dans le cimetière de Saint-Cyprien, une pierre tombale rappelle le souvenir de 37 républicains espagnols décédés dans le camp de Saint-Cyprien-Plage en février 1939. Quant à l'esplanade des volontaires étrangers, aménagée sur une plage du Barcarès, la grande stèle qui y figure est un monument de désinformation ; il n'y est aucunement fait mention des réfugiés espagnols ni des circonstances du « passage » évoqué de ces volontaires étrangers. L'inscription est la suivante : « Ici se matérialisa en 1939 la volonté farouche de dix mille engagés volontaires étrangers de résister à l'envahisseur, conscients du don de leur vie qu'ils faisaient à la France. Ils constituèrent le 21ᵉ-22ᵉ-23ᵉ RMVE. Ce mémorial est érigé en souvenir de leur passage. »

25. Données indiquées par Javier Rubio dans « L'accueil de la grande vague de réfugiés de 1939 », *Hommes et migrations,* n° 1184, février 1995, p. 15.

26. Jeanine Sodigné relève 239 décès en février à Cerbère, au Perthus, à Port-Vendres, La Tour-de-Carol, Prats-de-Mollo, Arles-sur-Tech, Saint-Laurent-de-Cerdans et au Boulou ; et 198 dans les hôpitaux de Perpigan et dans les navires-hôpitaux (« L'organisation sanitaire aux frontières lors des évacuations des populations espagnoles de 1936 à 1939 », *Exils et migrations ibériques au XXᵉ siècle,* n° 3-4, 1997, p. 46).

27. Antonio Vilanova, *Los Olvidados. Los exilados españoles en la Segunda*

Guerra mundial, Paris, Ruedo ibérico, 1969, p. 10. (Il se réfère à un contrôle effectué par les « autorités françaises », dont il ne cite pas les références.)

28. Antonio Gardó Cantero, « Souvenir d'antan », in *Plages d'exil, op. cit.,* pp. 224-225.

29. Alberto Fernández, *Emigración republicana española (1939-1945),* Madrid, Zyx, 1972, p. 9. Alberto Fernández (Mieres, Oviedo, 1914-Paris, 1993) : militant du PSOE et des JSE, il participe à la révolution d'octobre 1934 dans les Asturies ; officier, il s'exile en France en 1939 où il participe à la Résistance. Membre de l'Union socialiste espagnole, collaborateur de Julio Alvarez del Vayo, militant du Front espagnol de libération nationale, il est correspondant de nombreux journaux (entretien du 31 mars 1991).

30. Federica Montseny, *Pasión y muerte de los Españoles en Francia, op. cit.,* p. 53.

31. Eulalio Ferrer, *Derrière les barbelés. Journal des camps de concentration en France (1939),* Limonest, L'Interdisciplinaire, 1993, p. 28.

32. Lluís Montagut, *J'étais deuxième classe dans l'armée républicaine espagnole, op. cit.,* pp. 114-115.

33. Eulalio Ferrer, *Derrière les barbelés, op. cit.,* p. 39.

34. Jean Olibo, *Parcours,* Perpignan, éditions du Castillet, 1972, pp. 202-207, cité par Louis Stein, *Par-delà l'exil et la mort. Les républicains espagnols en France,* Paris, Mazarine, 1981, pp. 85-86.

35. Francisco Pons, *Barbelés à Argelès et autour d'autres camps, op. cit.,* p. 83. Eulalio Ferrer emploie ce même mot pour désigner le délire d'un interné (*Derrière les barbelés..., op. cit.,* p. 57).

36. Federica Montseny, *Pasión y muerte de los Españoles en Francia, op. cit.,* p. 54.

37. Lluís Montagut, *J'étais deuxième classe dans l'armée républicaine espagnole, op. cit.,* p. 287.

38. Federica Montseny, *Pasión y muerte de los Españoles en Francia, op. cit.,* p. 33.

39. Lettre de l'Association pour la défense des séquestrés de Collioure (168, boulevard Magenta, 75010 Paris), 16 juin 1939 (AN, BB 18 / 3183).

40. Michel del Castillo, *Tanguy, histoire d'un enfant d'aujourd'hui,* Paris, Julliard, 1957, pp. 26-33.

41. Arthur Koestler, *La Lie de la terre,* Paris, Calmann-Lévy, 1947.

42. Max Aub (Paris, 1903-Mexico, 1972) : écrivain né à Paris de père allemand, sa famille s'installe en Espagne en 1914. Il est nommé attaché culturel auprès de l'ambassade espagnole à Paris en 1936, où il est sous-commissaire à l'Exposition universelle de 1937 ; c'est lui qui, au nom du gouvernement espagnol, commande le *Guernica* à Picasso et le présente en avril 1937. Il se réfugie en France en février 1939. Á la suite d'une dénonciation de l'ambassadeur espagnol à Paris, José Felix de Lequerica, qui le taxe d'être « un communiste et un révolutionnaire » et rappelle que s'il a été naturalisé espagnol par la République, il est « un ressortissant allemand... israélite », Max Aub est envoyé en Algérie en 1942 et interné notamment dans le camp de Djelfa. Parvenu au Mexique, c'est là qu'il écrira la plus grande partie de son œuvre (Gérard Malgat, « Max Aub y Francia : un escritor español "sin papeles". Aportación a la biografía del escritor », in *Literatura y cultura del exilio español de 1939 en*

Francia, Alicia Alted Vigil y Manuel Aznar Soler, ed., Salamanca, AEMIC/-GEXEL, 1998, pp. 143-161).

43. Max Aub, *Diario de Djelfa*, México, Unión distribuidora de ediciones, 1944, p. 6.

44. Bernard Vincent, « Histoire de propriétaires », in *Plages d'exil, op. cit.*, p. 143.

45. Jean-Marie Ginesta, « Les camps de réfugiés espagnols dans la presse française en 1939 », in *Plages d'exil, op. cit.*, pp. 150-152.

46. *Le Figaro*, 1ᵉʳ février 1939.

47. Jean-Marie Ginesta, *art. cit.*, p. 157.

48. Note du président du Conseil, ministre de la Défense nationale, 15 juin 1939 (AMAE, série Europe 1918-1940, sous-série Espagne, vol. 189, pp. 95-99).

49. Note du général Ménard, responsable des camps, 12 août 1939 (AMAE, *ibid.*, pp. 161-165).

50. Note du général Ménard, 15 novembre 1939 (SHAT, 7N 2475 / 3).

51. Note diplomatique du 30 décembre 1939 (AMAE, *ibid.*, p. 220) et note du 22 décembre dans le dossier SERE (AN, F7 14721).

52. AMAE, série Vichy-Europe, sous-série Espagne, vol. 275, pp. 19-20.

53. SHAT, 7N 2475/3.

54. Émile Temime, « Espagnols et Italiens en France », in *Exils et migration. Italiens et Espagnols en France, 1938-1946, op. cit.*, pp. 19-34.

55. AMAE, série Europe 1918-1940, sous-série Espagne, vol. 189, pp. 90-91.

56. Le régime de Vichy se complaira, en novembre 1940, à faire le compte des dépenses occasionnées par les réfugiés espagnols (AMAE, série Vichy-Europe, sous-série Espagne, vol. 275, pp. 19-20).

57. *Journal officiel. Débats parlementaires. Chambre des députés,* séance du 14 mars 1939, pp. 955-956.

58. *Ibid.*, p. 957.

59. Mariano Constante, *Les Années rouges, op. cit.*, p. 139.

60. Isabel Fernández, *Pauline ou l'histoire d'une intégration. De Madrid à Mazamet,* Mazamet, Sud 81, 1997, p. 33.

61. *Ibid.*, p. 39.

62. Texte du 8 mai 1939, cité par Andrée Bachoud, « L'État franquiste face aux camps de réfugiés (1939-1940) : les archives du ministère des Affaires étrangères », in *Plages d'exil, op. cit.*, p. 161.

63. Texte du 28 juin 1939, cité par Andrée Bachoud, « L'État franquiste face aux camps de réfugiés... », *art. cit.*, p. 164.

64. Lettre du 14 février de Charles Corbin, ambassadeur de France à Londres, à son ministère ; même courrier, du 9 février, de François Poncet, ambassadeur à Rome (AMAE, série Europe 1918-1940, sous-série Espagne, vol. 242).

65. AMAE, série Europe 1918-1940, sous-série Espagne, vol. 216 et vol. 242. C'est le tour de sir Maurice Peterson le 11 avril.

66. *Ibid.*, vol. 216, pp. 78, 95, 100, 104, 119-126, 141-143.

67. *Ibid.*, vol. 189, pp. 130-132.

68. Lettre de Georges Bonnet à Albert Sarrault, 4 août 1939, AMAE, *ibid.*, pp. 142-146.

69. AMAE, série Europe 1918-1940, sous-série Espagne, vol. 189, pp. 142-146 (lettre de Georges Bonnet à Albert Sarrault, 4 août 1939).

70. Lettres du 28 juillet, du 1ᵉʳ août et du 21 août 1939 (*ibid.*, pp. 130-132 et 156).

71. Document annexe à la circulaire du ministère de l'Intérieur, 19 septembre 1939, reproduite par Javier Rubio, *La Emigración de la guerra civil de 1936-1939, op. cit.*, pp. 896-897.

72. Cités par Andrée Bachoud, « L'État franquiste face aux camps de réfugiés... », *art. cit.*, p. 161.

73. Lluís Montagut, *J'étais deuxième classe dans l'armée républicaine espagnole, op. cit.*, pp. 151-169.

74. Entretien avec José Sangenis, Pia (Pyrénées-Orientales), 14 octobre 1995.

75. Denis Rolland, « Extradition ou réémigration ? Les vases communicants de la gestion xénophobe des réfugiés espagnols en France », in *Exils et migration. Italiens et Espagnols en France, 1938-1946,* pp. 47-69 et Javier Rubio, *La Emigración de la guerra civil de 1936-1939, op. cit.*, pp. 170-199.

76. Décret du 4 mai 1939 (AN, F7 15172).

77. Proportions certes variables ; ce sont à peu près celles que le Mouvement libertaire indique dans une circulaire diffusée dans les camps en août 1939.

78. L'ancien ministre de Negrín a pu, par ailleurs, se rendre maître, à Veracruz, du yacht le *Vita* et de son chargement de grande valeur envoyé par le gouvernement républicain.

79. AMAE, série Europe 1918-1940, sous-série Espagne, vol. 189, pp. 90, 93, 130, 142 ; série Europe 1944-1960, sous-série Espagne, vol. 138, pp. 259-260.

80. Exactement 166 768, dont 79 992 miliciens (30 000 dans les camps, 36/37 000 dans les CTE, 1 400 en équipes agricoles, 12 000 en hôpitaux), 61 776 civils à charge de l'État (23 727 femmes, 27 272 enfants, 10 477 vieillards), 25 000 civils (AMAE, Vichy-Europe, Espagne, vol. 275, pp. 19-20).

81. AMAE, série Europe 1918-1940, sous-série Espagne, vol. 189, p. 220 et SHAT, 7N 2475-3.

82. AMAE, Vichy-Europe, Espagne, vol. 286, pp. 74-75.

83. Circulaire du ministère de l'Intérieur du 17 août 1939 (AN, F7 15172).

84. Circulaire du ministère de l'Intérieur du 27 décembre 1939 (*ibid.*).

85. *Journal officiel. Débats parlementaires. Chambre des députés*, séance du 14 mars 1939, p. 954.

86. *Ibid.*, p. 955.

87. « Los Olvidados, 4 000 réfugiés espagnols en Mayenne (1937-1945) », *art. cit.*, p. 40.

88. *Ibid.*, p. 359 et pp. 386-391.

89. *Ibid.*, p. 62.

90. Jeanine Sodigné-Loustau, *L'Immigration politique espagnole en région Centre..., op. cit.*, pp. 183, 237-246.

91. Jean-Charles Bonnet, *Les Pouvoirs publics français et l'immigration dans l'entre-deux-guerres,* Lyon, Centre d'histoire économique et sociale de la région lyonnaise, 1976, p. 362.

92. Jeanine Sodigné-Loustau, *L'Immigration politique espagnole en région Centre...*, *op. cit.*, pp. 271-288.

93. Circulaire du 24 septembre 1939 (*ibid.*, p. 284).

94. Jeanine Sodigné-Loustau, *L'Immigration politique espagnole en région Centre... op. cit.*, p. 461.

95. Rose Duroux, Raquel Thiercelin, « Los niños del exilio : asignatura pendiente », *art. cit.*, pp. 170-174.

96. En novembre 1940, un centre américain de secours estime que si les Quakers ont été actifs dans l'amélioration des conditions de vie des internés des camps, la Croix-Rouge, semble-t-il, n'a pas « cherché à obtenir pour les Espagnols et les Internationaux des camps de France les garanties élémentaires d'humanité qu'on impose aux belligérants pour leurs adversaires prisonniers » (AN, F9 5578).

97. Geneviève Dreyfus-Armand, *L'Émigration politique espagnole en France au travers de sa presse, 1939-1975*, thèse de doctorat en histoire, IEP de Paris, 1994, 1417 p.

98. Témoignage de Rosa Laviña in Antonio Soriano, *Éxodos, op. cit.*, p. 174.

99. Isabel Fernández, *Pauline ou l'histoire d'une intégration, op. cit.*, pp. 29-43.

100. Entretiens avec José Morato, Paris-Perpignan, dates diverses.

101. José Alberola (1896-Mexico, 1967) : professeur, il fonde avec l'appui de la CNT de nombreuses écoles rationalistes, dispensant un enseignement laïque, scientifique et libertaire, dans la lignée de l'Escuela moderna de Francisco Ferrer y Guardía. Polémiste et conférencier connu, trésorier de *Solidaridad obrera* à Barcelone et rédacteur, avec José Peirats et Felipe Aláiz, de la revue *Ética* de Lérida, opposée à la collaboration de la CNT au gouvernement. Il s'exile au Mexique en 1939 ; il est assassiné à Mexico le 1er mai 1967, alors que son fils Octavio, dirigeant des FIJL, est dans la clandestinité en Europe.

102. Entretiens avec Octavio Alberola, Paris, dates diverses.

103. Entretien avec Jean Gaspar, Pia, 14 octobre 1995.

104. Circulaire du 27 septembre 1939, citée par Émile Temime dans « Espagnols et Italiens en France », *art. cit.*, p. 24.

105. « Los Olvidados, 4 000 réfugiés espagnols en Mayenne (1937-1945) », *art. cit.*, p. 50.

106. Jeanine Sodigné-Loustau, *L'Immigration politique espagnole en région Centre... op. cit.*, pp. 393-394.

107. Rose Duroux, Raquel Thiercelin, « Los niños del exilio : asignatura pendiente », *art. cit.*, pp. 174-180.

108. Pierre Broué, Émile Temime, *La Révolution et la guerre d'Espagne*, Paris, éditions de Minuit, 1961, 542 p.

109. Manuel Azaña Díaz (Alcalá de Henares, 1880-Montauban, 1940) : juriste, écrivain, dirigeant d'Acción republicana, il est membre du Comité révolutionnaire de 1930 et du gouvernement provisoire de la Seconde République. Ministre de la Guerre (1931-1933) et président du gouvernement de 1931 à 1933 et en 1936, après les élections de février. Élu président de la République en mai 1936, il occupe cette charge jusqu'à sa démission le 27 février 1939.

110. C'est le cas de *Voz de Madrid, Treball, Solidarité* ou *Midi* interdits par simple arrêté, comme la modification, intervenue le 22 juillet 1895, de l'article

14 de la loi du 29 juillet 1881 lui en donne la possibilité, s'agissant de parutions périodiques publiées en France en langue étrangère.

111. Les publications les plus visées par Madrid sont : *Euzko Deya, La Voz de los Españoles, España, Norte, El Murciélago, Reconquesta, Catalunya, Treball* et *Diario de Sesiones.*

112. Lettre du 9 février 1940 (AMAE, série Europe 1918-1940, sous-série Espagne, vol. 270). Début 1940, Madrid se plaint de la parution de *El Poble català, Revista de Catalunya* et *Euzko Deya.* Le maréchal Pétain justifie ses demandes en évoquant un article d'*El Poble català* qui établit un « parallèle entre l'invasion de la Catalogne par les troupes franquistes et l'invasion de la Pologne par les armées allemandes ».

113. AGE, Ambassade d'Espagne à Paris, caja 11287, paquete n° 4, expedientes 06, 06 A.

114. Francisco Largo Caballero (Madrid, 1869-Paris, 1946) : ouvrier spécialisé (stucateur), il entre en 1890 à l'UGT et en 1894 au PSOE, membre du comité de grève en 1917, il est condamné à perpétuité. Libéré, il est élu député de Barcelone en 1918 et devient secrétaire général de l'UGT (1917-1937). Président du PSOE (1932-1935), il est ministre du Travail (1931-1933), puis président du gouvernement et ministre de la Guerre (1936-1937).

115. Indalecio Prieto Tuero (Oviedo, 1883-Mexico, 1962) : journaliste, directeur et propriétaire d'*El Liberal.* Dirigeant du PSOE de 1918 à 1950. Député pour Bilbao de 1918 à 1936, il est ministre de l'Économie (1931), des Travaux publics (1931-1933), de la Marine et de l'Air (1936-1937), de la Défense (1938). Exilé au Mexique, il séjourne parfois à Saint-Jean-de-Luz. Auteur notamment de *Comment et pourquoi je suis sorti du ministère de la Défense nationale. Les intrigues des Russes en Espagne,* Paris, Imprimerie nouvelle, 1939, 115 p., *Palabras al viento,* Mexico, Oasis, 1969, 367 p., *Convulsiones de España. Pequeños detalles de grandes succesos,* Mexico, Oasis, Paris, Ruedo ibérico, 1967-1969, 3 vol. (413 p., 371 p. et 384 p.), *De mi vida. Recuerdos, estampas, siluetas, sombras,* Mexico, Oasis, Paris, Ruedo ibérico, 1968-1970, 2 vol. (365 p. et 407 p.).

116. Juan Negrín López (Las Palmas de Gran Canaria, 1892-Paris, 1956) : médecin, professeur de physiologie à l'université de Madrid, il entre au PSOE en 1929 ; il est député pour Las Palmas en 1931 et 1936, pour Madrid en 1933. Il est ministre de l'Économie en 1936-1937 et président du gouvernement à partir de 1937. Il passe la frontière française le 6 février 1939, retourne quelques jours après dans la zone Centre-Sud (Alicante) et quitte Madrid le 4 mars 1939 avec le reste de son gouvernement. En exil à Londres, il assume la présidence du gouvernement en exil jusqu'en 1945. Auteur notamment de *Pour une République libre et indépendante,* Paris, PSOE, 1946, 24 p.

117. Dans ces conditions d'éclatement et de profonds clivages, il n'y a pas à proprement parler de presse socialiste, mais des bulletins concurrents, comme *Norte* du SERE et *Nuestro Norte* de la JARE qui polémiquent souvent violemment. À *Norte* qui proclame que « l'indiscipline pas plus que l'ignorance ne sont permises, et encore moins à ceux qui aspirent à être des guides », *Nuestro Norte* rétorque que l'ennemi commun de tous les Espagnols émigrés est le SERE.

118. *Norte,* nᵒ 6, octobre 1939, p. 12, dans un article intitulé « Où va l'URSS ? », signé Miguel de Amilibia.

119. Parti socialiste ouvrier et paysan de Marceau Pivert.

120. Elle évalue approximativement, en août 1939, le nombre de communistes de dix camps à 10 358 (sur 112 650 internés) (CRCEDHC, fonds 495, inventaire 10a, dossier 241).

121. CRCEDHC, fonds 495, inventaire 10, dossier 174.

122. Le PSUC publie pendant l'hiver et le printemps 1939 : *Treball* (suspendu par le gouvernement français après sept numéros parus du 26 février à la fin mars), *Solidarité, Midi,* deux *Manifests* ; l'Aliança nacional de Catalunya, liée au PSUC, publie huit numéros de *Reconquesta* à Montpellier et *Catalunya* en août 1939 à Paris. Par ailleurs, le PCE n'édite que l'éphémère *España* mais anime *La Voz de los Españoles,* publiée officiellement par la Federación de los inmigrados españoles.

123. Dolores Ibarruri Gómez (Gallarta, Biscaye, 1895-Madrid, 1989) : membre du Comité central du PCE depuis 1930, de son Bureau politique en 1932, elle est membre suppléant du Comité international de l'Internationale communiste en 1935. Député des Asturies en 1936, elle se rend célèbre pendant la guerre comme la Pasionaria. Elle succède à José Díaz au secrétariat général du PCE en 1942 et devient présidente du parti en 1960 quand Santiago Carrillo la remplace. Exilée la majeure partie du temps en URSS (pendant la guerre mondiale, où elle fait partie du secrétariat de l'IC, puis de 1948 à 1954) et en Roumanie (où elle anime Radio España Independiente, Estación pyrenáica, créée à Moscou et installée à Bucarest en 1955) ; elle vient en France à certaines occasions (VIIᵉ congrès du PCE en 1965, meeting en 1971...). Présidente de l'Unión de mujeres españolas, vice-présidente de la Fédération démocratique internationale des femmes. Retourne en Espagne en 1977 et est élue député des Asturies (María Carmen García Nieto, « Nota biográfica », in Dolores Ibarruri, *El Único camino,* Madrid, Castalia, 1992, pp. 35-39).

124. Santiago Carrillo, *Demain l'Espagne. Entretiens avec Régis Debray et Max Gallo,* Paris, Seuil, 1974, p. 75.

125. À la demande des libertaires espagnols, le Comité pour l'Espagne libre — constitué par divers groupes anarchistes français mais parvenant à mobiliser un fort courant de sympathie et des personnalités fort éloignées de l'anarchisme — se transforme, en novembre 1937, en section française de la Solidaridad internacional antifascista que la CNT et l'UGT ont créée en Espagne. Le comité de patronage de la SIA française regroupe de nombreuses personnalités de la gauche non communiste.

126. Octavio Alberola, « Les organisations politiques et syndicales antifascistes espagnoles en exil (1939-1945). Les libertaires espagnols dans la tourmente », in *Plages d'exil...,* *op. cit.,* pp. 175-183.

127. José Peirats, *La CNT en la revolución española,* Toulouse, CNT, 1953, p. 288 et Juan García Oliver, *El Eco de los pasos,* Paris, Ruedo ibérico, 1978, p. 516.

128. César M. Lorenzo, *Les Anarchistes espagnols et le pouvoir, 1868-1969,* Paris, Seuil, 1969, pp. 333-336.

129. Une page portant ce titre est d'abord abritée dans le bulletin de la SIA

386 NOTES

française, *Solidarité internationale antifasciste*, puis un journal indépendant sort à Orléans entre le 14 juillet et la fin août 1939.

130. *España expatriada*, deuxième époque, n° 7, 26 août 1939.

131. *Democracia*, n° 1, 2 septembre 1939, p. 5. Trois numéros de ce journal sortent à Paris en septembre 1939.

132. *Euzko Deya*, n° 177, 10 septembre 1939.

133. Lettre du 18 novembre 1939 de Javier de Gortazar (ADHG, 1960/64, 282 W).

134. *El Poble català*, n° 1, 27 octobre 1939.

135. *El Poble català*, n° 2, 3 novembre 1939.

136. Une souscription est lancée dans le n° 5 du 24 novembre 1939 en faveur des soldats français, des volontaires catalans et des réfugiés qui sont encore dans des camps.

137. *El Poble català*, n° 16, 9 février 1940 (dernier numéro paru pour cette première époque).

138. *Boletín de los estudiantes* (FUE), Argelès, 17 avril 1939 et 18 mai 1939.

139. Des bulletins des camps ont été publiés, traduits et analysés dans l'ouvrage collectif *Plages d'exil...*, *op. cit.*

140. FUE : Federación universitaria escolar.

141. FETE : Federación española de los trabajadores de la enseñanza.

142. Voir notice biographique ultérieurement dans chap. V, « Quelques portraits de la première génération ».

143. Repos : 8 heures, repas : 2 h 30, études et cours : 4 h 30, gymnastique : 30 minutes, ménage : 1 heure, veillées : 2 heures, temps libre : 5 h 30 (*Boletín de información de los profesionales de la enseñanza*, Saint-Cyprien, n° 28, 21 mai 1939).

144. *Boletín de información de los profesionales de la enseñanza*, Gurs, n° 34, 19 juillet 1939.

145. *Boletín de los estudiantes* (FUE), Argelès, 25 mai 1939.

146. Eulalio Ferrer, *Derrière les barbelés...*, *op. cit.*, p. 114.

147. Voir notice biographique ultérieurement dans chap. V, « Quelques portraits de la première génération ».

148. Antoni Rovira i Virgili (Tarragone, 1882-Perpignan, 1949), journaliste, directeur de *La Publicitat*, il est l'un des fondateurs d'Acció catalana en 1922 ; dirigeant en 1931 du Partit catalanista republicà et, en 1932, député de l'Esquerra republicana au Parlement catalan. Il est l'un des principaux théoriciens et historiens du nationalisme catalan, auteur notamment de *História dels moviments nacionalistes*, 1912-1914, *História nacional de Catalunya*, 1922-1934, *Catalunya i la Republica : l'autonomia, el federalisme, el republicanisme*, 1931, *Els darrers dies de la Catalunya republicana. Memóries sobre l'exode català*, 1940 (notice dans l'édition de 1976 de Curial, Barcelone, de ce dernier livre).

III. Dans la tourmente de la Seconde Guerre mondiale

1. Poème intitulé *Campos,* publié par Juan Carrascó dans *La Odisea de los republicanos españoles en Francia (1939-1945). Album-souvenir de l'exil républicain espagnol en France*, Perpignan, Imprimerie Saint-André, 1984, 248 p.

2. Circulaire du 31 mars 1939 (reproduite dans Javier Rubio, *La Emigración de la guerra civil, op. cit.,* pp. 840-841).

3. Lettre du président du Conseil, ministre de la Défense nationale et de la Guerre, 13 mai 1939 (SHAT, 7N 2475/3).

4. Note n° 246 (citée dans Marie-Claude Rafaneau-Boj, *Odyssée pour la liberté..., op. cit.,* p. 169).

5. Circulaire du ministère de l'Intérieur, 1ᵉʳ juin 1939, reproduite dans Javier Rubio, *La Emigración de la guerra civil..., op. cit.,* pp. 865-867.

6. Antoine Miró, *L'Exilé, op. cit.,* p. 152.

7. Francisco Pons, *Barbelés à Argelès..., op. cit.,* pp. 77-78.

8. Jean-Louis Crémieux-Brilhac, *Les Français de l'an 40*, Paris, Gallimard, 1990, tome I : *La Guerre oui ou non ?*, p. 492.

9. SHAT, 7N 2475 / 3.

10. Lluís Montagut, *J'étais deuxième classe dans l'armée républicaine espagnole, op. cit.,* p. 129.

11. Déficit de 4 à 5 000 hommes (lettre du général Ménard, 10 octobre 1939) (SHAT, 7N 2475 / 3).

12. Circulaire du 15 février 1940 (AN, F7 15172).

13. Circulaire du ministère de l'Intérieur du 29 février 1940 (*ibid.*).

14. Sont considérés comme inaptes : les vieillards de plus de 70 ans, les infirmes et incurables et la plupart des enfants de moins de 14 ans (circulaire du 1ᵉʳ mai 1940) (*ibid.*).

15. Andrée Bachoud, « L'État franquiste face aux camps de réfugiés... », *art. cit.,* p. 166.

16. Jeanine Sodigné-Loustau, *L'Immigration politique espagnole en région Centre, op. cit.,* p. 552.

17. Lettres du président du Conseil, ministre de la Défense nationale et de la Guerre, 20 avril 1939, 13 et 26 juin 1939 (SHAT, 7N 2475 / 3).

18. Anne Grynberg, Anne Charaudeau, « Les camps d'internement », in *Exils et migration. Italiens et Espagnols en France, 1938-1946, op. cit.,* p. 152.

19. Les CTE hors des armées au 1ᵉʳ mai 1940 (*ibid.*).

20. Marie-Line Montbroussous, *Histoire d'une intégration réussie. Les Espagnols dans le bassin de Decazeville, op. cit.,* pp. 71-73.

21. Jeanine Sodigné-Loustau, *L'Immigration politique espagnole en région Centre, op. cit.,* pp. 513 et 520.

22. En 1938, la Marine et l'Air exigent des ouvriers naturalisés qui souhaitent être embauchés qu'ils justifient d'au moins dix ans de naturalisation, tandis que la Guerre ne demande rien. À partir du 27 juin 1939, l'Air renonce à cette exigence, que la Marine maintient, mais une harmonisation est souhaitée au moment de la déclaration de guerre (SHAT, 6N 317 / 7).

23. Lettre du 20 septembre 1939 (SHAT, 6N 317 / 7).

24. SHAT, 6N 317 / 7.

25. Lilian Pouységur, « Les réfugiés républicains espagnols dans le Sud-Ouest de la France », in *Les Camps du Sud-Ouest de la France, op. cit.*, p. 29.

26. SHAT, 7N 2475 / 3.

27. Note sur l'accroissement des effectifs au moyen des étrangers et des indigènes (SHAT, 7N 2475-3).

28. Note sur l'utilisation des étrangers, état-major de l'Armée, premier bureau, 25 avril 1940 (*ibid.*).

29. Circulaire du ministère de l'Intérieur, 30 octobre 1939.

30. Isabel Fernández, *Pauline ou l'histoire d'une intégration, op. cit.*, p. 43.

31. Lettre du 29 mars 1940 (SHAT, 7N 475 / 3).

32. Jeanine Sodigné-Loustau, *L'Immigration politique espagnole en région Centre, op. cit.*, pp. 513-515, 517-519, 544-550.

33. *Ibid.*, p. 553 ; et 42 demandent leur rapatriement.

34. *Memorias del olvido, op. cit.*, pp. 46-47, 57.

35. Anne Charaudeau, « Les réfugiés espagnols dans les camps d'internement en Afrique du Nord », *art. cit.*, p. 26.

36. Rose Duroux, Raquel Thiercelin, « Los niños del exilio : asignatura pendiente », *art. cit.*, p. 171.

37. Jeanine Sodigné-Loustau, *L'Immigration politique espagnole en région Centre, op. cit.*, pp. 528, 534, 556, 557.

38. Les indemnités prévues dans les CTE, indiquées ci-dessus, ou versées, comme le précise ci-après le texte de Jean Moulin, sont tout à fait symboliques : à la même époque, un litre de vin de table coûte 2,50 francs, un kilo de riz 3,50 francs et un kilo de lentilles 7 francs (Jeanine Sodigné-Loustau, *L'Immigration politique espagnole en région Centre, op. cit.*, pp. 295 et 299).

39. Rose Duroux, Raquel Thiercelin, « Los niños del exilio : asignatura pendiente », *art. cit.*, p. 173.

40. Fermeture du centre de Châteaufer, avis du préfet (reproduit en annexe 31 dans Jeanine Sodigné-Loustau, *L'Immigration politique espagnole en région Centre, op. cit.*).

41. Lettre du 13 décembre 1939 (*ibid.*, annexe 29).

42. SHAT, 7N 2475/2.

43. Lluís Montagut, *J'étais deuxième classe dans l'armée républicaine espagnole, op. cit.*, pp. 187-224.

44. Antonio Soriano, *Éxodos, op. cit.*, p. 111.

45. Entretien avec Electra García, Perpignan, 14 octobre 1995.

46. Antonio Soriano, *Éxodos, op. cit.*, p. 141.

47. Jeanine Sodigné-Loustau, *L'Immigration politique espagnole en région Centre, op. cit.*, pp. 725-726.

48. EMA, note du 22 juillet 1939 ; le cas spécial des Polonais et des Tchécoslovaques est traité à part (SHAT, 7N 2475 / 3).

49. Eduardo Pons Prades, *Republicanos españoles en la Segunda Guerra mundial*, Barcelone, Planeta, 1975, p. 422.

50. *Memorias del olvido, op. cit.*, p. 37.

51. SHAT, 7N 2475 / 3.

52. Miguel Angel Sanz, *Luchando en tierras de Francia*, Madrid, ediciones de la Torre, 1981, p. 25.

53. *Ibid.*, p. 38 ; même estimation chez Jean-Louis Crémieux-Brilhac, *Les Français de l'an 40,* tome 1 : *La Guerre oui ou non ?, op. cit.*, p. 489.

54. Autour de 500 morts pour la campagne de Norvège chez Miguel Angel Sanz, *Luchando en tierras de Francia, op. cit.* Même estimation chez Eduardo Pons Prades, *Republicanos españoles en la Segunda Guerra mundial, op. cit.* Au lieu des 900 généralement avancés.

55. Jean-Louis Crémieux-Brilhac, « L'engagement militaire des Italiens et des Espagnols dans les armées françaises de 1939 à 1945 », in *Exils et migration. Italiens et Espagnols en France, 1938-1946, op. cit.*, pp. 586-590.

56. Communication inédite à cette date (colloque de Pau, octobre 1996).

57. *Memorias del olvido, op. cit.*, p. 45.

58. *Ibid.*, pp. 51 et 54.

59. La Geheimen Staatspolizei, ou Gestapo.

60. Lettre du chef de la police de sécurité, Berlin, 25 septembre 940 (AN, 40 AJ 547 / 7).

61. Michel Fabreguet, « Les Espagnols rouges à Mauthausen, 1940-1945 », *Guerres mondiales et conflits contemporains*, nº 162, avril 1991, pp. 77-98.

62. Selon Émile Temime, 4 761 Espagnols ont été exterminés à Mauthausen, Gusen et camps annexes (plus trois « disparus » et un prisonnier tué lors d'une tentative d'évasion).

63. AN, 72 AJ / 315 (423 notices, sur lesquelles nous avons étudié un échantillon de 200 fiches individuelles déterminé par tirage aléatoire).

64. Émile Temime, « Espagnols et Italiens en France », *art. cit.*, p. 28.

65. Eduardo Pons Prades, *Morir por la libertad. Españoles en los campos de exterminio nazis*, Madrid, Vosa, 1995, p. 137.

66. Voir notice biographique ultérieurement dans chap. VII, « Quelques portraits de la génération oubliée ».

67. Eduardo Pons Prades, *Morir por la libertad, op. cit.*, pp. 109-115.

68. Neús Català (née à Els Guiamets, Tarragone, en 1915) : fille de paysans, elle est agricultrice jusqu'à la Guerre civile. Militante de la JSUC et du PSUC, elle fait des études d'infirmière à Barcelone et travaille dans les services de l'Assistance publique de la ville. Elle s'exile en France et accompagne une colonie d'enfants espagnols en Dordogne. À son retour de déportation, elle milite notamment au sein des mouvements de femmes espagnoles (UDC et UME) (Neús Català, *De la Resistencia y de la deportación. 50 testimonios de mujeres españolas*, Barcelone, Adgena, 1984, 285 p. et entretien du 9 octobre 1991).

69. Neús Català, *Ces femmes espagnoles. De la Résistance à la déportation, op. cit.*, p. 46.

70. SHAT, 7N 2475 / 3.

71. Jean-Louis Crémieux-Brilhac, « L'engagement militaire des Italiens et des Espagnols dans les armées françaises de 1939 à 1945 », *art. cit.*, pp. 585-586.

72. Circulaire du ministère de l'Intérieur, 28 novembre 1941 (AN, F7 16034).

73. Émile Temime, « Espagnols et Italiens en France », *art. cit.*, pp. 29-30.

74. *Journal officiel*, 1er octobre 1940, p. 5198.

75. Circulaire du ministère de l'Intérieur, 28 novembre 1941 (AN, F7 16034). En théorie, les étrangers qui ont servi trois mois ou pris part à des

combats sous les drapeaux français, dans le cadre de la Légion ou des RMVE, peuvent obtenir une dérogation.

76. AN, F7 16034.

77. Rapport d'un Centre américain de secours : il est question de trois camps d'Espagnols, d'un effectif d'environ 12 000 personnes, d'un camp de 2 500 travailleurs espagnols et d'un avant-camp d'environ 2 000 femmes et enfants, presque tous espagnols (AN, F9 5578).

78. Antonio Soriano, *Éxodos, op. cit.,* p. 72.

79. AN, F7 16034.

80. AN, F9 5578.

81. Au début de 1942, 1165 ouvriers de GTE, surtout espagnols, ont été détachés dans les mines (Rolande Trempé, « Vichy et le problème de la main-d'œuvre *étrangère* dans les mines : le cas des *Groupements de travailleurs étrangers* et des Algériens », in *Études offertes à Marcel David,* p. 459).

82. Circulaire du 4 avril 1941 (AN, F7 16034).

83. AN, F7 16034.

84. AN, 72 AJ 282.

85. *Concots (Canton de Limogne). Carnet de notes du Lot. Une collection de récits, mémoires, souvenirs...* Sous la direction de Michelle Chauveau, Saint-Géry, l'APIERRE, 1994, pp. 129-133.

86. Texte du secrétariat d'État au Travail, 19 mai 1943 (*ibid.*).

87. Jeanine Sodigné-Loustau, *L'Immigration politique espagnole en région Centre, op. cit.,* p. 737.

88. *Ibid.,* pp. 738-739.

89. *Arriba,* 27 juin 1942 (AMAE, Vichy-Europe, sous-série Espagne, vol. 281, pp. 322-323).

90. Javier Rubio, *La Emigración de la guerra civil, op. cit.,* pp. 921-924.

91. Le fameux Otto est évoqué par divers témoins dans *Memorias del olvido, op. cit.,* pp. 47, 54 et 60.

92. AD Lot, 1 W 41.

93. AD Lot, 1W 41.

94. Jeanine Sodigné-Loustau, *L'Immigration politique espagnole en région Centre, op. cit.,* p. 756.

95. Lluís Montagut, *J'étais deuxième classe dans l'armée républicaine espagnole, op. cit.,* pp. 279-285.

96. Juan Marín García, « Francia. Los exiliados españoles durante el período febrero 1939-1945. Testimonio de mi participación en el *Proceso de los Cuarenta* », *Cuadernos republicanos,* juillet 1995, nº 23, pp. 117-119. Juan Marín García, à son retour à Paris en novembre 1941, devient l'un des responsables de l'activité de propagande communiste espagnole et sera, à ce titre, l'un des accusés du « procès des quarante » en 1943.

97. Lettre du 20 octobre 1941 (AN, 41 AJ 514).

98. Isabel Fernández, *Pauline ou l'histoire d'une intégration, op. cit.,* p. 52.

99. AN, 72 AJ 282 / 2.

100. Jeanine Sodigné-Loustau, *L'Immigration politique espagnole en région Centre, op. cit.,* p. 757.

101. Rolande Trempé, « Le rôle des étrangers : M.O.I. et guérilleros », in

La Libération dans le Midi de la France, Toulouse, Eche et Université de Toulouse-Le Mirail, 1986, p. 66.

102. Lettre du ministre secrétaire d'État à l'Intérieur, mars 1942, citée dans « Los Olvidados, 4 000 réfugiés espagnols en Mayenne (1937-1945) », *art. cit.*, p. 80.

103. Émile Temime, « Espagnols et Italiens en France », *art. cit.*, p. 31.

104. AN, 72 AJ 282 / 2.

105. Avril-mai 1942 (AN, 41 AJ 514).

106. *Memorias del olvido, op. cit.*, p. 53.

107. Voir notice biographique ultérieurement dans chap. VII, « Quelques portraits de la génération oubliée ».

108. *Memorias del olvido, op. cit.*, pp. 17-175.

109. Police nationale, 4 février 1944 (AN, F7 16034). L'on constate même que les consuls interviennent de plus en plus fréquemment contre les réquisitions grandissantes de travailleurs espagnols.

110. Anne Charaudeau, « Les réfugiés espagnols dans les camps d'internement en Afrique du Nord », *art. cit.*, pp. 26-28.

111. Lettre de la Délégation générale du gouvernement en Afrique du Nord, 27 septembre 1941 (AMAE, Vichy-Europe, vol. 281, pp. 193-196).

112. Isabel Fernández, *Pauline ou l'histoire d'une intégration, op. cit.*, p. 48.

113. Bernard Clavel, *L'Espagnol,* Paris, Laffont, 1959, 448 p.

114. Antoine Miró, *L'Exilé, op. cit.*, p. 172.

115. Maria Casarès, *Résidente privilégiée,* Paris, Fayard, 1980, p. 181.

IV. Libérer la France pour libérer l'Espagne

1. Texte reproduit dans : Javier Rubio, *La Emigración de la guerra civil, op. cit.,* pp. 921-924.

2. AMAE, Vichy-Europe, sous-série Espagne, vol. 281, p. 52.

3. Note du 29 janvier 1941 (AMAE, Vichy-Europe, sous-série Espagne, vol. 281, p. 76).

4. Denis Rolland, « Extradition ou réémigration ? Les vases communicants de la gestion xénophobe des réfugiés espagnols en France », in *Exils et migration. Italiens et Espagnols en France, 1938-1946, op. cit.*, pp. 58-59.

5. AMI, 89 / 31, Mi 3, liasse 1.

6. AMAE, Vichy-Europe, sous-série Espagne, vol. 281, 286, 287 et 288.

7. *Ibid*, p. 87.

8. Manuel Gómez Varela et Marcelino Vinas Lara ont été extradés ; Aurelio Fernández Sánchez ne l'a pas été (*ibid.*).

9. Rodolfo Llopis Ferrandiz (Callosa de Ensarriá, Alicante, 1895-Albi, 1983) : ancien professeur d'école normale, directeur général de l'enseignement primaire de 1931 à 1933, député socialiste pour Alicante, sous-secrétaire de la présidence du gouvernement en 1936, il est secrétaire du Consejo nacional de Cultura en 1938. En exil, il s'installe à Albi ; il est élu secrétaire général du PSOE en septembre 1944 et membre de la Commission exécutive de l'UGT. Président du gouvernement en exil en 1947, il reste secrétaire général du PSOE jusqu'à la scission de 1972 et il est président de l'UGT de 1956 à 1971. Vice-

président du groupe espagnol de l'Union interparlementaire. Président du PSOE historique jusqu'en 1974. Auteur notamment de *La Pedagogía del doctor Decroly*, 1927, *Pedagogía*, 1931, *Hacia una escuela más humana*, 1934, et du *Saint-Siège et Franco*, Paris, Société universelle d'édition et de librairie, 1955, 80 p.

10. Lettre du ministre des Affaires étrangères à F. Pietri, ambassadeur de France à Madrid, 27 janvier 1941 (AMAE, Vichy-Europe, sous-série Espagne, vol. 286, p. 5).

11. AN, F7 16034.

12. Voir notice biographique ultérieurement dans chap. V, « Quelques portraits de la première génération ».

13. Josep Tarradellas (Cervelló, Barcelone, 1899-Barcelone, 1988) : agent commercial, député aux Cortes pour l'Esquerra republicana de Catalunya, il est conseiller de la Généralité en 1931-1932 et 1936-1938. Il est secrétaire général de l'ERC. En 1954, il est élu président de la Généralité, charge qu'il assume en exil puis en Catalogne même à partir de 1977, formant alors un gouvernement d'unité destiné à assurer le transfert des compétences de l'administration centrale à la Généralité provisoire tandis que se vote le statut d'autonomie de la Catalogne (1979). Il se retire de la vie politique en 1980.

14. AMAE, Vichy-Europe, sous-série Espagne, vol. 281, pp. 87-90, et vol. 288, pp. 132-134.

15. Cipriano Mera Sanz (Madrid, 1897-Saint-Cloud, 1975) : maçon, militant de la CNT, organisateur du syndicat du bâtiment à Madrid sous Primo de Rivera, il est le vainqueur des Italiens à Guadalajara en mai 1937 à la tête de la 14ᵉ Division ; commandant du IVᵉ Corps d'armée républicain, il est membre du Conseil de défense de Madrid à la fin de la guerre. Réfugié à Oran, il est interné au camp Morand ; il s'évade et est arrêté au Maroc. Extradé par l'Espagne en mars 1942, il est condamné à mort à Madrid en 1943. Sa peine commuée, il bénéficie d'une mise en liberté provisoire en 1946 et passe en France en 1947. En exil, il continue à travailler comme maçon et milite dans les rangs de la CNT « politique » ; auteur de *Guerra, exilio y carcel de un anarcosindicalista*, Paris, Ruedo ibérico, 1976, 300 p. (*Les Anarchistes espagnols dans la tourmente, 1939-1945*, Marseille, CIRA, 1989, p. 93 et Vicente Llorens, « La emigración republicana de 1939 », in *El exilio español de 1939*, *op. cit.*, vol. 1, p. 112).

16. Note du 10 février 1941 (AMAE, Vichy-Europe, sous-série Espagne, vol. 286, p. 23)

17. Lettres de l'amiral Darlan aux préfets, 24 mai et 18 juillet 1941 (*ibid.*, pp. 35 et 47-48).

18. AN, F7 15172 et ADHG, 282 W.

19. Julio Aróstegui, *Francisco Largo Caballero en el exilio. La última etapa de un líder obrero*, Madrid, Fundación Largo Caballero, 1990, pp. 71-73.

20. AMAE, Vichy-Europe, sous-série Espagne, vol. 287.

21. Dossiers *Rotspanier*, Der Militärbefehlshaber in Frankreich (Hôtel Majestic) : AN, 4O AJ 885/ 6, 9, 10.

22. Joan Peiró Bellis (Barcelone, 1887-Valence, 1942) : ouvrier verrier, il est l'un des plus brillants représentants de la tendance modérée de la CNT ; secrétaire à plusieurs reprises du Comité national, il est l'un des signataires du

manifeste des Trente combattu par la FAI et devient ministre de l'Industrie de Largo Caballero. En exil en France, il se trouve détenu par les autorités allemandes et il est extradé en 1941 ; condamné à mort, il reste inflexible aux propositions des phalangistes d'intégrer les syndicats verticaux et est fusillé en 1942 (*Les Anarchistes espagnols dans la tourmente (1939-1945)*, Marseille, CIRA, 1989, p. 93).

23. Région de La Baule, occupée par les Allemands (AMAE, Vichy-Europe, sous-série Espagne, vol. 281, p. 39).

24. AMAE, Vichy-Europe, sous-série Espagne, vol. 286, p. 28 et vol. 287, pp. 89 et 95-97.

25. Voir notice biographique ultérieurement dans chap. VII, « Quelques portraits de la génération oubliée ».

26. Ignacio Iglesias (né en 1912) : journaliste, militant du POUM. Interné en 1939 au camp d'Argelès, il travaille ensuite comme métallurgiste à Dijon. Après son arrestation et sa condamnation, il est emprisonné à Montauban puis à Eysses avant d'être déporté en Allemagne ; il est libéré fin avril 1945. Auteur notamment de *Trotsky et la révolution espagnole*, Lausanne, éditions du Monde, 1974, 104 p. et de *La Fase final de la guerra civil. De la caída de Barcelona al derrumbamiento de Madrid*, Barcelona, Planeta, 1977, 235 p. (AN, INF 937).

27. Juan Andrade (1898-1981) : journaliste, ancien dirigeant des Jeunesses socialistes, l'un des fondateurs du PCE, puis l'un des dirigeants de l'opposition de gauche, il est dirigeant du POUM, tendance de gauche. Emprisonné en Catalogne à la suite de la répression dirigée contre le POUM, il s'évade de la prison de Cadaqués et entre en France en février 1939. Après son arrestation et sa condamnation, il est emprisonné à Montauban puis à Eysses, à Maussac et à la prison militaire de Bergerac jusqu'au 20 août 1944 (ADHG, 2692/171 576 W). Auteur notamment de *La Burocracia reformista en el movimiento obrero*, Madrid, 1935.

28. Communiqué à la presse du tribunal militaire (ADTG, M spt 1 W 2).

29. Avant son internement au camp de Missour en mars 1941.

30. Valerio Mas Casas a été membre du Conseil de la Généralité, responsable de l'économie. Francisco Isgleas Piernau, ancien adjoint de Diego Abad de Santillán au Comité des milices, a été responsable de la défense à ce même Conseil ; Germinal de Sousa, d'origine portugaise, a été secrétaire du Comité péninsulaire de la FAI et responsable de la colonne Tierra y libertad (*Les Anarchistes espagnols dans la tourmente, 1939-1945, op. cit.*, pp. 96-97).

31. Germinal Esgleas (Malgrat, 1903-Toulouse, 1981) : occupe à diverses reprises les postes les plus importants au sein du MLE-CNT en exil ; compagnon de Federica Montseny.

32. Manuel González Marín et Eduardo Val ont tous deux fait partie du Conseil national de défense de Madrid en mars 1939.

33. *Les Anarchistes espagnols dans la tourmente (1939-1945), op. cit.*, p. 92.

34. AMI, 89/31, Mi 5, liasses 1 et 2.

35. AMI, 89/31, Mi 3, liasse 2.

36. Récit détaillé des filatures dans : *Le Sang de l'étranger. Les immigrés de la MOI dans la Résistance*, de Stéphane Courtois, Denis Peschanski et Adam Rayski (Paris, Fayard, 1989).

37. Miguel Angel Sanz, *Luchando en tierras de Francia, op. cit.*, p. 58 et Juan Marín García, « Francia. Los exiliados españoles durante el período febrero 1939-1945. Testimonio de mi participación en el *Proceso de los Cuarenta* », art. cit., p. 137.

38. *Ibid.*

39. Projet de réquisitoire du procureur général auprès de la cour d'appel de Toulouse, 8 janvier 1944, in *Guérilleros espagnols, documents,* tome 2 (ADHG, fonds Daniel Latapie).

40. Ces détenus, inculpés pour propagande clandestine, font probablement partie de la cinquantaine de prisonniers incarcérés dans la partie de la prison Saint-Michel administrée directement par les Allemands et assassinés comme Francisco Ponzán, le 17 août 1944 à Buzet-sur-Tarn, par les troupes nazies en déroute avant leur départ de la région.

41. Federica Montseny, *Pasión y muerte de los Españoles en Francia, op. cit.*, p. 106.

42. Daniel Diaz Esculiès, *El catalanisme politic a l'exili (1939-1945),* Barcelone, edicions de La Magrana, 1991, 234 p.

43. José Antonio Aguirre y Lecube (Guecho, Biscaye, 1903-Saint-Jean-de-Luz, 1960) : juriste, président du gouvernement basque de 1936 à 1960 ; après son odyssée en Allemagne nazie, il gagne l'Amérique du Sud, vit quelque temps à New York et regagne Paris en 1946 où il assume jusqu'à sa mort la présidence du gouvernement basque en exil. Membre du Comité exécutif de Nouvelles Équipes internationales. Auteur notamment de *De Guernica a Nueva York pasando por Berlín*, New York, Macmillan, 1944, 361 p.

44. Voir notice biographique ultérieurement dans chap. V, « Quelques portraits de la première génération ».

45. Miguel Angel Sanz, *Luchando en tierras de Francia, op. cit.*, pp. 42-43 et le témoignage de Sixto Agudo, l'un des participants, dans le tome 3 de *Guérilleros espagnols, documents* du fonds Daniel Latapie aux Archives départementales de la Haute-Garonne.

46. Miguel Angel [Sanz], *Los Guerrilleros españoles en Francia, 1940-1945,* La Havane, editorial de Ciencias sociales, 1971, p. 47 et José Borrás, *Políticas de los exilados españoles, 1944-1950,* Paris, Ruedo ibérico, 1976, p. 15.

47. Ricardo Sanz est évacué vers l'Afrique du Nord en juillet 1942.

48. AMI, 89/31 Mi 5, liasses 1 et 2 et Mi 4, liasse 3.

49. Rémi Skoutelsky, *L'espoir guidait leurs pas. Les volontaires français dans les Brigades internationales, 1936-1939,* Paris, Grasset, 1998, pp. 302-303.

50. La MOE (Main-d'œuvre étrangère), créée par la CGT en 1923 auprès des travailleurs immigrés, prend le nom de MOI (Main-d'œuvre ouvrière immigrée) en 1932 ; elle est organisée en groupes de langues.

51. Miguel Angel Sanz, *Luchando en tierras de Francia, op. cit.*, pp. 46-57.

52. Joaquim Olaso : inspecteur général de l'ordre public en Catalogne, responsable du PSUC ; bien que la Brigade spéciale des Renseignements généraux ait réussi à le faire parler après son arrestation, beaucoup de ses anciens camarades voient à tort en lui le responsable des chutes qui déciment le PCE et le PSUC fin 1942 (Stéphane Courtois, Denis Peschanski et Adam Rayski, *Le Sang*

de l'étranger. Les immigrés de la MOI dans la Résistance, op. cit.). Joaquim Olaso est mort de manière inexpliquée en 1954.

53. Il mourra sur les barricades de la place de la Concorde lors de la libération de Paris.

54. Claude Lévy, Dominique Veillon, « Aspects généraux de la presse clandestine », in *La Presse clandestine, 1940-1944*, Avignon, Conseil général du Vaucluse, 1986, pp. 17-35.

55. Louis De Jong, *Het Kononkrijk der Nederlanden in de Tweede Werekdoorlog,* VII, 2, La Haye, 1976.

56. Pour de plus amples informations, voir : Geneviève Dreyfus-Armand, *L'Émigration politique espagnole en France au travers de sa presse, 1939-1975, op. cit.*

57. Voir le *Catalogue des périodiques clandestins diffusés en France de 1939 à 1945,* Paris, Bibliothèque nationale, 1954, et l'inventaire dressé par Adam Rayski dans « La presse des organisations juives de résistance de la MOI » dans l'ouvrage rédigé par lui-même et Stéphane Courtois, *Qui savait quoi ? L'extermination des Juifs, 1941-1945,* Paris, La Découverte, 1987, pp. 122-229.

58. Créées en avril 1936 par la fusion de la puissante organisation des Jeunesses socialistes et de la minuscule Jeunesse communiste, les JSU tombèrent au cours de la Guerre civile dans l'orbite politique et organisationnelle du PCE. Bien que des jeunes socialistes continuent d'y militer, la guerre finie, la JSU apparaît cependant plus nettement comme l'organisation de jeunesse du PCE (Antonio González Quintana, Aurelio Martín Najera, *Apuntes para la historia de las Juventudes socialistas de España*, Madrid, Fundación Pablo Iglesias, 1983, 96 p.).

59. Entretien avec Antonio Soriano, Paris, 16 novembre 1990.

60. *Alianza*, avril 1942.

61. *Guérilleros espagnols, documents*, tome 2 (ADHG, fonds Daniel Latapie), *doc. cit.*

62. *Reconquista de España*, n° 20, novembre-décembre 1942.

63. Miguel Angel [Sanz], *Los Guerrilleros españoles en Francia, 1940-1945, op. cit.*, pp. 63-64.

64. David Wingeate Pike, *Jours de gloire, jours de honte. Le Parti communiste d'Espagne en France depuis son arrivée en 1939 jusqu'à son départ en 1950*, Paris, SEDES, 1984, pp. 64-65.

65. La première à en avoir parlé est certainement Federica Montseny dans *Pasión y muerte de los Españoles en Francia, op. cit.*, où elle rappelle la condamnation dont avaient fait l'objet — de la part du Conseil du mouvement libertaire, dont elle faisait partie — les militants anarchistes qui collaboraient avec les services secrets alliés.

66. Albert Guérisse.

67. Propos rapportés par sa sœur Pilar et cités par Federica Montseny dans *Pasión y muerte de los Españoles en Francia, op. cit.*, p. 110.

68. Andreu Cortines, in Josep Coll, Josep Pané, *Josep Rovira. Una vida al servei de Catalunya i del socialisme*, Barcelone, Ariel, 1978, p. 231.

69. Francisco Ponzán sortira plus d'une quinzaine de fois du Vernet entre mars et août 1939, pour aller notamment à Argelès, Toulouse, Nîmes, Foix ou

en Andorre (Antonio Téllez Solá, *La Red de evasión del grupo Ponzán. Anarquistas en la guerra secreta contra el franquismo y el nazismo (1936-1944)*, Barcelone, editorial Virus, 1996, p. 144).

70. Juan Manuel Molina (Jumilla, Murcie, 1901-Barcelone, 1984) : secrétaire de la Fédération des groupes anarchistes de langue espagnole en France dans les années 1920 ; en Espagne, secrétaire du Comité péninsulaire de la FAI de 1930 à 1932 et collaborateur de *Solidaridad obrera*, directeur de *Tierra y Libertad* et *Tiempos nuevos*. Sous-secrétaire à la Défense de la Généralité. Pendant l'occupation de la France, il participe activement à la réorganisation de la CNT et à la Résistance (secrétaire du Comité national élu au plénum de Tourniac, le 19 septembre 1943, réélu à Marseille en décembre 1943 où il fait adopter le principe de la participation à la Résistance française). Rentré en Espagne, il exerce de nombreuses responsabilités au sein de la CNT clandestine, pour lesquelles il subit une longue condamnation ; libéré au bout de sept ans, il retourne clandestinement en France. Auteur notamment de *Noche sobre España. Siete años en las prisiones de Franco*, Mexico, Libro mexicano editores, 1958, 184 p. et de *El movimiento clandestino en España, 1939-1949*, Mexico, Ed. mexicanos unidos, 1976, 523 p. (*Les Anarchistes espagnols dans la tourmente, op. cit.*, pp. 120, 167-168).

71. Antonio Téllez Solá, « Francisco Ponzán Vidal dit François Vidal (1911-1944) », in *Les Anarchistes espagnols dans la tourmente, 1939-1945, op. cit.*, pp. 139-149, et *La Red de evasión del grupo Ponzán. Anarquistas en la guerra secreta contra el franquismo y el nazismo (1936-1944), op. cit.*

72. Robert Terres, *Double jeu pour la France, 1939-1944*, Paris, Grasset, 1977, cité par Antonio Téllez Solá, *ibid.*

73. ADHG, 1278 W 9 : dossiers des affaires instruites par l'Intendance de police.

74. AN, INF 936 et F41, 1255. Josep Rovira (1902-1968) : il est l'un des fondateurs du Front de la Llibertat et du Moviment socialista de Catalunya.

75. Josep Coll, Josep Pané, *Josep Rovira. Una Vida al servei de Catalunya i del socialisme*, Barcelone, Ariel, 1978, pp. 223-243 ; André Weil-Curiel, *Le Temps de la honte*, vol. III : *Un Voyage en enfer*, éditions du Myrte, 1947.

76. Thérèse Mitrani, *Service d'évasion*, Paris, éditions Continents, 1946, 190 p. (cette dernière, « Denise », a été l'agent de liaison entre Rovira — « Martin » — et le commandant Vic).

77. Juan Carlos Jiménez de Aberasturi, *En passant la Bidassoa. Le réseau Comète au Pays basque (1941-1944)*, Anglet, Ville d'Anglet, 1995, 187 p.

78. *Reconquista de España*, n° 20, novembre-décembre 1942.

79. David Wingeate Pike, *Jours de gloire, jours de honte, op. cit.*, p. 65 et Arch. MI, 89/31 Mi 3, liasse 2.

80. Témoignage de Sixto Agudo dans le tome 3 de *Guérilleros espagnols, op. cit.* (fonds D. Latapie, ADHG).

81. Claude Delpla, « Les communistes espagnols de la Résistance politique à la lutte armée (1940-1942) », in *La Résistance et les Français. Histoire et mémoire. Le Midi et la France*, pré-actes du colloque de l'université de Toulouse-Le Mirail, 16-18 décembre 1993, p. 150.

82. En zone Nord aussi, des exploitations forestières servent de lieu d'ac-

cueil aux réfractaires au STO, comme celle de Ferrière-sur-Risle, dirigée par un Espagnol de la « vieille immigration » (AN, 72 AJ 122).

83. Miguel Angel Sanz, *Histoire du XIVe Corps de guérilleros espagnols* (AN, 72 AJ 126).

84. *Ibid.*

85. *Guérilleros espagnols, op. cit.* (fonds D. Latapie, ADHG), tome 3.

86. Jean-Pierre Amalric, Michel Goubet, « Les Espagnols et la Résistance dans la région toulousaine », in *Italiens et Espagnols en France, 1938-1946*, pré-actes du colloque des 28-29 novembre 1991, Paris, CEDEI/CHEVS/IHTP, 1991, p. 550.

87. Miguel Angel Sanz, *Histoire du XIVe Corps de guérilleros espagnols* (AN, 72 AJ 126).

88. *Ibid.*

89. *Ibid.*

90. Jean-Louis Dufour, Rolande Trempé, « La France, base arrière d'une reconquête républicaine de l'Espagne : l'affaire du val d'Aran », in *Les Français et la guerre d'Espagne*, Perpignan, Centre de recherche sur les problèmes de la frontière, 1990, p. 273.

91. AN, 72 AJ 126 et 128.

92. *Liberación*, n° 2, 7 septembre 1944 ; *Guérilleros espagnols, op. cit.* (fonds D. Latapie, ADHG), tome 2 ; *Memorias del olvido, op. cit.*, p. 66.

93. José Berruezo Silvente (né à Murcie en 1895) : collaborateur de la presse anarchiste en Espagne (correspondant de *Solidaridad obrera* à Barcelone de 1934 à 1936 sous le pseudonyme de Clarín). Après guerre, il milite ensuite au sein de la CNT « politique ».

94. José Berruezo, *Contribución a la historia de la CNT de España en el exilio*, Mexico, Editores mexicanos unidos, 1967, pp. 97-125.

95. Antonio Téllez Solà, *Les Anarchistes espagnols dans la tourmente, 1939-1945, op. cit.*, pp. 166-171.

96. *Memorias del olvido, op. cit.*, pp. 89-103.

97. François Marcot, « Les Italiens et les Espagnols dans la Résistance franc-comtoise : intégration et particularismes », in *Italiens et Espagnols en France, 1938-1946, op. cit.* pp. 586-587.

98. Jean-Marie Guillon, « Italiens et Espagnols dans la Résistance du Sud-Est », *ibid.*, p. 558.

99. Marie-Line Montbroussous, *Histoire d'une intégration réussie. Les Espagnols dans le bassin de Decazeville, op. cit.*, p. 162.

100. Jean-Pierre Amalric, Michel Goubet, « Les Espagnols et la Résistance dans la région toulousaine », *art. cit.*, p. 549.

101. *Dictionnaire biographique du mouvement ouvrier français, op. cit.*, IVe partie, tome 38.

102. En avril 1946, le conseil municipal de Saint-Denis décide de donner à la rue de la Justice, cœur du quartier espagnol depuis des décennies, le nom de Cristino García, ancien chef de maquis dans les Cévennes et exécuté à Madrid par les franquistes en 1946.

103. Eduardo Pons Prades, *Morir por la libertad. Españoles en los campos de exterminio nazis, op. cit.*, pp. 92-201.

104. Miguel Angel Sanz, *Histoire du XIVe Corps de guérilleros espagnols*, *op. cit.* (AN, 72 AJ 126).

105. Comme le rappellent José Caballero et Angel Gómez, dans *Memorias del olvido, op. cit.*, pp. 81- 86 et 103-113.

106. *Ibid.*

107. Supplément de *Reconquista de España* édité pour le 18 juillet 1944.

108. *Anónimos*, 1er septembre 1944.

109. *Alianza*, 1er septembre 1944.

110. Vicente López Tovar, « Alberto », lieutenant-colonel FFI, dont les unités placées sous son commandement ont contribué à la mise en place des dispositifs militaires qui ont permis la libération de Périgueux et Bergerac (témoignage de Yves Péron, ex-chef d'état-major FTP en Dordogne, ADHG, fonds D. Latapie).

111. Jean-Louis Dufour, Rolande Trempé, « La France, base arrière d'une reconquête républicaine de l'Espagne : l'affaire du val d'Aran », *art. cit.*

112. AN, 72 AJ 126.

113. Jean-Louis Dufour, Rolande Trempé, « La France, base arrière d'une reconquête républicaine de l'Espagne : l'affaire du val d'Aran », *art. cit.*

114. *C.N.T.*, n° 2, 21 septembre 1944.

115. *C.N.T.*, n° 10, 18 novembre 1944.

116. José Borrás, *Políticas de los exiliados españoles*, Paris, Ruedo ibérico, 1976, pp. 20-23 ; *Les Anarchistes espagnols dans la tourmente (1939-1945), op. cit.*, pp. 163-165 ; *Les Dossiers noirs d'une certaine Résistance : trajectoire du fascisme rouge*, Perpignan, éd. du CES, 1984, pp. 169-171. Wilebaldo Solano, « La Liberación », in Juan Andrade, *Recuerdos personales*, Barcelone, ediciones del Serbal, 1980, pp. 229-232.

117. *C.N.T.*, n° 12, 2 décembre 1944.

118. *Avance. Boletín regional de Bretaña*, n° 9, 1er mai 1945.

119. *Mirando a España*, avril 1945, p. 1. Ce journal anarchiste de l'Ariège évoque un meeting empêché par l'UNE à l'automne 1944.

120. *C.N.T.*, n° 7, 28 octobre 1944.

121. José Borrás, *Políticas de los exiliados españoles*, Paris, Ruedo ibérico, 1976, pp. 20-23 ; *Les Anarchistes espagnols dans la tourmente (1939-1945), op. cit.*, pp. 163-165 ; *Les Dossiers noirs d'une certaine résistance : trajectoire du fascisme rouge*, Perpignan, éd. du CES, 1984, pp. 169-171.

122. Wilebaldo Solano, « La Liberación », *art. cit.*, pp. 229-232.

123. AMAE, série Europe 1944-1960, sous-série Espagne, vol. 34, pp. 28-33.

124. *Ibid.*, vol. 82, pp. 18-22, 122-123, 162-166, 254.

125. Serge Berstein, Pierre Milza, *Histoire de la France au XXe siècle*, tome 2 : *1930-1945*, Bruxelles, éditions Complexe, 1991, p. 380.

126. *Synthèse sur la situation espagnole au 14 novembre 1944* (ministère de la Guerre, Direction des FFI, 17 novembre 1944 ; ADHG, fonds Daniel Latapie).

127. *Ibid.*

128. *Ya* et *Arriba !* en octobre 1944 (AMAE, série Europe 1944-1960, sous-série Espagne, vol. 34).

129. Paola Brundu, « L'Espagne franquiste et la politique étrangère de la

France au lendemain de la Deuxième Guerre mondiale », *Relations internationales,* n° 50, été 1987, pp. 165-181, et Anne Dulphy, « La politique de la France à l'égard de l'Espagne franquiste, 1945-1949 », *Revue d'histoire moderne et contemporaine,* janvier-mars 1988, pp. 123-140.

130. AMAE, série Europe 1944-1960, sous-série Espagne, vol. 5, pp. 17-20.

131. *Ibid.,* vol. 212, pp. 13-15.

132. Aide-mémoire du délégué français en Espagne, 20 juin 1945 (*ibid.,* vol. 82, pp. 188-189).

133. *Ibid.,* p. 280.

134. Corpus Barga (1887-Lima, 1975) : de son vrai nom Andrés García de la Barga y Gómez de la Serna, journaliste, correspondant à Paris d'*El Sol* pendant de nombreuses années avant 1931, collaborateur de *La Revista de Occidente* et romancier. Il traverse la frontière française en février 1939 avec le poète Antonio Machado ; en 1957, il émigre au Pérou pour diriger l'école de journalisme de l'université San Marcos de Lima et il y poursuit son œuvre littéraire. Membre du bureau du Comité d'aide aux républicains espagnols (CARE). Auteur notamment de *Los Pasos contados,* 1963 (Francisco Zueras Torrens, *La Gran Aportación cultural del exilio español, 1939,* Córdoba, Diputación provincial, 1990, 200 p., pp. 37-38).

135. Corpus Barga, « Caractère de l'intervention espagnole dans la Résistance française », *France-Espagne,* 5 octobre 1945, p. 3.

V. Entre exil provisoire et définitif... au lendemain de la Seconde Guerre mondiale

1. Lettre de V. Valentin-Smith au CIR, 10 janvier 1945 (AN, 43 AJ 84).

2. *Ibid.,* 27 janvier 1945 (AN, 43 AJ 84).

3. Lettre de Noël Field à l'ICR, 7 avril 1945 (AN, 43 AJ 84). Noël Field sera, au cours de la décennie suivante, impliqué dans les procès de Prague, notamment celui d'Artur London.

4. Extrait du rapport de la séance du 12 avril 1945 au Comité de coordination des œuvres privées s'occupant d'étrangers (AN, 43 AJ 84).

5. Rapport de Bill Fraser du Secours Quaker, 14 mai 1945 (AN, 43 AJ 84).

6. Jorge Semprún, *L'Écriture ou la vie, op. cit.,* pp. 125-126.

7. Jacques Vernant, *Les Réfugiés dans l'après-guerre,* Monaco, éditions du Rocher, 1953, pp. 67-69 et 273-302.

8. À ce propos, le consulat général d'Espagne en France affirme le 31 octobre 1944 qu'il a accordé une protection diplomatique et consulaire normale aux réfugiés, intervenant notamment contre leur envoi en Allemagne pour travailler pendant la guerre (AMAE, série Europe 1944-1960, sous-série Espagne, vol. 34).

9. Circulaire n° 358 du ministère de l'Intérieur, 8 août 1947. Les passeports Nansen proprement dits — de couleur orange, barrés de vert à l'angle supérieur gauche et à l'angle inférieur droit — sont réservés aux réfugiés russes et assimilés.

10. AMAE, série Europe 1944-1960, sous-série Espagne, vol. 34 et 35.

11. *Journal officiel,* 4 juillet 1945, p. 4062.

12. AMI, 89/31, Mi 6, liasse 4.

13. Rapport de Fernando G. Arnao à V. Valentin Smith, 30 août 1945 (AN, 43 AJ 84).

14. *Ibid.*

15. Lettre de V. Valentin Smith au CIR, 12 novembre 1945 (AN, 43 AJ 84). Ces fonds représentent 1 200 000 francs par mois.

16. Lettre du même, 18 mars 1946 (*ibid.*).

17. Vicente Llorens, *La Emigración republicana,* p. 127 (tome 1 de *El Exilio español de 1939,* sous la dir. de José Luis Abellán, Madrid, Taurus, 1976-1978).

18. Javier Rubio, *La Emigración de la guerra civil, op. cit.,* pp. 232-235.

19. Juan Bautista Climent, « España en el exilio », *Cuadernos americanos,* vol. CXXVI, n° 1, janvier-février 1963, p. 101. Mais les fiches semblent avoir brûlé longtemps avant la publication de cet article (Javier Rubio, *op. cit.,* p. 217).

20. Recensement professionnel des réfugiés effectué par le SERE fin juin 1939 (arch. du Comité central du PCE).

21. Aline Angoustures, « Les réfugiés espagnols en France de 1945 à 1981 », *Revue d'histoire moderne et contemporaine,* n° 44-3, juillet-septembre 1997, p. 468.

22. Aline Angoustures arrive à près d'un quart de réfugiés originaires de Catalogne dans un dépouillement des fiches de l'OFPRA : sur un échantillon de 1 868 personnes, 440 sont originaires de Catalogne (*art. cit.,* p. 462). Javier Rubio indique 36,5 % de réfugiés originaires de Catalogne sur des échantillons départementaux : décompte basé sur le lieu de naissance d'environ 1 000 Espagnols résidant dans l'Aveyron, l'Hérault et le Gard, inscrits au consulat de Sète (*La Emigración de la guerra civil, op. cit.,* p. 235). Mais si ces départements sont représentatifs, peu de réfugiés statutaires sont, par définition, inscrits dans des consulats espagnols.

23. Anne Dulphy, *Histoire de l'Espagne,* Paris, Hatier, 1992, pp. 308-309.

24. Jeanine Sodigné-Loustau, *L'Immigration politique espagnole en région Centre, op. cit.,* pp. 193-203.

25. Marie-Line Montbroussous, *Histoire d'une intégration réussie. Les Espagnols dans le bassin de Decazeville, op. cit.,* p. 95.

26. ADHG, W 1724-1725.

27. Cf. les estimations effectuées par Aline Angoustures et Javier Rubio (Aline Angoustures, « Les réfugiés espagnols en France de 1945 à 1981 », *art. cit.*).

28. Aline Angoustures, *ibid.*

29. Benito Artigas Arpón (Soria, 1881-Mexico, ?) : ancien journaliste et député d'Unión republicana. Exilé en France puis au Mexique.

30. Felipe Aláiz (Belver de Cinca, Huesca, 1887-Paris, 1959) : ancien journaliste, directeur de journaux de la CNT en Espagne (*Solidaridad obrera, Tierra y Libertad*) et collaborateur à de nombreuses publications anarchistes de l'exil. Auteur de nouvelles et d'œuvres de divulgation anarchiste.

31. Arsenio Jimeno Velilla (dates inconnues) : membre du comité national du PSOE depuis 1933, secrétaire des JSE d'Aragon en 1934. En exil, il est l'un des réorganisateurs du PSOE, membre de la Commission exécutive du parti

jusqu'en 1950 et de l'UGT jusqu'en 1971 (Carlos et José Martínez Cobo, *1944-1976, El Socialista*, Madrid, Fundación Pablo Iglesias, 1984, p. 93).

32. Andrès Saborit Colomer (Alcalà de Henares, 1889-Valence, 1980) : il commence à travailler très jeune dans une imprimerie et entre au PSOE à quinze ans ; il est président des JSE à Madrid en 1910 et secrétaire adjoint au comité de direction du PSOE en 1915. Condamné à la prison à perpétuité après la grève de 1917, avec Julián Besteiro et Francisco Largo Caballero, il est élu député aux Cortes et amnistié. Plusieurs fois député, il est secrétaire du parti socialiste en 1928. En exil, il participe à la réorganisation du PSOE et de l'UGT ; il rentre en Espagne en 1977 (Carlos et José Martínez Cobo, *1944-1976, El Socialista, op. cit.*, pp. 95-96).

33. Gabriel Pradal Gómez (Almería, 1891-Toulouse, 1965) : architecte, député aux Cortes en 1936, lieutenant-colonel du génie à Barcelone. En France, il travaille comme dessinateur. Membre des Commissions exécutives du PSOE et de l'UGT (*Gabriel Pradal, o el honor político. Homenage en el centenario, 1891-1991*, Almería, Ateneo, Aula socialista de cultura, Instituto de estudios almerienses, 1991, 197 p.).

34. J. Breil, R. Dumas, V. Fonsagrive, « Les Étrangers en France », *Bulletin de la statistique générale de la France*, mars 1947, pp. 165-232.

35. *Ibid.*, p. 206.

36. ADHG, W 1724 et 1725.

37. Marie-Line Montbroussous, *Histoire d'une intégration réussie. Les Espagnols dans le bassin de Decazeville, op. cit.*, pp. 75 et 109.

38. Entretien, Pontivy, 27 septembre 1997.

39. *A.B.C.* du 24 mars 1946 (AMAE, série Europe 1944-1960, sous-série Espagne, vol. 83).

40. *Le Monde*, 27 février 1946, p. 1.

41. *Le Monde*, 6 mars 1946, p. 1.

42. AN, F7 15589.

43. Isabel Fernández, *Pauline ou l'histoire d'une intégration, op. cit.*, pp. 84-86.

44. ADHG, 2042/230/308 W.

45. Rapport de Fernando G. Arnao à V. Valentin Smith, 30 août 1945 (AN, 43 AJ 84).

46. Emili Valls Puig, *Els Fills de la República*, mémoires inédits ; le chapitre concernant le camp de Noé au début de 1946 nous a été aimablement communiqué par l'auteur, fils d'un exilé de 1939, arrivé quant à lui en France à la fin de 1945 après sa désertion de l'armée espagnole.

47. Lettres de V. Valentin-Smith du 19 février et du 18 mars 1946 (AN, 43 AJ 84).

48. AN, 43 AJ 84.

49. AMI, Mi 34363 liasse 1 (CAC 880502, article 22, liasse 1).

50. AN, 43 AJ 84.

51. AMI, Mi 34363 liasse 1.

52. Lettre de V. Valentin-Smith au CIR, 26 mars 1946 (AN, 43 AJ 84).

53. AMAE, série Europe 1944-1960, sous-série Espagne, vol. 43.

54. Lettre du préfet des Pyrénées-Orientales au ministre de l'Intérieur, 21 juin 1948 (ADHG, 2042/230/308 W).

55. Lettre au ministre du Travail, non datée, en réponse à une lettre de ce dernier du 8 août 1949 (AMI, Mi 34363, liasse 1).

56. ADHG, 2042/292, 308 W.

57. AMI, Mi 34363, liasse 1.

58. David Wingeate Pike, « L'immigration espagnole en France (1945-1952) », *Revue d'histoire moderne et contemporaine*, avril-juin 1977, p. 294.

59. *Franc-Tireur,* 3 octobre 1951.

60. Note du ministère de l'Intérieur, 3 juillet 1958 (AMI, 90/51 Mi 4, CAC 900353 article 4).

61. ADHG, W 1724-1725.

62. Christiane Toujas-Pinède, *L'Immigration étrangère en Quercy aux XIXe et XXe siècles*, Toulouse, Privat, 1990, pp. 20-78.

63. AD Lot, 1 W 653.

64. *Ibid.*

65. *Ibid.*

66. *Étrangers résidant dans le département au 31 décembre 1950* (AD Lot, 1 W 316).

67. AD Lot, 1 W 316.

68. Marie-Line Montbroussous, *Histoire d'une intégration réussie. Les Espagnols dans le bassin de Decazeville, op. cit.,* pp. 84-85.

69. Marie-Line Montbroussous, « De l'immigration à l'intégration : les Espagnols dans le bassin houiller de l'Aveyron, 1926-1954 », in *Exil politique et migration économique. Espagnols et Français aux XIXe-XXe siècles, op. cit.,* pp. 89-115, et : « Les réfugiés espagnols dans le bassin houiller de Decazeville », in *Les Français et la guerre d'Espagne, op. cit.*, pp. 219-235.

70. Emilio Valls, *Colonia española de Béziers en su centenario, 1889-1989. Memoria*, Béziers, Office départemental d'action culturelle, 1989, 22 p.

71. Isabel Fernández, *Pauline ou l'histoire d'une intégration, op. cit.,* pp. 81-82.

72. *Ibid.*, pp. 109-114.

73. *Ibid.*, pp. 117, 147-148, 152-158, 177.

74. *Le Monde*, 2, 6, 14, 24/25, 27, 28 mars et 12 avril 1946.

75. AMAE, série Europe 1944-1960, sous-série Espagne, vol. 5, pp. 93-97.

76. *Le Monde*, 10/11 août 1947.

77. *Le Monde*, 15/16, 18, 19 février, 27 mars, 6, 15, 28 avril, 5 mai et 11 mai 1948.

78. *Le Monde*, 9 décembre 1950.

79. *Le Monde*, 13 avril 1951.

80. AMAE, série Europe 1944-1960, sous-série Espagne, vol. 219, pp. 145-156.

81. AMI, 90/51, Mi 8.

82. Jacques Vernant, *Les Réfugiés dans l'après-guerre, op. cit.*, pp. 276 et 301.

83. AMI, 90/51, Mi 8.

84. Discours du 27 janvier 1950 (AMAE, série Europe 1944-1960, sous-série Espagne, vol. 133, pp. 23-32).

85. *Les Espagnols en France*, rapport de la direction des Renseignements généraux, août 1952 (AMI, 89/31 Mi 6, liasse 4).

86. ADHG, 2042/230/308 W.

87. Andrée Bachoud, Geneviève Dreyfus-Armand, « Des Espagnols aussi divers que nombreux, Paris 1945-1975 », in *Le Paris des étrangers depuis 1945,* sous la direction de Antoine Marès et Pierre Milza, Paris, Publications de la Sorbonne, 1994, pp. 55-76.

88. *Agrupació de Berguedans a l'exili,* n° 4, février 1949.

89. *Foc Nou,* n° 17, 30 décembre 1944.

90. Manuel de Irujo, *Escritos en Alderdi, 1949-1974,* Bilbao, Partido nacionalista vasco, 1981, 2 vol., 370 p. et 350 p.

91. Notamment au sein de l'équipe d'*Esprit,* dont le correspondant espagnol est José María Semprún y Gurrea (Paul et Georgette Vignaux, « Église et chrétiens de France dans la Deuxième Guerre mondiale », *Centre régional d'histoire religieuse,* Université de Lyon II, 28 janvier 1978).

92. Entretien avec sa fille, Alegría de Just, Paris, 26 septembre 1991.

93. Entretiens divers, dont celui du 1er février 1991, et correspondance.

VI. De l'espérance à la désillusion : dix années tournées vers l'Espagne, 1945-1955

1. *España popular,* n° 4, 1er janvier 1945, pp. 1-2.

2. *C.N.T.,* n° 24, 22 février 1945.

3. Appel du 20 mai 1945 du comité national du MLE en France, signé Germinal Esgleas, Puig y Elias, Federica Montseny, Paulino Malsand, Angel Marín, Miguel Chueca (*Boletín interior de la C.N.T.,* n° 10, 30 mai 1945).

4. *La Batalla,* n° 1, 25 mai 1945, p. 1.

5. L'AMRE s'intitule parfois Agrupación militar de ex-combatientes de la República española.

6. Lettre du général Herrera (*Armas y letras. Suplemento informativo,* n° 1, janvier 1945).

7. *Agrupación militar,* n° 3, septembre 1945, p. 7.

8. L'AMERE publie *Cultura militar.*

9. *Mundo obrero,* n° 3, 2 mars 1946, p. 3.

10. *Ibid.,* du n° 82 du 4 septembre au n° 92 du 13 novembre 1947.

11. Jorge Semprún, *Autobiografía de Federico Sánchez,* Paris, Seuil, 1978, pp. 102-103 et 108.

12. *Mundo obrero,* n°s 156 (10 février 1949), 163 (31 mars 1949), et 173 (9 juin 1949).

13. *Solidaridad obrera,* n° 99, 28 décembre 1946, p. 1.

14. *Ruta,* 19 juillet 1947.

15. Conformément à cette stratégie, un militant de la CNT, Laureano Cerrada Santos, tente avec l'appui du secrétaire de coordination du Comité national de la CNT, Pedro Mateu, de tuer Franco le 12 septembre 1948 lors des régates de Saint-Sébastien (Antonio Téllez Solá, *Historia de un atentado aéreo contra el general Franco,* Barcelone, Virus, 1993, 95 p.).

16. Voir la rubrique hebdomadaire « Antena, información española » dans *Solidaridad obrera.*

17. *Solidaridad obrera,* n° 160, 20 mars 1948.

18. *Ibid.*, n° 172, 12 juin 1948.

19. Entre 1939 et 1952, la Direction générale de la garde civile a dénombré : 8 275 actions de guérilla, 2 166 guérilleros tués et 3 382 arrêtés, 256 gardes civils tués et 368 blessés, et 19 407 personnes arrêtées pour avoir aidé les guérilleros (« Informe de la Dirección general de la Guardia civil, 1957 », in Ramón Mendezona (Pedro Aldamiz), *La Pirenáica. Historia de una emisora clandestina*, Madrid, ed. del autor, 1981, p. 10).

20. *España libre*, n° 68, 7 juin 1947.

21. *La Nouvelle Espagne*, n° 46, 21 décembre 1946, p. 1.

22. *Ibid.*, n° 49, 11 janvier 1947, p. 1.

23. *L'Espagne républicaine,* n°ˢ 29 à 77 (12 janvier au 14 décembre 1946).

24. *La Batalla*, n° 3, 19 juillet 1945, p. 1.

25. *Ibid.*, p. 4.

26. *C.N.T.*, n° 39, 29 décembre 1945, et n° 45, 14 février 1946. Dans un numéro suivant (n° 81 du 19 octobre 1946), la CNT parle des « trois rois mages et des désillusions », les rois mages étant Byrnes, Lasky et Molotov.

27. *El Socialista*, n° 5632, 30 mai 1947, pp. 1-4.

28. Luis Araquistáin Quevedo (Bárcena de Pie de Concha, Santander, 1886-Genève, 1959), journaliste et écrivain socialiste, membre dès 1915 du Comité national du PSOE, directeur de *España* (1916), *Leviatán* (1934), collaborateur de divers journaux (*El Liberal, El Sol, La Nación* de Buenos Aires). Député socialiste aux Cortes à partir de 1931, ambassadeur à Berlin pendant la Seconde République et à Paris au commencement de la Guerre civile. Il s'exile en Grande-Bretagne puis en Suisse. Auteur de nombreux ouvrages, dont *Polémica de la guerra 1914-1915*, Madrid, Buenos Aires, Renacimiento, 1915, 317 p., *Entre la guerra y la revolución : España en 1917*, Madrid, 1917, 194 p., *El peligro yanqui*, Madrid, Publicaciones España, 1921, 204 p., *El pensamiento español contemporáneo*, Buenos Aires, editorial Losada, 1968, 199 p. (Estudio preliminar de Javier Tusell, in Luis Araquistáin, *Sobre la guerra civil y la emigración*, Madrid, Espasa-Calpe, 1983, 356 p.).

29. *El Socialista*, n° 5343, 17 janvier 1947, p. 4.

30. *C.N.T.*, n° 92, 4 janvier 1947.

31. Partis communistes de : France, Angleterre, Belgique, Hollande, Suisse, Suède, Norvège, Danemark, Italie, Uruguay, Yougoslavie (CRCEDHC, fonds 17, inventaire 128, dossier 965).

32. « Tragédies et infortunes de la volonté », *Méduse*, n° 4, 1947.

33. « Humiliación inútil », *El Socialista*, n° 5556, 22 février 1951, p. 1.

34. Julio Alvarez del Vayo (1891-Genève, 1975) : fils de général, il étudie à Londres (avec Sidney et Beatrice Webb, s'intéresse au marxisme), correspond avec Pablo Iglesias et milite tôt au PSOE. Journaliste à *El Sol* de Madrid, il fréquente en Suisse les exilés russes antitsaristes, dont Lénine ; en 1913, à Berlin, il fréquente Rosa Luxemburg et Karl Liebknecht et suit les conférences internationales postérieures à la Première Guerre mondiale. Correspondant de *La Nación* de Buenos Aires en 1920 à Berlin puis à Madrid, il fait un reportage en URSS en 1922, correspond avec Gorki. En 1931, il est nommé ambassadeur à Mexico ; il est ministre d'État de Francisco Largo Caballero puis de Negrín et commissaire général des armées pendant la Guerre civile. Dans l'exil, il poursuit un travail de regroupement des forces antifranquistes et est journaliste

accrédité auprès de l'ONU. Socialiste de gauche, président du comité directeur d'*España combatiente*, fondateur et animateur de l'Union socialiste espagnole, promoteur du Front espagnol de libération nationale, président du Comité pro-FRAP. Auteur de nombreux ouvrages, dont *The Last Optimist,* Londres, Pulnam, 1950, 406 p. (*Atalaya*, n° 2, juillet 1971, *Vanguardia socialista*, n° 201, mai 1976).

35. *España combatiente*, juin 1952, p. 1.

36. Jacques Maurice, Carlos Serrano, *L'Espagne au xxᵉ siècle*, Paris, Hachette, 1992, p. 40.

37. Ramón Tamames, *La República. La Era de Franco*, Madrid, Alianza editorial, 1981, p. 370.

38. Bartolomé Bennassar, *Histoire des Espagnols, vIᵉ-xxᵉ siècle,* Paris, R. Laffont, 1992 (2ᵉ éd. revue et mise à jour), p. 845.

39. José Miguel Barandiaran Ayerbe (Ataún, Guipúzcoa, 1889- ?, 1990 ?) : anthropologue, spécialiste d'archéologie et d'ethnographie, l'abbé Barandiaran s'est fixé à Sare au début de la guerre ; il est membre du conseil permanent du Congrès international des sciences anthropologiques et délégué de la Société préhistorique française dans le département des Basses-Pyrénées. Auteur de nombreuses études, dont *Cuestionario para un estudio etnográfico del pueblo vasco*, Sare, 1949, et *Aspectos sociológicos de la población del Pirineo Vasco*, Bayonne, 1953-1957 (Fermín del Pino, « Antropólogos en el exilio », in *El exilio español de 1939, op. cit.*, tome VI : *Cataluña, Euzkadi, Galicia*, pp. 70-78, *Euzko-Jakintza* et AMI, Mi 34363 liasse 2).

40. Albert Manent, *La Literatura catalana a l'exili*, Barcelone, Curial, 1989, p. 32 ; Carles-Jordi Guardiola, « Carles Riba, notes pour une biographie », *Catalónia*, n° 33, avril 1993, pp. 24-25 ; AMAE, série Europe 1944-1960, sous-série Espagne, vol. 42.

41. Geneviève Dreyfus-Armand, *L'Émigration politique espagnole en France au travers de sa presse, 1939-1975, op. cit.*

42. Près de 90 000 selon le ministère de l'Intérieur et 125 000 selon l'INSEE.

43. Lettre de Santiago Sangro du 4 novembre 1946 (AGE, caja 11 288, paquete n° 5, expediente 3399).

44. ADHG, 1278 W 8.

45. AN, F7 15589.

46. Hypothèse confortée par un rapport ultérieur, peut-être surévalué pour la période, qui fait état d'environ 73 000 membres pour les organisations espagnoles (AMI, 89/31, Mi 6).

47. En 1936, la CNT rassemble environ 550 000 adhérents inscrits et l'UGT une centaine de milliers de plus ; le PCE, minoritaire, passe d'environ 35 000 adhérents à 100 000 entre février et mai 1936.

48. Lettre du 28 février 1946 (AN, INF 937). On est loin du chiffre de 40 000 adhérents souvent avancé dans les textes de la CNT.

49. José Borrás, *Políticas de los exilados españoles, 1944-1950*, Paris, Ruedo ibérico, 1976, p. 251. José Borrás (né en 1916 à Monerio, Saragosse) : agriculteur en Espagne, militant de la CNT à partir de 1936, secrétaire d'un comité de collectivité agricole, il intègre la colonne Durruti. Interné au camp du Vernet puis à Septfonds, il travaille dans l'agriculture dans le Loir-et-Cher

et dans l'Ariège. Il participe au réseau d'évasions animé par Francisco Ponzán. Il travaille après la guerre comme charbonnier, bûcheron, ouvrier du bâtiment puis peintre en bâtiment ; il occupe divers postes de responsabilité à la CNT, dont le secrétariat général de la FIJL (directeur de *Ruta* et *Nueva Senda*) (Frédérique Lebon, *Les Mémoires de l'exil espagnol, 1939-1958. L'itinéraire d'Antonio Soriano*, Université de Toulouse-Le Mirail, mémoire de maîtrise, octobre 1992, pp. 73-80).

50. Rapport des Renseignements généraux du 1er septembre 1947 (ADHG, 2042/292, 308 W).

51. Rapport des Renseignements généraux du 16 décembre 1948 (ADHG, 2042/231, 308 W).

52. AMI, 89/31 Mi 6.

53. Lettre du ministre de l'Intérieur à celui des Affaires étrangères, 3 octobre 1953 (AMAE, série Europe 1944-1960, sous-série Espagne, vol. 137, pp. 8-11).

54. Rapport des Renseignements généraux du 30 mars 1955 sur la FIJL (ADHG, 2692/86).

55. César Tcach, Carmen Reyes, *Clandestinidad y exilio. Reorganización del sindicato socialista, 1939-1953,* Madrid, Fundación Pablo Iglesias, 1985, p. 102 ; chiffre provenant d'un document interne.

56. Carlos et José Martínez Cobo, *La Primera Renovación. Intrahistoria del PSOE*, vol. 1 (1939-1945), Barcelone, Plaza y Janès, 1989, p. 263.

57. Carlos et José Martínez Cobo, *República ? Monarquía ? En busca del consenso. Intrahistoria del PSOE*, vol. 2, pp. 273-277.

58. *Memoria que presenta al 2° congreso de la Unión general de trabajadores de España en el exilio la Comisión ejecutiva*, Toulouse, 25-29 septembre 1946, p. 18.

59. César Tcach, Carmen Reyes, *Clandestinidad y exilio, op. cit.*, p. 156. Chiffres provenant d'*Actas de la CE*.

60. Rapports des RG de 1948 (ADHG, 1278 W 8), du 11 février 1954 et du 2 mai 1956 (ADHG, 2692/87).

61. AMAE, série Europe 1944-1960, sous-série Espagne, vol. 42, pp. 78-84.

62. *Le PCE en France en 1950. Synthèse sur le PCE en France et dans le département de la Haute-Garonne* (AMI, 89/67 Mi 3, liasse 2).

63. Article anonyme publié dans le *B.E.I.P.I.* (*Bulletin mensuel d'études et d'informations politiques internationales*) du 1-15 décembre 1953, dont l'auteur serait, selon D. W. Pike, Jordi Arquer, militant du POUM (*Jours de gloire, jours de honte...*, *op. cit.*, p. 210).

64. AMI, 89/31 Mi 6.

65. *Solidaridad obrera. Organo de la Agrupación de Cenetistas de Unión nacional*, n° 15, août 1944 et n° 20, 2 décembre 1944.

66. Le *Boletín interior de la C.N.T.* n° 10 du 30 mai 1945 indique : « L'Agrupación est dissoute, les militants CNT de l'UNE peuvent réintégrer la CNT et le seront de plein droit — sans que leur participation à l'UNE soit considérée comme une "faute" ; seuls les cas douteux donneront lieu à une enquête. »

67. Déclaration de Julio Hernández (*El Socialista. Boletín de información*

NOTES

407

del P.S.O.E. de Francia, n° 2, 10 février 1946, p. 1) ; à partir de juillet 1946, *El Socialista español* fera suite à ces deux *El Socialista*, sous l'égide de Ramón Lamoneda, Ramón González Peña, Julio Alvarez del Vayo, Julio Hernández, Antonio Gardó Cantero...

68. *Unidad y lucha*, n° 1, 11 mars 1945, p. 2.

69. *Ibid.*, n° 5, 8 avril 1945 et n° 14, 24 juin 1945.

70. *Ibid.*, n° 4, 1er avril 1945, p. 3.

71. *Lucha de clases*, n° 1, janvier 1945.

72. *Reconquista de España. Organo de la delegación en Paris del secretariado de U.N.E. en Francia*, n° 66, 30 juin 1945 et *Unidad y lucha*, n° 16, 8 juillet 1945, p. 1.

73. Serafín Marín Cayre : ancien directeur technique des télégraphes en Espagne. En France, après être interné dans divers camps, il est enrôlé dans une CTE et est incarcéré dans plusieurs prisons sous l'Occupation (Moulins, Fresnes), puis dans un camp d'où il s'évade le 1er mai 1944. Il rejoint l'UNE et il s'incorpore à une brigade de guérilleros dans le Cantal ; à la Libération, il intervient dans de nombreux meetings de l'UNE. Nommé président du Mouvement d'unité républicaine (MUR), il est l'un des responsables d'España combatiente (*MUR*, n° 1, août 1946).

74. Ramón González Peña (Las Regueras, Asturias,1888-Mexico, 1952) : fils de mineur, il commence à travailler à la mine à dix ans et se syndique à onze. Il participe à la fondation du PSOE et prend une part active à la grève générale de 1917. Il est secrétaire de la Fédération nationale des mineurs de l'UGT à partir de 1921. Condamné à mort en 1930, il est élu député aux Cortes en 1931, maire de Mieres et président de la Diputación de Oviedo. Il participe à l'insurrection des Asturies en octobre 1934, est condamné à mort ; sa peine commuée, il est incarcéré dans les prisons d'Oviedo, Cartagena, Chinchilla et Burgos. Libéré après le 16 février 1936, il est élu député, membre de la Commission exécutive du PSOE, président de l'UGT en 1938, puis il est ministre de la Justice en 1938-1939. Exilé à Paris jusqu'au 12 juin 1940 puis au Mexique, il revient en France en 1946 et retourne au Mexique en 1950. Chef de file, avec Ramón Lamoneda, d'une fraction de l'UGT et du PSOE, vice-président d'España combatiente (*El Socialista español*, septembre 1952).

75. *Unidad y lucha*, n°s 22 et 23, 30 août et 6 septembre 1945, *Mundo obrero*, n° 12, 9 mai 1946.

76. Les deux responsables évoqués sont Jesús Monzón et Gabriel León Trilla que Santiago Carrillo appelle des « aventuriers avec des galons de colonel qui n'avaient jamais lutté dans des guérillas » (rapport paru dans *Nuestra Bandera*, n° 24, janvier-février 1948, reproduit partiellement dans *Solidaridad obrera*, n° 187, 25 septembre 1948, pp. 2-3).

77. *Boletín interior de la C.N.T.*, n° 9, 23 mai 1945.

78. Lettre du 12 novembre 1946 à José Antonio de Aguirre à propos de l'intervention de ce dernier en appui de la demande d'autorisation de paraître du journal des jeunesses socialistes, *Renovación* (AN, INF 936).

79. Pierre Gérard, « La presse à la Libération dans la région de Toulouse », in *La Libération dans le Midi de la France, op. cit.*, pp. 331-345.

80. Jean Peyrade, « Situation de la presse dans la région de Toulouse,

20 août 1944-1ᵉʳ octobre 1947 », AN, 72 AJ 126 (l'auteur est ancien directeur régional de l'Information à Toulouse).

81. AN, 72 AJ 126.

82. Citation rappelée avec humour dans l'article signé Quipo Amauta (pseudonyme de Germinal Gracía Ibars), « Medio siglo de prensa libertaria y juvenil en España y el exilio », *Polémica. Revista de información, crítica y pensamiento*, nº 22-25, 19 juillet 1986, pp. 100-102.

83. Sous le nom de *Le Socialiste* après l'interdiction de *El Socialista* en 1961.

84. José Expósito Leiva avait été emprisonné en Espagne de 1939 à 1944, n'échappant à la mort que grâce à son jeune âge (il était né en 1918).

85. *Euzko Deya*, nº 250, 15 novembre 1946, p. 4.

86. Voir *C.N.T.* de décembre 1944 à février 1945 et César Lorenzo, *Les Anarchistes espagnols et le pouvoir, 1868-1939, op. cit.*, pp. 333-369.

87. *C.N.T.*, nº 6, 21 octobre 1944.

88. Le PCE s'intègre début 1946 dans l'ANFD après l'échec et la dissolution de l'UNE.

89. Voir *C.N.T.* ou *Acción libertaria* de Marseille.

90. Voir *Hoy* de Marseille ou *España libre*.

91. *La Batalla*, nº 6, 29 septembre 1945.

92. *Ibid.*, nº 7, 20 octobre 1945.

93. *Ibid.*, nº 6, 29 septembre 1945. Avec la Généralité de Catalogne reconstituée, le POUM a des rapports plus étroits, bien que souvent marginalisé par celle-ci : le POUM n'est pas inclus lors d'un élargissement du gouvernement de la Généralité en 1946, alors qu'il s'estime plus représentatif que des forces politiques qui y ont été admises (*La Batalla*, nº 20, 15 août 1946).

94. Discours cité par Carlos et José Martínez Cobo, *La Primera Renovación. Intrahistoria del PSOE*, vol. I (1939-1945), *op. cit.*, p. 339.

95. Indalecio Prieto avait déjà présenté son projet de plébiscite dans un discours prononcé au théâtre de la Comedia, à La Havane, le 11 juillet 1942.

96. Julio Aróstegui, *Francisco Largo Caballero en el exilio*, Madrid, Fundación Largo Caballero, 1990, pp. 103-150.

97. Cité par Carlos et José Martínez Cobo, *La Primera Renovación...*, *op. cit.*, p. 347.

98. AMAE, série Europe 44-60, sous-série Espagne, vol. 39.

99. *La Nouvelle Espagne*, nº 1, 20 décembre 1945, p. 1.

100. *Ibid.*, nº 7, 28 février 1946, p. 1.

101. *Ibid.*, nº 8, 15 mars 1946, p. 2.

102. Juan García Durán a raconté plus tard qu'il se trouvait placé entre la légitimité républicaine — justifiée mais inopérante — confortée par un optimisme excessif et la réalité des antifranquistes de l'intérieur qui manquaient parfois de logique politique (*El Movimiento libertario español. Pasado, presente y futuro*, Paris, Ruedo ibérico, 1975, pp. 123-128).

103. *El Socialista*, nº 5346, 7 février 1947, p. 1.

104. Luis Montoliu : membre du comité national de la CNT en 1934-1935, secrétaire d'Horacio Prieto, il est au Conseil national des chemins de fer pendant la Guerre civile ; arrêté en mars 1939, il est condamné à mort en novembre

1944, sa peine est maintenue jusqu'au 14 mai 1946 et il est remis en liberté en mai 1946 (*España libre*, n° 58, 22 mars 1947).

105. *La Nouvelle Espagne*, n° 55, 22 février 1947, p. 1.

106. AMAE, série Europe 1944-1960, sous-série Espagne, vol. 42, pp. 93-96.

107. *El Socialista español*, n° 2, 8 août 1946.

108. *España libre*, n° 60, 4 avril 1947, p. 1.

109. *El Socialista*, n°s 5371 et 5372, 8 août 1947, p. 8.

110. Lettre du 5 août de Vicente Uribe à Rodolfo Llopis (*Mundo obrero*, n° 78, 7 août 1947).

111. *El Socialista*, n° 5373, 15 août 1947, p. 1.

112. Bien que, parfois, certaines voix s'élèvent dans *El Socialista* pour marquer leur antistalinisme plus que leur anticommunisme (*El Socialista*, n° 5398, 6 février 1948, p. 3).

113. Discours d'Indalecio Prieto adressé au peuple espagnol par le biais de la Radiodiffusion française (*El Socialista*, n° 5373, 15 août 1947, p. 4).

114. *Mundo obrero*, n°s 81 à 84 (28 août au 18 septembre 1947), n°s 168 à 182 (5 mai au 11 août 1949), n°s 185 à 224 (1er septembre 1949 au 1er juin 1950) : « Prieto veut imposer la domination des grands capitalistes et propriétaires terriens en Espagne », « traître, capitaliste, millionnaire... », « servir encore plus ouvertement le régime franquiste, voici le chemin que Prieto se dispose à parcourir », « les prétentions révisionnistes d'Indalecio Prieto », « aujourd'hui la lutte politique et idéologique contre le priétisme est en même temps la lutte politique et idéologique contre les ennemis du peuple et de l'Espagne », « le paradis américain de M. Prieto et la réalité », « au service des impérialistes et du franquisme, les propagandes guerrières de Prieto et des siens »...

115. *España libre*, n° 71, 6 juillet 1947 ; *Solidaridad obrera* de décembre 1947 à mai 1948 ; *La Batalla*, n° 53, 10 février, n° 55, 25 mars et n° 60, 30 juin 1948 ; *El Socialista*, février-mars 1948... *Mundo obrero* du PCE et *Lluita* du PSUC éludent les faits. Voir sur ce thème : David Wingeate Pike, « Les républicains espagnols incarcérés en URSS dans les années 1940 », *Matériaux pour l'histoire de notre temps*, n° 3-4, juillet-décembre 1985, pp. 93-99.

116. Les orateurs sont : Wilebaldo Solano, Georges Brutelle, Rafael Sánchez Guerra, Paul Rivet, Ramón Noguès i Biset, Rodolfo Llopis, Federica Montseny, José Domenech (*Solidaridad obrera*, n° 175, 3 juillet 1948).

117. *El Socialista*, n° 5381, 10 octobre, p. 1 et n° 5387, 21 novembre 1947, p. 2-4.

118. *Ibid.*, n° 5398, 6 février 1948, pp. 1-2.

119. *Ibid.*, n° 5434, 14 octobre 1948, p. 1.

120. *Ibid.*, p. 4.

121. *Ibid.*, n° 5444, 23 décembre 1948, p. 1.

122. *La Batalla,* n° 66, 15 octobre 1948 ; *Sagitario*, juillet 1949...

123. Pacte signé, selon lui, par des « éléments monarchistes sous leur propre responsabilité » (juillet 1951) ; les socialistes l'annulent à leur tour en 1952. Cité in Carlos et José Martínez Cobo, *República ? Monarquía ?...*, *op. cit.*, p. 221.

124. *El Socialista*, n° 5540, 6 novembre 1950.

125. *Mundo obrero*, n° 79, 14 août 1947.

126. *España libre,* n° 74, 26 juillet 1947.

127. *Ibid.,* n° 76, 9 août 1947, p. 1.

128. Lettre du 24 janvier 1952 (*Acción,* n° 1, juin 1952, pp. 5-6).

129. Lettre du 30 janvier 1952 (*ibid.,* n° 1, pp. 6-7).

130. Toutes les autres tâches doivent être subordonnées à la lutte pour la paix (*Mundo obrero,* n° 208, 9 février 1950) ; le n° 235 du 17 août 1950 indique 301 004 signatures en faveur de l'appel de Stockholm recueillies dans l'émigration. La commission républicaine espagnole pour la défense de la paix, constituée à Mexico, est présidée par José Giral.

131. *Foc nou,* n° 20, 20 janvier 1945, p. 1. Même si beaucoup pensent que le statut de 1932 n'est pas entièrement satisfaisant pour la Catalogne, il y a accord pour le revendiquer dans un premier temps quitte à l'approfondir ensuite.

132. *La Humanitat,* n° 4, 9 novembre 1944 et n° 12, 24 janvier 1945.

133. *Endavant,* n° 30, 8 mars 1947, p. 1 et n° 31, 2 mai 1947, p. 1. Sur le thème de l'Europe voir le *Butlletí d'informació* (du Moviment socialista català pels Estats-Units d'Europa), *Península, Cartes d'Europa,* et Andrée Bachoud, Geneviève Dreyfus-Armand, « Conscience et discours européens des exilés espagnols », *Exils et migrations ibériques au xxᵉ siècle,* n° 3-4, pp. 70-84.

134. *La Humanitat,* n° 23, septembre 1945, n° 34, janvier 1946 et n° 68, mai 1947.

135. Pour la crise de 1954, voir *Endavant* de juillet-août 1954 et *Per Catalunya* d'octobre 1954.

136. Josep Tarradellas a même déclaré plus tard : « La Généralité c'était moi » (*El Periódico,* 18 juillet 1987), cité in Josep Benet, *El Presidente Tarradellas en els seus textos, 1954-1988,* Barcelone, Empuries, 1992, 724 p.

137. La CNT, l'UGT et la STV ont également signé le pacte de Bayonne (*Euzko Deya,* n° 214, 15 mai 1945 et n° 245, 31 août 1946, p. 1).

138. *Euzko Deya,* n° 253, 31 décembre 1946, pp. 1-2.

139. Voir l'anticommunisme d'*Alderdi,* l'organe du PNV. À partir de mai 1948, le Conseil consultatif basque est composé des différents mouvements politiques et syndicaux basques à l'exception des communistes (PNV, ANV, MLE, PRF, PSOE, IR, STV, CNT, UGT) (*Alderdi,* n° 20, 1948).

140. Beltza, *El Nacionalismo vasco en el exilio, 1937-1960,* Saint-Sébastien, editorial Thertoa, 1977, p. 62 ; voir également le roman de Manuel Vázquez Montalbán, *Galíndez,* Paris, Seuil, 1992, 448 p.

141. Disparu mystérieusement en 1956 à New York, très certainement enlevé par des sbires du dictateur Trujillo que Galíndez avait observé pendant son exil dominicain et qu'il avait critiqué dans une thèse universitaire soutenue aux Etats-Unis peu de temps avant.

142. Jesús María Leizaola (Saint-Sébastien, 1896-Saint-Sébastien, 1989) : fonctionnaire, député du PNV aux Cortes en 1931 pour le Guipúzcoa, il est en 1936 conseiller de justice et de culture dans le gouvernement basque et il fonde l'Université basque. Pendant la guerre mondiale, il est en contact avec la Résistance française et les services de renseignements alliés ; il est l'organisateur de la brigade basque Gernika qui opère près de l'estuaire de la Garonne à la fin de la guerre. Il retourne en Euzkadi en 1979 et est élu député du Parlement basque en 1980 et en 1984. Auteur notamment de *La Frontera vasca contra*

moros, Bilbao, 1937, *Contribución de los vascos a la formación y a la ciencia del derecho,* Bilbao, 1937, et des *Estudios sobre la poesía vasca,* Buenos Aires, Ekin, 1951 (*Leizaola, el hombre del destino,* Arrigoriaga, Gráficas Hispania, 1978, 32 p.).

143. Enrique Castro Delgado, *J'ai perdu la foi à Moscou,* Paris, Gallimard, 1950 ; « El Campesino », *La Vie et la Mort en URSS, 1939-1949,* Paris, Plon, 1950 ; Jesús Hernández, *La Grande Trahison,* Paris, Fasquelle, 1953.

144. Francisco Félix Montiel Giménez (né en 1908) : professeur de droit à l'université de Murcie, député socialiste aux Cortes, il adhère au PCE. Pendant la Deuxième Guerre mondiale, il est à Londres et à Cuba (collabore à *Hoy*). Il « démissionne » du PCE en 1948. Professeur d'espagnol dans un lycée français. Secrétaire de la Fédération des juristes espagnols en exil (AN, INF 936, 1956).

145. José del Barrio Navarro (né en 1907) : membre du Comité central du PSUC, lieutenant-colonel commandant du XVIIIᵉ Corps d'armée, il entre en France le 11 février 1939 avec une partie de la 27ᵉ Division en formation militaire. Il émigre en URSS jusqu'en janvier 1940, puis se rend au Chili et au Mexique, d'où il « démissionne » du PSUC fin 1943. Revient en France en 1946 : à Orléans (où il est ajusteur aux usines Thermor), puis à Paris en mai 1950. Partisan de Tito, il devient trésorier de l'association Amitié hispano-yougoslave. Président des Cercles d'*Acción socialista,* mouvement dissous par arrêté ministériel du 9 juin 1952 (Antonio Soriano, *Éxodos...,* op. cit., pp. 113-118, et AN, INF 937, dossier de 1956).

146. Joan Comorera (Cervera, Lérida, 1895-Burgos, 1958) : instituteur, secrétaire général du PSUC en 1936 et conseiller de la Généralité de Catalogne. Il émigre en URSS *via* la France en 1939, et au Mexique en 1940. Il revient en France après la guerre mondiale ; il est expulsé du PSUC le 8 novembre 1949 mais maintient un PSUC dissident. Entré clandestinement en Espagne en 1951, il est arrêté en 1954 et jugé en 1957 ; détenu à la prison de Burgos, il y meurt peu après (Vicente Llorens, « La Emigración republicana de 1939 », in *El Exilio español de 1939,* vol. 1, p. 109 et AMI, MI 34363 liasse 2).

147. CRCEDHC, fonds 495, inventaire 120, dossiers 174 (rapport de Luis Saez du 13 avril 1939) et 177 ; rapport de Togliatti Ercoli, *Situation politique de l'Espagne après la capitulation de Munich,* 26 mai 1939 (fonds 495, inventaire 74, dossier 219, pp. 8-107).

148. Lettre du PSUC au CC du PCUS, Paris, 20 septembre 1950 (CRCEDHC, fonds 17, inventaire 137, dossier 385).

149. Lettre de Joan Comorera à Staline, 25 octobre 1950 (*ibid.*).

150. Cette entreprise forestière a été probablement l'un des premiers centres politico-militaires de Résistance du PCE en zone Sud ; dirigée à la Libération par le général Luis Fernández et le colonel Valledor, elle emploie dès lors d'anciens guérilleros et devient le premier fournisseur de bois de traverse de la SNCF (AN, F7 15589 et ADHG, 1278 W 8).

151. « Le PCE en France en 1950 » (AMI, Mi 89/67/3).

152. *Ibid.*

153. Note du ministère de l'Intérieur du 4 juin 1951 (AMAE, série Europe 1944-1960, sous-série Espagne, vol. 134, pp. 185-189) ; dates et chiffres différents donnés dans deux textes de ce ministère (AMI, 89/31 Mi 6 et Mi 89/67/3).

154. Arrêtés du 7 septembre et du 27 octobre 1950.

412 NOTES

155. Plainte de Martín Artajo, ministre des Affaires étrangères, transmise par Bernard Hardion, ambassadeur de France, le 27 mars 1951 (AMAE, série Europe 1944-1960, sous-série Espagne, vol. 134, pp. 79-82).

156. *Les Espagnols en France, doc. cit.*, AMI, 89/31 Mi 6, pp. 56-57, et lettre du ministre de l'Intérieur au ministre des Affaires étrangères du 3 octobre 1953, AMAE, série Europe 1944-1960, sous-série Espagne, vol. 137, pp. 8-11.

157. ADHG, 2731/81, 601 W.

158. Lettre du ministre de l'Intérieur au ministre des Affaires étrangères, 14 janvier 1961 (AMAE, série Europe 1960-1961, sous-série Espagne, en cours de classement en 1994).

159. AMAE, série Europe 1944-1960, sous-série Espagne, vol. 43, pp. 278-281.

160. Il s'agit dans le cas présent de Paul Rivet, directeur du musée de l'Homme.

161. AMAE, série Europe 1944-1960, sous-série Espagne, vol. 44.

162. *Ibid.*, vol. 132, pp. 67, 135-136 et vol. 154, pp. 8-21.

163. *Le Monde*, 20/21 février 1949. Présidée à ses débuts par Jean Cassou et Paul Éluard, l'un des ses vice-présidents étant Paul Rivet, l'Association France-Espagne voit notamment le départ de Jean Cassou lorsque le rôle des communistes y apparaît prépondérant (AMI, 89/31 Mi 6).

164. AMAE, série Europe 1944-1960, sous-série Espagne, vol. 83, pp. 435-437.

165. *Ibid.*, vol. 133, pp. 105-111.

166. *Ibid.*, vol. 154, p. 192.

167. *Ibid.*, vol. 134, pp. 296-299.

168. *Ibid.*, vol. 212 (notamment, la lettre du 2 juillet 1950 de Bernard Hardion, ministre plénipotentiaire chargé de la délégation française en Espagne, p. 38).

169. *Arriba*, 2 juillet 1951.

170. AMAE, série Europe 1944-1960, sous-série Espagne, vol. 105.

171. *Ibid.*, vol. 156, pp. 173-180.

172. *Ibid.*, pp. 52-68.

173. *Ibid.*, vol. 158, pp. 9-12.

174. *Le Monde*, 19 octobre 1955.

175. En plus des dix publications communistes interdites en 1950, il s'agit de *El Obrero español*, publié par la CGT, *Jeunesse qui lutte*, périodique bilingue, *Ruta* de la FIJL, *Juventud de España*, *Joven patriota*, *España y la paz*, *Mujeres* et *Mujer patriota*.

176. Le Quai d'Orsay, lorsqu'il s'interroge sur ces griefs en 1952, constate qu'à cette date les activités des réfugiés ne mettent pas sérieusement en danger la stabilité et l'ordre public dans la Péninsule, estimant les réactions franquistes d'ordre sentimental (AMAE, série Europe 1944-1960, sous-série Espagne, vol. 156, pp. 52-68).

177. Emilio Herrera Linares (Grenade, 1879-Genève, 1967) : ingénieur aéronautique, mathématicien, directeur général de l'instruction aéronautique ; membre de l'Académie espagnole des sciences, vice-maréchal de l'armée de l'air de la République. Ministre des Affaires militaires du gouvernement en exil de 1951 à 1960, il préside ce gouvernement de 1960 à 1962. Président

fondateur de l'Ateneo ibéro-americano de Paris en 1957 (*Anales del ateneo(s) ibéro-americano*).

178. *Boletín de la Unión de intelectuales españoles*, nº 17, avril 1946.

179. *Ibid.*, nº 19, juin 1946.

180. Manuel Nuñez de Arenas (?-Paris, 1951), principal fondateur de l'Escuela Nueva en 1911, historien, auteur notamment de *Notas sobre el movimiento obrero español* (Madrid, 1916). Membre de la Commission exécutive du PSOE de 1918 à la scission communiste de 1921, date à laquelle il rejoint le PCE, où il milite quelques années. Exilé en France pendant la dictature de Primo de Rivera, il enseigne à l'université de Bordeaux ; il est membre de la Commission de l'enseignement secondaire pendant la Guerre civile. Il s'exile à nouveau en France en 1939, participant à la Résistance pendant la guerre mondiale. Il enseigne à l'université de Bordeaux puis à l'ENS de Saint-Cloud et travaille également au CNRS (José Luis de la Granja et Alberto Reig Tapia, *Manuel Tuñon de Lara. El compromiso con la historia, su vida y su obra*, Leioa, Servicio editorial de la Universidad del País vasco, 1993, pp 62-63).

181. Manuel Tuñon de Lara (Madrid, 1915-Leioa, Bizcaye, 1997) : membre du Comité central des Jeunesses communistes en 1934-1936, il remplit des tâches liées à la culture et à l'enseignement pendant la Guerre civile. Fait prisonnier en avril 1939, il connaît différents camps et prisons. Libéré, il participe à la constitution de l'Unión de intelectuales libres et il passe clandestinement la frontière française en novembre 1946. Il devient secrétaire général adjoint de l'UIE début 1947. Il poursuit ses études en France, collabore régulièrement à de nombreuses revues. Auteur de nombreux ouvrages, de *La España del siglo XIX* et de *La España del siglo XX*, publiées par la Librairie espagnole en 1961 et 1966 et rééditées maintes fois. À partir de 1965, il enseigne à l'université de Pau où il joue un rôle décisif dans le développement des études historiques sur l'Espagne, organisant des colloques internationaux de 1970 à 1980 ; après 1981, il continue ses travaux à l'Université du Pays basque (José Luis de la Granja et Alberto Reig Tapia, *Manuel Tuñon de Lara. El compromiso con la historia, su vida y su obra, op. cit.*, pp. 17-119 ; Paul Aubert, Jean-Michel Desvois, « Les *Colloques de Pau* et l'hispanisme français », *Matériaux pour l'histoire de notre temps*, nº 3/4, juillet-décembre 1985, pp. 19-25).

182. AMI, 89/31 Mi 6.

183. Exemples de thèmes de conférence : « Jardins d'Espagne », « La littérature espagnole : du modernisme à nos jours », « La presse espagnole au XXᵉ siècle », « La poésie espagnole contemporaine » (*I.B.E.R.O.*, 1947 ?, pp. 32-33.).

184. José Borrás, *Políticas de los exilados españoles, op. cit.*, p. 49.

185. *L'Espagne républicaine*, nº 21, 17 novembre 1945.

186. *Ibid.*, nº 62, 31 août 1946.

187. 20 000 exemplaires par semaine (Rapport des Renseignements généraux, 1948 : AN, F7 15 589).

188. *Galería*, nº 1, janvier 1945.

189. *Revolución española*, 7 mars 1945.

190. *Galería*, nº 6, 31 juillet 1945 et nº 7, 22 août 1945.

191. *C.N.T.*, nº 130, 27 septembre 1947.

192. *Ibid.*, nº 129, 20 septembre 1947.

193. *Solidaridad obrera*, n° 31, février 1945.

194. *Universo*, n° 1, novembre 1946.

195. José Peirats Valls (« José ») (Vall d'Uxó, Castellón, 1908-1989) : ouvrier du bâtiment, militant à la CNT, mais aussi journaliste et écrivain. Pendant la Guerre civile, il est sur le front d'Aragon et en Catalogne comme officier d'état-major. En 1939, il se réfugie en France puis, en décembre 1939, il émigre en Amérique (Colombie, Venezuela, Équateur, Panama). Il rentre en France en 1947 et fait des incursions clandestines en Espagne (à Madrid en 1947, en Catalogne en 1948). Secrétaire général de la CNT « apolitique » en 1947-1948 et en 1950-1951. Spécialiste de l'histoire du mouvement ouvrier espagnol, il a publié notamment *La CNT en la revolución española*, Toulouse, CNT, 1951-1953, 3 vol. (392 p., 399 p., 400 p.), *Los Anarquistas en la crisis política española. Ensayo*, Buenos Aires, ed. Alfa, 1964, 415 p. (Amapola Gracía et Philippe Cazal, préf. de José Peirats, *Les Anarchistes espagnols. Révolution de 1936 et luttes de toujours*, Toulouse, éditions Repères-Silena, 1989, 334 p.).

196. *Cénit*, n° 1, janvier 1951.

197. Fernando Gómez Peláez (1915-Paris, 1995) : journaliste, collaborateur du quotidien socialiste de Santander *La Región*, il travaille comme manœuvre en exil puis devient traducteur-correcteur à l'ONU et correcteur chez Larousse ; il se consacre longtemps à la publication de *Solidaridad obrera* et du *Suplemento literario* (AN, INF 936 et entretien du 3 janvier 1991).

198. Diego Abad de Santillán (León, 1897-Barcelone, 1983), journaliste libertaire, l'un des fondateurs de l'Association internationale des travailleurs en 1922, a émigré à diverses reprises en Argentine à la suite de sa participation à la grève de 1917. Directeur de *Tierra y libertad* et fondateur de *Tiempos nuevos*, il est conseiller d'économie de la Généralité de Catalogne en 1936-1937 ; en 1939, après être passé par la France, il émigre à nouveau en Argentine où il fonde des maisons d'édition et collabore à diverses revues. Auteur, entre autres ouvrages, de *La Revolución y la guerra de España*, 1938, *Porque perdimos la guerra*, 1940, *Contribución a la historia del movimiento obrero español*, 1962-1971.

199. Felipe Aláiz (Belver de Cinca, Huesca, 1887-Paris, 1959) : journaliste, collaborateur d'*El Sol*, *Heraldo de Aragón*, *La Revista blanca* et ancien directeur de *Solidaridad obrera* et de *Tierra y libertad*. En exil, il s'installe à Paris après avoir vécu dans différentes localités du Midi. Auteur de nouvelles et de nombreuses œuvres de divulgation anarchiste, comme *Hacía una Federación de autonomías ibéricas*, Bordeaux, ediciones Tierra y libertad, 1945-1948, 20 fascicules.

200. Ramón Rufat (1917-Paris, 1993) : étudiant en philosophie et philologie quand éclate la Guerre civile ; agent de renseignements de l'armée républicaine puis membre du service secret du grand état-major central (le SIEP : Servicio de inteligencia especial periférico). Arrêté en décembre 1938 et condamné à mort en mars 1939. Sa peine commuée en 1941, il quitte la prison en août 1944 ; arrêté en octobre 1945, il est condamné à vingt ans de prison. Se consacre au cours de ces années à l'histoire contemporaine en écrivant en pensée quelques livres. Libéré en 1958, il s'établit en France où il exerce diverses professions, avant de travailler à l'OFPRA. Auteur de *En las prisiones de*

Franco, Mexico, 1966, et d'*Espions de la République. Mémoires d'un agent secret pendant la guerre d'Espagne*, Paris, éditions Allia, 1990, 358 p. (pour ce dernier livre, le premier prix Juan García Durán pour les Mémoires lui est attribué en 1986 par un jury réuni par le Centre d'estudis historics internacionals de l'université de Barcelone). Ramón Rufat décède le 3 novembre 1993 alors qu'il travaille à un ouvrage sur l'opposition clandestine au franquisme de 1939 à 1951 (divers entretiens).

201. Décompte effectué à partir de l'index dressé par Nicolas Larue, *Le Supplément littéraire de Solidaridad obrera : analyse de contenu*, mémoire de maîtrise, Université de Paris X, 1993, 103 p. ; Chicharro de León : une soixante d'articles ; P. Bosch Gimpera : autour de 35 ; L. Capdevila : 33 ; F. Valera : 21 ; B. Milla : 21 ; D. A. de Santillán : 15 ; J. Ferrer : 11 ; F. Aláiz : 11 ; R. Rocker : 11.

202. Pere Bosch Gimpera (1891-1974) : titulaire de la chaire de préhistoire et d'histoire ancienne à l'université de Barcelone, dont il devient doyen puis recteur. Républicain convaincu, il s'exile en 1939 : en Angleterre, au Guatemala, en Colombie puis au Mexique, où il est professeur au Mexico City College et à l'École nationale d'anthropologie. Il réside en France de 1948 à 1952 où il est membre de la délégation mexicaine à l'UNESCO ; secrétaire de l'Union internationale des sciences anthropologiques et ethnologiques, dont le président est Paul Rivet, il retourne en 1953 au Mexique, où il est chercheur. Auteur de nombreuses études de préhistoire et d'anthropologie (Fermín del Pino, « Antropólogos en el exilio », in *El Exilio español de 1939*, *op. cit.*, tome VI, pp. 48-69).

203. Lluís Capdevila (Barcelone, 1893-Barcelone, 1980) : écrivain, auteur très populaire de pièces de théâtre, traducteur en catalan d'œuvres littéraires françaises et russes. Il est, de 1932 à 1934, directeur de *La Humanitat* ; pendant la Guerre civile, il est responsable de la presse des Colonnes Macià-Companys sur le front d'Aragon. En exil, il prend part à la Résistance et développe une grande activité culturelle ; de 1949 à 1968, il enseigne la philologie et la littérature espagnoles à l'université de Poitiers. Auteur, entre autres œuvres, de *Cançó d'amor i de guerra* (1926), *Les Flors de la guillotina, Beethoven* (Paris, Éditions universelles, 1945, avec un prologue de Jean Cassou), *Historia de la meva vida i dels meus fantasmes. Memóries d'un escriptor català* (deux tomes publiés en 1968 et 1975) (Emili Valls Puig, article inédit sur Lluís Capdevila aimablement communiqué par son auteur).

204. Fernando Valera Aparicio (La Madroñera, Cáceres, 1889-Paris, 1982) : écrivain, dirigeant du Parti républicain radical socialiste. Député en 1931 et 1936 pour Valence, il s'exile en France en 1939, puis au Mexique et revient en France en 1946. Dirigeant de l'Unión republicana, issue en 1934 du Parti radical. Ministre dans les gouvernements en exil à partir de 1947 : de l'Économie, de la Justice (1947-1949) ; vice-président du gouvernement et ministre de l'Économie (1949-1951), ministre des Affaires étrangères (1951-1971) et président du dernier gouvernement de la République en exil (1971-1977).

205. *Suplemento literario de Solidaridad obrera*, n° 1, janvier 1954.

206. Conrado Lizcano, « Cultura se concibe en plural », *Nueva Senda*, année V, n° 44, janvier-février 1957.

207. Notamment les *Mosaicos españoles* (*Solidaridad obrera*, n° 302, 9 décembre 1950) ; voir aussi *Arte y cultura*.

208. « Le développement culturel de la CNT d'Espagne en exil », *Solidaridad obrera*, n° 524, 7 avril 1955, p. 1.

209. Roc Llop Convalis (né en 1908) : ancien instituteur d'une école rationaliste, officier dans l'armée républicaine, militant de la CNT ; en exil en France, il est enrôlé dans une CTE, il est fait prisonnier en Moselle, déporté en Allemagne, notamment à Mauthausen, d'où il est libéré le 5 mai 1945. Il occupe les fonctions de comptable-archiviste de la Fédération de la CNT de la zone Nord et est administrateur des librairies de la CNT, rue Sainte-Marthe puis rue des Vignoles (Paris 11e et Paris 20e). Secrétaire du Comité régional catalan, il est également poète, auteur notamment de *Poems de llum i tenebra*, 1968, inspirés par la déportation — poèmes pour lesquels il remporte une Fleur naturelle aux Jeux floraux de Paris en 1965 —, et de *Triptic de l'amor*, Paris, à compte d'auteur, Imprimerie des Gondoles, 96 p., 1986 (AN, INF 936).

210. *Terra Lliure*, 3e époque, n° 1, 1er trimestre 1971, p. 1.

211. Voir *Foc nou, La Humanitat, Vida nova*.

212. *La Humanitat*, n° 44-45, 6 juin 1946, p. 3.

213. Toujours en cours au début des années 1990.

214. *Ikuska*, n° 1, novembre-décembre 1946.

215. 173 collaborateurs, résidant dans les Basses-Pyrénées ou dans le Pays basque péninsulaire, ainsi que dans de nombreux pays européens ou américains (*Ikuska*, n° 10-13, mai-décembre 1948).

216. 69 articles de bibliographie, 67 de linguistique, 25 d'ethnographie et de biologie, 24 de géographie, 18 d'histoire, 16 de préhistoire, 11 de botanique, 5 de toponymie et quelques-uns d'anthropologie, de droit, d'onomastique, de spéléologie, de sociologie, de littérature, de musique et d'archéologie.

217. *Catalonia*, n° 4, 30 juin 1945. Réunion à la salle des Sociétés savantes le 8 juillet 1945 (*Catalonia*, n°s 5, 6, 7, août-septembre-octobre 1945).

218. *Catalonia*, n° 8, novembre 1945, p. 5.

219. Albert Manent, *La Literatura catalana a l'exili, op. cit.*, p. 43.

220. Entretien avec Antonio Soriano, le 16 novembre 1990, et voir le *Bulletin du Centre d'études économiques et sociales Toulouse-Barcelone*.

221. *Casal de Catalunya* [Paris], n° 15, juin-juillet 1947.

222. Voir *Casal de Catalunya, Caliu* et les nombreux *Butlletí*.

223. Voir *Llar de germanor català*.

224. Arrêté du 28 janvier 1952 (AMI, 89/31 Mi 6, p. 114).

225. « Estadistiques societàries », *Casal de Catalunya*, octobre 1957, p. 5. Les baisses d'adhésions tiennent surtout au manque de paiement (468), à des changements d'adresse (129), à des décès (27), et à des départs en Amérique (57) et en Catalogne (35).

226. Le chiffre total des adhérents du *casal* entre 1945 et 1964 est de 1 360 (Phryné Pigenet, « Les Catalans du Casal de Paris », in *Le Paris des étrangers, op. cit.*).

227. *Vida Nova*, n° 7, avril-juin 1956.

228. Esquerra republicana de Catalunya, Lliga catalana, Acció catalana republicana, Estat català, Unió democrática de Catalunya, représentés respectivement par Josep Tarradellas, Felipe de Sola Cañizares, Lluís Nicolau d'Olwer,

Antoni Figueres et Angel Morera ; font partie également de Solidaritat catalana deux organisations catalanes de l'intérieur, le Front nacional de Catalunya et le Front de la llibertat, représentés par leurs délégués en France, Jaime Cornudella et Josep Rovira. Le POUM et le PSUC ne font pas partie de ce regroupement.

229. *Foc Nou*, nº 17, 30 décembre 1944.

230. Sculptures de Joan Rebull, Apeles Fenosa, Miquel Paredes, peintures et dessins de Marian Andreu, Martí Bas, Antoni Clavé, Pere Creixams, Carles Fontseré, Grau Sala, Josep Castanyer, Riba Rovira, García Lamolla ou Picasso, entre autres (*Bulletin d'information de Solidarité catalane*, nº 2, 25 mai 1945 et nº 3, juin 1945).

231. Compte rendu du festival Bach de Prades de 1950 (*La Humanitat*, nº 121-122, 10 août 1950).

232. Amadeu Hurtado (Vilanova i la Geltru, 1875-Barcelone, 1950) : avocat, défenseur de causes telles que celle de Pere Coromines dans le procès de Montjuich en 1896, il est doyen de l'ordre des avocats en 1922. Il rédige les normes du code civil catalan, préside l'Académie de jurisprudence et de législation de Catalogne. Membre de Solidaritat catalana, il est élu aux Cortes en 1907 ; il soutient financièrement et politiquement deux journaux madrilènes, *El Libéral* et *El Heraldo*, partisans des Alliés pendant la Première Guerre mondiale. Propriétaire de *La Publicidad*, journal moderne et de qualité, il crée en 1929 *Mirador*, où collabore l'intelligentsia catalane et française. Ancien conseiller de la Généralité, délégué de la République à la SDN, il s'exile en France et assure le financement de *Quaderns* à Perpignan. Auteur de *Quaranta anys d'advocat. Història del meu temps*, Mexico, Xaloc, 1956-1958, 2 vol. (293 p. et 310 p.) (Charles Leselbaum, « Nature et fonction de la revue *Quaderns* dans l'antifranquisme de l'après-guerre » in *Typologie de la presse hispanique*, Actes du colloque Rennes 1984, *Presse et société* nº 20, p. 188 et Albert Manent, *La Literatura catalana a l'exili, op. cit.*, pp. 174-176).

233. Antoni Clavé, né à Barcelone en 1913 : peintre et dessinateur, il commence son activité artistique en 1931 comme dessinateur d'hebdomadaires pour enfants puis il est chargé de décorer chaque semaine les façades des cinémas barcelonais. Enrôlé dans l'armée républicaine, il se bat sur le front d'Aragon ; à partir de 1938 il réalise des affiches en relation avec la guerre et les activités culturelles de l'arrière. Exilé en France, interné au camp de Saint-Cyprien puis libéré, il expose à Perpignan puis à Paris où il reste pendant l'Occupation ; il y rencontre Picasso en 1942 et il devient avec lui l'artiste catalan le plus notable de l'École de Paris. À la Libération, il expose à Paris, travaille pour des décors de ballets et connaît vite une renommée internationale, poursuivant son travail de décorateur et d'illustrateur. Il se consacre exclusivement à la peinture à partir de 1954 ; bien que résidant en France, il est l'unique artiste présenté par l'Espagne à la Biennale de Venise en 1984 (Francisco Zueras, *La Gran Aportación cultural del exilio español, op. cit.*, pp. 151-152).

234. *Vida Nova* s'intitule « revue occitane et catalane ».

235. *Vida Nova*, nº 1, septembre 1954.

236. Antonio Soriano (né en 1918 à Segorben Castellón) : secrétaire de la JSUC à Barcelone, il participe à la guerre comme commissaire, notamment dans le XVIIIᵉ Corps d'armée. Interné au camp de Bram en 1939, il est enrôlé

dans une CTE du Cher, puis rejoint Toulouse à la débâcle ; il prend une part active pendant l'Occupation, dès 1941, à la rédaction et à la diffusion d'*Alianza*, bulletin clandestin des JSU. Avec sa Librairie espagnole, il importe notamment des livres publiés en Amérique latine par des auteurs espagnols exilés et il édite une série d'ouvrages historiques (*Españoles en el mundo*, n° 6, automne 1992, pp. 56-60 ; entretiens divers avec Antonio Soriano et correspondance).

237. Voir le bulletin *Lee*.

238. Claude Couffon, « L'Espagne au cœur... », cité in Antonio Soriano, *Éxodos, op. cit.*

239. Albert Manent, *La Literatura catalana a l'exili, op. cit.*, pp. 50-51.

240. Pour les débuts de l'exil, d'après des inventaires réalisés par les exilés eux-mêmes, il y aurait trois poètes : Gregorio Oliván, Juan Miguel Roma et José María Quiroga Plà (Serge Salaün, « Les voix de l'exil. La poésie espagnole en France : 1938-1946 », in *Exils et migration. Italiens et Espagnols en France, 1938-1946, op. cit.*, pp. 371-381).

241. Voir le *Boletín de la Unión de intelectuales españoles, Méduse, L'Espagne républicaine...*

242. Publications madrilènes telles que *Prensa popular, Renacimiento, Prensa Gráfica, La Novela mundial, Prensa moderna, Siglo xx* ou *Colón*, ou barcelonaises comme celles de l'Éditorial Pegaso (Antonio Risco, « Las revistas de los exiliados en Francia », in *El Exilio español de 1939, op. cit.*, tome III, pp. 127-128).

243. Malheureusement, cette collection ne nous est connue pour l'instant que par des annonces parues dans la presse anarchiste.

244. Pierre Orsini, « Richesses de l'Espagne républicaine », *L'Espagne républicaine*, n° 1, 30 juin 1945.

245. *Galería*, n° 1, janvier 1945.

246. *Lee*, année I, n° 1, mars 1947, p. 5.

247. *Independencia*, n° 6, 30 avril 1947.

248. *Lee*, année I, n° 5, octobre 1947.

249. *Suplemento literario de Solidaridad obrera*, n° 22-23, octobre-novembre 1955, p. 32.

250. *Adelante*, n° 5, 12 novembre 1944 ; *Solidaridad obrera* [Alger], n° 3, 1er novembre 1944 ; *Boletín de información. MLE. Regional de Toulouse*, n° 1, 1945 ; *Mirando a España*, avril 1945 ; *Galería*, n° 6, 31 juillet 1945 et n° 7, 22 août 1945.

251. Le catalogue de cette exposition est en cours de reconstitution par une équipe d'historiens espagnols autour de Javier Tusell (entrevue avec Maria-Fortunata Prieto Barral, janvier 1993).

252. *C.N.T.*, n° 95, 25 janvier 1947.

253. Disparu prématurément en 1927, Juan Grís, maître du cubisme, est inséparable de Picasso dans une exposition de peinture espagnole. Mais tous les autres artistes sont des exilés de la Guerre civile.

254. *Album des expositions d'art espagnol en exil*, Toulouse, editorial de MLE-CNT de España en Francia, 1947, n.p. Voir aussi : *Ruta*, 10 mars 1947 et *C.N.T.*, n° 101, 8 mars 1947.

255. *El Socialista*, n° 5978, 7 mai 1959, p. 4.

256. *Bulletin d'information de Solidarité catalane*, nᵒ 2, 25 mai 1945, p. 6. Voir aussi : Maria-Fortunata Prieto Barral : « Los artistas españoles de Paris », « Manuel Angeles Ortiz o la nostalgía de Granada » et « Apeles Fenosa o la pereza creadora », *Los Domingos de A.B.C.*, août 1978 ; Maria-Fortunata Prieto Barral, *Alcalde*, Barcelona, ediciones Nauta, 1979, 87 p. Ainsi, Fenosa est arrivé à Paris en 1922 pour ne pas être « chair à canon » au Maroc, de même que Manuel Angeles Ortiz, ami de Federico García Lorca.

257. Mercedes Guillen, *Picasso*, Madrid, Siglo xx, 1975, pp. 29-42 (elle est l'auteur du premier ouvrage sur les Espagnols de l'École de Paris, paru en 1960 aux éditions Taurus à Madrid).

258. Carles Fontséré (né à Barcelone en 1916) : dessinateur, peintre, graveur, décorateur, photographe ; il commence à dessiner professionnellement à quinze ans et, à vingt ans, quand éclate la Guerre civile, il est affichiste. Il est l'un des membres les plus actifs du Syndicat des graphistes catalans, organisé en avril 1936, rattaché à l'UGT, et à qui a incombé la production de la majeure partie des affiches catalanes de la Guerre civile, ainsi que des dessins de presse, pancartes, cartes postales, journaux muraux, illustration de pamphlets, brochures ou revues et décoration de bibliothèques, foyers et trains militaires. Exilé en France, il s'évade du camp de Saint-Cyprien et vit à Paris pendant la guerre mondiale. Il s'installe à New York où il dessine et peint, travaillant comme chauffeur de taxi ; il fait des reportages photographiques, exposés en de nombreux endroits. Il retourne en Catalogne en 1973. Éditeur et illustrateur d'un ouvrage de bibliophilie *A Barcelona, Odes*, Paris, 1944, 54 p. ; coauteur avec Josep Miratvilles et Josep Termes de *Carteles de la República y de la guerra civil*, Barcelone, editorial La Gaya Ciencia, 1978, 381 p. et auteur de *Memóries d'un cartellista català (1931-1939)*, Barcelone, ed. Portic, 1995, 508 p. (entretiens des 18 et 25 juin 1992).

VII. Les dernières années de l'exil (1955-1975) : « espagnol » en France ou « français » en Espagne ?

1. AMAE, série Europe 1944-1960, sous-série Espagne, vol. 138, pp. 141 et 254-256.

2. Selon l'OFPRA (Javier Rubio, *La Emigración española en Francia*, *op. cit.*, pp. 252- 254).

3. ADHG, 1278 W 8. Viennent ensuite les demandes de naturalisation effectuées par des Polonais, des Portugais et des Russes, dont les nombres sont, respectivement, de 691, 154 et 126.

4. Vicente Martí, *La Saveur des patates douces. Histoire de ma vie, 1926-1976*, Lyon, Atelier de création libertaire, 1998, p. 63.

5. Lettre du 11 décembre 1957 (AMAE, série Europe 1944-1960, sous-série Espagne, vol. 230, pp. 135-136).

6. *Ibid.*, p. 160.

7. Entretien avec Tomás Marcellan, responsable de la CNT, 18 décembre 1990.

8. Entretien avec Francisco Olaya, directeur de *Mi Tierra*, 28 décembre 1990.

9. *Mi Tierra*, n° 1, 1965.

10. *Ibid.*

11. « Emigración hambrienta de pan », *El Rebelde*, n° 16, mars 1963, p. 2.

12. Le document avait été rédigé par Enrique Tierno Galván, juriste réputé de l'université de Salamanque, membre d'une opposition modérée, inspirateur du groupe « fonctionnaliste » : non désirée en elle-même, la solution monarchique apparaissaît comme la seule envisageable à partir d'une analyse rationnelle de la réalité politique. Une lettre personnelle de Tierno Galván du 19 janvier 1957 qui accompagnait le document indiquait : « Il apparaît de fait que le futur immédiat du pays est déterminé : ce sera la Monarchie. Mieux vaut pactiser maintenant que s'humilier ensuite. » Obligé de quitter l'Espagne pour les États-Unis en 1960, Tierno Galván évoluera ensuite vers le marxisme ; mais il restera surtout un socialiste indépendant et sera maire de Madrid après la chute de Franco (Javier Tusell, *La Oposición democrática al franquismo, 1939-1962*, Barcelone, Planeta, 1977, pp. 349-383).

13. *El Socialista*, n° 5865, 7 mars 1957, p. 1.

14. *Ibid.*, n° 5875, 16 mai 1957, p. 4.

15. *Ibid.*, n° 5896, 10 octobre 1957, p. 1.

16. Luis Araquistáin, *Sobre la guerra civil y en la emigración*, Madrid, Espasa Calpe, 1983, pp. 334-338 (discours devant le VIIe congrès du PSOE, tenu à Toulouse du 14 au 17 août 1958).

17. *Antena confederal*, juillet 1957.

18. Voir *A.R.D.E.* et *República*.

19. *Antena confederal*, n° 1, 15 février 1955.

20. Assemblée réunie salle des Société savantes, rue Serpente, les 23 et 24 juin 1956 (*Antena confederal*, n° 13, 19 juillet 1956).

21. *Antena confederal*, juillet 1957.

22. Voir notice biographique.

23. *Uno*, n° 2, mars 1958.

24. *España libre*, n° 511, 31 juillet 1960, p. 1.

25. *C.N.T.*, n° 801, 4 septembre 1960, p. 1.

26. *Ibid.*, n° 810, 6 novembre 1960 et suivants ; *España libre*, n° 517, 6 novembre 1960 et suivants.

27. Une commission de coordination nationale de l'Alianza sindical formée de l'UGT et de la STV s'était déjà constituée à Toulouse le 25 février 1960, mais l'incorporation de la CNT ne s'est effectuée qu'après la réunification de celle-ci, en mars 1961 (*Alianza sindical*, n° 1, 1er mai 1963).

28. Déclaration de principes et bases de fonctionnement, Toulouse, 23 mars 1961 (*ibid.*).

29. Confédérations internationales des syndicats libres et des syndicats chrétiens, *Alianza*, 1965.

30. L'accord date du 24 juin 1961 (*El Socialista*, n° 6091, 6 juillet 1961, p. 1).

31. « El valor de los pactos y compromisos », *C.N.T.*, n° 845, 9 juillet 1961, p. 1 ; « Consideraciones en torno a un pacto », *C.N.T.*, n° 847, 23 juillet 1961, p. 1 ; « Algunas consideraciones más en torno a un pacto », *C.N.T.*, n° 848, 30 juillet 1961, p. 1.

32. *C.N.T.*, n° 855, 17 septembre 1961, p. 1.

33. *Le Socialiste*, n° 10, 22 février 1962, p. 8.

34. Note du 30 avril 1959 (AMAE, série Europe 1956-1960, sous-série Espagne, vol. 230, pp. 270-286).

35. *Le Monde*, 12, 13 août et 23 octobre 1958, 8 avril et 7 août 1959, 3/4 janvier 1960, 10 janvier, 2, 4 février et 20 juillet 1961.

36. Notamment note du 31 décembre 1960 remise à l'ambassadeur de France (AMAE, série Europe 1960-1961, sous-série Espagne).

37. *Ibid.*

38. AMAE, série Europe 1960-1961, sous-série Espagne et Archivo general de la administración, ambassade d'Espagne à Paris, caja 11452, paquete 155, expediente 3399/4 (Alcalá de Henares).

39. Après un vote espagnol à l'ONU favorable à la France dans sa politique algérienne.

40. AMAE, série Europe 1960-1961, sous-série Espagne.

41. *Le Monde*, 12 janvier 1962, p. 3 (« Libres opinions »).

42. AMI, 89/38, Mi 36, liasse 2.

43. AMI, 89/67 Mi 3, liasse 2.

44. *Le Monde*, 1er, 2 et 6 février 1963.

45. *Ibid.*, 2 février 1963.

46. *Ibid.*, 12, 13, 14, 15/16, 17, 20, 22/23 septembre 1963, 8, 17, 20/21, 26 octobre 1963, 16, 22, 26 novembre 1963, 6, 11, 21 décembre 1963, 3 mars, 17 juillet 1964.

47. *Atalaya*, n° 1, décembre 1957.

48. *Ibid.* José Lluís Facerías, né en 1920, militant de la CNT, a combattu sur le front d'Aragon pendant la guerre ; prisonnier, il connaît divers camps jusqu'en 1945. Arrêté à nouveau en 1946, il participe à la lutte armée à partir de 1947 (Antonio Téllez Solá, *La Lucha del Movimiento libertario contra el franquismo*, Barcelone, Virus, 1991, n. p.).

49. Francisco Olaya Morales, né à Linares, Jaén en 1923 ; milite très jeune à la CNT, dès 1935, sensibilisé par l'implacable répression militaire de 1934 dans les Asturies ; il occupe différents postes de responsabilité : nommé en 1937 secrétaire de Culture et de Propagande du comité provincial de Jaén et responsable de l'émission hebdomadaire de Radio EAJ-37 de Linares. En 1938, il est nommé milicien de la culture dans la 88e Brigade mixte ; arrêté à la fin de la guerre, il peut se réfugier en France. Il prend une part active à la presse de l'exil et collabore à diverses revues latino-américaines et américaines ; en 1960, il est secrétaire de Propagande du Secrétariat intercontinental de la CNT. Il collabore avec le président du gouvernement en exil, Fernando Valera, au nom duquel il réalise plusieurs missions diplomatiques et études sociologiques en Yougoslavie et au Mexique pour la protection des exilés espagnols. Puis, collaborateur d'universités hollandaises et américaines, il se consacre à la recherche historique, notamment celle de l'Espagne contemporaine et du mouvement ouvrier ; auteur en particulier de *La Comedia de la no-intervención en la guerra civil española*, Madrid, G. del Toro, 1976, 271 p., *La Intervención extranjera en la guerra civil*, Móstoles, ediciones Madre Tierra, 386 p., *El Oro de Negrín*, Móstoles, Madre Tierra, 1990, 512 p. et *Hispania y el descubrimiento de América*, Móstoles, Madre Tierra, 1992, 503 p. (entretien du 28 décembre 1991 et correspondance).

50. *Nervio*, n° 16, octobre 1959, p. 2.

51. *Ibid.*, n° 1, juin 1958, p. 1.

52. *Nervio* met à l'honneur des militants de la CNT d'Andalousie et d'Estrémadure tombés au combat, dont Bernabé López.

53. Francisco Olaya, « Las dos soluciones », *Nervio*, n° 12, juin 1960, p. 4.

54. Tel est le cas, en particulier, de la Fédération anarchiste française de la région parisienne et du groupe Noir et Rouge, qui, réunis en assemblée générale le 6 mai 1966, adressent une lettre à Germinal Esgleas et à Miguel Celma du comité national de la CNT en exil, où ils leur reprochent de s'être comportés en « dirigeants d'appareil » en condamnant publiquement la séquestration de Mgr Ussía (*El Rebelde*, n° 35, juin 1966).

55. *Ibid.*

56. *La Dépêche du Midi*, 3 mai 1966.

57. *El Rebelde*, n° 35, juin 1966

58. *Despertar*, n° 1, 12 novembre 1961.

59. *Ibid.*, n°s 3 (26 novembre 1961), 4 (3 décembre) et 5 (10 décembre).

60. *Frente libertario*, juillet 1970.

61. Le journal rappelle cependant, juste sous l'article, que les textes signés sont de la responsabilité exclusive de leurs signataires.

62. Miguel Sánchez-Mazas, « Ante Cuba emancipada », *El Socialista*, n° 5967, 19 février 1959, pp. 3-4.

63. Octavio Alberola, Ariane Gransac, *L'Anarchisme espagnol. Action révolutionnaire internationale, 1961-1975*, Paris, Christian Bourgois, 1975, p. 34.

64. Ortzi, *Historia de Euzkadi : el nacionalismo vasco y ETA*, Paris, Ruedo ibérico, 1975, pp. 280-301.

65. *Ibid.*, pp. 400-404 (*Zutik!* n° 64 décrit les objectifs et les détails de l'attentat qui a, le 20 décembre 1973, coûté la vie à l'amiral Carrero Blanco, président du gouvernement espagnol).

66. Octavio Alberola, « El DI : la última tentativa libertaria de lucha armada contra el régimen de Franco », *La Oposisión libertaria al franquismo*, Valence, Fundación Salvador Seguí, 1993

67. *Ibid.*

68. A. Tarrago, « La mort de Julián Grimau », *Espoir*, n° 70, 5 mai 1963, p. 1.

69. « Après l'assassinat de Delgado et Granados », *Espoir*, n° 88, 8 septembre 1963, p. 1.

70. Julio Alvarez del Vayo, « Por une política revolucionaria ; la violencia justa », *Avance*, n° 22, juin 1970, p. 1.

71. Julio Alvarez del Vayo, « La Lección del E.T.A. », *Avance*, supplément au n° 24, janvier 1971, pp. 1-2.

72. Son programme est : en terminer avec le fascisme et expulser les yanquees, pour une République populaire et fédérative, pour la nationalisation des monopoles américains et d'oligarques, pour une profonde réforme agraire, pour en finir avec le colonialisme espagnol, pour une armée au service du peuple (*Emancipación*, n° 4, janvier-février 1972).

73. « La represión en Madrid. Jóvenes obreros y estudiantes torturados », *Frente libertario*, supplément au n° 7, mars 1971, 4 p.

74. *Ibid.*, n° 39, février 1974.

75. Alicia Alted, Abdón Mateos, « Consideraciones en torno al carácter y significado de este congreso », *La Oposición al régimen de Franco, op. cit.*, pp. 21-30.

76. José María de Areilza, *Memorias exteriores, 1947-1964*, Barcelona, Planeta, 1984, p. 173.

77. *Le Socialiste*, n° 27, 21 juin 1962, p. 8.

78. *Ibid.*, n°ˢ 20-26, 3 mai-14 juin 1962.

79. *Dialeg*, n° 1, novembre 1962, pp. 7-9.

80. Gérard Jaquet, « Le serment de Munich » et « Allí estábamos nosotros », *Le Socialiste*, n° 27, 21 juin 1962, p. 1.

81. Javier Tusell, *La España de Franco. El poder, la oposición y la política exterior durante el franquismo*, Madrid, Historia 16, 1989, pp. 175-182 ; Nicole Beaurain, « Les revenants de l'histoire ou l'impossible retour des républicains espagnols », *Cahiers d'encrages*, 2ᵉ trimestre 1992, p. 37.

82. Richard Gillepsie, *Historia del Partido socialista obrero español*, Madrid, Alianza, 1991, pp 235-250.

83. *Le Socialiste*, 21 septembre 1972.

84. *El Socialista*, n° 27, 1ʳᵉ quinzaine de septembre 1974 et n° 29, 2ᵉ quinzaine d'octobre 1974.

85. *Ibid.*, n° 33, 1ʳᵉ quinzaine de février 1975.

86. Carlos et José Martínez Cobo, *1944-1976, El Socialista, op. cit.*, p. 27.

87. Tels *Dialeg, Endavant, Foc nou, Tribuna* à Paris, *Mai no morirem* à Angoulême, *Butlletí del Centre cultural català* à Marseille, *Vida nova* à Montpellier et le *Butlletí del Casal català* à Toulouse ; contre trois publications en Argentine. En 1965, il existe vingt-trois organismes catalans en France (dont une douzaine d'organismes roussillonnais et le restant composé d'associations créées par les réfugiés), vingt en Argentine, dix au Mexique, six au Brésil, trois en Uruguay, deux en Colombie, à Cuba, au Pérou et au Chili, un au Paraguay, au Costa Rica, au Venezuela, au Canada, en Grande-Bretagne, en Italie et en Suisse (*Butlletí*, Omnium cultural, n° 1, 1965).

88. Voir *Presencia catalana* et *Institut català d'art i cultura*.

89. Voir le *Butlletí* de l'Omnium cultural.

90. Josep Benet, *El president Tarradellas en els seus textos, 1954-1988*, Barcelone, Empuries, 1992, pp. 82-84, 180-187 et 259 ; l'auteur reproche à Josep Tarradellas d'avoir attaqué publiquement tant le Patronat de cultura que l'Omnium cultural.

91. Geneviève Dreyfus-Armand, *L'Émigration politique espagnole en France au travers de sa presse, op. cit.*, pp. 341-359.

92. Albert Camus, « Lo que debo a España », *Solidaridad obrera*, n° 784, 31 mars 1960, pp. 1-2.

93. Voir *Ateneo Cervantes. Boletín*.

94. Entretien avec Antonio Gardó Cantero, 1ᵉʳ février 1991.

95. De nombreux membres du premier gouvernement de Mario Soares dans le Portugal démocratique ont adhéré, en exil, à l'Ateneo (*ibid.*).

96. Statuts de l'Ateneo ibéro-americano (*Anales. Ateneo ibéro-americano*).

97. « Veinte años de historia », *Anales. Ateneo ibéro-americano*, 1977.

98. Michel Dreyfus, *Les Sources de l'histoire ouvrière, sociale et industrielle en France, xixᵉ-xxᵉ siècle*, Paris, Éditions ouvrières, 1987, p. 228.

99. *Cuadernos del Congreso por la libertad de la cultura,* n° 1, mars-mai 1953.

100. Julián Gorkín (Julián García Gómez, dit), (Valence, 1901-Paris, 1987) : il est l'un des dirigeants du PCE dans les années 1920 et il s'exile à la suite de son refus de participer à la guerre du Rif. Il rompt avec l'Internationale communiste en 1929 ; de retour en Espagne, il entre au POUM dont il devient le secrétaire international. Arrêté lors de la répression dirigée contre le POUM après les journées de mai 1937 à Barcelone, il se libère à la fin de la guerre et passe le frontière. Réfugié au Mexique où il est victime de plusieurs attentats, il fonde une revue avec Victor Serge. Revenu en France en 1948, il participe à la fondation du Mouvement européen. De 1953 à 1966, il est secrétaire de la section espagnole du Congrès pour la liberté de la culture. Auteur notamment de *Cannibales políticos. Hitler y Stalin en España*, Mexico, ediciones Quetzal, 1941, 353 p. et *España, primer ensayo de democracia popular*, Buenos Aires, Asociación argentina por la libertad de la cultura, 1963, 125 p. (*Le Monde*, 28 août 1987, p. 6, Victor Alba, *Histoire du POUM*, Paris, Champ libre, 1975, 388 p. et entretien du 20 février 1984).

101. Deux numéros entiers au moins sont consacrés à l'Amérique latine : « Cultura latinoamericana » (n° 19, juillet-août 1956) et « América latina frente a su destino » (n° 53, octobre 1961).

102. Nicolás Sánchez Albornoz dans *El País* du 14 mars 1986, p. 34, à l'occasion de la mort de José Martínez.

103. *Cuadernos de Ruedo ibérico*, n° 1, juin-juillet 1965.

104. *Population*, n° 6, 1974.

105. Jean Fourastié, *Les Trente Glorieuses ou la révolution invisible de 1946 à 1975*, Paris, Fayard, 1979.

106. Aline Angoustures, « L'exil espagnol et le statut de réfugié », *Les Réfugiés en France et en Europe. Quarante ans d'application de la Convention de Genève, 1952-1992*, Paris, OFPRA, 1992, pp. 187-208.

107. Nom même du titre de séjour ; appellation reprise par María Casares comme titre de ses mémoires.

108. Les actes du colloque « Enfants de la Guerre civile espagnole. Vécus et représentations de la génération née entre 1925 et 1940 », organisé les 11, 12 et 13 décembre 1997, par le CHEVS (FNSP).

109. Aline Angoustures, « Les réfugiés espagnols en France de 1945 à 1981 », *art. cit.*, p. 476.

110. *Ibid.*, p. 477.

111. *Ibid.*

112. AD Lot, 1 W 444.

113. De même que l'évolution décrite par J. Fourastié dans un village du même département du Lot se passe sur trente ans (cf. note *supra*).

114. ADHG, W 1724 et 1725.

115. Entretiens avec Brigitte Bataille, novembre 1997.

116. Odette Martínez-Maler, « L'Espagne, entre l'or et le noir », *Le Livre du retour. Récits du pays des origines*, Paris, Autrement, 1977, p. 31.

117. Marie-Line Montbroussous, *Les Espagnols dans le bassin de Decazeville, op. cit.*, p. 151.

118. Isabel Fernández, *Pauline ou l'histoire d'une intégration, op. cit.*, p. 102.

119. María Casares, *Résidente privilégiée, op. cit.*, pp. 136-138.

120. Michèle Gazier, *Un cercle de famille*, Paris, Seuil, 1996, p. 113.

121. *Ibid.*, pp. 114 et 161.

122. Odette Martínez-Maler, « L'Espagne, entre l'or et le noir », *art. cit.*, pp. 29-30.

123. Jorge Semprún, *Le Grand Voyage, op. cit.*, pp. 88 et 162.

124. María Casares, *Résidente privilégiée, op. cit.*, pp. 211 et 148.

125. Michel del Castillo, *Le Crime des pères*, Paris, Seuil, 1993, p. 41.

126. Entretien, 22 octobre 1997, Saint-Denis.

127. Entretien, 11 août 1997, M., Pyrénées-Orientales.

128. Entretien, 27 septembre 1997, Pontivy.

129. Auteurs d'une *Intrahistoria del PSOE* en plusieurs volumes (Barcelone, Plaza y Janès, 1989-1992). Carlos Martínez Parera (1902-1982) a fait ses études à l'Institución libre de Enseñanza, fondée en 1879 par Gíner de los Ríos sous l'influence rationaliste et libérale du krausisme ; il milite à l'UGT dès 1918 puis au PSOE et travaille tôt dans une banque puis une entreprise pétrolière. Secrétaire général du Syndicat des travailleurs du pétrole en 1931, il perd son travail après le mouvement d'octobre 1934. Pendant la Guerre civile, il est responsable de la Régie des pétroles espagnols (CAMPSA) de la zone centrale et collabore à sa direction. Réfugié en France en février 1939, il travaille aux usines Bréguet, puis à la délégation de la Croix-Rouge suisse à Toulouse jusqu'à sa dissolution en mars 1947 ; fonctionnaire au ministère de l'Émigration du gouvernement républicain jusqu'au 31 mars 1948. Élu trésorier du PSOE en 1948, il le restera jusqu'en 1970. Secrétaire administratif du Fonds humanitaire espagnol créé par l'OIR (AN, INF 937 et Carlos et José Martínez Cobo, *1944-1976, El Socialista..., op. cit.*, p. 101).

130. Pere Bonet Cuito (1901-1983 ?) : typographe, militant de la CNT pendant de nombreuses années, il est l'un des fondateurs du PCE et du BOC — Bloc obrer i camperol —, et l'un des responsables de la Federación obrera de unidad sindical de Cataluña en 1935-1936. Dirigeant du POUM, il est arrêté après les journées de mai 1937. En 1941, il est condamné à cinq ans de travaux forcés par contumace par la section spéciale du tribunal militaire de la 17e Division militaire à Montauban comme la plupart des leaders du POUM ; arrêté en février 1942, condamné à six mois de prison pour détention d'une fausse carte d'identité, il obtient pendant sa détention la révision de sa condamnation par contumace et est acquitté. Interné dans les camps du Récébédou, de Noé et du Vernet. Il arrive à Bordeaux en 1943 où il travaille comme mécanicien. Il travaille ensuite comme compositeur typographe à Paris (*Tribuna socialista* et AN, INF 937).

131. AN, INF 936 et divers entretiens avec Wilebaldo Solano.

132. AN, INF 936 et Nicolás Sánchez Albornoz, « Ruedo ibérico, un antecedente de la libertad », *El País*, 15 mars 1986, p. 28.

133. Il publie notamment *La Guerrilla urbana en España : Sabaté*, Paris, Belibaste, 1972 et *La Guerrilla urbana : Facerías*, Paris, Ruedo ibérico, 1974 (*Les Anarchistes espagnols dans la tourmente..., op. cit.*, p. 126, *La Lucha*

del Movimiento libertario contra el franquismo, Barcelone, Virus, 1991, n.p. ; correspondance avec Antonio Téllez Solá et entretien du 14 octobre 1995).

134. Entretiens divers.

135. María Casares, *Résidente privilégiée*, *op. cit.*, p. 354.

136. AN, INF 936 et *Le Monde*, 4 mars 1991.

137. Paco Rabanne, *Trajectoire. D'une vie à l'autre*, Paris, Éditions n° 1, Michel Laffon, 1991, 257 p.

138. « La seconde génération de filiation républicaine », colloque organisé par la FACEEF les 25 et 26 octobre 1997 à Paris.

139. Christine Deymard, « Le jeu de la vérité de Christine Bravo », *Le Nouvel Observateur*, n° 1773, 29 octobre au 4 novembre 1998, pp. 40-41.

140. María Santos Sainz, « Una Española en la Asamblea nacional francesa », *Españoles en el mundo*, n° 25, automne-hiver 1997, pp. 18-21.

141. Aline Angoustures, « Les réfugiés espagnols en France de 1945 à 1981 », *art. cit.*, p. 480.

Conclusion

1. Geneviève Dreyfus-Armand, « Les commémorations dans la presse de l'émigration politique espagnole en France », *Matériaux pour l'histoire de notre temps*, n° 3-4, juillet-décembre 1985.

2. Émile Temime, *La Guerre d'Espagne commence*, Bruxelles, éditions Complexe, 1986, p. 102.

3. Michel del Castillo, *Le Crime des pères*, *op. cit.*, pp. 18-19 et 41.

4. Le premier colloque scientifique à l'étudier est celui consacré aux « Italiens et Espagnols en France, 1938-1946 » en novembre 1991.

5. Sauf — peut-être est-ce l'exception — dans le département de l'Ariège où les Espagnols ont joué un grand rôle dans la libération de nombreuses localités.

6. Stéphane Courtois, Denis Peschanski et Adam Rayski, *Le Sang de l'étranger : les immigrés de la MOI dans la Résistance*, *op. cit.*

7. Pierre Bertaux, *Libération de Toulouse et de sa région*, Paris, Hachette, 1973, p. 108.

8. *Bulletin d'information de l'Amicale des anciens guérilleros espagnols en France F.F.I.*, n° 1, octobre 1977.

9. « El interior no es el exilio », *Libertad*, MLE de Bretaña, n° 64, 10 avril 1947, p. 1.

10. E. Rovira, « Aspectos sanitarios de la emigración española », *Anales del Hospital Varsovia*, n° 2, octobre 1948.

11. Alicia Alted Vigil, « La Cruz Roja republicana española en Francia, 1945-1986 », *Historia contemporánea*, 1991, n° 6, pp. 223-249.

12. « Els desavinences entre exiliats a través de la histôria i de la psicologia », *Foc nou*, n° 19, 13 janvier 1945. D'autres conférences ont été organisées, dès 1940, par le Club Ramón Llull de Toulouse.

13. Josep Solanes, « El clima de discordia de l'exili. Notes per a una psicologia de l'exiliat », « Els remeis de l'exili », « Captivitat i exili. Notes per a una psicologia del retorn », « La psiquiatria i la guerra », *Quaderns d'estudis poli-*

tics, economics i socials, n°s 4 (avril 1945), 10 (octobre 1945), 13 (février 1946), 15 (avril-mai 1946).

14. Robert Paris, « Retours d'exil : le cas italien », *Les Cahiers d'encrages*, 2e trimestre 1992, p. 8.

15. Remarque du professeur Bellido au Club Ramón Llull de Toulouse en 1940.

16. Félix Montiel, « Responsabilidades de la emigración », *Acción socialista*, n° 19, 1er octobre 1951, p. 2.

17. Xavier Andrés Flores, « El exilio y España », *Horizonte español 1966, art. cit.*, tome 2, p. 33.

18. M. Alvarez Portal, « La gloria del refugiado español », *La Nouvelle Espagne*, n° 25, 25 juillet 1946, p. 3.

19. Conrado Lizcano, *Nueva Senda*, n° 34, mars 1956.

20. « Prestigio de la emigración republicana », *Libertad. Para España, por la República*, n° 50, 10 mars 1949, p. 1.

21. Xavier Andrés Flores, « El exilio y España », *art. cit.*, p. 29.

22. Julio Just, « Sobre la emigración republicana española », *España libre*, n° 534, 6 août 1961, p. 1.

23. « Lo que ha sido la emigración política española », *C.N.T.*, n° 862, 5 novembre 1961, p. 1.

24. Luis Mercier Vega, « Un análisis político de la emigración », *Boletín informativo. Centro de documentación y estudios*, n° 7, juin 1961, p. 10.

SOURCES*

I. ARCHIVES

A. FRANCE

1. Archives nationales

— Police générale : série F7, dossiers :
Associations et groupements espagnols en France, 1927-1940 : F7 14721
Groupes organisés de miliciens gouvernementaux espagnols réfugiés en France, février 1939 ; Espagnols réfugiés ou évadés, 1933-1940 : F7 14736
Interdiction de *Voz de Madrid*, 1939 : F7 14738
Situation politique des Espagnols dans la région de Toulouse en 1944 : F7 14936
Récits d'internés dans les camps français, 1939-1940 : F7 15125
Installation en France de membres du clergé, 1931. Instructions ministérielles concernant les événements d'Espagne, 1934-1940 : F7 15172
Mouvements, organisations et partis politiques espagnols, 1948 : F7 15589
Liste des publications étrangères interdites, 1956 : F7 15660
Travailleurs encadrés : F7 16034

— Fonds divers :
Documents des autorités d'occupation relatifs aux Espagnols : 40 AJ 547 et 855

---

* Pour ne pas alourdir l'inventaire des sources consultées, nous indiquons la cote d'origine et ne donnons pas la cote correspondante du Centre des archives contemporaines (CAC) sous laquelle ces documents sont demandés au CARAN ou à Fontainebleau.

Républicains espagnols, recensement, 1940-1941 : 40 AJ 885/6
Situation des républicains espagnols, 1940-1942 : 40 AJ 552/9
Républicains espagnols, 1940-1942 : 40 AJ 552/10
Internés étrangers, Espagnols, 1940-1942 : 41 AJ 514
Archives de l'OIR, Réfugiés espagnols en France : 43 AJ 84
Archives de l'OIR : 43 AJ 230
Archives de l'OIR, Réinstallation en Espagne : 43 AJ 265, 43 AJ 610, 43 AJ 638
Résistance espagnole en Charente : 72 AJ 107
Résistance espagnole dans l'Eure : 72 AJ 122
Résistance espagnole dans la Haute-Garonne : 72 AJ 126 (dont le fonds Miguel Angel Sanz)
Résistance espagnole dans le Gers : 72 AJ 128
Internement, liste des camps et prisons : 72 AJ 281
Camps français : 72 AJ 282
Statistiques de la déportation : 72 AJ 315
Correspondance reçue par Ricardo Gasset, 1939-1947 : 72 AJ 427
Unión de intelectuales españoles : 78 AJ 26
Reconquista de España, 1941 : 78 AJ 8
Documents sur les prisons et camps d'internement civil en France, 1940-1944 : F9 5578
Documentation sur les cimetières, les déportations, les otages, le STO : F9 5592
Réfugiés espagnols, 1939-1944 : BB 18 / 3183
SERE, 1939-1941 : BB 18 / 7079
Presse en Algérie, étrangers : F 41 823/16
Endavant, 1946 : F 41 125
Ministère de l'Information : INF 936 et INF 937

2. *Archives départementales*

a) Haute-Garonne

Correspondance du commissaire de la République relative aux Espagnols, 1944-1946 : M 1940 (11) et M 1941 (9)
Correspondance des préfets du Gers et de l'Ariège, 1944-1946 : M 1913 (6) et M 1912 (4)
Parti communiste espagnol dans le Sud-Ouest de 1947 à 1951 : 2042/292 308 W
Activités politiques et syndicales à Toulouse et dans le Sud-Ouest de 1948 à 1958 : 1896/59, /60, /61 et /62 256 W ; 1896/205 256 W ; 1896/241 et /251 256 W
Usines d'aviation de 1938 à 1961 : 1896/219 et /220, 256 W ; 1945/9 et /42, 276 W ; 2221/23 374 W
Conflits sociaux de 1947 : 1945/38 et /52 276 W
Espagnols internés en 1945-1946 : 1945/76 276 W
Surveillance de personnalités espagnoles républicaines, 1939-1943 : 1960/64 282 W

Syndicats ouvriers de la Haute-Garonne, mouvements sociaux, 1951-1960 :
  2042/226, /227 et /289 308 W ; 2060/77 319 W ; 2358/92 428 W
Espagnols exilés en France, 1944-1964 : 2042/231, /278 et /290 308 W ;
  2692/86, /87, /140, /141, /142, /143, /167, /168, /169, /170, /171, /172, /173,
  /174, /175 576W ; 2358/108 et /109 ; 1278 W8 ; 1278 W9 ; 2933/71 ;
  1896/90 256 W
Presse espagnole, 1948-1955 : 2731/81 601 W
Activités des associations étrangères, 1945-1951 : 1945/51
Consulat d'Espagne à Toulouse, 1944-1957 : 2273/122 et /144 397 W
Frontière franco-espagnole, surveillance : 2221/120, /210, /211 374 W
Affaires politiques, sociales et économiques de la région Midi-Pyrénées, 1959-
  1961 : 2692/267
Dossiers de naturalisation : W 1724 (1-73) et 1725 (1-59)

Fonds Daniel Latapie :
Guérilleros espagnols, 29
35ᵉ Brigade FTP-MOI « Marcel Langer », 105
Mémoires de guerre et de résistance de López Tovar, 47
Guérilleros espagnols : 5 tomes

  b) Lot
Rapport préfectoral, juin 1944 : 1 W 5
Recrutement de main-d'œuvre pour l'Allemagne et statistiques : 1 W 41
Étrangers, 1950-1951 : 1 W 78
Recensement de population du 31 décembre 1950 : 1 W 316, 317, 318
Recensement de population du 31 décembre 1955 : 1 W 319, 320
Récapitulatifs des recensements, 1949-1955 et 1957-1960 : 1 W 443, 444, 445,
  446, 653
État d'esprit des populations, question espagnole : 1 W 922
GTE, réfugiés espagnols, 1942-1944 : 1 W 646

  c) Paris
Collection d'imprimés sur la période de l'Occupation : D 832
Rapports adressés au préfet, 1941-1944 : 1052/67/1
Manifestations, tracts, lutte contre la propagande communiste, 1940-1944 :
  1011/44/1

  d) Seine-Saint-Denis
Étrangers : 1097 W 28
Mouvements étrangers : 1141 W 126
Travailleurs étrangers, logement : 22 W 88
Population étrangère, 1966-1968 : 22 W 110 (6)
Main-d'œuvre étrangère, 1965-1967 : 7 W 12
Dénombrements de population : D2M8 113, 336, 527

  e) Tarn-et-Garonne
Rapports mensuels des Renseignements généraux, 1940-1941, MS 462
Rapports mensuels du préfet, 1942-1944, MS 463, 465, 466

Attentats, incidents, maquis... 1940-1944, MS 469, 470, 471, 478, 1011, 1012
Rapports annuels de gendarmerie, 1940-1944, MS 1017, 1018, 1019
Camp de Septfonds, 1941, MS 1112
Rapports des chefs de service de la préfecture, 1942-1943, MS 1668
Arrestation des dirigeants du POUM, 1941, MS 849, 850, 1125 (1 W 2)

3. Ministère des Affaires étrangères

— Série Europe 1918-1940, sous-série Espagne :
vol. 188 : guerre civile, réfugiés, aide aux réfugiés, octobre 1936-mars 1939
vol. 189 : *idem*, avril-décembre 1939
vol. 216 : relations avec la France, février 1939-juin 1940
vol. 242 : reconnaissance du gouvernement Franco, août 1938-mai 1939
vol. 267, 268, 269, 270 : les Espagnols en France, 1930, 1936, 1938, 1939, 1940

— Série Vichy-Europe 1940-1944, sous-série Espagne :
vol. 275 : Espagnols en France, juillet 1940-janvier 1944
vol. 280 : associations espagnoles en France, octobre 1940-juillet 1944
vol. 281 : réfugiés politiques en France, 1940-1944
vol. 286 : rapatriement des réfugiés espagnols, septembre 1940-avril 1944
vol. 288 : demandes d'extradition présentées par le gouvernement espagnol, août 1940-février 1943
vol. 290 : affaires diverses, juin 1940-février 1944

— Londres-Alger, 1940-1944 : Alger (CFLN-GPRF)
vol. 852 : ressortissants étrangers en Afrique du Nord, spécialement Espagnols et Italiens, novembre 1942-août 1944

— Série Europe 1944-1960, sous-série Espagne :
• 1944-1949 :
vol. 5 : immeubles espagnols en France occupés par des républicains, août 1944-juin 1949
vol. 34 : républicains espagnols : gouvernement en exil, activités des partis politiques en exil, agitation de maquis à la fontière, septembre 1944-février 1945
vol. 35 : *idem*, mars-août 1945
vol. 36 : *idem*, septembre-décembre 1945
vol. 37 : *idem*, janvier-février 1946
vol. 38 : *idem*, mars-mai 1946
vol. 39 : *idem*, juin 1946-octobre 1947
vol. 40 : *idem*, novembre 1946-février 1947
vol. 41 : *idem*, mars-juin 1947
vol. 42 : *idem*, juillet-décembre 1947
vol. 43 : *idem*, janvier-juillet 1948
vol. 44 : *idem*, août 1948-juin 1949
vol. 50 à 59 : républicains espagnols : pétitions de soutien, novembre 1944-mai 1949

vol. 82, 83, 84, 85, 86 : relations bilatérales France-Espagne, août 1944-juin 1949
vol. 103 : associations espagnoles en France : demandes d'autorisation, août 1944-avril 1949
vol. 104 : Espagnols en Afrique du Nord, septembre 1944-décembre 1948
vol. 106 : demandes de renseignements et publications

• 1949-1955 :
vol. 132, 133, 134, 135, 136, 137, 138 : républicains espagnols en France, juillet-décembre 1955
vol. 154, 155, 156, 157, 158 : relations bilatérales France-Espagne, juillet 1949-décembre 1955
vol. 212 : contentieux franco-espagnol au sujet de l'immeuble de l'avenue Marceau à Paris, septembre 1949-décembre 1953
vol. 219 : Espagnols en France, juillet 1949-septembre 1955
vol. 220 : associations espagnoles en France
vol. 221 : Espagnols en Afrique du Nord, juin 1951-septembre 1955
vol. 222 : demandes de renseignements et publications, février 1950-juillet 1954
vol. 223 : pétitions et motions adressées au gouvernement français au sujet de l'Espagne, août 1949-août 1954

• 1956-1960 :
vol. 230 et 231 : activité des républicains espagnols en France et doléances de Madrid

— Série Europe 1961- ?, sous-série Espagne :
• 1961 : activité des républicains espagnols en France, interdictions de 1961

4. Ministère de l'Intérieur (Mission des Archives nationales)

Enquête du secrétaire général de la police à Vichy sur l'activité des ex-partis politiques espagnols : 89/31 Mi 3, liasses 1 (67), 2 (153) et 3 (152)[1]
Activités de diverses organisations formées par les réfugiés espagnols, 1941-1942 : 89/31 Mi 4, liasse 3 (95, 143, 144)
Dossiers d'affaires particulières, 1941-1942 et activités du MLE en 1942 . 89/31 Mi 5, liasses 1 et 2 (126)
Colonie espagnole en France, rapport d'ensemble, 1952 : 89/31 Mi 6, liasse 4 (530)
Statistiques de l'OFPRA, 1953-1971, notes et études critiques sur les statistiques : Mi 34357, liasse 2
Franchissements clandestins de la frontière, 1945-1954 : Mi 34363, liasses 1 et 2
Proposition de loi touchant les Espagnols internés dans des camps en 1939-1945 ; étrangers ayant servi dans la Légion étrangère : 90/51 Mi 4
Statistiques des réfugiés espagnols : 90/51 Mi 8
Réfugiés politiques espagnols, 1945-1959 : 89/38 Mi 36, liasse 2

Le Parti communiste espagnol en France en 1950 : 89/67 Mi 3, liasse 2

5. Service historique de l'Armée de terre

Compagnies de travailleurs espagnols : 6 N 309-5, 6 N 317-7 ; 7 N 2475-2, 7 N 2475-3
Travailleurs étrangers prestataires : 5 N 602 — 2
Camps de travailleurs espagnols : 31 N 130
Attachés militaires français en Espagne : 7 N 2754

6. Archives municipales de Saint-Denis

Recensements de population, 1931, 1954, 1962 : 1 F 32 et 33, 1F 37 et 38, 1F 39 et 40

B. ESPAGNE

1. Archivo del Comité central del Partido comunista de España

Éditions clandestines de *Reconquista de España*
Archives diverses : camps français d'internement et centres d'hébergement, activité de publication du PSUC, intervention communiste dans les camps

2. Archivo general de la Administración (Alcalá de Henares)

Archives du ministère des Affaires extérieures : ambassade d'Espagne à Paris :
Activités des rouges en France, 1939-1940 : caja 11287 (expedientes 06, 06A, 06 B, 06-3, 06-4, 3408)
Idem, 1945-1954 : caja 11288 (expedientes 3399, 3399/1, 3396/C, 3399/2)
Exilés espagnols en France, 1941-1962 : cajas 11452 et 11453 (expedientes 3399/1 à 6)
Communistes, anarchistes, démocratie-chrétienne, presse, nouvelles publications, 1956-1957 : caja 11505.

3. Fundación Pablo Iglesias

Archives d'*El Socialista* :
Correspondance des militants avec le journal : 651-5
Légalisation, 1972-1975 : 651-8
Abonnés, 1948-1949 et 1972 : 654-1 et 2
Coûts du journal : 1948-1955, 1960-1961 : 654-3 et 4

Livres de paie des travailleurs du journal : 655-8
Coûts du journal, 1962-1970 : 655-10
Envoi du journal en Espagne : 656-1

C. RUSSIE

Centre russe de conservation et d'études des documents
en histoire contemporaine (Moscou)

1. Archives du Komintern

Fonds 495 (secrétariat de Dimitrov), inventaire 120 (PCE), dossiers : 143, 148,
174, 177, 178, 179, 185, 186, 187, 190, 192, 194, 198, 199, 200, 201, 202,
236, 238, 239, 240, 241, 259, 260, 261, 262, 263, 264, 265, 266, 267, 268
(rapports sur l'Espagne ; le PCE, 1939-1942 ; le PSUC et ses relations avec
le PCE, 1939 ; camps français d'internement pour réfugiés espagnols et
anciens combattants des Brigades internationales, 1939 ; l'intervention des
communistes dans les camps ; conseils pour le travail de propagande clandestine)
Fonds 495, inventaire 74, dossiers : 218, 219, 223, 224, 225, 226, 227, 228,
229, 230, 231, 232, 233, 234, 235, 236, 237, 239, 240, 245, 247 (rapport de
Togliatti sur la situation politique de l'Espagne après les accords de Munich,
mai 1939 ; crise du PSUC, 1939 ; crise du PCE en URSS, 1944)
Fonds 495, inventaire 10 a (secrétariat de Manouilski), dossiers : 205, 206,
207, 213, 218, 219, 222, 235, 237, 238, 239, 240, 241, 243, 244, 256, 257,
258, 259, 277 (sortie des communistes d'Espagne en 1939 : question des
fonds et des archives ; dissensions au sein du PSUC, 1939 ; Comité international d'aide au peuple espagnol ; camps français d'internement, 1939)
Fonds 495, inventaire 18 (secrétariat du Comité exécutif de l'IC), dossier 1285
(réfugiés espagnols et anciens combattants des Brigades internationales)
Fonds 517 (PCF), inventaire 3 (fonds André Marty), dossiers : 25, 26, 27, 28,
29, 30, 48 (camps français d'internement, 1939-1941 : conditions de vie,
intervention des communistes dans les camps, évacuation des « internationaux » et propositions pour régler leur situation)
Fonds 545 (guerre d'Espagne), inventaire 4, dossiers : 1a, 1b, 29, 59, 61, 62,
63, 64, 65, 67, 68, 69 (camps français d'internement, 1939 : propagande
communiste, activité culturelle)
Fonds 545, inventaire 6, dossiers : 2, 2 a, 3, 13 b (anciens combattants des
Brigades internationales dans les camps français, 1939)
Dossier personnel : José Díaz (autobiographie, 1931 ?)

2. Archives du Parti communiste d'Union soviétique

Fonds 17 (CC du PCUS), inventaire 120 (départements du Comité central), dossiers : 84, 259, 263 (Espagne, 1932-1939 : la guerre, les Brigades internationales)

Fonds 17, inventaire 128, tome 1, dossiers : 163, 372 (maquis espagnols en France, 1944 ; PCE, 1944-1947 en France et en URSS)

Fonds 17, inventaire 128, tome 2, dossiers : 962, 963, 964, 965, 1100 (guérilleros espagnols en France, 1944 : opérations des diverses divisions ; correspondance de Dolores Ibarruri avec les principaux dirigeants de l'exil républicain, 1945-1946 ; activité du PCE : discours, rapports, 1945-1947 ; presse clandestine communiste en Espagne ; aide des partis communistes au peuple espagnol, 1946 ; les partis espagnols dans l'émigration, 1945)

Fonds 17, inventaire 137, dossiers : 384, 385 (activité du PCE, 1950 ; crise du PSUC, 1949-1950)

3. Archives du Kominform

Fonds 575 (Bureau d'information des partis communistes), inventaire 1, dossiers : 25, 44, 53, 303, 338 (activité du PCE, 1947-1954 ; projet de programme du PCE, 1954)

II. PRESSE DE L'EXIL

Elle est dispersée dans de nombreuses bibliothèques, archives, centres de documentation publics ou privés, français et étrangers, et dans diverses collections particulières. Voici les principaux lieux de recherche dans ce domaine :

En Espagne :

Archivo general de la administración civil des Estado, Alcalá de Henares
Archivo del Comité central del Partido comunista, Madrid
Centre d'estudis histórics internacionals, Barcelone
Fundación Pablo Iglesias, Madrid
Fundación Largo Caballero, Madrid
Fundación Salvador Seguí, Valence

En France :

Archives nationales
Archives départementales de Haute-Garonne
Bibliothèque de documentation internationale contemporaine, Nanterre
Bibliothèque nationale de France
Institut d'études catalanes, Paris
Institut français d'histoire sociale, Paris

Aux Pays-Bas :

Internationaal Instituut voor sociale geschiedenis, Amsterdam

En Russie :

Centre russe de conservation et d'étude des documents en histoire contemporaine, Moscou

En Suisse :

Centre international de recherche sur l'anarchisme, Lausanne

III. ENTRETIENS ET CORRESPONDANCE

Octavio Alberola : Paris, dates diverses
Antonio Aliaga : Saint-Denis, 20 septembre 1997
Antonio Angel : Saint-Denis, 22 octobre 1997
Angelina Casanova Carrera : Pontivy, 27 septembre 1997
Antoine Cascarosa : Paris, dates diverses
Neús Català : Paris, 9 octobre 1991
Miguel Celma : Céret, 28 août 1992
Alberto Fernández : Paris, 31 mars 1992
Carles Fontséré : Courbevoie, 18 juin 1992 et 25 juin 1992
Pascual Gallego : Choisy-le-Roi, 25 juin 1992
Electra García : Perpignan, 14 octobre 1995
Juan García Durán : Neuilly-sur-Seine, dates diverses
Antonio Gardó Cantero : Paris, 1er février 1991 et dates diverses
Jean Gaspar : Pia, 14 octobre 1995
Francisco Gómez : Paris, 15 janvier 1991
Fernando Gómez Peláez : Paris, 3 janvier 1991

Julián Gorkín : Paris, 20 février 1984
Paco Ibañez : Pontivy, 27 septembre 1997
Alegría de Just : Paris, 26 septembre 1991
Tomás Marcellán : Paris, 18 décembre 1990 et Choisy-le-Roi, 25 juin 1992
Juanito Marcos : Saint-Laurent-de-la-Salanque, 12 août 1997
Pierre Marques : Paris, 29 mars 1991
Carlos Martínez Cobo : Toulouse, 28 août 1992
Daniel Mayer : Paris-Orsay, dates diverses
Henri Melich : Estagel, 14 octobre 1995
José Morato : Paris-Perpignan, dates diverses
Francisco Olaya : Paris, 28 décembre 1990
Fortunata Prieto : Nanterre, dates diverses
Antonio Rotllant : Maureillas, 15 octobre 1995
Ramón Rufat : Nanterre, dates diverses
José Sangenis : Pia, 14 octobre 1995
Ramón Serrano : Sainte-Marie, 11 août 1997
Ramón Serrate : Saint-Felieu-d'Aval, 12 août 1997
Wilebaldo Solano : Paris-Nanterre, dates diverses
Antonio Soriano : Paris, 16 novembre 1990 et dates diverses
Antonio Téllez Solá : Perpignan, 14 octobre 1995 et correspondances diverses
Emili Valls Puig : Béziers, 21 février 1993 et correspondance

Questionnaires remplis notamment par : Cristobal García, Vicente Martí, Montserrat Morato, Concepción Pobla, Olga et Ramón Safón, Pierre Verdaguer.

BIBLIOGRAPHIE SÉLECTIVE

Il ne s'agit pas d'une bibliographie exhaustive ; seules sont indiquées les études qui ont directement servi à l'élaboration de ce travail. Les deux premières parties signalent des travaux qui introduisent une réflexion d'ensemble, afin de situer le contexte de l'exil républicain. Les ouvrages collectifs ne sont cités qu'une seule fois, à la rubrique thématique la plus générale, même si certaines de leurs contributions les rattachent plus spécifiquement à un sujet précis ; il en est de même pour les numéros spéciaux monothématiques de revues.

I. LA FRANCE ET L'ESPAGNE AU XXᵉ SIÈCLE

A. Histoires générales

ANGOUSTURES, Aline. *Histoire de l'Espagne au xxᵉ siècle*. Bruxelles : éditions Complexe, 1992. 371 p.

BACHOUD, Andrée. *Franco ou la réussite d'un homme ordinaire*. Paris : Fayard, 1997. 528 p.

BERSTEIN, Serge, MILZA, Pierre. *Histoire de la France au xxᵉ siècle*. Bruxelles : éditions Complexe, 1991. 3 tomes : 570 p., 400 p. et 337 p.

BRAUDEL, Fernand. *Écrits sur l'histoire*. Paris : Flammarion, 1969. 319 p. (Coll. Science).

BRAUDEL, Fernand. *L'Identité de la France*. Paris : Arthaud-Flammarion, 1986. 3 tomes : 367 p., 221 p., 476 p.

DULPHY, Anne. *Histoire de l'Espagne*. Paris : Hatier, 1992. 415 p.

España. Madrid : Espasa Calpe. 1988-1991. 4 vol. 693 p., 495 p., 1044 p. et 822 p.

GALLO, Max. *Histoire de l'Espagne franquiste*. Verviers : Marabout, 1969. 490 p.

HERMET, Guy. *L'Espagne de Franco*. Paris, Armand Colin, 1974. 303 p.

HERMET, Guy. *L'Espagne au xxᵉ siècle*. Paris : PUF, 1985. 315 p.

MAURICE, Jacques, SERRANO, Carlos. *L'Espagne au xxᵉ siècle*. Paris : Hachette, 1992. 253 p.

MILZA, Pierre. *Les Fascismes*. Paris : éditions du Seuil, 1991, 608 p. (Coll. Points, Histoire, 147).

TEMIME, Émile, BRODER, Albert, CHASTAGNARET, Gérard. *Histoire de l'Espagne contemporaine*. Paris : Aubier Montaigne, 1979. 319 p.

B. Guerre d'Espagne, franquisme et opposition ; questions politiques et culturelles espagnoles. Relations franco-espagnoles

Els Anarquistes, educadors del poble : La Revista Blanca (1898-1905). Barcelone : Curial, 1977. 424 p.

AREILZA, José María de. *Memorias exteriores, 1947-1964*. Barcelone : editorial Planeta, 1984. 204 p.

BALCELLS, Albert. *Historia del nacionalisme català dels orígens als nostre temps*. Barcelone : Generalitat de Catalunya, 1992. 265 p.

BECARUD, Jean, LOPEZ CAMPILLO, Évelyne. *Los Intelectuales españoles durante la IIª República*. Madrid : Siglo XX, 1978. 184 p.

BELTZA. *El nacionalismo vasco (de 1876 a 1937)*. Hendaye : ed. Mugalde, 1974. 335 p.

BRENAN, Gérald. *Le Labyrinthe espagnol. Origines sociales et politiques de la guerre civile*. Paris : Ruedo ibérico, 1975. 293 p.

BROUE, Pierre. *La Révolution espagnole (1931-1939)*. Paris : Flammarion, 1972. 190 p.

BROUE, Pierre. *Staline et la révolution : le cas espagnol*. Paris : Fayard, 1993. 369 p.

BROUE, Pierre, TEMIME, Émile. *La Révolution et la guerre d'Espagne*. Paris : éditions de Minuit, 1961. 542 p.

Clases populares, cultura, educación. Siglos xix-xx. Coloquio Hispano-francés (Casa de Velázquez, 15-17 junio de 1987). Madrid : Casa de Velázquez, 1989. 543 p.

Les Écrivains de la guerre d'Espagne. Paris : Panthéon Press France, 1975. 320 p. (Les Dossiers H).

España hoy. Presentación y montage de Ignacio Fernández de Castro et José Martínez. Paris : Ruedo ibérico, 1963. 500 p.

ESPADAS BURGOS, Manuel. *Franquismo y política exterior*. Madrid : Rialp, 1988. 279 p.

L'Espagne et le deuxième conflit mondial. Paris : PUF, 1990. Numéro spécial de *Guerres mondiales et conflits contemporains*, avril 1990, n° 158. 127 p.

Les Français et la guerre d'Espagne. Actes du colloque tenu à Perpignan les 28, 29 et 30 septembre 1989. Édités par Jean Sagnes et Sylvie Caucanas. Perpignan : Centre de recherche sur les problèmes de la frontière, 1990. 439 p.

HERMET, Guy. *Les Catholiques dans l'Espagne franquiste. Les acteurs du jeu politique. Chronique d'une dictature*. Paris : Presses de la Fondation nationale des sciences politiques, 1980-1981. 2 vol. : 373 p. et 453 p.

HERMET, Guy. *Les Communistes en Espagne. Étude d'un mouvement politique clandestin.* Paris : Armand Colin, 1971. 216 p.

HERMET, Guy. *La Guerre d'Espagne.* Paris : éditions du Seuil, 1989. 346 p. (Coll. Points, Histoire, 124).

Horizonte español 1966. Paris : Ruedo ibérico, 1966. 2 vol. : 280 p. et 425 p.

JACKSON, Gabriel. *Histoire de la guerre civile d'Espagne.* Paris : Ruedo ibérico, 1974. 211 p.

LETAMENDIA, Pierre. *Nationalismes au Pays basque.* Bordeaux : Presses universitaires de Bordeaux, 1987. 176 p.

LORENZO, César M.. *Les Anarchistes espagnols et le pouvoir, 1868-1969.* Paris : éditions du Seuil, 1969. 430 p.

MACMASTER, Neil. *Spanish Fighters : an oral history of Civil War and exile.* Londres : MacMillan, 1990. 250 p.

MARICHAL, Juan. *Unamuno, Ortega, Azaña, Negrín. El intelectual y la política en España (1898-1936).* Madrid : Consejo superior de investigaciones científicas, 1990. 111 p.

MAURICE, Jacques. *L'Anarchisme espagnol.* Paris : Bordas, 1973, 160 p.

MOLINA, Juan Manuel. *El Movimiento clandestino en España, 1939-1949.* Mexico : Ed. Mexicanos unidos, 1976. 523 p.

El Movimiento libertario español. Pasado, presente y futuro. Paris : Ruedo ibérico, 1974. 350 p.

La Oposición al régimen de Franco. Estado de la cuestión y metodología de la investigación. Actas del Congreso internacional de Madrid (19 al 22 de octubre de 1988). Coordinación Javier Tusell, Alicia Alted, Abdon Mateos. Madrid : UNED, 1990. 3 vol. : 412 p., 484 p., 688 p.

La Oposición libertaria al franquismo. Valence : Fundación Salvador Seguí, 1993. 928 p.

ORTZI. *Historia de Euzkadi : el nacionalismo vasco y ETA.* Paris : Ruedo ibérico, 1975. 446 p.

PEIRATS, José. *Les Anarchistes espagnols. Révolution de 1936 et luttes de toujours.* Toulouse : éditions Repères-Silena, 1989. 334 p.

PIKE, David Wingeate. *Les Français et la guerre d'Espagne.* Paris : Presses universitaires de France, 1975. 469 p.

PORTERO, Florentino. *Franco aislado. La cuestión española (1945-1950).* Madrid : Aguilar, 1989. 423 p.

RUFAT, Ramón. *Espions de la République. Mémoires d'un agent secret pendant la guerre d'Espagne.* Paris : Allia, 1990. 358 p.

SALAÜN, Serge. *La Poesía de la guerra de España.* Madrid : editorial Casatalia, 1985. 415 p.

SEGUELA, Matthieu. *Pétain-Franco, les secrets d'une alliance.* Paris : A. Michel,1992. 355 p.

SEMPRUN, Jorge. *Autobiographie de Federico Sanchez.* Paris : éditions du Seuil, 1978. 320 p.

SKOUTCLSKY, Rémi. *L'espoir guidait leurs pas. Les volontaires français dans les Brigades internationales, 1936-1939.* Paris, Grasset, 1998.

SOUTHWORTH, Herbert R. *Le Mythe de la croisade de Franco.* Paris : Ruedo ibérico, 1964. 328 p.

TELLEZ SOLA, Antonio. *Historia de un atentado aéreo contra el general Franco.* Barcelone, Virus, 1993, 95 p.

TELLEZ SOLA, Antonio. *Sabaté. Guérilla urbaine en Espagne (1945-1960).* Toulouse : éditions Repères-Silena, 1990. 310 p.

TEMIME, Émile. *1936. La Guerre d'Espagne commence.* Bruxelles : éditions Complexe, 1986. 156 p.

TEMIME, Émile. *La Guerre d'Espagne. Un événement traumatique.* Bruxelles : éditions Complexe, 1996. 224 p.

THOMAS, Hugh. *La Guerre civile espagnole.* Paris : Ruedo ibérico, 1976. 1167 p.

TUSELL, Javier. *La España de Franco. El poder, la oposición y la política exterior durante el franquismo.* Madrid : Historia 16, 1989. 251 p.

TUSELL, Javier. *La Oposición democrática al franquismo.* Barcelone : Planeta, 1977. 452 p.

VILAR, Pierre. *La Guerre d'Espagne (1936-1939).* Paris : Presses universitaires de France, 1986. 127 p. (Que sais-je ?, 2338).

II. IMMIGRÉS ET RÉFUGIÉS EN FRANCE

AMAR, Marianne, MILZA, Pierre. *L'Immigration en France au XXᵉ siècle.* Paris : A. Colin, 1990. 331 p.

ASSOULINE, David, LALLAOUI, Mehdi. *Un siècle d'immigrations en France, 1851 à nos jours.* Paris : Syros, Au nom de la mémoire, 1996. 3 vol. : 139 p., 138 p. et 138 p.

Aux soldats méconnus. Etrangers, immigrés, colonisés au service de la France. Numéro spécial de *Hommes et migrations*, n° 1148, novembre 1991, 80 p.

BONNET, Jean-Charles. *Les Pouvoirs publics français et l'immigration dans l'entre-deux-guerres.* Lyon : Centre d'histoire économique et sociale de la région lyonnaise, 1976. 416 p.

BREIL, J., DUMAS, R., FONSAGRIVE, V. « Les étrangers en France », *Bulletin de la statistique générale de la France,* tome XXXV, n° 3, mars 1947, pp. 165-232.

COURTOIS, Stéphane, PESCHANSKI, Denis, RAYSKI, Adam. *Le Sang de l'étranger. Les immigrés de la M.O.I. dans la Résistance.* Paris : Fayard, 1989. 470 p.

De l'exil à la Résistance : réfugiés et immigrés d'Europe centrale en France, 1933-1945. Sous la direction de Karel Bartosek, René Gallissot, Denis Peschanski. Saint-Denis : Presses universitaires de Vincennes, Paris : Arcantère, 1989. 283 p.

L'Émigration politique en Europe aux XIXᵉ et XXᵉ siècles. Rome : Ecole française de Rome, 1991. 519 p.

Étrangers, immigrés, français. Paris : Presses de la Fondation nationale des sciences politiques, 1985. Numéro spécial de *Vingtième siècle,* n° 7, juillet-septembre 1985. 229 p.

Exilés et réfugiés politiques dans la France du xxᵉ siècle, numéro spécial de *Matériaux pour l'histoire de notre temps,* nᵒ 44, octobre-décembre 1996, 72 p.

France des étrangers. France des libertés. Presse et mémoire. Paris : Mémoire Génériques éditions, Éditions ouvrières, 1990. 204 p.

GIRARD, Alain. « Attitudes des Français à l'égard de l'immigration étrangère. Enquête d'opinion publique », *Population,* septembre-octobre 1971, pp. 827-877.

GIRARD, Alain, STOETZEL, Jean. *Français et immigrés. L'attitude française. L'adaptation des Italiens et des Polonais.* Paris : Presses universitaires de France, 1953. XVI-532 p. (Institut national d'études démographiques. Travaux et documents. Cahier nᵒ 19).

Immigration, vie politique et populisme en banlieue parisienne (fin xixᵉ-xxᵉ siècle). Sous la direction de Jean-Paul Brunet. Paris : L'Harmattan, 1995. 398 p.

L'Italia in esilio. L'emigrazione italiana in Francia tra il due guerre. Rome : Presidenza del Consiglio dei ministri, Dipartimento per l'Informazione e l'editoria, 1993. 605 p.

Les Italiens en France de 1914 à 1940, sous la direction de Pierre Milza. Rome : École française de Rome, 1986. 787 p.

Italiens et Espagnols en France, 1938-1946. Sous la direction de Pierre Milza et Denis Peschanski. Paris : Centre d'études et de documentation sur l'émigration italienne, Centre d'histoire de l'Europe du xxᵉ siècle, Institut d'histoire du temps présent, 1991. 692 p.

LAROCHE, Gaston. *On les nommait des étrangers... (Les immigrés dans la Résistance).* Paris : les Editeurs français réunis, 1965. 479 p.

LIVIAN, Marcel. *Le Parti socialiste et l'immigration. Le gouvernement Léon Blum, la main-d'œuvre immigrée et les réfugiés politiques (1920-1940).* Paris : Anthropos, 1982. 265 p.

MAUCO, Georges. *Les Étrangers en France. Leur rôle dans l'activité économique.* Paris, Armand Colin, 1932, 602 p.

MILZA, Olivier. *Les Français devant l'immigration.* Bruxelles : éditions Complexe, 1988. 217 p. (Questions au xxᵉ siècle, 4).

MILZA, Pierre. *Voyage en Ritalie.* Paris : Plon, 1993. 533 p.

La Mosaïque France. Histoire des étrangers et de l'immigration. Sous la direction de Yves Lequin. Paris : Larousse, 1988. 480 p.

NOIRIEL, Gérard. *Le Creuset français. Histoire de l'immigration, xixᵉ-xxᵉ siècles.* Paris : éditions du Seuil, 1988. 442 p.

NOIRIEL, Gérard. *Population, immigration et identité nationale en France, xixᵉ-xxᵉ siècles.* Paris : Hachette, 1992. 190 p.

PALMIER, Jean-Michel. *Weimar en exil : le destin de l'émigration intellectuelle allemande antinazie en Europe et aux États-Unis.* Paris : Payot, 1988. 2 vol. : 533 p. et 486 p.

Le Paris des étrangers depuis 1945. Sous la direction d'Antoine Marès et Pierre Milza. Paris : Publications de la Sorbonne, 1994. 470 p.

PONTY, Janine. *Polonais méconnus. Histoire des travailleurs immigrés en France dans l'entre-deux-guerres.* Paris : Publications de la Sorbonne, 1988. 475 p.

« Retours d'exil ». *Les Cahiers d'encrages, Le monde du travail dans les pays de langue anglaise,* numéro hors série, deuxième trimestre 1992, 45 p.

SCHOR, Ralph. *Histoire de l'immigration en France de la fin du XIXᵉ siècle à nos jours.* Paris : Armand Colin, 1996. 347 p.

SCHOR, Ralph. *L'Opinion française et les étrangers, 1919-1939.* Paris : Publications de la Sorbonne, 1985. 762 p.

TAPINOS, Georges. *L'Immigration étrangère en France, 1946-1973.* Paris : Presses universitaires de France, 1975. XVI -152 p. (Institut national d'études démographiques. Travaux et documents. Cahier nᵒ 71).

Toute la France. Histoire de l'immigration en France au XXᵉ siècle. Sous la direction de Laurent Gervereau, Pierre Milza et Émile Temime. Nanterre : Bibliothèque de documentation internationale contemporaine, 1998. 288 p.

TRIBALAT, Michèle, avec la participation de Patrick SIMON et Benoît RIANDEY. *De l'immigration à l'assimilation ? Enquête sur les populations d'origine étrangère en France.* Paris : La Découverte, INED, 1996. 303 p.

TRIBALAT, Michèle. *Faire France. Une enquête sur les immigrés et leurs enfants.* Paris : La Découverte, 1995. 233 p.

TRIPIER, Maryse. *L'Immigration dans la classe ouvrière en France.* Paris : CIEMI, L'Harmattan, 1990. 332 p.

VERNANT, Jacques. *Les Réfugiés dans l'après-guerre.* Monaco : éditions du Rocher, 1953. 921 p.

WEIL, Patrick. *La France et ses étrangers. L'aventure d'une politique de l'immigration, 1938-1991.* Paris : Calmann-Lévy, 1991. 403 p.

WITHOL DE WENDEN, Catherine. *Les Immigrés et la politique.* Paris : Fondation nationale des sciences politiques, 1988. 395 p.

III. L'ÉMIGRATION ESPAGNOLE

A. L'émigration espagnole au XXᵉ siècle

1. Instruments de travail

ALTED VIGIL, Alicia. *El Archivo de la IIᵃ República española en el exilio, 1945-1977. Inventario del fondo París.* Madrid : Fundación universitaria española, 1993. 215 p.

Catálogo de los archivos y documentación de particulares. Madrid : Fundación Pablo Iglesias, 1993. 2 vol. : 763 p. et 211 p.

50° aniversario del exilio español. 1939-1989 : De la España en conflicto a la Europa de la paz. Madrid : Fundación Pablo Iglesias, 1989. Pp. 47-137.

MARTIN NAJERA, Aurelio. *Fuentes para la historia del Partido socialista obrero español y de las juventudes socialistas de España, 1879-1990.* Madrid : Editorial Pablo Iglesias, 1991. 1548 p.

MARTIN NAJERA, Aurelio, GONZALEZ QUINTANA, Antonio. *Fuentes para la historia de la Unión general de trabajadores.* Madrid : Editorial Pablo Iglesias, 1988. 628 p.

Premsa clandestina i de l'exili (1939-1976). Inventari de la Col·lecció del CEHI. Barcelone : Centre d'estudis històrics internacionals, 1977. 88 p.

2. Études générales

CAUDET, Francisco. *Hipótesis sobre el exilio republicano de 1939.* Madrid : Fundación universitaria española, 1997. 541p.

Exil politique et migration économique. Espagnols et Français aux XIXᵉ-XXᵉ siècles. Paris : éditions du Centre national de la recherche scientifique, 1991. 205 p.

Exils et émigrations hispaniques au XXᵉ siècle. Paris : CERIC, Centre d'études et de recherches intereuropéennes contemporaines (Université de Paris VII). Revue annuelle.

GARCIA-FERNANDEZ, Jesús. *La Emigración exterior de España.* Barcelone : ediciones Ariel, 1965. 302 p.

HERMET, Guy. *Espagnols en France. Immigration et culture.* Paris : Éditions ouvrières, 1967. 335 p.

MARTINEZ, Carlos. *Crónica de una emigración (La de los republicanos españoles en 1939).* Mexico : Libro mex editores, 1959. 536 p.

MONTBROUSSOUS, Marie-Line. *Histoire d'une intégration réussie : les Espagnols dans le bassin de Decazeville.* Rodez : éditions du Rouergue, 1995. 199 p.

MUÑOZ ANATOL, Jaime. *La Familia española en Francia.* Madrid : Consejo de investigaciones científicas, Instituto de sociología « Balmes », 1972. 212 p.

PARRA LUNA, Francisco. *La Emigración española en Francia, 1962-1977.* Madrid : Instituto español de emigración, 1981. 221 p.

PREMISLER, Sylvie. *L'Émigration politique espagnole en France, 1872-1876 et 1894-1912.* Mémoire de maîtrise, Université de Paris X, 1972. 74 p.

SANZ BENITO, Jesús C. *Introducción a la emigración española. Francia.* Maurecourt, impr. Serag, 1977. 165 p.

SODIGNE-LOUSTAU, Jeanine. *Recherche sur l'immigration espagnole à Orléans de 1955 à 1969.* Mémoire de maîtrise, Université de Tours, 1988.

TABOADA-LEONETTI, Isabelle, GUILLON, Michèle. *Les Immigrés des beaux quartiers. La communauté espagnole dans le 16ᵉ arrondissement de Paris. Cohabitation, relations inter-ethniques et phénomènes minoritaires.* Paris : CIEMI, L'Harmattan, 1987. 210 p.

TEMIME, Émile. « La migration espagnole. Le rôle de la communauté espagnole en France. Une problématique d'ensemble », *Relations internationales*, nº 50, été 1987, pp. 183-195.

VILAR, Juan Batista. *Los Españoles en la Argelia francesa (1830-1914).* Madrid : Centro de Estudios Históricos, Murcia : Universidad, 1989. 436 p.

B. *L'émigration républicaine vers la France*

1. Ouvrages généraux
- Mémoires, témoignages, documents

ARAQUISTAIN, Luis. *Sobre la guerra civil y en la emigración.* Madrid : Espasa Calpe, 1983. 356 p.

CARRASCO, Juan. *La Odisea de los republicanos españoles en Francia. Album-*

souvenir de l'exil républicain espagnol en France (1939-1945). Perpignan : imprimerie Saint-André, 1984. 246 p.

CASARES, Maria. *Résidente privilégiée*. Paris : Fayard, 1980. 437 p.

CASSOU, Jean. *Une vie pour la liberté*. Paris : Robert Laffont, 1981. 326 p.

CONSTANTE, Mariano. *Les Années rouges. De Guernica à Mauthausen*. Paris : Mercure de France, 1971. 251 p.

FERNANDEZ, Isabel. *Pauline ou l'histoire d'une intégration. De Madrid à Mazamet*. Mazamet : Sud 81, 1997. 211 p.

KENT, Victoria. *Quatre ans à Paris*. Paris : éditions Le Livre du Jour, 1947. 214 p.

MACDONALD, Nancy. *Homage to the Spanish Exiles : voices from the Spanish Civil War*. New York : Insight, 1987. 358 p.

MERA, Cipriano. *Guerra, exilio y carcel de un anarcosindicalista*. Paris : Ruedo ibérico, 1976.

MIRO, Antoine. *L'Exilé. Souvenirs d'un républicain espagnol*. Paris : Galilée, 1976. 254 p.

MONTAGUT, Lluís. *J'étais deuxième classe dans l'armée républicaine espagnole (1936-1945)*. Paris : Maspero, 1976. 385 p.

MONTSENY, Federica. *Cien días de la vida de una mujer*. Toulouse : « Universo »,1949. 48 p.

MONTSENY, Federica. *Pasión y muerte de los Españoles en Francia*. Toulouse : Espoir, 1969. 248 p.

MUÑOZ CONGOST, Juan. *Por tierras de Moros. El exilio español en el Magreb*. Móstoles : ediciones Madre Tierra, 1989. 351 p.

PALENCIA, Isabel de. *Smouldering Freedom... The story of the Spanish Republicans in exile*. Londres : Gollancz, 1946. 191 p.

PAMIES, Teresa. *Los que se fueron*. Barcelona : Martínez Roca, 1976. 198 p.

SEMPRUN, Jorge. *Le Grand Voyage*. Paris : Gallimard, 1969. 236 p.

SORIANO, Antonio. *Exodos. Historia oral del exilio republicano en Francia, 1939-1945*. Barcelona : ed. Crítica, 1989. 251 p.

- Études

ABELLAN, José Luis. *De la guerra civil al exilio republicano (1936-1977)*. Madrid : Mezquita, 1982. 226 p.

ANGOUSTURES, Aline. « Les réfugiés espagnols en France de 1945 à 1981 », *Revue d'histoire moderne et contemporaine*, n° 44-3, juillet-septembre 1997, pp. 457-483.

BEAURAIN, Nicole. « Le *creuset français* ou le mythe de l'intégration douce : les Républicains espagnols », *L'Homme et la société*, 1987, n° 1, nouvelle série n° 83, pp. 78-91.

BEAURAIN, Nicole. « Du pluriculturel en général et des Espagnols en particulier », *L'Homme et la société*, 1991, n° 4, nouvelle série n° 102, pp. 93-112.

Emigración y exilio. Españoles en Francia, 1936-1946, Josefina Cuesta Bustillo y Benito Bermejo, coordinadores, Madrid, Eudema, 1996, 392 p.

Españoles en Francia, 1936-1946. Coloquio internacional. Salamanca, 2, 3 y 4 de mayo 1991. Salamanque : Universidad de Salamanca, 1991. 640 p.

El Exilio español de 1939. Obra dirigida por José Luis Abellán. Madrid : Taurus, 1976-1978. 6 vol. (*La Emigración republicana. Guerra y política. Revis-*

tas, pensamiento, educación. Cultura y literatura. Arte y ciencia. Cataluña, Euzkadi, Galicia) : 223 p., 248 p., 316 p., 301 p., 388 p. 382 p.

Exils et migration. Italiens et Espagnols en France, 1938-1946, sous la direction de Pierre Milza et Denis Peschanski. Paris : L'Harmattan, 1994. 695 p.

FERNANDEZ, Alberto. *Emigración republicana española, 1939-1945.* Madrid : Zyx, 1972. 97 p.

LEBON, Frédérique. *Les Mémoires de l'exil espagnol, 1939-1945. L'itinéraire d'Antonio Soriano.* Mémoire de maîtrise, Université de Toulouse-Le Mirail, 1992. 190 p.

MARQUES, Pierre. *Les Enfants espagnols réfugiés en France (1936-1939).* Paris : l'auteur, 1993. 258 p.

PIKE, David Wingeate. « L'immigration espagnole en France (1945-1952) », *Revue d'histoire moderne et contemporaine,* avril-juin 1977, pp. 286-300.

PIKE, David Wingeate. *Vae Victis ! Los Republicanos españoles refugiados en Francia, 1939-1944.* Paris : Ruedo ibérico, 1969. 139 p.

PONS PRADES, Eduardo. *Los derrotados y el exilio.* Barcelona : Bruguera, 1977. 190 p.

PONS PRADES, Eduardo. *Los que si hicimos la guerra.* Barcelona : Martínez Roca, 1973. 221 p.

RUBIO, Javier. *La Emigración española a Francia.* Barcelona : Ariel, 1974. 402 p.

RUBIO, Javier. *La Emigración de la guerra civil de 1936-1939. Historia del éxodo que se produce con el fin de la II^a República española.* Madrid : editorial San Martín, 1977. 3 vol. : 1229 p.

STEIN, Louis. *Par-delà l'exil et la mort. Les républicains espagnols en France.* Paris : Mazarine, 1981. 383 p.

- Etudes régionales

COZAR, Maria. *Les Réfugiés espagnols dans le département de l'Ariège.* Mémoire de maîtrise, Université de Toulouse-Le Mirail, 1971. 117 p.

GRIÑO, Carmen, CABAL, Marijoe. *Les Républicains espagnols dans le Tarn, 1936-1940.* Mémoire de maîtrise, Université de Toulouse-Le Mirail, 1976. 141 p.

PIGENET, Phryné. *Le Casal de Paris : première approche de l'exil catalan.* Mémoire de DEA, Institut d'études politiques de Paris, 1993. 107 p.

SODIGNE-LOUSTAU, Jeanine. *L'Immigration politique espagnole en région Centre (Cher, Eure-et-Loir, Indre, Loir-et-Cher, Loiret) de 1936 à 1946,* thèse de doctorat, Université de Paris VII, 1995, 2 vol. (925 ff. et annexes).

TAPIA, Marie-Rose. *L'Emigration espagnole à Orléans en 1945.* Mémoire de maîtrise, Université de Paris I, 1981. 159 p.

2. Politiques françaises et opinion publique

AUB, Max. *Diario de Djelfa.* Mexico : Unión distribuidora de editores, 1944. 64 p.

BARTHONNAT, Jean-Pierre. *Le Parti communiste français et les réfugiés espagnols durant l'année 1939.* Mémoire de maîtrise, Université de Paris I, 1976. 225 p.

Les Camps du Sud-Ouest de la France. Exclusion, internement et déportation, 1939-1944. Toulouse : éditions Privat, 1994. 240 p.

CAPDEVILA, Andrés. *Un episodio de nuestra evacuación a Francia.* [Perpignan], 1978. 42 p.

DREYFUS-ARMAND, Geneviève, TEMIME, Émile. *Les Camps sur la plage : un exil espagnol.* Paris : éditions Autrement, 1995, 141 p. (série « Français d'ailleurs, peuple d'ici »).

GONZALEZ, Pura. *Réfugiés espagnols en Tarn-et-Garonne. Camp de Septfonds.* Mémoire de maîtrise, Université de Toulouse-Le Mirail, 1975. 192 p.

GRANDO, René, QUERALT, Jacques, FEBRES, Xavier. *Camps du mépris ; des chemins de l'exil à ceux de la Résistance (1939-1945). 500 000 républicains d'Espagne « indésirables » en France.* Perpignan : Llibres del Trabucaire, 1991. 191 p.

GRYNBERG, Anne. *Les Camps de la honte. Les internés juifs des camps français, 1939-1944.* Paris : La Découverte, 1991. 400 p.

LAHARIE, Claude. *Le Camp de Gurs, 1939-1945 : un aspect méconnu de l'histoire du Béarn.* Pau : Infocompo, 1985. 397 p.

RAFANEAU-BOJ, Marie-Claude. *Odyssée pour la liberté. Les camps de prisonniers espagnols, 1939-1945.* Paris : Denoël, 1993. 347 p.

ROLLAND, Denis. *Vichy et la France libre au Mexique. Guerre, cultures et propagandes pendant la Deuxième Guerre mondiale.* Paris : L'Harmattan, 1990. 445 p.

SANTIAGO, Lucio, LLORIS, Gerónimo, BARRERA, Rafael. *Internamiento y resistencia de los republicanos españoles en Africa del Norte durante la Segunda Guerra mundial.* Sabadell : imprimerie El Pot, 1981. 161 p.

SIGOT, Jacques. *Un camp pour les Tsiganes... et les autres. Montreuil-Bellay, 1940-1945.* Bordeaux : éditions Wallada, 1983, 321 p.

3. Deuxième Guerre mondiale : engagements, Résistance, déportation

BERTAUX, Pierre. *Libération de Toulouse et de sa région (Haute-Garonne, Ariège, Gers, Hautes-Pyrénées, Lot, Lot-et-Garonne, Tarn, Tarn-et-Garonne).* Paris : Hachette, 1973. 270 p.

BORRAS, José. *Histoire de Mauthausen : les cinq années de déportation des républicains espagnols.* Paris : l'auteur, 1989. 387 p.

BOURDERON, Roger. *Libération du Languedoc méditerranéen.* Paris : Hachette, 1974. 283 p.

CATALA, Neús. *Ces femmes espagnoles. De la Résistance à la déportation.* Paris : Tirésias, 1994. 356 p.

CATALA, Neús. *De la resistencia y la deportación. 50 testimonios de mujeres españolas.* Barcelona : Adgena, 1984. 285 p.

DREYFUS-ARMAND, Geneviève. « Les oubliés », *Hommes et migrations,* n° 1148, novembre 1991, pp. 36-45.

CREMIEUX-BRILHAC, Jean-Louis. *Les Français de l'an 40. Tome I : La guerre oui ou non ?* Paris : Gallimard, 1990. 647 p.

FABREGUET, Michel. « Les "Espagnols rouges" à Mauthausen (1940-1945) », *Guerres mondiales et conflits contemporains,* n° 162, avril 1991, pp. 77-98.

FERNANDEZ, Alberto E. *La España de los maquis.* Mexico : Era, 1971. 152 p.

FERNANDEZ, Alberto E. *Españoles en la resistencia.* Madrid : Zyx, 1973. 269 p.

HERNANDO VILLACAMPA, Fortunato. *Historia de la Amical de antiguos guerrilleros españoles en Francia (F.F.I.), 1947-1984*. Toulouse : imprimerie SGI, 1992. 264 p.

La Libération dans le Midi de la France. Toulouse : Eché, Service des publications de l'Université de Toulouse-Le Mirail, 1986. 410 p.

Mémoire et Histoire : la Résistance. Sous la direction de Jean-Marie Guillon et Pierre Laborie. Toulouse : éditions Privat, 1995. 352 p.

Memorias del olvido. La contribución de los republicanos españoles a la Resistencia y a la liberación de Francia, 1939-1945. Paris : FACEEF, 1996. 192 p.

MITRANI, Thérèse (Denise). *Service d'évasion*. Paris : éditions Continents, 1946. 191 p.

PONS PRADES, Eduardo. *Españoles en los « maquis » franceses (verano de 1944)*. Barcelona : Sagitario, 1976. 229 p.

PONS PRADES, Eduardo. *Morir por la libertad. Españoles en los campos de exterminio nazis*. Madrid : ediciones Vosa, 1995. 269 p.

PONS PRADES, Eduardo. *Republicanos españoles en la Segunda guerra mundial*. Barcelona : Planeta, 1975. 593 p.

RAZOLA, Manuel, CONSTANTE, Mariano. *Le Triangle bleu. Les républicains espagnols à Mauthausen*. Paris : Gallimard, 1969. 331 p.

SANTOS, Félix. *1939/1945. Españoles en la liberación de Francia*. Madrid : Fundación Españoles en el mundo, 1995. 80 p.

SANZ, Miguel Angel [Miguel Angel]. *Los Guerrilleros españoles en Francia*. La Havane : ed. de Ciencias sociales, 1971. 258 p.

SANZ, Miguel Angel. *Luchando en tierras de Francia. La participación de los Españoles en la Resistencia*. Madrid : ed. de la Torre, 1981. 254 p.

VILANOVA, Antonio. *Los Olvidados. Los exiliados españoles en la Segunda Guerra mundial*. Paris : Ruedo ibérico, 1969. XX-512 p.

4. Vie politique et syndicale
- Études générales

AGUIRRE, José Antonio de. *Veinte años de gestión del Gobierno vasco (1936-1956)*. Durango : Leopoldo Zugaza, 1978, 128 p.

ANASAGASTI, Iñaki, SAN SEBASTIAN, Koldo. *Los Años oscuros, el gobierno vasco, el exilio (1937-1941)*. San Sebastian : ed. Txertoa, 1985. 124 p.

BORRAS, José. *Política de los exiliados españoles, 1944-1950*. Paris : Ruedo ibérico, 1976. 326 p.

COMIN COLOMER, Eduardo. *La República en el exilio*. Barcelona : ed. AHR, 1957. 705 p.

FERRER, Miquel. *La Generalitat de Catalunya a l'exili*. Barcelona : Ayma, 1977. 259 p.

GIRAL, Francisco. *La República en el exilio*. Madrid : ed 99, 1977. 173 p.

VALLE, José María del. *Las Instituciones de la República española en exilio*. Paris : Ruedo ibérico, 1976. 367 p.

- Les diverses tendances politiques et les personnalités

ALBEROLA, Octavio, GRANSAC, Ariane. *L'Anarchisme espagnol. Action révolutionnaire internationale, 1961-1975.* Paris : Christian Bourgois, 1975. 267 p.

Les Anarchistes espagnols dans la tourmente (1939-1945). Marseille : Centre international de recherches sur l'anarchisme, 1989. 200 p.

AROSTEGUI, Julio. *Francisco Largo Caballero en el exilio. La última etapa de un líder obrero.* Madrid : Fundación Largo Caballero, 1990. 221 p.

BELTZA. *El nacionalismo vasco en el exilio, 1937-1960.* San Sebastian : editorial Thertoa, 1977. 160 p.

BENET, Josep. *Exili i mort del President Companys.* Barcelone : editorial Empúries, 1990. 299 p.

BENET, Josep. *El presidente Tarradellas en els seus textos, 1954-1988.* Barcelone : Empúries, 1992, 724 p.

BERRUEZO José. *Contribución a la historia de la CNT de España en el exilio.* Mexico : Editores mexicanos unidos, 1967. 304 p.

COLL, Josep, PANE, Josep. *Josep Rovira. Una vida al servei de Catalunya i del socialisme.* Barcelone : Ariel, 1978. 286 p.

Coloquio sobre el exilio libertario en Francia (1939-1975) a través de la historia oral (Béziers, 23-25 septembre 1993). Valence : Fundación Salvador Seguí, 1993. 63 p.

DIAZ ESCULIES, Daniel. *El catalanisme polític a l'exili (1939-1959). Els orígens,* Barcelona : Edicions de La Magrana, 1991. 233 p.

GILLEPSIE, Richard. *Historia del Partido socialista obrero español.* Madrid : Alianza editorial, 1991. 525 p.

IBARZABAL, Eugenio. *Manuel de Irujo.* Zarauz : Erein, 1977. 116 p.

IRUJO, Manuel de. *Escritos en Alderdi, 1949-1974.* Bilbao : Partido nacionalista vasco, 1981. 2 vol. : 370 p. et 350 p.

MARTINEZ COBO, Carlos et José. *Intrahistoria del PSOE.* Barcelone : Plaza y Janès, 1989-1992. Vol. I (1939-1945) : 487 p. ; vol. II (1946-1954) : 408 p.

MARTINEZ COBO, Carlos et José. *1944-1976, El Socialista.* Madrid : Fundación Pablo Iglesias, 1984, 191 p.

La Oposición libertaria al régimen de Franco, 1936-1975. Madrid : Fundación Salvador Seguí, 1993. 918 p.

PIKE, David Wingeate. *Jours de gloire, jours de honte. Le Parti communiste d'Espagne en France depuis son arrivée en 1939 jusqu'à son départ en 1950.* Paris : SEDES, 1984. 312 p.

PRADAL, Gabriel. *Comentarios de Periclés García.* Toulouse : ediciones Renovación, 1967, 463 p.

RAMON TOMAS, Carme R. *Pascual Tomás Taengua, secretario de la U.G.T. de España en el exilio (1944-1968).* Valence : edicions Alfons el Magnànim, 1989. 134 p.

TCACH, César, REYES, Carmen. *Clandestinidad y exilio. Reorganización del sindicato socialista, 1939-1953.* Madrid : Fundación Pablo Iglesias, 1986. 256 p.

TORRE-MAZAS, B. *Anales del exilio libertario (Los hombres, las ideas, los hechos).* Toulouse : éditions CNT, 1985, 263 p.

TRENC, José. *Recuerdos históricos de un militante de la CNT-AIT.* Figueres : Gráfiques Canigó, 1996. 141 p.

5. Cultures de l'exil

ALBERTI, Rafael. *Coplas de Juan Panadero, años 1949-1977 ;* seguidas de *Vida bilingue de un refugiado español, año 1939-1940.* Madrid : editorial Mayoría, 1977. 94 p., 21 p.

ATIENZA RIVERO, Emilio. *Ciencia y exilio : el general Herrera.* Grenade : Ayuntamiento, 1993. 381 p.

Escritores españoles exiliados en Francia. Agustín Gómez-Arcos. Almería : Instituto de estudios almerienses, 1992. 162 p.

GIRAL, Francisco. *Ciencia española en el exilio (1939-1989) : el exilio de los científicos españoles.* Barcelone : Anthropos, 1994. 395 p.

Literatura y cultura del exilio español de 1939 en Francia, Alicia Alted Vigíl et Manuel Aznar Soler, ed. Salamanque : AEMIC/GEXEL, 1998. 550 p.

Manuel Tuñon de Lara. El compromiso con la historia, su vida y su obra. Edición al cuidado de José Luis de la Granja y Alberto Reig Tapia. Leioa : Servicio editorial de la Universidad del País vasco, 1993, 533 p.

MANENT, Albert. *La Literatura catalana a l'exili.* Barcelone : Curial, 1989. 310 p.

MUÑOZ, Olga. *La Presse espagnole publiée à Toulouse à la Libération.* Mémoire de maîtrise, Université de Toulouse-Le Mirail, 1987. 271 p.

Plages d'exil : les camps de réfugiés espagnols en France, 1939. Coordination de Jean-Claude Villegas. Nanterre : BDIC, Dijon : Hispanistica XX, 1989. 235 p.

Index

REMERCIEMENTS

Cet ouvrage n'aurait pas vu le jour sans l'aide et le soutien de nombreuses personnes que je tiens à remercier ici chaleureusement. Il est partiellement issu d'une thèse de doctorat en histoire, soutenue à l'Institut d'études politiques de Paris, sous la direction de Pierre Milza, dont les indications, les travaux et les problématiques avancées à propos des phénomènes migratoires m'ont guidée en permanence dans ma réflexion. Je souhaiterais exprimer ma gratitude à Andrée Bachoud qui m'a offert la possibilité très stimulante de présenter dans son centre de recherche de l'université de Paris VII les premiers résultats de mes travaux, avec laquelle aussi de nombreuses activités ont été entreprises et le CERMI créé ; également à Émile Temime, avec qui j'ai eu le privilège de travailler en étroite collaboration, auprès de qui j'ai beaucoup appris, et qui m'a fait de précieuses remarques sur la première version de ce texte.

Mes remerciements s'adressent également à Jacqueline Covo et à Pierre Laborie, sollicités l'un et l'autre pour des conseils méthodologiques relatifs à l'étude de la presse et à celle des mentalités, ainsi qu'à Jacques Maurice, artisan d'une collaboration fructueuse entre les départements espagnols de l'université de Paris X-Nanterre et de la BDIC. À Robert Paris aussi, pour ses suggestions précieuses au tout début de ce travail.

L'accès aux archives françaises a été facilité par la compréhension et l'aide des conservateurs responsables : Mme Bonazzi, Mme René-Bazin et Mlle Blanc à la section contemporaine des Archives nationales, Mme Pétillat à la section des Missions des Archives nationales, Mme Suau et Annie Charnay aux archives départementales de la Haute-Garonne, Annie Lafforgue à celles du Tarn-et-Garonne, Christiane Constant-Le Stum dans le Lot, Georges Mouradian à Bobigny, Pierre Fournié aux archives du ministère des Affaires étrangères, Isabelle Chiavassa et MM. Defrance et Labracherie à la Mission des Archives nationales auprès du ministère de l'Intérieur. En Espagne, je tiens à remercier plus particulièrement le Centre d'estudis histórics de Barcelone — notamment Jordi Planes —, toute l'équipe de la Fundación Pablo Iglesias de Madrid — spécialement Aurelio Martín Nájera, Carmen Motilva Martí, Beatriz García Paz et Oscar Martín —, Nuría Franco de la Fundación Francisco Largo Caballero, Victoria Ramos des Archives du PCE et Rafael Maestre Marín de la Fundación Salvador Seguí. Je dois de précieuses indications à plusieurs animateurs du Centre international de recherche sur l'anarchisme : René Bianco, de Marseille, Daniel Rolf Dupuy de Paris et Marianne Enckell de Lausanne ; à l'Institut international d'histoire sociale d'Amsterdam et, particulièrement, à Rudolf de Jong et Willeke Tijssen ; à Javier Rubio, pionnier des recherches sur l'émigration espagnole, à Gérard et Nina Langlet, et à nombre d'autres chercheurs qui sont indiqués dans les références bibliographiques. Les facilités accordées par Cyril Anderson, directeur du Centre russe de conservation et d'étude des documents en histoire contemporaine, et par les archivistes des différents départements de ce centre m'a permis de consulter de très nombreux dossiers d'archives du Komintern et du Kominform.

Ma réflexion doit beaucoup aux travaux collectifs menés dans le cadre du CERMI, de l'université de Paris VII, du Centre d'histoire de l'Europe du vingtième siècle et de la FACEEF ; parmi les animateurs de cette dernière, je souhaiterais remercier plus particulièrement Francisca Merchán, Isidro Bravo et Gabriel Gasó. Ma gratitude va également à Daniel Mayer — disparu depuis — pour les précisions apportées et l'amical intérêt témoigné ; ainsi qu'à M. et à O. pour la lecture éclairée du manuscrit de cet ouvrage. Enfin, je dois beaucoup aux récits, aux renseignements, aux explications, voire à l'amitié, d'acteurs de cette longue histoire ; une liste non exhaustive de leurs noms figure dans le récapitulatif des « entretiens ». Qu'ils en soient ici cordialement remerciés.

TABLE

TABLE   475

Numérisation et impression en avril 2011
par CPI Firmin Didot
Éditions Albin Michel
22, rue Huyghens, 75014 Paris
www.albin-michel.fr

ISBN 978-2-226-10721-3
N° d'édition : 12635/04. - N° d'impression : 104833.
Dépôt légal : mars 1999.
Imprimé en France.